ɘ der Segelschiffahrt
·er Reisedauer von Kap Lizard

Brennecke · Windjammer

Jochen
Brennecke

WINDJAMMER

Der große Bericht über die Entwicklung, Reisen und Schicksale der Königinnen der Sieben Meere

4. Auflage

Koehlers Verlagsgesellschaft mbH · Hamburg

Zum Titel:
Auf der Einbandvorderseite wird das Segelschiff *Priwall,* letzte Viermastbark, die Kap Horn von Ost nach West umrundete, dargestellt. Reproduktion nach einem Gemälde von Hans Peter Jürgens, Kiel.
Auf der Einbandrückseite befindet sich ein Schiffsriß der Viermastbark *Placilla.* Sie wurde 1892 bei J. C. Tecklenborg, Geestemünde, gebaut.

Die Deutsche Bibliothek - CIP-Einheitsaufnahme

Brennecke, Jochen:
Windjammer : der grosse Bericht über die Entwicklung, Reisen und Schicksale der Königinnen der sieben Meere / Jochen Brennecke.
4. Aufl. - Hamburg : Koehler, 1996
ISBN 3-7822-0680-0

ISBN 3 7822 0680 0; Warengruppe 41

Einbandgestaltung: Alexandra Busch
Gesamtherstellung: Hans Kock Buch- und Offsetdruck GmbH, Bielefeld
Printed in Germany

Inhalt

Die Bilder

Das Bild auf dem Schutzumschlag zeigt die Viermastbark *Placilla*.
(Ölbild im Besitz von Franz Tecklenborg, Bremen.)

Die Fotos wurden freundlicherweise zur Verfügung gestellt:

Denck 3, Frith 1, Jebens 11, Kleinschmitt 3, Graf Larisch 1, Matthäus 3*, Meyer (Jürgen) 12*, Piening 1, Reinemuth 9*, Seekiste 1*, Ullstein-Bilderdienst 3*.

* Fotos aus Archiven, Sammlungen und Bilderdiensten ohne Urhebervermerk

Dank an Mitarbeiter

Danken möchte ich für Mitarbeit, Unterstützung und Informationen

den Herren Kapitänen

E. Laufenberg †, Segelschiffskamerad des Verfassers; R. Miethe †, Valparaiso (Chile), ehemals Kapitän der *Potosi*; H. Piening †, Hamburg, ehemals Inspektor der Reederei FL; H. Schopper, Hamburg, vom Verband Deutscher Reeder,

den Herren Professoren

W. Horn, Hamburg, im Jahr der Manuskriptbearbeitung Leitender Direktor des Deutschen Hydrographischen Instituts, Hamburg; Dr. H. W. Roll, Hamburg, seinerzeit Präsident des Deutschen Hydrographischen Instituts, Hamburg; Dr. med Hans Schadewaldt, Direktor des Instituts für Geschichte der Medizin, Düsseldorf, Vizepräsident der DGSM.

Besonderen Dank habe ich zu sagen den Herren

Dipl.-Ing. Hans Jörg Furrer, Bern, für seine Überprüfung aller Schiffsnamen und deren Größen, verbunden mit einer Abstimmung mit Lloyds Register; Herr Furrer erarbeitete das größte und einzige Archiv über alle Rahsegelschiffe der Welt mit allen technischen, biographischen und bibliographischen Angaben bzw. wichtigsten Auszügen zum Thema. H.J. Furrer ist aus diesem Grunde in Anerkennung seiner Arbeit, für die Geschichte der square-rigged ships Ehrenmitglied der A.I.C.H (Amirale Internationale des Capitaines au Long Cours Cap Horniers, St. Malo). Er ist der einzige schweizer Bürger in dieser internationalen Bruderschaft;

Dr. Jürgen Meyer, Hamburg, dafür, daß er aus seinem so umfangreichen Archiv und qualifizierten Fachwissen nicht nur Einzelheiten zu den verschiedenen Schiffen ergänzte, sondern auch Schiffsschicksale prüfen und die oft verschiedenen Schreibweisen von Schiffsnamen abstimmen half. Außerdem hat Dr. Meyer sein umfangreiches Bildarchiv zur Bebilderung dieses Werkes zur Verfügung gestellt;

Kapitän Rolf Reinemuth †, Bremen-Lesum, ehemals Bezirkspräsident des Bezirks Weser der Deutschen Sektion der A.I.C.H, St. Malo, für den Beitrag über das Schicksal der *Nomea* u.a.;

Werner Krüger †, Stabshauptbootsmann bei der SAR Glücksburg, Segelschiffskamerad des Verfassers, für alle Beiträge über Kapitän Ablass und die *Professor Koch* sowie für Passagen im Kapitel „Shanghait und achteraus gesegelt", für Übersetzungen und für viele kleine, aber so wichtige Einzelheiten zum Thema, für die Erarbeitung von Tabellen und Listen, die Betreuung des Schifffahrtsarchivs, vor allem des Teils, der sich mit den Segelschiffen befaßt.

Dank gebührt auch Herrn H.J. Greiffenhagen, Nidda, für die sorgfältige Durchsicht der 1. Auflage, durch die noch einige Druckfehler, einige noch offene Fragen geklärt und verschiedene Passagen berichtigt bzw. ergänzt werden konnten.

Besonderer Dank für Informationen und Unterstützung für die 3. Auflage gilt Herrn Regierungsdirektor a.D. Kapitän Emil Memmen, Reinbeck, Präsident der Deutschen Sektion der Cap Horniers (A.I.C.H, St. Malo).

Vor allem danke ich meiner Frau Fritzi für die umfangreichen Übersetzungen aus französischen und englischen Quellen und für das Kapitel über die Reederei Laeisz.

Ein Bericht vorab

Es war Herbst geworden.
Kalt fauchte der Wind salzigen Gischt über die Reling. Vor vier Monaten hatten wir die öden Guanoinseln vor der Küste von Peru verlassen, hatten am 30. Juli Kap Horn passiert, und die aus turmhoher Brandung ab und zu herüberdräuenden Felsen von Diego Ramirez waren das einzige Land gewesen, das wir auf der ganzen Heimreise bisher gesehen hatten. Mit einem Kuhsturm von achtern jagten wir in etwa zwei Seemeilen Abstand vorüber.
Aber wir wußten, wo wir waren.
Und das war uns viel wert.
Fast drei Wochen stand eine grausige See dort unten. Unsere nicht mal 900 BRT große Bark, voll Guano gepackt, wollte sich schier die Masten und uns die Seele aus dem Leibe rollen. Dauernd brachen mittschiffs die Seen über.
Und zeitweise sah man vom erhöhten Achterdeck außer den Masten nur noch die Ofenpfeife der Kombüse und die auf dem Deckhaus festgezurrten Rettungsboote über Wasser.
Seit Wochen gab es kein trockenes Plätzchen mehr im Mannschaftslogis und achtern in den Kammern.
Aus Ölzeug und Seestiefel kamen wir überhaupt nicht raus.
Und immer wieder:
„All hands an Deck!"
Segel bergen.
An den Geitauen reißen, was Muskel- und Nervenkraft nur hergeben konnten.
Segel festmachen.
Segel losmachen.
Segel setzen.
An den Fallen reißen.
Die Luvbrassen holen, daß uns die Arme lang wurden.
Die Leebrassen holen.
Segel reffen.
Segel bergen.
Segel losmachen.
Segel setzen . . .
So ging es
Tag und Nacht.
Dazu die tobende See
mit den brüllenden Brechern,
die schrecklich lange Winternacht,
die Kälte.
Und Hagel
und Schnee in den Böen.

I

Ein Wort zuvor und zur Geschichte

Die Geschichte der Segelschiffahrt aller seefahrttreibenden Nationen zu schreiben, ist in einem Band nicht möglich. Allein für Deutschland würde das, wollte man alle Schiffe, deren Frachten, deren Rentabilität, deren Schicksale, deren Kapitäne und deren Reisen erfassen, ein Werk mit einem guten Dutzend Bänden erforderlich machen. Der Verfasser wird sich daher nur mit einem Teilgebiet, dem interessantesten zugleich, befassen können, mit den frachtfahrenden Großseglern[2] aus Eisen und Stahl, den großen Windjammern schlechthin.
Soweit es die deutsche Segelschiffahrt betrifft, ist es zum Verständnis der verhältnismäßig späten Bedeutung einer rein deutschen Handelsschiffahrt sinnvoll, eine Betrachtung der Gesamtentwicklung voranzustellen:
Solange das Deutschland von damals nicht mehr war als ein geographischer Begriff, existierte auch keine deutsche Handelsmarine. In der ersten Hälfte des 19. Jahrhunderts gab es zwar eine Vielzahl von deutschen Reedereien und Segelschiffsflotten in einer Vielzahl von souveränen Staaten und Freien Städten. Diese Staaten und Freien Städte wurden vom Deutschen Bund nur notdürftig zusammengehalten. Wenn nun, vor allem nach 1849, die in den „Seeuferstaaten" Hamburg, Bremen, Lübeck, Preußen, Schleswig-Holstein, Mecklenburg, Hannover und Oldenburg beheimateten Handelsschiffe allgemein bereits als „deutsche Handelsflotte" apostrophiert wurden, so war das nicht korrekt. Hier war der Wunsch nach nationalstaatlicher Einheit der Vater des Gedankens.
Dabei war die wirtschaftliche Lage für den Aufbau einer gesamtdeutschen Handelsflotte zu dieser Zeit so günstig wie nie zuvor, hatte doch England im Jahre 1848 die Bestimmungen der 1651 geschaffenen Navigationsakte[3] aufgehoben. Ausgenommen blieben nur die Begünstigungen der heimischen, also britischen Küstenschiffahrt und der Fischerei. Auch diese wurden wenig später, 1854, beseitigt. Gleichzeitig wurden die hohen englischen Zollschranken abgebaut. Hinzu kamen die günstigen Auswirkungen des 1834 gegründeten Deutschen Zollvereins zur Herstellung einer deutschen Wirtschaftseinheit innerhalb der deutschen Bundesstaaten und — sekundär — das Ausscheiden der amerikanischen Schiffahrtskonkurrenz während der Sezessionskriege in Amerika. Die Zeit um die Mitte der fünfziger bis Ende der sechziger Jahre brachte daher — ganz allgemein gesehen — für die Schiffahrt der souveränen Staaten und Freien Städte in Deutschland einen bemerkenswert großen Aufschwung. Das galt besonders für die Ostseeschiffahrt, die der Ostseeanliegerstaaten Überfluß an Holz und Getreide vorwiegend nach England schaffte[4]. Um diese Zeit waren die Flaggen der Reedereien deutscher Bundesstaaten auf vielen, praktisch auf allen Meeren der Welt zu finden, auch in jenem legendären Teegeschäft, in dem es vor allem Segler aus Bremerhaven waren, die den amerikanischen und englischen Teeclippern den Ruhm streitig zu machen versuchten.
Alle Mühen einschlägiger Kreise aber — allein schon im Hinblick auf das in politischer, kommunaler und wirtschaftlicher Hinsicht begünstigte benachbarte Ausland —, um die fünfziger und sechziger Jahre nun endlich eine einheitliche deut-

sche Seeschiffahrt und Handelsschiffsflotte zu schaffen, scheiterten, zunächst jedenfalls. Hinzu trat noch, daß sich die Reeder und Überseehändler einerseits und die aufkommende Industrie andererseits in ihren Bestrebungen völlig fremd gegenüberstanden. Auch fehlten, im Gegensatz zu England, die technischen Impulse, die dort, da sich der Bergbau und die Eisenindustrie in Küstennähe befanden, dem Schiffbau laufend fruchtbare Anregungen brachten, die zu schiffbautechnischen Neuerungen führten, die sich wiederum positiv auf die eigenstaatliche Wirtschaft auswirkten. Erst in der 1867 ausgerufenen Verfassung des Norddeutschen Bundes wurde eine Ausgangsbasis für die Koordinierung der Schiffsräume der oben genannten Seeuferstaaten durchgesetzt, nachdem schon 1857 in Nürnberg die Fragen der deutschen Flotteneinheit und einer einheitlichen deutschen Flagge während der Beratung eines Allgemeinen Deutschen Handelsgesetzes zur Debatte gestanden hatten. Aufbauend auf dieser spezifischen Beratung hieß es nun: „Die Kauffahrteischiffe aller Bundesstaaten bilden eine einheitliche Handelsmarine."
Allerdings kann das Geburtsjahr der ersten deutschen Handelsflotte durch diese Grundsatzerklärung, die zudem noch durch die Festlegung der einheitlichen Flagge Schwarz-Weiß-Rot[5] für deutsche Handels- und Kriegsschiffe ergänzt wurde, heute im Gegensatz zu damals nur bedingt als ein echter Beginn bezeichnet werden. Optisch gesehen war er es zwar, als am 1. April 1868 die einheitliche Flagge erstmals auf allen 4 964 Segelschiffen und 116 Dampfern der seefahrttreibenden Bundesstaaten gesetzt wurde[6]. Die Tonnage der 5 110 Schiffe betrug 1,3 Mill. Tonnen[7], etwa 42 Prozent davon waren in der Ostsee beheimatet. Insgesamt wurden 218 Reedereiplätze gezählt.
Bemerkenswert ist, daß erst durch die Veröffentlichung dieser Zahlen bekannt wurde, daß Deutschland in der Weltschiffahrt an zweiter Stelle nach England und vor Frankreich rangierte. 1871, dem Jahr der Reichsgründung, betrug der deutsche Bestand von Segelschiffen mit mehr als 50 cbm[8] 4 372 mit 900 361 NRT und 34 739 Mann Besatzungen. Dabei stellten die vorhandenen 147 Dampfer mit ihren rund 82 000 NRT nicht einmal zehn Prozent der Gesamttonnage. Von den über 4 000 Segelschiffen waren Ende 1870[9] nur etwa 2 500 mit insgesamt 800 000 NRT für die Hochseeschiffahrt geeignet. Es waren, da in jener Zeit für die Segelschifftakelung das Rahsegel dem Gaffelsegel vorgezogen wurde, Barken, Briggs, Schonerbriggs, Schonerbarken, Dreimastrahschoner, Zweimastrahschoner und Typen jener Großsegler, der Vollschiffe nämlich, die als die Königinnen unter den Schiffen angesprochen und daher nur als „Schiffe" bezeichnet wurden. Über Segler von der Größe und Güte der amerikanischen Clipper und Halbclipper verfügte die deutsche Segelschiffflotte nur in geringer Zahl, denn zur Stunde gab es für Deutschland — von einigen Ausnahmen, jenen in der Teefahrt, abgesehen — noch keinen den Betrieb derart schneller und hochwertiger Schiffe rechtfertigenden Seehandel.
Der Bestand der deutschen Segelschiffflotte setzte sich daher Ende 1870 wie folgt zusammen[10]:

1. Vollschiffe:

Davon gab es 100 verschiedener Größen. Von diesen war nur ein Teil im eigenen Lande gebaut worden[11]. Ihre Größe schwankte zwischen 1 500 und 500 R.-T. Sie waren fast ausschließlich auf der Weser und der Elbe beheimatet. Ausgesprochene Clipper beziehungsweise clipperähnliche Segler sind nur ganz vereinzelt, und zwar unter anderem von der Werft von Ernst Dreyer in Altona und Neuhof, der vormaligen Werft von Johann Beenck[12], von Jürgen Bruhn bei Apenrade und von

Joh. C. Godeffroy in Hamburg, gebaut worden. Die meisten der Vollschiffe hatten halbvöllige Linien und waren nicht übermäßig hoch getakelt. Trotzdem haben sie recht gute Fahrtergebnisse erzielt.
Ein besonders eigenwilliger Vollschifftyp ist um diese Zeit in Danzig — vereinzelt auch in Memel — gebaut worden: das Pinkschiff[13], das sich durch seine plumpe Rumpfform[14] und die unschöne Stellung seiner Masten[15] nicht gerade vorteilhaft von den Vollschiffen der Nordsee unterschied und auch nur vorübergehend als Holz- und Kohlenträger in Nord- und Ostsee arbeitete.

2. Barken:
Sie nahmen mit fast 1 000 Schiffen den weitaus größten Anteil an der deutschen Segelschiffflotte ein. Sie waren in der Größenordnung zwischen 1 200 und 200 R.-T. erbaut. Ihre mittlere Größe lag bei 400 R.-T. Solche Barken hatten unbestrittene Vorteile, die auch ihren überwiegenden Anteil erklären. Sie waren billiger in der Herstellung der Takelage, billiger, weil sparsamer im Verbrauch an Segeln und Tauwerk, und schließlich billiger in den Heuerkosten, weil weniger Besatzung benötigt wurde. Die größten dieser Segler solcher Art fuhren etwa 15 bis 17, die kleinen 8 bis 10 Mann an Besatzung. Zwar waren die Segeleigenschaften der Barken etwas weniger gut als die der Vollschiffe, doch für Fahrten, wo keine extrem hohen Geschwindigkeiten erforderlich waren, haben sie sich so gut bewährt, daß sie in Deutschland bevorzugt wurden. Es gab recht völlige Barkschiffe, aber auch schöne, schnellsegelnde Typen.

3. Briggs:
Wie das Vollschiff ist dieser Typ — ein zweimastiger Segler — ein reines Rahschiff. Mit über 750 nahm es in der deutschen Handelsflotte die zweite Stelle ein. Da die Brigg schon in den Zeiten der Segelkriegsschiffe als ein schnelles Nachrichtenfahrzeug galt, fanden sich daher auch in der deutschen Handelsflotte viele recht scharf gebaute Schiffe dieses Typs mit großer Besegelung. Daneben gab es aber auch recht völlige Lastenträger. Briggs wurden um 1870 an Weser und Elbe zwar noch häufig gebaut, an der Ostsee aber, wo die weitaus meisten Schiffe dieses Typs zu Hause waren, ließ die Bautätigkeit um jene Zeit bereits deutlich nach, einmal, weil ihre Takelung im Betrieb teurer als die der Bark war, und zum anderen, weil diese Takelage auch mehr Hände zu ihrer Bedienung erforderte. Die Größe dieser Briggs bewegte sich zwischen 150 und 350 NRT. Schiffe dieses Typs führten — genauso wie viele kleine Schoner —, von deutschen Häfen ausgehend, weite Reisen durch. Man fand sie in den Häfen des Indischen Ozeans ebenso wie in denen an den Küsten des Pazifiks. Und unter den Kap-Horn-Fahrern ist so manche „kleine“ Brigg, die sich durch schnelle Reisen ausgezeichnet hat.

4. Schonerbarken usw.:
Das ökonomische Bestreben, die Besegelung zu vereinfachen, um Material und Besatzung zu sparen, hatte Ende der sechziger Jahre, hauptsächlich an der Elbe, zum lebhafteren Bau von solchen Schiffstypen geführt, die mehr Gaffelsegel tragen können. Solche Typen sind:
die Schonerbark, die am vorderen Mast nur Rahsegel und am Groß- und Besanmast nur Gaffelsegel trägt, ferner
der Dreimast- sowie
der Dreimast-Toppsegelschoner,
die sich beide durch eine kleinere Rahbesegelung am Fockmast von der Schonerbark unterscheiden. Der Gesamtbestand an diesen Typen war jedoch mit nur

122 Schiffen verhältnismäßig klein. Ihre Größe war indessen die gleiche wie die der Briggs.

Der Ersatz der vollen Rahtakelung der Brigg durch eine gemischte Takelung aus Gaffel- und Rahsegel führte zur Schonerbrigg. Auch dieser Typ ist wie der Dreimastschoner besonders in den sechziger bis Anfang siebziger Jahren viel gebaut worden. Er war vor allem in den kleineren Häfen der Elbe und der westlichen Nordsee heimisch. Schonerbriggs fuhren hauptsächlich nach Brasilien und Westindien. Ihre Gesamtzahl in Nord- und Ostsee betrug Ende 1870 270, ihre mittlere Größe 175 R.-T.

Genauso wie der Dreimastschoner von der Schonerbark unterscheidet sich auch der Rah- oder Toppsegelschoner von der Schonerbrigg durch eine kleinere Rahbesegelung am Fockmast. Fast alle Schoner, mit Ausnahme einiger ganz kleiner, fuhren am Fockmast einige Rahen. Der reine Gaffelschoner, der sie später verdrängte, war damals noch nicht bekannt. Schoner gab es über 500 von 240 bis 40 R.-T., als Hochseesegler wurden nur die über 125 R.-T. gezählt. Von diesen waren über 200 im Dienst. In der östlichen Ostsee waren nur wenige Drei- und Zweimastschoner zu Hause.

Soviel über den Typenbestand der nunmehr, 1871, gesamtdeutschen Handelsflotte.

Trotz der einheitlichen Flagge mußten in praxi aber noch viele Gesetze und Verordnungen folgen, um das Ziel, das als Ausgangspunkt einer staatlichen deutschen Schiffahrtspolitik anzusprechen war, zu erreichen und um die Hemmnisse der früheren Kleinstaaterei abzubauen und zu überwinden. Das traf sogar noch auf die ersten Jahre nach der Reichsgründung zu[16]. Andererseits stellte das Jahr 1871 nach Anzahl und Tonnage etwa den Höhepunkt der deutschen Seglerflotte dar. Eine Blüte der deutschen Segelschiffahrt in ihren Leistungen und im Einsatz vornehmlich nun auf deutschen Werften erbauter Schiffe wird jedoch erst viel später folgen[17], tragischerweise erst dann, als dieser Höhepunkt auch gleichzeitig den Anfang vom Ende für die Windjammer schlechthin bedeutet.

Zusammenfassend darf gesagt werden, daß die Vorteile einer Handelsschiffahrt, die sich auf einen mächtigen Staatsapparat stützen kann, für die deutsche Schiffahrt erst ziemlich spät nutzbar gemacht werden können und daher auch noch später sichtbar werden. Andererseits haben nach der vorausgegangenen Flaggeneinigung mit der politischen Einigung dann auch in deutschbewußten Kreisen der verantwortlichen Männer der Schiffahrt — die übrigens von vornherein auf eine Beschränkung der Zentralgewalt auf das unbedingt notwendige Maß plädierten — jene technisch-handwerklichen und technisch-wissenschaftlichen Kräfte einen ungeheueren Auftrieb erfahren, die nun, im Zusammenhang mit den staatlichen Interessen, ein Höchstmaß an Qualität im Schiffbau und an Leistungen in der Schiffahrt selbst anstreben. Der nunmehr gesamtdeutschen Wirtschaft werden damit auch hier neue Wege gewiesen. Und mit dem politisch geeinten Deutschland tritt ein neuer Mitbewerber unter den Ersten auf den Meeren der Welt auf den Plan.

Soviel zum Grundsätzlichen der Situation der deutschen Handelsschiffahrt um die zukunftentscheidenden siebziger Jahre.

Dieses Buch, das nach dem einleitend Gesagten nur einen Ausschnitt aus der Entwicklung und Geschichte der gesamten Segelschiffahrt bringen kann, wird daher, da es sich nur mit dem absoluten Höhepunkt der Segelschiffahrt befassen will, den Schwerpunkt vor allem auch auf die — wie bereits gesagt — vom Schwanengesang überschattete Sternstunde der Windjammer unter der schwarzweißroten Flagge legen müssen. Gerade die deutschen Vier- und Fünfmaster[18] waren es, die sich um die Zeit vor der Jahrhundertwende und die Zeit danach der Welt uneingeschränkte Bewunderung erobert haben. Der Beginn dieser Zeitspanne läßt sich ziemlich genau abstecken. Er liegt um die Mitte der achtziger und Anfang der neunziger Jahre, in einer Zeit also, da

a) die Ära der schnellen, großen amerikanischen und französischen[19] und auch der wenigen deutschen[20] Clipper ausgelaufen ist,

b) die der in England entwickelten Typen der nicht minder schnellen Compositbauten der sechziger Jahre und der Clipper dieser Zeit zu Ende geht und

c) die der eisernen Großsegler[21] anbricht, denen dann, fast gleichzeitig, in England die eisernen, fast behäbig zu nennenden Clipper vom Medium-Typ[22] und nur wenig später die im L/B-Verhältnis schlankeren, weil stählernen Großsegler[23], vor allem vom Typ der Vier- und Fünfmastschiffe, folgen,

d) weiter aus dem schlichten Schiffsvolk die differenzierte Schiffsbesatzung wird, deren Unterkünfte nicht mehr die dunklen, schlecht zu lüftenden Quartiere im Vorschiff sind, und

e) — auch das gehört ins Bild der Wandlung — der Kapitän als Schiffseigner immer mehr verschwindet und sich mit kapitalkräftigen Gruppen zu Reedereien zusammenschließt, um sich den alles umstürzenden Verhältnissen im Konkurrenzkampf der Weltschiffahrt anzupassen, um leistungsfähig zu bleiben und um sich zu behaupten.

☆

Grundsätzlich ist zur Konstruktion der großen Segelschiffe, die wohl ein Jahrhundert lang keine nennenswerten Fortschritte zeigte, zu a) und b) noch zu sagen, was Professor R. Erbach[24] 1940 vor der Schiffbautechnischen Gesellschaft ausgeführt hat[25]:

„In den Vereinigten Staaten waren, begünstigt durch den Kaperkrieg in ihrem Freiheitskampf, die holländischen Vorbildern entnommenen, gedrungenen und vollen Schiffsformen durch schlankere, schärfere ersetzt und dadurch höhere Geschwindigkeiten und bessere Kreuzeigenschaften erzielt worden. Der Weltschiffbau wurde in neue Bahnen gelenkt. Den Höhepunkt dieser Entwicklung in Amerika stellten die amerikanischen Clipper dar, deren hervorragendster Konstrukteur, Donald McKay, jene weltberühmten Schnellsegler schuf. Diese extremen, nur auf Geschwindigkeit gebauten ‚out and out'-Clipper (die bereits 1843 entwickelt wurden und zunächst nur in der Opium- und Teefrachtfahrt Verwendung fanden[26]) entstanden in ihrer Vielzahl und wesentlich größer schließlich aus dem Bedürfnis einer schnellen Passagierverbindung zwischen der Ost- und der Westküste Nordamerikas mit dem wirtschaftlichen Aufschwung Kaliforniens durch die Goldfunde[27]. Auf dem gegenüber 2 800 Seemeilen Luftlinie 14 000 Seemeilen langen Seeweg um Kap Horn wurden um diese Zeit über 100 000 Passagiere, vornehmlich von New York, in den Goldenen Westen, nach Kalifornien, befördert. Da es bei diesen Rekordfahrten auf Tragfähigkeit und Betriebskosten nicht ankam, waren diese Schiffe außerordentlich scharf gebaut[28]. Sie besaßen eine durch zahlreiche Beisegel vergrößerte sehr hohe Besegelung und dementsprechend eine Besatzungszahl[29], die viermal so groß wie die Besatzung gleich großer stählerner Frachtsegler der späteren Zeit war[30]."

Als dann die Landverbindungen verbessert wurden, haben die Amerikaner diesen Typ dann, weil nun unrentabel, aufgegeben, nicht zuletzt, weil die Lebensdauer dieser für die damalige Zeit bis zu 2 500 NRT großen, aus Holz gebauten Segler nicht übermäßig groß war. Diese Clipper waren den außerordentlichen Belastungen bei dem scharfen Segeln um die Horn auf längere Dauer nicht gewachsen. Die Verbände zogen sich durch, die Schiffe wurden leck. Schon damals ging das vom Pioniergeist belebte Streben amerikanischer Techniker ins Übergroße. Ein Beispiel ist das seinerzeit größte Segelschiff der Welt, die schon erwähnte Viermastbark *Great Republic* — gebaut 1853 in Boston von McKay, der auch der Konstrukteur der *Flying Cloud* war, — die von New York um die Horn nach San Francisco mit 89 Tagen eine der schnellsten Reisen in der Goldküstenfahrt herausknüppelte, ferner die *Sovereign of the Seas*[31], die *Bald Eagle*, die *Empress of the Sea*, die *Staghound*, der *Westward Ho*, die *Staffordshire*. Für den Getreidehandel von San Francisco nach dem Osten und den Handel mit Ostasien entwickelte man später, 1869, dem Jahr, da im Mai die erste Pazifikbahn eröffnet wurde, einen weniger schnellen Frachtseglertyp, den Typ der Down Easters. Zwischenzeitlich — ab 1855 — wurden die bereits[32] erwähnten Medium-Clipper entwickelt. Sie waren nicht ganz so scharf wie ihre Namensschwestern gebaut, sie trugen weniger Rahen und daher auch weniger Segel und brauchten auch weniger Besatzung, vermochten dafür aber mehr Fracht zu schleppen[33].

Doch zurück zu den Down Easters, die für die deutsche Segelschiffahrt eine große Bedeutung gewannen. Deutsche Reeder kauften diese vornehmlich hölzernen Schiffe in den achtziger und neunziger Jahren aus zweiter Hand. Ihre Zahl machte einen beträchtlichen Anteil der erst im Aufbau befindlichen deutschen Großsegelschiff-Flotte aus, zu der noch eine Anzahl jener ebenfalls angekauften Extrême-Clipper kam[34].

Zu b) bleibt rückschauend zu ergänzen, daß der nur kurzen Blütezeit der Clipper in den Vereinigten Staaten[35] in den sechziger und siebziger Jahren eine Hoch-Zeit im englischen Schiffbau folgte. Hier wurde für die schnellen Reisen nach China, Indien und Australien zunächst ein völlig anderer, der bereits erwähnte Clippertyp im Compositbau[36] mit eisernen Spanten, Stringern usw., aber hölzerner, kupferbeschlagener Rumpfbeplankung und hölzernem Bug- und Achtersteven konstruiert. Segler dieses Typs waren bedeutend kleiner als die amerikanischen Vorbilder. Sie erreichten nur um die etwa 1 000 BRT, aber sie waren noch schärfer, noch schmaler gebaut, und sie hatten unter Wasser eine noch schlankere Form. Sie waren aber auch, wenn auch haltbarer, sehr teuer[37].

Diese britischen Clipper unterschieden sich von den amerikanischen Typschwestern dadurch, daß sie einen beträchtlich geringeren Decksprung und ein niedrigeres Freibord hatten und ausgesprochen schmal waren. Sie waren schnell in mäßigen und leichten Winden, während die Amerikaner ihre besten Leistungen erst bei stärkeren Brisen und stürmischen Winden entwickelten. Später, in den siebziger Jahren, konstruierte man in England größere, ganzeiserne Clipper, bei denen auf Rekordgeschwindigkeiten noch viel Wert gelegt wurde. Diese Segler, die im Auswandererdienst und in der Tee-, Wolle- oder Jutefracht fuhren und eben daher schnell sein mußten, boten — abgesehen von der bereits bis auf 2 000 t angewachsenen Größe — schon rein äußerlich gegenüber den Clippern aus Holz und jener in der Compositbauweise der sechziger Jahre ein anderes Bild.

Ihre Decks mit der halbrunden Poop, der hohen Back, dem tiefen Schanzkleid und den weißen Deckshäusern hatten gegenüber dem Flushdeck und dem niedri-

gen Schanzkleid der Teeclipper ein völlig anderes Aussehen. Sie unterschieden sich auch in der Takelage durch mehr Rahen, also auch durch mehr Brassen. Die Leesegel waren verschwunden, der Bugspriet war kürzer, und die Stengen waren vermehrt worden[37a]. Die Folge dieser beinahe gewaltsam zu nennenden Vergrößerung der Takelage und des damit vermehrten Toppgewichts war eine Reihe schwerer Havarien. In den Jahren 1873 und 1874 wurden nicht weniger als elf dieser Schiffe entmastet, neun davon bereits auf ihrer ersten Reise[38].
Während vor allem in Großbritannien der Bau eiserner Großsegler nun — auf den Erfahrungen der 1838 begonnenen Versuche aufbauend (Tafel I) — energisch vorangetrieben wird (1875 entstehen übrigens das erste eiserne Viermastvollschiff, die 1 616 ts große *County of Peebles,* die den Anfang einer ganzen Serie des bei Barclay, Curle & Co erbauten Typs macht, und 1877 mit der 1 403 ts großen *Tweedsdale* die erste Viermastbark aus Eisen), war die Umstellung auf den Bau und Betrieb von größeren eisernen Seglern (und natürlich auch von Dampfern) in Deutschland aus den schon erwähnten Gründen noch recht rückständig. Sie war auch deshalb noch unbedeutend, weil die noch immer hohen Zölle zum Schutz der deutschen Eisenindustrie die Einfuhr von ausländischem Eisen erschwerten, das eigene Eisen dagegen noch immer unverhältnismäßig teuer war. Das brachte der deutschen Schiffahrt[39] in der Übergangszeit schwere Einbußen, die erst später mit dem 1879 gefaßten Regierungsbeschluß, Schiffbaumaterial zollfrei einzuführen, und schließlich mit der Ausweitung einer eigenen Eisenindustrie weniger wurden und ganz beseitigt werden konnten, als sich eine leistungsfähige deutsche Werftindustrie für den Bau eiserner Segel- und Dampfschiffe entwickelt hatte. Der Übergang vom jahrhundertelang bewährten Werkstoff Holz zu den noch mit mancherlei technischen Imponderabilien behafteten Produkten aus dem Werkstoff Eisen — die Dampfmaschinen zählten hierzu — war d a s Sympton dieser Zeit[40]. Insgesamt waren 1870 nur 1,1 % deutsche Hochseesegelschiffe aus Eisen, die — siehe oben — fast alle im Ausland erbaut und mehr oder weniger auch erst später von deutschen Reedereien angekauft worden waren. Die britische Compositbauart fand sich in Deutschland nur bei zwei — ebenfalls im Ausland erbauten — Schiffen. Alle übrigen deutschen Segler waren aus Holz[41], und zwar überwiegend aus deutscher Eiche[42].
Jedenfalls: Die Vergrößerung des Ladevolumens war inzwischen eine zwingende Notwendigkeit geworden, da in der Zeit der Spätrenaissance der Segelschiffahrt die anfänglich belachte Dampfschiffahrt[43] eine — so scheint es — nunmehr wirklich ernst zu nehmende Konkurrenz zu werden droht[44].
Deutlich wird indessen, daß der im Jahre 1869 eröffnete Suez-Kanal sehr bald zunächst im Asiengeschäft den „Dampfern" den Vorsprung eines um 3 500 Seemeilen kürzeren Weges gegenüber den Seglerreisen um das Kap der Guten Hoffnung[45] verschaffte. Die Tee- und Opiumclipper kämpften auf verlorenem Posten, wenn auch die Oldtimer unter den Segelschiffleuten von der neuen Antriebskraft verächtlich als vom „gekauften Wind" sprachen, andere das abwertende Argument einwarfen, der Tee würde in den schmutzigen Laderäumen der stinkenden Dampfer einen widerlichen Geschmack annehmen. Jedenfalls wurden die Fahrten der umstrittenen Opiumclipper, vor allem aber auch der Teeclipper, trotz ihrer hohen Geschwindigkeit auf der Flying-Fish-Route wirtschaftlich mehr oder weniger uninteressant. Wie uneinheitlich die unaufhaltsam wachsende Bedeutung der Dampfer von verschiedenen Reedern beurteilt wurde, beweist, daß im gleichen Jahre, da der Suez-Kanal eröffnet wurde, an beiden Ufern des Nordatlantiks noch

ein gutes Dutzend Clipper vom Stapel lief[46]. Unter den in Großbritannien in Bau befindlichen Seglern war auch die *Cutty Sark*, ein Compositclippertyp, von dem man sich — zu Recht, wie später erwiesen — wahre Wunder versprach. In dem gerade in hoher Blüte stehenden Auswanderungsgeschäft nach Australien spielte der alte Seglerweg um das Nadelkap trotz des Suez-Kanals insofern noch weiter eine große und wirtschaftlich noch immer bedeutende Rolle. Die von Europa ausgehenden Segler kamen südlich vom Kap der Guten Hoffnung in der Westwindtrift unter dem 40. Breitengrad bis vor Australiens Haustür gut voran. Sie waren daher für die Endkostenrechnung immer noch schnell genug[47], um sich gegenüber den Dampfern vermöge ihrer wesentlich geringeren Betriebskosten behaupten zu können. Die Segler erzielten hier, in den Roaring Forties, Etmale mit über 350 Seemeilen und Höchstgeschwindigkeiten bis zu 18 Knoten. Das entsprach für die Schiffe vom Clippertyp einer Froudeschen Zahl[48] von über 2,3[49].
Auch auf dem Rückweg konnten diese Segler — nun mit Häuten und Wolle beladen — zunächst wiederum die Westwindtrift als Bundesgenossen buchen, um die Horn zu umsegeln oder aber, um zunächst einen der Häfen der chilenischen Westküste anzulaufen und Salpeter zu laden. Als das Auswanderergeschäft abflaute, konzentrierte sich die Australfahrt erst auf das Wollgeschäft, dann, später, auf Weizen als Fracht für die Segelschiffe. Hierauf wird noch an anderer Stelle gesondert eingegangen, ebenso auch auf Einzelheiten der Vorgeschichte in der Westküstenfahrt von Nord- und Südamerika[50].
Als Folge des durch den Suez-Kanal deutlich gewordenen Konkurrenzkampfes Dampfer kontra Segler zeichnete sich bald die schon erwähnte Tatsache ab, daß immer größere Segelschiffe gebaut wurden, da Bau- und Betriebskosten in viel geringerem Maße mit der Größe zuzunehmen pflegen als die Tragfähigkeit.
Die noch im Jahre 1868 4 691 320 BRT große Tonnage des in erster Linie vom Suez-Kanal betroffenen britischen Segelschiffraumes gegenüber nur 824 614 BRT bei den Dampfschiffen sank nach 1873 auf 4 067 564 BRT ab. Die Dampfertonnage dagegen stieg inzwischen auf 1 680 953 BRT an. Die Bedeutung des Suez-Kanals läßt sich deutlicher kaum ausdrücken.
Dann aber war — bedingt durch den Frachtraumbedarf im Wollhandel mit Australien, in der Salpeterfahrt nach Chile, in der Jutefahrt nach Calcutta und im Weizenhandel mit San Francisco — wieder ein, vor allem durch noch größere Schiffe bedingtes, Ansteigen der Gesamttonnage bei der Seglerflotte zu verzeichnen. Aber auch der Compositclippertyp der Engländer hatte noch immer gute Aussichten, von Australien mit einer Ladung Wolle unter Deck rechtzeitig zu den großen Auktionen nach London zu kommen.
Interessant ist das Jahr 1878, in dem sich ein wirtschaftlicher Tiefstand zeigte, wie er immer in bestimmten Intervallen im Welthandel aufzutreten pflegt. Die Frachten waren niedrig, und es wurde ein hartes Jahr für die Segelschiffe. Die Neubauten gingen zurück, und in England wurden zur Kostenersparnis sogar Dampfer in Segelschiffe umgebaut. Es waren vornehmlich Schiffe der P & O-Line und der Cunard Line. Aus dem Cunard-Liner *Cuba* wurde eine Viermastbark, aus dem Dampfer *Oneida*, 1855 in Dienst, wurde ein Vollschiff, das, von Lubbock allerdings (zu Recht) bestritten, eine Reise von England nach Melbourne in 59 Tagen gemacht haben soll. Auch der P & O-Liner *Ellora* wurde ein Segler; aus dem P & O-Liner *Northam*, 1858 in Southampton erbaut, wurde eine Viermastbark, die 1878 in 68 Tagen mit 32 Passagieren und Fracht an Bord von England nach Melbourne segelte und 1878 durch Feuer zerstört wurde, und aus dem Franzosen

François Arago wurde das Vollschiff *Accrington,* das sich ebenfalls in das Kapitel „Schnelle Schiffe“ einschrieb[51].
Der nächste Boom zeigte sich dann, als im Zuge einer weiteren Tonnagevergrößerung der Segler die großen, nun eisernen Vollschiffe, Viermastvollschiffe und Viermastbarken mit ihrer den damaligen Dampfern meist noch um das Doppelte und gar noch mehr überlegenen Ladekapazität erneut — und mit Erfolg — versuchten, in der Frachtfahrt von Weizen, Jute und nun in erster Linie von Salpeter und auch Petroleum rentabel zu bleiben.

☆

Im Verkehr zwischen Europa und der Westküste Amerikas einmal und zwischen der Ostküste Amerikas und der Westküste zum anderen hätte der Segler — analog zum Fall Suez-Kanal — indessen auch hier nicht mehr die dominierende Rolle gespielt, wenn der schon seit der Entdeckung der Goldfelder in Kalifornien im Jahre 1848[52] im mittelamerikanischen Panama geplante Bau eines künstlichen Wasserweges zwischen Atlantik und Pazifik bereits realisiert worden wäre. Dieser Kanal, der die Strecke New York — Kalifornien oder New York — Yokohama um 7 000 Seemeilen verkürzen sollte, stand aber noch immer als Projekt auf dem Papier[53]. Bis zu seiner im Jahre 1914 anstehenden Eröffnung konnten sich die Segelschiffe hier auch weiterhin behaupten, so wie sie sich bei Massenfrachtgütern auch in der Indien-China- und Japan-Fahrt noch nicht vollends durch die Dampfschiffahrt verdrängen ließen.
Auch die 1881 im chilenisch-argentinischen Grenzvertrag verbriefte „ewige Neutralisierung“ und das gleichzeitig niedergelegte Recht der freien Durchfahrt durch die Magellan-Straße für Schiffe aller Staaten darf bei der Betrachtung der Wegekürzungen bzw. Wegeerleichterungen für die aufkommende, vom Wind und von der Strömung unabhängige Dampfschiffahrt nicht unerwähnt bleiben. Gerade jetzt und wenig später erfuhr nämlich die in erster Linie mit Segelschiffen betriebene Salpeterfahrt[54] ihren ersten Höhepunkt.

☆

Diese Frage drängt sich in diesem Zusamenhang auf: War der Dampfer in den siebziger und achtziger Jahren bereits eine echte Konkurrenz?
Nun — nach Erbach — war es ein weitverbreiteter Irrtum, anzunehmen, die Segelschiffahrt und der Segelschiffbau hätten mit dem Aufkommen der Dampfschiffahrt eine rückläufige Tendenz aufzuweisen gehabt. Genau das Gegenteil war, so schien es, zunächst der Fall. Bis in die siebziger Jahre hinein verminderten nämlich die großen, schweren Niederdruck-Dampfmaschinen durch ihr großes Gewicht und ihren Raumbedarf und mittelbar durch ihren — besonders bei langen Fahrtstrecken — sehr hohen Kohlenverbrauch die Ladefähigkeit. So setzte sich denn die Dampfkraft für den Schiffsantrieb nur langsam durch. Sie fand ihren ersten praktischen und auch ökonomischen Nutzen überall dort, wo sich diese Nachteile nicht so stark auswirkten: einmal bei kurzen Fahrtstrecken oder, zum anderen, dort, wo größere Geschwindigkeit, fahrplanmäßige Pünktlichkeit und absolute Manövrierfähigkeit verlangt wurden. Das war zunächst bei Hafen- und Schlepperfahrzeugen, bei Eilgutdampfern auf kurzen Routen und bei den Passagierschiffen, bei denen die Frachtkapazität eine sekundäre Rolle spielte, der Fall.
Blenden wir noch einmal auf die für die deutsche Schiffahrt so wichtigen Jahre 1870/71 zurück. Hier ergibt sich dieses Bild:

Die reine Frachtschiffahrt unter der schwarzweißroten Flagge bestand 1870 praktisch nur aus Segelschiffen. Die Welthandelsflotte verfügte total über 15 Millionen BRT Segelschiffsraum, die Weltdampferflotte über nur 3,5 Millionen BRT, also über 23 %. Den Hauptanteil nahm England mit total 5 690 789 R.-T. ein, davon waren 1 450 691 R.-T. Dampfer, eine stattliche Menge, die sich aus dem hohen Stand der Eisen-Maschinen- und damit auch der Werftindustrie erklärt. Die amerikanische Handelsflotte war vor dem Sezessionskrieg zwar nicht viel kleiner, durch den Krieg aber auf etwa 2,6 Millionen BRT abgesunken. Von der französischen Handels-, insbesondere Segelschiffflotte wird noch an anderer Stelle die Rede sein. Die deutschen Dampfschiffe, deren Anteil in Prozenten bei 3 %, im Raumgehalt aber bei 12 % BRT lag, waren in der Hauptsache Passagierdampfer der beiden großen Reedereien in Hamburg und in Bremen, der HAPAG und des Norddeutschen Lloyd also, und kleine Dampfer in der Nordsee- und Ostseefahrt, ferner Schlepper und Hafenschiffe. Fast alle diese bereits aus Eisen erbauten Schiffe kamen aus England, während in Deutschland erst nur einige wenige kleine Dampfer (und von der Reiherstiegwerft, von der Flensburger Schiffbaugesellschaft und der Bremer Schiffbau-Gesellschaft, vorm. H. F. Ulrichs, Bremen-Vegesack, nur vereinzelt Segler) aus Eisen gebaut worden waren. Viele der auf größeren Routen eingesetzten Dampfer, die Passagierschiffe vor allem, führten anfänglich noch zusätzliche Besegelung. Das half zwar Kohlen einsparen, erhöhte aber durch das Mehr an Besatzungsmitgliedern die Personalkosten und damit, im Vergleich zu den Seglern, die Betriebskosten[55].

Soweit es die rein deutschen Belange angeht, darf festgestellt werden, daß sich der Bau von Segelschiffen in Deutschland — von der Periode 1871 bis 1875 abgesehen, da hier der Segelschiffbau infolge der Eröffnung des Suez-Kanals auf der ganzen Erde zurückging — nach Zahl und auch nach Tonnagegehalt dauernd steigerte. Solches hielt bis zum Abschnitt 1891 bis 1895 an, wo mit 64 000 BRT der absolute Höhepunkt an Tonnagezuwachs erreicht wurde. Dann hörte der Segelschiffbau nahezu auf. Erst im ersten Jahrfünft war — letztmalig — eine Zunahme der Bautätigkeit[56] zu verzeichnen. Danach fiel die Kurve steil nach unten ab. Das Ende warf seine Schatten voraus.

Was die mittlere Größe der Segelschiffe angeht, so hat sie seit dem Jahre 1861 zwar dauernd, wenn auch langsam, dann aber, in den ersten Jahren nach der Jahrhundertwende, ganz erheblich zugenommen. Sie betrug:

1861 bis 1865	625 BRT
nach 20 Jahren von 1881 bis 1885	1 179 BRT
nach weiteren 20 Jahren von 1901 bis 1905	3 291 BRT

Besonders deutlich wird, was oben schon vermerkt wurde, daß zu dieser Zeit die Segelschiffahrt und der Segelschiffbau nicht rückläufig waren — oder, klarer gesagt, nicht rückläufig schienen — durch die Gegenüberstellung dieser Zahlen:

	1860	1880
Zahl aller Segelschiffe der europäischen Handelsflotten	92 270	127 170
Zahl aller Dampfer der europäischen Handelsflotten	2 974	13 858[57]

Man kommt aber zu einer anderen Erkenntnis, wenn man die Zahlen der beiden Gruppen untereinander vergleicht: Danach stieg in 20 Jahren die Zahl der Segelschiffe um 26 % an, die der Dampfer jedoch um 366 %. Auf eine größere Zeitspanne übertragen, wird das Verhältnis noch deutlicher: 1879 wurde die Zahl aller Seesegelschiffe mit 118 800 mit 15 130 351 R.-T. angegeben. 1906, dieser Vorgriff sei erlaubt, wird sie trotz der inzwischen erfolgten Zunahme und der Vergrößerung der Tonnage bei den modernen Vier- und Fünfmastern auf etwa 90 000 Segler mit 7 620 700 R.-T. absinken. Das ist deutlich. Selbst wenn feststeht, daß die alten hölzernen und zudem kleineren Segelschiffe im Zuge der technischen Entwicklung durch größere Segler aus Eisen und Stahl laufend ersetzt wurden, so trug doch die Zahl von über 7 Millionen Tonnen des inzwischen so stark angewachsenen Bedarfs an Schiffsraum in der Relativität zum Dampfer durchaus nicht die hier adäquate Rechnung.

Noch klarer wird das Verhältnis Segelschiff : Dampfschiff, wenn man die jährliche Zuwachsrate der Welthandelsflotte zugrunde legt, nach der das Anwachsen der Seglerflotte bereits 1860 einen absoluten Höhepunkt erreichte, um von diesem Zeitpunkt an rapide abzusinken, bis schließlich in den 80er Jahren eine absolute Abnahme deutlich wird.

Blenden wir nach diesem Vorgriff auf die Belange der rein deutschen Segelschiffahrt wieder auf den chronologischen Ablauf der allgemeinen Entwicklung zurück:

In der Geschichte der Segelschiffe spielt das Jahr 1881 eine mehrfach besondere Rolle.

1. England erbaute den ersten Segler aus Siemens-Martin-Stahl[58], die 1381 ts-Bark *Carleton.* Und da wie überall das Bessere des Guten Feind ist, folgten der noch kleinen Bark sehr schnell schon die ersten Vollschiffe aus Stahl: 1882 die *Garfield* und die *Sierra Parima,* 1883 das erste Viermastvollschiff, die *Knight of St. Michael*[59], und 1882 die erste stählerne Viermastbark, die *Pinmore.* Der deutsche Schiffbau fand — im Gegensatz zu seinem Zögern beim Übergang von Holz auf Eisen — verhältnismäßig schnell, 1887, den Anschluß, nämlich mit den für die aufstrebende Segelschiffreederei F. Laeisz von Blohm & Voss, Hamburg, erbauten stählernen Barken *Potrimpos* und *Prompt.* Ein Jahr später schon, 1888, streckte Blohm & Voss den Kiel für die Barken *Pamelia* und *Pergamon* und Joh. C. Tecklenborg A.-G., Geestemünde, den Kiel für das erste deutsche Vollschiff aus Stahl, für die 1792 BRT große *Najade* für die Reederei Visurgis A.-G.[60], Bremen, und 1889 für das Vollschiff *Parchim* für die Reederei F. Laeisz. Diesen folgen schnell weitere Segler aus Stahl: 1889 die Vollschiffe *C. H. Wätjen* und *Nereus* bei der Bremer Schiffbau-Gesellschaft, vorm. H. F. Ulrichs, Bremen-Vegesack, die Bark *Selene* bei der A.-G. „Neptun“, Rostock, die Bark *Marga* bei Henry Koch in Lübeck und in Hamburg bei Blohm & Voss die Bark *Potsdam* und das Vollschiff *Palmyra.* Diese Aufzählung beweist, daß die Bearbeitung von Konstruktionen für Segler aus Stahl fast gleichzeitig allen namhaften deutschen Werften vom Werkstoff wie auch vom Personal her möglich war und keine Schwierigkeiten bereitete[61].

2. In Frankreich, wo der Bestand der Segelschiffe seit 1870 stetig abnahm[62], wurde am 29. Januar 1881 ein Gesetz zur Hebung der Segelschiffahrt erlassen. Dieses Gesetz (siehe Anhang, Tafel II), das aber nur bis 1891 Gültigkeit hatte, bewilligte staatliche Bau- und staatliche Fahrtprämien. Letztere waren für im Inland erbaute Schiffe doppelt so hoch als für im Ausland entstandene. Des Gesetzes Erfolg war eine fast explosionsartig erhöhte Bautätigkeit in den ersten Jahren, die aber gegen Ende seiner Gültigkeit bald wieder abflaute. Als ein Ergebnis dieses Gesetzes darf aber sehr wohl der 1882 im Auftrage der Reederei Bordes er-

folgte Bau des ersten eisernen französischen Viermastvollschiffes, der *Union*, gelten. Allerdings fand sich damals noch keine französische Werft, um einen solchen Bau zu führen. Der Auftrag ging daher, wohin sonst, nach Greenock in Schottland.

3. In den Vereinigten Staaten erlebten die Häfen der nordamerikanischen Westküste einen Boom wie in der im mehrfachen Sinne golden zu nennenden Zeit der Clippertage, siehe auch [35, p. 330, ab Zeile 11 ff.]

Die nächsten Jahre brachten für die europäische Segelschiffahrt keine Besonderheiten, außer daß 1885 bei Blohm & Voss, Hamburg, die erste deutsche Viermastbark, die *Polymnia*, entstand, ein Eisenschiff noch, das für die Rechnung der zur Zeit größten deutschen Segelschiffsreederei, für B. Wencke Söhne, Hamburg, erbaut wurde. Sie vergab diesen Auftrag für diesen in neuer Zeit so beliebten Segelschiffstyp vertrauensvoll an eine deutsche Werft an der Elbe, an Blohm & Voss, die mit diesem Schiff unter der Baunummer 43 ihre erste Viermastbark von dem Helgen laufen ließ „und damit", so Szymanski, Berlin, „einen Schiffstyp, der den eigentlichen Abschluß einer langen Segelschiffentwicklung bildete . . ." 1885 wurde in Deutschland übrigens auch das Dampfersubventionsgesetz erlassen. Es war eine gesetzliche Stütze der deutschen Reeder, ihre Schiffe auf deutschen Werften bauen zu lassen. Der Wettbewerb England - Deutschland begann.

Offiziell ist das Jahr 1887 auch ein Meilenstein in der Geschichte der Segelschiffahrt, lief doch bei Barclay Curle die Viermastbark *Duchalburn* vom Stapel. Das Besondere an ihr: Das Jubileerigg ist eine scherzhafte Bezeichnung für eine Segelschifftakelung, die etwa um die Zeit des 50. Regierungsjubiläums der Königin Victoria eingeführt wurde. Square rigged-Schiffe mit Jubileerigg führten über den doppelten Bramrahen keine Royals. Durch Verbreiterung der Mars- und Bramsegel kompensierte sich das fehlende Tuch der Royals. Man genoß den Vorteil, das Tuch länger stehen lassen zu können. Um den stärkeren Druck auf den Stengen abzufangen, verlängerte man die Doppelung der Bram- und Marsstenge und ging sogar in einem Ausnahmefall so weit, daß man später bei der *Lawhill* die Bramstenge an die Achterkante der Marsstenge setzte. Lubbock nennt diese bulligen Schwerwettersegler: stump topgallant yarder, die Amerikaner, die hohe, fast übertakelte Masten und schlank und ästhetisch wirkende Segler liebten, hatten einen mit „poor men's rig" gar treffenden Namen für diese Takelung gefunden. Schiffe dieser Art wurden auch von deutschen Reedern angekauft, so von Wätjen die Viermastbark *Anna* ex *Otterburn*. — Wie gut, daß damals die Dokumentation eine noch unbekannte Sache war, sonst hätte irgendein Kundiger Salz und Pfeffer in die Jubiläumsfreudensuppe gestreut, denn: ein Jubileerigg dieser Art hatte Fritz Deetjen in Brake schon 1885 für die Bark *Otilde* verwandt. Daß auch eine Reihe von Stülcken-Schiffen ab 1874 bereits ohne Royal, aber mit doppelter Bram in Dienst gestellt worden war, auch das blieb den kontinentfremden Briten unbekannt. Unter diesen Schiffen, die mit Jubileerigg fuhren, bevor die Queen Jubiläum hatte, ist vor allem die durch ihre schnellen Reisen zur Westküste bekannt gewordene Bark *Papa*. Wenn man weiter sucht, wird man auch auf die Brigg *von Roon* stoßen, die man bei Nicolai in Brake ohne Royals auftakelte, und das schon 1871[61a]. In diesem Zusammenhang ist es vielleicht gut, sich kurz und zusammenfassend mit den Änderungen in der Takelage und deren Bedienung zu befassen. Die schon erwähnte Teilung erst der Untermarssegel und später der Bramsegel hatte ihre tiefere Ursache darin, das langwierige und bei schlechtem Wetter gefährliche Reffen zu vermeiden. Durch die hinzugekommenen

Rahen mit ihrem stehenden und laufenden Gut vermehrte sich, wie dargestellt, das Toppgewicht der Takelage. Das nun war die Ursache für eine Reihe schwerer Havarien, in erster Linie von Stengenbrüchen, aber auch vom Kentern einiger Schiffe, so daß diese Bewegung anfangs wieder zurückflutete. Anstelle der doppelten Mars- und Bramrahen wurden daher in den 60er und 70er Jahren auf vielen englischen Schiffen Vorrichtungen zum Aufwickeln der Segel auf den Rahen gefahren. Das Verfahren, das hierbei nach dem Cunningham-Patent arbeitete, ist wohl das bekannteste geworden. In Deutschland hatte sich diese Vorrichtung jedoch keine Freunde erworben. Auch in anderen Ländern, wo dieses Patent stärkere Beachtung fand, ersetzte man es wieder durch geteilte Rahen.

Um die 80er Jahre wurden immer mehr Handleinen und Ketten im laufenden Gut durch lehnigen Stahldraht ersetzt. Er fand Verwendung für Fallen und für Toppnanten, für Geitaue und später auch für die Gordings und die Schoten der Untersegel, während man für die Schoten an den Rahen die Ketten beibehielt.

Zur wichtigsten Neuerung aber ist die Winde zu zählen, die des Seemanns Lieblingswerkzeug, die Handtalje, nach und nach zu ersetzen begann. Auf neueren Schiffen wurden durchweg Obermars- und Oberbramfallen durch Kurbelwinden bedient, die in ihrem Anfangsstadium mit Zahnradübersetzung und später selbstsperrend mit Schneckenbetrieb arbeiteten. Auch Schoten und Halsen der Untersegel wurden bald auf vielen neuen Schiffen mit Gangspillen oder Relingwinden steifgeholt.

Der größte Fortschritt indessen waren die von dem britischen Captain J. C. Jarvis erfundenen Braßwinden. Auf seinem eigenen Schiff erprobte und bildete er sie zu jener Vollendung aus, die Sicherheit mit großer Einfachheit verbindet.

Bislang war das so: Um mit den alten Handtaljen zu brassen, bedurfte es mehrerer Mann für jeden Topp, solcher, welche die Brassen der verschiedenen Rahen fierten, und solcher, welche sie auf der anderen Seite durchholten. Das war bei schwerem Wetter in Lee eine verdammt langwierige und nicht minder verdammt gefährliche Arbeit, ganz besonders, wenn das Schiff, wenn es beladen war, mit der Leereling durch Wasser segelte, Seen über die Mannschaft brachen und die langen Läufer der Brassen durch die Wasserpforten spülten oder sich irgendwo an Deck bekniffen.

Mit den Jarvis-Winden ist das eine — verhältnismäßig — einfache Sache geworden: Mit ihnen geschieht das Brassen für die drei unteren Rahen an jedem Mast durch zwei Mann, die mittschiffs, also geschützt und trocken, kurbeln, und zwar gleichzeitig für beide Seiten. So werden also — zum Beispiel — die Luvbrassen gefiert und gleichzeitig die Leebrassen geholt, so daß die drei Rahen in jeder Lage während des Brassens festgehalten werden Das Herumwerfen der Rahen beim Wenden läßt sich durch Auskoppeln der Trommeln arrangieren, und eine Handbremse ermöglicht es, die Bewegung nach Belieben und Bedarf zu hemmen. Nach dem Brassen brauchen nur noch die Strecktaljen, die vor dem Brassen losgeworfen wurden, kurz steifgeholt zu werden, um die Lose aus den Brassen herauszubringen. Es ist einleuchtend, daß diese neue Einrichtung, die um die Jahrhundertwende auf allen deutschen Segelschiffen Eingang findet, viel dazu beiträgt — besonders beim Aufkreuzen gegen schweren Wind und Seegang —, die Mannschaft außerordentlich zu schonen.

1888: Jenes Jahr, in dem auch in Deutschland Stahl für Segelschiffe Verwendung fand, ein Werkstoff, dessen Hauptvorzug neben hoher Festigkeit in seiner Dehnbarkeit und Geschmeidigkeit im kalten Zustande besteht. Die Verwendung von

Stahl nicht nur für den Rumpf, sondern auch für die Masten und die Takelage, schuf völlig neue Verhältnisse.

Nach Lubbock war dieses Jahr für die Segelschiffe, nunmehr durch Neubauten aus dem neuen Werkstoff — weil wirtschaftlicher — begünstigt, das Jahr, in dem die Segelschiffseigner zum letzten verzweifelten Kampf gegen den ‚cheaply run' der unsolide gebauten und hoch versicherten Dampfer antraten, ein Kampf, der, von der Menge der Stapelläufe her gesehen, erst nach 1893 abflaute. In Schottland war es die große, an der Clyde gelegene Werft Russell & C., Port Glasgow, die wohl den größten Beitrag zu diesem Boom beisteuerte. Es wurde später zwar behauptet, daß viele dieser Segler, die unter dem Druck des Booms während dieser Bauepoche entstanden, mangelhaft durchkonstruiert und nicht minder mangelhaft erbaut worden seien. Das ist eine Übertreibung, die der Wahrheit nicht gerecht wurde, denn es entstanden viele gute, viele schöne, viele schnelle und auch handige Großsegler. Dessenungeachtet blieb es natürlich nicht aus, daß auch hier, in Großbritannien, wie auch dort, in Frankreich, Schiffe auf den Hellingen Gestalt gewannen, die, weil bar jeder Erfahrungen, als noch lange nicht ausgereifte Konstruktionen zu bezeichnen waren. Die tiefere Ursache ließ sich darin suchen, daß Größe, Bauart und Takelung wesentlich von dem bisher Bewährten und bis dahin Üblichen abwichen[63]. Insbesondere wurde später in mehreren Fällen falsche Stabilität als die Ursache erkannt, ausgelöst durch ungenügend gefüllte oder — bei homogener Ladung — leere Wassertanks. Jedenfalls gingen in den Jahren 1891 bis 1892 — welch ein Parallelfall zur Unglücksserie im Eisenschiffbau 1874/75 — nicht weniger als elf dieser stählernen Neubauten in der Größenordnung zwischen 2000—3000 BRT — meist englische und französische Schiffe — verloren[64]. Einige wurden von ihren Besatzungen verlassen, weil sie kenterten, die meisten aber blieben für immer verschollen. Unter den Verlusten befand sich eines der größten und schönsten Segelschiffe, das jemals in England erbaut worden war: die für die deutsche Reederei Rickmers Reismühlen Reederei und Schiffbau AG., Bremerhaven, bei der sonst so bewährten Werft Russell & Co. erbaute Fünfmastbark *Maria Rickmers*, über deren Schicksal im Kapitel XII: „Verschollen, vermißt" noch gesondert berichtet wird. Auf der anderen Seite hat sich ein andrer, ebenfalls ins Gigantische gehender Bau, zu dessen Ausmaßen der neue Werkstoff Stahl verleitete, zehn volle Jahre flott gehalten, obwohl auch er, um es englisch zu sagen, a tender[65] ship, ein zu weiches Schiff also, war: die 1890 für A. D. Bordes auf der Hendersons-Werft zu Partick[66] erbaute, 3813 BRT große *France* (I). Die Fünfmastbark, die sich in der Salpeterfahrt dennoch recht gut bewährte, brauchte, mit 6000 Tonnen Salpeter beladen, von Iquique zum Kanal einmal 79, einmal nur 76 Tage oder vom Kanal nach Rio nur 32, eine Zeit, die nur einen Tag unter dem Rekord auf diesem Track lag. 1901 war es, als sie, wieder einmal mit Kohlen aus England beladen, mit Zielhafen Chile in See stand. Im Mai dieses Jahres wurde von der Bark *Josepha* ein riesiger, von seiner Besatzung verlassener Fünfmaster gesichtet. Die Rahen des hart übergekrängten Schiffes schleiften durch das Wasser, und die Decks wurden rhythmisch von jeder See überspült. Das war das Letzte, was Menschen von der stolzen *France* sahen ... (Über die Rettung der Besatzung siehe Kapitel XIII: Rettung).

1889: Zumindest primär für Hamburg, sekundär aber für die allgemeine Lage in der Segelschiffahrt interessant: Nachdem die Dampfer in Hamburg die Segelschiffe bereits 1882 an Nettoraumgehalt überholt hatten, überspielen sie diese auch an der Zahl[67].

1890: Ein Jahr, das sich für Deutschland dadurch auszeichnet, daß das letzte deutsche Vollschiff aus Holz, die *Etha Rickmers*, vom Stapel läuft[68].

1893: Dieses Jahr wurde ein erneuter Markstein in der Windjammer-Lebensgeschichte.

Trotz der vereinzelten Lichtpunkte in der Entwicklung der Segelschiffahrt nahm in Frankreich die Zahl der Segelschiffe über 50 Reg.-Tons im ganzen stetig weiter ab; von 514 000 ts im Jahre 1881/82 auf 257 000 ts im Jahre 1893/94. Wieder begünstigte ein neues Gesetz vom 30. Januar 1893 (siehe Anhang, Tafel III) die Segelschiffahrt durch erhöhte Fahrtprämien. Es bewilligte für 1 000 Seemeilen Fahrt für in Frankreich gebaute Schiffe:

1,10 fr. pro Bruttoregistertonne für Dampfer,
1,70 fr. pro Bruttoregistertonne für Segler.

Dieses Gesetz bedeutete einen der wichtigsten Abschnitte in der Geschichte der neuen Segelschiffahrt.

Für den französischen Segelschiffbau war der Erfolg durchschlagend. Unter der Wirkung dieses Gesetzes wurden von 1893 bis 1902 zweihundertachtundzwanzig Segelschiffe mit 510 000 BRT in Eisen und Stahl gebaut. Die Durchschnittsgröße bewegte sich bei 2 240 BRT. Es waren durchweg große Schiffe (siehe Anhang, Tafel IV). Aus dieser Zeit stammt auch die große Zahl der modernen französischen Viermastschiffe.

Da die Prämie für die Bruttoregistertons bezahlt wurde, war es natürlich, daß diese Schiffe große Aufbauten erhielten,
Brückenhaus oder
lange Poop,
die für die Besatzung gute Unterkunftsräume hergeben.

So belebend das Gesetz auf den Bau der französischen Segelschiffe gewirkt hat, so schwer schädigte es die internationale Segelschiffahrt[69].

Aufgrund des erwähnten Gesetzes ergab es sich, daß ein französisches Schiff, das ohne Ladung in Ballast hin- und herfuhr, im Jahr mindestens ebensoviel, wahrscheinlich sogar mehr an Prämien verdiente als ein anderes an Frachten für die Rückfahrt. So sinnlos dieses Ergebnis war, soll es doch vorgekommen sein, daß französische Schiffe nur Ballast fuhren und sich gar nicht so schlecht dabei gestanden haben. Auf die Dauer war ein solcher Zustand unhaltbar. Dem französischen Staat wurden die Ausgaben mit der Zeit zu hoch (siehe Anhang, Tafel V).

☆

Das Jahr 1904[69a] hält eine neue, erstmals deutsche Überraschung bereit. Obschon es sich hier nicht um echte Square-rigger handelt, sei dennoch erwähnt, daß in diesem Jahr für deutsche Rechnung in Greenock auf der Werft Gr. & Gr. Dockyard Co.[70] die beiden 2005 Reg.-Tonnen großen Viermastbarkantinen[71] *Mozart* und *Beethoven* für die Hamburger Reederei A. C. Freitas & Co. abgeliefert wurden[72]. Es waren zwei Schiffe, die von den Engländern wegen der Rahtakelung im Vortopp Barkantinen genannt wurden, eine Bezeichnung, die übrigens nicht bei allen staatlichen Stellen in Deutschland Gegenliebe fand[73].

Es waren übrigens gar nicht so leicht Kapitäne zu finden, welche die Führung dieser Fahrzeuge übernehmen wollten. Wenn auch die Takelage einfacher als auf einem vollgetakelten Schiff war, so war es nicht jedermanns Sache, mit Schonersegeln zu arbeiten, deren unterer Baum die respektable Länge von 15,25 m hatte[74]. Wenn ein solcher Baum durch das Brechen eines Blocks seine eigenen Wege ging und über Deck hinwegfegte, so war es nicht so leicht, ihn wieder einzufangen[75].

Als die *Mozart* und *Beethoven* fertiggestellt waren, war man natürlich gespannt, ob dieser Typ ein Erfolg sein würde oder nicht. Beides traf ein: Die *Beethoven* brauchte von Port Talbot nach Callao etwa 95 und die *Mozart* von Falmouth nach Iquique 105 Tage. Der Vorteil dieser gegenüber vollgetakelten Seglern lag vom kaufmännischen Standpunkt aus gesehen darin, daß

1. die Besatzung kleiner sein konnte[76],
2. die Baukosten eines solchen Schiffes infolge der einfachen Takelung geringer waren und
3. die Reparaturrechnungen für Deck, das heißt für Segel, Tauwerk, Blöcke usw., kleiner sein müssen als bei einem vollgetakelten Schiff.

Soviel über zwei zumindest interessante Schiffe, über die bislang nur wenig bekannt wurde; daher diese Ausführlichkeit.

Daß die deutschen Kapitäne und deren Besatzungen sich auf das Segeln großer Rahschiffe verstanden, daß diese deutschen Schiffsführer die Segelfahrt zur Wissenschaft erhoben und vervollkommnet hatten, war um diese Zeit bereits eine auch von den Engländern respektierte Tatsache. Nun, 1895, erwarb sich aber auch der deutsche Segelschiffbau Weltruf. Es war in der Fachwelt ohnehin bereits unbestritten, daß die englischen Segler zwar billiger, dagegen die in Deutschland konstruierten, wenn auch teurer, so doch besser gebaut wurden. Vor allem gab die Reederei Laeisz ein Beispiel, was aus der Forderung des Reeders nach „besten Schiffen" in Zusammenarbeit mit Werften, wie Blohm & Voss oder Tecklenborg, erreicht werden konnte: Stählern reckten sich die Masten auf diesen Schwerwetterschiffen vom Kiel bis zum Flaggenknopf, stählerne Rahen breiteten Segel in bisher nie für möglich gehaltenen Flächen aus. Wo andere Schiffe noch Hanf- und Manila-Tauwerk führten, gelangten hier Stahldrähte zur Verwendung. Und sie hatten ihren Nutzen: Wenn andere Schiffe ihre Obermarssegel einpacken mußten, brausten die P-Liner mit noch beiden prallen Bramsegeln im Topp vorbei.

Basil Lubbock, jener echte konventionelle Brite, bekennt in seinem Vorwort zu den „Nitrate-Clippers", daß er, der gleich allen Landsleuten in dem Glauben aufgewachsen sei, englische Seeleute seien ohne Rivalen, und englische Schiffe seien besser gebaut und besser geführt als die irgendeiner anderen Nation, sagen muß: „Ich fürchte in der Tat, daß wir zur Zeit nur wenig Recht dazu haben, in Seetüchtigkeit, Seefahrtskunde oder Schiffbau eine Überlegenheit über andere Nationen zu beanspruchen, die unsere seefahrenden Väter recht unhöflich als Dutchmen oder Dagos titulierten ... Meine Leser, des bin ich sicher, werden mir darin recht geben, daß die Salpeterschiffe der P-Line und die von A. D. Bordes es verdienen, in der Geschichte der Seefahrt mit unseren eigenen Clippern und Frachtern erwähnt zu werden, denn schönere und besser betriebene Schiffe waren in unserer britischen Seefahrt auch auf der Höhe ihres Ruhmes nicht zu finden."

Jedenfalls, um auf das Jahr 1895 zurückzukommen: In diesem Jahr wurde für die nun schon berühmt gewordene Reederei F. Laeisz die Fünfmastbark *Potosi* auf der nicht minder berühmt gewordenen Werft an der Geeste, der Joh. C. Tecklenborg A.-G., erbaut. Sie wurde mit ihren 4 026 BRT zur Stunde nicht nur das größte Segelschiff der Erde, sie — ein vollendetes Schwerwetterschiff, wie es sich die Reederei wünschte, wie sie es auch verlangte— zeichnete sich bald schon — eben weil vom schweren Wetter praktisch unabhängig — durch Reisen aus, die —

trotz Hölle Kap Horn — durch ihre Stetigkeit überraschten. Doch darüber mehr im Kapitel III: Schnelle Reisen.

Mehr noch mit der *Potosi* wie auch mit den stählernen Viermastbarken war Deutschland der Schritt nach vorn gelungen. Hatte man bisher nur nachgebaut, so durften die deutschen Werften jetzt für sich den Anspruch erheben, in der weiteren Entwicklung größter Segelschiffe vorangegangen zu sein.

Mit dem 1902 erbauten Fünfmastvollschiff *Preußen* jedoch übertraf die Tecklenborg A.-G. nicht nur die *Potosi* an Größe, sie übertraf sich auch selbst.

Die 5 081 BRT große *Preußen* war und blieb die Krönung im deutschen Segelschiffbau, mehr noch, der ganzen Welt schlechthin.

Die *Preußen* war, wenn sie im Passat unter einem Dom weißer Segel durch die leuchtend blaue Atlantiksee pflügte,
nicht nur einfach schön,
nicht nur ein Rausch aus Symmetrie und schwerelos scheinender Eleganz,
sie war mehr,
sie war majestätisch wie eine
Königin.
Wer sie sah,
schwieg.

☆

In Verbindung mit den Schiffbauten aus Stahl und den vorausgegangenen Untersuchungen über eine durch die „qualmende Konkurrenz" bedingte Rückläufigkeit bei den Segelschiffen ist es angebracht, darauf hinzuweisen, daß mit dem Größerwerden der Segler auch die Völligkeit[77] zunahm.

Während jedoch die Völligkeit bei Dampfern bis zum Koeffizienten 0,8 voll ausgenutzt wird[78], können Segelschiffe nicht so voll gebaut werden, da sie sonst zu viel Abtrift haben[79]. Aus diesem Grund wurde der Koeffizient auch bei den größten und längsten Fünfmastschiffen nicht gern über 0,7 gewählt. Auch der Balkenkiel wurde aus gleichen Gründen beibehalten. Bei Dampfern dagegen mußte er zur Ausnutzung des Tiefganges weichen. Wegen dieser beiden Punkte aber: beschränkte Völligkeit und Balkenkiel, war daher die Nettotonnage eines Segelschiffes im Vergleich zu einem Dampfer gleicher Länge und gleicher Breite nicht größer als die des Dampfers. Und das, obgleich dessen Maschinenanlage einen erheblichen Teil der Bruttotragfähigkeit beanspruchte. Günstig für das Segelschiff blieb nur der Umstand, daß der Dampfer auch noch einen nicht unerheblichen Teil seiner Tragfähigkeit für die Kohlen benötigte, so daß ein Segler am Ende doch mehr Ladung als ein Dampfer aufzunehmen vermochte.

Um bei der deutschen Handelsschiffflotte zu bleiben, so ist für die Zeit bis zum Ersten Weltkrieg ein jährlicher Tonnagezuwachs um 110 000 NRT beziehungsweise um 190 000 BRT zu verzeichnen. In den vierzehn Jahren — von 1900 bis 1914 — wuchsen die Flotte auf 3 968 Schiffe mit 3 258 Millionen NRT (bzw. 5 096 Millionen BRT) und das Personal auf 83 898 Mann an. In dieser Endzahl sind die Segelschiffe nur noch mit 383 000 BRT vertreten, denn der Bau von neuen Großseglern ruhte in den letzten Jahren praktisch ganz[80]. Sogar die bewährten Vier- und Fünfmaster wurden inzwischen — die Jahre 1904 und 1905 ausgenommen — kaum noch gebaut. Gerade sie aber waren es, die auf der Tagung der Schiffbautechnischen Gesellschaft des Jahres 1906 den Vortragenden, Professor Laas, Berlin, zum Gesamtthema Entwicklung und Zukunft der großen Segelschiffe unter seinem Kapitel III Zukunft: Dampfer — Segelschiff[81] ein Bild der Hoffnung zeichnen ließen, nachdem die stark abfallende Kurve der Zahl aller vorhandenen Segelschiffe seit 1898 eine fallende Tendenz zeigte, die der großen, der Vier- und Fünfmaster, bis 1905 jedoch noch immer und auch stetig angestiegen war, wie es auch die nachstehende Tabelle belegt:

1898	25
1899	36
1900	38
1901	45
1902	48
1903	52
1905	58

Bemerkenswert ist, daß vor dem mitreißenden Vortrag von Professor Laas das Interesse an Großseglern größer war als hinterher, denn allein im Jahre 1904 wurden noch fünf Großsegler für deutsche Rechnung in England aufgegeben:

1. Die Viermastbark *Hans* (3 102 Reg.-Tons) für G. J. H. Siemers, Hamburg, bei Wm Hamilton, Port Glasgow,

2. Die Viermastbark *Kurt* (3 109 Reg.-Tons) für G. J. H. Siemers, Hamburg, bei Wm Hamilton, Port Glasgow (die später in *Dreadnought* und danach in *Moshulu* umbenannt werden wird),

3. und 4. Die schon erwähnten Viermastbarkantinen *Beethoven* (2 005 Reg.-Tons) und *Mozart* (2 003 Reg.-Tons), und

5. Das Vollschiff *Wellgunde* (1 919 Reg.-Tons) für H. Fölsch & Co., Hamburg, bei A. Rodger & Co., Glasgow.

Als unabhängig und nicht beeinflußt von dem Vortrag dürfen auch die beiden schon lange vorausgeplanten Neubauten bezeichnet werden, die noch 1905 von deutschen Hellingen ins Wasser glitten, nämlich

die Viermastbark *Pamir* mit 3 020,4 BRT für die Reederei F. Laeisz bei Blohm & Voss und

die Bark *Albert Rickmers* mit 2 039 BRT bei der Rickmers Werft für die Rickmers Reismühlen Reederei & Schiffbau A.-G., Geestemünde[82].

Als beeinflußt dagegen darf der bereits andernorts erwähnte Neubau *R. C. Rickmers* gelten, der, eine mächtige Fünfmastbark mit 5 548 BRT, 1906 unter der Baunummer 147 auf der Rickmers Werft für die Rickmers Reismühlen Reederei & Schiffbau A.-G., Geestemünde, entstand und — im Sinne der Vorschläge von Professor Laas — mit einer 1 000-PS[83]-Hilfsmaschine ausgerüstet war[84].

Danach aber regte sich vorerst nichts mehr. Aller, auch der Idealisten Initiative unter den Reedern war erloschen. Obwohl 1910 von den Seglern — ausgehend wie heimkehrend — wieder höhere Frachten erzielt wurden — das galt zumindest für die ausgehenden Kohlefrachten und für die Heimfahrt für das Getreidegeschäft in der Australfahrt —, warf der Betrieb von Segelschiffen für die Mehrzahl der Reedereien nach Deckung der Unkosten keine nennenswerten Gewinne mehr ab. Die Segelschiffahrt wurde durch die Dampfschiffahrt mehr und mehr aus ihren früheren Arbeitsgebieten herausgedrängt. Bezeichnend für die Mutlosigkeit der Reeder, die den Kampf Segelschiff : Dampfer als aussichtslos aufgaben — auch wegen der zunehmenden sozialpolitischen und versicherungstechnischen Belastungen —, war der gegenüber dem Vorjahr jetzt, im Jahre 1910, vollzogene Verkauf englischer Segelschiffe zu Preisen, die dem Abbruchwert der Segler nahe-

kamen. Im Nauticus des Jahres 1911 ist bei dem Rückblick auf das Jahr 1910 nachzulesen:
„Die Zahlen lassen keinen Zweifel, daß es mit dem Bestand der Segelschiffsflotte bergab geht (siehe auch unten genannte Tafeln). Der seit 1875 sich stetig vollziehende, als ein unabwendbares Geschick erscheinende Rückgang der Seglerflotte bringt auf der anderen Seite Stimmen zum Wachsen, die ihre nationale Bedeutung in oben angedeutetem Sinne zu würdigen wissen und der Gewährung einer Erleichterung von den auf ihr ruhenden Lasten das Wort reden . . ."
Jedenfalls sollte das neueste deutsche Konsulatsgebührengesetz den deutschen Seglern die Gebühren um die Hälfte erlassen. Aber auch das brachte keine neue Belebung. Die Prophezeiungen im Nauticus aus dem Jahre 1911, die Segelschiffahrt würde bei der „jetzigen steigenden Entwicklung der Volkswirtschaft Grund genug haben, vertrauensvoll in die Zukunft zu sehen", waren nicht mehr und nicht weniger als nur freundliche Worte.
Erst aus der sich immer mehr vertiefenden Erkenntnis heraus, daß der nautische Nachwuchs — dessen Bedarf analog zur Vergrößerung der Handelsflotte stieg — ohne eine gründliche Segelschiffausbildung nicht auskommen könne, boten sich neben den vorhandenen Segelschulschiffen für neue, frachttragende Segelschiffe aus solcherart Nachwuchsüberlegungen zu den ökonomischen einige Pluspunkte dazu. So kamen noch die beiden Viermastbarken *Peking* und *Passat*[85] in Dienst, beide 1911 bei Blohm & Voss erbaut, zwei Schiffe, die jedes etwas über 3 000 BRT groß und bewußt nicht größer gebaut worden waren, nachdem die Untersuchungen der letzten Jahre bekräftigten, daß Segler von der Größe der *Preußen* nicht mehr wirtschaftlich waren, lief doch dieser Riese regelmäßig aus Hamburg in Ballast aus, einfach weil er zu groß war, um auf eine Ladung zu warten. Für die Zeitspanne bis zum Jahre 1905 vermitteln die im Anhang veröffentlichten Tafeln für die Situation Segler contra Dampfer in der Welthandels- und der deutschen Tonnage einen besseren Überblick, als eine noch so ausführliche Darstellung es vermag. Sie sind auch hinsichtlich der Ablösung des Schiffbaumaterials Holz erst durch Holz plus Eisen und Kupfer, dann durch Eisen und dann durch Stahl von besonderem Interesse (siehe die Tafeln VI bis XIV).
1914 wird die Zahl der deutschen großen Segler, der Vollschiffe, Barken, Viermastbarken, Fünfmastbarken und großen Schoner also, bei 28 Unternehmen (einschließlich Schulschiffverein) mit noch 138 Schiffen angegeben[86]. Hamburg verfügt über 585 Segler insgesamt[87] und hat damit die Höchstzahl des Jahres 1866, die mit 517 Seglern in die Geschichte einging, nicht unwesentlich überschritten. Immerhin hatten 1866 die Segler ihrer Zahl nach 95,92 % und der Tonnage nach 91,79 % ausgemacht, nun aber, 1914, hat sich das Bild ganz gewaltig verändert, denn obwohl in der Gesamtzahl der Segler sogar eine absolute Spitze erreicht worden ist, stellen von den in Hamburg beheimateten Schiffen die Segler jetzt nur noch 7,66 % und der Tonnage nach nur noch 14,17 %.
Der Anteil der im Kommen begriffenen Motorschiffe, die zusammen mit den um die Jahrhundertwende entwickelten ersten Turbinenschiffen einen erneuten Strukturwandel in der Schiffahrt auslösen werden, lag erst bei einem Prozent des Gesamtraumgehaltes der deutschen Handelsflotte. Verschoben hatte sich auch das Bild der Ostseetonnage. 1914 waren nur noch 15 gegenüber 43 Prozent der Gesamttonnage des Jahres 1871 in den Ostseehäfen beheimatet. Auf die Welthandelsflotte des Jahres 1914 mit ihren 49 Millionen Tonnen Schiffsraum bezogen, lag Deutschland nach England auch weiterhin an zweiter Stelle, und der auf den

Werften im Bau befindliche Schiffsraum ließ einen weiteren, steilen Anstieg erwarten. Bereits Mitte August 1914 war die deutsche Tonnage auf 5,459 Millionen BRT angewachsen. Der Weltkrieg I setzte diesem Vormarsch ein jähes Ende.

☆

Bei anderen seefahrttreibenden Nationen, um auch auf diese zu sprechen zu kommen, war der Rückgang an Neubauten noch deutlicher. Während er bei den Amerikanern und den Engländern eine natürliche Folge der allgemeinen Entwicklung war, hatte er bei den Franzosen einen anderen Grund. Wegen der schon vorab erwähnten hohen Subventionen, die der französische Staat in den Jahren 1802 bis 1902 sich zu zahlen verpflichtet hatte, wurden die Schiffahrtsprämien durch ein neues Gesetz, das vom 7. April 1902, wesentlich reduziert. Diese Maßnahme traf besonders die großen Segelschiffe. Solche von mehreren 1 000 BRT erhielten nicht mehr Prämien als ein Schiff von 1 000 BRT. Außerdem wurde eine Bestimmung aufgenommen, die das sinnlose Hin- und Herfahren in Ballast unmöglich machte. Der Erfolg zeigte sich überraschend in der Bautätigkeit. Seitdem die Wirkung des Gesetzes von 1893 aufhörte, seit 1903 also, wurde nur noch ein einziges großes Segelschiff in Frankreich auf Stapel gelegt, die nachfolgend behandelte *France* (II). Noch 1902 waren es 60 Schiffe mit 156 000 BRT. 1903 verließen nur noch zwei Neubauten mit 3 491 BRT, 1904 nur noch drei kleine Segler mit zusammen nur 401 BRT und 1905 gar kein Segler mehr die französischen Hellingen — einfach aus der Erkenntnis der Folgen einer vorausgegangenen, zwar staatlich gestützten, aber so gar nicht den ökonomischen Bedürfnissen entsprechenden Bautätigkeit. Die so billig erbauten französischen Segelschiffe erhielten indessen noch weiterhin, innerhalb des 1902gesetzes, bis 1912 also, gute Prämien. Sie waren damit imstande, auch weiterhin die Frachten unter das gesunde Maß zu drücken, eine Maßnahme, die in keiner Weise die so großartigen französischen Windjammerkapitäne, deren Steuerleute und Seeleute trifft. See und Sturmwind kennen keine Unterschiede.

Das Jahr 1912 bleibt überdies für die Franzosen speziell wie auch für die gesamte Seefahrerwelt ohnehin unvergessen, war es doch ein Jahr, in dem die Grande Nation ihrem glanzvollen Namen mit einem in aller Welt bewunderten, monströsen Neubau Ehre machte: Auf der Werft von Ch. & Atel. de la Gironde[87a], Bordeaux, wurde — für damalige Begriffe — ein Segelschiffsriese, eine 5 633 BRT große Fünfmastbark, auf den Namen *France* (II) getauft und zu Wasser gebracht. Mehr darüber im Kapitel XXII: Die größten Segelschiffe der Welt. Nur soviel hier: Die Grande Nation hatte ihren Triumph: Die *France* (II) war und bleibt für alle Zeiten das größte Rahsegelschiff der Welt. Das war wahrlich ein Abgang mit éclat et gloire, mit wahrer, weil mit meßbarer und optischer Größe.

Die wirklichen Ursachen für den so rapiden, auch in Fachkreisen unerwartet schnellen Rückgang an Segelschiffbauten waren indessen diese:

Verbesserungen in der Dampfmaschinentechnik, vor allem die gründliche Ausnutzung der Expansion des Dampfes, hatten bei uns, bei den Franzosen, den Briten und in den USA den Dampfbetrieb inzwischen so billig werden lassen, daß er mit den bezüglich der Antriebskosten sonst noch immer billigen Segelschiffen nun sogar auch auf weite Entfernungen konkurrieren konnte. Die Leistungsfähigkeit der Dampfer zeigte sich nicht nur in im Mittel schnelleren Reisen, sondern auch in der schnelleren Abfertigung in den Seehäfen beim Löschen und Entladen, ein Gesichtspunkt, den die deutsche Reederei Laeisz als wesentlich genug erkannte, um daraus noch rechtzeitig zu ziehende Konsequenzen zum Nutzen des Hauses und für ein Dennoch für die stolzen Windjammer mit dem roten FL auf weißem Tuch abzuleiten.

Zusammenfassend darf für die Zeit von der Jahrhundertwende bis zum Weltkrieg I gesagt werden: Trotz des deutlichen Vormarsches der Dampf- und neuerdings auch der Turbinenschiffe behaupteten sich die vorhandenen Windjammer in der klassischen Weizen- und auch in der Salpeterfahrt, also nunmehr in einem Frachtgeschäft mit weniger oder gar nicht verderblichen Waren. Als jedoch im Jahre 1912 auf der Transportversicherungstagung in Baden-Baden die Versicherungsprämie für mit Seglern verschifften Salpeter um 30 Prozent heraufgesetzt wurde, konnten eine solche Belastung eigentlich, vermöge der ihnen gewährten Staatszuschüsse, nur noch die französischen Windjammerreeder verkraften. Nur diese Tatsache erklärt, daß allein die Reederei Bordes, die 1870 über 16 Segler mit 16 800 t Tragfähigkeit verfügte, im Jahre 1914 47 Segler mit einer Ladefähigkeit von 163 000 t in Fahrt hatte. Verkraften konnten diese Erhöhung aber auch die mit dem Hundertstelpfennig rechnenden deutschen Segelschiffreedereien, unter diesen FL, wo man nicht nur gute, schnelle Schiffe in Dienst hatte, wo nicht nur gute Kapitäne und gute Besatzungen fahren, wo man auch, wie im Kapitel III: „Schnelle Reisen" belegt, noch andere Maßnahmen getroffen hat, um den Dampfern Paroli zu bieten. Zu den Reedereien, die sich in gleicher Hinsicht durchsetzten, zählt vor allem die in Hamburg beheimatete Reederei A.-G. v. 1896 mit 1914 22 Schiffen mit 51 517 BRT als die zur Zeit größte deutsche Segelschiffreederei. Noch vor FL mit 14 Schiffen und 36 124 BRT rangiert Knöhr & Burchard Nfl., Hamburg, mit 18 Seglern und 41 647 BRT. Diesen drei Großen folgen weitere mit Weltruf, so die Bremer Reederei F. A. Vinnen beziehungsweise Bremer Stahlhof AG mit 11 Schiffen mit 30 465 BRT, so Aug. Bolten, Wm. Miller's Nachfolger, Hamburg, mit 8 Seglern mit 16 901 BRT, so G. J. Siemers & Co., Hamburg, mit 5 Seglern zu 14 560 BRT oder C. Krabbenhöft & Bock, Hamburg, mit 8 Schiffen und 16 375 BRT. Der Erwähnung verdient auch H. H. Schmidt, Hamburg, mit 6 Seglern mit 14 064 BRT. Zwei aber sind nicht mehr dabei: B. Wencke Söhne, Hamburg, unter deren Flagge 1905 16 Segler mit 31 700 BRT fuhren, und D. H. Wätjen, Bremen.

Mit Ausbruch des Weltkrieges I und der damit verbundenen Blockade kam auch die deutsche Segelschiffahrt zum Erliegen. Viele Schiffe wurden in neutralen Häfen interniert (davon allein etwa 50 an der südamerikanischen Westküste), andere in Häfen der Feindmächte beschlagnahmt oder auf See aufgebracht und eingebracht oder versenkt. Interessant ist übrigens für diese Zeit der Stapellauf der für Laeisz erbauten Viermastbark *Pola*, eines Schiffes von 3 100 BRT, das noch im Jahre 1914 bei Blohm & Voss, Hamburg, fast fertig wurde, aber erst 1916[88] vom Stapel lief. Die Viermastbark wurde nach dem Kriege aufgrund des Versailler Vertrages Frankreich zugesprochen. Hier stellte es die Société de Navires Ecoles als das Segelschulschiff *Richelieu* in Dienst. Während der Kriegszeit kamen bei den Alliierten auch bereits außer Dienst gestellte und sogar gestrandete Windjammer wieder zu hohen Ehren, denn Tonnage war knapp. Die deutschen Tiefwassersegler wurden, soweit sie in alliierten Häfen beschlagnahmt waren, unter britischer oder französischer Flagge wieder in Dienst gestellt.

Deutscherseits war nur noch die 1 571 BRT große *Seeadler* ex *Pass of Balmaha* auf großer Fahrt, aber nicht mehr als frachtfahrendes Segelschiff, sondern als Hilfskreuzer *Seeadler*[89] unter Felix Graf von Luckner, der später als der Seeteufel in die Geschichte eingehen wird. In Chile gelang Besatzungsmitgliedern dort internierter Windjammer und des versenkten kleinen Kreuzers SMS *Dresden* mit einem museumsreifen Segler, der uralten *Tinto,* die Flucht und der Durchbruch in die Heimat. Und da ist noch die *R. C. Rickmers,* die im August 1914 in Cardiff[90] Briketts für amerikanische Lokomotiven lud. Die Briten verzögerten das Ladegeschäft so lange, bis der Krieg ausgebrochen war. Kapitän Otto Friedrich Borgwardt führte seine Besatzung ins Internierungslager auf Isle of Man. Der Posthalter des Interniertendorfes, Dietrich Harff, konnte seinem ehemaligen Kapitän bald einen Brief aushändigen, den ein naturalisierter Deutscher namens Körner, nun Corner, Borgwardt im Auftrage der Britischen Admiralität schrieb. Er möchte ihm für fünf englische Pfund Informationen darüber zuschicken, wie der Fünfmaster geführt werden müsse. Borgwardt, der nach dem Weltkrieg in den USA starb, verzichtete auf das Geld. Er lehnte ab. Die Engländer versuchten, ohne Ratschläge mit dem Giganten, der 6 045 Quadratmeter Segel setzen konnte[91], klarzukommen.

Nach dem Kriege mußten, dem Versailler Vertrag folgend, alle deutschen Schiffe über 1000 t den Feindmächten abgeliefert werden. Bei den Segelschiffen jedoch lagen die Dinge so, daß die Feindmächte, denen Segler zugesprochen worden waren, kaum in der Lage waren, segelschifferfahrene Kapitäne und Besatzungen zu finden. So reifte denn in Deutschland der Gedanke — begünstigt durch die allgemeine Knappheit an Welttonnage[92] —, Mittel und Wege zu finden, die Schiffe, die zum Teil auf „höhere Weisung" in ihren Takelagen von ihren eigenen Besatzungen bei der Internierung beschädigt worden waren, um eine Verwendung zu verhindern, auf eigene Rechnung heimzuführen und sie erst hier abzuliefern. Die Vertreter der zu einem Seglerpool zusammengeschlossenen, infrage kommenden Reedereien[93] verhandelten mit dem Maritime Board of the Reparation Commission in London. Sie erzielten eine Übereinstimmung dahingehend: Diejenigen Schiffe, die den deutschen Reedern geeignet erschienen, durften nach Europa befrachtet werden. Nach Löschen der Ladung sollten sie — wie im Versailler Vertrag vorgesehen — dann abgeliefert werden, aber erst nach der Beseitigung eventuell während der Heimreise erlittener Seeschäden. Die deutschen Reedereien gründeten die Deutsche Segelschiff-Kontor G. m. b. H., Hamburg. Obwohl inzwischen — es war viel Zeit mit den langwierigen Verhandlungen in Berlin verlorengegangen — die Salpeterfrachten von 200 Schilling pro Tonne auf 90 bis 115 pro Tonne zurückgegangen waren, wurde das Unternehmen ein voller Erfolg. Trotz der Reparaturkosten blieb den Reedern noch ein ansehnlicher Überschuß. Schließlich gelang es sogar, wie noch im einzelnen dargestellt wird, einige Segler zurückzukaufen.
Ganz allgemein bleibt festzustellen, daß die Segelschiffahrt nach dem Weltkrieg I auch für die ehemaligen Feindmächte und die Neutralen zumindest noch so lange interessant war, bis die im Kriege entstandenen Tonnageverluste durch Dampferneubauten ausgeglichen waren, doch darf das Jahr 1920 als das Jahr des Ausverkaufs der Weltsegelschifftonnage bezeichnet werden. Die Salpeterfahrt wurde bald mehr oder weniger uninteressant, denn das von überseeischen Rohstoffzufuhren abgeschnittene Deutschland hatte über das von den Nobelpreisträgern Haber und Bosch entwickelte Haber-Bosch-Verfahren künstliche Düngemittel auf der Stickstoffbasis entwickelt, die nun, nach dem Kriege, auch bei den Industriestaaten der ehemaligen Feindmächte Nutzung fanden. Auch der Bedarf

Oben: Die beiden berühmtesten französischen Windjammer, die Fünfmastbarken *France*. Die erste (oberes Bild) mußte im Mai 1901 aufgegeben werden. Die Besatzung wurde unter heroischem Einsatz von den Männern der deutschen Viermastbark *Hebe* gerettet (S. 200). Darunter: Die zweite *France* (unteres Bild) ging als der größte Rahsegler in die Geschichte der Windjammer ein (S. 299).

*

Umseitig: Ein Dom aus Segeln, ein Bild königlicher Schönheit: Hier die finnische Viermastbark *Archibald Russell*, unten rechts derselbe Segler — man sieht es der Bordwand an — nach langer, schwerer Reise im Hafen.

an Schießpulver und damit an Salpeter schlechthin hielt sich nun wieder in normalen Grenzen. Zu den Stickstoffabriken in Norwegen, wo diese Produktion mit Hilfe der reichlichen Wasserkräfte im größeren Umfange aufgenommen wurde, traten in Deutschland weitere, höchst leistungsfähige Fabriken zur Herstellung künstlicher Düngemittel. Das, was dem eigenen Land von Nutzen war, wurde der Salpeterschiffahrt nun, in den Jahren 1925/29, zum Verhängnis. Lieferte Chile einst bis zu 90 % an Stickstoffdünger, so fiel der Anteil inzwischen auf knapp 10 %.

Im August 1927 ging der letzte Windjammer aus London, ein Vollschiff, auf seine letzte Reise nach Chile. Als die *William Mitchell* in Tocopilla ihre Anker warf, war sie und blieb sie der einzige Segler in einem Hafen, in dem einst ein Wald von himmelhohen Masten das Bild bestimmte. Mit Wehmut schließt im Zusammenhang mit diesem Londoner Vollschiff der große britische Segelschiffhistoriker Lubbock sein Buch über die Salpeterfahrer: „. . . und als die Mannschaft in ihrem Eifer, die alten Seegebräuche festzuhalten, beim Hissen des letzten Sacks die Zeremonie des Cheerens auf dem Schiff begeht, gibt sich keiner von den schäbigen Dampfern, die hier liegen, die Mühe, seine Glocken zu läuten."[94]

Abgesehen von der Erntezeit in Südamerika, wo die Segler nach dem Kriege ebenfalls noch lohnende Frachten vorfanden, blieben jetzt nur noch die Guanofahrt nach Peru und die Weizenfahrten von Australien nach Europa. Die Ausreisen mußten hier meist in Ballast gemacht werden, wenn sich nicht gerade eine Holzladung für Südamerika fand.

Die Bestandsaufnahme der deutschen Segelschiffahrt aus dem Jahre 1925[95] sagt aus, daß nur (oder nur noch) 33 Frachtsegler mit über 1000 BRT und ein Segelschulschiff fuhren und daß viele der einst berühmten Segelschiffreedereien nicht mehr waren. Die Zahl der Segler mit Hilfsmotoren über 1000 BRT lag bei sechs Schiffen. Also hat sich nicht durchgesetzt, was Professor Laas 1906 auf der Schiffbautechnischen Tagung als die große Hoffnung offen ließ: die Segelschiffahrt durch mit Hilfsmotoren ausgerüstete Windjammer erneut und auf längere Dauer zu beleben. Jahre später sind, nachdem auch die letzte britische Segelschiffreederei, die von Sir William Garthwaite gekaufte John Stewart Line, aufgegeben hatte und die Rahschiffe der Alaska Packers Association in San Francisco mehr oder weniger nur noch als Depotschiffe zu bezeichnen waren[96], nur mehr vier, auf Dauer gesehen eigentlich nur noch drei, von den achtundzwanzig großen Reedereien geblieben, die nach dem Weltkrieg I die Segelschiffahrt auch weiterhin in größerem Umfang betrieben.

Die eine war ein kleineres Unternehmen, das sich aber bis in die Zeit nach dem Weltkrieg II behauptete. Es handelte sich um die Staatliche Guano-Gesellschaft in Peru, die 1917 an die Seite der Alliierten trat und die dort bislang internierten Hamburger Großsegler *Maipo*, *Omega* und *Tellus* zusammen mit den Kosmos-Dampfern *Anubis* und *Rhakotis* und dem Danziger Frachter *Marie* und einem Troßschiff des deutschen Kreuzergeschwaders beschlagnahmte. Nach Pellny[97] haben diese drei Segler von 1917 bis 1952 an der Westküste, teilweise noch unter deutschen Kapitänen[98], ihren Dienst getan. Sie beförderten Guano von den der Küste vorgelagerten Inseln zum Festland. Bis weit in die dreißiger Jahre wurden die Fahrten noch unter Segeln gemacht, dann aber bürgerte es sich ein, die Schiffe schleppen zu lassen. 1952 wurden die *Maipo* und die *Tellus*[99] aufgelegt, die *Omega* fuhr weiter. Sie sank 1959.

Die eine der noch verbleibenden drei anderen großen Reedereien gehörte dem finnischen Kapitän Erikson in Mariehamn auf den finnischen Åland-Inseln. Er, der selbst kein einziges Schiff in Auftrag gab, kaufte die Segler praktisch zu Schrottpreisen aus der Nachkriegsmasse der Tiefwassersegler, die meisten waren Kap Horner. Er zahlte für die oft hervorragend guten Schiffe 4000 bis 6000 englische Pfund, einmal sogar nur 4000 für gleich drei Barken zusammen. Da er wie Laeisz die Schiffe nicht versicherte, sparte er, dem die Finnen den Titel Seefahrtsrat antrugen und der auch sein eigener Inspektor war, beträchtliche Summen, und wenn ein Schiff einer Klassifikation nicht mehr genügte, ließ er es kurzerhand verschrotten und kaufte einen anderen alten Segler dafür, solange jedenfalls, solange solche noch zu haben waren. Im übrigen beschäftigte er auf seinen Schiffen eine beträchtliche Anzahl „billiger" Kadetten aus aller Herren Ländern. Sie erhielten ihre Heuer wie Jungen und Leichtmatrosen. Die Heuer der anderen Besatzungsmitglieder war entsprechend: sie war gut, aber nicht hoch. Außerdem fuhr man bei Erikson ohnehin mit einem Minimum an Besatzung. Ein Meister darin war der von den Åland-Inseln stammende Kapitän Reuben de Cloux, der mit der *Lawhill* unter finnischer Flagge ein Vermögen einfuhr. So allein auf einer Reise nach Buenos Aires über 60 000 Pfund.
Erikson hielt seine stattliche Flotte nicht nur in Fahrt, er kam auch voran, und das trotz der Wirtschaftskrise in den dreißiger Jahren und trotz Schiffsverlusten. Zwischen 1913 und 1935 fuhren 39 Großsegler unter seine Flagge. Das sind über 30 % mehr, als F. Laeisz in den besten Jahren bereederte[100]. Nach 1936 besaß Erikson noch 23 Segler, die Chile, Australien und die Getreidehäfen am La Plata zum Ziel hatten. Unter diesen war das Vollschiff *Grace Harwar*[101], — Strandungen, Kollision, Sturmschäden hatten ihm den Namen mankiller eingetragen —, das mit seiner 98tägigen Weizenreise von Port Broughton nach Falmouth 1935 einer der letzten frachttragenden Vollrigger der Meere war[102]. Im Weltkrieg II verlor Erikson die so bewährte *Lawhill*, die stolze *Pamir* und die *Archibald Russell*, jenen typisch englisch geriggten Viermaster vom Clyde, als Prisen, die als *Albert Rickmers* in Bremerhaven zur Welt gekommene stählerne Bark *Penang*, die *Killoran* und die einst unter der Flagge der Andrew Weir's Bank Line segelnde *Olivebank*, die, in der Getreidefahrt nach Südaustralien stehend, im September 1939 in der Nordsee auf eine Mine lief und sank. Die anderen Schiffe beendeten den Krieg unter fremder Flagge. Nur die *Pommern* und die *Viking* blieben in der Ostsee, die *Moshulu*[103] dagegen in Norwegen.
Nach dem Kriege verblieben Erikson nur noch ein paar von den 46 Seglern[104], die er im Laufe seiner Reedereijahre insgesamt besaß. Davon gingen die *Passat*, die vom Pazifik heimgekehrte *Pamir* und die *Viking* noch einmal auf Fahrt. Zwei Jahre vor seinem Tode sagte er, den sie auf seinen Schiffen den „harten Gustaf" nannten, seherisch: „Ich liebe diese Schiffe. Ich habe mein Leben mit ihnen zugebracht. Ich will es auch damit weiterhalten. Wenn es mit mir aus ist, ist es aus auch mit ihnen."
Gustaf Erikson starb 1947. Seine Prophezeiung sollte in Erfüllung gehen.
Die *Pommern* wurde mit Unterstützung der Reederei und der rührigen Stadt Mariehamn Museum am Kai von Mariehamn, die *Moshulu*, *Pamir* und *Passat* (und auch die *Carl Vinnen*) wurden von der westdeutschen Reederei Schliewen gekauft. Während die *Moshulu* an Schweden ging, wurden *Pamir* und *Passat* als frachtfahrende Segelschulschiffe eingesetzt[105]. Die *Carl Vinnen* dagegen kam nicht wieder in Fahrt.

Die dritte der großen Reedereien, die nach dem Weltkrieg II ebenfalls noch treu und zäh und auch erfolgreich neben dem Einsatz von modernen Dampf- und Motorschiffen an Segelschiffen festhielt, war die Reederei Laeisz, die zu ihren verbliebenen Seglern zurückkaufte, was sie, soweit noch seetüchtig, zurückkaufen konnte[106] und vornehmlich in der Chilefahrt und in der Weizenfahrt Australien — Europa beschäftigte. Es waren die *Pamir, Parma, Passat, Peiho, Peking* und *Pinnas.* Zu den sieben Seglern, die wieder unter der FL-Flagge fuhren, zählte auch die bei Kriegsende bei Blohm & Voss noch nicht fertiggestellte Viermastbark *Priwall,* mit der die Westküstenfahrt 1920[107] von Laeisz wieder aufgenommen wurde. Später kam noch die 3064 BRT große *Padua* hinzu, die auf dem Reißbrett bereits als frachtfahrendes Segelschulschiff entstand und 1926 bei Tecklenborg fertiggestellt wurde[108]. Bald schon mußten wegen der sich immer mehr verschlechternden Lage in der Salpeterfahrt die *Peking, Passat* und *Parma* verkauft werden, während die *Pinnas* 1929 bei Kap Horn und die *Peiho* bereits im März 1923 verlorengingen.

Als der Weltkrieg II ausbrach[109], lag die *Priwall* gerade in Valparaiso. Deutschland schenkte sie Chile. Die *Padua* überstand den Krieg. Sie mußte, in Swinemünde liegend, 1946 den Russen übergeben werden. Die Sowjets haben sie unter dem Namen *Krusenstern* als Schulschiff für das Fischereikombinat in Dienst gestellt.

Für die Zeit zwischen den beiden Weltkriegen sei schließlich auch der Reederei F. A. Vinnen & Co., Bremen, gedacht, die vor dem Kriege die viertgrößte deutsche Segelschiffreederei gewesen war. Auch sie überraschte die Nachkriegs-Fachwelt mit einem Neubau, mit der 1921 auf der Friedrich Krupp-Germaniawerft, Kiel, erbauten zweiten Viermastbark *Magdalene Vinnen,* nachdem die erste 1892 in England erbaute und 1911 angekaufte Viermastbark gleichen Namens in Chile bei Kriegsende beschlagnahmt worden und nicht an die Reederei zurückgekommen war. Die neue *Magdalena Vinnen* hatte jedoch einen 550 PSe starken Hilfsmotor, war also kein reiner Segler mehr. Sie wurde auf Trampfahrt geschickt und diente dem seemännischen Nachwuchs der eigenen Reederei, bis sie vom Norddeutschen Lloyd für den gleichen Zweck aufgekauft und unter den Namen *Kommodore Johnsen* als reines Schulschiff bis Kriegsende Verwendung fand[109a]. Außer der Viermastbark unterhielt die Reederei, die frühere Stahlhof AG., Bremen, noch die ebenfalls mit einem Hilfsmotor ausgerüsteten im Jahre 1922 erbauten Segler[110]: den 1827 BRT großen Fünfmasttoppsegelschoner *Carl Vinnen,* der wie seine Schwestern im 1. und 3. Mast je drei Rahsegel fuhr, den 1860 BRT großen Fünfmasttoppsegelschoner *Christel Vinnen,* den 1860 BRT großen Fünfmasttoppsegelschoner *Susanne Vinnen,* den 1860 BRT großen Fünfmasttoppsegelschoner *Werner Vinnen* (1922) und den Fünfmasttoppsegelschoner *Adolf Vinnen,* der auf seiner 1923 erfolgten ersten Ausreise bei Lizard strandete. Indessen werden die *Christel Vinnen* und *Werner Vinnen* 1934 bzw. 1937 zu Motorfrachtschiffen umgebaut, wobei die Tragfähigkeit sogar noch vergrößert werden konnte[111].

Zwei Jahre nach dem Tode von Gustaf Erikson, 1949, erklärte der nunmehrige Chef des Hauses FL, Erich Laeisz, der zum zweiten Male seine Flotte aufbauen muß, dem Schriftsteller A. Villiers[112], daß er durchaus daran interessiert sei, ein oder mehrere Segelschiffe wieder in Fahrt zu bringen, „. . . aber abgesehen von allen gegenwärtigen Beschränkungen[113], fehlen noch alle Mittel dazu“. Dabei blieb es.

Staatliche Mittel gab es auch dann nicht, als die von Schliewen 1954 zurück-

gekauften Viermastbarken *Pamir* und *Passat* nach dessen Konkurs zur Verfügung standen und eine Interessentengruppe von Reedereien die beiden letzten Großsegler als Schulschiffe zu unterhalten suchte[114]. Das Ende der *Pamir,* die am 21. September 1957 als frachtfahrendes Segelschulschiff am Rande eines Hurrikans kenterte und mit 80 von 86 Besatzungsmitgliedern sank, steht damit in einem dramatisch-tragischen Zusammenhang.
Was Deutschland von den stolzen Recken der Meere noch bleibt, ist die *Passat,* die niemand noch einmal in See zu schicken wagte. Nicht, weil sie zu alt geworden ist, sondern einfach, weil es an Männern fehlt, sie zu beherrschen[115].
Sie liegt heute am Priwall in Travemünde im früheren U-Boot-Hafen als Ausbildungsschiff an den Pfählen[116].
Für immer? Daran ist kein Zweifel.

✡

Oberflächlich betrachtet, will es anhand dieses Buches scheinen, daß Segelschifffahrt mit erschreckend hohen Zahlen an Katastrophen gleichzusetzen ist. Dem ist ganz und gar nicht so, wohl aber sind Segelschiffe, insbesondere die hoch getakelten Rahschiffe, Dampfern gegenüber bedeutend mehr Risiken ausgesetzt. Ein nur auf Wind angewiesenes Schiff kann in ungünstigen Gewässern, in engen Straßen, beim Umfahren von Kaps, in eisbergegefährdeten Gebieten nicht den direkten Weg oder einen Ausweichkurs wählen, wie es ein von der Windkraft unabhängiger Dampfer vermag. Hier kann sich ein Segler — und ein Rahsegler vor allem — nur durch geschicktes Kreuzen, durch nicht minder geschicktes Ausnutzen plötzlich raumender Winde, durch rechtzeitiges Beidrehen oder Ablaufen bei schwerem Wetter behaupten, um eine Strandung zu verhindern. Auflandiger Wind unter einer Küste ist eine andere Bedrohung, ebenso starke Meeresströmungen, wenn die Windkraft zu gering ist, um dagegen anzulaufen, oder Sturmversetzungen, womöglich noch bei einem durch Schlechtwetter bedingten mangelhaften Besteck. Abgesehen von Stürmen und Orkanen, die ein rahgetakeltes Schiff bedeutend mehr beanspruchen und bedrohen als einen in seinem metazentrischen Punkt anders ausgewogenen Dampfer, sind auch plötzliche Stillen mit einer dann meist laufenden Kreuzsee dem Rahsegler eine oft tödliche Gefahr.
Zweifelsohne sind prozentual mehr Segelschiffe als Dampfer verlorengegangen, daß es nicht noch viel mehr waren, das verdankt die Seefahrt nicht allein dem Können der Kapitäne, den Schiffbauern, die derart sturm- und wetterfeste Schiffe von den Helgen ließen, sondern auch den Besatzungen schlechthin, Männern, denen bis dato nachgerühmt wurde, eiserne Männer auf hölzernen Schiffen gewesen zu sein, eine recht relative Behauptung, denn auch auf den nun eisernen und stählernen Großseglern war der Dienst ein nicht minder hartes und nicht minder entbehrungsreiches Brot. Das Wort entbehrungsreich weist zugleich auf die Bordverpflegung hin, auf Proviant und Trinkwasser. Sie war auf Frachtseglern ein arges Problem, vor allem, wenn sich der Seetörn über die erwartete Dauer durch widrige Winde, Kalmen und dergleichen verlängerte.
Schließlich sei noch die gravierende Tatsache erwähnt, daß es damals, da die Segelschiffahrt in so großer Blüte stand, keine Funkanlagen an Bord dieser Schiffe gab, um gegebenenfalls durch einen Funkspruch Hilfe herbei zu erbitten, wenn Sturm das Schiff leck schlug, wenn die Ladung übergegangen war, wenn Feuer an Bord ausbrach . . .

Sinn und Aufgabe dieses Buches ist es daher, auch alle diese Gefahren in ihrer erschreckenden Vielfalt anhand von Beispielen aufzuzeichnen und über das Leben der Männer an Bord von Segelschiffen zu berichten, das mehr als heute von jedem Besatzungsmitglied eine eiserne Gesundheit forderte.
Deutlich werden soll aber auch das Berufsethos, das diese Männer von damals beseelte, das Opfergeist und Opferbereitschaft, Mut und Pflichtbewußtsein auf See höher stellte als irgendwo und irgendwann an Land.
Die Zahl der Schiffe, die dabei zehn, zwanzig und mehr Reisen allein um Kap Horn ohne Schäden hinter sich brachten, geht in die Legion.
Unter der Vielzahl an Großseglern, die auf Jahre und Jahrzehnte, brav und treu wie ein Ackergaul die Erde, die Wasser der Ozeane gepflügt haben, um schließlich, alt oder veraltet, auf einer Abwrackwerft einen letzten, allerletzten Profit abzuwerfen, ist auch der nachstehend genannte Windjammer. Er ist keiner von den Großen mit klingendem, legendär gewordenem Namen, keiner von jenen, die sich durch schnelle Reisen auszeichneten oder Tagesetmale fuhren, wie sie früher nur die Clipper geschafft haben. Er ist, wenn auch sein Lebensweg bunt und am Ende seltsam genug ist, einer unter vielen Tausend, die um die Jahrhundertwende in den Häfen der Erde als Frachtsegler registriert gewesen sind.
Hier nun die Lebensgeschichte der *Mabel Rickmers:* 4. August 1898, 13.59
Der 81,44 Meter lange, 12,20 Meter breite, 7,54 Meter hohe stählerne Schiffsrumpf auf der Rickmers Helling in Geestemünde ist klar zum Stapellauf. Den Bug schmückt die für Rickmers typische Gallionsfigur der Namensgeberin[117]. Auf die Minute zur vorgesehenen Stunde, 14.00 genau, rauscht der Neubau in die Geeste hinein und schwimmt auf. Eine Woche später werden die Masten aufgerichtet, drei an der Zahl. Alle drei werden voll getakelt, ein Vollschiff also. Die Vermessungsarbeiten werden beendet. Im Amtsgericht Bremen zieht der Schreiber einen neuen Bogen aus dem Aktenschrank und trägt das Datum ein, an dem die *Mabel Rickmers* offiziell in die Schiffahrtsgeschichte eintritt: 12. August 1898.
Am 20. August bereits nimmt das 3060 Tonnen tragende Vollschiff unter Kapitän Bandelin Kurs auf Norfolk. Vier Jahre bleibt es unter der Flagge der Rickmers Reismühlen Reederei und Schiffbau Aktiengesellschaft in der Amerika- und Asienfahrt. Dann klettert die Flagge[117a] der Reis- und Handels-AG im Mast empor, denn diese hat im Jahre 1903 die gesamte Rickmers-Flotte — fünf Dampfer und sechs Segelschiffe von 23 620 Tonnen — gechartert. Bis zum 1. Januar 1910 erwirtschaftet die Reederei derart schwere Verluste, daß sie die Flotte schon vor Vertragsende an Rickmers zurückgibt. Fast schien es so, daß *Mabel Rickmers* davon ausgenommen werden müßte, denn im Dezember 1909 meldete eine Bremer Zeitung, „... daß man sehr um das Schiff besorgt sei".
Es war am 1. Juli unter Kapitän Schulz von Philadelphia nach Yokkaidu ausgelaufen und hatte seit 170 Tagen nichts von sich hören lassen. Wenige Tage später dementierte und beruhigte die Nordwestdeutsche Zeitung: „170 Tage sind für solche Reisen durchaus keine Länge." Tatsächlich erreichte *Mabel Rickmers* wohlbehalten den japanischen Hafen und beendete im August 1910 die Rundreise in Hamburg.
Der Zeitpunkt der Heimkehr war indessen recht ungünstig gewählt, denn Rickmers ist jetzt mit dem Aufbau der Sibirien-Linie beschäftigt. Was soll er im Packeis mit Seglern beginnen[117b]. So geht denn die *Mabel Rickmers* am 18. März

1912 in den Besitz der Hamburger Handelsfirma Schlüter & Maack über. Diese, die 1912 noch weitere Segelschiffe bereedert, läßt das bereits unter der Rickmers-Flagge zur Bark umgetakelte Vollschiff wie auch ihren Frachtsegler *Mozart* als *Winterhude* in der Salpeterfahrt nach Chile segeln. Die letzte offizille Auskunft über den Geestemünder Windjammer gibt eine Eintragung im Hamburger Schiffsregister: „Nach dem Kriege abgeliefert."

Wir wissen aber, daß sie mit 53 anderen Segelschiffen Frankreich zugesprochen wurde, dann aber unter die Flagge der Freien Stadt Danzig kam. 1926 kauft der finnische Segelschiffreeder Gustaf Erikson die *Mabel,* die zur Zeit *Selma Hemsoth* heißt. Wieder steht ein Namenswechsel bevor. Ursprünglich wollte der Herr der letzten Windjammer, wie er es bei all seinen Schiffen tat, auch diesem Grossegler seinen Taufnamen zurückgeben, hatte er doch nach der Umbenennung der 1913 gekauften Viermastbark *Renée Rickmers* Pech mit dem Schiff gehabt. Als *Aaland* war es auf der Rückkehr von der ersten Ausreise am 20. August 1914 an einem Felsen in Neukaledonien gestrandet und zerschellt. Aber der abergläubische Segelschiffreeder geht nur einen Schritt in die Vergangenheit zurück. Er beläßt es bei dem Namen *Winterhude* und schickt die Bark in See. Sie, die auf der ersten Reise Reis für Rickmers aus Ostasien, dann Salpeter für Schlüter & Maack aus Südamerika fuhr, holt für Erikson nun goldenen Weizen aus Australien . . . Der ex *Mabel Rickmers* schmeckt auch weiterhin das Salzwasser aller Meere. 1939 kommt sie zur rechten Zeit wieder nach Old Europa zurück und liegt beim Ausbruch des Weltkrieges II in einem norwegischen Hafen. 1944 handelt sich die deutsche Kriegsmarine die Bark vom Finnen Erikson als Schul- und Wohnschiff ein. Am Ende des Krieges ist der Segler in Kopenhagen zu finden, und im Herbst des Jahres 1945 schleppen ihn die Alliierten als deutsches Eigentum nach Kiel.

Nach dem Ersten Weltkrieg an die Alliierten abgeliefert, nach dem Zweiten Weltkrieg von den Alliierten zurückgebracht, das ist das wahrlich seltsame Schicksal der *Mabel Rickmers.* Doch niemand will das alte Schiff, dessen Ruder sich nicht mehr bewegen läßt. So setzt es, ins Kiel verbleibend, für weitere vier Jahre Rost an. Im Oktober 1949 findet sich ein Käufer: Der Hamburger Schiffsmakler Leth & Co. erwirbt es für DM 10 000,- für die Firma Georg Ritscher, die in Hamburg einen Abwrackbetrieb unterhält.

Über vierzig Jahre, die Zeit des Ersten Weltkrieges ausgenommen, von 1898 bis zum Jahre 1939, war der Segler mit dem Doppeladler am Bug auf den Meeren der Welt unterwegs. Daß er der Vielfalt an Gefahren trotzte, mag schon auf die Schiffbaukunst der Geestemünder zurückzuführen sein, vornehmlich aber kommt das Verdienst auch den Kapitänen zu, die ihn führten. Und die Glück hatten dabei.

Nicht minder stabil hat sich das bereits 1896 erbaute, 1980 BRT große Vollschiff *Rickmer Rickmers* erwiesen, befuhr es doch, inzwischen in *Max* und *Flora* umbenannt gewesen, von 1924 bis 1958[118] unter dem Namen *Sagres* im Dienst der portugiesischen Kriegsmarine als Segelschulschiff auch weiter die Meere der Welt, allen Kritikern zum Trotz, die beim *Pamir*-Unglück wetterten, sie, die *Pamir,* sei viel zu alt gewesen.

Mehr noch: Als 62jähriger gewann der Ex-*Rickmers* Segler 1958 sogar noch das Race zwischen den Segelschulschiffen auf der Strecke von Brest nach Las Palmas.

II

Drehscheibe Kap Horn

Bis um die Mitte des 19. Jahrhunderts segelte der Großteil der Deep Water Men[119] *um das Nadelkap Südafrikas, auch, wenn das Ziel nicht Indien, sondern Indonesien, Fernost oder gar die Westküste von Nord- und Südamerika hieß. Den beschwerlicheren Weg ums Kap Horn wählten damals allenfalls kleine, mit Kupferplatten beschlagene Barken aus den Welsh-Häfen, wenn sie die Plätze der Westküste von Südamerika aufsuchen wollten, oder auch die amerikanischen Häutesegler auf ihrem Weg zu den damals noch verschlafenen, verträumten Siedlungen an Kaliforniens Küsten. Auch Walfänger, jene überaus seetüchtigen Schiffe, waren dabei. Als dann, wie schon gesagt, 1848 das Gold*[120] *in Kalifornien entdeckt wurde und der Run nach San Francisco einsetzte, gewann der Weg ums Kap Horn sprunghaft an Bedeutung. An dieser Fahrt waren nicht nur die amerikanischen Clipper, sondern auch deutsche Auswandererschiffe beteiligt, so 1852 (wegen abermaliger schlechter Ernte in der Heimat) solche mit 143 000 Menschen an Bord. Als der Goldrausch abklang, waren es der Weizen- und Holzhandel mit Amerikas Nordwestküste, der später, in den Jahren 1881 bis 1885, sogar eine neue, der Goldrauschzeit ähnliche Blüte erleben ließ (siehe auch Anmerkung 35).*

War ehedem an der Westküste von Südamerika Chile das Ziel der spanischen Silberstaffel — sie wählte noch die Route über den Pazifik —, so wird hier nun zunächst die, wenn auch bescheidenere Kupfererzfahrt interessant. Danach gewinnt der Guano, der Vogeldung der peruanischen Chincha-Eilande, als Frachtgut von Segelschiffen an Bedeutung. Er spielt, aus deutscher Sicht gesehen, vor allem um die Mitte des 19. Jahrhunderts im Handel des Hamburger Hauses von Ohlendorff eine Rolle. Die Entdeckung des Salpeters an Chiles Küste und dessen Verwendungsmöglichkeit als künstliches Düngemittel ist dann der Grund, daß bald Tausende von Großseglern die kürzere, wenn auch potenziert risikoreichere Horn-Route nehmen, wollen sie nicht den unwirtschaftlichen Umweg ums Nadelkap fahren. Mit den 60er Jahren des 19. Jahrhunderts wurde die Horn-Route auch zum Torweg in den Pazifik, nachdem er es für die amerikanischen Ostküstensegler schon lange vorher in der Opium- und Teefahrt war. Sie wird es auch — genauso sprunghaft wie bei Kaliforniens Goldfunden — in der Australfahrt, nachdem 1851 auch im fünften Erdteil Gold gefunden wurde. Nach hier segelten um diese Zeit auch amerikanische Clipper in englischer Charter, so gesucht war solcherart Transportraum.

Kap Horn wird, als auch im neuen Erdteil der Run nach dem Gold verebbt und die Menschen sich wieder auf normalen Lebenserwerb umstellen müssen, zur Drehscheibe für die im achterlichen Sturm von Australien mit Ostkurs heimwärts rennenden Woll- und Weizensegler, für die Kühlfleischsegler aus Neuseeland, neben all den anderen Windjammern, die, wie gesagt, in der Weizen- und Holzfahrt aus San Francisco und dem Puget Sund, in der Salpeterfahrt aus Chile, in der Guanofahrt aus Peru, in der Farbholzfahrt aus Mittelamerika stehen ... Wie auf einem riesigen Rangierbahnhof laufen ihre Kurse südlich des Horn denen jener Segler entgegen, die als Outwardbounder unter Marssegeln gegen die Weststürme und aus West laufende See anschnaufen und die Kohle, Eisenbahnschienen, Maschinen und dergleichen andere Güter aus dem Amerika technisch noch weit überlegenen Europa für die Häfen an den Westküsten von Nord- und Südamerika, für Australien oder Neuseeland an Bord haben.

Mancher Segler schafft den Westweg durch das Kap Horn-Revier von 50° Süd bis 50° Süd[121] in einer guten Woche, mancher erst in einigen Wochen und mancher

braucht noch mehr. Die Umschiffung des Kap Horn-Reviers liegt um die Jahrhundertwende bei 18,5 Tagen. Allein: sie ist eine Hölle.
Dergestalt etwa:
Endlich, nach zwei Wochen, bekommen die Männer der 3400 BRT großen, für Talcahuano bestimmten Viermastbark Kap Horn in Sicht. Nur für ein paar Minuten sehen sie durch den Orkangischt hindurch die von urwelthafter See glatt geschliffenen, farblos grauen Felsen.
Einsame Wächter vor den Toren der Antarktis.
Südlichste Ecke unserer sturmerfüllten Mutter Erde.
Kap Horn:
„Südspitze von Südamerika", heißt sie der Geograph.
„Schildwache des ab hier erdumspannenden Südozeans[122]", sagt der Schriftsteller.
„Hohe Schule der Seefahrt" oder „Kampfstätte schlichten Mannestums", der segelschiffbegeisterte Journalist.
„Verfluchte Schinderei", der Seemann.
„Wer dem Wettergott der Kap Horn-Region traut, muß zweimal rechnen", so der Cap Hornier und Malamock-Kapitän Rolf Reinemuth.
„Eine ganz schöne Hölle", Einhandweltumsegler Sir Francis Chichester.
„The freezing hell", ein anderer Brite.
„Riesiges Heldengrab", der Chronist. „Und auch Grabstätte so mancher Kapitänsfrau, nicht selten mit ihrem Neugeborenen im Arm."
Doch zurück zum Beispiel:
Mit zerraufter Takelage, verwüsteten Decks, mit zerschlagenen, nur notdürftig, aber unter Einsatz des ganzen Lebens abgedichteten Luken versucht der Segler, gegen die immer neuen und immer aus West anstürmenden Sturmfronten Raum zu gewinnen.
Und an den ächzenden Pumpen arbeiten todmatte Seeleute.
Sie sind
halb erstarrt in den eisigen Schauern,
halb blind von den beizenden Salzseen, die hier so ganz ohne Schönheit sind und den Rücken urzeitlicher Ungeheuer gleichen,
halb taub vom immer wieder neuen Dröhnen und Heulen der Windsbraut und dem ununterbrochenen Donnern und Rumoren der Brecher.
In Sprüngen bewegen sich die anderen über Deck, immer geduckt beim Auftauchen und plötzlichen Losbrechen der Seen. Sooft sich eine Wellenmauer über die Bordwand schiebt, krallen sie sich fest und weichen zurück, wenn sie mit lautem Knall weißflammend zerbirst. Bis zur Brust stehen sie dann im eisigen Wasser, und wie Faustschläge treffen sie von rückwärts die Spritzer.
Und wieder heißt es — zum wievielten Male, seitdem man den 50. passiert hat? —: „Alle Mann Babenmarssails fest! All hands and the cook!"
Jawohl, alle Mann — und der Koch.
Wenig später neue Kommandos. Der Alte läßt soeben weggenommene und unter Lebensgefahr eingepackte Obermarssegel wieder setzen . . .
. . . immer, wenn der Sturm nur ein wenig, aber oft urplötzlich nachläßt . . . immer, wenn der Wind einen Strich oder ein paar Striche raumt. Sie entern auf über die hoch aus dem Wasser herausragende Luvbordwand. Sie schieben sich, von der Windfaust gegen die Webeleinen der singenden Wanten gepreßt, nach oben hinauf. Mann für Mann. Zentimeter um Zentimeter. Mit klammen Fingern

hängen sie endlich — mehr als ein solides Wohnhaus hoch ist — in der Takelage auf den Rahen über der kochenden See,
die Hände in den Fingerbeugen zu tiefen, blutigen Rissen aufgeplatzt,
die Handgelenke und
die Haut am Hals von hartgefrorenem Zeug zerrieben,
das im Wind knatternde Ölzeug undicht.
Aber hier oben ist's immer noch besser als unten an Deck, wo sie im Rhythmus jeder neuen See eisigkalt gebadet werden. In das private Tagebuch von einem, der dabei sein muß, kommt später: „Das Auswechseln eines davongeflogenen Marssegels in stürmischer Winternacht dauert viele Stunden. Jede ihrer Sekunden ist Lebensgefahr ... Stundenlang sitzt einer rittlings auf der äußersten Rahnock[123], um das Segel gegen den Sturm steif an der Rah auszuholen, während sein Makker, unter ihm im schaukelnden Fußpferd hockend, die Schoot einzuschäkeln versucht. Die Verständigung untereinander ist schwer, wenn nicht gar unmöglich. Der Sturm reißt den Atem mit sich hinweg und mit diesem jedes Wort, das hinausgeschrien wird. Aber das Segel muß auf die Rah. Es muß, damit das Schiff wieder Halt am Wind bekommt. Zum Wohle und Segen und Nutzen aller an Bord."
Die knapp Fünfzehnjährigen, die da auch unter der Mannschaft sind, sie werden, heimgekehrt, das für eine Horn-Rundung Übliche berichten:
Erlittene Schläge, die sie — halb blind vom Hagel oder peitschenden Regen — in der arbeitenden Takelage hoch oben in freier Luft auf schwankendem Fußpferd von wild hin- und herschlagenden, brettsteif gefrorenen Segeln erhielten ...
Und auch, daß sie oft genug nur mit knapper Not auf dem von der See überschwemmten Großdeck der Gefahr entkamen, über Bord geschwemmt oder ein Krüppel zu werden ...
Und auch, daß Rasmus oft genug das eisigkalte Logis auswusch, Seekisten mit dem letzten trockenen Zeug und die Kojendecken herumwirbelte, wie ein Dackel eine gefangene Ratte beutelt ...
Und daß in nassen Kojen, vom eiskalten Wasser überflutet, jene lagen, welche die See packte und schlug. Alte Kisten in den Rücken geklemmt, um bei den wilden Bewegungen nicht herausgeschleudert zu werden.
Knochenbrüche? Ja.
Erkältungen? Nie. Oder selten.
Und ein ehrenvolles Gedenken jener Männer, die am Herd und an der Fockschoot zum Gelingen des Ganzen mitwirkten als echte Seeleute: „All hands and the cook." Kochen unter Umständen wie hier im Horn Revier: eingeschlagene Kombüsentüren, von der See aus der Kombüse heraus und über Bord geschwemmte Töpfe, die nun von Margarinedosen ersetzt werden — ist eine gefährliche Kunst. Sanftere Naturen als es diese Segelschiffköche sind, würden zur Verzweiflung getrieben. Diese hier lächeln — oder fluchen zum Gotterbarmen, aber verzweifeln werden sie nie.
Dabei kommt das Essen, wenn es schon gelingt zu kochen, nicht immer an den Mann, wenn eine See den Logisjungen mitsamt den vollen Barkassen in den Leewassergraben spült.
Wie dem auch sei: prächtige Kerle, die Segelschiffköche. Und sie kamen grundsätzlich nach dem Kapitän.
In den Böen, die immer, wenn der Wind aus den sich jagenden Tiefdruckfronten zum Sturm aufdrehte, mit dem Donnern eines Kanonenschlages über Schiff und

Besatzung hereinbrechen, erreicht das Wehen bis zu 50 m/s und mehr. Das sind über 200 km/h. Unter dem Druck solcher Windgewalten ist die See zu Riesenbergen angewachsen, die auch dann noch weiterschwingen, wenn der Sturm vorübergehend wieder abflaut, jedoch nie so lange, daß die See sich beruhigen kann. So erreichen sie Höhen bis zu 18 Metern und mehr.
Gleich riesigen, vorsintflutlichen Tieren rollen diese, hier nirgendwo auf dem ganzen Erdenrund behinderten Seen im D-Zug-Tempo heran.
Es sind furchtbare Seen.
Es sind Gebirge aus einer in sich bewegten, grünlichgrau schillernden Masse.
Dabei sind die Kap Horn-Seen meist nicht so hoch wie ihre zwischen Nordamerika und England beheimateten Kollegen. Sie sind dafür aber gewaltiger in Energie und Masse und damit auch schneller als die meist kürzeren und höheren, steileren Wellen des nicht minder berüchtigten Nordatlantik, über dem eine anhaltende Folge derart schwerster Tiefdruckfronten nur sehr selten beobachtet werden kann, dieweilen solches hier an der Tagesordnung ist.
Es sind Giganten, die an biblische Chaosdrachen erinnern.
Ein englischer Kapitän, der viel in diesen Breiten fuhr, hat sie, die sich wie riesige Böschungen aufsteilen, „Monarchs of the Sea" bezeichnet.
„Könige der See!"
Welch ein treffender Vergleich.
Andere Briten sprechen mehr bildhaft, mehr farblich über die reißenden Seen dieser Region und sagen „The Greybeards" dazu.
Für jeden, der es noch nicht sah, ist solch chaotisches Wüten unvorstellbar. Wer aber erlebt hat, wie die See, wie hier auf der Viermastbark, armdicke Eisenstützen knickt und wie hier — unter besonders ungünstigen Umständen — die auf dem höchsten Deck aufgestellten Rettungskutter wie Pappkartons eingedrückt und zertrümmert wurden, der weiß, welche Energien nur eine einzige Welle in sich birgt: Es sind tausende Tonnen Wasser, die in einer Kap Horn-See in Bewegung sind. Der begreift aber auch schnell, was die kaphornerfahrenen amerikanischen Clipperkapitäne ihren Rudergängern beim Reiseantritt eingeschärft haben: „Seht nie über die Schulter, wenn ihr die Horn umsegelt."
Für alle, die hier einmal dabei waren, bleiben die turmhohen Wellen in Gischt, Schnee oder Regen ein schauriges Geschehen, das sie mehr traumwandlerisch, denn wach erlebt zu haben scheinen, das aber so wahr ist wie Gottes Wort. Bernhard Moitessier[124], kein Großsegelmann, ein Einhandsegler „nur", erinnert sich über seine Horn-Reise in jüngster Zeit: „Man muß dieses Meer gesehen haben, wenn es in Wut gerät."
Kurzum: Nicht die Stürme haben das Revier vor dem — nach einem so friedlichen, an der holländischen Zuidersee gelegenen Ort benannten — Kap so berüchtigt gemacht, die See ist es, jenes — um mit den Worten von Jack London zu sprechen — „schlimme Vorgebirge" der Südspitze Südamerikas, diese urewige Permanenz grünglasiger Wellenwut.
Doch zurück zur Viermastbark.
Sie brauchte dreißig Tage, um das Kap zu runden.
Stürme gab es dabei oft und viele, immer aber hohe See, mal in langen, weitgestreckten Bahnen, mal aufgetürmt und wild und im Journal als „Kreuzsee" verzeichnet.
Diese Umsegelung ist ein Beispiel nur für eines Häufleins Menschen Kampf gegen eine Urwelt in nur schwer zu empfindender Wildheit, denn eine Reise

um Kap Horn ist soviel, so schlecht und so böse und so mörderisch wie eine Schlacht.
Sie ist die härteste Prüfung für ein Segelschiff und dessen Besatzung. Sie ist es ganz besonders in den Klauen der hochgehenden Brandungen der einsamen Insel Diego Ramirez, in der Strömungskabbelsee der Straße von Le Maire und im Angesicht der schneebedeckten Gipfel der felsigen Küsten der Staaten-Inseln und jener der Tierra del Fuego an der Ostküste von Feuerland. Die Nöte der Besatzungen sind erschöpfend kaum oder gar nicht zu schildern. Neben ständiger Kälte und Nässe auf den Rahen, an Deck und in den Unterkünften mit den unvermeidlichen Beschwerden aller Art auch für zäheste Naturen, gehören der wochenlange Mangel an Schlaf und das Fehlen jeglicher Körperpflege.
Aber um auf die See zurückzukommen: sie ist nur einer unter den besonderen Feinden.
Besonderer Feind Nummer Zwo[125] sind, wie schon angedeutet, die hier besonders harten Böen, immer, wenn ein neuer Sturm sich zum Orkan entfaltet hat. Wer sie nicht selbst an sich erlebte, vermag sich die titanenhafte Gewalt nicht vorzustellen, wenn sie aus einem Kap Horn-Sturm furienhaft herausstoßen.
Die Kraft des Windes in einem dieser Kap Horn-Snorter[126] ist so groß, daß der Ozean dampft. Er kocht wie die Suppe in einem Topf auf loderndem Feuer. So weit jedenfalls, so weit man ihn übersehen kann. Denn bei den Regen-, Schnee- oder Hagelschauern sind von der Back aus kein Klüverbaum, von der Poop aus kein Großtopp mehr zu erkennen. Dazu kommt noch der leuchtende Schaum vom Sturmwind zerfetzter Kämme der Greybeards. Schaum, der Flammenfetzen ähnelt.
Franz Graf von Larisch, der während einer Reise mit dem Laeisz-Vollschiff *Posen* ex *Preußen* Bildmaterial für sein unübertroffenes Werk „Sturmsee und Brandung" sammelte, über das, was er vor Kap Horn sah und erlebte[127]:
„Allein, was wir kaum für möglich gehalten hätten, geschah: wir sollten das Schlimmste erst noch erleben.
Der Kapitän und ich waren eben wieder an Deck gekommen, als gegen zwei Uhr nachmittags der Sturm plötzlich merklich nachzulassen schien. Zwischen einzelnen starken Böen wurde es oft sekundenlang fast still. Und dann mit einem Mal drehte der Wind um drei Striche nach West, und in wenigen Augenblicken wuchs er zu einer geradezu grauenerregenden Gewalt an, die alles bisher Dagewesene noch weit übertraf. Durch drei Stunden wehte aus West voller Orkan, Windstärke 12. Von Stärke des Sturmes war nicht mehr zu reden; es war Wut, volle entfesselte Wut ungeheurer gigantischer Gewalten. In wenigen Augenblicken gingen alle drei Untermarssegel, die bisher dem kolossalen Druck des Sturmes tapfer widerstanden hatten, in Fransen zerrissen über Bord. Die Masten bogen sich, als wollten sie jeden Augenblick brechen. Die rollende Bewegung des Schiffes war beinah ganz aufgehoben; das ganze Fahrzeug, zitternd und bebend in allen seinen Fugen, wurde durch die unerhörte Gewalt des Orkans platt auf die See gedrückt. Das Schiff trieb mit großer Geschwindigkeit querab acht Strich und legte sich so auf die Seite, daß das ganze Verdeck bis fast an die Luvschanzkleidung unter Wasser stand und es den Anschein hatte, als ob es sich nie wieder werde aufrichten können. Die See war nur eine einzige weiße, tosende Masse. Unter dem furchtbaren Druck des Orkans brachen die Kämme der Wogen nicht mehr über, sondern wurden als schäumender Gischt waagrecht

davongeweht, alles in einen einzigen weißen, undurchdringlichen Schleier hüllend. Man konnte kaum eine halbe Schiffslänge weit sehen. Das furchtbare Gebrüll des Orkans und das Toben der See spotten jeder Beschreibung; es heult und pfeift, es braust und zischt in den Höhen und Tiefen in wahrhaft sinnverwirrender Weise. Ich lag dicht neben dem Kapitän und versuchte, mit meinem Mund unmittelbar an seinem Ohr, mit aller Lungenkraft schreiend, ihm ein Wort zu sagen, ohne daß er einen Ton gehört hätte. Wir hätten uns nicht erheben oder uns rühren können, selbst wenn wir gewollt hätten; wir fühlten uns mit entsetzlicher Kraft auf den Boden niedergedrückt und festgehalten.

Es war grauenerregend, und ich glaube, man hätte sich fürchten können, wenn man durch die vorhergegangenen Tage und Stunden nicht schon abgestumpft gewesen wäre.

Durch drei Stunden, die uns eine Ewigkeit dünkten, rasten Wind und See um die Wette. Dann ließ allmählich die Gewalt des Sturmes nach; man konnte sich doch wieder rühren, das Schrecklichste schien überstanden. Unser braves Schiff war stark mitgenommen worden. Verschiedene der festgemachten Segel hatten sich losgerissen und waren in Stücke gegangen; die Reling hatte arg gelitten, und in der Takelage bildeten Taue, Schoten, Rahen und Segelfetzen ein wüstes Durcheinander. Aber trotz allem waren wir uns bewußt, noch gut davongekommen zu sein.

Gegen Abend legte sich der heftige Sturm, und als die Nacht hereinbrach, wehte nur noch eine leichte Brise. Nur die See lief noch gewaltig hoch. Die schweren Wolken zerteilten sich, die schmale Mondsichel brach durch, und bald standen hoch am Firmament leuchtend und still die Sterne des südlichen Himmels in ihrer ganzen unvergleichlichen Pracht und ergossen wie eine Tröstung ihr mildes, friedliches Licht auf ein sturmgefegtes Schiff,

auf müde und

erschöpfte Menschen."

Und dann, je nach Jahreszeit, der Schnee, der Hagel, der Regen. Und der Schlachtenlärm rasender Gewitter:

Der Kapitän der britischen Bark *Golden Era*[128] berichtete in seinem Journal, das Schiff habe sich bei einer dieser Schneeböen, angekündigt durch eine eigentümlich schwarze Wolkenbank im Gewoge eines Grau-in-Grau-Himmels, durch sechs bis zehn Zoll dicken Matsch hindurchpflügen müssen: „... Die Schneeböen zerbarsten regelrecht in der Luft. So lag denn Schnee in langen weißen Bahnen auf der Oberfläche einer wilden See ..."

An anderen Tagen toben sich andere menschenfeindliche Erscheinungen aus: Jene mit Elektrizität gesättigten Böen, nachgerade unheimlich erschreckende Einfälle der Natur in einer vorzeitlichen Landschaft.

Aus dem von Kapitän Philip Dumaresq geführten Log der *Surprise,* ebenfalls ein Clipper[129], einer der berühmten sogar, ist für die Position 58°13' Süd und 66°34' West zu entnehmen:

„... Starke schwere Böen mit Regen, Hagel und Schnee. Alle Tage. Alle Nächte. Drei der vier Gewitterböen erzeugten während der Nacht leuchtende Mastspitzen und leuchtende Nocken der Rahen ..."

Im Journal des Vollschiffes *Houqua* heißt es für die Position 57°10' Süd und 70° West:

„Eine heftige Bö flog morgens, 07.30 Uhr, über uns hinweg, zur gleichen Zeit traf ein Kugelblitz von der Größe eines Kopfes das Schiff. Er zerbarst am

Großmast, raste diesen einer Rakete gleich herunter und verließ das Schiff in Lee, ohne einen Schaden anzurichten. Schiff beigedreht.
Ich danke Gott für die Gnade[130]."
Andere Feinde, andere oft tödliche Gefahren der Horn sind — vornehmlich während der Südsommerzeit — dichte Nebel vor allem, die Sicht behindernde Schneestürme und — Eisberge.
Hier ein Bericht, der zunächst den Nebel betrifft. Robert Hilgendorf im Logbuch der ausreisenden *Potosi* zu den Eintragungen vom 4. Mai anno 1900, einen Tag nach Passieren des 50° Süd: „... Nachdem der 50. Breitenparallel überschritten war, stellte sich nebliges Wetter ein, das, von mäßigem Nordwind begleitet, keine Aussichten für astronomische Beobachtungen bot. Daher wurde ein Kurs gesteuert, welcher über die Einbuchtung der 100 Faden-Grenze und gerade auf Kap St. Johns zu führte, m/w[131] SSO, um so das Besteck durch Lothungen kontrollieren zu können ...
... Nach dem Besteck in 51° 50' S wurde zuerst, und zwar 82 Faden, dunkler Sand als Grund und später, 52° 6' S, 73 Faden, dunkler Sand gelothet. Wir befanden uns demnach noch auf der Bank. Nach Zurücklegen von 28 sm hatten wir mit 120 Faden keinen Grund, die 100 Faden-Grenze war überschritten. Da wir nun längs dieser Grenze liefen, wurde nicht gelothet, bis, in 53° 20' S angekommen, wir uns der Bank wieder näherten. Anstatt keinen Grund zu bekommen, wie erwartet wurde, fanden wir 73 Faden Wassertiefe und Korallen-Grund. Wir waren also südlich versetzt, welches der nächste Wurf nach 16 sm abgelaufener Distanz 71 Faden, gröberen Grund, bestätigte. Weil noch immer dichter Nebel herrschte und die westliche Versetzung unbestimmt war, wurde der Kurs auf m/w SO verändert. Der Wind flaute mehr ab. Viele zerrissene Quallen, Seetang, Vogelfedern usw. trieben auf dem Wasser, ein Zeichen der Nähe des Landes. Um 4^h p. m. fanden wir nun 70 Faden Wassertiefe, Grundprobe zeigte kleine braune Steine. Nun setzten wir den Kurs noch einen Strich östlicher, um, wenn der Nebel blieb, tiefes Wasser anzulothen. Gegen 5^h p. m. klarte es soviel auf, daß die Breite durch eine Mondhöhe bestimmt werden konnte, 54° 18' S, also war die südliche Versetzung in zwei Tagen 20 sm. Um 6^h p. m. kam auch St. Johns aus dem Nebel hervor und peilten es m/w SSO. Wir hatten also etwas westlicher gestanden, welches später beim Bestimmen des Chronometerganges bestätigt wurde. Der angegebene Strom nach NO war demnach durch den nördlichen Wind aufgehoben, und kann die südliche Versetzung bei dickem Wetter ein Schiff leicht in eine fatale Lage bringen, wie es bekanntlich wiederholt vorgekommen ist. Bei rechtzeitigem Gebrauch des Lothes ist dies weniger zu befürchten, auch hat man nicht nötig, nach Ablauf der Breite beizudrehen, um klares Wetter abzuwarten oder der Sicherheit wegen Kap St. Johns in einem großen Abstand zu passieren."

Hier ist eine für Eis plus Nebel typische Eintragung im Journal der britischen *Loch Garry:*
„28. Januar 1906: Passieren Kap Horn um 06.00 nachmittags.
Distanz drei Seemeilen. Während der Nacht setzt dicker Nebel ein.
29. Januar 1906: Nebel klart gerade noch zur rechten Zeit auf. Sichten Eisberg recht voraus, einen weiteren in Luv und noch einen in Lee. Sie haben eine Höhe von 300 bis 400 Fuß[132]."

Es bedarf weder ausschweifender Phantasie noch eines Exempels nach der Wahrscheinlichkeitsrechnung, um die drohende Gefahr zu verstehen, in der sich das Schiff während der Nebelfahrt befand, waren doch diese Eisberge nicht die einzigen auf dieser Trift.

Und außerdem: Der Nebel hätte noch anhalten können. Dann wäre die *Loch Garry* blind und ahnungslos auf diesen voraus in Sicht gekommenen Eisriesen zugesegelt. Vielleicht hätten dessen eisige Ausstrahlungen die *Loch Garry* gewarnt. Vielleicht auch nicht. Oder zu spät. So mancher Segler ist auf dieser Route auf diese Weise verlorengegangen, ohne daß je eine Nachricht über das Wie und Was bekanntgeworden ist.

Nur hin und wieder gab es wie hier Zeugen:

Im Südsommer des Jahres 1903/04[133].

Auf der Bark *Emilie Galline* ...

Sie sucht ihren Weg durch ein Feld treibender Eisklötze. Auf einem riesigen, langen und hohen Berg sehen sie es: In einer seiner Schluchten ist eine mächtige Viermastbark eingekeilt. Sie ist entmastet. Offenkundig durch den Aufprall. An Deck ist kein Lebenszeichen zu sehen. Auch auf Rufe und Kanonenschläge hin rührt sich nichts. Der Kapitän der *Emilie Galline* möchte gern helfen. Aber sein Schiff ist selbst in derart großer Gefahr, daß er sich nicht um das Wrack kümmern kann. Bald kommt auch Nebel auf und mit ihm die fremde, im Eis des Tafeleisberges eingekeilte Bark außer Sicht ...

Tage und Wochen quält die Franzosen die Frage: Hätten wir nicht doch stoppen, hätten wir nicht doch ein Boot aussetzen sollen? Die Anwort, daß solches tödlicher Wahnsinn gewesen wäre, überzeugt, aber sie beruhigt den Kapitän nicht ...

Der Fall *Aethelberth* ist eines der seltenen Beispiele, bei dem die Besatzung den Zusammenstoß mit einem Eisberg auch überlebt.

1893: Die *Aethelberth*, eine William Gracie und Edwin Beazley gehörende eiserne Bark, liegt auf Heimatkurs. Sie hat die Horn weit hinter sich, schwimmt aber noch im 50- zu 50-Revier. Da, der Segler steht in Höhe der Falklands-Inseln, ein Ruf: Eisberge voraus. Einige sind von brauner, andere von fahlgrüner und andere, die wohl eben erst gedreht haben, von dunkler, fast schwarzer Färbung. Ein Ausweichen ist nicht möglich, nur noch ein Backbrassen. Dann kracht die *Aethelberth* mit einem dieser Giganten zusammen. Große Brocken brechen aus dem Berg heraus. Sie stürzen und krachen aufs Deck der Bark. Die Besatzung — niemand ist verletzt — geht sofort in die Boote.

Als die *Aethelberth* nach einer Weile ohne fremde Hilfe von selbst wieder freikommt, nicht sinkt und keinerlei Schlagseite zeigt, klettern die Männer wieder an Bord, klaren auf, reparieren die größten Schäden und nehmen die Fahrt wieder auf. Sie müssen an einem Feld zusammengedrängter und zusammengeschobener Eisberge entlang. Auf einer Strecke von 84 Seemeilen ist kalte Angst der ständige Gast an Bord ...

Besonders während der Südsommer 1854/55, 1892/93, 1903/04 und 1907/08 wurden breite Felder Eis gesichtet.

1854 berichtete ein Heimkehrer, ein Eisfeld angetroffen zu haben, das sich von 44° Süd, 28° West bis nach 40° Süd, 20° West erstreckte: „... Die größte Masse hatte die Form eines Hakens. Sie war 60 Seemeilen auf der einen und 40 Seemeilen auf der anderen Seite lang, und sie schloß 40 Quadratseemeilen Wasser ein."

Diesem Feld begegnete — zum Beispiel — auch der australische Passagier-Clipper *Great Britain.* Nachdem er sich zwischen 280 Eisbergen auf 56° Süd hindurchlaviert hatte, segelte das bekannte Passagierschiff 50 Seemeilen am längeren Schenkel dieses Eisfeldes außen entlang[133a].

Von diesem Eisfeld wird die *Guiding Star* eingeschlossen. Sie geht verloren. Niemand überlebt. Die *Cambridge* und die *Salem,* die zur gleichen Zeit in dieses Eis geraten, können sich mit Mühe und Not wieder freimanövrieren.

Das Eisfeld, das im Südsommer 1892/93 zwischen 53° und 47° Südbreite beobachtet wird und nicht über 48° Westlänge hinausragt, hat eine noch größere Ausdehnung als jenes vom Südwinter 1892, in das die deutschen Segler *Flotow* und *Äolus* verstrickt wurden und, da klares Wetter und helle Mondscheinnächte, eben noch freikamen ...

Die steilen Wände dieser typischen Tafeleisberge haben Höhen bis zu 1000 Fuß.

1000 Fuß sind über 300 Meter.

Das aus der Antarktis nordwärts getriebene Feld wird später in zwei Teile gebrochen. Das erste wird im April 1893 in 46° Süd mit einer Ausdehnung von 25° bis 36° West entdeckt. Viele Schiffe begegnen ihm, so die *Cromdale,* die eingeschlossen wird, sich aber eben noch freisegeln kann.

Die Heimkehrer *Strathdon,* ein bekannter Australien-Trader, und *Loch Torridon* stoßen ebenfalls auf dieses Feld. Auch sie haben Glück, viel Glück, daß sie den Gefahren entkommen. Und die der *Cromdale* folgende und von Neuseeland kommende *Invercargill* muß — bei gottlob schönstem Wetter — über 200 Eisbergen ausweichen. Auch über diesem Schiff scheint an diesem Tage die Sonne. Das Eis blinkt, glitzert wie Millionen Diamanten, und es strahlt im reinen Weiß. Eben über dem Wasser aber hat es die Farbe tiefblauer Tinte, darüber sind Flecken vom Grün eines Saphirs und Tupfer vom Orange einer reifen Apfelsine.

Als die *Kinfauns* im Mai 1893 in diese Breiten eindringt, hat sie sich über 400 Seemeilen durch eine mit Eisbergen aller Formen und Größen bedeckte Fläche hindurchzukämpfen: „An einem einzigen Morgen zählte ich über 100“, so der Kapitän.

Außer den genannten Seglern haben Ärger mit diesem Feld: die eiserne *Hesperus,* die *Parsee,* die *Gladys,* das Viermastvollschiff *County of Edinburgh,* die kleine eiserne Bark *Loch Eck,* die *Curzon,* der Viermaster *Liverpool,* das eiserne Vollschiff *Roderick Dhu,* die eiserne Viermastbark *Drumcraig,* das eiserne Vollschiff *Wasdale* und die eiserne Bark *Stracathro.* Die beiden letzten Windjammer geraten dabei in eine hufeisenförmige Bucht, deren Öffnung vier und deren Mitte bei 20 Seemeilen Länge zehn Seemeilen breit ist.

Die zweite Masse dieses Riesenfeldes des Südsommers 1892/93, in der Tafeleisberge mit Höhen sogar bis zu 1500 Fuß beobachtet wurden, erstreckte sich von 48° bis 50° Süd und von 41° bis 52° West.

An ihr segelte die *Loch Torridon* 50 Seemeilen entlang, ohne ein Ende abzusehen. Im gleichen Monat steuerte man auf der *Ariadne* 30 und auf der *Ethel* 50 Seemeilen daran entlang. Im Februar gelingt es Kapitän Woodget auf der berühmten *Cutty Sark,* sich eben noch durch einen schmalen Kanal zwischen zwei riesigen Eisbergen in wieder freies Wasser in des Wortes wahrstem Sinne hindurchzuschlängeln. Er mußte es. Ihm blieb keine andere Wahl, denn nur durch dieses mutige Manöver kam er klar, konnte er Schiff und Besatzung retten. Und das unter Segeln!

Im März zählte die *British Isles* auf 200 Seemeilen über 1000 Eisberge. Die *Turakina*, die *Brier Holme* und der Norweger *Charles Raçine* bestätigten später diese Beobachtungen, gerieten sie doch selbst an die eisigen Pallisaden des zweiten Südsommerfeldes anno 92/93.

Die *Arthur Stone*, die *Duchesse Anne*, die *Loch Rannoch*, die *Timandra*, die *Wellington* und die *Flotow* kollidierten mit diesem Eis. Einige Segler mußten deswegen Nothäfen anlaufen, oder auch, wie im Falle *Lord Templemore*, verlassen werden, ehe das Schiff versank.

Im September 1893 zeigte sich noch eine dritte Eistrift. Sie erstreckte sich bis an die Falklands-Inseln. Zwar ist das Eis dieses Mal nicht so dicht zusammengedrängt, es treibt aber so weit westlich, daß die Segelroute mitten hindurchführt. Die *San Joaquin* kollidiert, die *Theodor* und die *Sainte Catherine* ebenfalls. Sie werden beschädigt, aber sie überleben und setzen ihre Reise fort. Nur die *Theodor* muß wegen schwerer Schäden nach Montevideo laufen.

Ähnliche Einzelheiten sind auch über die Eisfelder der Südsommer 1903/04 oder 1908/09 und danach folgende zu berichten — bis in jene Zeit hinein, da die Windjammer weniger und weniger wurden ...

Für 1908/09 interessiert, daß die der Reederei H. Fölsch & Co. gehörige Viermastbark *Woglinde* am 16. September auf 50.05° Süd und 49.05° West mit einem Eisberg zusammenstieß. Er war, so wurde im Logbuch vermerkt, doppelt so hoch wie die Masten der Bark. Der Bug wurde eingedrückt, die Takelage so schwer beschädigt, daß sich die Viermastbark nach Rio de Janeiro quälen mußte. Willi Heidel[134]: „Es mutet wie ein Wunder an, daß das in seiner Manövrierfähigkeit stark behinderte Schiff sich überhaupt aus der ungeheuren, von 50° bis 48° Südbreite reichenden Eistrift hat heraussegeln können ...“

Wenige Tage vorher war die der AG Alster gehörende Viermastbark *Alster*, Flaggschiff der Reederei, ebenfalls in eine scheußliche Lage geraten. Das Schiff hatte am 14. August 1908 mit Salpeter an Bord Pisagua verlassen, rundete die Horn und geriet in ein ausgedehntes Eisfeld. Nur seemännisches Geschick unter handigen Segeln bewahrte die *Alster* vor einer Katastrophe.

Über den Nutzen der Beobachtung der Wassertemperaturen, um Eisberge in der Nacht oder bei unsichtigem Wetter rechtzeitig auszumanövrieren, gehen die Meinungen sehr auseinander. Auch das Erscheinen von Seevögeln, insbesondere der Eissturmvögel, ist kein sicheres Zeichen von Eisnähe, und manche Kapitäne berichten genau das Gegenteil. Oft jedoch und übereinstimmend wird in den Berichten das laute Krachen im Eis und das Rauschen vom Wasser erwähnt, wenn große Stücke von den Eisbergen abstürzen oder wenn die Berge das Gleichgewicht verlieren und kentern. Die Kapitäne Frerichs von der Bark *Äolus* und Schnieders von der *Freya* berichten, daß der Wind an der Leeseite der Berge immer sehr puffig wird, mitunter bis zur Stille absinkt und dann wieder mit plötzlichem Stoß einfällt. Kapitän Gahde von der *Arethusa:* „Den einzigen Schutz gegen Kollisionen mit Eis kann nur ein scharfer Ausguck bieten. Im Nebel bei flauer Brise vielleicht auch das Gehör.“

So wie in verschiedenen Südsommerperioden extrem große Eistriften auch extrem weit nach Norden, und zwar bis über den 50. Süd-Breitengrad hinaus, beobachtet wurden, so sind auch besonders harte, besonders schwere und besonders lange Südwinter mit extremen Stürmen zu verzeichnen.

Oben: Die *Peking*, eine 3 100 BRT große stählerne Viermastbark der Reederei Laeisz. Sie entstand 1911 bei Blohm & Voss, Hamburg. Sie war damit einer der letzten Großen unter den Windjammern, die noch von Stapel liefen. Unter der Flagge von FL segelt sie bis 1932, dann hieß sie, umgeriggt und umgebaut, *Arethusa*, und lag als stationäres Ausbildungsschiff in England , heute heißt sie wieder *Peking* und ist Museumsschiff in New York.

Unten: Fünfmastbark *Potosi*, bei Tecklenborg, Geestemünde, erbaut und nächst der *Preußen* der Stolz der Hamburger und der deutschen Segelschiffsflotte schlechthin. Ihre Kapitäne zählten zu den berühmtesten Cap Horniers der Erde: 1. Robert Hilgendorf (zehn Reisen), G. Schlüter (zwei), Heinrich Nissen (acht), J. Frömke (vier), Robert Miethe (vier), A. Ötzmann (letzte bis zum Verlust).

Links: Die in der China-See 1890 unt
Kapitän Bernhard Rowehl in eine
Taifun verschollene *Amphitrite*. A
Defiant kam sie 1875 in Kennebur
(Maine) zur Welt, 1882 kauften Gild
meister & Ries, Bremen, dieses Sege
schiff mit dem dekorativen Portenban

Mitte: Vollschiff *Ida und Emma*, als *Premier* 1875 in Searsport (Maine) erbaut, rettete unter der Flagge von Gildemeister & Ries 1880 die Besatzung der mecklenburgischen *A. F. Nordmann*. 1881 geriet es beim Laden von Steinkohlen im Hafen von Cardiff in Brand.

Links: *Katharine*, „die schnelle Ka
thrin“ genannt, ein Vollschiff, das fü
Boyes & Ruyter, Bremen, fuhr und un
ter Kapitän Bernhard Spille durch be
sonders schnelle Reisen berühmt wurd
— und das obendrein noch ausgespro
chen schön und elegant zu nennen wa

Da ist — nur als Beispiel — das Jahr 1895. Im Juli, im südlichen Hochwinter, zerschlagen und zertrümmern See und Eis und zur Hurrikanstärke anschwellende Stürme Takelage und Decks von 14 Segelschiffen derart, daß sie halsen und zurücklaufen müssen, wollen sie nicht zu Totalverlusten werden. Sechs davon werden gezwungen, bereits in Port Stanley einzulaufen. Der Rest kämpft sich bis Montevideo durch. Die in Port Stanley eingekommenen Schiffe sind die *Priorhill*, die *G. W. Wolff*, die *Eagle Crag*, die *Catharina*, die *Gladys* und die *Ambassador*.

In Port Stanley passiert nach dem Einlaufen dieses:

Captain Porter von der *Priorhill*, deren Großmast über Stag ging und die obendrein noch Feuer im Schiff hat, trifft den Kapitän der *G. W. Wolff*, Captain Butler, der sagt: „Ich war da unten verdammt nahe dran, mit einem Schiff zusammenzustoßen, das keine Positionslichter, wohl aber eine Lampe über die Reling gehängt hatte."

„Ah", stöhnt Porter und wischt sich den ausbrechenden Schweiß von der Stirn, „dann waren Sie das also, der so gänzlich ohne Zeremoniell in meine Repräsentations-Kajüte einzudringen versuchte."

„Well, es war so", grinst Butler.

Und Porter lacht mit, denn die beiden sind alte Freunde. Rückschauend betrachtet, kam das so: Die *Priorhill*, eine kleine, bei Russell erbaute Bark, die unter der Flagge von J. Cornfoot & Co. segelte, war von Cardiff zur Carrizal-Bucht unterwegs. Nach 46 Tagen lief sie in die Le Maire-Straße ein. Der Wind kam günstig aus Nord. Er versprach auch, beständig zu sein, die Voraussetzung für ein Durchfahren des zwölf bis vierzehn Seemeilen breiten Sunds. In der Mitte aber schralte er und fiel mit Böen ein. Daraufhin gingen ein vier Meilen in Luv liegendes Vollschiff und eine Viermastbark auf Gegenkurs und liefen zurück. Der Kapitän der *Priorhill* dagegen ließ seine Bramsegel stehen und kam — einem Fliegenden Holländer gleich — klar, obwohl das Gangspill durch über das Vorschiff brandende Brecher losgerissen und wie eine leere Korbflasche an Oberdeck geknallt wurde.

Wenige Nächte später, am 20. Juli: Die *Priorhill* stürmt gerade in schwerer See unter Untermarssegeln voran. Auf Ausguck, vorn auf der Back, hockt ein Seemann, naß bis auf die Haut. Der Mann wankt und weicht nicht. Er versucht, durch die Gischt der Brecher hindurch zu sehen ... Für ein paar Atemzüge scheint es zu gehen, dann versinkt um ihn die Welt wieder in Wasser. Und in einer dieser Atempausen entdeckt er über dem Backbordbug ein Licht. Die Bark hatte ihre Positionslichter verloren, und der zweite Offizier hatte gerade noch Zeit, sich aus dem Niedergang eine Lampe zu greifen, um sie über der Reling hin und her zu schwenken. Im nächsten Augenblick kreuzt ein Schiff das Kielwasser. Nur um wenige Fuß verfehlt es das Heck der *Priorhill*. Um Haaresbreite entgehen beide Segler einer Kollision, die bei der hochlaufenden See für beide Schiffe das Ende bedeutet haben würde.

☆

Die Reisen im Südwinter sind natürlich um vieles härter und schwieriger:

Nicht weniger als ein paar Dutzend First-Class-Segelschiffe werden im Südwinter des Jahres 1905, in einer Zeit also, da hier die Nächte lang und die Tage nur sehr kurz sind, in den doppelt so häufigen und doppelt so starken Weststürmen beschädigt und zurückgeworfen.

Unter diesen sind die Laeiszsche Viermastbark *Pitlochry*, die *Parnassos* und das Lloydschulschiff *Herzogin Sophie Charlotte* unter ihrem Kapitän E. Zander, die infolge schwerer Schäden am Schiff und in der Takelage und wegen Versagens der durch harten Frost und Überanstrengungen dienstuntauglich gewordenen Besatzungen Montevideo als Nothafen anlaufen mußten. Den gleichen Notstand teilten der britische Segler *Kilmallie*, eine Bark aus Stahl, die, aus der Hornregion zurückweichend, 152 Tage bis Montevideo benötigte, die britische *River Indus* mit etwa 150 Tagen und die französische *François* mit ebenfalls etwa 150 Tagen.

Im einzelnen bleibt zu den deutschen Seglern zu berichten[135]: Das Vollschiff *Parnassos* trieb bei dem Versuch, die Horn zu umsegeln, weit nach Osten ab. Die Kälte nahm schnell zu, so daß einer nach dem andern von der Mannschaft erfrorener Gliedmaßen halber dienstuntauglich wurde und am 6. September von 25 Mann Besatzung nur noch neun den Dienst versehen konnten. Das Schiff hielt an diesem Tage in etwa 58° 13′ S-Br. und 70° 15′ W-Lg. nach Port Stanley ab, um ärztliche Hilfe in Anspruch zu nehmen. Vor diesem Hafen angelangt, konnte die Einfahrt jedoch aus Mangel an Bedienungskräften nicht gewagt werden, und das Schiff sah sich daher gezwungen, seinen Kurs auf Montevideo zu setzen, wo es am 24. September, nach 114 Tagen Reise von Port Talbot, auf der Reede ankerte.

Kapitän F. Woerdemann berichtete über eine dieser vielen mißlungenen Kap-Horn-Reisen, über jene der *Herzogin Sophie Charlotte*[136]:

„Der nächste Tag läßt uns Kap Horn passieren. Ein herannahendes Minimum zwingt uns zum Beidrehen. Wegen der Landnähe dürfen wir keinen nordwestlichen Kurs anliegen. Vor allen drei Untermarssegeln aus Null-Null-Tuch mit Preventerschoten liegend und mit Vorstengestagsegeln und Sturmbesan bestückt, scheint es, daß das Minimum seinen Kurs auf uns gerichtet hat.

Es ist 00.30 Uhr nachts. Ich habe mir gerade das nasse Zeug vom Körper gequält, als ein mehrmaliges Knallen der Segel den Ausschießer erkennen läßt — und wenige Sekunden später brüllt jemand durch den Niedergang:

‚Alle Mann!‘

Alle Segel sind weg, das Rack der Großmarsrah ist gebrochen, und zwar der Pösel von 10 cm Durchmesser. Das Schiff liegt jetzt in einer wilden Kreuzsee. Es rollt unaufhörlich hart von 39° Backbord nach 43° Steuerbord, während besonders das Vordeck von Backbord und Steuerbord beständig überflutet wird. Bei den heftigen Rollbewegungen und der Stockfinsternis infolge des wolkenverhangenen Himmels bietet die auf die Großrah gefallene Marsrah eine Gefahr. Durch Geitaue, Schoten und Brassen am weiteren Fallen behindert, rutscht sie beständig hin und her, soweit sie Lose hat. Mit Zeisingen bewaffnet, geht's mit drei Mann im Backbordwant nach oben. Wie sehr die Takelage beansprucht wird, können wir beim Aufentern an dem vorübergehenden Steifkommen und der Durchbuchtung des Unterwantes spüren. Zeitweise kletternd, zeitweise waagerecht auf allen vieren kriechend, erreichen wir das wildgewordene, manchmal funkensprühende Ungeheuer. Erst nach mehreren vergeblichen Versuchen gelingt es uns, die Marsrah auf die Großrah zu schwichten bzw. zu laschen. — Wieder an Deck zurückgekehrt, nimmt der Magen dankbar die ihm verabreichte ‚Besanschot‘ an.

‚Alle Mann bleiben an Deck bis zum Tagwerden', lautet nun der Befehl. Mit eintretender Dämmerung wird in den Toppen erst einmal aufgeklart, Vorbereitungen zum Anschlagen anderer Segel werden getroffen.
07.45 – niemand ist mehr oben, bis auf drei Mann auf der Backbordnock auf der Großrah — stehe ich Achterkante Back und beobachte gerade eine überaus harte Krängung nach Steuerbord. Dann, ein unvergeßbarer Augenblick. Nachdem das Unterschiff zu einer neuen Gegenrollbewegung angesetzt hat, bleibt der Großtopp mit Steuerbord-Schlagseite für einen Augenblick in der Luft stehen, um dann der Anziehungskraft der Erde zu gehorchen. Die aus einem Stück gearbeiteten Untermast- und Marsstenge sind oberhalb der Mars geknickt. Die obere Takelage wirft sich auf die Steuerbordseite der Großrah, diese dumpt plötzlich nahezu senkrecht und — keiner von den dreien kommt dabei von oben.
Die unter Deck beschäftigten Jungens erfahren durch den von allen wegen seiner hervorragenden seemännischen Eigenschaften so sehr geschätzten I. Offizier durch folgenden Ruf unter Deck eine Aufmunterung eigener Art:
‚Jungs, an Deck! Ihr sollt nicht wie Ratten in der Falle versaufen, ihr sollt wenigstens sehn, wenn ihr untergeht!'
Es ist erklärlich, daß der Großtopp infolge der Brassen- bzw. Stagenverbindung die Stengen des Vor- und Kreuztopps mit sich riß. Durch die gleichmäßige und plötzliche Belastung der Bram- und Royalbrassennagelbänke machten sich auch diese selbständig, um sich schließlich mitsamt ihren Koffeenägeln in der Sahling des vor ihnen liegenden Topps festzuklemmen.
Eine große Gefahr für das schottenlose Schiff bildet die außerhalb des Steuerbord-Großwantes hängengebliebene Takelage. Infolge der scharnierartig arbeitenden Knickstelle im Mast schwingt die Marsstenge mit dem gesamten Gut des Großtopps bei jeder Krängung nach Steuerbord frei vom Schiff und schlägt bei jeder Gegenrollbewegung hart gegen die Unterwasser-Außenhaut. Das Einfangen und das Laschen der Rahen sowie der oberen Stengen, das nur bei Rollbewegungen nach Backbord möglich ist, wird durch das wilde Arbeiten des Schiffes und die anhaltende Wasserstauung in der Versaufkuhle stark erschwert.
Im Kreuztopp macht uns die baumelnde Royalstenge Kummer. Sie hat sich das Royalstag und die Royalpardunen über den Topp gestreift und mit dem Heißstander des Royalfalls über den Stumpf der Bramstenge gehängt. Bei jeder Rollbewegung baumelt sie wie ein Damoklesschwert von einer Seite zur anderen über dem Schiff und schlägt in die Vorkante der Bramrahen faustgroße Einbeulungen. Es erfordert große Geschicklichkeit und Ausdauer, dieses wilde Etwas schließlich einzufangen.
Das Schicksal des Schiffes ist noch während des ganzen Tages recht zweifelhaft. Alle Boote sind eingeklemmt oder eingeschlagen, und kein Schiff ist in Sicht. — Der gegen Mittag gegebene Befehl des Kapitäns ‚Proviantraum auf!' wird von uns nicht überhört. Mittags gibt es zu den ‚Kabelgarns' ausnahmsweise junge Erbsen und — ja und — sage und schreibe — pro Nase eine halbe Flasche Rotwein, die uns, auch aus einer Bleckmuck getrunken, kostbar schmeckt und ihre Wirkung nicht verfehlt.
21.30 abends ist die Gefahr so gut wie gebannt. Im Vor- und Kreuztopp sind neue Marssegel angeschlagen. Auf östlichem Kurse liegend, wird anfänglich Port Stanley als Nothafen in Aussicht genommen — bald schon aber wird Montevideo als Ziel gewählt, da hier für eine Kondemnation wegen Reparaturunfähigkeit weniger Gefahr besteht.

Daß wir auf der Fahrt zum Nothafen noch das Achterdeck mit Sand und Steinen scheuern mußten, obgleich unsere Hände durch Fleischhaken und hartes Arbeiten arg mitgenommen waren, habe ich als ungerechtfertigte Maßnahme heute noch nicht vergessen. Schon nach elf Tagen liegt der stark lädierte Segler auf Montevideo-Reede. Er hat es bis dahin bei steifer Brise gelegentlich noch auf elf Knoten gebracht . . ."

Doch wenden wir uns wieder der Gesamtlage im Hornwinter 1905 zu: Nicht minder schlimm erging es dem Laeiszschen Viermaster *Pitlochry*, der vom 1. nachts bis zum 13. früh ununterbrochen schwere bis orkanartige Stürme aus NW-licher bis W-licher Richtung gehabt hatte, die nur für die Zeit von einigen Stunden durch geringere Windstärken unterbrochen wurden. Das Schiff, das am 3. bereits alle stehenden Sturmsegel verloren hatte, büßte diese am 13. früh abermals ein und sah sich genötigt, nachdem in der Zeit bis zum 15. die Schäden einigermaßen ausgebessert waren, an diesem Tage die Reise wegen Mangels an Segeln aufzugeben und nach Montevideo abzuhalten. Vom 24. bis 25. September zwischen 40.31° Südbreite, 48.32° Westlänge und 39.35° Südbreite, 49.47° Westlänge hatte das Schiff noch einen vollen Orkan zu überstehen, in dem der Groß- und Fockmast mitsamt dem Klüverbaum über Bord gingen und im Kreuztopp schwerer Schaden entstand. Am 5. Oktober wurde die Hilfe eines englischen Dampfers angenommen. Er brachte das Schiff am 6. nach 103 Seetagen auf Montevideo-Reede.

Fünf Windjammer, die in diesen Hornwinter gerieten, müssen als Totalverluste abgeschrieben werden. Es sind die britischen *Bidston Hill*, *Kirkhill*, *Garsdale* und *Deudraeth Castle* sowie der Däne *Sixtus*.

Doch nicht genug, von vier Square-Riggern wird man überhaupt nichts wieder hören. Sie werden vermißt. Niemand weiß, wo sie geblieben sind, niemand kennt ihr Schicksal. Nur soviel ist bekannt: sie haben gezahlt, was die Horn als schwersten Zoll verlangt. Es sind dies:

Die *Glenburn* auf der Reise von San Francisco nach Liverpool,
die *Alcinous* auf der Reise von Lobos d'Afuera nach Antwerpen,
die *Principality* auf der Reise um Kap Horn nach Rotterdam und
die *Bay of Bengal* auf der Reise von Cardiff nach Taltal.

Dem Viermaster *Bidston Hill*, um auf die Totalverluste zurückzukommen, war die Horn-Region ein durchaus vertrautes Revier. Bereits 1887, auf seiner Jungfernreise, erfuhr er hier die ganze Wut und Kraft der Stürme und Orkane dieser Breiten. Alles, was die *Bidston Hill* über den Untermasten an Takelage trug, die Mars- und die Bramstengen, die Marsrahen, die Bramrahen und die Royals, kam von oben.

Doch die Besatzung gab nicht auf.
Sie resignierte nicht.
Sie packte vielmehr zu.
Sie kappte die außenbords hängende Takelage.
Sie klarte die Decks auf.

Und sie schaffte es, daß zwei der an den Untermaststümpfen unbeschädigt gebliebenen Rahen wieder Segel tragen konnten. Eine Sauarbeit in dieser Kälte, bei dieser verrückten See, bei dem Arbeiten des Schiffes. Jedenfalls gelang es damals unter Mühen und mit wenig Schlaf, die Viermastbark zurück und nach Port Stanley auf den Falklands zu segeln. Um weiter nördlich zu laufen, nach Montevideo etwa, fehlte es den Männern einfach an der Kraft.

Und auch das gehört ins Bild der Reisen um die Horn: Wohl oder übel nahm ein Kapitän in Kauf, was ihn im damals berüchtigten Port Stanley erwartete: Langsame Arbeit, dafür aber hohe und höchste Preise.

Die Schiffszimmerleute und Blechschmiede unter den Insulanern waren, was die von ihnen geforderten Löhne betraf, zivilisierte Freibeuter. So verdiente um diese Zeit, also 1887, ein Schiffszimmermann 16,9 englische Schillinge am Tage, das waren nach dem Kurs dieser Zeit etwas mehr als 16,60 Reichsmark. Der Blechschmied nutzte den Ruf, einem neuen, modernen und daher noch seltenen Berufszweig anzugehören. Er verlangte — und bekam — sogar 20 englische Schillinge pro Tag, also etwa 20,00 Reichsmark nach deutschem Geld. Und daß es Überstunden gab, dafür sorgten die insulanischen Schlitzohren.

Unter solchen Aspekten kostete denn die Wiederherstellung der *Bidston Hill* volle 9500 englische Pfund. Für sieben Monate fiel das Schiff zudem als Frachtträger aus, so daß zu den fixen Kosten gut und gerne noch einige tausend Pfund an Verdienstausfall hinzugezählt werden müssen. In den nächsten Jahren hatte die *Bidston Hill* Fortuna auf ihrer Seite.

Vielleicht wäre es auch weiterhin gutgegangen, wenn die mit Portlandzement beladene Viermastbark nicht ausgerechnet in einen dieser härtesten und schwersten Südwinter, in diesen des Jahres 1905, hineingeschliddert wäre. Die wilden Böen, die sie in der Le Maire-Straße anliefen, schüttelte die Bark noch ab, querab vom Cape Furneaux der Staaten-Insel aber scheiterte sie. Die Besatzung kam mit dem Leben davon.

Die *Garsdale* geriet am 7. September querab von Kap Horn in Not. Sie wurde entmastet, die Besatzung auf dramatische Weise gerettet.

Von der *Deudraeth Castle*, die früher einmal *Stanmore* hieß und 1886 bei Harland & Wolff für die White Star Line gebaut worden war,
der *Kirkhill* und
dem Dänen *Sixtus* liegen keine Detailberichte vor, nur, daß im Jahre 1905 die Hornsee ihr Schicksal wurde.

Vermißt wurde 1905 viele Monate auch das Hamburger Vollschiff *Susanna*, das am 11. Juni mit 25 Mann Besatzung an Bord den englischen Hafen Port Talbot mit dem Ziel Caleta Buena an der Westküste von Südamerika verlassen hatte. Eine solche Reise wird normalerweise auf höchstens 90, allenfalls auf 80 Tage im Durchschnitt berechnet. 100 Tage vergingen, 110, 120, 130 — von der *Susanna* kam keine Nachricht, bis ...

Doch darüber später.

Um bei den Nothäfen zu bleiben: Das berüchtigte Port Stanley lief an: die britische *M. E. Watson*. Das deutsche Vollschiff *Emilie* quälte sich bis Port Williams (Falkland), und bis nach Rio schleppte sich die englische *Swanhilda*.

Auch der bärenstarken *Potosi* macht der 1905er Südwinter zu schaffen.

Hier das, was Kapitän H. Nissen ins Logbuch schrieb:

„Juni 1. 12^{h} a.m. 50.14° S 79.45° W. Wind zum Sturm zunehmend. Harte Böen. Sturzseen über Deck. Groß-Stengen-Stagsegel weggeflogen. Setzen Reff in die Ober-Marssegel.

4^{h} p.m. setzten die Ober-Marssegel voll.

8^{h} p.m. setzten die Unter-Bramsegel. Wind flaut ab.

Juni 2. 1^{h} a.m. halsten zu Steuerbord Halsen. Untersegel voll.

12^{h} a.m. 50.40° S 79.31° W.

3^{h}30^{m} p.m. halsten zu Backbord Halsen. Steife böige Brise.

Juni 3. 8^h a.m. setzten alle Segel bei.
12^h a.m. 51.20° S 81.19° W.
0^h—4^h p.m. zunehmender Wind.
8^h p.m. kleine Segel fest. Ober-Bramsegel fest. Stürmisch.
Juni 4. 0^h—4^h a.m. Unter-Bramsegel fest.
12^h a.m. 52.28° S 78.48° W. Sturm. Viel Wasser über Deck und Luken. Schwerer Sturm. Reff in die Fock. Innen-Klüver fest.
4^h p.m. halsten zu Backbord Halsen. Schiff arbeitet schwer.
11^h30^m p.m. halsten zu Steuerbord Halsen. Reff aus den Ober-Marssegeln. Es ist ein merkwürdiges Wetter, es ist vermutlich ein tiefes Minimum bei Kap Horn.

Wache	Kurs	Distanz	Wind	Stärke	Seegang	Luft Cels.-Grade	Barometerstand
0^h— 4^h a.m.	S 50° O	23 sm.	SSW	10	7	+6,8	766,0 mm
4^h— 8^h a.m.	S 68° O	22 sm.	SzW	10—11	8	+7,0	765,8 mm
8^h—12^h a.m.	S 77° O	24 sm.	SzW	10—11	8	+6,0	766,0 mm
0^h— 4^h p.m.	S 86° O	20 sm.	S'lich	10	9	+5,5	767,5 mm
4^h— 8^h p.m.	West	20 sm.	S'lich	9—10	9	+6,3	767,0 mm
8^h—12^h p.m.	N 85° W	15 sm.	S'lich	9	8	+6,3	767,4 mm

Juni 5. 4^h—8^h a.m. Reff in Vor- und Groß-Ober-Marssegel.
8^h a.m. setzten gereffte Untersegel.
12^h a.m. 53.29° S 77.29° W. Zunehmender Sturm. Schwerer Sturm. Viel Wasser über Deck. Gewaltige See. Refften die Fock. Bagien wurde festgemacht. Führen gereffte Ober-Marssegel und gereffte Untersegel.
Juni 6. 12^h a.m. 55.44° S 71.46° W. Starke Schnee- und Hagelböen. Wind westlich holend. Reff aus der Fock, aus dem Vor- und Mittel-Ober-Marssegel. Viel Wasser über Deck. Sturm mit heftigen Schnee- und Hagelböen.
11^h45^m p.m. sichteten plötzlich Diego Ramirez, hielten ab und steuerten nördlich davon.
Juni 7. 12^h a.m. 56.15° S 65.41° W.
Auf der Wache von 8^h—12^h p.m. Royals und Ober-Bramsegel fest. Auch Bagien, Mittel- und Großsegel fest. Starker Schneefall ..."
Völlig ausgefallen endete die Weiterfahrt der aus Nantes kommenden französischen *Duchesse de Berry,* nachdem sie im Horn-Revier wochenlang immer wieder zurückgeworfen worden ist. Ihr Kapitän wendete den Bug gen Osten und segelte kurzerhand den weiten Weg durch die Ozeane, durch den Atlantik, den Indik und den Pazifik — und kam wenigstens an. Der Zeitverlust — die Gesamtreise bis San Francisco dauerte 195 Tage — interessierte ihn nicht, fuhr er doch unter Trikolore ...[136a]
In den „Annalen der Hydrographie" aus dem Jahre 1907 ist im Heft XII über diesen schrecklichen Kap Horn-Winter nachzulesen:
In den 30 Septembertagen lassen sich 16 mehr oder weniger ausgebildete Depressionen unterscheiden, wobei kleinere, weniger ausgeprägte Störungen nicht mitgezählt sind.
Über die Dauer der einzelnen Stürme läßt sich ebenfalls nichts Genaues sagen, da es nur selten zu einem starken Abflauen an der Rückseite einer Depression kam, vielmehr die folgende sich meist sehr bald mit stürmischen Böen meldete. So hat die *Pitlochry* in den 18 Tagen, an denen der Segler für das untersuchte

Gebiet in Betracht kommt, nur an fünf Tagen keine Windstärke 10 gehabt, von denen überdies vier Tage schon auf der Rückreise kommen. Die Tafel XX im Anhang gibt ein Bild über die Anzahl der auf den einzelnen Schiffen täglich alle vier Stunden notierten Windstärken über 8 nach Beaufort.

Blitze, meist am nördlichen oder westlichen Horizont, wurden häufig gemeldet. St. Elmsfeuer wurden nur von zwei Schiffen berichtet, vom Bremer Vollschiff *D. H. Wätjen* am 20., 26. und 27. und der Hamburger Bark *Pamelia* am 29. Auffallend starke Windänderungen im Sturm von 6 bis 8 Strich wurden nur von einem Schiffe einmal gemeldet. Schneegestöber und Hagel, seltener Regen, waren ständige Begleiter der Stürme.

Der Kap Horn-Winter von 1907 zeigte sich noch schwerer, noch härter als jene der beiden Jahre zuvor. Auch die britische *Kenilworth* erwischt es wieder, jenen britischen Viermaster, den Williamson & Milligan bei John Reid aus bestem englischen Stahl erbauen ließen. Sie war ein gutes, sie war auch ein ein starkes Schiff. Alles an Bord war vom Besten. Für die Crew gab es sogar ein emailliertes Bad. Auf ihrer Jungfernreise hatte sie, in einem von der berühmten *British Ambassador* angeführten Pulk von Seglern mitschwimmend, den Rekord auf der Route Nordamerika — Australien gebrochen. 1889 brannte sie, wurde dem Versicherer überlassen und auf einer Auktion verkauft. Arthur Sewall, der berühmte *Down Easter*-Erbauer und Reeder, kaufte, reparierte und schickte sie auf die Horn-Route. Im Jahre 1906 wird sie von einem Pampero entmastet, in Montevideo wieder hergerichtet, erneut auf Kap Horn angesetzt . . . und erneut zurückgeschlagen. Am 4. April 1907, zwei Monate später, geht sie wieder auf Kurs San Francisco . . . um in diesem wütenden Südherbst wieder vor dem Kap Horn-Revier zu kapitulieren: Mit schweren Schäden wird sie, nunmehr 13 Monate unterwegs, in einen Nothafen gezwungen.

Im Jahre 1908 toben sich im Südwinter und auch im Südsommer die Furien der Kap Horn aus.

Einer darüber: „Gute zwei Wochen laufen wir nun schon durch gischtende Seenrauschten, brausen durch Stürme und immer wieder einfallende Böen, die das Schiff nach Lee und die Reling tief in das vorbeirasende, schäumende Wasser drücken.

Wir reißen an Brassen, hissen Segel, nehmen sie wieder weg, stehen klar an Fallen und Stritschern.

Und ebenso oft scheucht der Befehl die Freiwächter aus bleischwerem Schlaf aus der Koje heraus: ‚Freiwache an Deck!'.

In jenen Tagen stehen wir den ‚Hard-case-sailormen' der vergangenen Clippertage wohl nicht nach.

In jenen Tagen lernen die Jungen an Bord, wenn sie Schulter an Schulter auf der Rah liegen oder an Schoten und Brassen reißen, daß der eine allein nichts, gar nichts ist.

Jetzt aber segeln wir in ein Chaos.

Nur nicht daran denken, was passiert, wenn die Schot bricht, wenn das Segel aus den Lieken fliegt und die Fetzen vom Wind so wild geschlagen werden, daß der ganze Mast erbebt . . . Gnade Gott dem, der von ihnen getroffen und heruntergerissen wird . . . das Deck ist eisenhart, und die tosende See bietet keine Möglichkeit, einen Ertrinkenden zu retten, der sein sturmgepeitschtes Schiff davonfliegen sieht . . . Nur nicht daran denken. Nur jetzt sich nicht mit Vorstellungen beladen, die schwächen.

Alles Vorhergegangene scheint eine Lapalie.
Die See kocht. Brecher donnern mit ihren Hunderttonnenlasten über das Schiff hinweg.
Grüngläserne Berge wuchten sich auf.
Wogengiganten rollen heran.
Tiefe Gründe öffnen sich.
In breiter Prozession marschieren sie aus Westen auf. Mit Mähnen aus weißem, flatterndem Schaum, den der Sturm packt und davonfegt.
In Orkanstärken orgelt es nur zu oft durch die Riggen.
Regen,
Hagel und
Schnee
jagen und peitschen über Schiff und Menschen hinweg.
Ächzend und stöhnend stampft und schlingert der Windjammer in diesem brodelnden Hexenkessel und in diesem brüllenden Inferno der Hölle am Ende der Welt.
Und die Menschen an Bord, die sich nur noch durch Brüllen verständigen können, wirft es rundum, wie Löffel in geschwenkten Gläsern, wenn wieder eine Böe das Schiff trifft.
Segel knallen aus den Lieken —
und manchmal, wenn der Wind nach Süden dreht, lenzen wir vor Topp und Takel. Die kahlen Masten gleichen zerzausten Tannenbäumen. Süd, Süd, Süd heißt der Generalkurs noch immer. In Lee des Ruderhauses ein Teil der Wache: Zu einem Knäuel geballt. Die anderen hinter dem Schutzkleid im Luvwand des Großtopps.
Sonne kommt nicht mehr durch.
Nächte sind ohne Sterne.
Die Welt scheint rings wie mit dunklen Tüchern verhangen.
Grau in grau die Tage, grau vom fliegenden Wasser, und undurchsichtig wie Milchglas —
tintenschwarz die Nächte, aus denen neben dem Schiff ein Gischtstreifen herausleuchtet in blaugrüner Farbe.
Wenn jetzt der Klabautermann der See entstiege, niemanden würde es wundern.
Fast bis zum sechzigsten Breitengrad Süd jagen uns die wilden Stürme, fast bis an die Packeisgrenze der Antarktis . . .“
Ein solches weites Ausholen nach Süden hat schon seinen Grund: Da der Wind auf der Südbreite die Luft nämlich rechtsherum in das Tief hineinweht. Dementsprechend muß ein Segelschiffsführer seine Route wählen und auf der Ausreise weit südlich ausholen, um den östlichen Rückwind südlich des Tiefs ausnutzen zu können.
Kapitän Piening: „Das klingt einfach genug. Doch haben Tiefdruckwirbel leider die unangenehme Gewohnheit, sich herzlich wenig nach meteorologischen Theoremen und Dogmen gelehrter Folianten zu richten. Hier stehen wir in einem Gebiet, in dem es damals nicht eine einzige kümmerliche Wetterstation gab. Worauf sollte sich eine moderne Wetterprognose also stützen (was natürlich nur für jene Segler gelten kann, die solche auch schon funkentelegraphisch empfangen können). Heute ist das anders, da die Amerikaner wie auch die Russen Stationen auf dem antarktischen Festland und in der antarktischen Südsee Wetterschiffe unterhalten.

Hier im südlichen Meer standen wir dem Meer mit denselben Waffen gegenüber, wie sie Magellan kannte:
Nämlich: Mach die Augen auf, so weit Du kannst, und wenn Du eine Nase hast, eine Seemannsnase, dann wirst Du den Wind schon rechtzeitig riechen. Kannst Du das nicht, dann laß die Finger davon, dann wirst Du nie eine Kap Horn-Umsegelung schaffen . . ."
Dann, so läßt sich hinzufügen, helfen Dir auch die besten auf Erfahrungen aufgebauten goldenen Regeln nicht.
Um auf das Jahr 1908 zurückzukommen:
In der Hölle dieses Jahres bleiben:
die *Falklandbank*, die *Toxteth*, die *Arthur Sewall*, die *Adolph Obrig*, die *Bangalore* und die *Carnedd Llewellyn*.
Alle werden, alle bleiben vermißt.
Andere sinken, andere stranden. Ihre Besatzungen kommen ganz oder nur zum Teil davon.
Andere kehren um.
Bezeichnend für die geschäftstüchtige Geographie um die Falklands-Inseln herum ist der Gaunerstreich in Sachen *Inverness-Shire*. Auf der Reise von Hamburg nach Santa Rosalia wird die Viermastbark 1908 von der Horn überwältigt. Der Kapitän macht kehrt und sucht Schutz im Lee der Seelöwen-Inseln. Seine ziemlich derangierte Besatzung schickt er an Land und schaut selbst nach, ob die Männer gut untergebracht und gut verpflegt werden. Diese Situation nutzt der Bergungsschlepperkapitän von Port Stanley. Er erscheint auf der Szene, findet den vor Anker liegenden Segler verlassen vor, gibt eine Leine an Bord und schleppt die *Inverness-Shire* mit großer Selbstverständlichkeit ein. Kostenpunkt: 3 000 englische Pfund Bergelohn.
Im Juni dieses Jahres umschifft auch der britische Dampfer *Devon* das Kap. Auf einer der Inseln beobachtet die Besatzung lodernde, vom Wind verwehte Feuer. Der Kapitän ins Logbuch: „Stammen unbestritten von Schiffbrüchigen."
Zur gleichen Zeit finden Eingeborene in der nahen Good Success Bucht ein kleines Boot. Es trägt keinen Namen. In ihm ruhen zwei tote Seeleute. Einzige Zeugen einer vorangegangenen Katastrophe.
Welches Schiff verließen sie?
Wie ist ihr Name?
Wo ist ihre Heimat?
Wer wartet auf sie?
Die See versagt die Antwort.

☆

Das also ist die Horn-Region: Himmelhohe See in Permanenz, widrige Winde en masse, erbarmungslose Stürme in rasanter Folge, Orkane mit kanonenschußähnlichen Böen, Hagel und Schnee drin, Nebel, gespenstischer, schleichender Nebel und riesige schwimmende Berge aus grünglasigem Eis.
Nicht genug der Teufeleien: Auch die Windstillen sind hier der Segelschiffe ganz besondere Gefahr.
Winter 1885.
Jonny Fieldgate, der Segelmacher, ein stiller, schon alter Mann, hockte unter der Back der *Ellenbrook*. Zwischen seine Beine hat er den Schleifstein geklemmt. Er will sein Messer schärfen. Hin und wieder hält er mit dem Schleifen ein, dann

prüft er die Klinge, mal mit seinem hornigen Daumen, mal an dem Kardeel einer Manilatrosse, die er mit seinen breiten Fingern vor sich hinhält. Und bei jeder dieser Verschnaufpausen wandern seine Augen prüfend nach achtern. Sein Blick tastet kritisch die Masten mit ihren Rahen und ihrem Tuch ab, die auf dem schwer schlingernden Schiff vor der grauschwarzen Kulisse von Himmel und See hin- und hertaumeln ... Gespenstisch fast. Bis 35 und mehr Grad nach Backbord, um hier ein paar Atemzüge zu verharren, dann wieder zurück und bis 35 und mehr Grad nach Steuerbord. Ein Ächzen und Stöhnen der Racken ist in der Luft und auch das Schlagen der windlosen Segel, das Klappern von Blöcken, übertönt vom Rauschen der See, immer, wenn sie, weiß wie Buttermilch, neben dem Schiff überkämmt. Gleichzeitig mit den rhythmischen Bewegungen nach Back- und Steuerbord ist da ein immer spürbarer werdendes Stampfen, bedingt durch eine schwere Dünung, die, aus einer anderen Richtung auflaufend, eine ekelhafte Kreuzsee auslöst.

„Wenn das man gutgeht", knurrt Fieldgate vor sich hin. Neben Fieldgate steht der Kapitän des Schiffes, T. E. Parker, der gerade die oberen Decks inspiziert und hier eine Pause einlegt. Sein Gesicht drückt Besorgnis aus.

Die jungen Seeleute der an Deck gerufenen Freiwache aber lächeln. Was soll schon noch passieren. Man hat Kap Horn, man hat Kap Stiff umrundet. Und nun herrscht Windstille, plötzliche und völlige Windstille. Wie man das Wasser am Wasserhahn abstellt, so plötzlich sind Sturm und Böen weggeblieben.

Ein Phänomen für den, der erstmals dieses Revier befährt. Und unheimlich genug.

Warnung aber für den Fachmann.

Da: Eine monströse See tobt von Süden heran, eine andere, nicht minder gewaltige, läuft von Westen her auf. Sie nehmen die wild gierende *Ellenbrook* in die Zange.

Da passiert es:

Der ganze Wald fällt um.

Ein Höllenlärm, als Rahen und Stengen über Stag gehen und längsseit in die See stürzen.

Unter ihren Rammstößen springt die *Ellenbrook* im oberen Teil leck. Die Ladung geht auch noch über. Das Schiff kentert und treibt auf der Luft im Raum. Ein nach drei Tagen vorübersegelndes Schiff sichtet das Wrack. Am Rumpf hat sich der einzige Überlebende festgekrallt:

Es ist Kapitän T. E. Parker.

☆

Die berühmte amerikanische *Dreadnought*, ein eigentlich nur wegen ihrer Takelage und der Qualifikation ihres Führers, des Kapitäns Samuel Samuels, als Clipper bezeichnetes Segelschiff, das an sich besser zu den Paketschiffen seiner Zeit gezählt werden muß, gerät bei der Umrundung von Kap Horn ebenfalls in eine dieser gefürchteten Windstillen. Das Schiff mit dem stolzen Namen *Fürchtenichts* wird entmastet und strandet am 4. Juli 1869 in der Straße von Le Maire. Die Besatzung macht verzweifelte Anstrengungen, den aufgelaufenen Vollrigger von der felsigen Küste der Tierra del Fuego mit ihren Booten wieder herunterzuziehen. Umsonst, denn in der starken Strömung sind die Boote völlig wertlos. Die *Dreadnought* wird von der See immer mehr in die Brandung hineingeschoben.

Ihr Ende kommt schnell.
Die berühmte Red Cross Line, die David Ogden et al. in New York gehört, hat einen ihrer berühmtesten Renner verloren. Currier & Townsend in Newburyport hatten ihn erbaut.
Ähnlich ist das Schicksal des Vollriggers *Deccan*, eines Stahlschiffes von 1985 BRT.
Die *Deccan* hatte am 6. Dezember Kap Stiff, dieses berüchtigte Tor zum Pazifik [136b], umschifft:
Sie segelte in Höhe der etwa auf dem 54. Breitengrad liegenden Insel Santa Ines. Es waren harte Tage und Wochen gewesen. Die Besatzung hatte Grund genug, nun aufzuatmen und sich zu freuen, diese Hölle hinter sich und den Gefahren widerstanden zu haben ... Solange günstiger Wind weht, solange er auch ein Kreuzen ermöglicht, solange wird der als Brecherküste bezeichnete, gefürchtete westliche Insellandstreifen, dem Tausende kleine, brandungsumwogte Felsen vorgelagert sind, keine ernsten Sorgen bereiten. Wohl aber jetzt, denn der Wind ist weggeblieben. Ganz plötzlich. Wie über einen Schalthebel abgestellt. In der hin- und herlaufenden Kreuzsee verliert die *Deccan* immer mehr an Fahrt. Kapitän Rowland ist klar: Wenn der Wind nicht in wenigen Minuten wiederkommt, wird das Schiff auf den etwa vier Meilen westlich von Kap Tate liegenden College Rocks stranden, auf einem Riff, auf dem es keine Rettung mehr für die *Deccan* geben wird. Und ob es dann noch gelingt, die Besatzung zu bergen, ist mehr als fraglich.
Die Kap Horn-Kalm bleibt.
Nirgendwo ein Anzeichen, daß wieder Wind aufkommen wird.
Kapitän Rowlands handelt.
Er muß handeln, denn er weiß, daß die *Deccan* nur noch Minuten von dem ersten Aufsetzen auf den College Rocks trennen. Er befiehlt, das Schiff zu verlassen.
Trotz der drohenden Gefahr — die jeder an Bord kennt und bewertet — hatten sie bis zum letzten, bis zum allerletzten Augenblick gezögert und gewartet, ihr Schiff zu verlassen. Doch trotz der nun gebotenen Eile kann man sogar die Boote noch mit Proviant versorgen. Alle Boote kommen gut zu Wasser und auch gut und schnell von der *Deccan*-Bordwand frei. Vier Minuten später wuchtet eine besonders hoch laufende See das Vollschiff auf die Felsen. Der Stoß ist derart hart, daß sofort alle Masten über Bord gehen.
Weitere Grundstöße folgen.

Weitere Brandungsseen wüten über das bald schon leergefegte Deck hinweg.
Zwanzig Minuten später ist von dem stolzen Vollschiff *Deccan* nichts mehr zu sehen. Die über das Riff tobende Brandung hat den Segler mit ihrer unvorstellbaren Kraft in Stücke gerissen — in Stücke gehauen ...

☆

Normalerweise halten Kap Horn-Stillen — der Seemann nennt sie auch: die Pausen von den „windlies[136c]" — kaum mehr als ein paar Stunden an. Es sind aber auch Fälle bekannt geworden[137], „daß diese fremdartige, ohnmächtig stimmende Stille Tage und nicht nur Stunden anhielt".
Die *Arethusa*, ein Neuseeland-Passagiersegler, lag einmal, im dicksten Winter dazu, drei volle Tage und Nächte in einer solchen Kap Horn-Stille fest. Und das in Sicht des Gipfels des Kap Horn-Massivs, das sich in seiner grandiosen Einsamkeit trutzig der deutlich sichtbaren Brandung entgegenstemmt.

Die *Arethusa* kam noch einmal davon. Obwohl Pardunen, Stage und Wanten beim Schlingern des Schiffes bedrohlich beansprucht wurden. Jeder Seemann an Bord hatte das beängstigende Knistern und Knacken in dieser für die Masten so wichtigen Stütztakelage gehört ...

☆

Das Logbuch von HMS *Imogene,* einem britischen Kriegsschiff unter Segeln, sagt aus, daß das Schiff, das alle Segel und ein sogar noch ein Unterleesegel gesetzt hatte, vier Meilen[138] westlich von Kap Horn über zwei Tage „bekalmt" worden ist.

☆

Der Ärger mit diesem Kalmen ist einfach, daß die See nur selten niedriger als normal läuft. Und unter normal ist in dieser Teufelsregion indessen nur Sturmsee zu verstehen. Masefield schreibt darüber in seinem Buch: Tarpaulin Muster[139]: „... Wenn ihr mit einem Segler in eine Kap Horn-Kalm geratet, dann kommt ihr in der Stunde höchstens das Vierteil einer Meile voran. Die Dünung hebt euch und läßt euch fallen. In einer langen, gleitenden Bewegung, in einem wundervollen Rhythmus ..."
Stevenson schreibt darüber in seinem Buch: By Way of Cape Horn: "... Eine Bö ist gerade über uns hinweggezogen, und wir schwimmen im Augenblick in einer ungesunden Stille und in einer hohen schmierigen See, die sich träge bricht wie schäumendes Öl.
Ein bleicher Vollmond sieht zwischen Wolkenfetzen hindurch.
Ein riesiger Albatros, nahezu weiß vom Alter, zieht stumm seine Kreise um das Schiff. Vor sich her treibt er eine Schar Kaptauben, die ständig in unserer Nähe schweben ..."

☆

Das Kapitel der Westküstenreisen um die Horn wäre nicht vollständig, wenn nicht auch noch auf andere Phänomene, auf andere Nöte eingegangen würde.
Da ist zunächst die starke, gleichmäßig nach Osten versetzende Strömung der Südmeere. Sie ist eine Folge der Weststürme unter dem 40. Breitengrad. Unter Land am Kap läuft sie mit 2,5 Seemeilen in der Stunde, das ist so schnell, wie sich ein gutbeschuhter Fußgänger voranbewegt. Hundert Seemeilen südlich davon, auf 50°, macht sie immerhin noch 1,5 und auf den 60. jener Breiten, die beim ständigen Kreuzen oft weit überschritten werden müssen, noch einen Knoten. Zu dieser Stromtrift von 30 bis 50 Seemeilen täglich kommt noch die normale Abtrift des kreuzenden Seglers hinzu, bei den Westwinden also ebenfalls nach Osten. Und durch sturmbedingte kleine Segelführung und hohen Seegang wird die Fahrt um einen weiteren Faktor ungünstig beeinflußt. Kein Wunder, daß manches in Ballast segelnde Schiff, das bereits die Länge des Kap Horn gewonnen hatte, 200 bis 300 Seemeilen wieder zurückgetrieben wurde und sich östlich von Kap Juan der Staaten-Insel wiederfand, daß es einen neuen Anlauf nahm — erneut zurückgeworfen wurde und es wieder versuchte — um oft genug aufzugeben, zurückzulaufen und den Weg ums Kap der Guten Hoffnung zu wählen.
Da ist weiter der für Chiles Küste typische Norder, ein Sturm, der, wie der Name verrät, aus Norden oder Nordwesten weht.
Nüchtern und sachlich sagt das Logbuch der *Potosi* auf der 5. Rückreise von Caleta Buena nach Hamburg, die am 18. August, 11.00 Uhr, begann:

September 2. 9^h a. m.[140] Sturm.
10^h a.m. schwerer Sturm und die Windrichtung nordwestlich.
11^h a.m. das Wasser nur Schaum und Gischt.
12^h a. m. 40.55° S 85.30° W.
Furchtbarer Sturm mit sehr hoher, wilder See, die die *Potosi* unheimlich überflutete. Das Wasser wurde von dem Wind aufgehoben und in Staubwolken mitgeführt. Die Luft ist ganz diesig. Um diesen Sturm auszunutzen, mußten abhalten, denn das Ölen der See zeigte keine Besserung. Das Öl wurde auch über das Schiff hingeweht.
9^h p.m. nahm der Wind ab und nach
11^h p.m. sehr schnell abnehmend, so, daß wir an den Wind luven konnten.
Distanzen per Wache: 58, 60, 58, 54, 50 und 38 sm.

☆

Ein Norder beutelte auch die Viermastbark *Padua*, als diese — Piening war ihr Kapitän — auf der 1930er-Reise kaum von Iquique mit Ziel Delfzijl in See gegangen war . . .
Die Nacht kam.
Es wurde kühler als es für diese Breite sein durfte.
08.00: Wachwechsel.
Der Himmel war heiter und von einem transparenten Unschuldsblau.
Hans Schulze, Ex-C-Junge von der Seemannsschule Finkenwärder, jetzt Leichtmatrose auf dem Hamburger Viermaster, erinnert sich heute, da er Kapitän und Mitglied des AICH, St. Malo, ist:
„. . . Plötzlich überfiel uns ein Norder, dieser gefürchtete Sturmwind an der Westküste, der ohne Warnung losbricht. In Minutenfrist war auf der *Padua* der Teufel los. Die Pardunen des Vortopps rissen aus den Spannschrauben, die Stenge brach über der Saling ab. Der Toppmatrose Franz Vollmer war auf der Bramrah gerade beschäftigt, Preventerschoten anzubringen. Er wurde in die See geschleudert. Die drei Untersegel wurden durch die sich wild bewegenden Riggen und die Stenge zerfetzt. Der Segeldruck war plötzlich vom Vorschiff genommen, das Schiff luvte an, das Achterschiff wuchtete in die See. Ein mächtiger Roller wusch über das Achterdeck und setzte die Wohnräume unter Wasser.
Mit dieser See gingen drei Kameraden über Bord: Kurt Wernecke, Kurt Böhme und Otto Strodthoff.
Hart waren die nächsten Stunden . . . Im Unterzeug und barfuß waren wir oben im peitschenden Hagel und Regen, um Segel zu bergen und die Stenge zu laschen.
Stunde um Stunde kreuzten wir zurück.
Umsonst.
Dann standen wir auf dem Hochdeck.
Abgekämpft. Niedergeschlagen.
Keiner sagte ein Wort.
Kapitän Piening, der Alte an Bord, nahm den Südwester ab. In seinen Augen stand die Not . . ."

☆

Nicht nur auf See, auch in Chiles Häfen sind die Segler gefährdet.
So geschehen in Pisagua, dem zweitgrößten Salpeterhafen der chilenischen Provinz Tarapacá:

30 Großsegler, unter diesen ist auch die deutsche *Hera,* liegen auf Reede. Nach den bösen Erfahrungen alle nach gutem Brauch, wie es in der Fachsprache heißt, gut vermauert: Vorn bewahren zwei Buganker, achtern, am Heck, drei kleinere Anker jedes Schiff vor Strömung und Windabtrift.
An einem der Liegetage haben die Kapitäne der meisten Schiffe einen Ausflug zu den Salpeterminen verabredet. Diese — in der Pampa de Tamarugal gelegen — sind recht bequem mit der Eisenbahn zu erreichen. Jener Tag aber ist anders als sonst heraufgekommen. Gewiß, es scheint dieselbe liebe Sonne von dem gleichen makellos blauen Subtropenhimmel, aber in der Luft ist Unruhe, ist, so kurios das auch klingt, Vollmondnachtnervosität. So verwundert es keinen der *Hera*-Seeleute, daß ihr Kapitän auf dem halben Weg nach Land zu das Boot wenden läßt. Er kehrt zurück. Und das keine Minute zu früh, denn als er das Fallreep betritt, ziehen dicke dunkle Wolkenballen über die Kimm herauf. Die Luft knistert vor Elektrizität. Es riecht sonderbar, ein bißchen nach Schwefel, als habe die Hölle einen Spalt geöffnet. Inzwischen wird es dunkel, immer dunkler, je mehr, je dichter sich der Himmel bezieht.
Die Altbefahrenen wissen, was anliegt. Ein Norder braut sich zusammen. Schon geht die Dünung höher und höher. Die Ketten der Anker straffen sich bei jedem Schwell. Mit Böen kommt der Sturm, mit orkanartiger Wut, begleitet von wasserfallartigem Regen, von unaufhörlichen elektrischen Entladungen. So geht es eine Stunde lang und mehr.
Die Schiffe arbeiten in der kochenden See vor ihren Ankern. Überall stehen Männer unter der Back, den einen Fuß auf der Kette, weil man spürt, wie der Anker aus dem Grund gerissen wird, wenn er wieder faßt oder nicht mehr faßt — und das Schiff ins Treiben kommt. Fast alle Segler geraten unter der Gewalt des Norders in Bewegung.
Auch die *Hera* liegt nicht mehr am alten Platz. Ihr Nachbar, das britische Vollschiff *Gloucester*[141], wird gegen die Steuerbordseite des deutschen Windjammers gepreßt. Kapitän Wiese hatte das kommen sehen und noch kurz vor der Kollision die vierkant gebraßten Rahen hart Backbord holen lassen. So rettet er die Riggen der *Hera.* Dann aber wirft den Engländer, dessen Steuerbord-Buganker gebrochen ist, eine neue See gegen die *Hera.* Seine vierkant gebraßten Rahen schieben sich in die Riggen der *Hera.* Beide Segler verlieren ihre Vorbramstagen, die *Hera* den ausfahrbaren Klüverbaum noch dazu.
Eine neue See: Sie drängt die beide Zerzausten wieder frei, um sie mit der nächsten See wieder zusammenprallen zu lassen. Wieder gibt es Kleinholz: Auf der *Hera* geht die Monkeyreling zwischen Groß- und Kreuztopp zu Bruch, auf der *Gloucester* kommt die Großbramstenge von oben. Der Norder übertönt sogar das Splittern und Krachen. Und wieder kommen die Segler frei. Dieses Mal endgültig. So ganz nebenbei haben sie auf der *Hera* beobachtet, wie voraus gleich fünf Schiffe aufeinander einhämmerten und daß eine — allerdings schon ziemlich gerupfte — Bark auf sie zukam.
Jetzt muß es zur Kollision kommen.
„Festhalten", ein Schrei, der auch den Norder übertönt.
Doch eine besonders hoch auflaufende See drückt die Bark zur Seite und vorbei.
Anderthalb Stunden später scheint die Sonne. Sie strahlt wie zuvor. Die Luft ist wieder atembar. Sie ist jetzt klar und rein.
Der Norder hat seine Opfer.

Ein Segler ist gestrandet.
Eine Bark ist leckgeschlagen und gesunken.

☆

Ein anderes Mal zerschlug dieser gefürchtete Sturm unter 33 Seglern im chilenischen Hafen Valparaiso auch deutsche Schiffe. Es war am 11., 12. und 13. Juli des Jahres 1919, als die hier internierten deutschen Segler — unter diesen war auch die *Potosi* unter Robert Miethe — von einem besonders schweren Norder heimgesucht wurden, der in der Nacht vom Freitag zum Sonnabend Sturmstärken erreichte. Bereits in der zweiten Morgenstunde des 12. hatte der aus NNW kommende Norder eine Stärke erreicht, die niederzuschreiben sich die Kapitäne nur selten entschließen: die Zahl zwölf. In orkanhaftem Sturm und einer hohen See gingen das Vollschiff *John* und die Viermastbark *Petschili* verloren. Beide Segler strandeten, die Viermastbark noch innerhalb der Brandung, während das Vollschiff hoch und trocken aufs Land geschwemmt wurde. Der Hamburger Dampfer *Tanis* wurde ein weiteres Opfer. Er fand sein Ende an den Rocks. Am nächsten Tage — einem Sonntag übrigens — forderte der noch immer tobende Norder weiteren Tribut. Das Vollschiff *Pelikan* ex *Diane,* Hamburg. Der Kosmosdampfer *Sais* strandete endgültig. Das gleiche Schicksal teilte das kleine chilenische Dampfschiff *Collico.* Dazu zu zählen sind — von den Havarien ganz zu schweigen — viele Hulken, Schleppdampfer, Lanchen und Boote. 75 Seeleute waren ertrunken. Kapitän Miethe ins Logbuch: „Der Hafen von Valparaiso bietet einen schrecklichen Anblick.“

Ein weiteres Phänomen der Westküstenreisen schlechthin ist jenes, das bereits den Schiffen des britischen Admirals Anson Schwierigkeiten bereitet hatte: die mächtige, an der Westküste von Süden nach Norden laufende Meeresströmung, die anfänglich Humboldt- und später Perustrom genannt wird. Beim Ansteuern der Hafenplätze hieß es für die Westküstensegler, jede Eventualität scharf zu berechnen: Wer auch nur einige Meilen zu weit nach Norden gerät, wird vergeblich versuchen, diese nur lächerlich kurze Strecke bis zum vorgesehenen Ankerplatz zurückzusegeln. Der Wind ist hier, dicht unter der Küste, in der Regel flau, oft schläft er ganz ein. Und dann trägt der kraftvolle Strom den armen Segler auf seinem Rücken in Richtung Norden davon.

Schlepper? Soweit es in den verschiedenen Hafenplätzen solche schon gibt, die sich mit einem Schiff auf dem Haken gegen den Strom behaupten können, verlangen ihre Kapitäne, die Notlage des anderen ausnutzend, horrende Summen für das Einschleppen. Bleibt also nur ein weit nach Süden ausholender Bogen, um außerhalb des Küstenstroms zu einer neuen Ansteuerung — mit dem Humboldt-Strom erneut als Schubkraft — anlaufen zu können. Manchmal schafft der dazu gezwungene Segler das in Tagen. Oft aber auch erst in Wochen.
So erging es 1903 der britischen *Lindisfarne*[142]. Sie kam von Australien und hatte Antofagasta als Ziel. Beim Ansteuern geriet sie zu weit nördlich, und da Flaute herrschte, trug sie der Humboldt-Strom mit Nordkurs davon. Erst über einen Umweg von 1300 Seemeilen erreichte der Windjammer — zunächst über Westkurs und dann über Südkurs — wieder die Küste. Und dieses Mal gezielter als vordem, allerdings genau einen Monat später.

Die Viermastbark *Hougomont* hatte ähnliches Pech, als sie 1908 von Coquimbo nach Tocopilla segeln wollte. Sie versucht zu kreuzen, gerät aber immer weiter nach Norden. Als sie 400 Seemeilen vom Zielhafen abgetrieben ist, gibt der Kapitän auf. Er segelt nach Australien, wo er für sein Schiff Ladung erhofft. Als er hier nach 80 Tagen eintrifft, hat Lloyd's das Schiff bereits als verschollen erklärt[142].

Die britische *Buteshire*, die 1909 von Panama nach Caleta Coloso unterwegs ist, hat noch größeren Ärger. Sie versucht zwölf Wochen lang vergeblich, an der Küste nach Süden zu gelangen[142]. 91 Tage nach dem Auslaufen trifft sie wieder auf der Reede von Panama ein. Proviantmangel zwang sie zur Umkehr.

So sind auch Humboldt- und Peru-Strom und nicht nur Kap Horn nicht selten die tiefere Ursache, daß Westküstensegler zu langer Reise gezwungen werden, da der Strom sie — oft schon in Sichtweite des Zielhafens — so gewaltsam, so mitleidlos versetzte. Apropos: „... in Sichtweite des sicheren Zielhafens ..." Von Valparaiso bis Callao war das gar nicht so einfach, den Zielhafen zu finden. Hier war die Küste fast immer[143] in einen mehr oder minder dichten Dunst gehüllt, „so daß man", wie der Kapitän der Bark *Theodore* im Segelhandbuch für den Stillen Ozean berichtet, „schon ziemlich nahe am Land sein muß, um sich zurechtfinden zu können. Aber selbst dann fällt es noch manchmal schwer, denn auch die Berge, deren Spitzen meist über den Dunst emporragen und in den Segelbüchern benannt und beschrieben sind, ähneln sich doch gar zu sehr — eine eintönige Oberfläche von Sand und Steinen ohne jeden Pflanzenbewuchs —, um einen Aufschluß über den Standort des Schiffes geben zu können. Daher sucht man gern nach jeder leicht in die Augen fallenden Stelle unten am Strande, deren es mehrere giebt, welche weithin erkennbar sind. Von den in den Segelhandbüchern aufgeführten ist besonders auffällig die Huanillos-Spitze, 7 sm nördlich von der Chipana-Bai und ungefähr 63 sm südlich von Iquique, die weiß, wie mit Schnee bedeckt, weithin nach See leuchtet. Auch Gruesa-Spitze ist mit ihren drei weißen Flecken kaum zu verkennen. Hauptbedingung für einen zuverlässigen Schiffsort ist natürlich eine gute Mittagsbreite. Der Hafen von Iquique ist übrigens leicht zu entdecken, des Nachts an dem Feuer und des Tages an dem Feuerthurm auf der Insel und an der großen Flotte von Schiffen, die dort liegt. Auch Pisagua wird man kaum, ohne es zu erkennen, passiren können, denn die Spitze Pichalo reicht weit in die See hinaus und ist daher leicht auszumachen ... Für Kapitäne, die an dieser Küste unbekannt sind, kann aber nicht dringend genug darauf hingewiesen werden, daß Schiffe bei leichten Winden oder Stillen durch die Strömung nordwärts am Hafen vorbeigetrieben werden ..."

Aber nicht nur das Finden des Zielhafens, auch das Ansteuern und Einlaufen war für Segelschiffe ein Problem, so zum Beispiel die Reede von Mollendo, einem peruanischen Hafen zwischen Callao und Valparaiso. Der Kapitän der Bark *Jacobine*, C. Schoemaker, darüber[144]:

„Auf der Reise von Valparaiso nach Mollendo peilten wir am 18. Juli 1885 um Mittag Mexico-Spitze NzW etwa 12 sm entfernt, von welchem Orte aus wir recht in das Thal von Tambo hineinsehen konnten. Der Strand war bis dicht an die Brandung mit Gebüsch bewachsen. An einer Stelle am Ende des Thales bemerkten wir eine ebene Terrasse, die sich längs des Berges hinzog und, künstlich angelegt, eine Straße oder Eisenbahn zu sein schien. Um $2^1/_2{}^h$ p. sichteten wir Häuser, die am Strande, etwa 30 m über dem Meeresspiegel standen, und hielten auf dieselben zu, in der Meinung, daß es Mollendo sei. Als wir uns noch 3 sm vom Lande befanden und den Ort NW peilten, betrug die Wassertiefe 27 m (15 Faden), 2 sm vom Lande 18 m (10 Faden). Nach Mittheilung war es wahrscheinlich, daß ich in Mollendo Schiffe vorfinden würde; da ich solche nicht sah und auch keine Durchfahrt durch die Brandung zum Landen entdecken konnte, segelte ich weiter längs der Küste. Um 4^h p. sah ich weiter westwärts zwei nahe unter Land vor Anker liegende Schiffe und erkannte nach genauer Prüfung auch die Dächer der Häuser von Mollendo, trotzdem dieselben eine ähnliche graue Farbe hatten, wie das Land im Hintergrunde. Von Osten ist Mollendo in einem Abstande von nur 4 sm noch schwer zu erkennen; nur White-Insel, westlich davon, giebt, wenn man sich ungefähr 2 sm von der Küste befindet, ein gutes Merkzeichen ab, denn in einer solchen Entfernung kann man zwischen der Küste und der Insel hindurch sehen. Um 6^h p. drehten wir bei, Mollendo, 4 sm, NW peilend. Am nächsten Morgen lag dichter niedriger Nebel über dem Lande, so daß wir nichts ausmachen konnten. Als es um 8^h a. aufgeklärt war, peilte Mollendo NZO, ungefähr 6 sm entfernt. Wir hatten demnach während der Nacht eine geringe westliche Versetzung gehabt. Um 10^h a. ankerten wir bei hoher südlicher Dünung unter der Stadt auf einer Wassertiefe von 36 m (20 Faden) in der Nähe von zwei Segelschiffen und zwei Kanonenbooten. Die westliche Strömung steigert sich auf der Reede mitunter auf 3 sm. Der Ankergrund ist wegen der vielen steckengebliebenen Anker kein guter."

Nach einer späteren Bemerkung desselben Kapitäns setzt die Strömung auf dem Ankerplatze nach einer Richtung zwischen W und NW und ist sowohl in Richtung als Geschwindigkeit von der Stärke der Seebrise abhängig. Dementsprechend ist die Strömung am Morgen schwach und westlich, am Nachmittag, wenn die Seebrise frischer weht, nördlicher und stärker. Die Dünung kommt hauptsächlich von Süd; daher tut man gut, den Anker im Nordosten von dem vorderen fallen zu lassen, um zu verhindern, daß das Schiff durch die westliche Strömung dwars zu der Dünung gezogen wird.

Der Kommandant von SMS *Sophie*, Korv.-Kapitän Kirchhoff, berichtet über die Ansteuerung des Hafens von Mollendo folgendes:

„Als gute Ansteuerungsmarke für den Hafen von Mollendo empfiehlt sich die Spitze Islay (Ilay) mit den vor derselben gelagerten Islay-Inseln. Letztere werden mit ihren sich scharf gegen das dunkle Hinterland abhebenden Umrissen selbst bei trüber Witterung noch eine gute Führungsmarke abgeben. Etwas östlich von diesen Inseln sind die Häuser der augenblicklich fast ganz verlassenen Stadt Islay deutlich auf dem Höhenrücken zu erkennen. Dieselben werden aber bei weiterem Einlaufen in den Hafen bald durch einen Hügel verdeckt. Von hier aus ist die Reede von Mollendo am besten an den daselbst vor Anker liegenden Schiffen zu erkennen. Der Platz selbst ist, trotz seiner verhältnismäßig großen Ausdehnung, seiner niedrigen Holzhäuser und des gleichmäßig ansteigenden, dunklen Hinterlandes wegen nur schwer erkennbar.

Der auf der Karte Tit. XII: 27 (Br. Adm. K. 1283) angegebene Hafenplan ist durch die in den letzten Jahren gewachsene Ausdehnung des Platzes unvollständig geworden, ebenso konnten die beiden auf diesem Plane angegebenen Festmachetonnen nicht aufgefunden werden.

Nach der englischen Segelanweisung: ‚The South America Pilot, Part II, 1886, Seite 372' soll man von Süden kommend Tambo valley auf 3 sm Abstand ansteuern. Dieser Platz ist aber ebenso schwer auszumachen wie Mollendo. Von

Mollendo ist derselbe daran zu unterscheiden, daß er keinen Kirchturm aufweist, während Mollendo dagegen eine Kirche mit zwei nebeneinander stehenden Türmen besitzt.
Bezüglich einer Landung empfiehlt es sich, zwischen der mit einer Flaggenstange versehenen Insel und einer westlich von dieser ausliegenden kleinen roten spitzen Tonne hindurchzusteuern. Die Landung selbst ist schwierig, oft sogar gefahrvoll, ja unter Umständen unausführbar.
Die Reede von Mollendo ist daher wohl mit Recht als eine der schlechtesten an der ganzen südamerikanischen Küste zu bezeichnen."

☆

Doch damit der Schwierigkeiten einer Horn-Reise nicht genug. Nach der Umrundung des Kaps liegen die Schiffe an der chilenischen Küste auf Ankerplätzen, die vor der hohen Dünung des freien Pazifiks kaum oder nur wenig Schutz bieten. Nur hier und dort behindern vorgelagerte kleine Inseln den Schwell, so auf der Reede von Iquique oder Arica. Da die Segler aber südlich von der Reede zu liegen pflegen und die Dünung aus Westen heranrollt, helfen auch diese Inseln nichts. Auch die Landzungen in Mejillones oder Tocopilla bieten nur Schutz nach Süden und Südwesten, nach Norden aber liegen die Ankerplätze frei. Und gerade von Norden her ziehen die Norder heran.
Erst als die Salpeterfahrt in steiler Kurve zu Ende geht, werden die Molen zum Schutz des Hafens San Antonio vollendet, sind auch die Häfen Valparaiso und Callao zu Allwetterhäfen ausgebaut worden.

☆

Es ist nach dem vorstehend Gesagten sicherlich nicht ohne Interesse, etwas über die Geschichte von Kap Horn zu hören, fällt die Entdeckung des Kaps doch in ein Jahr, in dem man die auch für die gesamte Seefahrt so bedeutsamen Entdekkungen des Ostpreußen Kopernikus nicht nur noch als ketzerisch erklärt, er wird überdies auch noch verfolgt. 1616, als die Holländer die Pazifik-Inselgruppen, den späteren Bismarck-Archipel, und William Baffin die später nach ihm benannte Baffin-Bai finden, und der Engländer Walter Raleigh angesichts der Leistungen der Spanier, Portugiesen und Holländer in einer Denkschrift feststellen wird: „Wer die See beherrscht, beherrscht die Welt", entdecken am 25. Januar 1616 zwei holländische Bürger, der „Flüchtling" und wohlhabende Neubürger Kaufmann Isaac Le Maire[145] und der im niederländischen Städtchen Hoorn beheimatete Kapitän Willem Cornelisz Schouten auf ihrer Suche nach einem zweiten Seeweg nach dem sagenhaften Südland terra Australia incognita auf der *Eendracht*[146], daß der südamerikanische Kontinent vom antarktischen Eiskap durch einen breit dahinwogenden südlichen Ozean getrennt wird. Sie waren kühn und unverdrossen durch eine Straße hindurchgesegelt, deren Landbegrenzung im Westen sie Maritin von Nassau nannten (in Wirklichkeit aber Feuerland war) und im Osten Staatenlandt (Staaten-Island) hießen, eine Straße, die später als die Le Maire-Straße jedem Cap Hornier ein Begriff werden wird. Am 29. Januar sahen die beiden erstmals jenes Kap, dem dieses gesamte Seerevier einmal seinen Namen verdankt. Sie hatten die Südspitze von Feuerland passiert, „die in einer scharfen Spitze endigte; wir nannten sie Cap Hoorn, nach unserem Heimathafen".

Sie machen mit Steuerbordhalsen über Backbordbug erst Süd, dann weiter West und bekommen schließlich wieder Land in Sicht. Daß sie später auf ihrem weiteren Westkurs nach Australien — wenn auch nur haarscharf — vorbeisegeln werden, steht auf einem anderen Blatt. Auch, daß das „Erstgehörtsrecht" am Kap Horn eigentlich anderen zukommt, dem Spanier Francisco de Hoyes nämlich, der bereits 90 Jahre zuvor die Südspitze von Südamerika umschiffte. Daß man ihm nicht glaubte, hatte seine Ursache darin, weil das einfach nicht in die Vorstellungen der Gelehrten paßte.

Der Brite Drake darf vor den Holländern als der Cap Hornier Nummer Zwo bezeichnet werden, war er doch schon 1577 beim Kap Horn, wohin er nach Passieren der Magellan-Straße vom harten Nordwest-Sturm verschlagen wurde. Auch Drakes Bericht beeindruckte die Gelehrten nicht, denn: „Es kann nicht sein, was nicht sein darf."

Im Jahre 1624 segelt der holländische Vizeadmiral Chapenham mit seinem Geschwader in diesen Breiten. Er stellt auf seiner *Hermites* fest, was uns heute so selbstverständlich erscheint: Kap Horn ist mit dem südamerikanischen Festland nicht verbunden. Weitere Einzelheiten werden aber noch nicht bekannt.

Entdeckt wird um diese Zeit — 1619 genau — auch der Diego Ramirez-Felsen. Er ist nach dem Navigationsoffizier der *Nodales* benannt worden. Für die Namensgebung der Nordostküste von Feuerland in „Tierra del Fuego" zeichnen die Spanier verantwortlich. Tierra del Fuego heißt Erde des Feuers. Dieses Feuer stammt aber nicht von rauchenden oder feuerspeienden Vulkanen, sondern von den Hüttenfeuern der Eingeborenen unter der Küste.

Erst später, 1769 und 1774, als der Engländer Cook die Horn von Osten her auf der *Endeavour* durch die Le Maire-Straße und 1774 von Westen her auf der *Resolution* rundete, kommt es zu Einzelheiten und zu Namensgebungen, die übrigens typisch für James Cook sind: Cape Desolation, Adventure Cove, Landfall Island, Apostle Rocks, die Hope Island, Cape Good Success, die Furies und so fort.

James Cook fürchtete sich nicht vor der unbekannten Küste. Gerade hier hoffte er, Entdeckungen zu machen, und er segelte so dicht wie nur möglich unter Land. Wo auch nur eine Möglichkeit schien, eine Bucht anzulaufen, wagte er es, ankerte und gab dem Platz den Namen, der ihm angemessen und treffend schien.

Deutsche Schiffe und deutsche Seeleute waren in jener Zeit in dieser Zone noch unbekannt, dafür werden sie aber einmal mit ihren mächtigen Schwergutseglern das letzte und wohl auch gewichtigste Wort in die Annalen der Geschichte der Umsegelung der berüchtigten Horn schreiben.

III

Schnelle Reisen

Schnelle Reisen mit einem Segelschiff zu machen, lag nicht immer allein in der Macht und Kraft und im Wissen der Kapitäne: Die Form des Schiffes, die Größe der Segelfläche, die Art der Besegelung, aber auch die fachlichen, menschlichen und physischen Qualitäten der Besatzungen, die jeweilige Jahreszeit und damit verbundenen Wetterlagen und viele andere Komponenten waren mitbestimmende, oft sogar entscheidende Faktoren. Wenn dieses Kapitel sich vornehmlich mit schnellen Reisen während der Hoch-Zeit der großen Rahschiffe ums Kap Horn befaßt, dann geschieht das nicht ohne Absicht. Die Reisen um Kap Horn wurden bereits während der in diesem Buch nur am Rande interessanten amerikanischen Clipperära zum Maßstab für die Leistungen der Besatzungen und die Qualität der Schiffe.

Interessant ist zunächst eine Gegenüberstellung der schnellen Reisen auf der berühmt, berüchtigten 50-zu-50°-Süd-Strecke zwischen den Clippern bis zum Jahre 1853 und den deutschen Barken und Vollschiffen in den Jahren 1895 bis 1908[147].

Es benötigten an Tagen die Clipper:

Januar:	10 Tage: *Eagle*
Februar:	10 Tage: *Bald Eagle*
	10 Tage: *Eagle Wing*
März:	8 Tage: *Herald of the Morning*
April:	X
Mai:	X
Juni:	9 Tage: *Flying Cloud*
Juli:	7 Tage: *Flying Cloud*
August:	8 Tage: *Young America*
	8 Tage: *Flying Dutchman*
September:	9 Tage: *Sovereign of the Seas*
	10 Tage: *Whistler*
Oktober:	10 Tage: *Typhoon*
November:	X
Dezember:	7 Tage: *Flying Fish*
	10 Tage: *Golden City*

Die schnellsten 50-zu-50°-Reisen deutscher Segler zwischen den Jahren 1895 bis 1908[148] waren diese:

Januar:	9 Tage (66),
Februar:	8 Tage (55),
	1896: Vollschiff *Melete;*
März:	7 Tage (114),
	1904: Viermastbark *Pindos* (Kapitän Jochensen);
April:	8 Tage (115),
	1901: Viermastbark *Hebe* (Jahre vorher, April 1884, brauchte die Bark *Parnass* 6,83 Tage) (Kapitän Früdden);
Mai:	7,29 Tage (135),

Juni:	7,17 Tage (120), Bark *Parnass* 6,83 Tage (Kapitän Früdden); 1899: Bark *Seestern* (Kapitän Hauth);
Juli:	7 Tage (88), 1898: Vollschiff *Adolf* (Kapitän Scheepsma?) (1902: Die schnellste Reise dieses Monats machte die britische Bark *Brenhilda* mit 5 Tagen einigen Stunden, Kapitän Learmont)[149];
August:	7,5 Tage (77)[150], 1895: Vollschiff *Peru* (Kapitän Ohling);
September:	8 Tage (70), 1899: *Ortrud* 1903: *Herzogin Cecilie;*
Oktober:	8 Tage (59), 1895: Bark *Plus*;
November:	7 Tage (52);
Dezember:	10 Tage (59)[151].

Die Übersicht verdeutlicht, daß die oft um ein Vielfaches größeren Windjammer der Zeit um die Jahrhundertwende, obwohl völliger in der Relation, aber dennoch lang gebaut, sich im schweren Wetter des Kap Horn-Reviers glänzend bewährten. Oft waren sie hier sogar schneller als die ranken schnellen Clipper, nicht zuletzt, weil sie vermöge ihrer größeren Form und stabileren Bauweise den Unbillen der Elemente besser zu trotzen vermochten, das heißt: sie konnten mehr Tuch stehen lassen.

Der Laeisz'schen Viermastbark *Priwall* gebührt unter den deutschen Schwergutseglern der Ruhm, das Kap Horn-Revier in einer Zeit gerundet zu haben, die der Rekordreise der britischen *Brenhilda* sehr nahe kam. Unter der Führung ihres Kapitäns A. Hauth brauchte sie im November 1938 5 Tage und 14 Stunden.

Haben bislang 80 Tage für eine Reise von Europa bis nach Valparaiso an der Westküste Südamerikas als „gute Reise" gegolten[152], so änderte sich das Bild in der Salpeterfahrt um die 90er Jahre des vergangenen Jahrhunderts. Ohne etwa in ein übertriebenes Nationalbewußtsein zu verfallen, darf gesagt werden, daß an dieser Entwicklung der Hamburger Reeder Carl Laeisz maßgeblich beteiligt ist. Alle Schiffe, die er und seine Kapitäne mit kundiger Hand auswählen oder später bauen lassen, sind gute, sind schnelle Schiffe, beginnend bei den erworbenen Barken und Vollschiffen bis zu den herrlichen Viermastbarken, die zusammen mit der Fünfmastbark *Potosi* und mit dem Fünfmastvollschiff *Preußen* einmal den Ruf der Hamburger und damit der deutschen Großsegler schlechthin begründen werden.

1886:

Ein Gerücht geistert durch die Segelhäfen der Welt.

Die Laeisz-Bark *Plus,* ein vor einem Jahre, 1885, von Blohm & Voss erbautes Eisenschiff, habe unter Kapitän Steincke[153] die Reise vom Kanal nach Valparaiso in 61 Tagen geschafft.

Viele Fachleute sind sich einig in dem Kommentar:

Zeitungsente! Seemannsgarn!

Auch die 1890 von den Franzosen Antoine Dominique Bordes & Fils ins Rennen geworfene Fünfmastbark *France* schafft es trotz ihrer gewaltigen Segelfläche nicht, diese bisher schnellste Reise zu unterbieten. Zwar macht dieser prachtvolle,

unter vollem Tuch elegant und majestätisch wirkende Segler mit den schneeweiß „gemalenen“ Masten und Rahen, seinem grauen Rumpf mit den darauf gepöhnten Stückpforten jetzt und später so manche bemerkenswerte Reise, zu ausgesucht schnellen Reisen fehlen ihm jedoch die Segeleigenschaften. Vielleicht auch ein Kapitän[154] der ganz Großen unter den Windjammerführern.
Dann, Ende 1889, erregte eine neue Meldung den Korpsgeist der Cap Horniers, denn
schnelle Schiffe bedeuten rasche Reisen und damit raschen Umsatz.
Die *Potrimpos*, auch ein Laeisz'scher, habe unter Kapitän C. Bahlke[155] — man begann, sich die Namen zu merken — vom Kanal bis Valparaiso nur 61 Tage gebraucht. Nicht genug, da sind auch noch andere, die nicht viel weniger schnell waren: da war im November das Vollschiff *Parchim* unter Kapitän Johannes Früdden[156] nach nur 65 Tagen in Valparaiso eingelaufen. Da war ein Kapitän Hilgendorf, der gleich zweimal im gleichen Jahre unter 70 Tagen blieb, im Oktober mit dem Vollschiff *Palmyra*, mit dem er 65 Tage für diese Strecke brauchte, und vorher, im Januar, mit der Bark *Pergamon*, die er in ebenfalls 65 Tagen von den Ufern zwischen Frankreich und England bis nach Chiles größtem Hafenplatz segelte.
Alles Schiffe, die mit einem P beginnen.
Alles Schiffe, die der Reederei mit dem roten FL auf weißem Tuch gehören.
Alles Schiffe aus Hamburg.
Das Jahr 1890 bringt ähnlich schnelle Reisen, wenn auch nicht wieder einen Rekord von 61 Tagen. Immerhin, es sind wieder P-Schiffe vom fernen Elbestrand, die unter den 70ern bleiben: die Bark *Prompt*, die unter Kapitän G. Schlüter[157] die Strecke Kanal — Valparaiso in 65 Tagen hinter sich bringt, und das Schiff *Palmyra*, das die gleiche, sehr gute Zeit benötigt. Kapitän der *Palmyra* ist wieder dieser Hilgendorf. Schon 1888 sprach man über ihn, wenn auch unter „ferner liefen“, als er mit der *Pirat*, einer kleinen eisernen Bark aus Hamburg, in 68 Tagen vom Kanal nach Valparaiso segelte.
„Zufall, das mit dem Hilgendorf“, sagen die einen.
„Glück, nichts als Glück“, die anderen.
Doch ist es wieder nur purer Zufall, daß die schnellen Schiffe wieder alle aus Hamburg kommen, wieder alle mit P beginnen und wieder das rote FL in der weißen Kontorflagge führen?
1892!
Die Gemüter haben sich kaum beruhigt, da reißt die Männer der internationalen, bruderhaft zu nennenden Segelschiffkapitänsgemeinde eine noch unglaublicher wirkende Nachricht hoch. Die *Placilla*, eine für Laeisz bei Tecklenborg in Bremerhaven erbaute Viermastbark, habe die Strecke Lizard — Valparaiso in nur 58 Tagen bewältigt.
Daran ist bald nichts mehr zu deuteln, dieses Gerücht ist keine Ente. Die Angaben stimmen. Und der Kapitän heißt wieder Hilgendorf, Robert Hilgendorf.
Er habe, so will man jetzt wissen, übrigens schon ein Schiff bei der Horn verloren . . .
So einer ist der also.
Wie dem auch sei: Hut ab vor ihm, der ja auch der Kapitän auf der *Pergamon* und der *Palmyra* bei deren schnellen Reisen war.
Was man draußen nicht weiß, ist, daß sein Reeder und er die Konsequenzen aus dem Verlust der hölzernen Fockmars — und der hölzernen Bramstengen

auf der *Pirat* gezogen haben: Die kommenden Neubauten erhalten nunmehr Masten aus Stahl, und zwar vom Kiel bis zur Unterbramrah aus einem Stück. Die *Palmyra* und die *Parchim* waren unter den ersten.

Und dann, das wird jetzt erst so richtig deutlich, das mit der *Parsifal* — by Jove, wieder einer mit einem P als Anfangsbuchstaben —, mit der er 1884 die 50-zu-50-Strecke in nur sieben Tagen meisterte. In sieben Tagen? Man blättert im Gedächtnis: Das ist ja so schnell, wie die rekordsüchtige *Flying Cloud* 1851 einmal war. Wie hat er das geschafft? Nun wie? So verbreitet es der Küstenklatsch: Die Rundreise um die Horn begann mit frischer Brise aus Nord und einem hohen Luftdruck von 764 mm. Dieser wurde auf der weiteren Fahrt nach Süden und Südwesten allmählich abgebaut, während der Wind langsam über Ost und Süden nach Nordost herumholte. Am vierten Tage, als die Bark bis zur 56°-Südbreite und auf 76°-Westlänge vorgedrungen war, erreichte das Barometer mit 742 mm seinen niedrigsten Stand. Es folgten vier Wachen mit Wallung, wobei die Brise meistens westlich war. Dann setzte — das Barometer war zwar inzwischen ein wenig gestiegen, nun aber wieder gefallen — ein steifer Südoster ein, der, von rasch zunehmendem Druck begleitet, die Tausend-Tonnen-Bark in zwei Tagen auf die 50°-Südbreite im Pazifik hinaufpreßte.

Übrigens: Im April des gleichen Jahres machte — wie sich die Bilder gleichen — die hölzerne Bark *Parnass* unter Johannes Früdden eine gleiche 50-zu-50-Rundfahrt. Auch in diesem Falle lag südlich der Horn eine Depression, die ihren Ort nur wenig veränderte. Der Segler hatte die 50°-Südbreite im Atlantik am 6. April auf 65°-Westlänge um 6 Uhr N überschritten. Es herrschte Südostwind und mit 775 mm sogar ein sehr hoher Barometerstand. Nach einigen Stillen setzte auch hier am nächsten Tage zunächst Nordwind ein. Mit seiner Hilfe segelte die *Parnass* am 8. April gut und ohne Schwierigkeiten durch die Straße von Le Maire. Inzwischen fiel das Barometer ganz hübsch in den Keller — oder in die unteren Decks, wenn man will. Der Bark aber war es gelungen, noch vor diesem Minimum auf die Südseite der Depression zu schlüpfen. Nach Eintreten des niedrigsten Barometerstandes erhielt das Schiff bald Wind aus Südost, mit dem es auf westlichen Kursen am 11. April bis 56°-Südbreite und 76°-Westlänge gelangte. Bei nun wieder zunehmendem Luftdruck holte der Wind nach Süden herum. Damit schenkte er dem deutschen Kapitän Früdden die Gelegenheit für eine gute und sogar schnelle Fahrt nach Nordwesten und Norden. Am 11. April, genau 2 Uhr N, stand die Bark wieder auf dem 50zigsten, doch nunmehr im Stillen Ozean. Sie hatte die 50-zu-50-Route in sechs Tagen und 20 Stunden geschafft. Dabei — das ist bemerkenswert — hatte sie Wind für mehr als 7 Knoten für nur wenige Stunden gehabt.

Inzwischen, so scheint es, ist die mächtige *France* doch ganz gut in Fahrt gekommen, haben ihre Nautiker sich doch mit den an sich guten Segeleigenschaften der Fünfmastbark vertraut gemacht. 1892 bewältigt sie, die schon auf ihrer Jungfernreise 1890 von den Barry Docks bis Rio de Janeiro mit 32 Tagen Gutes schaffte, die Strecke von Beachy Head bis Valparaiso in 79 Tagen. Das ist eine gute Reise, denn sie liegt unter 80 Tagen. Wenn man noch die Kanalstrecke von dem an der Osteinfahrt des Kanals gelegenen Beachy Head hinzurechnet, wird das Ergebnis nur noch besser. Aber es genügt nicht, um die Laeisz-Segler zu überbieten. Auch die spätere, sehr gute Reise der *France* im Jahre 1898, die von Prawle Point nach Valparaiso in 63 Tagen führt, wird daran nichts mehr ändern.

Doch zurück in das Jahr 1892:
Der Tag ist nicht fern, da Robert Hilgendorf sich selbst übertreffen wird, dann, als er das Kommando über die *Placilla* übernimmt, die, auch ein Tecklenborger, eine kräftige Viermastbark aus Siemens-Martin-Stahl ist.
Ausgangspunkt der Reise ist die Elbestadt. Und der 26. Februar ist es, als die *Placilla* Hamburg verläßt. Es will gar nicht scheinen, daß es eine besonders schnelle Reise wird, denn man schreibt — völlig normal — den 2. März, als die Viermastbark an Lizard vorbeizieht. Dann aber kommt sie bestens voran. Am 17. schwebt sie leichtfüßig über die Linie hinweg. Hilgendorf denkt an die später in *Brema* umbenannte Bremer Bark *Erwin Rickmers:*
„... Die 15 Tage und vier Stunden, die sie im Jahr 1886 zur Strecke Lizard-Linie benötigt hat, kamen mir nicht aus dem Sinn, und da ich außerhalb des Kanals eine gute Gelegenheit traf[158], war mein ganzes Bestreben darauf gerichtet, es ihr gleichzutun. Oder lieber noch: sie zu übertreffen. Es ist mir dieses Mal leider nicht gelungen, denn die *Placilla* benötigte 15 Tage und neun Stunden[159] ..."
Die fünf Stunden, die fehlen, peinigen den darob unzufriedenen Robert Hilgendorf aus Pommern.
Der 12. April: Das Kap Horn-Revier ist erreicht. Die *Placilla* segelt auf 53.30° Südbreite, 63.54° Westlänge.
Im Logbuch ist verzeichnet: „Wind WNW, 6 bis 10."
Dazu heißt es weiter: „Sehr schwere Böen ohne Regen. Mehrere Segel zerrissen, weil Lieken brachen.
Das sind schlechte Aussichten für die Fahrt rund um Kap Horn, ein neues Schiff und weder einen heilen Klüver noch ein ganzes Obermarssegel mehr."
Der 15. April: „... Schlechte Gelegenheit, viel Arbeit und wenig Erfolg."
Der 18. April: „... Mit dieser Witterung ist bei der größten Mühe kein Fortgang zu erzielen."
Der 19. April: Ein Tropfen Freude in den Becher. Die *Placilla* läuft die Reedereischwester *Palmyra* auf. Tröstlicher Beweis, nun ein besseres, schnelleres Schiff zu haben, als es das Hilgendorf so vertraute Vollschiff ist.
Oder liegt es etwa gar nicht am Schiff?
Sind andere Gründe ursächlich: die der besseren Kunst des Segelns?
Ärgerlich ist es so oder so: Als die *Placilla* dann das Kap in der immerhin schnellen Zeit von zehn Tagen und acht Stunden rundet, bleibt wenigstens die tröstlich stimmende Erinnerung, als Kapitän der *Palmyra* und der *Pergamon* im Mittel zwei Tage weniger gebraucht zu haben.
Aber: „Es mußten dieses Mal Tag und Nacht Segel repariert werden, um wieder welche anschlagen zu können. Und etwas Aufenthalt ist bei solchen Manövern nicht zu vermeiden ..."
Es mußten Tag und Nacht Segel repariert werden ...
Wie einfach, wie selbstverständlich das klingt, so, als wenn heute ein Kraftfahrer niederschreibt, er habe Reifen wechseln müssen ... In Wahrheit heißt das Tag und Nacht Manöver, mit knurrigen, nicht immer freudigen Seeleuten, die um ihre Freiwache kommen, aber auch mit gewandten Topsgästen, mit diesen Königen des Spleißens, mit diesen Meistern im Gebrauch des Marlspiekers, mit Kerlen, die auf schwankenden Rahen gewandt und Eichkatzen gleich bis zur Nock auslegen, ohne auch nur eine Sekunde zu zögern, die in der verwirrenden Vielfalt der Takelage des Schiffes so gut zu lesen verstehen, wie ein Psychologe in des Menschen Seele,

die nur an das Schiff, an ihr Schiff denken, wenn sie zwischen einem erbarmungslos trostlosen Himmel und einer kochenden See hin- und herschwingen.

„Eine Hand für Dich,
eine Hand für das Schiff."

Ja, so heißt es. Aber wenn Not am Mann ist, gibt jeder noch drei Finger dazu. Oder auch fünf, wenn's sein muß[160].

Dazu ein Bootsmann voller philosophischer Weltweisheit und ein wenig Bosheit, ein Mann, der bereits alles Garn seines schweren Berufes gesponnen hat.

Dazu der wichtigste Mann, der Segelmacher, den sie aus alter Tradition den Büddel nennen; ein Schrank von einer Figur, mit Händen, breit wie Kohlenschaufeln, aber ein Magier an Feingefühl, wenn er mit Nadel und Segelmacherhandschuh das zerfetzte Tuch wie ein Chirurg operiert, ein Modekünstler der sieben Meere, oft ohne Maß und Anprobe,
so wie hier, im Schatten der Horn.

Dazu der Zimmermann, auf den Windjammern Blau genannt, der mit lachhaftem Werkzeug oft Wunder vollbringt, wenn's drunter und drüber geht.

Dazu der Smut: Koch, Künstler und Akrobat in einer Person, dickfellig, aber geschmeidig zugleich wie ein Aal, während der ganzen Reise Zielscheibe der Unzufriedenheit aller, und hier, bei Kap Horn, auch noch Zielscheibe der überkommenden Seen, welche die Kessel in seiner Kombüse und den Herd überschwemmen.

Dazu die Leichtmatrosen: noch Kinder fast, aber tapfer und lachend, weil sie die Größe der Gefahr noch gar nicht kennen.

Dazu die Schiffsjungen, noch Babies zur See, noch ahnungsloser, aber willig und besessen, es denen auf der Poop einmal nachzutun.

Dazu die Männer am Ruder, nimmer müde, immer wach, um, wenn am Winde liegend, dem Wind einen Vorteil abzulisten.

So sind sie: Hier an Bord der *Placilla,* dort auf der *Parsifal,* hier auf dem britischen, dort auf us-amerikanischen, vor allem aber auch auf den prächtigen Seglern unter Frankreichs Trikolore.

Am Ende dieser *Placilla*-Reise steht dann doch der Rekord.

Das Schiff nähert sich in der Nacht vom 27. zum 28. April 1892 der chilenischen Küste.

Von Süden kommend, sehen sie an Bord, nachdem Valparaisospitze frei von Caraumillaspitze ist, auf eben der Valparaisospitze ein rotes Dach über einem größeren, länglichen gelben Gebäude. Erst beim Näherkommen schält sich der Leuchtturm heraus. Wie heißt es weiter im Segelhandbuch: „Vor Valparaisospitze liegen mehrere Felsen über und unter Wasser. Eben außerhalb derselben liegt eine schwarze Tonne mit Stange und Kugel, der man sich auf einige Schiffslängen nähern kann. Hier, wenn nicht schon früher, kommen den einsegelnden Schiffen Boote mit Leuten, die sich für Lotsen ausgeben, entgegen. Ihre Forderungen sind indes übertrieben hoch, mit fünf bis acht Dollar sind dieselben genügend bezahlt. Meist kann man ihre Hilfe entbehren, da die Einsegelung, wenn Brise vorhanden, leicht ist ..."

Auch Hilgendorf verzichtet.

Am 29., 16.00 Uhr, ankert er auf Reede von Valparaiso.

Nach 58 Tagen von Lizard aus.

Bis zur Stunde gibt es keine schnellere Reise zu einem der Salpeterhäfen an der Westküste Südamerikas.

In Valparaiso hört Hilgendorf, ein französisches Schiff habe die Reise bis nach hier von Le Havre in 59 Tagen hinter sich gebracht. Dazu Hilgendorf in sein meteorologisches Tagebuch: „Daß es möglich ist, sie von Lizard in kürzerer Zeit als 58 Tagen auszuführen, darüber besteht für mich kein Zweifel, denn aus dem Vergleich mit den Reisen anderer Schiffe, die hier angekommen sind, habe ich herausgefunden, daß ich eine zu lange Zeit vor dem Rio de la Plata zugebracht habe."

Noch im gleichen Jahre werden oder wurden an der Börse der Salpeterrekordfahrten weitere deutsche Segler notiert:

Mit 65 Tagen im März nach Valparaiso das Schiff *Pampa*, das noch immer unter seinem Kapitän Steincke fährt;

mit 67 Tagen vom Kanal nach Iquique die den Hamburger Reedern Wachsmuth & Krogmann gehörende Bark *Selene* unter Kapitän Hugo Ferdinand Israel;

im Mai und im November mit 61 Tagen wieder die *Placilla* nach Valparaiso, wieder unter Robert Hilgendorf, siehe auch Anhang 1, Tafel XVII, wo weitere Reisen unter 70 Tagen nach Chile aufgeführt sind.

Da aber ist auch die Viermastbark *Eudora*, die anno 1904 den *Placilla*-Rekord im gleichen Jahr unterbieten wird, da der Fünfmaster *Preußen* in 65 Tagen von Cuxhaven bis nach dem gute 10 000 Seemeilen entfernten Tocopilla segelt. Doch bleiben wir bei den 90er Jahren.

Inzwischen — auch in den nächsten Jahren ändert sich das Bild nicht — haben die Seeleute aller Nationen sich einen Namen für diese kraftvollen, schnellen Schwerwettersegler aus der Hansestadt Hamburg zu eigen gemacht, einen Begriff, den die sophistischen Engländer prägten. Alle Welt heißt sie nun:

The *Flying P-Liners.*

Neidlos und mit Bewunderung erkennt die Seglerwelt, die Briten voran, deren Leistungen an.

Inzwischen wächst aber auf den Helligen bei Joh. Tecklenborg eine für die Segelschiffahrt neue Überraschung heran. 1895 läuft in Bremerhaven ein riesiger Rumpf vom Stapel. Er wird auf den Namen *Potosi* getauft. Robert Hilgendorf, der nach der *Placilla* vorübergehend noch die in Dundee in Schottland erbaute Viermastbark *Pitlochry* führte, hatte die Bauaufsicht[160a].

Diese *Potosi* ist mehr als ein gewaltiges Segelschiff, mehr als ein Superlativ.

Die Fünfmastbark *Potosi* wird nicht nur als einer der größten und schnellsten Segler in die Geschichte der internationalen Seefahrt eingehen[160b]. Sie wird auch „sein", Robert Hilgendorfs, Schiff. Sie ist maßgeschneidert für ihn. Vom Kiel bis zum Flaggenknopf, vom Bug bis zum Heck.

Das Jahr 1895 ist das gleiche, in dem Taylors Lehre von der Arbeitsrationalisierung erscheint, Freud seine Psychoanalyse veröffentlicht, Röntgen die X-Strahlen entdeckt und die Ostpreußin Käthe Kollwitz den „Weberaufstand" zeichnet.

Es ist Hochsommer, es ist der 26. Juli, als die mächtige, in Hamburg erstmalig beladene Fünfmastbark von Schleppern elbabwärts gezogen wird: Am 1. August setzt die das letzte Tuch, um, an Ushant vorbei, in den freien Atlantik hinauszusegeln. Drei Wochen später überquert sie, am Tage eine weithin sichtbare, leuchtend weiße Pyramide aus Segeln, die Linie, und am 7. Oktober fallen in Iquique die Anker.

Die Reise war zwar kein Rekord, aber sie lag mit 67 Tagen unter den 70. Die *Potosi* darf sich gleich mit der ersten Reise zur Crème der Windjammergesellschaft zählen. Alle Reisen (bis auf eine), die sie unter Robert fährt, werden unter dieser 70 bleiben:

2. 1886:	Lizard — Caleta Buena	64 Tage
3. 1896/97:	Lizard — Valparaiso	59 Tage
4. 1897:	Quessant — Valparaiso	68 Tage
5. 1898:	Lizard — Valparaiso	60 Tage
6. 1898:	Quessant — Iquique	62 Tage
7. 1899:	Lizard — Iquique	66 Tage
8. 1900:	Lizard — Iquique	64 Tage
9. 1900:	Quessant — Iquique	71 Tage
10. 1901:	Quessant — Valparaiso	60 Tage

Nach Hilgendorf ändert sich das Bild[161].

In der gleichen Zeit sind erstmals auch Franzosen unter denen, von denen man spricht:

1897: Viermastbark *Loire*	Kanal — Iquique	66 Tage
1897: Viermastbark *Dunkerque*	Kanal — Valparaiso	69 Tage
1899: Viermastbark *Dunkerque*	Kanal — Valparaiso	69 Tage

Fünf Jahre später, 1900, verläßt die *Potosi* wieder einmal ihren Heimathafen. Wieder mit Order für Valparaiso.

Wieder unter der Führung des hageren, wortkargen Pommern Robert Hilgendorf.

Am 16. März bringt ein Schlepper die Fünfmastbark die Elbe hinab.

Am 21. März steht der Riese, vom Schlepper *Seeadler* von Cuxhaven bis hierher gebracht, querab von der Isle of Wight. Hier, in der Höhe vom St.-Catherine-Point wirft die *Potosi* — es ist 10.30 Uhr a.m. — die Trossen los, Segel beleben die Masten, und Ostwind — am 22. weht er sogar in Stärken acht bis neun — führt den Fünfmaster gar bald schon in den freien, großen Ozean hinaus. 362 Seemeilen sind das Etmal vom 21. mittags bis zum 22. mittags. Nach 64 Tagen fallen die Anker vor Iquique. Die Reisedauer, die unter gleichen Bedingungen nach Valparaiso 62 Tage gedauert haben würde, ist gut, aber sie ist nicht das Besondere an dieser Reise. Das Besondere sind diese Ergebnisse:

Die letzten Tage waren die besten:

Vom Mittag des 9. bis zum Mittag des 10. Mai schaffte die *Potosi* 215 sm,

vom 10. zum 11. Mai mit 376 sm die größte von dem Fünfmaster je zurückgelegte Tagesleistung. Das sind 691 Seemeilen in zwei Tagen.

Vom 11. zum 12. sind es 322 sm, vom 12. zum 13. 345 sm, vom 13. zum 14. 288 sm.

Gemessen an der heutigen Zeit der Düsenflugzeuge und der Raketen ist das fast weniger als vergleichsweise das Tempo einer Schnecke, gemessen an der Masse der heutigen Frachtschiffe, deren Geschwindigkeit derzeit im Mittel bei 16 kn liegt, sind Tagesetmale von um die 300 bis 350 sm ganz beachtlich, gemessen an der Geschwindigkeit der Dampfschiffe um die Zeit der Jahrhundertwende sind sie eine Sensation.

Die Leistungen der *Potosi* werden noch zu deren Lebzeiten zur Legende. So auch jene Reise um 1900, die nach namhaften Autoren von der Isle of Wight nach Valparaiso ganze 55 Tage gedauert haben soll und daher fälschlicherweise als die Rekordreise aller Westküstensegler gefeiert wird[162].

Aber einem solchen, vom Wunderglauben genährten mehr oder weniger poetischen Stoff liegen außer den nüchternen Fakten der Daten dieser und weiterer schneller Reisen noch andere, ebenso belegte Ereignisse zugrunde:

Bei der ersten, am 26. Oktober 1895 angetretenen Rückreise sichtete man am 27. November den von Australien kommenden Wollclipper *Cimba*. Er hatte das Kap Horn am 14. November, zwei Tage früher also, gerundet. Auf der *Potosi* beobachteten sie, wie auf dem schlanken, ranken Clipper in beinahe fieberhafter Eile auch die letzten, bei der stürmischen Brise eben noch vertretbaren Segel gesetzt wurden. Der Kapitän des Wollclippers müßte kein Brite sein, würde er sich diese großartige Gelegenheit entgehen lassen, sich mit dem riesigen, mit Segeltuch behängten Fünfmaster zu messen. Der *Cimba*-Kapitän ist einer von denen, von denen Carl C. Cutler sagt: „Her captain must be a driver."

Drei Tage und drei Nächte steht das Rennen pari. Beide Schiffe bleiben dicht beieinander. Auf der *Cimba* beobachten die Offiziere jede Maßnahme, jeden Handgriff, jede Bewegung an Deck und in der Takelage der *Potosi*. Umgekehrt läßt man auch auf der *Potosi* den anderen nicht aus den Augen.

Dann verlieren die Schiffe einander.

Am 17. Januar passierte der Wollclipper nach zügiger Segelfahrt den Eingang des Kanals, in guter Hoffnung sozusagen, der *Potosi* gegenüber nicht nur einiges gut gemacht zu haben. Um so tiefer ist die Enttäuschung derer auf der rassigen *Cimba* nach dem im Logbuch am 23. Januar vermerkten Einlaufen in London und nach der Antwort auf die Frage nach dem Fünfmaster mit dem Namen der Stadt, die einmal der Hauptsitz des peruanischen Silberbergbaues war: „Die *Potosi*? Die hat schon lange in Hamburg festgemacht. Bereits am 2. zeigte sie bei Lizard das Unterscheidungssignal ..."

Das sind 15 Tage Vorsprung des mächtigen, schweren Square riggers aus der Hansestadt Hamburg vor einem jener Segelschiffstypen, die einst als nicht zu überbietende Schnellsegler gefeiert wurden.

Und daß dieser Vorsprung kein vom Glück begünstigter Zufall war, das beweist Hilgendorf im Oktober 1902:

Ein zweites Mal überholt die *Potosi* die *Cimba* spielend[163].

Es gibt da noch einen anderen Bericht dieser Art. Ein Enkel von Robert Hilgendorf, der Cap Hornier-Kapitän Klaus Hilgendorf, hat ihn dem Kapitän Römer berichtet[164]:

„Robert lag einmal in einem chilenischen Salpeterhafen mit einer britischen Viermastbark zusammen, deren Kapitän mit ihm um 50 englische Pfund[165] wetten wollte, daß er früher als die *Potosi* den englischen Kanal erreichen würde. Als nüchtern denkender Mann lehnte Hilgendorf den Preis für diese Wette, nicht aber die Wette selbst ab. Er, ein Mann, für den alles seine Grenzen hatte, schlug dafür, wie sinnig übrigens, einen Bowler[166] vor.

Solches wurde angenommen.

Die Viermastbark ging einen Tag vor der *Potosi* in See. Und als der Engländer bei Lizard stand, hatte Hilgendorf mit seinem Fünfmaster seinen Zielhafen bereits hinter sich und war schon wieder in See. Der britische Kapitän stellte als reeller Verlierer dem Gewinner der Wette tatsächlich den Preis, den steifen Hut, zu, der jedoch — großer Mann = großer Hut — gleich um einige Nummern zu groß war. Was Hilgendorf als sparsamer Mann dann aufrichtig bedauerte (wofür sein Kontrahent, falls er ein Schotte war, sicherlich Verständnis gezeigt haben wird)."

Zwischen den beiden Weltkriegen veröffentlichte die britische Zeitschrift The Field aus der Feder eines britischen Kapitäns eine andere Begebenheit in Sachen *Potosi.* Danach befand sich der Verfasser dieses Beitrages als zweiter Offizier auf einem nach Hamburg bestimmten Dampfer. Als das Schiff in den Kanal einlief und Lizard querab bekam, passierte zur gleichen Zeit die heimkehrende *Potosi* diesen Punkt: „Es stand ein frischer Südwest. Eine Regenbö schob sich zwischen beide Schiffe. Danach wurde es diesig. Wir sahen nichts mehr von dem *Potosi*-Segler, der uns bei Lizard sein Unterscheidungssignal gezeigt hatte.

Mit zehn Knoten Fahrt durchpflügten wir den Kanal und die Nordsee. Zwei Tage später kamen wir um zwei Uhr nachmittags vor der Elbemündung an und nahmen den Lotsen an Bord.

Mein Kapitän meinte: ‚We sighted the *Potosi* off Lizard, captain . . . Seitdem stand günstiger Wind. Sie wird wohl gegen Abend hier sein.'

Über die wetterbraunen Züge des deutschen Seemannes flog ein Lächeln. Dann sagte er: ‚The *Potosi*? She passed this morning already, captain!'"

Und wenn in einer französischen Zeitschrift nach dem 2. Weltkrieg[167] behauptet wurde, die französische *Genevieve-Molinos* habe die *Potosi* überholt und abgehängt, dann ist das nach Commandant Gautier „frei erfunden": „Ich selbst habe 1910 an Bord der sehr, sehr schnellen Bordesschen Viermastbark *Wulfran Puget* an einem Wettlauf mit der *Potosi* teilgenommen. Sie kam auf der Strecke Iquique — Hamburg sechs Tage vor uns an."

Und da ist noch der holländische Altlotse Hoedemaker von Vlieland, der die *Potosi* als Matrose auf dem Amerikaner *Paul Revére*[167a] erlebte[168]: Das Spritzwasser flog bei uns bis über die Obermarsrah, und das Schiff holte so hart über, daß es mit der Unterkante des Deckshauses — des Volkslogis — im Wasser lag. Und dies bei einer so hohen Verschanzung. Das halbe Deck stand voll Wasser. Ich lag da auf der Bramrah, klammerte mich mit den Beinen und hielt mich fest. Ich war bange, daß die Rah ‚auf und nieder' — also senkrecht — zu stehen kam. Nun, es fehlte auch nicht viel daran. Aber es passierte weiter nichts.

Wir lagen beigedreht unter Untermarssegeln, als wir die *Potosi* von der bekannten ‚P-Line' aus Hamburg ankommen sahen. Sie kam unter Unterbramsegeln angejagt, und sie ging dicht an uns vorbei.

Es wurde gegißt, wie hart sie segelte, und die meisten Leute, die etwas davon verstanden, schätzten die Fahrt auf 17 Meilen[169]. Das war ein Anblick, wie wir ihn nie wieder gehabt haben!"

Wann das war? 1903, als der Fünfmaster in 58 Tagen von Iquique nach Lizard brauste.

Über das weitere Schicksal der *Potosi* wird im Kapitel über die größten Segelschiffe noch gesondert berichtet.

☆

Es ist die Idee Hilgendorfs[169a], nach der Fünfmastbark *Potosi* auch ein Fünfmastvollschiff zu bauen. Carl Laeisz stimmt zu. Wieder erhält die mit dem Hause Laeisz seit Jahren eng verbundene Schiffswerft und Maschinenfabrik Joh. C. Tecklenborg in Bremerhaven den Auftrag, und am 31. Juli tritt das auf den Namen *Preußen* getaufte Fünfmastvollschiff seine erste Reise an. Der riesige Tiefwassersegler ist nach Iquique bestimmt. Vor ihm liegen 9 620 Seemeilen Weg und das Kap-Horn-Revier, die Arena härtester Prüfung für Schiff und Besatzung. Der Kapitän heißt Boye Petersen. Auch er ist ein erfahrener Seemann, auch von ihm sagt man, daß er ein guter Schiffsführer sei.

Auf dieser ersten Reise müssen sich Führung und Besatzung mit diesem neuen, in Deutschland vorbildlosen Typ freilich erst vertraut machen. Noch weiß man nicht, was man dem vollgetakelten Fünfmaster bei stürmischen Winden und hochlaufender See an Segeln wirklich bieten kann. Ein wichtiger und vielseitige Überlegungen fordernder Punkt ist bei diesen großen Rahschiffen ja immer die Stabilität. Sie läßt sich noch nicht allein durch mathematische Berechnungen bestimmen. Auch der erfahrenste Schiffbauer kann vorher oft nicht übersehen, wie sich ein neues Schiff unter verschiedener Beladung und unter besonderen Wetterverhältnissen auf See verhalten wird. In der Geschichte der Schiffahrt gibt es genügend Beispiele dafür, daß von zwei Schwesterschiffen — gleich groß und nach denselben Plänen erbaut — das eine so rank war und so rank blieb, daß im Hafen die Royalrahen an Deck genommen werden mußten, das andere sich dagegen mit voller Takelung weder zu rank noch zu steif zeigte.
Die *Preußen* segelt in Ballast, was übrigens auch ein Zeichen für die kritische Wirtschaftslage dieser Zeit ist. Außer den 550 Tonnen Wasserballast im kurzen Doppelboden führt sie 2 207 Tonnen Sand im Laderaum. Das sind 2 757 Tonnen Ballast total. Wenn man noch die 74 Tonnen Trinkwasser und die 25 Tonnen Proviant und die 78 Tonnen Kohlen hinzurechnet, kommt man immerhin auf 2 934 Tonnen Zuladung an Bord. Schon in der Nordsee zeigt es sich: die *Preußen* manövriert mit diesem Ballast im Leib ganz ausgezeichnet. Sie zeigt auch überraschend gute Segeleigenschaften, als das gegen den Himmel ragende Gitterwerk von Masten, Rahen, Stagen, Pardunen und Wanten erstmals hinter den gewaltigen Flächen der Segel verschwindet und Wind das hellgraue Tuch prall stehen läßt.
Am 5. August schwimmt das Fünfmastvollschiff querab von Lizard.
Die 4 183 Seemeilen bis zur Linie werden in genau 22,2 Tagen bewältigt,
die 4 049 Seemeilen bis zum 50°-Südbreite in 22,1 Tagen.
Die 1 731 Seemeilen um das Kap Horn rundet das größte Rahschiff Deutschlands in genau 8,75 Tagen. Das ist gut, fast sehr gut zu nennen. Die restlichen 2 108 Seemeilen von 50° Südbreite bis Iquique werden in elf Tagen zurückgelegt, denn am 8. Oktober trifft der Fünfmaster in seinem Zielhafen ein.
Das sind zusammen 12 071 Seemeilen[170] in 64 Tagen. Deutlich zeichnet sich bei diesen Angaben ab, wann und wo die Reise der *Preußen* durch ungünstige Wind- und Wetterverhältnisse verzögert worden ist. Bei der durchsegelten Distanz von 12 071 Seemeilen läßt sich ein Durchschnitt von 188,6 sm am Tage und von 7,9 sm in der Stunde errechnen.
Die 12 329 Seemeilen für die Heimreise durchläuft die *Preußen* bis Lizard in 79 Tagen. Am 20. Januar 1903 trifft sie mit 7 800 tons Salpeter an Bord in Cuxhaven ein, wo sie wegen ihres großen Tiefgangs einen Teil der Ladung, etwa 130 tons, an Leichter abgibt und dann nach Hamburg geschleppt wird.
Boye Petersen kennt nun sein Schiff in all seinen Regungen und Bewegungen. Seine Besatzung ist eingefahren. Die Jan Maaten finden jeden Tampen auch in der dunkelsten Nacht. Es ist der 16. Februar 1903, als die *Preußen* — das Schiff geht wieder in Ballast in See — zur zweiten Westküstenreise in Hamburg die Leinen einholt.
Das sind die Positionen:
4. März: Lizard mittags bei einem WSW-Wind in Stärke 5 auf Steuerbord-Halsen auf die französische Küste zu.
5. März: in der Nähe von Ouessant, 30 sm ab.

18. März: 12.00 p.m. Linie 08.00 p.m. passiert. Das sind 14 Tage und acht Stunden. Das ist schneller als die schnelle *Pampa* im Jahre 1896.
10. April: 07.00 p.m. 50° Südbreite passiert.
Am 12. April steht die *Preußen* auf 54.22° Süd und 65.25° West: Cap San Diego peilt r/w Süd 37° O.
Die *Preußen* setzt zur ersten Durchsegelung der Straße Le Maire an.
Am 13. — ausgerechnet — beendet sie bei Windstärken 8 — 9 — 10 die schwierige Fahrt und steht mittags auf 56.16° S und 65.39° W.
10,54 Tage knüppelt Petersen die *Preußen* auf ihrer 50-zu-50-Rundreise gegen böige Stürme an, die aus drei Depressionen herauswehen[171].
Am 1. Mai rauscht auf der Reede von Iquique der Anker in den Grund. Nach 58 Tagen von Lizard bis hierher.
Nie wieder ist diese Rekordzeit auf dieser Strecke unterboten worden. Auch die 58tage-Reise der *Potosi* bleibt dahinter zurück, liegt doch der von ihr angesteuerte Hafen 850 Seemeilen südlicher als das Ziel der großen Schwester. Selbst bei einem Etmal von über 300 Seemeilen hätte die Fünfmastbark mindestens zwei Tage länger benötigt. Umgekehrt wäre die *Preußen* zwei Tage früher in Valparaiso gewesen, also nach 56 Tagen, und damit in einer Zeit, die kein anderes Schiff je ersegelte.
Seine besten Spitzenleistungen zeigt der Riese einmal auf dieser Reise, als er nach dem Runden von Kap Horn, auf Nordkurs liegend, vom Mittag des 23. bis zum Mittag des 24. April 368 Seemeilen zurücklegt (dabei lief er allein während der Morgenwache, von 04.00 bis 08.00, bei 67 sm Distanz 17 Knoten) und dabei fast das 375sm-Etmal der *Potosi* schafft, und zum anderen im November 1904, wo er an vier Tagen 1 279 sm — und zwar in 96 Stunden mit 13,3 — und an drei Tagen 1 008 sm — und zwar 72 Stunden mit 14 kn — jenseits der Horn bewältigt.
Die *Preußen* macht insgesamt zwölf Reisen zur Westküste, zwischendurch wird sie, 1908, an die Standard Oil Company für eine Reise zwischen New York und Yokohama verchartert.
Die Reisen zur Westküste waren und dauerten:
Unter Kapitän Boye Petersen:

1.	1902:	Lizard — Iquique	64	Tage
2.	1903:	Lizard — Iquique	58	Tage
3.	1903:	Lizard — Tocopilla	72,3	Tage
4.	1904:	Lizard — Tocopilla	62,3	Tage
5.	1904:	Lizard — Iquique	63	Tage
6.	1905:	Lizard — Iquique	79	Tage
7.	1905:	Lizard — Iquique	67,3	Tage
8.	1906:	Lizard — Taltal	68,4	Tage
9.	1906:	Lizard — Taltal	68,3	Tage
10.	1907:	Lizard — Valparaiso	79,3	Tage
11.	1908/9:	Hamburg — New York — Yokohama — Taltal — Tocopilla — Hamburg		

Unter Kapitän Heinrich Nissen:

12.	1909:	Lizard — Tocopilla	76	Tage
13.	1910:	Lizard — Taltal	68	Tage

Man darf diese Reisen der *Preußen* nicht zu sehr nach ihren Spitzenwerten beurteilen. Zu allen Zeiten haben Segelschiffe aller Nationen, oft viel kleiner und weniger gut geführt, oft weniger gut ausgerüstet und spärlicher bemannt als die großen Schwerwetterschiffe des Hauses Laeisz, in den verschiedensten Fahrtgebieten — allerdings nur von Fall zu Fall — gleich gute und hervorragend schnelle Reisen zurückgelegt — bedingt durch gute Wetterverhältnisse, bedingt auch durch andere Umstände. Man kann auch nicht, wie es viele Segelschiffliebhaber tun, Segelschiffe ausschließlich nach den mehr oder weniger guten Reiseergebnissen auf einer Reiseroute vergleichen. Hier ergeben sich in der Regel Fehlschlüsse, wenn weniger gut segelnde und kleinere, mit schwerer Ladung bis zur äußersten Lademarke beladene Schiffe mit jenen verglichen werden, welche die gleiche Strecke zu einer ganz anderen Jahreszeit unter völlig anderen Wind- und Wetterverhältnissen in Ballast abliefen und deren kraftvolle Größe es ihnen erlaubte, auch starke und stürmische Winde — bei oft starkem Seegang mit viel Wasser an Deck — noch auszunutzen.

Das Bemerkenswerte an den Reisen der *Preußen* — wie auch der anderen *Flying*-P-Liner aus Hamburg, hier der starken *Potosi* vor allem — ist deren Regelmäßigkeit. Diese hat nicht zuletzt ihre Ursache darin, daß die P-Liner nicht wie viele Schiffe, die bei schlechtem Wetter keine Segel mehr zu führen vermochten, beidrehten und mit festgemachtem Zeug warteten, bis der Wind abflaute oder raumte. Laeisz hatte Schiffe erbaut, die vielmehr gestatteten:

Segeln bei schwerem Wetter,
Durchhalten unter brettsteifem Tuch und
Durchhalten trotz heulender Böen und pfeifendem West.

Die Reisedauer lag, das sei in diesem Zusammenhang festgestellt, im Schnitt bei einer Zeit, die auch ein Westküstendampfer benötigte.

Um die Jahrhundertwende ist für die Seglerausreisen Lizard — Iquique ein Mittel von 88,5 Tagen, laut Segelhandbuch 1897 sogar von (je nach Monat) 94,9 bis 104,1 vor 1889 und 90,4 bis 96,8 nach 1889 errechnet worden. Dieser Mittelwert wurde also von der *Potosi* und der *Preußen* ganz beträchtlich unterboten. Ein Vergleich von je fünf Reisen dieser Schiffe nach Lizard ergibt diese Mittelwerte:

Preußen: 66,6 Tage,
Potosi: 68,0 Tage.

Für zehn Reisen der *Potosi* Kanal — Valparaiso errechnet sich dieses Mittel 67 Tage (bei einem Normalmittel von 87,2 bis 98,8 je nach Monat in den Jahren vor 1889 und von 78,6 bis 93,2 nach 1889). Weitere Einzelheiten dazu siehe Anhang 1, Tafel XVIII. Vergleich deutscher Seglerreisen Kanal — Chile vor und nach 1889.

Die für sich selbst sprechende Gegenüberstellung macht außerdem deutlich, daß das Fünfmastvollschiff der Fünfmastbark um einiges überlegen gewesen ist:

Eins zu null für den Initiator Robert Hilgendorf.

Über die Zeit bis zum 1. Weltkrieg ist über schnelle Salpeterfahrtausreisen über das schon vorher Gesagte bis auf zwei Ausnahmen Wesentliches nicht zu berichten, denn die „normalen schnellen“ Reisen liegen auch weiterhin bei 70 und die sehr guten unter 70 Tagen[172].

Interessant dürften für die Zeit nach der Jahrhundertwende außer den genannten noch diese sehr guten schnellen Reisen sein:

1900:	*Hebe:*	Kanal — Valparaiso	65 Tage
1901/02:	*Pitlochry:*	Kanal — Valparaiso	63 Tage
1902:	*Pitlochry:*	Hamburg — Taltal	65 Tage
1903:	*Pangani:*	Lizard — Valparaiso	61 Tage

1903:	*Petschili:*	Lizard — Valparaiso	63 Tage
1904:	*Posen*	Elbe — Valparaiso	68 Tage
1905:	*Petschili:*	Lizard — Talcahuano	60 Tage
1905:	*Pampa:*	Elbe — Valparaiso	61 Tage
		(war unter Kapitän Schröder die beste Reise der *Pampa*)	
1905:	*Petschili*	Lizard — Valparaiso	69 Tage
1906:	*Pera:*	Scilly — Valparaiso	68 Tage
1906:	*Pamir:*	Lizard — Valparaiso	64 Tage
1907:	*Pamir:*	Lizard — Valparaiso	65 Tage[173]

Fast alle diese schnellen Schiffe sind Flying-P-Liner der Reederei Laeisz, die inzwischen über eine derart stattliche Seglerflotte verfügt, daß auslaufende Salpeterschiffe im Abstand von je einer Woche Lizard passieren.

Bei den Franzosen sind zu den schon genannten noch diese schnellen Reisen zu nennen:

1905:	*Dunkerque*	Port Talbot — Iquique	67 Tage
1905:	*Atlantique:*	Port Talbot — Iquique	67 Tage

Die erwähnten Ausnahmen sind:

Die französische *Caroline* und die auch auf anderen Routen berühmt gewordene britische Viermastbark *Eudora,* die, ein Stahlschiff, 1888 bei A. Stephen & Sons vom Stapel lief.

Die *Eudora* übertraf den 58tage-Rekord der *Placilla* zwischen den Jahren 1903 und 1904, als sie aus dem in Nordostengland gelegenen South Shields vom 24. November bis zum 27. Januar nach Coquimbo unterwegs war. Nach anfänglich schwieriger Reise, um von Nordwestengland durch den Kanal zu kommen, passierte das Schiff das zwischen Falmouth und Plymouth am Westausgang des Kanals stehende Leuchtfeuer Eddystone. Das war am 30. November 10.30 p.m. Bis jetzt gab es nichts, das auf eine schnelle Reise hoffen ließ, wie ehedem, 1894, als „The old man", wie sie an Bord den eisenharten, humorvollen, weißhaarigen alten Kapitän L. D. Weston nannten, die Viermastbark in 99 Tagen von Swansea nach San Francisco knüppelte. Errare humanum est: Als am 27. Januar die Anker 09.00 a.m. in den Grund des gute 200 Seemeilen nördlich von Valparaiso liegenden Coquimbo rauschten, hatte die *Eudora* 57 Tage und 15 Stunden 30 Minuten hinter sich.

Lorbeeren für den Union Jack.

Eingefahren von einem Kapitän, hinter dessen liebenswürdigem Aussehen eines weißhaarigen Mannes nichts den „Blue Nose Skipper" alter Schule vermuten ließ, der den Ruf hatte, gelegentlich auch mit einem Coffeynagel in der einen und einem Revolver in der anderen Hand seine Befehle durchzusetzen. Über ihn waren an allen Küsten ungezählte Garne im Umlauf, so dieses:

Auf einer der schnellen Westküstenreisen geschah es, daß Blue Nose[173b] Weston mit seinem Schiff und seinen Mannen auch an einem Karfreitag in See stand. Das blieb denen vor dem Mast natürlich nicht verborgen. Sie eilten nach achtern, zu ihrem „old man", wie es denn mit einem Feiertag und entsprechendem Essen und so weiter wäre . . .

Weston überlegte für ein oder zwei Sekunden — zumindest tat er so —, dann sah er auf und sagte mit Güte und Freundlichkeit: „Tatsächlich, es ist Karfreitag. Schaut an, das ist ein rechter Tag für Gebete." Nur einige Männer murmelten Zustimmung. Old man Weston sagt nun mit zunehmender Bitterkeit in der

Stimme und mit einem Ton, als könne er nicht anders: „Gut! Ihr könnt wählen. Ihr könnt entweder unter Deck gehen und beten oder ihr verholt euch auf die andere Seite und macht euch dabei, Rost zu klopfen.“

Lubbock fügt in seinem Buch „The last of the Windjammers“ dieser Story hinzu: „Needless to say, without another word the crew went over the side to chip.“

Die französische *Caroline,* die zweite Ausnahme, brauchte 1916 von Nantes nach Taltal 69 Tage.

Die trotz der schon genannten Behinderungen und Fakten auch nach dem Kriege eine Zeitlang noch hinreichend interessant bleibende Salpeterfahrt wird, wie schon im Kapitel I dargelegt, vornehmlich vom Hause F. Laeisz und gelegentlich vom Finnen Erikson weiter betrieben. Von Laeisz wieder mit zurückerworbenen eigenen Schiffen.

Unter den wenigen Deepwatermen aber — den alten Recken und den wenigen Neubauten, die FL noch in Dienst stellt — werden in der Zeit zwischen beiden Weltkriegen auf der Kap Horn-Route nach wie vor gute und zum Teil schnelle Reisen ersegelt, allerdings im Mittel weniger unter 70 Tagen, von denen jene der *Peking* mit 59 Tagen vom Kanal — Valparaiso (1931/32) hervorzuheben ist[174].

Interessant ist noch, daß auf der Strecke Kanal — Corral die nächst schnelleren Reisen von 62 und 64 Tagen von der *Padua* ersegelt wurden — allerdings, und das ist sehr bemerkenswert — unter zwei verschiedenen Kapitänen, nämlich 1929 unter Piening und 1936/37 unter Clauss.

Über die Heimreisen der Großsegler in der Westküstenfahrt wie auch jener, die aus asiatischen Häfen kamen, um hier für Europa Salpeter zu laden, bleibt festzustellen, daß sie im Mittel ein wenig mehr Zeit als bei den Ausreisen benötigten. Der Grund ist in dem durch den Nordost-Passat bedingten längeren Reiseweg zu sehen. Dieser ist — zum Beispiel — auf der Strecke Iquique — Lizard[175] um 1 325 Seemeilen länger.

Einer Aufstellung schneller Reisen von der Westküste nach Europa ist wegen der wohl schnellsten Reise vorauszustellen, was Lubbock über die ex-britische stählerne Viermastbark *Eusemere* sagt, nachdem sie 1886 an den Reeder B. Wencke Söhne, Hamburg, verkauft und in *Pindos* umbenannt worden war: „... Obgleich ihre Reisen unter der britischen Flagge stetig und gut waren, so waren sie doch nicht bemerkenswert. Aber den Deutschen scheint es dann gelungen zu sein, ihre verborgenen Kräfte besser zu wecken, als es den britischen Segelschiffkapitänen gelang ...“

Jedenfalls macht die *Pindos* unter deutscher Flagge zunächst gute Reisen zwischen Europa und Burma und dann — in der Salpeterfahrt zwischen Europa und Chile stehend — eine Heimreise von Tocopilla bis Dünkirchen in 61 Tagen. Die beste und schnellste Reise aber legt sie zurück, als sie von der Westküste in

57 Tagen zum Kanal und in

60 bis nach Bremen segelt[176].

Das ist eine olympische Leistung.

An der Spitze schneller Heimreisen liegt auch — wen wundert das — die *Potosi.* Unter dem Heiligenhafener Heinrich Nissen, der, als er noch I. Offizier auf der *Pallas,* der *Plus,* der *Placilla* und der *Parchim* war, immer beste, ja sogar ein „rühmendes“ Zeugnis erhielt, versegelte die Fünfmastbark die Strecke Iquique — Lizard in 58 Tagen (was bei Valparaiso um 56 Tage gelegen haben würde). Auf der gleichen Strecke tut sich auch wieder die *Eudora* mit ebenfalls 58 Tagen hervor. Alle anderen schnellen Reisen werden ausschließlich von P-Linern bestritten, denn hier sind ihre Kapitäne im ureigensten Revier. Hier einige Beispiele, die vorwiegend den Fünfmaster *Preußen* betreffen:

1906/7	Fünfmastvollschiff *Preußen:*	Taltal — Lizard	61,2 Tage
1907/8	Fünfmastvollschiff *Preußen:*	Iquique — Lizard	62,1 Tage
1910	Viermastbark *Pangani:*	Mejillones — Lizard	62 Tage
1900	Vollschiff *Posen,* ex *Preußen:*	Iquique — Isle of Wight	68 Tage
1903	Fünfmastvollschiff *Preußen:*	Iquique — Lizard	69 Tage
1906	Vollschiff *Parchim:*	Iquique — Lizard	69 Tage
1904/5	Fünfmastvollschiff *Preußen:*	Iquique — Lizard	69 Tage
1909	Fünfmastvollschiff *Preußen:*	Tocopilla — Lizard	69 Tage
1905/6	Fünfmastvollschiff *Preußen:*	Iquique — Lizard	70,4 Tage

Auch diese Aufstellung ist ein Beweis:
Der Schwerwettersegler *Preußen*, der keinen Sturm zu scheuen braucht, erzielt auf dieser Strecke, auf der sich ihm südlich der Horn vornehmlich aus West wehende Stürme und im Nordatlantik westliche Winde anbieten, nicht nur schnelle Heimreisen, mehr noch: Alle Reisen sind so stetig zu nennen, wie die eines durch Kolbenmaschinen oder Turbinen betriebenen Schraubenschiffes. Und wie auf dem Ausreisetrack sind auch bei den Heimreisen die Segler schneller geworden. Eine weitere Dokumentation über die Heimreisen von Chile nach Europa findet der Leser im Anhang 1, Tafel XIX, hier wird er auch mit einem anderen Faktor für die Bewertung der Reisen auf dieser Route vertraut gemacht. Für einen Reeder sind natürlich nicht allein schnelle Aus- und Heimreisen von ökonomischem Interesse, genauso oder sogar mehr noch interessieren möglichst kurze Hafenzeiten. Dieser in Reederkreisen an sich selbstverständlichen Tatsache trägt die Reederei Laeisz in praxi dadurch Rechnung, daß sie — von sich aus — in Chile einen gut organisierten Ladungsdienst aufbaut.
Das Ladegeschäft alter Art ist in den Salpeterhäfen ein Kapitel für sich. Die Arbeiten beginnen damit, daß der in Säcken abgefüllte Salpeter in hölzernen Leichtern, Lanchen genannt, längsseit kommt, daß man den Lancheros zwei Kokostampen zuwirft und die Leichter festmacht. Während die Lancheros warten, bis ihr Leichter abgefertigt werden kann — meist rauchen sie, die trotz der Feuergefahr genüßlich bequem auf den Salpetersäcken hocken —, ist an Bord des Seglers alles „klar zum“ vorbereitet worden:
Die Ladeluken sind offen,
Wasser, in dem Salpeter aufgelöst worden ist, wird tonnenweise bereit gehalten, denn es ist in dieser Form das einzige Mittel, um einen Salpeterbrand zu bekämpfen,
Maßnahmen sind getroffen, um den Funkenflug aus dem Kombüsenschornstein zu verhindern,
das Rauchen ist strengstens verboten.
Dr. Dr. h.c. Rohrbach beschreibt das weitere Arbeitsmanöver so[177]:
„Durch einen einfachen Trick wird die aufgewundene Last auf dieses Tau übertragen, mit dem sie nun in den Lagerraum gefiert wird. Vier Mann drehen die Kurbeln der Handwinde, und wenn sie in unverwüstlichem Frohsinn des Seglermannes auch meist guter Dinge sind, so sei doch nicht verschwiegen, daß oft genug auch Bemerkungen fallen, in denen das harte Wort ‚Knochenmühle‘ mit schmückenden Beiworten auch eine erhebliche Rolle spielt. Interessant ist, daß die eigentliche Verstauung der Ladung im Raum tatsächlich von einem einzigen

Mann vorgenommen wird. Salpeter ist eine schwere Ladung, sein spezifisches Gewicht ist 2 bis 2,2. Würde man damit ein Schiff auf die gleiche Art beladen wie z. B. mit Getreide in Säcken, so könnte nur der unterste Teil des Schiffsraums gefüllt werden, und die Grenze der Tragfähigkeit des Schiffes wäre erreicht. Damit läge aber auch der Schwerpunkt der Ladung sehr tief, und das ist mit Rücksicht auf das Verhalten des Schiffes in bewegter See gefährlich. Um den Gewichtsschwerpunkt der Ladung höher zu legen, staut man sie in Form einer Pyramide. Wohl ist der ganze Boden des Laderaumes bedeckt, die Bordwände jedoch bleiben frei.

Das läßt die Möglichkeit einer neuen Gefahr entstehen: Die Ladung kann übergehen, was unter unglücklichen Umständen den Verlust des ganzen Schiffes zur Folge haben kann. Deshalb muß sie auf eine genau durchdachte, durch die Erfahrung langer Jahre entwickelte Art gestaut werden. Darin liegt die Kunst des Stevedore! Er kommt mit zwei Gehilfen an Bord, die beim Beginn der Ladungsübernahme aus den ersten übergehievten Säcken unter der Luke einen etwa schulterhohen Stapel errichten. Auf diesem bleiben sie stehen und tun von jetzt ab nichts weiter, als die herabgefierten Säcke dem Stauer auf die Schulter zu placieren. Dieser legt nun, von dem Sockel unter der Luke ausgehend, eine glatte Schicht über den ganzen Boden des Schiffes. Dieser wurde allerdings vorher sachgemäß mit ‚Garnier' versehen, einem Belag aus Holzstücken, Latten und Schilf- oder Bastmatten, der unter sich einen freien Raum zum Abfließen von Leck- und Schweißwasser läßt und so ein Feuchtwerden der Ladung von unten verhindert. Schicht um Schicht placiert der Stauer nun die Säcke, jede höhergelegene Schicht dabei an den Rändern um eine Kleinigkeit einziehend. Mit jeder Schicht bauen die Helfer den Turm, auf dem sie stehen, um eine Lage Säcke höher. So wächst die Pyramide der Ladung allmählich zum Rechteck der Luke empor, ohne daß der Stauer auch nur einen Sack mit seinen Händen zurechtgelegt hätte. So wie die Last ihm aufgelegt wird, rennt er wie ein Wiesel damit los. Jawohl — er rennt! Mit kleinen trippelnden Schritten flitzt er bis in die äußersten Ecken, ein kurzer Ruck des hageren Körpers und der Sack fällt in die Lage, die er für die ganze Reise behält — auf den Zentimeter genau. Mit solcher Präzision erfolgt das Einziehen der Sacklagen an den Rändern, daß die Seiten der Pyramide zum Schluß in vollendeter Flucht geradlinig von der Bordwand zum Lukenrand verlaufen. Und so überlegt sind die einzelnen Säcke auf Lücke gelagert, so sinnvoll wechseln längsschiffs und querschiffs liegende ab, daß der ganze Riesenstapel in sich zu einem unbeweglichen Körper verwächst. Es ist kein Fall bekannt geworden, daß eine in der geschilderten Weise von einem gelernten Stevedore gestaute Salpeterladung übergegangen wäre. Selbst die himmelhohe See an Kap Horn vermag diese kunstvollen Pyramiden nicht mehr aus dem Gleichgewicht zu bringen.

Das Gewerbe dieser Stauer ist übrigens eine Art erblichen Monopols, der Vater weiht seinen Sohn darin ein — aber nur diesen! Außenseiter haben den Versuch gemacht, den Ring dieser Gilde zu durchbrechen — vergeblich. Nach wenigen Tagen gaben sie es auf, mehr tot als lebendig. Und auch das Schiff war angeführt, man mußte alles, was der kühne Experimentator ‚gestaut' hatte, wieder aufnehmen und von einem ‚richtigen' Stevedore stauen lassen, um das Schiff nicht mehr zu gefährden . . ."

Die Hamburger Reederei versieht nun, um das Ladegeschäft zu beschleunigen, ihre Schiffe mit einem modernen Ladegeschirr, mit jenen kleinen, kohlebeheiz-

ten, Donkeys genannten Dampfkesselanlagen nämlich und mit Dampfwinden statt mit zeitraubenden Handwinden, ferner mit einem, wenn auch komplizierten System von Heißdrähten, Fiergewinden und in Wippen auf und ab tanzenden Kontergewichten, die in der Hand eingefahrener und geschickter Seeleute die Beladung zu einem bisher unbekannten Tempo steigern. Laeisz sucht sich auch mit geschickter Hand die besten Agenten und die besten Stauer aus. Man sorgt in den Kontoren an Land für schnelle, reibungslose Anlieferung der Ladung, nicht selten angefeuert durch die sturmgewohnten Stimmen der Kapitäne, während die Schiffsbesatzungen der Flying-P-Liner mehr Sport als Arbeit in diesem Geschäft sehen. Schon lange kommt man nicht mehr nur mit einem Stevedore aus, man setzt vielmehr in jede Luke gleich zwei der Spezialisten, so daß es nicht selten ist, daß ein solcher Segelriese in knapp einer Woche bereits beladen ist und wieder ausläuft, da andere, die Wochen vorher einkamen, noch nicht einmal zur Hälfte abgefertigt worden sind.
Auf diese Weise wird nicht nur die unökonomische lange Liegezeit verkürzt, auch der Unterwasserbewuchs kann sich nicht in ähnlichem Umfange entwickeln, wie es bei länger liegenden Schiffen der Fall ist. Und starker Bewuchs am Unterwasserteil wieder ist gleichbedeutend mit längeren Reisen.
Die in aller Welt bewunderten und als neue Rekorde respektierten Musterbeispiele schneller Rundreisen Europa — Südamerika — Europa waren jene der von Robert Hilgendorf geführten *Potosi,* die auch gleichzeitig ein Beweis für den Nutzen einer gekonnt angewandten Meteorologie waren.
Um ein Mittel zu errechnen: Die erste von zehn Rundreisen zur Westküste Chile begann am 26. Juli 1885 auf der Elbe, die letzte endete am 9. November 1901 auf der Elbe. Das Mittel lag bei fünf Monaten und 19 Tagen. Die kürzeste Reise verlief in fünf Monaten und sechs Tagen, die längste in sechs Monaten und elf Tagen. Das Mittel der Reisestrecke von der Elbe, Kanal bis Lizard, betrug fünf Monate und neun Tage. Auf fünf Reisen nach Iquique lag die Durchschnittsfahrt bei einer mittleren Distanz von 11 400 Seemeilen bei 7,5 Knoten. Die Dampfer dieser Tage schafften im Durchschnitt nicht mehr. Auch hat Robert Hilgendorf einen in Fachkreisen als unmöglich angesprochenen Wunsch seines Reeders erfüllt: Er hat in weniger als zwölf Monaten zwei Rundreisen Hamburg und Chile zurückgelegt. F. Laeisz verkürzt aber nicht nur die Ladezeit, die Könner und „driver“ unter den Kapitänen — auch die anderer Reedereien — glänzen mit anderen „Tricks“, um die Liegezeit zu verkürzen. Herbert Tiessler, Leichtmatrose auf dem Hamburger Vollschiff *Harvestehude,* erinnert sich an Mejillones in Chile im Juni/Juli 1912:
„... Ein wahrhaft wunderbarer Anblick bot sich uns eines Morgens, als die *Potosi* mit sanfter Brise und leichten Segeln nach See zu glitt. Auf diesem Rekordsegler der Flying-P-Line wurde keine Zeit vergeudet. Eine Anzahl Salpeterleichter war noch immer längsseit festgemacht und wurde mit nach See hinausgeschleift. Die Dampfwinden rasselten an Deck des Fünfmasters weiter. Die letzten Salpetersäcke schwebten während der Fahrt im hohen Bogen an Bord und verschwanden im Laderaum. Erst als die *Potosi* nur noch wie ein Spielzeugschiffchen am Horizont sichtbar war, kehrten die nun entleerten Leichter, im Schlepptau schaukelnd, in den Hafen zurück ...“
Im Journal der *Potosi,* die zu dieser Zeit von Kapitän R. Miethe — seine Seefahrt begann 1877 in der Ostsee auf einem Steenknieper genannten Steinfischer aus *Laboe* — geführt wurde, liest sich das so:

„Juli 28. 7h p.m.: Gehen Anker auf und verlassen den Hafen von Mejillones zur Fahrt nach Hamburg. Leichter südlicher Zug, abwechselnd Windstille ..."
Mehr steht da nicht.
Eine beachtliche Rundreise anderer Art bewältigt die Viermastbark *Padua*[177a] unter Kapitän Wendt, als sie am 14. Oktober 1938 Bremen verläßt und am 22. Dezember Corral (Valdivia) in Chile erreicht. Am 26. versegelt sie nach Valparaiso, wo sie am Silvestertage eintrifft. Am 14. Januar verläßt sie Valparaiso in Ballast und ankert am 8. März auf der Reede von Port Lincoln, nimmt 4 484 to Weizen in Säcken an Bord und geht am 3. April 1939 mit Order für Queenstown zur weiteren Bestimmung in See. Den Löschhafen Glasgow erreicht die Viermastbark nach 93 Seetagen am 8. Juli. Damit ist die Rundreise beendet. Insgesamt dauerte sie acht Monate und 23 Tage. Diese Zeit gewinnt an Bedeutung, wenn man weiß, daß für eine solche Strecke während der Blütezeit der Großsegler im Schnitt 14 bis 16 Monate und mehr benötigt worden sind.
Auch das spricht, um es noch einmal zusammenzufassen, für vielerlei Qualitäten:
für die Form des Schiffes,
für die guten Segeleigenschaften,
für die Güte der seemännischen Ausbildung,
für das nautische Können der Kapitäne und
deren charakterliche und menschliche Eigenschaften.

☆

Unter den schnellen Reisen, die um die Horn zu den anderen Häfen der Westküste Südamerikas, Zentralamerikas, Mexikos und Nordamerikas und nach der Südsee gemacht wurden, steht als Beispiel jene der schnellen *Pindos* nach dem gute 400 Seemeilen südlich von San Francisco gelegenen Los Angeles in Kalifornien. Sie ist auch insofern interessant, als sie einmal die ganze Fahrt vom europäischen Ausgangshafen nacherleben läßt:
Der 30. April 1905.
In der Bucht von San Pedro bei Los Angeles in Kalifornien. Wie ein Fliegender Holländer schwebt mit weißem Bart am Bug eine kräftige Viermastbark herein:
Mit flatternden Segelfetzen an den Rahen.
Mit nur noch einem Drittel des möglichen Tuchs an den Jackstagen. Mit der schwarz-weiß-roten Flagge an der Gaffel.
Und Rostflecken an der Bordwand.
Sie rauscht vorbei an einem guten Dutzend amerikanischer Segelschiffe. Die meisten dieser Schwäne sind von dem draußen tobenden Sturm arg gerupft. Der eine hat keine Bramstengen mehr, dem anderen fehlen Vortopp und Großtopp, einem dritten der Besan, der vierte hat Schlagseite, daß es einem die Kehle zuschnüren möchte aus Sorge, er könnte im nächsten Augenblick schon kentern.
Alle haben sie hier Schutz gesucht.
Alle haben sie San Pedro als Nothafen angelaufen.
Nur diese deutsche Viermastbark, die da, hart geknüppelt von ihrem neben dem mannshohen Ruderrad stehenden Kapitän, von den Sturmböen in die Bucht hineingepreßt wird, sie hat dieses San Pedro als echtes Reiseziel.
An Bord der Amerikaner sind die Besatzungen an Deck gestürzt. Die Männer stehen dicht an dicht an der Reling. Sie haben die Hände ins Teakholz gekrallt, als der Viermaster die Reihe der vor Anker liegenden Yankees wie bei einer Parade

abfährt, und dann, am Ende der Strecke, schwungvoll in den Wind luvt und vor Anker geht.

Wie ein Lauffeuer spricht sich der Name des Einkommers herum. Von Bord zu Bord erfahren sie, daß er, der jetzt *Pindos* heißt, eine ehemalige englische Viermastbark ist, aus Hamburg kommt, 2 484 BRT groß ist, ein wenig mehr als Dutzend Jahre auf dem Buckel hat. Und weiter hören sie — aus dem Staunen wird Bewunderung —, daß diese *Pindos* erst am 7. Januar mit einer Ladung Zement in Fässern ausgelaufen war und vom Englischen Kanal bis San Pedro, dem Ansteuerungspunkt vor Los Angeles, nur 109 Tage benötigt hat. Das ist zwar kein absoluter Rekord, aber immerhin eine beachtlich gute Zeit, wenn man berücksichtigt, daß das Mittel der Reise bis nach San Francisco zwischen 132 und 147 Tagen liegt.

Und da keinem von den Besatzungen der amerikanischen Segler verborgen blieb, wie hart und stürmisch das Wetter überall in den letzten Monaten war, so ist es unbeschadet schnellerer Reisen auf dieser Strecke sogar eine sehr gute Zeit, denn:

Sturm packte die *Pindos* bereits in der Nordsee, als sie nach einem kurzen, zwangsweisen Aufenthalt auf der Unterelbe das freie, wenn im Nassen Dreieck auch noch relativ beengte Fahrwasser erreichte . . .

Aber der Wind über der winterlichen rauhen Nordsee weht günstig, und die Segeleigenschaften der *Pindos* sind so vorzüglich, daß in wenigen Tagen der Englische Kanal erreicht wird. Hier aber wird es noch ungemütlicher, zumal der Sturm die See in das enge Fahrwasser hineintreibt. Unter vollem Tuch lassen sie einen Dampfer nach dem anderen zurück, keiner von diesen neumodischen Untersätzen kann auch nur annähernd mit der stolzen Viermastbark mithalten. Die Handgrüße der Rostklopfer auf den qualmenden Eimern da drüben beantworten sie auf dem Hardliner mit Nonchalance, wenn überhaupt.

Der Atlantik zeigt sich von noch rauherer Seite. Hier erst dreht Rasmus zur vollen Stärke auf. Aber auch hier weht, was die Richtung angeht, für Kapitän Jochensen ein guter Wind. Ohne Rücksicht auf See und Windstärken läßt er bis auf die leichten Obersegel auch weiterhin alles Tuch stehen. Wie einer, der es darauf ankommen lassen will.

Wer ihn genauer studiert, möchte meinen, daß er verbittert ist, daß er aus dieser Verbitterung heraus den Elementen bis zur äußerst möglichen Grenze die Stirn bieten will. Seine fast menschenfeindliche Haltung geht so weit, daß er auch mit seinen Offizieren nur dienstlich und kurz angebunden verkehrt[178]. Seine Befehle sind knapp und ohne eine Spur kameradschaftlichen Untertons. Keiner sah ihn lächeln. Wo er auftauchte, zeigt er ein verschlossenes, wie aus Stein gemeißeltes Gesicht. Die, die ihn genauer kennen, wissen, was ihn innerlich so bewegt. Er hat in der Wahl seiner Ehegefährtin eine wenig glückliche Hand gehabt. Hier Schiffbruch erlitten zu haben, wurmt den alten Fahrensmann gewaltig. Dieses Pech verfolgt ihn bis auf die See hinaus. Ein Kapitän sollte so etwas besser zu Hause lassen. Gewiß, aber die Menschen sind verschieden, der eine, ein Opportunist, schüttelt so etwas einfach ab, der andere, so Jochensen, frißt's in sich rein. Erst als das Rack der Vorbramrah bricht, läßt „Cöppen" Jochensen wenigstens die Bramsegel reffen.

Ein Ausläufer des Sturms bringt die *Pindos* direkt und schnell in die ausgebreiteten Arme des Nordostpassats. Es ist Tag, als dieser Wind, der seinen Namen dem spanischen Wort passata, gleich Überfahrt, verdankt, weil ihn einst die Se-

gelschiffe von Spanien zur Überfahrt nach Südamerika nutzten, aufkommt. Er wird um so lebhafter begrüßt, als die Besatzung nach den sturmreichen Tagen zuvor eine Zeit der Ruhe und auch angenehmer Wärme erhofft. Und den Alten dann weniger häufig zu sehen und zu hören ist ja auch eine Erholung.
Völlig unerwartet schieben sich beim Sonnenuntergang mächtige, dunkle, wetterleuchtende Wolkenmassen über die Kimm. Man kann darauf warten, bis sie, die so kraftvoll wie ein Hefeteig aufquellen, den ganzen Himmel überzogen haben. Und man meint, das Knistern der Elektrizität zu hören, die sich tagsüber in der Luft angestaut hat. Statt Ruhe und Entspannung hat dieser erste Passattag nervöse Unruhe unter die Besatzung versprüht. Gleichzeitig mit einem von einem gewaltigen Donnerschlag gefolgten Blitz beginnt es zu stürmen. Furienhafte Böen brechen, von grellen Entladungen begleitet, aus dem düsteren Gewölk heraus. Die Männer von der *Pindos*, von „Cöppen" Jochensen in die Masten gehetzt, liegen mit beiden Wachen auf den Rahen, um die Segel zu bergen. Über die ganze lange Nacht tobt sich das Gewitter aus, doch als es auf die Stunde der Morgendämmerung zugeht, werden die Böen weniger, nimmt der Sturmwind an Heftigkeit ab. Mit den ersten Strahlen des Tagesgestirns macht das Unwetter dem bravsten Passat Platz, als sei nichts, aber auch gar nichts geschehen. Am Himmel türmen sich, typisch für den Passat, die Gebirge unschuldsweißer Cumuluswolken. Die im tropischen Sonnenlicht tiefblau leuchtende, weißgekämmte See läuft stetig vor dem nun wieder normalen Nordostpassat her.
Wieder wird es Abend. Und wieder ballen sich dunkle Wolken über dem Horizont zusammen. Wieder werden sie vom hektisch wirkenden Leuchten gewittriger Entladungen erhellt. Und wieder fliegt das Unwetter wie das faltenreiche Tuch eines Bühnenvorhangs über den ganzen Himmel hinweg.
Jochensen hat vorgebeugt. Er hat mit den ersten Anzeichen dieses neuen abendlich-nächtlichen Gewittersturms beide Wachen in die Takelage befohlen. Keine Minute zu früh, denn wie am Abend zuvor bricht das Unwetter mit Regen und heulenden Böen wieder so plötzlich los, gleichsam als habe eine überirdische Hand einen Hebel auf Sturm herumgelegt. Diese abendlich-nächtlichen Gewitterfronten halten die ganze Nordostpassatzone an, sie helfen nicht nur, daß die *Pindos* noch schneller den meteorologischen Äquator erreicht, sie schieben, da die Zone der Stillen in diesem Jahr fast völlig zusammengeschrumpft ist, den großen Viermaster auch direkt in die Zone des Südostpassats hinein und hier über die Linie hinweg.
Und dieser zeigt sich, im Gegensatz zum flegelhaften Bruder im Norden, engelhaft brav. Er weht in normalen Stärken. Die Besatzung atmet auf, sie kann sich verschnaufen und das Schiff in Ruhe für das Kap Horn-Revier vorbereiten.
Auf dieser Reise scheint einiges anders als gewohnt zu verlaufen, denn als die *Pindos* über den 50. Breitengrad Süd hinwegsegelt, säuselt statt des erwarteten Sturms nur eine mäßig starke Brise. Sie bleibt auch dann noch mäßig, als man sich der Staaten-Insel nähert. Kein Grund, bei diesem Wetter in die Le Maire-Straße etwa nicht hineinzusegeln.
Direkt vor dem Kap herrscht eine fast völlige Flaute. Und keiner an Bord versäumt diesen wahrhaft seltenen Anblick, den gefürchteten Torwächter am Rande des riesigen Weltozeans in dieser begnadeten Stunde der Ruhe zu erleben.
Wenig später schwimmt die *Pindos* im Stillen Ozean.
Das dickste Ende scheint geschafft.
Geirrt.

R. Rauh, einer von der Besatzung, darüber[179], wie es weitergeht: „... Aber der Name vom Stillen Ozean stimmt nicht mit seinem Verhalten überein. Bald jagen sich die Sturmtiefs am laufenden Bande. Und Jochensen macht mit der *Pindos* das stürmische Rennen mit. Hier wäre ich beinahe über Bord gespült worden. Ich war mit dem Festmachen des Mittelklüvers beschäftigt, als ich einen Warnruf des Steuermanns hörte und beim Aufblicken bemerkte, wie er blitzschnell von der Back verschwand. Dann schnitt auch schon das Schiff in einen mächtigen Wellenberg ein. Die See riß mich vom Klüverbaum hoch und trug mich über die ganze Back hinweg, am Fockmast vorbei bis zum Mannschaftslogis, auf dessen Dach ich mit einer Kopfwunde und vorübergehend bewußtlos liegenblieb. Vermutlich hat das Skylight der Kombüse meine weitere Schwimmpartie gestoppt. Es war noch einmal klargegangen ..."
Aber auch diese Wetterzone bringt die starke *Pindos* ohne Schaden hinter sich. Wieder nimmt der Südostpassat die Viermastbark unter seine Fittiche. In den Mallungen gibt es einen unerwartet langen Aufenthalt[180], den „Cöppen" Jochensen auf seine an anderer Stelle beschriebene Art meistert, um danach einen Nordostpassat heraufzubeschwören, der wie sein Kollege im Nordatlantik völlig aus der Art geschlagen scheint.
Das ist kein Passat mehr. Das ist Sturm, regelrechter handfester Sturm, der die *Pindos* durchwalkt. Schnell werden die in den Mallungen verlorenen Tage aufgeholt.
Die Besatzung verfällt für ihren Cöppen in eine stille große Bewunderung, so abweisend er sich auch gibt: Nur bei Tage verläßt er das Halbdeck, für zwei, höchstens für drei Stunden, um sich im Kartenhaus auszuruhen. Die andere Zeit weilt er an Deck. Hellwach und immer bereit, sofort einzugreifen.
Was an Segeln steht, steht.
Was wegfliegt, fliegt weg.
Die dann noch in den Lieken verbliebenen Bahnen werden vom Wind gepackt, hin- und hergepeitscht ... bis auch sie in Fetzen davonstieben.
Keine Handbreit Tuch wird geborgen.
Da das Großdeck dauernd unter Wasser steht, kann kein Essen gekocht werden. Man findet sich, wenn auch fluchend über den Koch, die Seefahrt, den Kapitän und alles, was sonst noch der Erwähnung wert scheint, wieder einmal mit der kalten Küche ab: „... Hartbrot, dazu mittags und abends eine Scheibe geräucherten Speck, einen verdammt gepfefferten Knallköhm und Wasser. Wegen der dauernden Wasserpantomimen an Deck und im Logis liegen die Männer der Freiwache in den Gängen und Räumen des Achterdecks herum. Aber dennoch ist die Stimmung gut, denn die *Pindos* stürmt mit dem Sturm um die Wette. Dem Ziel entgegen, das nicht mehr weit sein kann ..."
Jochensen steht wie eine Statue am Luvwant vom Besanmast. Er beobachtet die Luft, den Seegang und wie sich das Schiff darin verhält. Ohne Unterlaß harrt er jetzt schon volle 24 Stunden an Deck aus, das er jetzt nur für einen kurzen Augenblick verläßt, um im Kartenhaus im Stehen ein wenig zu essen, das Barometer abzulesen und die Karte einzusehen.
Als sich die Färbung des Wassers verändert, schickt er einen Mann in den Topp, um nach Land auszugucken. Nach zwei Stunden kommt die ersehnte wie von der Schiffsführung auch erwartete Meldung: Land in Sicht.
Jochensen klettert in die Saling, um die Meldung nachzuprüfen.
Sie stimmt.

„Ankergeschirr klarmachen", ist die einzige Reaktion des Kapitäns, als er wieder an Deck steht, dann erst ins Kartenhaus eilt, dann neben den Kompaß tritt und dem Mann am Ruder eine kleine Kursänderung befiehlt.

Der Sturm wird weniger. Noch mehr nimmt der Seegang ab, als die *Pindos* sich der aus der See aufsteigenden Küste und einem ganzen Wald von Mastspitzen nähert.

Ein Lotsendampfer legt sich mit gewichtig qualmendem Schornstein in den Weg. Ein Signal fordert den Segler zum Beidrehen auf.

Jochensen übersieht die bunten Flaggen, passiert wenig später die vor Anker liegenden Yankeesegler, entdeckt am Ende des Spaliers einen ihm zusagenden Platz und bringt sein Schiff in dem schon beschriebenen, so glänzenden Manöver vor Anker.

Der Seemann Rauh über das, was nun weiter geschieht: „... Wegen des Tiefgangs müssen wir nach Beruhigung der Wetterlage zunächst leichtern. Als wir dann in den Hafen geschleppt werden, erleben wir den reinsten Triumphzug. Beide Ufer des damals noch in den Anfängen des Aufbaues stehenden Hafens sind dicht mit Menschenmassen besetzt, die größtenteils aus der benachbarten Stadt Los Angeles herbeigeeilt waren. Nach dem Festmachen überschwemmen sie unser Schiff, denn ein solcher Segler war noch nie im Hafen gewesen. Mit aller Gewalt wollen sie Andenken kaufen ...

... Weil wir hier in der Ladung nicht arbeiten dürfen, beginnt nach der strapaziösen Reise für uns eine herrliche Erholungszeit. Während der ersten Zeit werden wir wie Helden gefeiert, und die Einladungen zu Deutsch-Amerikanern sind kaum noch zu befolgen, wobei sogar Bahnfahrten nach Los Angeles und die Theaterbesuche für uns bezahlt werden.

Jochensen übergibt das Schiff dem I. Offizier und setzt sich ebenfalls ab. Nur als zürnender Jupiter kommt er in der Folgezeit zu uns an Bord ..."

Er wäre besser bei seiner Besatzung geblieben, dann hätte er sich manchen Kummer und viel Verdruß erspart. Doch darüber später mehr im Kapitel: Achterausgesegelt und shanghait.

Auf der Route Westküste Südamerika — Kapstadt ist das deutsche Vollschiff *Flottbek* unter jenen Hartseglern, die ums Horn und unter Ausnutzung der Roaring Forties eine großartig schnelle Reise in die Annalen der Großsegler schreiben. Die *Flottbek* hatte Salpeter in Iquique geladen ... Kapitän Paul Keller, damals Seemann vor dem Mast, über das, was er erlebte[181]: „... Hatte der Alte uns schon Beweise seines harten Segelns gegeben, so stellte das auf dieser Reise Gebotene alles in den berühmten Schatten. Unter günstigen Wetter- und Segelbedingungen erreichten wir bald die Region von Kap Horn. Jetzt erinnerte ich mich der Stimme im Heuerbüro: ‚Na — dann gute Reise.' Jetzt und später wußte ich, wie das gemeint war. An Überraschungen wurde uns nichts geschenkt. Und auf den Rahen liegend, glaubten wir oft, mit dem ganzen Salat außenbords zu segeln.

Am Ruder: Nur einen Strich vom Kurs — die Faust des Alten unter der Nase.

Auf dem Achterdeck: Wie ein Löwe am Gitter des Zwingers mit federndem Gang entlangläuft, nach etwas späht, dann seinen Gang wieder aufnimmt — so der Alte auf der Poop. Vom Steuerkompaß bis Vorkante Reling. Er verhofft — sieht nach den Segeln — wendet — läuft dreißig Schritte hin — dreißig zurück. Hin — zurück. Im Laufe paßt er sich, mehr automatisch als bewußt reagierend,

den Bewegungen des Schiffes an. Wie er die Schultern hochzieht, immer wenn die *Flottbek* mit dem Bug eintaucht.
Mit 320 Seemeilen im Etmal, so schrieben später die Zeitungen in Kapstadt: ‚The *Flottbek* started to run!'
Doch zurück nach Kap Horn. Der Alte geht nicht mehr unter Deck.
‚Können Sie das Schiff halten?' Diese Frage hat er nun schon wiederholt an den Rudersmann gerichtet. Es ist keine Frage, es ist eine Aufforderung, unter allen Umständen Kurs zu steuern. Ein Strich Abfall bringt die *Flottbek* in größte Gefahr. Das weiß er. Und als jetzt eine Bö einsetzt, grölt er den Zweiten an: ‚Lassen Sie das Ruder mit noch einem Mann besetzen!' Hier mußte er selbst eingreifen, so plötzlich gierte das Schiff nach Backbord. Das Großsegel killt, ja — es flappt schon. ‚Hören Sie das nicht?' schreit er. ‚Sehen Sie nicht, was anliegt? Soll der ganze Kram von oben kommen? Kümmern Sie sich um Ihre Wache!'
Und die denkt sich ihren Teil.
Sonst ist er doch nicht so gereizt. Seine Nerven? Aber die hat er doch gar nicht. Ob es Angst ist? Das wollen wir vor uns selbst nicht wahrhaben. Jetzt nicht, da so viel auf dem Spiel steht.
Dunkel drohend kommt es von achtern auf, die Gischt vor sich hertreibend. Es wird noch unsichtiger. Auf der Back läßt der Ausguck in Abständen das klägliche Wimmern des Nebelhorns ertönen.
Mehr als das armselige Blöken eines Schafes ist es nicht.
Der Ausguck sieht das Schiff mit aufragendem Bug auf einem Wellenkopf reiten. Schaut er nach achtern, hebt sich das Heck steil heraus. Wie in einen Abgrund jagt die *Flottbek* ins Wellental hinab. Mittschiffs stürzen Brecher zu beiden Seiten an Deck. Der Segler preßt und läuft. In gleicher Höhe der Verschanzung schieben sich Schaumstreifen nach achtern. Schaum, Wasser, Schiff, Wolken — das schiebt, stürzt, drückt und jagt ineinander. Fragend sieht der Ausguck nach den Masten. Kalter, nasser Schnee klatscht ihm ins Gesicht. ‚Wahnsinn! Eisberge? Schiffe voraus? . . . Jetzt werden sie bald die Freiwache herauswerfen', redet der Mann vor sich hin. Ja, er hat Angst.
Angst hat uns alle gepackt.
Der Zweite wendet sich an den Kapitän: ‚Wir müssen Segel festmachen!' Beschwörend fügt er hinzu: ‚Ich fürchte, alles kommt von oben!'
‚Jetzt? Sie kriegen nichts mehr fort', die Antwort des Alten. Mit hochgezogenem Nacken steht er da. Zum Sprung bereit.
Nach einer Zeit ein klarer Befehl: ‚Freiwache an Deck!'
So empfängt der Alte seinen Ersten: ‚Ihre Wache bleibt achtern klar!'
Darauf der Erste: ‚Ich nahm an, Sie hätten wenigstens die Royals fortgenommen.'
Das klingt wie ein Vorwurf. Es ist auch einer. Mit seinen Männern fiert er die Fock- und Großsegelschoten auf. Damit die Segel mehr tragen als treiben. Das schwer beladene Schiff macht unter dem ungeheuren Druck dreizehn Knoten. In Schnee- und Hagelböen wohl noch mehr. Am Ruder müssen sie aufpassen. Als der Erste das Achterdeck wieder betritt, stellt er sich neben den Alten und sagt und fragt zugleich: ‚Wollen Sie das mit Einbruch der Dunkelheit fortsetzen?'
Das ist nicht nur eine Frage.
‚Wir steuern jetzt Südostzuost. Gegen Mitternacht sind wir frei von der Horn, gehen dann auf Ostnordost. Ich habe keine Bedenken wegen der Sicht. Gegensegler haben wir kaum zu erwarten!'

Kein Wort vom Bergen der Segel.
Der Schein des Mondes dringt kaum durch die Wolken. Aber beim Brassen können wir nun wenigstens etwas sehen, brauchen nicht nur zu tasten und zu grölen.
‚Ich meine, die See läuft nicht mehr so hoch. Wohl etwas Schutz von Land!'
Mit diesem Schnack versucht der Alte, den Ersten zu beruhigen, dann sagt er, wieder im Ton, der keinen Widerspruch duldet: ‚Lassen Sie alles klarmachen, wir gehen dann auf Nordostkurs. Der Ausguck soll achtern klarstehen!'
Ein langer, schriller Pfiff. Nun ahnen wir es:
Querab ist Kap Horn.
Jedoch bevor wir auf dem neuen Kurs liegen, wird's nasse Plünnen geben, das wissen wir ganz bestimmt.
Die Hanteln an den Braßwinden halten wir mit starren Händen. Die Steuerleute fieren die Schoten und lockern die Brassen.
‚Da steht Musik drauf.'
Wo knackt es, wo kracht es nicht?
Die *Flottbek* legt sich langsam nach Steuerbord über. Sie schöpft schon in Lee, und nun das Schwerste: In Luv werden Fock- und Großhals beigesetzt, die Brassen getrimmt.
‚Immer dol mit dem groten Hals!' grölt der Erste.
Das Knüppeln fängt erst an.
Wir büßen Segel ein. Die Royalrah kommt von oben. Bis an die Grenze des Tragbaren nutzt der Alte jede Chance aus. Seinem seemännischen Instinkt, seinen Erfahrungen in diesen Gewässern und — dem Glück verdanken wir es, daß sonst alles klargeht.
Nach zweiunddreißig Tagen erreichen wir Kapstadt. Eine Rekordreise liegt hinter uns. Als wir am Quai festmachen, empfängt uns die Kapelle des SMS *Panther* mit dem Deutschlandlied. Viele Menschen wollen den erfolgreichen Segler sehen und besichtigen. In langen Artikeln findet unsere Leistung die volle Anerkennung der englischen Presse. Auch wir sind stolz auf ‚The Flying Flottbek', wie die Engländer unseren Segler nennen, wir sind aber auch stolz auf unseren Kapitän ..."

✣

Selbstverständlich wurden auf allen Seglertracks gute und auch extrem schnelle Reisen gemacht. Sie aufzuzählen, würde nur einen Sinn haben, wenn sie in der Relation zu mittleren und langen Reisen auf den jeweiligen Routen gebracht werden. Das aber scheint dem Autor für den Textteil zu statistisch. Der Leser, der sich dennoch dafür interessiert, findet eine solche Aufstellung im Anhang 5, pg. 384 bis 392: Extrem schnelle und extrem lange Reisen.
Abschließend sei noch ein anderer Vergleich mit den schnellen Reisen der berühmten Clipper und den schweren Lastseglern erlaubt. Während die Clipper ganz erstaunliche Höchstgeschwindigkeiten erzielten, so die *Lightning*[182] unter Kapitän Enright mit 18 kn, die *James Baines* mit sogar 21 kn und die *Sovereign of the Seas* mit 20 kn, blieben die der Lastensegler einige Handbreit dahinter zurück, so die

Preußen	mit	17	kn
Potosi	mit	16	kn
Pisagua	mit	15	kn
Posen	mit	15	kn

Die Ursache für diese großartigen Höchstgeschwindigkeiten waren

1. in der stärkeren Besatzung,
2. in der größeren Segelfläche und schließlich
3. auch in den strömungstechnisch vollendeten Unterwasserformen der Clipper

zu sehen, denen die modernen Lastensegler in etwa näher kamen, nachdem erst das Eisen, dann der Stahl auch für große Schiffe schlanke Formen erlaubten.

Hier einige Beispiele zu 1:

Wie sich die Besatzungsstärke im Laufe der Jahrzehnte verschob, macht diese Aufstellung[183] deutlich, bei der aufgezeigt wird, wieviel BRT auf das einzelne Besatzungsmitglied kommen:

1830 etwa 15 BRT
1850 etwa 20 BRT
1880 etwa 40 BRT
1900 etwa 90 BRT

Das Verhältnis wird hier nur scheinbar weniger deutlich als bei den ersten Beispielen, es liegt aber für die 963 BRT große *Cutty Sark* gegenüber der 5 081 BRT großen *Preußen* bei der
Tonnage wie 1:5,3 bei der
Ladung wie etwa 1:10 und bei der
Besatzung wie 1:1,4.

Zu 2: Die Segelfläche zwischen Clippern und Lastseglern (in Quadratfuß)

bei Clippern:	
Sovereign of the Seas	54 000
James Baines	59 000
Lightning	59 000
Donald Mc Kay	75 000
bei Lastseglern:	
Viermastbark von Laeisz im Mittel	40 000
Fünfmastbark *Potosi*	50 000
Fünfmastvollschiff *Preußen*	60 000

Mit fast gleicher Segelfläche beförderte die *Preußen* mit ihren 8 000 Tonnen Ladung mehr als dreimal soviel wie die *James Baines* oder die *Lightning*. Nicht nur das, auch die Kosten für die relativ bedeutend kleinere Besatzung waren wesentlich geringer.

Multipliziert man die Tagesbestleistungen mit der beförderten Ladungsmenge, fallen auch diese Rekorde zugunsten der Lastsegler aus[184].

	höchste Fahrt in kn	Etmal in sm	Ladung in t	Meilentons
Potosi	16	378	6 100	2 570 400
Preußen	17	368	8 000	2 944 000
Pisagua	15	360	4 600	1 656 000
Posen	15	350	3 000	1 050 000
Lightning	18	430	2 500	1 075 000
James Baines	21	435	2 500	1 087 500
Sovereign of the Seas	20	430	2 900	1 274 000
Donald Mc Kay	19	432	3 000	1 296 000

Die Tagesbestleistungen der englischen Compositclipper, die berühmte *Cutty Sark* unter diesen, lagen bei allen Anstrengungen der englischen Werften (so Alex. Hall & Co.) nur bei

Ariel	(1 059 BRT)	340 sm
Thermopylae	(991 BRT)	358 sm
Cutty Sark	(963 BRT)	358 sm

Der Vergleich zwischen den Vertretern der beiden epochal bedingten Rassen, den hölzernen amerikanischen und den Composit gebauten englischen Clippern einmal (auch Greyhounds of the Sea genannt) und den großen Lastseglern von den zwei Typen der Vollschiffe und Barken zum anderen, wäre nicht vollständig, wenn nicht auf weitere Faktoren hingewiesen würde, die für die behandelten Fakten entscheidend gewesen sind.

1. Die in ihren Linienführungen wahrhaft meisterhaft gebauten Clipper waren, da aus Holz gebaut, mit einer Außenhaut aus Kupfer beschlagen. Dieses Kupfer verhinderte, wie schon ausführlich behandelt, jedweden Bewuchs[185], während sich bei Eisen- und Stahlschiffen Seepocken und Entenmuscheln bis zu einer Dicke von 10 bis 20 cm ansetzten. Die Behinderung der Geschwindigkeit der betroffenen Segler war nicht unerheblich.

2. Die Verminderung der Besatzungsstärken war nicht zuletzt durch die Fortschritte in der Segeltechnik bedingt, die wiederum doppelte Marsrahen und doppelte Brahmrahen gestatteten. Die Relingsschotenwinden wurden durch doppelt hievende Capstans abgelöst. Und beim Hieven der Oberbram- und Obermarssegel wurden nun keine Shanties mehr gesungen, denn immer mehr Schiffe führten Fallwinden ein. Eine noch größere Erleichterung brachte die vom englischen Kapitän Jarvis erfundene Braßwinde. Vermöge dieser Hilfseinrichtungen war ein Schiff von der Größenordnung der *Preußen* leichter zu bedienen als etwa die gute alte, 1 059 BRT große eiserne, 1883 bei Blohm & Voss erbaute Bark *Pirat* oder die nur 494 BRT große, bei Marshal Bros, Newcastle on Tyne, erbaute Bark *Puck* (ex *Peep o'Day)* oder die bei Blohm & Voss 1885 entstandene, 1 268 BRT große Bark *Plus,* alles in der Segelschiffgeschichte namhafte Segler, die noch nicht einmal Schotenwinden hatten.

Hier stand das Gut noch auf Taljereepen. Sie hatten zudem noch einen losen Klüverbaum, der in Hamburg oder in Antwerpen oder in Bremerhaven, kurzum in allen Häfen aufgetoppt wurde[186].

IV

Lange Reisen um die Horn und sonstige

Launisch wie das Glück zeigt sich für jedes Schiff jede neue Umsegelung des gefürchteten Kaps vor dem südlichen Feuerland. Mancher schnelle oder zumindest gute Segler geriet hier in Situationen, die ihn zwangen, sich über Wochen hinweg mit den oft rasch aufeinanderfolgenden Weststürmen herumschlagen zu müssen. Auch das beste und schnellste Schiff muß dann und wann einmal eine mittelmäßige oder gar lange Reise in Kauf nehmen, so unberechenbar verteilt Vater Neptun seine Lose. Und da war nie, oder sehr selten, ein Seemann an Bord, dem die Devise „More days — more dollars" etwa die allein seligstimmende Hoffnung nach dem Auslaufen aus dem Heimathafen war. Je schneller um die Horn, um so geringer die Gefahr, umkehren zu müssen, entmastet zu werden, zu stranden, zu kentern oder in der Seeamtsverhandlung mit dem Vermerk „vermißt" belegt zu werden. Das war von Beginn der Entdeckung dieses Seeweges so.

Blättern wir zunächst in der Geschichte der Kap-Horn-Umsegelungen:
Die verhängnisvollsten, beschwerlichsten und zum Teil auch wohl längsten Fahrten um die Horn, die jemals in die Annalen der Seefahrt eingingen, sind unzweifelhaft jene des unter dem britischen Commodore[186a] Anson stehenden Geschwaders und die der Schiffe seines spanischen Gegners: Keine Windjammer im Sinne der späteren Frachtsegler, aber dennoch Segelschiffe, besser vielleicht noch Kriegsschiffe, die unter Segel und unter gleichen, wenn nicht noch schwereren Bedingungen als die letzten ihrer Rasse in die Schlacht um Kap Horn fuhren.
Der 18. September 1740.
An diesem Tag verläßt das Geschwader Ansons die Reede von Portsmouth. Es sind dies die *Centurion* mit 60 Geschützen und 400 Mann Besatzung an Bord als Flaggschiff, die *Gloucester* mit 50 Geschützen und 300 Mann Besatzung, die *Severn* mit 50 Geschützen, die *Pearl* mit 40 Geschützen und 250 Mann Besatzung, die *Wager* mit 28 Geschützen und 160 Mann Besatzung und die *Tyral* mit 8 Geschützen und 100 Mann Besatzung. Außerdem begleiten zwei Proviantschiffe von 400 beziehungsweise 200 Tonnen Tragfähigkeit das britische Geschwader[186b].
Wenn hier auch die nautische, segeltechnische und physische Leistung der Besatzungen im Vordergrund steht, so interessiert am Rande doch, was Anson im westlichen Südamerika zu suchen hat. Sein Befehl ist kurz und klar: Er soll — nach Möglichkeit — die spanischen Besitzungen an der Westküste schädigen. Für diesen Zweck haben die Schiffe außerdem (insgesamt) 470 Marinesoldaten an Bord.
Inzwischen haben die Spanier Kunde von den Absichten der Engländer erhalten, deren Abreise sich wegen Matrosenmangels um mehrere Monate verzögert hatte. Sie haben sofort gekontert und ein zudem weit überlegenes Geschwader in See geschickt. Unter dem Befehl von Admiral Pizarro soll es Anson den Weg verlegen. Mehrere Tage warten die Spanier bei Madeira auf den bösen Feind. Es sind dies die *Asia* mit 66 Geschützen und 700 Mann Besatzung als Flaggschiff, die *Guipuzcoa* mit 74 Geschützen und 700 Mann, die *Hermione* mit 54 Geschützen und 500 Mann, die *Esperance* mit 50 Geschützen und 450 Mann und schließlich

die *St. Etienne* mit 40 Geschützen und 358 Mann Besatzung. Außerdem ist noch ein vollständig ausgerüstetes Infanterie-Regiment eingeschifft und auf die verschiedenen Segler verteilt worden.
Die Spanier haben Pech: Der Gegner wird bei Madeira nicht gesichtet. Admiral Pizarro segelt nach dem La Plata. Dort hofft er, die Briten zu stellen. Er hat wieder Pech: Die Engländer haben den La Plata bereits wieder verlassen. So nutzen die Spanier die Zeit, rüsten erneut aus und nehmen am 22. Januar 1741 Kurs auf die Westküste von Südamerika. Dort werden sie, so hoffen sie, den Engländern entgegentreten können. Aber Fortuna ist nicht mit den Spaniern. In der Kap Horn-Region müssen sich die spanischen Schiffe mit schwerer See und einem Orkan nach dem anderen herumplagen. Mitte Mai, gut vier Monate nach dem Auslaufen, trifft der Admiral auf der ziemlich arg beschädigten *Asia* mit nur noch knapp der Hälfte seiner Besatzung wieder auf dem La Plata ein, einige Tage später folgt die ebenfalls hart mitgenommene *Esperance.* Auch sie hat die Hälfte ihrer Besatzung verloren. Um die *St. Etienne*, die nach der *Esperance* auf dem La Plata vor Anker geht, steht es noch schlimmer. Sie verfügt nur noch über 58 Mann. Mit 350 hatte sie Spanien verlassen.
Und die *Hermione?* Sie wird erwartet, aber sie kommt nicht. Nie wieder wird sie gesehen, nie wieder wird von ihr etwas gehört. Sie ist mit Mann und Maus gesunken, wo, weiß niemand.
Auch die *Guipuzcoa* wird vermißt. Als man schließlich wieder von ihr hört, erfährt man, daß sie an Brasiliens Küsten strandete.
Von dem Infanterie-Regiment leben noch 60 Mann. Die Hauptursache der großen Sterblichkeit war in der unzulänglichen Verproviantierung der Schiffe zu suchen, die bedingte, daß in den letzten Tagen nur noch kleine Rationen ausgegeben werden konnten. Nicht nur das, die Lebensmittel waren zum Teil auch noch schlecht oder völlig verdorben, die Verdienste der Händler in der Heimat dafür um so größer. Man sieht, die gute alte Zeit war gar nicht so gut.
Glücklich derjenige, dem es gelang, eine Ratte zu fangen. Diese an sich wenig beliebten, aber still geduldeten Bordgenossen wurden am Ende mit vier Talern das Stück gehandelt. Und ein Matrose verheimlichte den Tod seines Bruders. Nur, um dessen Rationen mit in Empfang nehmen zu können.
Hunger, anhaltend schlechtes, stürmisches und kaltes Wetter, Hagelböen und Schneeböen, überkommende Brecher, in denen die Seeleute bis auf die Haut und die Unterkünfte bis unter die Decke durchnäßt wurden,
das harte, ununterbrochene Arbeiten an den Pumpen und last not least
der Mangel an Reinlichkeit
hatten bald Krankheiten hervorgerufen, denen auch die noch so großen Mühen der Ärzte nicht gewachsen waren.
Sorgen macht dem Admiral auch der Zustand der Schiffe. Und wie überall auf der Welt kosten Reparaturen Geld. Boten werden nach Santiago in Chile geschickt, wo sie weiter zum spanischen Vizekönig von Peru reisen, der mit 200 000 Talern aushelfen soll. Als sie nach langer Abwesenheit zum La Plata zurückkehren, bringen sie jedoch statt der erbetenen 200 000 nur 100 000 Taler mit.
Die Masten und Rundhölzer der noch übrigen drei Schiffe sind teils gebrochen, teils derart beschädigt, daß sie durch neue ersetzt werden müssen. Weder auf dem La Plata noch in Rio de Janeiro sind derartige Materialien zu beschaffen. Und da es nun ohnehin an Mitteln mangelt, läßt der Admiral die *Esperance* abtakeln, um sich deren Rundhölzer zu bedienen.

Ein neuer Versuch, das Kap Horn zu umrunden: Die *Asia* und die *St. Etienne* verlassen im Oktober 1741 den La Plata. Die *St. Etienne* strandet noch während des Auslaufens. Sie wird so schwer beschädigt, daß sie kondemniert werden muß.
Die *Asia* ist allein.
Der Admiral — sein Mut kommt der Einsatzbereitschaft und dem Opfergeist spanischer Entdecker gleich — arbeitet sich mit der *Asia* südwärts. Er bezwingt die Le Maire-Straße, gerät aber in der Nähe von Kap Horn in satanisch übles Wetter. Furienhafte Fallböen entmasten das Schiff und zwingen den Admiral, erneut den Rückzug anzutreten. Es ist eine seemännische Glanzleistung, daß er mit der wracken *Asia* überhaupt noch den La Plata wieder erreicht.
Pizarro gibt dennoch nicht auf. Er rüstet mit den Resten der *Asia* die zurückgelassene *Esperance* aus und geht erneut mit Kurs Westküste Südamerika in See.
Dieser dritte Versuch glückt.
Die *Esperance* umsegelt das Kap und geht vor Valparaiso vor Anker, allerdings ist sie in einer Verfassung, die kaum zuraten läßt, sich den Briten zu stellen.
Und die Briten, wie erging es ihnen?
Anson hatte sich, auf der Reede von Madeira liegend, verproviantiert und war dann, am 3. November, unter Segeln zur Insel Sta. Catarina vor Brasiliens Küste gefahren. Ihm ergeht es bald nicht viel anders als seinem spanischen Gegner: Auch er hat, als er das Eiland am 21. Dezember erreicht, bereits Leute verloren. Auch er hat Kranke an Bord. Allein das Flaggschiff *Centurion* schickt 80 Mann zur Genesung und Erholung an Land.
Am 18. Januar 1741, vier Tage vor den Spaniern also, verläßt das britische Geschwader die südamerikanische Insel. Das nächste Ziel ist die Bucht St. Julien in Patagonien. Von hier aus soll der Weg durch die Le Maire-Straße zum Kap führen. Anson ist zuversichtlich. Aber bereits am Tage nach dem Ankeraufgehen beutelt ein schwerer Sturm das Geschwader. Der Großmast der *Tryal* bricht, die *Pearl* kommt außer Sicht. Erst am 17. Februar stößt sie wieder zum Geschwader, nachdem sie am 10. auf Spanier traf, diese zunächst als Engländer ansprach und, als diese Jagd auf sie machten, mit einiger List und besserer Segelkunst entkam.
Der 18. Februar: Das Geschwader ankert — sozusagen planmäßig — in der auf dem 49. Südbreitengrad liegenden kleinen Bucht von St. Julien, auch, um *Tryal* wieder seefähig zu machen, hatte sie doch im Sturm die schwersten Schäden erlitten.
Zimmerleute, Segelmacher und Toppsgäste arbeiten mit Fleiß und guter Laune. So kommt es, daß die Reise bereits fünf Tage später fortgesetzt werden kann. Am 5. März wird die Straße Le Maire passiert. Anson hegt die große Hoffnung, in 14 Tagen um die Insel Feuerland herumzusegeln. Um diese Zeit war ja noch wenig über die Schrecken einer Hornumsegelung bekannt.
Statt 14 Tage, wie erhofft, braucht Anson sechs Wochen:
Sturm wechselt mit dem Trommelfeuer von Orkanen, beide wiederum mit Nebel.
Zu bewundern ist, daß Anson seine Schiffe dennoch zusammenhält, obwohl jedes für sich schwer zu kämpfen hat, mehr oder weniger große Havarien erleidet und ununterbrochen die Pumpen in Betrieb halten muß, um das eindringende Wasser zu entfernen.
Rahen kommen von oben.
Stengen gehen zu Bruch.

Hier und dort werden dabei Leute verwundet.

Hier und dort fallen Leute über Bord.

Hier und dort wäscht eine Sturzsee Männer der Besatzung vom Deck hinweg und schwemmt sie hinaus auf das wütende, weißgrau bemähnte Meer. Sie ertrinken vor den Augen ihrer Kameraden, ohne daß auch nur einer von diesen den Versuch wagen kann, sie zu retten.

Es gibt keinen trockenen Platz auf den Schiffen und deshalb auch keine Möglichkeit, die nassen Plünnen am Leibe zu trocknen.

Das schlimmste jedoch ist der Skorbut. Mit jedem Tag fordert er neue Opfer.

Das tägliche Besteck ist zudem unsicher, denn bei dem Stand der Nautik ist eine genaue Position ohne Sextanten, ohne Chronometer, ohne verbesserte Karten, wenn überhaupt, und ohne Kompasse nur schwer — oder gar nicht — zu ermitteln. Als man am 22. April endlich Land ausmacht, ist man daher nicht dort, wo man nach dem gegißten Besteck und den anderen Beobachtungen zu sein glaubt. Man hoffte nämlich, seit dem Passieren der Straße von Le Maire um 19 Längengrade westwärts gekommen zu sein. In Wirklichkeit hat man, von den Westwinden und nach Osten setztenden Strömen behindert, nur 10° gutgemacht.

Die Lage ist im Augenblick sogar verzweifelt, denn der Wind weht aus Südwest. Anson und seine Offiziere sind realistisch genug, die Bedrohung nackt und nüchtern zu sehen. Sie machen sich, als Seeleute gewohnt, das Beste zu erhoffen und das Schlimmste zu befürchten, mit dem Gedanken vertraut, an dieser unwirtlichen Küste Schiffe und Leben zu verlieren. Daß der Wind noch zur rechten Zeit raumt, ist weder Ansons noch seiner tüchtigen Offiziere Verdienst. Es ist einfach Glück, daß er nach Nordnordwesten umläuft. So können die Segler von Land freikommen und sind — wenigstens für die nächste Zukunft — nicht mehr der Gefahr des Strandens ausgesetzt.

Ein Gutes hat die Landsichtung doch: Sie bietet die Möglichkeit zur Berichtigung des Bestecks, denn das Land ist, wie man inzwischen festgestellt hat, das Kap Noir.

Tiefe Enttäuschung auf allen Schiffen, hatte man sich doch vor kurzem noch der Hoffnung hingegeben, im freien Pazifik besseres Wetter zu bekommen.

Anson muß also weiter nach Süden segeln. Der Antarktis entgegen. Von Tag zu Tag wird es kälter. Zu allem Überfluß sind die *Severn* und die *Pearl* außer Sicht gekommen. Alle Kreuzschläge, mit denen der Commodore die See absucht, bleiben ohne Ergebnis. Die beiden vermißten Schiffe werden nicht gesichtet. Sie sind, was Anson nicht weiß, wegen ihrer schweren Schäden in der Takelage und weiterer Verluste unter der Besatzung mit dem Ziel Rio de Janeiro auf Gegenkurs gegangen, das sie, das sei vorausgeschickt, auch wirklich erreichen.

Anson dagegen, der für die *Pearl* und *Severn* das Ärgste befürchtet, will den ihm gestellten Befehl dennoch ausführen. Das heißt, er muß zunächst versuchen, West zu machen. Das im Augenblick herrschende, handige Wetter hält — wie in diesen Breiten nicht anders zu erwarten — nicht an. Der Wind schralt. Er dreht auf West. Und er bläst wieder aus vollen Backen. Die Luft ist Gischt und Schaum. Die Sicht miserabel, so hundsmiserabel, daß Anson mit seinem Flaggschiff vom Geschwader abkommt, mit dem er — auch das ist eine in der Geschichte der Kap Horn-Region bewundernswerte Leistung — sieben Wochen lang gemeinschaftlich den Unbilden der Witterung Widerstand geboten hat.

Sie suchen Tage und Nächte. Vergeblich. Die anderen Schiffe des Geschwaders bleiben verschwunden. Anson entschließt sich, die Reise allein fortzusetzen. Der Commodore ist nicht gram darob, hofft er doch, nun, ohne durch die anderen, weniger guten Segler behindert zu sein, schneller voranzukommen. Wenn nur der Skorbut nicht wäre, gegen den die Ärzte kein Mittel an Bord haben. (Obschon auch damals schon Gegenmittel bekannt gewesen sind, siehe Kapitel XIX: Skorbut, Beriberi.) Und Frischproviant ist seit vielen Wochen ausgegangen. Die Küste ansteuern in der vagen Hoffnung, menschliche Siedlungen anzutreffen und damit frische Nahrungsmittel zu übernehmen? Das scheint Anson noch vermessener, das hieße, das ganze Schiff, alle Männer zu gefährden. Die Karten von Feuerland sagen nicht viel aus. Die Küste ist nur roh vermessen. Und über die Bewohner, das wiegt nicht minder schwer, weiß man wenig, nur, das besagen die Gerüchte, sie seien Kannibalen.
Nein. Weiter.
Abgesehen von dem Skorbut, dem auf der *Centurion* allein im April 43 Mann zum Opfer fallen, nimmt die Reise einen mehr oder weniger regelmäßigen Verlauf. Die Stürme haben, wenn sie schon wehen, an Heftigkeit verloren, nur die wütenden Böen bleiben gefährlich und verlangen von der Schiffsführung wie von jedem Mann ein hohes Maß an Seemannschaft.
Gute Seemannschaft in diesem Sinne heißt: Furchtlos schnell und sicher handeln. Ein Grundsatz, der später einmal in den Grundregeln für eine Kap Horn-Umrundung durch die Deutsche Seewarte in Hamburg verankert werden wird.
Das Wetter wird von Tag zu Tag wärmer. Und auch besser. Nur der Skorbut und die Sterblichkeit werden nicht geringer. Im Gegenteil, sie nehmen zu.
Der 28. Mai: fast viereinhalb Monate nach dem neuen Aufbruch des Geschwaders, steht Anson auf der Breite der auf der Höhe von Santiago im Pazifik liegenden Insel Juan Fernández, nur kann er sie nicht finden. Es bleibt nur der eine Weg: Einen Ansteuerungspunkt am chilenischen Festland zu suchen.
So geschieht es.
Von hier findet man dann auch den rechten Kurs zur Insel.
Endlich, am 9. Juni 1741, nach Wachen mit nur einem Offizier, zwei Quartermeistern und sechs noch dienstfähigen Matrosen ankert die *Centurion* auf der Reede von Juan Fernández. Dieser Tag ist der 143. nach der Abfahrt von Sta. Catarina in Brasilien.
Die Ärzte legen Anson eine erschütternde Bilanz vor. Seit dem 28. Mai, da man die Insel vergeblich suchte, sind 170 Mann von der Besatzung und von den Marinesoldaten am Skorbut gestorben.
An Land werden Zelte aufgeschlagen. Die Kranken finden darin Unterkunft. Es gibt frisches Gemüse, frisches Wasser. Die größte Zahl der Erkrankten erholt sich nach und nach.
Kurz nach dem Ankern hatte man übrigens ein auf die Reede zuhaltendes Schiff entdeckt, das offenkundig manövrierunfähig ist. Es wird als die *Tryal* angesprochen. Anson schickt sofort ein Boot mit Mannschaften zur Hilfe, um nur keine Zeit zu verlieren. Er tat recht daran, denn was man auf der *Tryal* vorfindet, ist erschütternd. Ganz zu schweigen vom Zustand des Seglers, sind nur noch der Kapitän, ein Offizier und drei Matrosen in der Lage, Dienst zu tun. Der Rest, 60 von 100, ist krank. 35 leben nicht mehr.
Der 21. Juni: In Lee der Insel kommt ein Schiff auf, bleibt dann aber liegen, da anscheinend nicht die erforderlichen Segel gesetzt werden können. Es ist leider

nicht auszumachen, um wen es sich handelt, es könnte aber, so glauben Anson und einige seiner Offiziere und Männer, ein Schiff des Geschwaders sein. Die Entfernung ist zu groß, um ein Boot zu schicken — und mit diesem etwa notwendige Hilfe. Als der Abend naht, kommt der fremde Segler wieder außer Sicht.

Der 26. Juni: Der Fremde tritt wieder über die Kimm. Er segelt dieses Mal näher an die Insel heran. Es ist, darin sind sie sich einig, die *Gloucester.* Von der *Centurion* wird ein Boot mit Mannschaften, Proviant und Trinkwasser entgegengeschickt. Das Boot kommt an, aber trotz dieser Hilfe gelingt es der *Gloucester* nicht, den Ankerplatz der *Centurion* zu erreichen. Auch die am nächsten Tage mit einem zweiten Boot hinübergeschickte weitere Hilfsmannschaft vermag daran nichts zu ändern.

Fünfzehn Tage kreuzt die *Gloucester* vor der Reede gegen den Wind an. Mal etwas höher, mal etwas weiter von der Insel abstehend.

An diesem 15. Tag, man schreibt den 9. Juli, kommt sie, auf der das Notsignal im Mast weht, erneut außer Sicht. Anson und seine Männer denken voller Sorgen an ihrer Kameraden Schicksal,

als sie die Insel verfehlten,

als alle Hoffnungen auf frisches süßes Wasser, Früchte, frisches Fleisch in sich zusammenfielen,

als jeden Tag drei, vier und mehr Opfer des Skorbuts beigesetzt werden mußten, kaum, daß man noch hinhörte, wenn der Pfarrer die Aussegnung und der Kommandant die letzten Grüße sprach. Anfangs hatten sie die Toten noch in Segeltuch eingenäht und mit Pickeisen beschwert, dann mußte man erst aufs Eisen verzichten, dann aufs Segeltuch. Man warf die Leichen einfach und ohne Zeremoniell über Bord, den Albatrossen, den Malamoks zum Fraß. Doch der Wille zum Überleben bannte diese Bilder, die scheußlichen Vorstellungen über das weitere Schicksal der Toten im graublauen Pazifik. Jeder an Bord der *Centurion* fühlt mit den Kameraden auf der unglückseligen *Gloucester,* die, so nahe dem Land, doch so fern der Rettung ist.

Erst am 16. meldet der Ausguck auf der *Centurion* wieder Mastspitzen. Anson läßt sofort ein weiteres Boot klarmachen, läßt weitere Hilfsmannschaften einsteigen und wieder soviel Proviant und Trinkwasser als nur möglich in den Kutter schaffen. Die *Gloucester* kreuzt auch nahe genug auf, um das Boot aufzunehmen, doch bis zum Ankerplatz schafft sie es nicht.

Heute nicht.

Und morgen nicht.

Aber am dritten Tage endlich gelingt es.

Anson geht als erster an Bord: Keiner von der Besatzung ist gesund. Und nur dem Umstand, daß die *Centurion* Proviant und Wasser geschickt hatte, ist es zu danken, daß überhaupt noch Leute am Leben sind. Von 300 Mann haben nur 80 die Strapazen und Entbehrungen überstanden. Die meisten wurden ein Opfer des Skorbuts.

Wo sind die anderen Schiffe?

Am 4. August schickt Anson die *Tryal* in See, sie zu suchen.

Am 18. August sichten sie von der Inselhöhe Segel. Freund oder Feind? Kehrt die *Tryal* schon zurück? Oder nähert sich eines der vermißten Schiffe? Stunden später ist man klüger und gar nicht unangenehm enttäuscht: Das eine der beiden Proviantschiffe ist da, die kaum 400 ts große *Anne.* Ohne Schwierigkeiten manövriert sie sich — allerdings bei günstigem Wind — auf die Reede, wirft Anker und wird mit viel Jubel begrüßt. Mit sehr viel Jubel, hat sie doch Mehl an Bord, Mehl aber bedeutet Brot und Brötchen — nach langer, sehr langer Zeit. Das hat die Insel nicht zu bieten.

„Wie haben Sie das geschafft", will man auf der *Centurion* vom *Anne*-Kapitän wissen. „Wie? Wir müssen um Entschuldigung bitten. Die Reise um das Kap hat alle Mann, die überlebten, derart strapaziert, daß ich, da sich eine günstige Gelegenheit bot, zunächst einen chilenischen Hafen zur Erholung und Auffrischung der Kräfte anlief. Ging nicht anders, Sir. Waren einfach fertig."

„Sie brauchen sich nicht zu entschuldigen, ich weiß, was Sie mitgemacht haben. Vernünftiger Entschluß, Chile anzulaufen. Bitte, fahren Sie fort."

„Das Ende ist schnell erzählt. Von hier segelte ich direkt nach Juan de Fernandez."

„Nochmals herzlich willkommen."

Daß die *Severn* und *Pearl* nach Rio gingen, weiß man auf der *Centurion* noch nicht, außerdem fehlt noch die *Wager*.

Auch sie bezwang die Horn.

Dann aber strandete sie an der chilenischen Küste. Von den 160 Mann lebten noch 130. Allen glückte es, sich auf eine kleine Insel zu retten. Mühsale und Entbehrungen hatten ohnehin viel Nerven gekostet. Es kam zur Meuterei: Das Resultat war, daß die Masse der Überlebenden den Kapitän mit 18 Getreuen zurückließ, als man mit den Booten, eine kleine Jolle ausgenommen, die Insel verließ, um unter Land einen Rückweg zu suchen. 30 Mann schlugen sich nach Osten bis Rio Grande in Brasilien durch, die anderen kamen bei dem abenteuerlichen Marsch über die einige tausend Meter hohen Anden auf die eine oder andere Weise ums Leben.

Der Kapitän geriet nach verschiedenen Irrfahrten längs der chilenischen Küste mit vier Mann in Valparaiso in spanische Gefangenschaft. Erst nach einem Jahr wird ihn die englische Regierung auslösen.

Das restliche Geschwader, die bestückten Segler *Centurion, Gloucester* und *Tryal* — die *Anne* ist inzwischen nach Hause geschickt worden — beginnt seine kriegerische Tätigkeit. Mit dieser endet, was für dieses Buch an Seemanschaft und nautischer Kunst, an Kampf mit Wind und See und an Glücksfällen während so langer Seefahrtzeiten zu sagen war[187].

Die illustrierte Wochenzeitschrift „Prometheus", die im Jahre 1893 über diese Kap Horn-Umschiffung berichtet und der der Autor diese Ausführlichkeit verdankt, schließt: „Man kann nicht umhin, den Mut und die Entschlossenheit der Seeleute zu bewundern, welche trotz der ausgestandenen Beschwerden und massenhaften Todesfälle nicht einen Augenblick ihr Ziel aus den Augen verloren."

☆

Das hat sich nach den bitteren Erfahrungen der ersten Jahre und Jahrzehnte der Reisen um die Horn bei den Hardsailors der ganzen Welt herumgesprochen: Kap Horn heißt ein bis an die äußerste Grenze des Vorstellbaren und Möglichen gehendes Wetter.

Wer hier bestehen und überleben will, tut gut daran, sich gründlichst und gewissenhaft vorzubereiten:

- der überholt vorher alles stehende, alles laufende Gut,
- der ersetzt Tauwerk, wo sich auch nur der geringste Schaden zeigt,

- der bindet die stärksten und die besten Segel auf die Rahen[188],
- der spart im ureigensten Interesse an nichts, wenn es um die Sicherheit des Schiffes geht,
- der bringt auch neue Taljentaue für die Rudertaljen an und setzt Preventerschoten,
- der läßt Spieren und Boote doppelt laschen und die Luken mit mehrfachen Lagen von Persennigen aus starkem Segeltuch abdichten und verkeilen und die Skylights verschalken.
- Und kein umsichtiger Kapitän wird es unterlassen, längs des Oberdecks Strecktaue zu spannen, um seinen Männern beim Arbeiten im schweren Wetter an Deck einen vor den Nagelbänken der Bordwand und den Toppen sozusagen freischwebenden Halt bei großen Krängungen und überkommender See zu bieten.
- Auf vielen Schiffen werden Beutel mit Öl vorbereitet, wozu man ein schweres, weil frostsicheres Öl wählt. Öl, das ist bekannt, glättet die See etwas, zumindest mindert es das Überkommen der Brecher und die Wellen in der Welle.

Es hat sich auch bald herumgesprochen, mit welchen Maßnahmen die Kapitäne der Down Eastern Cape-Horner einem Querkommen in schwerer See vorbeugen oder auch helfen, das Schiff wieder vorlich in oder gegen die See zu legen, wenn es mit der Breite quer zum Wind kommt. Sie legen auf dem Achterschiff — oft auf dem Kajütdach — beidseits schwere lange Trossen in Buchten klar. Im Notfalle, also beim Querkommen zum Wind und zur See, werden die Trossen ausgesteckt. Sie wirken wie Seeanker, ziehen das Achterschiff nach Lee, so daß der Bug gegen den Wind gehalten werden kann. Das hat sich auch bewährt, wenn sich ein Schiff mit achterlichem Wind und achterlicher See schwer steuern läßt. Hier ein Beispiel aus dem Journal von J. Power, Kapitän auf dem R. Burton und E. Clement gehörenden Amerikaner *Venice* aus Philadelphia: „... Bei Sonnenaufgang — am 9. Februar 1850 — gab es wenig Wind. Aber in weniger als einer halben Stunde blies er fürchterlich aus SW und später aus W. Die See stieg so schnell, daß ich genötigt war, zu lenzen. Da das Schiff dabei achtern tief lag, steuerte es schlecht. Ich wurde angeregt, das zu tun, was ich schon oft gehört hatte: Ich brachte achtern an jeder Seite eine schwere Elf-Inch-Trosse von 45 Faden aus. Ich stellte sofort eine Erleichterung beim Steuern fest, so stark, daß ich diese Methode bei schwerem, achterlichem Wetter schlecht steuernden Schiffen nur empfehlen kann."

Jeder Kapitän hat natürlich seine eigenen Methoden, mit dem Horn-Wetter fertig zu werden. Nach Lubbock setzte Master Harvey von Bowrings *Oberon* während der Winterzeit stets Bramsegel über den gerefften Marssegeln, „damit bin ich schneller, als wenn ich Segel kürzen oder neue setzen muß".

Kapitän Maitland von der *Valkyrie* bestand darauf, daß ein Segel erst gerefft wird, bevor man es wegnimmt, eine Methode, die ihm manchen Fluch in der Focksel einbrachte und die man sinnigerweise „die Falte vom Alten" nannte.

Das sind nur zwei von vielen möglichen Beispielen. Doch zurück zu extrem langen Reisen durch das 50zu50-Revier.

Fred Schmidt, der auf der Viermastbark *Pamir* gebliebene Kapitän und Seeschriftsteller, sagte von ihm, dem Hamburger Vollschiff *Susanna*, daß es unter allen Segelschiffen um die Jahrhundertwende bis in die letzten Tage der Windjammer hinein das Stiefkind der Horn gewesen sei. In der Tat, das ist die *Susanna* dann wohl auch bis heute geblieben.

Jene *Susanna* war 1 975 BRT groß, und ihr Kapitän auf dieser Reise, Chr. Jürgens, war ein rechtschaffener, ein furchtloser und zäher Mann. Als er, der in seinem Wortschatz das Wort kapitulieren ausgemerzt hatte, am 11. Juni 1905 aus Port Talbot[189] auslief, hatte er 25 Mann an Bord, genug, um ein Vollschiff zu regieren, zuwenig, um im Notfall größere Ausfälle unter der Besatzung zu kompensieren. Aber es waren gute Leute, Männer, die ihren ganzen Stolz in praktizierte Tüchtigkeit und getreue Zuverlässigkeit setzten, lebensvolle, blutvolle Mannsleute, die sich der klösterlichen Einsamkeit eines Windjammers und den ungeschriebenen Gesetzen der See verschrieben hatten, Männer, welche die sinnvolle Ordnung der Takelage begriffen, zu ihrer eigenen machten und — zumindest in See — danach handelten. Und das auch ohne Drill.

An Land hatten sie noch über den Südwinter gesprochen, alle, vom Kapitän bis zum Moses. Die letzten Ausläufer bekäme man gewiß noch mit. Ein wenig Sorge schwang bei dem einen mit, ein „Muß das sein?“ bei anderen. Jürgens hatte unbekümmert und fröhlich lachend abgewinkt: „Sie ist ein gutes, sie ist ein starkes Schiff. Die von Blohm & Voss haben sie erbaut.“[190] Und voller Zuversicht fügte er hinzu: „In gut 90 Tagen werde ich in Caleta Buena[191] sein. Spätestens.“ Aus diesen 90 Tagen sollen 190 werden.

100 davon allein im 50zu50-Revier rund Kap Horn, in dem in diesem ausgesucht harten, ja furchtbaren Südwinter mehr als 30 Großsegler kapitulieren und zurücklaufen, um Port Stanley, Montevideo oder gar Rio de Janeiro als Nothafen anzulaufen, unter diesen auch das stämmige Lloydschulschiff *Herzogin Sophie Charlotte* auf seiner Reise nach Honolulu auf Hawai.

... Seit dem 19. August, als die *Susanna* mit dem Überschreiten des 50. Südbreitengrades in die eiskalten Sturmzonen der Kap-Region eingedrungen war, ist die Besatzung nicht mehr aus Ölzeug und Seestiefeln herausgekommen. Genauer genommen: Eigentlich schon seit jenen Tagen, da man in der Höhe vom La Plata schwamm.

Die Le Maire-Straße meidet Jürgens. Und er, der ein guter Beobachter der Wetterlage ist, tut recht daran: Während der 25. August, da er vor der Straße steht, noch brauchbare westliche, von neun auf fünf abflauende Winde bringt, weht es am 26. aus südwestlicher, also aus entgegengesetzter Richtung vierkant in die Straße hinein. Und das am Ende in Stärken bis zu neun. Kapitän Jürgens dagegen passiert die Höhe der Staaten-Insel östlich vom Kap San Juan in der Nacht vom 26. zum 27. August ohne Behinderung und frei von sonstigen Gefahren, muß dann aber wegen der stürmischen, oft sogar orkanhaften Winde zunächst auf Südkurs liegenbleiben. Nur am Abend des 29. und am 1. September winkt mit umlaufenden Winden für ein paar Stunden das Glück, die Position mit einem runden Längengrad in der Westrichtung zu verbessern. Am 3. September, als die *Susanna* bereits auf dem 59. Südbreitengrad segelt — und zwar noch immer mit Generalkurs Süd —, geschieht etwas Ungewöhnliches, etwas — scheinbar — Unverständliches. Der *Susanna*-Kapitän schwenkt nämlich erst nach Südosten ab und legt dann, am 4., den Kurs direkt in die östliche Richtung. Weder im Journal noch im meteorologischen Tagebuch findet sich eine Erklärung darüber, weshalb sich Christian Jürgens, ohne dazu von Wind und Wetter gezwungen worden zu sein, bis in die Abendstunden des 5. September so konsequent vom Kap Horn-

Längengrad und damit seinem Nahziel entfernt. Es bleibt nur eine Vermutung[192], diese: Kapitän Jürgens, der seinen Männern nicht nur Kapitän, sondern, was Vorbild und Vorleben angeht, auch deren „Bestmann" ist, hat angesichts der Härte dieses auslaufenden Südwinters, der ungewöhnlich raschen Folge immer neuer und ungewöhnlich tiefer barometrischer Minima und damit in der ahnungsschweren Erwartung einer besonders langen und harten Horn-Umsegelung seiner Besatzung nach den ohnehin vorausgegangenen strapaziösen Orkantagen bei der La Plata-Höhe ein paar Tage der Ruhe und der Schonung gönnen wollen. Jedenfalls steht die *Susanna* am 6. September früh auf 58.5° Süd und damit direkt auf dem Meridian vom Kap Pembroke, der Osthuk der sieben Breitengrade nördlich davon liegenden Falklandinseln. In diesem Bereich bleibt das Schiff — dabei mit südlicher Versetzung einmal um die Windrose segelnd — bis zum 8. September. In den Abendstunden läßt ein Westnordwestkurs die Herzen der *Susanna*-Seeleute höher schlagen. Doch schon am 9. muß Jürgens im Laufe des Tages nach Nordnordwesten abfallen. Sie segeln — noch immer östlich von Kap Horn stehend — vierkant dem Norden entgegen. Dorthin, wo man vor knapp vierzehn Tagen hergekommen ist. Am 11. September sind sie wieder auf der gleichen Höhe, auf der sie am 29. August standen. Resigniert greift der Steuermann die Strecke mit dem Zirkel ab, welche die *Susanna* vom Osthuk der Staaten-Insel vom Kap San Juan trennt, und überträgt dieses Maß auf den Seekartenrand. Es sind 65 Seemeilen bis zum Kap. Und es ist ohnehin Zeit zum Halsen. Für eine Handvoll Stunden vermag man nun wenigstens auf Südwestkurs zu bleiben, ehe der Wind wieder schralt, der nun, wen wundert das schon, kein Wind mehr, sondern zum handfesten Sturm angewachsen ist. Unter Untermarssegeln läuft die *Susanna* ab. Und wieder wird sie nach Osten zurückgeworfen. Über diese verteufelt ärgerliche Lage wird später, am Zielhafen, der Dritte, H. Schmütsch aus Schottsbüll, in einem Brief in die Heimat berichten:
„. . . Der Atlantik läuft aber noch furchtbar hoch. Er setzt das Schiff schwer in die See. Schon nach kurzer Zeit, am 13. September, krimpt der Wind wieder nach Nordwesten. Er erhebt sich schnell zum Orkan. Das Schiff ist voller Eis, und die Seen brechen beim Halsen über das Schanzkleid hinweg.
Dabei wird der II. Offizier, Bansen, auch ‚der Specksnieder' genannt, gegen eine an Deck liegende Spiere geschleudert. Der Aufprall ist derart stark, daß ihm die Kopfhaut aufgerissen, das Gesicht regelrecht aufgespalten, die griechische Nase — sein stiller Stolz — zertrümmert wird. Bewußtlos wird er in seine Kammer getragen . . ."
Es erwischt auch den Leichtmatrosen Hermann Piening, gerade, als er die Kaffeekessel zur Kombüse bringen will: „Eben war ich aus dem Schutz unseres Deckshauses hervorgetreten, da brach mit Tosen eine gewaltige See luvwärts über die Reling. Ehe ich mich am Strecktau festhalten konnte, riß mich der Schwall mit meinen beiden Kesseln davon. Die Riesenkraft der Wassermassen hob eine der schweren Reservespieren ab, die mit Ketten an der Steuerbordseite des Großdecks festgelascht lag. Mich wusch das rasende Wasser mit beiden Beinen voran über Deck und rammte mich wie einen Keil unter diese Spiere. Hilflos lag ich festgeklemmt, über mir ein Meter — oder zwei? — schäumenden Seewassers. Ich zerrte und zerrte, dann fühlte ich noch, wie die Spiere in ihrer Länge zurücksackte. Ein wahnsinniger Schmerz durchglühte meine Beine. Ich weiß nur noch, daß mich der Gedanke durchzuckte: Jetzt sind deine so gesunden Knochen ein für allemal dahin. Dann wurde es schwarz vor meinen Augen. Zum Glück hatte

Kapitän Jürgens von der Peilbrücke aus meinen Unfall bemerkt. Ich wäre sonst unter der Spiere an Deck ertrunken. Sofort rückten sie, die Kameraden, mit all hands an, arbeiteten sich durch das rauschende Wasser hin, wo ich liegen mußte. Der eignen Gefahr nicht achtend, tauchten sie in die eisige Flut, ergriffen mich und versuchten, mich hervorzuzerren. Vergebens, die Spiere hielt mich mit eisernem Griff fest. Mit ‚alle Mann' mußten sie mit großen Handspaken die Spiere anlüften, dann zerrten sie mich aus meinen schweren Lederstiefeln heraus. Ob es sich noch lohnte? Das wußte keiner. Ohne ein Zeichen von Leben lag ich in den Armen meiner Kameraden, als sie mich in meine Koje trugen."

Am Tage darauf, als man für ein paar Stunden SSW-Kurs laufen konnte, um dann erneut auf Südostkurs gezwungen zu werden, erwischt es den Koch. Eine überkommende See langt mit weißschäumenden, spinnigen Armen nach ihm und wäscht ihn an Deck hin und her.

Der Smut hat Glück, er überlebt. Er kommt mit ein paar Rippenbrüchen, Prellungen und schweren inneren Verletzungen davon.

H. Schmütsch: „Tag für Tag hatten wir Sturm aus West. Mit Schneegestöber aus steifen Böen. Aber wir machen wenigstens etwas Länge gut, jetzt, auf diesem südwestlichen Kurs, der uns tief nach Süden preßt. Eines Nachts, es ist der 20., und die *Susanna* hat es wieder ein wenig nach Norden verschlagen, erfrieren beim Halsen fast der ganzen Decksmannschaft die Finger. So auch mir, aber glücklicherweise nur leichter."

Das geschah in jener Nacht, da auch im Wasser eine negative Temperatur gemessen wurde.

Stürme und Stromversetzung bringen einen weiteren Rückschlag: Wie ein lästiger Eindringling wird die *Susanna* am 22. abends von starker Hand bis auf die vor drei Wochen, am 6. September, erreichte Länge unter dem Kap Pembroke-Meridian zurückgedrängt.

Der Kampf beginnt erneut.

Kapitän Jürgens denkt aber nicht daran, ihn aufzugeben. Sein Schiff ist gut. Er hat es in der Hand. Seine Offiziere und seine Männer sind gut. Und er vertraut auf seinen guten Stern, der ihn bisher nie verließ. Simonides, der alten Griechen einer, würde es auf seine Art sagen: „Wagende fördert das Glück."

So bringen denn auch die nächsten Tage zwar nicht den ersehnten Westkurs — wer erwartet hier unten im Südwinter schon länger blasende günstige Winde für eine schnelle Horn-Umrundung —, wohl aber arbeiten sie sich so weit nach Westen voran, daß sie am 27. wieder dort schwimmen, wo sie sich in der Nacht vom 1. zum 2. September herumgebalgt haben. Wenn auch etwas südlicher davon, wenn auch in einer neuen Kältewelle[193], die bei dem Rückschlag mit der damit verbundenen Südversetzung von Tag zu Tag schlimmer wird. Ihren Höhepunkt — oder besser Tiefpunkt geheißen — erreicht sie, als die *Susanna*, nach weiterer Karussellfahrt, um die Mittagsposition des 1. Oktober den 60. Breitenparallel steht und am 2. bis an die Grenze des 61. segelt.

Veränderliche und umlaufende Winde lassen die geplagte Besatzung aufatmen. Die *Susanna*, auf der übrigens trotz der südlichen Breite Eis, obwohl erwartet und befürchtet, nicht gesichtet wird, macht Nord. Am 5. stößt sie erstmals auf dieser Reise bis ein klein wenig hinter den 65. Westlängengrad vor, jenen Längengrad, auf dem Schiff vor nunmehr genau sechs Wochen hätte in die Le Maire-Straße ein- und wieder aussegeln können, wenn die Wetterlage nur besser gewesen wäre ... Hätte ... wenn ... und wäre ...

Tag für Tag, Nacht für Nacht bewegen die Männer auf der *Susanna* solcherart Konditionale. Doch ändern können sie nichts. Nur hoffen. Nur beten. Auf Seemannsart.
Der 6. Oktober. Sturm wütet aus südwestlicher Richtung. Die *Susanna* wankt nur 30 Seemeilen südlich der Horn durch die See. Dabei passiert es, daß das Schiff am 7. morgens, beim dritten Anlauf im SSW-Sturm in Stärke 10, in ziemlich bedenkliche Nähe der Horn und ihrer östlichen Nachbarinseln gerät. Diese Erkenntnis ist dann auch die Ursache, daß Kapitän Jürgens mit SW-Kurs wieder größeren Abstand von dieser unwirtlichen Küste sucht. Die *Susanna* gerät wieder tief nach Süden, als der Wind weiter nach Westen umläuft und einen Süd-zu-West-Kurs gestattet.
Über diese Tage schreibt der Dritte, H. Schmütsch, dieses: „... Kap Horn ist in Sicht. Wir pressen jetzt mit so vielen Segeln als möglich, um frei- und um herumzukommen. Die See läuft sehr hoch, und es steht eine gewaltige Dünung aus West. Die *Susanna* hat oft das ganze Vorgeschirr unter Wasser. In der Nacht geschieht es zweimal, daß sie von vorn bis achtern von Wasserbergen überrollt wird. Und da die See darüber hinwegbricht, läuft das Wasser nicht ab. Das ist Grund genug zur Sorge. Kapitän Jürgens trifft Anstalten, um die Pumpen zu peilen. Um aber an die Pumpen heranzukommen, müssen Obermarssegel, Fock, Großsegel und Stagsegel festgemacht werden ..."
Der Zimmermann meldet: „Peile zwei Fuß Wasser."
Das bedeutet: Das Schiff ist leck.
Nach 24 Stunden unermüdlichen Pumpens ist die *Susanna* erstmals lenz. Um diesen Stand aber zu halten, gibt es nur einen Weg: Weiter pumpen.
Südkurs auch am 9.
Nach dem 10., mittags, segelt die *Susanna* erstmals südwestlich der Horn.
Nach einem kleinen Abstecher bis fast auf die 60. Südbreite scheint der geplagte Segler um die Monatsmitte nun endgültig auf aussichtsreichem Kurs in den Stillen Ozean zu liegen. Mit Nordwestkurs schwebt er am 14. Oktober — einem Fliegenden Holländer gleich — bei westlichen Sturmwinden in Stärken um die acht vom 73. Längengrad auf den 76. und von der 58. Südbreite bis in die 57er Regionen hinauf. Am 15. abends hat man bereits die Höhe von Diego Ramirez erreicht.
Geschafft ...?!
Sie frohlocken zu früh.
Der Wind dreht von Westsüdwest auf West.
Kapitän Jürgens muß abfallen, erst ein wenig, dann, nach Mitternacht, mehr. Auf der Morgenwache von acht bis zwölf schaut's wieder besser aus. Die *Susanna* ist hart an den Wind herangegangen. Sie, die auf der Hundewache noch auf unmöglichem, dem Land zugewandten Nordostkurs lag, kann sich trotz zunehmender Sturmwinde bis zu den Mittagsstunden auf Nordkurs halten. Als sie dann wieder, wenn auch nur ein wenig, nach Osten abfällt, entschließt sich Kapitän Jürgens zu einer Halse.
Der *Susanna*-Bug zeigt zum Süden hin.
Wieder zum Süden.
Mit der Kehrtwendung ihres schwimmenden Untersatzes schwenkt auch die Stimmung der Männer um 180 Grad herum. Und bei Jove: Es geht nicht nur dem Süden zu, Rasmus tritt das Gaspedal bis zum Anschlag durch. In der siebenten Rubrik des meteorologischen Tagebuches taucht für den 16. Oktober — erstmals

auf dieser Reise — eine Zahl auf, welche die Segelschiffkapitäne, gewohnt maßvoll zu urteilen und zu messen, nur selten niederschreiben: die Zahl zwölf, das Maximum der Beaufortskala.
In eben diesem Tagebuch schlägt sich das Auswachsen des Sturms bis zum vollen Orkan in lapidaren, aber in ihrer Aussage um so stärkeren Bemerkungen nieder:
„Untermarssegel."
Stunden später:
„Sturmsegel."
Und dann, für die nächsten Wachen:
„Kein Segel hält mehr stand."
An diesem 16. beginnt für die *Susanna* der wohl schwerste und längste Niederschlag der ganzen Reise, just in dem Augenblick, da sich die Besatzung vor weiteren Strapazen gerettet glaubt. Das Schiff wird zunächst nach Südosten abgetrieben und dann, vom 23. bis zum 25., bis fast zum Kap Horn-Meridian zurückgeworfen. Es stößt erneut — nun zum drittenmal — bis zur 60. Südbreite vor und wird hier bei um 360 Grad wechselnden Kursen mitleidlos nach Osten abgedrängt.
H. Schmütsch über diese Tage: „Oft hatten wir so viel Wasser im Schiff, daß wir nur danach trachten mußten, es noch über Wasser zu halten . . . Einige der Segler, die wir sahen, sind schon lange nicht mehr."
Eines wenigstens konnte man bis jetzt noch bannen:
den Skorbut.
Gegen Orkan und Greybeards . . ., dagegen ist indessen kein Kraut gewachsen. Höchstens eine seemännische Nase, im rechten Augenblick das Rechte zu tun. Und ein ausgesucht stabil gebautes und bestens beladenes Schiff. Und eine Mannchaft, die weder Tod noch Teufel fürchtet, die dennoch singt, wenn sie in diesem Wetter das Marsfall holt.
Weiter H. Schmütsch: „. . . Der Proviant ist schon lange rationiert. Das schlimmste aber ist der Mangel an Frischwasser. Jetzt, am 21. Oktober, 140 Tage in See, geht auch der letzte, obschon seit Wochen rationierte Vorrat zur Neige. Und da wir keinen Donkey an Bord haben, kann auch kein Dampf zu Wasser kondensiert werden.
Regen haben die vielen Niederschläge nicht gebracht.
Nur Schnee.
Nur Hagel.
Wir haben diesen Schnee und diesen Hagel aufgefangen. Wir haben das Eis von der Takelage abgeschrapt, um daraus Süßwasser zu gewinnen. Es schmeckt brackig. Aber es erfüllt seinen Zweck.
Bald — am 27. Oktober — sind wir wieder einmal nicht mehr weit vom Land entfernt, bald wieder — am 30. Oktober — auf genau 60° Süd. Aber hartnäckig weht der Sturm. Und bald wird er wieder zum Orkan.
Man weiß kaum noch, wie man halsen soll, denn
dauernd fallen Schneeböen ein,
dauernd brechen Seen über Deck und
bald sind Brassen und alles laufende Gut so mit Eis überzogen, daß nichts mehr funktioniert.
Sieben Mann liegen krank im Logis mit gebrochenen oder erfrorenen Gliedern, oder mit beidem . . .

Es fehlt an gesunden Leuten an Deck.
Nirgendwo zeigt sich in der Luft oder am nun schon fast antarktischen Himmel auch nur eine Spur der Besserung des Wetters."
Wieder gegenan.
Wieder passieren sie die 60. Südbreite.
Wieder müssen sie, nach Nordosten ausweichend, bis auf die Horn-Länge zurück.
Und wieder arbeiten sie gegenan, um den Verlust an Länge und Breite auszugleichen. Es weht aus Westnordwest, und zwischenzeitlich säuselt's sogar für eine Wache lang in Windstärke zwo aus südöstlicher Richtung. Dann aber: Bei westlichen Winden zwischen zehn und später neun geraten sie erneut — zum viertenmal auf diesem Trip — in südliche, vorantarktische Gefilde. Am 10. November vermerkt Kapitän Jürgens mit etwa 60.50° Süd und 73.15° West den „fernsten Punkt" der ganzen Reise. Über die Lage — der Kampf um Kap Horn dauert nunmehr bereits 84 Tage oder über zweieinhalb Monate — schreibt der Dritte:
„Wir, die wir jetzt auf 61° Südbreite schwimmen, müssen nun wohl oder übel eine Halse unternehmen. Hierbei brechen schwere Sturzseen über dem Schiff zusammen, die schwerste auf dem Achterdeck. Sie zertrümmert das Kajüt-Skylight, die Kajütkappe, überhaupt alles, was auf dem Achterdeck steht. Kajüte und sämtliche Kammern werden unter Wasser gesetzt. Alle meine Bücher werden ruiniert, sämtliches Zeug wird durchnäßt. Der II. Offizier aber, noch krank in der Koje, als das in seine Kammer eingedrungene Wasser bei dem Schlingern des Schiffes mit großer Wucht zurückgeschleudert wird und die Koje überschwemmt, ertrinkt fast dabei.
Eine mittschiffs einkommende See zerhaut das Rettungsboot und schwemmt die Treppe fort.
... Schließlich bekommen wir das Schiff dann aber doch auf den anderen Bug gelegt ..."
Nach dieser Prüfung, der schwersten in *Susanna*s Leben, lächelt Fortuna. Das Vollschiff vermag sich bei westlichen Winden und guter Fahrt schnell aus der eisigen Umklammerung unter der 60. Südbreite zu befreien, wird am 13. durch schralende Winde noch einmal für ein paar Wachen behindert, bekommt am 14. Nordnordost in Stärke 3 geschenkt und strebt danach für ein paar Tage — bis zum 16. November genau — mit westlichem Kurs angenehmeren Regionen entgegen. Daß man vom 17. bis 19. quasi auf der Stelle treten muß, ist indessen bei den schon lockenden Silberstreifen am Horizont dennoch hart, denn nun treten doch einige Fälle von Skorbut auf. Er greift sogar ziemlich heftig um sich. Und er verschont auch die Achtergäste nicht.
An Deck werden es von Wache zu Wache immer weniger.
Der Dritte erinnert sich: „... Und dabei muß noch immer ständig gepumpt werden.
Die Brassen haben wir schon lange nicht mehr ums Gangspill genommen.
Zum Holen langt es nicht mehr.
Es fehlt an Händen.
Und den wenigen, die an Deck noch zur Verfügung stehen, mangelt es an Kraft."
So sind denn diese letzten Kreuz- und Auf- und Niederkurse, welche in der Seekarte spinnengewebegleich ihren dokumentarischen Niederschlag finden, dieses Verharren in einem engbrüstigen Seegebiet Ausdruck und Spiegelbild der völligen Erschöpfung aller, die in Hamburg am Elbestrand voller Zuversicht

auf eine schnelle, gute Reise die Teakholzdeckplanken der *Susanna* betraten.
H. Schmütsch: „... und als auch noch Typhus ausbricht, verlieren wir noch drei weitere Matrosen an Deck ..."
Dann aber, dann raumt der Wind. Ein steifer Lenzer aus Süd bringt besseres Wetter. Verspielt fast treibt er die *Susanna* vor sich her.
Am 26. November, genau 100 Tage nach dem Überschreiten der 50. Südbreite an Südamerikas Ostküste, wird der 50. Breitenparallel an der Westküste passiert.
Die in der Geschichte der Segelschiffahrt wohl-längste Kap Horn-Umrundung ist zu Ende.
Das Wetter bleibt gut. Und der Humboldt-Strom schiebt. Auf der Höhe Valparaiso bleibt zu allem Überfluß der Wind weg. Die Flaute hält bis Iquique an. Am 18. Dezember, genau 190 Tage nach dem Auslaufen, zerrt ein Schlepper das Vollschiff in den auf 19.54° Südbreite gelegenen Hafen von Caleta Buena ein.
Die *Susanna* erinnert an einen im Grabenkampf des Ersten Weltkrieges verwitterten Recken. Rost überall ... außenbords, an den Toppen, an den eisernen Rahen.
Von 25 Mann Besatzung sind noch acht tauglich für das Deck:
der Kapitän,
der I. und III. Offizier,
der Schiffszimmermann,
drei Matrosen und
ein Leichtmatrose.
Alle anderen sind krank, so krank, daß ein Arzt sofort ihre Einweisung ins Hospital von Iquique verlangt.
H. Schmütsch, der Dritte aus Schottsbüll, abschließend in seinem Brief: „... Da die *Susanna* ein hoch und schwer getakeltes Schiff ist, gibt es für die noch gesunden Hände die ganzen nächsten Tage überreichlich zu tun, oft bis in die Nacht hinein.
Mit dem Löschen geht es nur langsam voran, weil die Arbeiter fehlen.
Heute nun ist Heiligabend.
Ich wünsche Euch allen daheim ein fröhliches Weihnachtsfest und ein gesegnetes Neues Jahr ..."
Hermann Piening, der spätere Kapitän und Laeisz-Inspektor, über die Reise mit der *Susanna,* auf der es keine Braßwinden gab, auf der noch nach dem „Armstrong-Patent", das heißt mit beiden Armen und Händen gearbeitet wurde:
„Ich weiß nicht, ob die 100 Tage Kap Horn ein Rekord sind. Aber zum zweitenmal wünsche ich mir eine derartige Reise nicht wieder."
Als Abschluß und Zusammenfassung noch etwas Statistik zu dieser Reise. Die Tabelle am linken Rand der auf den Seiten 110/111 wiedergegebenen Karte läßt das Überwiegen der Sturmstärken leicht erkennen. Vom 19. August bis zum 26. November herrschten bei 25 % der Wachen Windstärken zwischen acht und neun, bei weiteren 40 % die Stärken zehn bis zwölf, nur bei etwas über einem Drittel aller Beobachtungen waren es sieben und weniger. Eine Nachmessung der Strecke dieser Kap-Horn-Umsegelung durch Kapitän A. Schumacher ergab[194] 7 200 Seemeilen. Das ist etwas mehr als die Länge des mittleren Seglerweges von Lizard bis Kap Horn. Für diese Strecke wurden normalerweise — so nach dem Segelhandbuch für den Atlantischen Ozean[195] — 69,1 Tage im Mittel benötigt.
Einem italienischen Segler blieb es übrigens im Jahre 1905 vorbehalten, der *Susanna* Konkurrenz zu machen. Die *Giuseppe d'Abundo* brauchte von Tyne bis Valparaiso 185 Tage. Wäre sie die fast 900 Seemeilen[196] lange Strecke bis

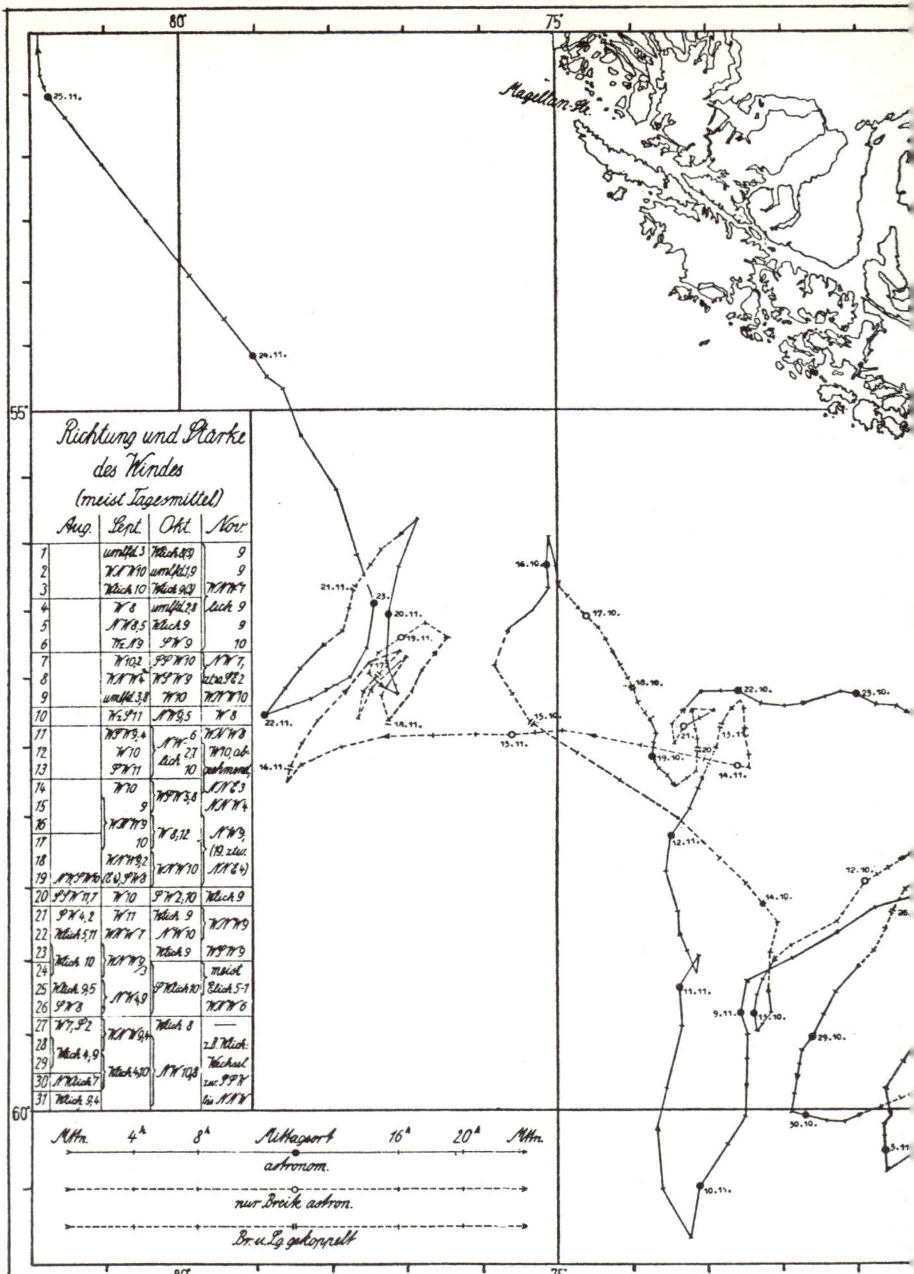

Die Kap Horn-Umsegelung des deutschen Vollschiffes *Susanna*, anno 1905, dargestellt von Kapitän A. Schumacher in der Zeitschrift „Der Seewart" 24 (1963) H. 5. Wer in dieser Routenkarte zu lesen versteht, wird die psychischen und physischen Kräfte nachempfinden,

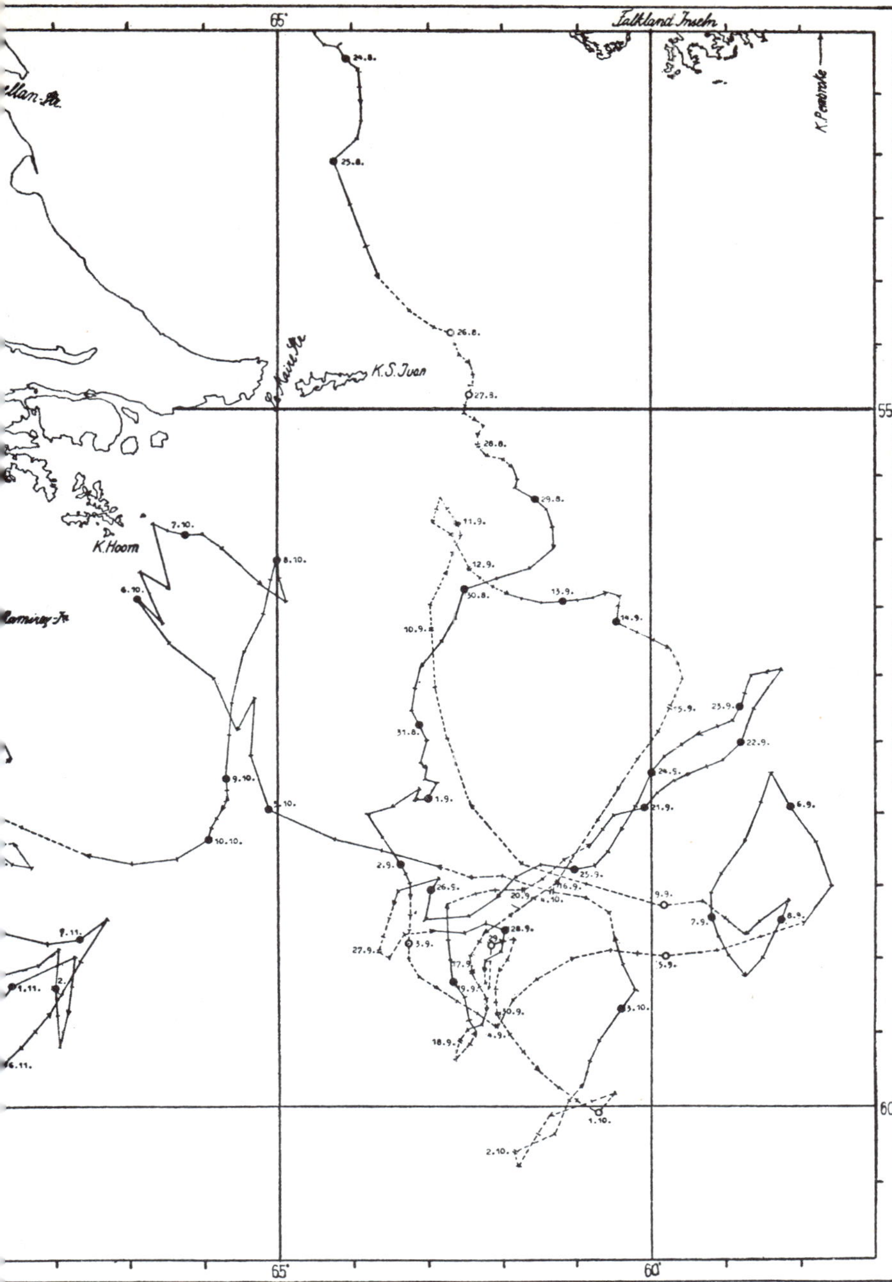

die von jedem Mann an Bord gefordert wurden, um trotz der ungeheuren Belastungen durchzustehen, um vor den Widrigkeiten der urwelthaften Elemente nicht zu verzweifeln oder gar zu kapitulieren.

Iquique weitergesegelt, vielleicht hätte sie die *Susanna* sogar an Tagen noch überboten. Weniger langsam, aber noch langsam genug zeigte sich zur gleichen Zeit die britische *Craigmore* mit ihren 165 Tagen von Cardiff bis nach Pisagua. Ähnlich lange, wenn auch nicht durch einen so ungewöhnlich harten und schweren Südwinter behinderte Reisen hatten auch andere Schiffe bei der Ostwestpassage im Kap Horn-Revier zu bestehen. Erinnert sei nur an das deutsche Schulschiff *Greif*, ein Vollschiff, das 1892 als *Wiscombe Park* in Sunderland das Licht der Welt erblickte, später, in Nantes beheimatet, *Edouard Bureau* hieß, 1923 verkauft in die Dienste der Stettiner Dampfer-Companie und der Deutschen Orientlinie kam und 1924 von der deutschen Reederei Gebr. Vinnen erworben wurde. Die erste Reise unter der deutschen Flagge ging von Bremerhaven nach Port Lincoln, von da Falmouth for order und weiter über Limerick, einem Hafen in Südwestirland, nach Callao in Peru, einem 800 Seemeilen nördlich vom Zielhafen der *Susanna* gelegenen Platz. Das Vollschiff *Greif* brauchte für diese Reise 180 Tage. Die Ursache für die lange Fahrt: Nach Kapitän Fritz Brustat-Naval[198a], der dabei war, war in diesem Falle aber nicht die böse Horn an der extrem langen Reise schuld, „ . . . sondern Kapitän Janecke, der jeden Abend die Seils festmachen ließ."

Daß selbst so starke Schiffe wie die Hamburger Viermastbark *Pindos* bei der Horn in Schwierigkeiten kommen konnten, beweist, daß sie im Frühjahr 1909, in einem Südherbst also, 21 Tage für die 50zu50-Strecke brauchte. Im Südfrühling desselben Jahres wird die kleinste deutsche Viermastbark, die *Leni*, 32 Tage in der Kap Horn-Region aufgehalten, während die *Fürst Bülow* im Südsommer 1906 31 Tage und 20 Stunden[197] benötigt und das Vollschiff *Nymphe* ein anderes Mal 32 Tage festgehalten wird. Das Vollschiff *Klio* muß sich hier 36 Tage mit den Elementen herumschlagen, die *Frieda Mahn* 39, das Hamburger Vollschiff *Carl* 43 und die *Arethusa* 45. Im berüchtigten Südwinter des Jahres 1908, in den Monaten Juli und August, beuteln Schnee- und Hagelböen, zausen widrige Stürme das Vollschiff *D. H. Wätjen*. Volle 52 Tage muß sich die Besatzung dieses Seglers mit der Hölle von Kap Horn herumbalgen, ehe es gelingt, sich aus den Klauen dieser so menschenfeindlichen Gewalten zu befreien und Nord für die Westküste Chiles zu machen. Und 74 Tage, auch ein Rekord, muß sich im bösen Südwinter 1905 die britische *Celtic Monarch*[198] wider Willen und aller Segelkunst ihrer Schiffsführung auf diesem bösen Sturzacker um die Horn herumtreiben. Für die Gesamtreise von Swansea nach San Francisco brauchte sie 195 Tage.

Über die vom Atlantik zum Pazifik um Kap Horn gefahrenen 50zu50-Reisen deutscher Segelschiffe gibt es für die Jahre 1895 bis 1908 eine Übersicht:
Danach lagen bei insgesamt 1 030 Reisen deutscher Segler 90 Reisen bei weniger als zehn Tagen, die jeweils längsten dagegen dauerten (die der *Susanna* ausgenommen):

Januar:	62 Tage	Juli:	54 Tage
Februar:	68 Tage	August:	37 Tage
März:	40 Tage	September:	33 Tage
April:	40 Tage	Oktober:	26 Tage
Mai:	51 Tage	November:	65 Tage
Juni:	47 Tage	Dezember:	59 Tage

Die für die Horn-Umseglungen aufgewendete Zeit war jedenfalls ein wesentlich mitbestimmender Faktor für die mittlere Reisedauer Europa — Westküste Amerika schlechthin, die, wie schon behandelt, für die Häfen von Südchile um die Jahrhundertwende im Schnitt bei 80 bis 85 Tagen und für die Häfen von Nordchile bei 90 bis 100 Tagen lag. Wohl die, wenn auch indirekt, längste Reise von Europa zur Westküste Südamerika leistete sich — ausgerechnet — ein britischer Segler. Die Blätter eines Jahreskalenders reichten auf dessen Fahrt nicht aus, um die Tage zu belegen. Als sich das Schiff nach 559 Tagen in seinem Zielhafen dann doch noch einfand, fehlte außer manchem braven Seemann, der im Ladehafen Grangemouth im Firth of Forth an Bord geklettert war, auch Miggs, der Kater.
Das begann so:
Siebenmal hatte er die Horn umrundet, doch dieses Mal desertierte auch er.
Am 12. Juni 1922 hat das stählerne, 1 890 BRT große Vollschiff *Garthwray* ex *Wray Castle* das Ladegeschäft beendet und geht, mit Briketts in den Räumen, unter der Führung von Captain Mann mit dem Bestimmungshafen Iquique in See. Schwache Winde und andauernde Kalmen lassen die *Garthwray* nur langsam über den Atlantik schleichen. Man ist daher guter Hoffnung an Bord, das Kap-Horn-Revier zur Sommerzeit zu erreichen. „Man", das sind außer einer vollzähligen Crew noch neun — zusätzliche — Offizieranwärter, die für diese Reise eingestiegen sind, drei davon mit der Aussicht, ihre praktische Seefahrtszeit bald hinter sich zu haben. Einer, der älteste von ihnen, fungiert sogar als Dritter an Bord. Kurzum, der Fullrigger ist nicht unterbesetzt, das Gegenteil ist der Fall. Darin jedenfalls ist kein Grund dafür zu suchen, daß ab nun ein Mißgeschick dem anderen folgt.
In der Höhe von Kap Horn walken schwere Orkanböen den Segler durch. Zwei Stunden lang toben sie sich in ungeahnter Stärke aus. In diesen zwei Stunden verliert die *Garthwray* nicht nur ihre Bramstengen, auch das Ruder wird beschädigt, und die Steueranlage fällt aus. Dem Kapitän bleibt kein anderer Weg: Er, der sich schon um die Horn und vor der Westküste Südamerikas sah, kehrt um und sucht Montevideo als Nothafen auf. Hier fallen am 9. September 1922, 89 Tage nach dem Auslaufen, die Anker. Vier Monate gehen ins Land, ehe die Schäden der *Garthwray* beseitigt sind, mußte sie doch auf neue Spieren aus der Heimat warten. Walmsley & Co., die neuen Reeder nach J. Chambers & Co. of Liverpool, meinen, die Schuld an dem Desaster in Captain Mann zu sehen. Sie lösen ihn kurzerhand ab und übertragen das Kommando Captain Henry, der eigens aus Old England nach Südamerika reist.
Am 12. April 1923 setzt das unglückliche Schiff dann seine Reise fort. Aber auch unter der neuen Schiffsführung bleibt das Pech an Bord. Als die *Garthwray* nach 32 Tagen den Platz erreicht, wo sie entmastet wurde, gerät sie — wie vordem — wenig später in orkanartige Schnee- und Hagelböen, nur mit dem Unterschied, daß diese volle 48 Stunden aus Westsüdwest über das auf 58.22° Süd und 70.00° West schwimmende Schiff herfallen.
Und wieder siegt
die Horn.
Captain Henry kapituliert wie seinerzeit die französische *Duchesse de Berry*. Auch er sucht — Vor- und Großbramstenge sind gerissen und noch andere Schäden sind zu melden — den längeren Weg ums Nadelkap Südafrikas.
Der havarierte Vollrigger macht sogar eine schnelle Reise. Zumindest bis zum Green Point Light. Ab hier aber bläst Sturmwind von vorn. Die *Garthwray* wird

zurückgeworfen. Sie braucht fünf Tage, um bis in die Höhe von Signal Hill aufzukreuzen. Erst am 20. Juli, 99 Tage nach dem Auslaufen aus Montevideo, taut sie ein Schlepper, *Ludwig Weiner* mit Namen, in die Tafelbucht hinein. Als man sie eindockt, findet man dichten, bis zu drei Fuß langen Bewuchs am Boden des Schiffes. Drei Fuß sind fast ein Meter. Einige Tonnen Barnacles, auch Seepocken genannte Meereskrebse, müssen außerdem abgekratzt werden.
Captain Henry gibt auf. Ihm reicht der Unsegen über diesem Schiff. Mit ihm geht auch der Erste von Bord. Den beiden folgt Miggs, der Kater. Er verschwindet still und heimlich, er desertiert vor soviel Pech — und ward nie mehr gesehen. Treu bleiben dem Unglücksschiff die neun Offizieraspiranten, unter diesen ein Junge namens T. V. Ward. Es ist jener, der auf der *Garthforce* dabei war, als sie südlich des Kaps einen Eisberg gerammt hatte.
Noch einmal hat das Vollschiff Sorgen: Nachdem es Capetown verlassen hat, muß es erneut einen Nothafen ansteuern. Um Proviant zu ergänzen, läuft es in Port Hobart, dem Südosthafen von Tasmanien, ein.
Schließlich und endlich kommt Iquique in Sicht. Am 23. Dezember 1923 fallen die Anker nach einer Reise, die vom Ladehafen zum Zielhafen 559 Tage dauerte.
Von denen, die am 12. Juni 1922 in Grangemouth an Bord dieses Langzeitrekordschiffes stiegen, sind nur noch
der Zimmermann,
der Steward und
die neun Offizieranwärter an Bord.
Sie erleben auch das Ende des Vollriggers, der, als er am 15. März 1924 nach Talcahuano versegelt, nach 38 Tagen Seefahrt im Nebel an der Küste der Insel Santa Maria strandet — und total verlorengeht.
Dabei hatte er auch gute Tage gesehen, 1907 zum Beispiel, als er bei dem Run San Francisco — Runcorn das schnelle französische Vollschiff *Duquesne* um vier Tageslängen schlug.
Wie bei den Reisen nach Chile oder Peru sind auch bei den Rückreisen Langzeitrekorde bekannt, obschon es hier nicht immer die böse Horn war, welche die Schiffe behinderte, denn das Gegenteil ist ja meist bei den West-Ost-Reisen der Fall.
Da ist — zum Beispiel die Bark *Anna*, ein von H. H. Schmidt, Hamburg, bereedertes 1461-Reg.-Tonnen-Schiff, die 1901 von Tocopilla nach Lizard 121 Tage benötigte. Ihr Kapitän, O. Niemeyer, vermerkte im meteorologischen Journal Nr. 5744 in einer sarkastischen und resignierenden Fußnote: „Das Mädchen will nicht so recht laufen, hat auch immer so leisen Wind."
Besonders hart spielten widrige Winde und Flauten der britischen Viermastbark *Dumfriesshire* auf ihrer Reise von Iquique nach Hamburg mit, mußte sie doch Rio als Nothafen anlaufen, weil sie leck gesprungen war. Nach einer Werftliegezeit von 44 Tagen ging Captain McGibbon wieder in See, um endlich, nach insgesamt 196 Tagen, in Hamburg einzukommen. Diese lange Gesamtfahrt ist insofern interessant, als die *Dumfriesshire* bis dahin sehr respektabel schnelle Reisen unter dem gleichen Kapitän machte. Interessant ist auch, daß dieses Schiff noch drei Skysegelrahen führte und eine Mittschiffsbrücke mit einem großen Brückenhaus hatte, also als ein „very up-to-date-ship" zu bezeichnen war.
Einen ausgesprochenen Langzeitrekord fuhr ein anderes, ein deutsches Schiff ein: Die *Niobe* leistete sich nach dem Kriege auf der Reise von Coquimbo nach Brügge die bemerkenswerte Zeit von 148 Tagen. Und das ohne Zwischenhafen[199].

Die *Dumfriesshire* machte überdies auch noch auf einem anderen Treck in negativem Sinne von sich reden. Von Antwerpen bis San Francisco war sie 158 Tage unterwegs, das auf einer Strecke, deren Mittel auf 130 Tage berechnet wurde. Die *Fairport* konnte es noch besser — oder schlechter, as you like —, sie ließ sich sogar 176 Tage Zeit.
Übrigens: In der Bucht von Frisco traf die *Fairport* einen guten alten Bekannten wieder: das Vollschiff *Trafalgar*[200]. Dieses war am gleichen Tage, am 9. Mai 1895, mit der *Fairport* mit Kurs Sydney in See gegangen. Man verlor sich, fand sich aber auf dem blauen Teppich des Mittelatlantiks auf 5° Nordbreite wieder — um sich erneut zu trennen, als die *Trafalgar* nach Südosten in Richtung Kap der Hoffnung und die *Fairport* gen Kap Horn in Richtung Südwesten abdrehte. Das Vollschiff brauste mit den braven Westwinden nach Australien, lief nach stolzen 88 Tagen in Sydney ein, löschte, übernahm eine Weizenladung bis zur Halskrause, segelte in 52 Tagen zum Goldenen Tor von Frisco und kam neun Tage vor der *Fairport* dort an. Sie hatte 20 000 Seemeilen hinter sich gebracht, die *Fairport* insgesamt nur ein wenig mehr als 14 000[201]. Doch die Mühsale und Leiden, wie sie bei den 176 Tagen der *Fairport* oder den 176 Tagen, wie sie die Rostocker Bark *Albert Neumann Berlin* auf ihrer Reise von Chile nach Europa[201a] benötigte, zwischen den Zeilen stehen: Hunger und Mangelkrankheiten, Erschöpfung und Verzweiflung, sie sollen auf dieser Route noch übertroffen werden: 1899/1900 mit 356 (!) Tagen durch das britische Vollschiff *Black Braes* auf dessen Reise von der Tyne nach San Francisco und 1904 von der britischen Viermastbark *Falls of Halladale* mit 239 Tagen auf der Reise von Liverpool nach San Francisco oder mit 180 Tagen durch den Franzosen *Duchesse de Berry,* dem die Horn volle 42 Tage zu schaffen machte, oder 1896 durch ein Schiff namens *Natuna.* Es benötigte für die Strecke Liverpool — San Francisco 224 Tage. Das sind 34 Tage mehr als die 190 Tage des Franzosen, das sind 12 Tage mehr als die 212 Tage, welche das Vollschiff *The Hahnemann*[202] wie auch die französische *Mac Mahon*[203] vom Kanal nach San Francisco auf dem Kalender anstreichen mußten, und — auch nur ein Beispiel — 6 Tage mehr, als das Vollschiff *Claverdon* von Cuxhaven bis Frisco benötigte.
Der Grund bei der *Claverdon,* die auch sonst nicht das war, was man ein glückhaftes Schiff zu nennen pflegt: Auch sie hatte Pech bei der Horn. Sie kam einfach nicht voran. Sie wurde obendrein von einem riesigen Greybeard gepackt: Die gewaltige, himmelhoch steigende See riß fünf Seeleute mit sich und von Bord. Neun wurden derart gebeutelt und gegen die Reling oder das Deckhaus geschmettert, daß sie nur als Schwerverletzte geborgen werden konnten ... Und so ging es weiter: Die Schiffsführung war verzweifelt. Mit 14 Mann Ausfall um diese dieses Mal noch wilder umtobte Horn? Der Kapitän gibt auf. Er nimmt den Weg via Australien ...
Ein Jahr zuvor war der *Claverdon* gar nicht viel weniger Pech beschieden. Sie segelte von Swansea nach San Francisco in 177 Tagen. Und wenn schon einmal der Wurm drin ist ...: Auch auf der Rückreise zeichnete sich dieses Vollschiff nicht durch Schnelligkeit aus. Die eine Reise, jene im Jahre 1893, dauerte von San Francisco bis Falmouth 157 Tage:
Die *Claverdon* war zwar ganz gut durch das Goldene Gate herausgekommen ... Zwei Tage später meldete der Zimmermann, daß das Schiff lecken würde.
„Müssen wir umkehren?“ will Kapitän Kelway wissen.
„Ich möchte sagen nein. Sie macht Wasser, ja, aber die Pumpen schaffen es.“

„Und es wird nicht schlimmer?“
„Das steht bei den Sternen. Sie ist ja sonst ein gutes, stabiles Schiff.“
Der Kapitän geht das Risiko ein. Er rundet die Horn, ohne daß das Leck ihm mehr Kummer macht als bisher, gerät dann aber in Eisfelder, wie er und seine Männer sie noch nie erlebten. Zeitweise schwimmen sie zwischen glasigen grünlich-schillernden Klötzen hindurch. Sie sind oft mehr als 1000 Fuß[204] hoch. Die Engen zwischen dem Eis werden zu Schluchten. Und die, die weniger mutig unter der Besatzung sind, sie wagen sich nicht mehr unter Deck.
654 Seemeilen dauert die Eisfahrt.
654 Seemeilen Navigation im Eis! Das ist eine echte, eine große Leistung. Andere, die nicht damit fertig wurden, schweigen. Für immer, denn das Eis ließ ihr Schiff nicht mehr los.

☆

Unter den Langzeitrekordlern auf der Strecke Nordamerika-West nach Europa ist auch eine alte Bekannte: die *Haddon Hall.* Mit Holz beladen, verläßt sie Vancouver mit dem Ziel Cardiff in England, das sie nach 239 Tagen erreicht. Vielleicht wäre sie, auf der auch zwei deutsche Seeleute vor dem Mast fahren, nie in der Heimat eingetroffen, wenn nicht, nach sechs Monaten langer Quälerei, am Äquator ein englischer Passagierdampfer in der größten Not mit Proviant und Trinkwasser ausgeholfen hätte. Seit Wochen schon waren die Rationen gekürzt, und in den letzten Tagen war das, was der Kapitän noch ausgeben lassen durfte und konnte, nur noch ein Tropfen auf den heißen Stein ...
Niemand arbeitete mehr an Bord.
Nur die allernotwendigsten Segelmanöver wurden noch ausgeführt.
Und der Mann am Ruder hatte kaum noch Kraft, das schwere, messingbeschlagene Speichenrad zu drehen.
Und das schlimmste:
Niemand an Bord fluchte,
niemand lästerte mehr.
In diesen Bereich fallen auch Reisen zum westlichen Mittelamerika hin und zurück, so diese:
24 Monate, genau zwei Jahre, hat die Rundreise der Bark *Viganella* von der Reederei Mentz, Decker & Co. in Hamburg gedauert. Das Schiff war in seinem Heimathafen ausgelaufen und nach Port Talbot und von dort weiter über Callao nach San Juan del Sur an der Westküste Nicaraguas gegangen. Hier hatte man, ohne irgendwelche Bedenken zu haben, den Wasserproviant aus einer Zisterne ergänzt. Auf dem Weg nach Falmouth gerät die *Viganella* bei den Galapagos-Inseln in Windstillen. Wie immer kommt eine unerfreuliche Sache nicht allein. Man macht die Entdeckung: Das Wasser lebt. Die Tanks sind zu regelrechten Aquarien geworden. Alle möglichen Wassertierchen sind darin, und sie vermehren sich derart, daß eines Tages sogar die Handpumpe verstopft. Das Wasser kann nur noch aus dem Mannlochdeckel aus den Tanks entnommen werden. Theodor Sievers, der dabei war, erinnert sich, wenn auch mit leichtem Schaudern, daran: „Gesiebt und gekocht ging's noch einigermaßen. Einige Tage später aber war es ganz verdorben ...“
Der Himmel hilft: mit Regen.
Im Mallpassat können die Tanks wieder aufgefüllt werden. Und da aber auch der Proviant knapp geworden ist, kommt ein Dampfer gerade zur rechten Stun-

de. Die schlechte Verpflegung, das miserable Wasser und die Tage im heißen und ungesunden Klima von San Juan del Sur haben verschiedene Männer umgeworfen. Die Besatzung ist bald derart reduziert, daß der Kapitän allein schon aus diesem Grunde die Azoren als Nothafen anlaufen muß. Außerdem glaubt er eine weitere Nichtbehandlung der Kranken durch einen Arzt nicht mehr länger verantworten zu können.

Als man schließlich die Azoren wieder verläßt und Kurs auf die Heimat nimmt, sind die unerfreulichen Überraschungen, die das Schicksal für die *Viganella* bereithält, noch lange nicht zu Ende. Kurz vor dem Einlaufen in die Elbemündung, in Höhe der Insel Scharhörn, läuft die Bark auf. Sie muß geleichtert werden und kann schließlich von vier Bergungsschleppern abgezogen und nach einer Gesamtreise von 183 Tagen nach Cuxhaven eingebracht werden.

183 Tage sind viel.

183 Tage auf See sind volle sechs Monate, sind ein halbes Jahr, da die Männer kein Land, keinen Hafen sahen, da sie von schlechtem, zum Teil verdorbenem Proviant lebten, da ihnen Frischfleisch und Frischgemüse fehlten.

Auf allen Tracks der Segelschiffe sind lange und überlange Reisen zu belegen, so, als Beispiel, auf der klassischen Goldgräberroute von New York nach San Francisco. Lagen die normalen Reisen von New York nach San Francisco bei etwa 130 und die schnellsten bei etwa 90 Tagen[205], so brachte es die *Louisiana* im Jahre 1893 auf 212. Normal brauchten die Segler von Europa nach Australien um die 90 Tage, die *Haddon Hall* leistete sich von Liverpool bis Victoria acht Monate, genauer: 234 Tage.

Weiteres zu diesem Thema ist dem Anhang 5, pg. 384 zu entnehmen. Hier werden auf den verschiedensten Tracks die schnellen Reisen den langen auf dieser Strecke in Verbindung mit dem aus vielen Einzelreisen errechneten Mittel gegenübergestellt.

V

Wetternavigation

Schnelle Reisen, wie sie vorab im Kapitel III geschildert wurden, sind sie ein Zufall? Sind sie durch ausgesucht günstige Winde ermöglicht worden? Die Antwort kann mit einem klaren Ja wie auch mit einem klaren Nein gegeben werden. Das Ja bezieht sich auf die Zeit um 1845, da der Amerikaner M. F. Maury „aus mehr als 1 Million Tatsachen aus Meteorologie und Hydrographie" Segelanweisungen für kürzeste, das heißt für orthodromische[206] Fahrten aufstellte und damit einen Zeitgewinn bis zu 20 % und eine Wegeverkürzung von 5 bis 10 % ermöglichte. Auch die immer besser werdenden Schiffskonstruktionen (Clipperform), die sich mehrenden Kenntnisse über die Meeresströmungen und die verschiedenen Winde spielten bei der Suche nach Zeitgewinnen in der Schiffahrt schlechthin eine Rolle. Das Nein indessen bezieht sich auf die Erkenntnis, daß aber nicht nur gute Winde, nicht nur strömungstechnisch geglückte Unterwasserformen, nicht nur gute Segeleigenschaften und vollendete Beherrschung der hohen Kunst der Segeltechnik durch den Schiffsführer in Verbindung mit vollem und willigem Einsatz jedes Besatzungsmitgliedes die tiefere Ursache für schnelle und gute Reisen waren. Nur, wer es zusätzlich verstand, auch alle Möglichkeiten auszunutzen, wie sie eine großräumige Wetternavigation bietet, kam — vorausgesetzt, daß keine ungewöhnlichen Ereignisse eintraten — schneller zum Ziel. Denn: für einen Segler bedeutet es wertvolle Zeitersparnis, große Strecken mit guter Fahrt zu durchlaufen, als kleinere gegen widrige Winde zu durchkreuzen.

Ihre eigentliche Bedeutung hat die Wetternavigation, die ihre ersten exakten Grundlagen mit der Erfindung des Thermometers[207] und des Barometers[208] erhielt, erst gewonnen, nachdem sich mit Beginn des 20. Jahrhunderts die drahtlose Telegraphie[209] allgemein durchgesetzt hatte. Den in See stehenden Schiffen können durch sie Wetterberichte in Form von Vorhersagen mit Angaben von Luftdruck, Temperatur, Sichtweite, Wind, Windstärken usw. und Sturm- und Orkanwarnungen übermittelt werden. Diese Angaben werden auf Grund von Wetterkarten nach dem System der synoptischen Meteorologie an Land aus Wettermeldungen ausgewählter Stationen auf dem Kontinent und auf Inseln, von wetterbeobachtenden Handelsschiffen, Fischdampfern, ausgesprochenen Wetterschiffen und — neuerdings — auch aus Meßergebnissen von Radiosonden, Satelliten usw. erarbeitet.
Vordem, also auch noch in der Blütezeit der Windjammer, mußten sich die Nautiker mit den Angaben in den Segelhandbüchern, Klimatologien und ihren und ihrer Kameraden Erfahrungen begnügen. Es ist aber nicht so, daß es vor dem Erscheinen der ersten Segelhandbücher etwa noch keine Wetternavigation gegeben hätte. Vielmehr ist das Studium von Wind, Wetter und Meeresströmungen so alt wie die Seefahrt und Segelschiffahrt selbst. Systematische Beobachtungen sind jedoch nicht vor dem späten Mittelalter durchgeführt worden[210], und für die Fahrt unter den Küsten Europas über die kleineren Meere, wie Mittelmeer, Nordsee oder Ostsee, begnügte man sich mit dem, was an Land mit Bauernregeln bezeichnet wird.
Je nach Erdteil kannte man am Ort Monsune oder Passate, permanente Sturmzonen und solche mit lang andauernden Stillen, in anderen Gebieten wußte man

um die Häufigkeit von Zyklonen zu bestimmten Jahreszeiten und anderswo um die typischen Land- und Seewinde im Wechsel der Tageszeiten. Die eine oder andere Erkenntnis auszunutzen, verstanden die alten Phönizier genausogut wie die Melanesier, die alten Griechen wie auch die Wikinger unter den Germanen. Wir wissen, daß Araber und Inder — begünstigt durch örtliche gute oder zumindest bessere Großwetterlagen — schon in frühesten Zeiten zwischen ostafrikanischen Küsten und jenen am Persischen Golf Handel mit Segelschiffen betrieben haben. Uns ist heute bekannt, daß Eingeborene von Peru sich in primitiven Fahrzeugen vom Passat nach Westen bis zu den Südseeinseln treiben ließen, weil sie der Natur ihre Gesetzmäßigkeiten abgelauscht hatten. Und wir wissen auch um Fahrten asiatischer Seefahrer, die sich damals wie heute mit ihren mit Schratsegeln bestückten Kanus auch aufs Kreuzen verstanden haben müssen, und das schon zu frühesten Zeiten.

Über die uns mehr interessierenden nordatlantischen Segelfahrten der Wikinger ist genug geschrieben worden. Einzelheiten erübrigen sich. Die Feststellung mag genügen, daß es im Norden — bis auf die Wikingerreisen — eine ozeanische Seefahrt noch nicht gab. Der mittlere und südliche Atlantik war bis dato praktisch unerforscht, einige nicht aktenkundig gewordene Seereisen von vor einem halben Jahrhundert vor Columbus lebenden Portugiesen ausgenommen. Erst als Infant Heinrich, auch Dom Henrique el Navador[211] genannt, mehr in seiner Eigenschaft als Großmeister des Christusordens, denn als Infant von Portugal, alljährlich Schiffe ausrüstete, um nach Christenvölkern am Rande der maurischen Herrschaftsgebiete zu suchen, begann man, Westafrika von See her zu erkunden. Dabei wurden unter anderem die Inseln Madeira und Porto Santo, die Kap-Verdischen-Inseln und schließlich, bei Vorstößen in das „Nichts" des Westens, die Azoren entdeckt. Außer einer Sternwarte, der ersten in Portugal übrigens, und einem Seearsenal richtete Heinrich der Seefahrer auch eine Kosmographenschule in Sagres ein. Hier wurden alle auf See erworbenen Beobachtungen gesammelt und geordnet, auch jene über den bei den Kap Verden vorherrschenden Passat, dessen Grenzen man zu bestimmen suchte und dann auch zwischen Madeira und den Kanaren im Wechsel zwischen Sommer und Winter fand. So führte denn auch das nunmehr nach Norden hin begrenzte Gebiet des Nordostpassats zwangsläufig auf den Weg nach Westindien, als Columbus das Gewürzland Indien auf dem Seewege suchte. Die Engländer belegten das, was die Portugiesen schon früh fanden und erforschten, mit dem wohl treffendsten Namen, den das Vokabular der Insulaner bietet: Sie nannten die Passatwinde Trade Winds, Handelswinde also. Anfangs nur für die steten Nordostwinde im Nordatlantik gedacht, wurde der Begriff später auf alle Winde ausgedehnt, auf deren nach und nach entdeckter, erforschter und räumlich begrenzter Stetigkeit die großen Handelswege der Segelschiffahrt abgesteckt wurden.

Beobachten ist der erste Schritt jeder Forschung. So auch hier: Von damals bis zur heutigen Wetternavigation war es ein langer Weg. Jeder neuen Generation kamen die Erfahrungen der Vorgänger zugute. Praktiker waren es, die das Wissen um die großen Windsysteme der Erde — um die Passate, Monsune oder die Westwinde der mittleren Breiten, um Sturmhäufigkeiten und Sturmregelmäßigkeiten, um Hurrikane und Taifune, um Stillen, Mallungen oder Nebelgebiete — mit den Mosaiksteinchen ihrer minuziösen Beobachtungen und gar nicht so selten in großen Gefahren errungenen Erfahrungen ergänzt und bereichert haben. Wer anders als der Seemann hat so viel und so gründliche Gelegenheit, sich mit den Vorgängen einer Natur zu befassen, die in sein berufliches Dasein hineingestellt ist. Er ist der beste Helfer jener Forschungszweige, die sich mit der Natur des Meeres und der Luft über dem Meer befassen. Als Gegenleistung dankt die Wissenschaft dem Seemann für seine gewissenhaften Beobachtungen dadurch, daß sie ihm die Ergebnisse der ausgewerteten Beobachtungen in Gestalt immer neuerer und besserer Handbücher und Seekarten zurückgibt und damit nicht nur die Sicherheit der Schiffahrt hebt, sondern auch seine Berufstüchtigkeit fördert.

Mag sein, daß an Land die Worte Ehre und Pflicht rar geworden sind, für den Seemann ist es auch heute noch Ehre und Pflicht zugleich, seine überschüssige Arbeitskraft in den Dienst der Beobachtung von Meer und Wetter zu stellen.

Mit gebotener Gründlichkeit hat die am 9. Januar 1875 in ein Reichsinstitut umgewandelte deutsche Seewarte[212] in Hamburg zum Beispiel Regeln für die in diesem Buch oft zitierte Umsegelung der Südspitze Südamerikas aufgestellt. Sie lauten im völlig unbürokratischen Ton:

1. Segle unter günstigen Umständen durch die Straße Le Maire.
2. Halte südlich von der Staateninsel gut voll, um tüchtig Fahrt zu machen.
3. Laß Dich südlich von der Staateninsel bei zu früh einsetzendem Südwest-Sturm nicht nach Südosten vertreiben, sondern segle lieber hinter die Staateninsel zurück.
4. Passiere selbst bei raumem Wind etwa 30 sm südlich von Kap Horn und dann südlich von Diego Ramirez.
5. Segle mit nordwestlichen Winden auf Steuerbordhalsen, mit südwestlichen Winden auf Backbordhalsen, darin laß Dich nicht irremachen, auch wenn Du ziemlich südlich kommst. Vermeide aber natürlich unmittelbare Gefahr, so zum Beispiel Eis, und laß Dich nicht durch Ausschießen des Windes überraschen[213]. Wenn das Barometer aufhört zu fallen, steht eine Windänderung unmittelbar bevor.
6. Fahre so viel Segel, wie mit Rücksicht auf die Umstände zulässig sind.
7. Hüte Dich, bei östlichen Winden an der Südseite dieses Minimums durch nördlichen Kurs in dieses hineinzulaufen, halte darum den Wind mindestens platt von achtern oder vielleicht noch besser etwas von Backbord ein, bis das Barometer steigt.
8. Scheue Dich unter günstigen Umständen nicht, um einen Südwestwind auszunutzen, Dich der Südwestküste von Feuerland etwas mehr zu nähern als unter ungünstigen Umständen ratsam sein würde.
9. Bleibe aber, auch wenn Du schon ziemlich westlich stehst, bei schralendem nordwestlichem Wind nicht zu lange auf Backbordhalsen, sondern segle auf Steuerbordhalsen dem günstigen Südwestwinde entgegen.
10. Laß Dich nie ohne zwingende Gründe bestimmen, ein Manöver, das die Wetterlage erfordert, es sei Wenden, Halsen, Segel setzen, zerissene Segel ersetzen, Segel bergen oder dergleichen, bis ans Ende der Wache, Tagesanbruch, Mondaufgang usw. zu verschieben.

Über solche exakten Hinweise und Unterlagen hinaus spielte — und spielt auch heute noch — das eine nicht geringe Rolle, was den echten Seemann auszuzeichnen pflegt:

der sechste Sinn,

das nicht nennbare Gespür mit der Natur engverbundener Menschen für Wetterwechsel und für Gefahr.

Für die große Zahl der Segelschiffkapitäne, die seit dem Aufkommen überseeischer Seefahrt dazu beigetragen haben, solche so wertvollen meteorologischen Fakten und Details zusammenzutragen, und die zum anderen auch über die Fähigkeit verfügen, die von Jahrzehnt zu Jahrzehnt lückenloser und besser werdenden Angaben in den Segelhandbüchern im Zusammenklang mit eigenen Aufzeichnungen und eigenen Erfahrungen und Kombinationen für gute und schnelle Reisen auszuwerten, mag hier stellvertretend der Pommer Robert Hilgendorf stehen. Über ihn und auch über seine von der Besatzung mit Mißtrauen und Ehrfurcht zugleich bezeichnete „Wetterzauberei" ist an anderer Stelle nachzulesen, siehe Kapitel XIV: Kapitäne. So viel nur in diesem Zusammenhang, daß Hilgendorf (und mit ihm viele seiner Kameraden, welche die Bedeutung der Wetternavigation rechtzeitig erkannt hatten) stets, wenn er die Lage eines Tiefdruckgebietes bestimmt hatte, die Seite des Tiefs zu gewinnen trachtete, an der der fördernde Wind nach dem Winddrehungsgesetz zu erwarten ist.

VI

Pamperos, Hurrikane und Taifune

Stürme sind und werden eine Gefahr für die Seefahrt bleiben, nur mit dem Unterschied, daß Dampfer, Motor, Turbinen oder nuclear betriebene Schiffe heute die vom Großraumwetterdienst, gemeldeten barometrischen Minima und vor allem jene gefährlichen Wirbelstürme in den meisten Fällen noch ausmanövrieren können. Zur Hoch-Zeit der Windjammer gab es einen solchen Warndienst nicht, beziehungsweise er steckte — wie die Funkentelegraphie — gerade in den Kinderschuhen. Außerdem sind Segelschiffe windgebunden und daher windabhängig. Ihre besten Reviere waren dort, wo die günstigsten Winde wehten, wobei günstig nicht immer — man denke an die Roaring Forties — mit brav und angenehm gleichzusetzen war. Uber die Zonen mit fast stetig zu nennenden Minima — das Kap Horn-Revier oder die Roaring Forties etwa — ist in diesem Buch ausreichend berichtet worden. Hier nun sollen aus der Fülle der anderen, für bestimmte See- und Künstengebiete typischen Stürme einige Beispiele genannt werden.

Pfingstsonnabend, den 29. Mai, anno 1909.
Während man an Land für das Fest, für den 50. Tag nach Ostern, die mehr weltlichen Pfingstbräuche vorbereitet, den Ochsen schmückt, den die Metzger durch die Straßen führen werden, Kränze und Birken aufhängt und aufstellt oder, in Thüringen, die heilige Kraft des Wassers in Brunnenfesten zu feiern gedenkt, wird auf der Viermastbark *Alster* am Pfingstsonntag als das einzig Festtägliche ein voller Schlag zu nennen sein. Und Kuchen dazu. Und wenn die Janmaaten Glück haben, wird er auch zu beißen sein.
Sonst vergeht auch dieser Tag wie jeder andere. Die Wachen kommen, die Wachen gehen. Und da man, auf der Höhe von Montevideo stehend, den Südostpassat schon einige Tage hinter sich hat, ist's kühler geworden. Es weht rauher. Und unbeständiger. Heute steht eine kräftige nördliche Brise. Alle Lappen sind gesetzt, die *Alster* furcht mit zehn Knoten durch die salzige See. Dem Salpeterhafen Pisagua an der Westküste entgegen. Mit einer in den Barry-Docks übernommenen Ladung Kohlen im Bauch.
Voraus unterbricht eine dunkelgraue Pyramide den azurblauen Himmel an der Kimm. Man weiß, dort segelt eines von den BEK-Schiffen, eines von Knöhr & Burchard Nfl. in Hamburg, im Osten zeichnet sich die Silhouette von einem der wundervoll geformten Portenschiffe von A. D. Bordes ab. Schwerelos wie ein Wattebausch schwebt es über die See:
Dahineilende, leichtfüßige Eleganz aus grauem Leinen.
Ohne daß der Kapitän Hans Bettaque etwas zu sagen braucht, waschen die Männer der Freiwache das Deck der 3 076 BRT großen Viermastbark, kratzen hier und dort einen Tupfer Farbe von den blitzeblanken Teakholzplanken ab oder klaren die Nagelbänke auf. Sie tun das, ohne dazu angetrieben zu sein. Sie fühlen sich mitverantwortlich. Das ist es. Und der Ausguck, ein Leichtmatrose mit dem Abi in der Tasche, findet, obschon klug und belesen, gar nichts an der kleinen dunklen Wolkenbank über der Kimm, auch der noch junge Steuermann betrachtet sie ohne Unruhe. Sie wird ziemlich schnell größer. Sieht bald wie eine Wurst aus. Die Enden sind dünner. Sie hängen herab wie die Spitzen von einem Mongolenschnurrbart.

Es ist wohl eine jener mehr intuitiven Ahnungen, die Kapitän Bettaque in diesem Augenblick nach oben und an Deck treibt. Schon lange hatte er vorher mit Sorge und Unruhe den steifen und stetigen Nordwind beobachtet, in dem Libellen, Schmetterlinge und anderes Getier mitsegelten. Er hatte sich dessen erinnert, was ihm ein Argentinier einmal sagte:
„Si Norte duro, Pampero seguro!“[214] Wie immer hebt er jetzt erst die Nase in den Wind ... Dann sieht er die Wolke. Sie überrascht ihn nicht. Luft und Meer nehmen bereits ein drohendes Aussehen an.
Was nun folgt, spult sich so schnell ab wie ein Film von der Rolle. Der massive Ostpreuße, ein Hugenotte mit salzburgischen Vorfahren, wird lebendig wie ein Wiesel in der Stunde der Gefahr, denn, laut Kapitän Piening: „Wehe dem Schiff, dessen Führer die Anzeichen nicht kennt.“ Kapitän Bettaque kennt sie. Er handelt.
Ein schriller Pfiff aus der Batteriepfeife geht Befehlen und Manövern voran.
„Royals dal!“
„Bramstagsails dal!“
„All hands an Deck. Los, los, los dafür.“
Die Royalrahen rasseln herunter. Die Stagsegel folgen klirrend. Während die obersten Lappen gerade von Deck aus aufgegeit werden, poltert die Freiwache an Deck und wird von Bettaques dröhnendem Baß mit einem knappen
„Babenbramsails dal!“
an die Bramfallen gehetzt.
Taljen knarren, Racken ächzen, als sie die Oberbramrahen fieren.
Enter auf nun ...
Segel festmachen ...
Die Alten und die Jungen vor dem Mast haben noch nicht die schwindelnden Höhen erreicht, da verschwindet die Sonne hinter einem brodelnden schwarzgelben Vorhang. Aus dem kleinen dummen Wölkchen ist urplötzlich eine riesige wogende Wolkenbank geworden. Und sie vergrößert sich noch immer. Grelle Blitze zucken jetzt aus ihr heraus, gefolgt von dröhnenden Donnerschlägen.
Nur gut für die da oben auf den Rahen, daß sie mit sich und den jetzt wild schlagenden, aufgegeiten Segeln zu tun haben, daß sie alle ihre Aufmerksamkeit darauf richten müssen, das Tuch brokweise unter den Bauch zu klemmen, einzupacken, aufzurollen und mit einem Zeising auf der Rah zu belegen. Wer aber seinem Nachbarmakker etwas zurufen will, der muß schon die ganze Kraft seiner Stimme dranwenden, um das Heulen und Jaulen des nun orkanhaften Windes zu übertönen, eines Naturphänomens dramatischer Wildheit, von den Südamerikanern schlicht Pampero genannt, weil er den heftigen Stürmen über den argentinischen Pampas so ähnlich ist. Auf See pflegt er immer mit großer Plötzlichkeit und immer vom Land her zu kommen.
Es wird dunkel.
Der Tag wird zur Nacht.
Aus dem in unregelmäßigen Abständen gelbgold überflammten Wolkenhimmel gießt es, als seien Schleusen geöffnet worden. Das Trommeln der Regentropfen, das Heulen der Orkanböen, das erdbebenhafte Grollen und Donnern, das den Blitzen folgt, vereinen sich zu einer Symphonie satanischer Intentionen.
Dazwischen Befehle, geschrieene Worte.
Dazwischen das Aussingen der Männer, um die Geitaue zu holen.
Dazwischen kurze, reißende Kanonenschläge, mit einem widerlichen peitschen-

den Nachklang, wenn Segel in Fetzen gehen und davonfliegen.
Dazwischen ein wieder anderer Laut: als eine der Untermarssegelschoten reißt, als deren Kette randalierend und rasselnd durch das Scheibgatt fährt, die stählerne Rah peitscht, daß die Funken sprühen, um dann über Bord zu gehen.
Wehe dem Kapitän, der keine Männer an Bord hat, die mit schlafwandlerischer Sicherheit jeden Tampen an der Nagelbank schon an seiner Dicke erfühlen, Männer, die sich auf schwankenden Fußpferden der Rahen so sicher wie an Deck oder auf der Lombardsbrücke bewegen.
Kapitän Bettaque hat dieses große Glück.
So gelingt es auch, die Untersegel schnell zu bergen.
Doch in dem Augenblick, da es den Anschein hat, daß die Kraft des Pamperos gebrochen ist, tobt es mit voller Stärke erneut aus den Wolkengebirgen heraus. Die *Alster* wird tief nach Steuerbord gedrückt. Die Leereling schleift tief durchs Wasser.
Und der Knall, der sie aufhorchen läßt? Der Innenklüverleiter ist gebrochen. Das große Segel hat es im Bruchteil von Sekunden — gleichsam explosivartig — zerfleddert.
Das war der letzte Angriff. Jetzt flaut das Unwetter schnell ab. Nur der Regen trommelt noch aufs Deck. Er beruhigt aber auch die aufgebrachte See und die Nerven der Männer.
Auf einmal ist die Sonne wieder da, ist der Himmel wieder unschuldig rein und von einem strahlenden Blau. Licht genug, um die Verwüstungen auf der *Alster* zu erkennen.
„Make the best of it", knurren die Jan Maaten, als sie die Fetzen der zerrissenen Segel bergen und neue, die sie als Schlangen an Deck schleppen, in die Toppen heißen und unterschlagen: Sturmsegel fürs Kap Horn.
Die waren ohnehin fällig.
Der Pfingstsonnabend ist dahin. Der Sonntag und der Montag nicht minder. In Pisagua treffen sie die während des Pamperos außer Sicht gekommenen und verlorengegangenen Segelschwestern wieder. Auch das BEK-Schiff hat Federn lassen müssen, auch auf ihm hat der Orkan wüst in den Segeln gehaust. Besser ist der Franzose dran. Sein Kapitän ruft — nicht ohne Stolz in der Stimme — herüber: „We lost nothing!"
Nun, dafür stand er auch weiter östlich, ein Beweis, wie lokal die Bahn eines solchen Pamperos ist.
Kapitän Piening über diese im La Plata-Gebiet heimischen Küstenwinde: „Der Gegensatz zwischen dem warmen Brasilien und den kalten Luftmassen des Südens, dann der Niveau-Unterschied der weiteren Pampas und der Cordilleren lassen in der argentinischen Tiefebene Tiefdruckwirbel entstehen, die mit unwiderstehlicher Gewalt ostwärts über die La Plata-Mündung hinweg in den Südatlantik hineinziehen."
Das Opfer eines solchen Pamperos wurde auch die *France,* die erste französische Fünfmastbark. Der große, stolze, 110 Meter lange Segler, der übrigens, 1897 vor Dungeness ankernd, von dem britischen Kreuzer *Blenheim* gerammt wurde und wieder repariert werden konnte, war im März 1901 mit einer Ladung Kohle von England ab Tyne nach Valparaiso in Chile ausgelaufen. Vor der Küste Brasiliens wurde er auf 35.05° Süd und 46.05° West von einem Pampero angefallen. Später sichtete die der Reederei D. H. Wätjen & Co., Bremen, gehörende Bark *Josepha* das verlassene und von der See überspülte, aber noch immer schwimmen-

de Wrack. Man sah niemanden an Bord und fürchtete eine Katastrophe. Die Welt der Tiefwasserseglermänner atmete auf, als man erfuhr, daß die gesamte Besatzung von der unter Kapitän Korff stehenden deutschen Viermastbark *Hebe* aus Hamburg in dem Augenblick gerettet worden war, da die Rahnocken bereits tief durch das Wasser schleiften. Den Segler selbst überließ man seinem Schicksal. Mehr darüber im Kapitel XIII: Rettung.

✡

Dem sommerlichen Pampero oder dem texanischen Norther, der sich nur durch die Jahreszeit unterscheidet, nicht unähnlich ist der Southerly Burster an den Küsten des südlichen Australiens. Er ist ein eigenwilliger, sonderbarer Herr, dem stunden-, oft sogar tagelang andauernde Hitze voranzugehen pflegt. Am frühen Morgen vor dem Burster wird der Himmel weiß und dunstig. Das bis dahin fallende Barometer beginnt zu steigen. Dann zeigen sich im Süden und Westen Wolken, zuerst kugelige Cirrocumulus, dann, wenn Gewitter dabei ist, schwere Cumulus und Cumulonimbus. Etwa eine Stunde vor der gefährlichen Bö türmt sich — wie beim Pampero und überhaupt bei „bogenförmigen Böen" — ein Wolkenwulst auf. Der bis dahin immer frischer wehende Wind aus Nord flaut ab. Windstille mit vereinzelten Windpuffen folgt. Unter dem inzwischen höher angestiegenen Wulst eilen weiße Wolken heran. Sie werden auf der Vorderseite des Wulstes ruckartig aufwärts- und darüber hinweg geworfen. Dann wogen im Süden plötzlich Staubwolken auf. Sekunden später ist der Sturm da. Die ersten zwei Stunden weht er mit 60 bis 110 km/h.

Das ist schon etwas.

Das aber ist der Normalfall.

Am 14. Februar 1891 erlebten mehrere deutsche Segler den Southerly Burster bei Kap Otway anders, ganz anders. Er kam nämlich ohne Wolken, und dazu aus dem Westen. Erst allmählich ging er nach Süden herum. Die *Hercules* und die *Emin Pascha,* die bei dem schönen, allerdings etwas dunstigen Wetter alles Tuch an allen Rahen gesetzt hatten, traf der erste Windstoß, und zwar fast gleichzeitig, als man — zu spät indessen — das Herankommen des Bursters auf und an der See beobachtete. *Hercules* und *Emin Pascha* wurden hart auf die Seite geworfen, fast so hart, daß sie kenterten. Mehr passierte nicht, denn sie richteten sich, da weiterer permanenter Druck ausblieb, in der Atempause bis zur nächsten Attacke wieder auf. Das nur eine Seemeile von *Hercules* abstehende Vollschiff *Helene* dagegen verlor bei dem Stoß einen Teil der Takelage. Eine Stunde wehte es in Stärken bis zu zehn und mehr. Das alles — und das ist typisch für den Southern Burster — bei steigendem Barometer.

Und da wir gerade bei der australischen Ostküste sind, sei eines anderen Sturmes gedacht, der als der Cawarra Gale in die Leidensgeschichte so manchen Seglers einging, er, ein Oststurm, der ohne Warnung kommt und daher weit gefährlicher ist als manches andere schwere Wetter. Er schleppt außer Wind stets Ströme von Regen heran, ausgesprochen dickes Wetter also, und vor der Leeküste läßt er die See zu Bergen anwachsen. In einem der schlimmsten dieser Cawarra Gales gingen am 12. Juli 1866 vierzehn Schiffe verloren.

✡

Um noch bei den „Küstenstürmen" zu bleiben:

Was ein Norder für die Küste Chiles, der Pampero für die vor Brasilien bedeutet, ist der Black Southeaster vor den Küsten Südostafrikas. Besonders Port Elizabeth war berüchtigt und gefürchtet, immer, wenn sich Südostwind zum Orkan entwickelte, weil der aus teerigschwarzen Wolkengebirgen herauslaufende Sturmwind — daher auch sein so prosaischer Name — die See unbehindert aus den Weiten des Indik und der Antarktis vor sich her peitschen und aufsteilen und sie ebenso unbehindert in die Bucht von Algoa und damit in die Hafenreede von Port Elizabeth hineinpressen konnte. Das war eine böse, oft eine tödliche Sache. 1859 kostete das sechs Schiffen das Leben. 1869 waren es sogar elf, die, vom Orkan und der See aus ihren Verankerungen losgerissen, in der nur knapp dreihundert Meter entfernten Brandung strandeten und zerschlagen wurden wie Blechschachteln unter einem Amboßhammer. Man tat viel, um solche Katastrophen zu verhindern, wenn man schon die Reede nicht abzuriegeln vermochte. Und man tat doch zuwenig, denn die vier Rettungsraketen und die bereitgestellten Rettungsboote sollten nicht genügen, um wenigstens zu retten, was nicht zu verhindern war oder gar um etwa zu verhüten, was dann im Jahre 1902 am 1. September geschah ...

Vierzig Schiffe, Küstensegler und hochseegehende Segler, lagen noch auf Reede, als dunkle, grünviolett schimmernde Wolken die Mittagssonne immer mehr verdunkelten, während sich die Schuten und die Leichter bereits in die Hafenbecken verholt hatten. Unter den Gästen, den Norwegern, Engländern, Franzosen, auch Deutsche: die Bark *Hans Wagner* aus Hamburg, die Bark *Nautilus* aus Brake, die Bark *Arnold* aus Elsfleth, deren Wiege in Toulon gestanden hatte, das Vollschiff *Coriolanus,* auch ein Elsflether, ein Eisenschiff, das 1876 bei McMillan & Son im schottischen Dumbarton entstanden war. Alles gute Segler, solide und starke Schiffe, mit erfahrenen, bewährten Kapitänen an Bord.

Abends, als die Sonne sinkt, steht im Westen ein bizarres Wolkengebilde vor blutrotem Himmel. Die Ausläufer dieser dunklen, blauschwarzen Bank erinnern an Krallen, die länger und länger werden, die drohen und warnen, bis dunkle Nacht sie überdeckt. Aus dem Wind wird bald eine harte Brise. Zur steigenden Dünung wächst die See. Der Wind treibt sie frei und ungehindert in die Algoa-Bay und auf die Hafenreede von Port Elizabeth hinein. Aus dem Sturm wird Orkan. Er steilt die See gewaltig auf. Beide, Orkan und See, drücken auf die Leiber der Schiffe, deren Besatzungen an Deck verharren und bangen Herzens die Ankerketten beobachten. Hier und dort haben die Kapitäne vorsorglich schwere Tausprings auf beide Ankerketten setzen lassen. Sie haben die dicken Tampen um Fockmast und ums Deckshaus belegt, und man läßt sie dann noch weiter über das Deck laufen, damit sie möglichst viel Länge bekommen, um den auf den Ketten liegenden Druck aufzufangen. Hier und dort wiederholt sich dieses Spiel mit der Präzision eines Uhrwerks:

Die Ketten kommen steif, sie knirschen und wühlen in den Klüsen, sie zittern ... Dann fallen sie, immer dann, wenn der Grund unten nachgibt und die Anker durchgehen, wieder lose durch.

Drei, vier, fünf Meter ist jeder dieser Sprünge lang. Und mit jedem Sprung nähert sich das Schiff der Brandung und dem Strand. Sofern die Ketten überhaupt noch halten, denn jeden Augenblick fürchten sie an Bord, wenn das Dröhnen im Schmiedeeisen der Ketten anwächst, daß sie brechen ...

Sie bringen daher auch Notanker aus, für den Fall der Fälle. Aber auch diese halten nicht.

Als der Morgen graut, sind von den vierzig Schiffen, die am Tage zuvor noch friedlich beieinander lagen, vierunddreißig gestrandet — und zwar zwölf Coaster und 22 hochseegängige Segler[215]. Unter diesen ist die *Nautilus*, deren Ketten brachen und die der aus schwarzem Rachen düsterer Wolkengebilde heraustobende Blacksoutheaster in die tosende Brandung zutrieb. Kapitän Assing wollte noch versuchen, durch Setzen von Stagsegeln möglichst hoch auf den Strand hinauf geworfen zu werden, eine gute, eine richtige Maßnahme. Doch das Schicksal stemmte sich gegen die Bark aus Brake, die noch vor dem Strand und mitten in der Brandung ausgerechnet auf ein altes Wrack auflief und in dieses mit jeder in sich zusammensinkenden Brandungssee regelrecht hineingestampft wurde. Das Vorschiff sackte tiefer und tiefer, das Achterschiff stieg dagegen höher und höher. Auf dieses rettete sich die Besatzung: 14 Mann. Kapitän Assing und der Leichtmatrose Lange hielten sich am Besanmast fest, die anderen Männer und Jungen an der Reling des Hecks. Eine ausgesucht schwere See riß den Kapitän und den Leichtmatrosen über Bord. Den Jungen schwemmte eine andere See zurück, den Kapitän sah man zwar einmal — oder waren es zweimal — auftauchen, dann verschwand er im Dampf der Brandung.

Das war das Signal für die anderen: Weg, nur weg von dem sterbenden Schiff. Es sprangen der Obersteuermann, der Koch, ein Matrose und der soeben noch einmal davongekommene Leichtmatrose. Wenig später folgte auch der Zwote.

Nur einer kam durch: der Matrose, Ulpts mit Namen. Man fand ihn am Strand, völlig erschöpft und ermattet. Den Leichtmatrosen barg die *Hans Wagner* aus der kochenden See, sie fischte auch den Zwoten heraus, bevor er endgültig versank. Das auf dem Wege durch die Brandung auf den Strand. Die gesetzten Vorsegel, die ihren Zweck prächtig erfüllten, schoben das Schiff weit aufs Land hinauf.

Acht Mann waren auf der *Nautilus* zurückgeblieben, acht Seeleute, die auf ihr Schiff vertrauten und auf ihre Erfahrungen: Jeder Sturm findet einmal ein Ende und ein Küstenorkan meist noch schneller. Gegen Mittag erreichten Sturm und Flut ihren Höhepunkt. Um diese Stunde überrollte ein gewaltiger Brecher das, was von der *Nautilus* noch über Wasser war. Das war das Ende der acht. Sie wurden über das Heck gezerrt und ertranken. Kurz darauf verschwand auch die Bark.

Mehr Glück hatten die Männer der Elsflether Bark *Arnold*. Mit Gewalt von ihrem Kapitän zurückgehalten, warteten sie auf ihrem gestrandeten Schiff bis zur Mittagszeit, wo Kapitän B. Haverkamp einen nach dem anderen mittels einer an einer Treibboje befestigten Leine an Land treiben ließ. Unter ähnlichen Umständen konnte auch die Besatzung des Spätclippers *Coriolanus* gerettet werden, nachdem auch hier eine Handvoll Seeleute beim ersten Aufsetzen des Schiffes auf den steinharten Sandgrund die Nerven verloren hatte: Acht Mann sprangen. Drei davon kehrten nach wenigen Metern um. Sie wurden mit Leinen an Bord geholt. Vier kamen durch. Nur einer, der Zimmermann Müller, versank im Strudel der Brandungssee. Die anderen warteten ab. Mittags gaben dann auch sie eine Treibboje an Land, stiegen in den Mast und holten sich im Bootsmannsstuhl über die Rettungsleine sicher an Land. Alle.

Von den vierunddreißig Seglern, die strandeten, sollte es gerade die alte, aber so stabile *Coriolanus* sein, die überlebte. Sie überstand die Strandung mit geringfügigen Schäden an der Reling und in den Riggen. Der Rumpf war unversehrt. Überholt wurde der Clipper 1903 nach Norwegen verkauft und dort 1922 in *Tiburon* umbenannt. Ein Jahr später erwarben die Amerikaner das Schiff, gaben ihm mit *Eugenia Emilia* einen verpflichtenden und zugleich melodischen Namen, und hielten es so gut in Zeug und Farbe, daß die Portugiesen noch viel Freude

an ihm hatten, als in den Vereinigten Staaten die Rahsegler außer Kurs kamen und der Segler 1926 nach Portugal verkauft wurde, wo er unter dem schlichten Namen *Lina* in Fahrt kam. 1930 wurde die *Lina* nach São Vincente verkauft und erneut umgetauft. Als *Coriolanos* befuhr die ex *Coriolanus* ex *Tiburon* ex *Eugenia Emilia* ex *Lina* bis 1932 die Meere der Welt, um dann in New Bedford (USA) aufgelegt und 1937 abgewrackt zu werden. Für die ex *Coriolanus* galt im besten Sinne, was ein Philosoph zur Maxime erhob: „Was mich nicht umbringt, macht mich nur stärker."
Und hier noch ein Beispiel über den Küstenwind, der während der Wintermonate den Golf von Mexiko für Segelschiffe so gefährlich macht:
Als sie, die elegant-grazile Bark mit dem Portenband[216] und dem herzvollen Namen *Seute Deern* noch *Elizabeth Bandi* hieß und ein US-amerikanischer Viermastschoner[217] war, geriet sie nach dem Auslaufen aus Tampiko in einen ungewöhnlich schweren Orkan, in einen mexikanischen Norder. Captain Peterson, der vordem 17 Jahre lang auf Rahseglern gefahren und so manches böse Wetter abgeritten hatte, sagt als ihr damaliger Schiffsführer heute[218]: „... Es war ein Chaos. Meine Erinnerung an diese Nacht, da uns der Orkan mit voller Wucht traf, ist und bleibt für mich ein Alptraum."
In der gleichen Nacht sanken in diesem Seegebiet ein Dampfer und zwölf Schoner mit 150 Menschen an Bord.
Woher den Platz nehmen in diesem Buch, um Beispiele über all die verschiedenen, oft so gefahrvollen Winde unter den Küsten und deren Gefahren für die Segelschiffe zu berichten,
... über jene aus NNW wehenden Winde im Gelben Meer, die sich mal bei klarem Wetter ohne Böen, mal mit schnell hintereinander folgenden Schnee- und Hagelböen mit großer Gewalt zu Stürmen entwickeln, die vierundzwanzig bis sechsunddreißig Stunden anhalten ...
... über die bitterkalten, vier bis fünf Tage tobenden Stürme im Golf von Pe-tschi-li, die im Nordosten beginnen, auf NW drehen und auf N zurückfallen und sterben ...
... über die im Winter an Japans Westküsten stets so unheimlich plötzlich losbrechenden Winterwetter ...
... über das wilde, urplötzliche Wehen während der Frühlingszeit bei Alaska, wo Stürme bis zu 93 sm/h aus heiterem Himmel herausbrechen ...
... über den Cordonazo, jenen eigenartigen Orkan, der mit zwar geringer Ausdehnung, aber mit unheimlicher Kraft an den Küsten des Golfs von Californien hauptsächlich gegen Ende der Regenzeit sein Unwesen zu treiben pflegt ...
... über einen anderen, mit ähnlich romantischem Namen, über den Cordonazo de San Francisco, der die See vor der Küste zwischen Mazatlan und Tehuantepec während der Winterzeit, vornehmlich zwischen Juni und November, unsicher macht und bei dessen ersten Anzeichen die Schiffe einst Schutz in den Häfen suchten, wo ihrer so viele zerschlagen wurden, während sie später hinaus auf die hohe See flüchteten, den einzigen Ort, wo sie einigermaßen sicher waren. Apropos Cordonazo de San Francisco. Der Name hat nichts mit dem Hafen San Francisco zu tun, sondern mit dem 4. Oktober, dem Franziskus-Tag, jenem Tag, an dem dieser Sturm am häufigsten geboren wird ...
... über die Chubaskos an der Westküste von Mittelamerika, jene tornadoähnlichen Gewitterböen, die nicht selten, begleitet von wolkenbruchartigem Regen und starkem Blitzen und Donnern, die Gewalt von Orkanstärken erreichen ...

Unter vollem Tuch. Oben: Einer der Sieger in der Weizenfahrt zwischen den Kriegen war die Viermastbark *Viking*. Sie brauchte von Australien nach England allerdings 120 Tage. — Mitte links: Die im Text ausführlich behandelte Viermastbark *Medway*.

ıs Vollschiff *John Currier* klar
m Auslaufen. Mit aufgegeiten
hsegeln, bereits gesetzten Stag-
eln und Besan wartet die
hiffsführung nur noch auf den
tsen, um die so günstige, wenn
ch schwache Brise sofort auszu-
tzen.

Oben: Ein stolzer Anblick: das deutsche Vollschiff *Chile* unter vollem Tuch. — Mitte rechts: Die *Professor Koch*, eine deutsche Bark mit bewegter Geschichte, hart am Wind in sturmbewegter See, ein Gemälde. — Unten: Vollschiff *Glenalvon*, des britischen Reeders De Wolf „finest ship", das durch manche schnelle Reise bekannt geworden ist.

... über jene in den Monaten Januar und Februar im Gebiet von Neu-Kaledonien besonders im Nordteil der Insel auftretenden Orkane, über die im Segelhandbuch aus dem Jahre 1897 im Kapitel Winde zu den Küstenwinden nachzulesen ist: „Sie werden von den Seeleuten sehr gefürchtet, denn wenn ein von einem Orkan befallenes Schiff keinen von Land umschlossenen Hafen erreichen kann, ist sein Verlust unvermeidlich, weil die Riffe keinen Schutz gegen die See gewähren" ...
... über all die weiteren, für die jeweilige Küste typischen Sturmwinde und die für ihre Seegebiete im Atlantik, Indik und Pazifik typischen außertropischen, subtropischen und tropischen Zyklone, über jene Hurrikane, Tornados und Taifune, über deren Werden und deren Bahnen,
über deren Gefahren für Schiff und Besatzung und auch darüber, welche Winke, Faustregeln und bereits wissenschaftlich erfaßten Erfahrungsgrundsätze es damals gab, ihnen auszuweichen und — wenn nicht anders — die Stirn zu bieten.
Am gefährlichsten sind wohl die tropischen Wirbelstürme zu heißen, die sich sehr wesentlich von den Zyklonen der Westdriften der mittleren Breiten unterscheiden, denn in ihnen gibt es keine Fronten. Hier strömt gleichmäßig warme Luft von allen Seiten in das Zentrum eines ziemlich scharf begrenzten, mehr oder weniger kreisförmigen Tiefdrucksystems, und zwar gemäß dem Winddrehungsgesetz, also auf der nördlichen Hemisphäre im entgegengesetzten Uhrzeigersinn, in das Tief hinein und im Uhrzeigersinne aus dem Hoch heraus, auf der südlichen Hemisphäre im Uhrzeigersinn in das Tief hinein und im Hoch entgegen dem Uhrzeigersinn heraus. In den Höhen ist es dagegen genau umgekehrt.
Da die ablenkende Kraft der Erdumdrehung in Äquatornähe fast gleich Null ist, folgt der Wind ausschließlich dem sehr großen Druckgefälle. Er weht daher mit äußerster Stärke fast unmittelbar zum Tief. Es können hier Windstärken vorkommen, die das Doppelte von dem betragen, was man gewöhnlich unter Windstärke zwölf versteht. Wolkenbruchartige Regenfälle und schwerster Seegang kommen hinzu. Solche tropischen Orkane bilden sich innerhalb der äquatorialen Tiefdruckfurche. Von hier wandern sie zwischen zwei subtropischen Hochdruckzellen polwärts hindurch, wo sie schließlich in die Westdrift einbezogen werden können.
In Ostasien folgen die von Dezember bis März auftretenden, Taifune genannten Wirbelstürme der innermonsunalen Front zwischen dem chinesischen und japanischen Monsungebiet. Der Weg, den sie zurücklegen, bildet oft einen nach Osten offenen Parabelbogen. Häufig fehlt aber auch eine der Bogenhälften, so daß nur eine ziemlich gerade Linie übrigbleibt. Über See können diese tropischen Wirbelstürme sehr langlebig sein. Vor allem, wenn man ihre Entwicklung miterlebt, denn dann ist ihre fortschreitende Bewegung, die sonst etwa fünf bis fünfzehn sm/h beträgt, viel geringer. Zuweilen ist sie gleich Null.
Auf der Nordhalbkugel treten tropische Wirbelstürme vor allem in der Zeit zwischen Juli und Oktober auf. Die Gebiete ihres Vorkommens sind: selten beim Kap Verde, häufiger unter der mexikanischen Westküste und den Antillen, hier Hurrikane genannt, ferner die Arabische See, die westliche Südsee, der südliche Indik, der Golf von Bengalen und die ostasiatischen Randmeere. In den nordindischen und südchinesischen Gewässern sind Fälle nicht selten, daß es auch im Frühsommer zu Wirbelstürmen kommt.
In vielen, nicht in allen Fällen läßt sich eine allzu große Annäherung an ein Wirbelsturmzentrum, das des schnellen Umspringens der Winde und der Kreuz-

see wegen besonders gefährlich ist, durch genaue Beobachtung, Sachkenntnis und Vorsicht vermeiden.
Von großem Vorteil ist hierbei die Regelmäßigkeit aller Erscheinungen unter normalen Verhältnissen in den Tropen, die jede Abweichung in Wind, Wetter und See sowie im Gang der Instrumente, besonders der Barometer, oft leicht erkennen lassen.
Wehe aber dem Schiff, das in das Zentrum eines tropischen Wirbelsturmes gerät.
Die Hölle von Kap Horn ist ein gemütliches Revier dagegen.
In einen solchen Taifun — das Wort ist chinesisch und heißt „Großer Wind" — segelte die Viermastbark *Robert Rickmers,* die am 17. Juni 1904 Philadelphia mit 75 300 Kisten Petroleum für Hiogo in Japan an Bord verließ. In der Lombock-Straße traf sie noch mit der englischen Viermastbark *Alcides* zusammen. Als die beiden Segler am 8. außer Sicht kamen, war ein aufziehender Taifun die Ursache dafür. Den Amerikaner kostete der Wirbelsturm die Takelage, die *Robert Rickmers* das Leben. Nichts wurde von ihr gefunden, nichts, auch keine Planke.
Und so mancher Segler hat das Schicksal des Bremerhavener Viermasters in einem Taifun geteilt.
Ins Zentrum eines solchen Wirbelsturms geriet auch, berichtet vom damaligen Leichtmatrosen und späteren Kapitän von Netz, der unter Kapitän B. Sauermilch fahrende Bremer Segler *Sirene:* „Das mit 1 400 Tonnen Salz beladene und mittschiffs durch dicke Längsbohlen abgeschottete Vollschiff hatte die Lombokstraße erreicht. Eine plötzliche, harte Bö ließ den langen Klüverbaum wegbrechen. Man fischte das abgebrochene Stück auf, reparierte den Schaden und erwischte in der Nähe der berüchtigten Lord Nord-Insel eine Flaute, wie sie im Buche steht. Ausgerechnet hier, wo noch immer chinesische Seeräuber hausen. Aber es ging alles klar . . . bis gute 200 Seemeilen vor der japanischen Küste. Unser erfahrener alter Kapitän hatte schon lange beobachtet, daß der Lange Heinrich[219] schon durch das Zwischendeck in den Unterraum gefallen war. So hatten wir bis auf die Untermarssegel alles fest, als der Taifun einsetzte. Als dann noch die Untermarssegel in Fetzen davonflogen, trieben wir vor Topp und Takel . . ."
Vor Topp und Takel treibt die *Sirene* ins Zentrum des Taifuns hinein. Das strahlend blaue Auge am vorher düsteren Himmel über sich, meinen sie an Bord, daß es nun besser wird. Gefehlt. Wilde Kreuzseen fallen über die *Sirene* her. Von allen Seiten steilen sich die Brecher auf, an Backbord, an Steuerbord, achtern und vorn begraben sie mit ihren tonnenschweren Tatzen das Schiff unter sich.
Aber: Die *Sirene* übersteht. Sie überlebt den Wirbelsturm. Nur den Leichtmatrosen von Netz hat eine überkommende See gegen eine Spier an Deck geworfen. Er hat innere Verletzungen und muß, als man drei Tage später einläuft, ins Lazarett gefahren werden. Ausdrücklich vermerkt von Netz: „Hinzuzufügen wäre noch, daß sie — die *Sirene* — schon fünfzig Jahre alt war."

☆

Auf der Heimreise von Celebes schwimmt Knöhr & Burchards Nfl. Bark *Fortuna.* Sie steht im Indischen Ozean etwa zweihundert Seemeilen von Madagaskar entfernt. Sie hat gute Fahrt gemacht. Erst in den letzten Stunden ist der Wind schwächer geworden, und jetzt, gegen Mittag, ist er fast eingeschlafen.
Kapitän J. Schulz tritt mit gefurchter Stirn und ernster Miene aus dem Kartenhaus. Dann sagt er zum Ersten: „Ablaß, lassen Sie alle Segel festmachen und dop-

pelt beschlagen, es kann nicht mehr lange dauern. Das Glas fällt rapide, in der letzten Stunden sind's wieder zehn Millimeter."

Die Royal-, Oberbram- und Obermarssegel werden gefiert, die anderen Segel aufgegeit, alle Stagsegel niedergeholt und der Besan eingeholt, der mittschiffs mit zwei Bullentaljen festgesetzt wird. Beide Wachen entern auf und machen die Segel fest. Mit zusätzlichen Zeisingen.

„Hinrichsen, du holst zwei Kanister Öl aus der Farblast und bringst sie nach achtern in die Kapitänstoilette. Aber Beeilung!" Der Erste sieht an dem erstaunten Blick des Schiffsjungen, daß ihm alle diese Vorbereitungen schleierhaft sind. „Min Jung, in spätestens einer Stunde haben wir den haarigsten Orkan, den du dir vorstellen kannst!"

So geschieht, was Ablaß dem Moses befahl.

Die Besatzung hat in der Zwischenzeit fieberhaft alles Bewegliche festgezurrt und gelascht, die Lukenkeile nachgeschlagen, die Verschraubungen der Bullaugen festgezogen, die Lüftungsanlagen zugestopft und die Rettungsboote dreifach gesichert. Am Ruder stehen zwei Mann. Sie sind mit Haltegurten ausgerüstet.

Kurz nach 13.00 bricht die Hölle über die *Fortuna* und ihre 24 Mann herein. Die zuvor bleiglatte See verwandelt sich in einen Hexenkessel.

Brecher überspülen das Schiff.

Dann setzt der Orkan mit unvorstellbarer Gewalt ein. Er drückt die Bark auf die Seite, bis die Nocken der Unterrahen in den schäumenden Gischt eintauchen.

Die Besatzung hängt in den Manntauen. Harte, über die Decks schlagende Wassermassen reißen ihnen immer wieder die Beine unter dem Körper weg, die Wucht des Orkans preßt ihnen die Luft aus den Lungen. Es ist ihnen speiübel durch die salzigen Wassermengen, die sie beim Atemholen schlucken müssen. Ihre Trommelfelle scheinen zu zerspringen durch den Überdruck des gewaltigen Sturmwindes.

Eine Verständigung von Mann zu Mann oder gar die Ausführung irgendeines Befehls ist unmöglich. Sogar das oberste Gebot an Bord: Eine Hand für dich, die andere für das Schiff! ist aufgehoben in diesem Inferno. Sie sind jetzt nur noch Kreaturen, die sich mit letzter Kraft und mit dem Mut der Verzweiflung an irgend etwas klammern. Das Gesetz des Handelns ist ihnen genommen. Ihr Leben liegt in der Hand ihres Herrgotts.

Das Öl, das der Schiffsjunge in den Ablauf der Kapitänstoilette schüttete, hat kaum mehr als symbolische Bedeutung. Das entfesselte, kochende, brodelnde Meer ist nicht zu glätten.

Sechs Stunden dauern die Leiden der *Fortuna* und ihrer 24 Mann, dann ist die Gewalt des Orkans und der See gebrochen. Die Todesklammer, die das Schiff umspannt hatte, löst sich. Die Bark richtet sich wieder auf.

Die Männer aber sacken zusammen, wo sie gerade stehen. Ihre Willenskraft ist bis zum letzten ausgelaugt. Ihre Augen sind vom Salzwasser gequollen und roträndert, die Fingernägel abgebrochen. In den Handflächen schimmert rohes Fleisch.

Aber sie leben!

Die *Fortuna* hat böse Verwüstungen erlitten. Die Rettungsboote sind ausgespült, bar jeden Inventars. Oberlichter und Schotten sind zerschlagen. Ein Großteil des laufenden Gutes ist zerrupft, und den Segeln fehlen, allen Sicherungsmaßnahmen zum Trotz, große Stücke Tuch.

Zwar steht das Wasser in den Kammern, Unterkünften und Lasten knöcheltief, aber die Seetüchtigkeit des Dreimasters ist erhalten geblieben.
Brave *Fortuna*!

✡

Die *C. H. Wätjen* war ein Vollschiff mit Poop, Deckshaus, Back und zwei Decks, und ein schönes dazu. Sie, eine stählerne[220] Bremerin, war handlich und schnittig zugleich, und in allen drei Toppen fuhr sie eine doppelte Bram. Auf der Reise von New York nach Japan geschah es, was H. Frost später als Schreckensnächte bezeichnete:
Man war am 29. Oktober 1902 mit einer Ladung Petroleum in Kisten in See abgegangen, hatte in gut 30 Tagen die Rekordstrecke von 170 Längengraden abgesegelt und stand nun, von Tasmanien heraufsegelnd, am 1. März 1903 zwischen Neu-Kaledonien und den Salomonen . . .
Das Wetter ist trübe und regnerisch. Der Wind aber ist gut. Erstaunen bei den meisten, als der Kapitän am 2. März erst die Royals und dann die Bramsegel fieren und einpacken läßt.
Frost[221]: „Und als wir beim Wegnehmen der Marssegel höhnisch grienten, meinte der Zwote: ‚Jo ward dat Grienen schon vergahn!'
Leider sollte er, der aus dem Segelhandbuch des Jahres 1897 wußte, daß in diesem Gebiet um diese Zeit mit den meisten Orkanen zu rechnen ist[222], allzu recht behalten. Nachts nahm der Wind bis Sturmstärke zu, doch ging am 3. März unsere Wache morgens 04.00 noch unter Deck. Als es, morgens 06.00, dann bereits in Orkanstärken blies, kam der Befehl: ‚Alle Mann an Deck!'
Das Barometer war auf 712 mm gefallen. Das Schiff lag zum Kentern, und die Schot vom geschwichteten Großuntermarssegel wurde fliegengelassen.
Einen Augenblick richtete sich die *C. H. Wätjen* etwas auf, doch gleich darauf legte sie sich wieder auf die Seite. Da wurde der Entschluß gefaßt, die Stengen zu kappen. Wo in diesem Augenblick all die Beile herkamen, ist mir heute noch ein Rätsel. Während die Steuerleute mit einigen Matrosen die Pardunen kappten, waren wir mit drei Matrosen nach oben beordert worden, um die Stengwanten zu kappen. In jedem Topp einer. Ich hatte das Großstengwant zu kappen. Während ich noch oben arbeitete, ging schon der Kreuzmast über Bord, die Großbramstenge und die oberen Rahen mit sich reißend, und dann folgten die Großmarsstenge und die Vorbramstenge. Von der oberen Last befreit, richtete die *C. H. Wätjen* sich wieder auf, doch die ganze Takelage hing noch am Schiff fest. Es war unmöglich, es davon zu befreien. Die schweren Brecher gingen ständig über Deck. Sie erlaubten einfach nicht, sich hier aufzuhalten. Die ganze Besatzung wurde auf das Achterdeck beordert. Hier banden wir uns alle an der Luvseite fest. Zwei unserer Boote wurden von den Brechern zerschlagen. Unser Logis wurde zertrümmert, und während wir auf dem Achterdeck angebunden lagen, trieben unsere Seekisten — eine nach der anderen — an uns vorbei. Unser ganzes Hab und Gut ging so verloren. Es war inzwischen ganz dunkel geworden, und wir konnten nur den kommenden Tag abwarten.
Schrecklich war diese Nacht, jedesmal, wenn das Schiff hinten runtersetzte und die schweren Brecher über das Achterdeck gingen, war die ganze Besatzung unter Wasser. Die Takelage arbeitete an der Schiffsseite, der Orkan heulte, der Regen prasselte nieder. Hunderte von kleinen Vögeln, die vom Wirbelsturm zusammengetrieben waren, stürzten an Deck und in die See, um hier elend umzukommen.

An Deck hatte sich eine große Reservespiere losgeschlagen und donnerte mit jeder überkommenden See gegen das Kajütschott.
Diese furchtbare Nacht nahm auch ein Ende, und bei Tagwerden am 4. März sahen wir, daß die gekappte Takelage verschwunden war. Auch die Vormarsstenge mit den beiden Marsrahen war weg. Es standen nur noch die Untermasten mit den Unterrahen. Bei diesen hatten sich die Befestigungen gelockert, und die Rahen, nun ohne jeglichen Halt, schlugen beim Rollen des Schiffes schwer hin und her."
Soweit H. Frost.
08.00: Der Wind läßt nach, verebbt, schläft ein: Die *C. H. Wätjen* torkelt — im Zentrum des Orkans schwimmend — in einer hohen, wild durcheinander laufenden See wüst hin und her, von überkommenden Brechern fast begraben.
Die Männer nutzen die Ruhepause und laschen die Fockrah an einem Poller auf der Back fest, die beiden anderen an der Reling ... Sie haben diese Arbeit kaum beendet, da setzt der „Große Wind" wieder ein. Der Tag wird wieder zur Nacht: „... und es weht in solcher Stärke, daß sich alle wieder nur liegend und angelascht auf dem Achterdeck halten können."
Daß es Nacht wird, merken sie nicht. Sie kommt ohne Übergang.
Und auch der 5. März ist so dunkel wie der Tag zuvor.
Der Zweite glaubt an keine Rettung mehr. Er kriecht unter Deck, bereitet eine Buddel mit einem Papier mit dem Schiffsnamen und wenigen Worten über die Lage vor, verkorkt sie und übergibt sie der See als Flaschenpost, wie er meint, als letzten Gruß.
Als es ein ganz wenig heller wird, erkennen sie, was der Taifun weiter angerichtet hat:
Der Großmast ist verschwunden, aus dem Deck ragt nur noch ein wenig mehr als ein halber Meter hoher Stumpf, in den die See hineinschwemmt.
Der Fockmast ist in Höhe des Decks abgebrochen. Er muß mitsamt der Fockrah über Bord gegangen sein. Auch hier dringt die See in das Schiff hinein.
Die Verschanzung ist bis zum Deck durchschlagen, und jede neue See beißt weitere Stücke heraus, so daß am Abend davon die ganze Steuerbord-Seite bis zum Kajütschott fehlt.
Erstaunlich, woher die Männer die Kraft zum Handeln nehmen. Sie dichten, immer wieder von den Brechern gepackt und bedroht, die beiden Stümpfe mit Persenningen ab.
Zu spät. Es sind schon fünf Fuß Wasser im Schiff. Die Pumpen funktionieren nicht mehr.
H. Frost: „Der Kapitän gab den Befehl, aus dem Laderaum durch die Vorkajüte Ladung zu werfen. Dieser Befehl wurde sofort vom 2. Steuermann und der Mannschaft ausgeführt, nur der Kapitän, der 1. Steuermann und zwei Matrosen, die am Ruder angebunden waren, harrten an Deck aus. Als wir kaum eine Stunde beim Ladungswerfen waren, wurde der 2. Steuermann am Bein so schwer verletzt, daß wir ihn in seine Koje bringen mußten. Da immer mehr Wasser in die Kajüte eindrang, mußte die Arbeit eingestellt und die Luke geschlossen werden. In der Kajüte sah es auch wüst aus: Alles zerschlagen, die Medizinkiste und alle Flaschen zertrümmert. Gegen 7.00 Uhr abends wurde das Rudergeschirr weggeschlagen. Der Kapitän wurde schwer verletzt und bewußtlos in die Kajüte gebracht. Ich selbst stand mit am Ruder und brach den rechten Zeigefinger. Der Finger wurde mit Kabelgarn am Mittelfinger angebunden und so dem großen

Bruder auf Gedeih und Verderb ausgeliefert. Es galt nun, das Ruder zu befestigen, das wie toll so hin- und herschlug, so daß wir mit Recht befürchten mußten, der Hintersteven könnte abbrechen. Wir versuchten, den Quadrant zu laschen und mit Segel zu beklemmen, aber alle Mühen waren umsonst. Das Ruderblatt schlug furchtbar, und immer mehr Wasser drang in die Kajüte, so daß wir die ganze Nacht Wasser schöpfen mußten. Tagelang weder gegessen, getrunken noch geschlafen, stellte sich eine schwere Mattigkeit ein, doch wir wurden vom 1. Steuermann immer wieder aufgemuntert. Die Waschwasserbehälter wurden leergetrunken und so erst mal der Durst gestillt. Der Kapitän und der 2. Steuermann klagten vor Schmerzen.
Am 6. März gegen Morgen brach das Ruderblatt ab.
Der Orkan wütete noch mit gleicher Stärke, und die schweren Brecher fegten ständig über das Schiff. Alle Mann waren unter Deck in der Kajüte. Und noch vollzählig. Die Luft in der Kajüte war entsetzlich: Petroleumdunst, die vielen toten Vögel, die ausgelaufenen Medizinflaschen.
Wir waren jetzt so weit, daß uns alles gleichgültig war, und doch — der Wille zum Leben siegte immer wieder, und unermüdlich war der 2. Steuermann darin, uns Mut zuzusprechen.
Am 7. März legte sich die Gewalt des Sturmes. Alles atmete auf.
Wir konnten uns jetzt an Deck wagen, und was sich uns hier bot, war ein Bild der Verwüstung. Das auf dem Logis stehende große Rettungsboot war von dem gestürzten Fockmast zertrümmert, so daß wir nur noch die kleine Gig hatten. Das Schiff verlassen, war also unmöglich geworden. Wir mußten alles daransetzen, es wenigstens über Wasser zu halten. Zunächst gab es aber eine willkommene Stärkung, wenn auch nur Hartbrot und Wasser, aber es mundete herrlich. Der Koch brachte seine Kombüse so weit in Ordnung, daß er uns heißen Kaffee kochen konnte. Die Mattigkeit der Leute stellte sich aber wieder ein. Durch das viele Arbeiten im Salzwasser bekamen die meisten große Eiterbeulen. Sie konnten weder gehen noch liegen . . .“
Der 8. März.
Das Wetter ist ein Traum. Es herrscht Windstille. Die See läuft lang und sanft.
Das Besteck ergibt, daß die *C. H. Wätjen* volle acht Tage im Kreise getrieben sein muß, sie schwimmt jedenfalls auf der gleichen Position wie am 1. März.
Da die Mannschaft alle privaten Sachen verloren hat, helfen Kapitän und Steuerleute aus. Alles paßt zwar nicht so gut wie vom Ausrüster, aber die Hilfe vom Achterdeck ist mehr als eine Geste. Um das Schiff zu leichtern, kommen sie — während Tag und Nacht — mit einer der Lage entsprechend hinreichend guten Stimmung mit dem Über-Bord-Geben von Teilen der Ladung ganz gut voran, während Schmied und Zimmermann all ihre technischen Finessen anwenden, um die *C. H. Wätjen* wieder klar zu bekommen. Und sie schaffen es.
Frost: „Wir wurden in drei Wachen eingeteilt,
zwei Stunden pumpen,
zwei Stunden Ladung werfen,
zwei Stunden Ruhe.
Dem Kapitän ging es wieder besser, während der 2. Steuermann sehr litt, da sein Bein gebrochen war.
Es war uns gelungen, die Fockrah loszuwerden. Gefundene Lecks waren abgedichtet worden.
Am 12. März war das Schiff lenz. Der SO-Passat setzte ein und trieb uns nach

NW aus dem Schiffstrack heraus. Wir mußten versuchen, das Schiff manövrierfähig zu machen, und der 1. Steuermann ging mit den gesunden Leuten daran, Notmasten zu errichten. Unser Kreuzuntermast mit der Bagienrahe stand ja noch. So wurden aus zwei Reservebramstengen ein Fockmast und ein Großmast. Wo nur möglich, wurden Segel angeschlagen, und als alles fertig war, konnten wir etwa drei Seemeilen machen ..."

Aber die *C. H. Wätjen* steuert nicht. Auch ein Notruder bringt keine Abhilfe. Das Schiff macht zu wenig Fahrt, um eine physikalische Wirkung auf das Ruder zu bewirken. Es bleibt am Winde liegen.

Der Qualen, Sorgen und Schrecken nicht genug: Die *C. H. Wätjen* treibt auf eine Gruppe von Klippen zu.

Tagelang bemüht sich die Besatzung, das Schiff auf einen anderen Bug zu legen[223]. Wenn es glückt, könnte man die *C. H. Wätjen* dann mit den Notsegeln freisegeln. Die Fahrt des Schiffes reicht aber nicht aus für ein solches Manöver. Und am 25. März gerät der Vollrigger in derart bedrohliche Nähe der Klippen, daß fast jeder an Bord eine Strandung für unausbleiblich ansieht.

Der Steuermann bringt den Treibanker aus.

Über ihn glückt das Manöver: das Schiff dreht auf einen anderen Bug.

Es gelingt im wahrsten Sinne des Wortes: in letzter Minute.

Die *C. H. Wätjen* erreicht wieder freies Wasser, auch jetzt noch unaufhörlich gefolgt von zahllosen Haifischen, die das unglückliche Schiff schon seit Tagen schemenhaft begleiten:

„... Viele wurden von uns gefangen. Sogar bis zu zehn Stück am Tage. Kleinere Fische, die an Deck gespült wurden, waren wenigstens eine angenehme Abwechslung in unserer Speisekarte ..."

Am 27. März übernehmen sie die Überlebenden der Bark *Edith*. Mehr darüber im Kapitel XIII: Rettung.

Weitere Wochen vergehen. Lange, zehrende Wochen, denn alles wird knapp:
der Provinant,
das Wasser — und
Mut und
Kraft und
Zuversicht.

Der 10. Mai.

Land in Sicht.

Knappe zehn Seemeilen von der Küste von Neuguinea entfernt, passiert es: Das ganze Achterschiff steht plötzlich in Flammen. Mit einem dumpfen Prasseln haben sich die Planken entzündet, als eine der Fackeln, die man seit nunmehr über zehn Wochen, in die Reling gesteckt, als Notsignal — am Tage als Rauchsignal, in der Nacht als Flackerfeuer — zeigt, aus ihrer Halterung und an Deck fiel. Das Holz des Decks ist, da man hier die Fackeln bastelt, mit Petroleum gesättigt. Und die Hitze der vielen Wochen hat es ausgedörrt. Der milde Wind half dabei. Das Holz brennt wie Zunder auf.

H. Frost in sein Tagebuch: „Noch im Angesicht der rettenden Küste aufbrennen, das wollten wir bestimmt nicht. Wir gingen mit Wasser und nassen Segeln vor.

Nach vier Stunden harter Arbeit, bei der sich die ebenfalls schiffbrüchigen Seeleute der Hamburger Bark *Edith* mitbeteiligten, wurden wir dann doch des Feuers Herr."

Und wieder ist der Vollrigger davongekommen.
Endlich, am 14. Mai, 71 Tage oder, deutlicher, über 1700 Stunden, da man auf der *C. H. Wätjen* mehr oder weniger zum Treiben verurteilt worden war, rauschen unter der schon seit Tagen in Sicht gekommenen Küste Neuguineas die Anker in den Grund . . .
„Das ist genau um 05.00 nachmittags. Nachts um 01.00 kam ein von Eingeborenen gepulltes Boot längsseit, in ihm ein Missionar. Er kam gleich an Bord, erkundigte sich nach allem und erzählte auch, daß sie uns schon seit Tagen gesehen hätten, aber sich nicht hätten erklären können, was wir wollten und wer wir wären. Am nächsten Tage kamen weitere Missionare, darunter zwei deutsche. Sie brachten uns einen halben Ochsen, Milch und frisches Brot . . ."
Der Rest ist schnell erzählt. Am 30. Juli wird das havarierte Vollschiff von einem Dampfer nach Singapore geschleppt, wo man auf dem Weg durch die Torresstraße, an den Inseln Timor und Wetter[323a] vorbei, am 19. August eintrifft. Der deutsche Segler wird zur Attraktion des Hafens. Alle Europäer bestaunen und besichtigen ihn, auch alle Seeleute der hier liegenden Schiffe. Man reißt sich darum, Männer der Besatzung einzuladen. Schließlich wird die Ladung gelöscht: 57 000 Kisten Petroleum von ehemals 70 000, denn 13 000 hatte man in den Notstunden auf See über Bord geworfen.
Eine Kommission untersucht den Havaristen. Das Ergebnis ist vernichtend: Die *C. H. Wätjen* wird als reparaturunwürdig erklärt.
Damit sind die Würfel gefallen: Die Besatzung wird mit deutschen Dampfern in die Heimat gefahren, der Zwote mit der *Königsberg* vom NDL, die anderen mit dem Reichspostdampfer *Ziethen.*
Die Freude ist groß daheim, hatte man doch die *C. H. Wätjen* bereits als verloren erklärt.
Bremerhavener und Bremer Zeitungen berichten ausführlich über die Schreckenszeit auf dem Bremer Schiff.

☆

Wie sich ein Südseeorkan in den Niederschriften eines Journals in der Rubrik „Bemerkungen" ausnimmt, ist bei der Bark *Äolus* nachzulesen, die im März 1891 auf ihrem Wege von Nusa nach Hamburg auf 18.36° Süd und 161.37° Ost in einen Südseeorkan geriet (in Klammern der Barometerstand um die Mittagsstunde, der zwar an anderer Stelle des Journals vermerkt wird, hier aber in diesem Zusammenhang eingefügt wurde):
„2./3. (755,9 mm) p. Blitzen in SSW.
3./3. (755,6) a. Auffrischende Briese, Blitzen in SW; Mittag böiges Wetter, in den Böen holte der Wind nördlich; p. schönes Wetter, steife Briese.
4./3. (756,2) a. Böiges Wetter; p. stetiger.
5./3. (753,2) Trübe Luft. Um Mittag schaurig und schlecht aussehende Luft. Da ich einen Orkan befürchtete und zu nahe an den Riffen war, so hielt ich ab nach NNW und dachte, vor dem Centrum vorüber zu laufen. Von 6 p. an schwere Böen, Blitzen in allen Richtungen, hohe, wilde See.
6./3. (746,6) a. Wind und See zunehmend. Da das Barometer wieder fällt und wir nördlich genug zu sein glaubten, drehten bei über Steuerbord. Orkanartige Böen, nach denselben etwas flauer. Mittag: Gewaltig schwere See, benutzen Öl zur Beruhigung derselben. p. Stets böig, nur sehr kurze Pausen. 8 p. Orkanartige Böe; lagen vor einem kleinen Stück des Besahn bei. 12 p. Etwas flauer.

7./3. (741,7) a. Sehr harte Böen, inzwischen etwas flauer; p. desgl.; 8 p. die Richtung, aus welcher die See läuft, ist kaum anzugeben; dieselbe hebt und senkt sich pyramidenförmig.
8./3. (738,0) a. Wind und Wetter unverändert; in den Böen ist keine Bezeichnung zu hoch für die Stärke des Sturmes; p. wüthender Orkan; strömender Regen, hohe, gewaltige See aus allen Richtungen, von Nord durch Ost bis Süd; 12 p. schreckliche Windstöße, Regen aufhörend.
9./3. (730,9) a. Noch beständig wüthender Orkan; Mittag etwas flauer bei stetig fallendem Barometer, der Wind holt um 7 p. südlicher, halsten 6 p. über Steuerbord-Halsen; 8 p. schreckliche Böe, die See ist ein Gischt, 12 p. etwas flauer.
10./3. (724,7) Um 1 a. hatte das Barometer seinen niedrigsten Stand erreicht, darnach fing es langsam an zu steigen und es war im ganzen etwas flauer. Doch die Böen sind noch immer sehr schwer. Der Wind holt westlich. Nach 8 a. Sturm wieder zunehmend; p. rasender Sturm aus W mit stromweis herabstürzendem Regen; um $3^h\ 5^m$ p. schreckliche Böe aus WzN. Hiermit scheint das Wetter seinen Höhepunkt erreicht zu haben; um 4 p. etwas flauer, setzten die Marssegel wieder bei; 12 p. flauer, jedoch noch schwere Böen mit Regen.
11./3. (746,1) 4 a. Die See wird ruhiger, 5 a. Gr.-Marssegel zerriss. 8 a. Wind abnehmend, doch konnten wir noch nicht abhalten wegen Unkenntnis des Schiffsortes. 1 p. Hielten ab; 4 p. Wind allmählich abnehmend, 8 p. mitunter noch leichte Böen, 12 p. stetiges Wetter.
18./3. in 27.22° S.-Br., 155.12° O.-L. Da im Orkan das Ruder gesprungen war und wir noch sonstigen Schaden erlitten hatten, so hielten wir ab nach Moreton-Bai, um daselbst zu repariren ..."

Der weiteren Beispiele gibt es viele, die sich mit Südseeorkanen befassen, sehr viele sogar.

Der Kapitän der *Jubilee*, die am 4./5. Januar 1875 in der Bucht von Viwa lag: „Wirbelwinde wirbelten das Wasser der Bai höher als die Masttoppen auf. Während der Nähe des Orkans konnte man sich an Bord nur auf allen Vieren bewegen."

Über den Orkan am 24./25. März 1883 heißt es über Apia, daß sieben Schiffe im Hafen verlorengingen und auch, daß eine Erdbebenwelle auftrat. Noch schlimmer waren die Verluste im März 1889, als ein Orkan in Windstärken 11 bis 12 volle 24 Stunden in den Hafen hineinblies ...

Die Hurrikanfahrt[224] des amerikanischen, 2000 BRT großen Vollriggers *Da Capo* interessiert insofern, als einer dabei war, der in diesem Buch schon mehrfach genannt worden ist: Adolf Ablaß. Hier musterte er als Vollmatrose und als Schiffszimmermann für eine Reise von Antwerpen nach Yukatan an, das heißt, er wurde, obwohl er, der ja Nur-Seemann und kein gelernter Blau war, ohne viel gefragt zu werden, vom Kapitän zum Schiffszimmermann deklariert: „Ich muß morgen segeln und mir fehlt ein Schiffszimmermann. Du aber bist ein Deutscher. Was Du noch nicht kannst, wirst Du schnell lernen!"

„Von wem?"

„Von mir."

Von ihm, dem Kapitän, jenem Riesen von Kerl, der, passend zu ihm, den Spruch: „Hilf Dir selbst, dann hilft Dir Gott" über seiner Kammertür anbringen ließ. Das Problem klärte sich schnell, hatte Kapitän Venton doch zuerst den Beruf des Schiffszimmermanns auf einer amerikanischen Werft gelernt, ehe er Freude an der Navigation fand.

Ablaß heute: „. . . Was er anpackte, hatte Hand und Fuß[225]!"
Auf der Rückreise nach Falmouth „for orders", genau zwischen den Bahamainseln und der Halbinsel Florida, sprang ein Hurrikan die *Da Capo* an, der wahrlich nicht von schlechten Eltern war. Ablaß in der ihm eigenen Art eines scharf beobachtenden Seemannes:
„. . . Im Südosten, in Richtung der Bahamas, baute sich eine dunkle Wolkenwand auf, welche merklich höher wuchs. Große Scharen von Vögeln, die in eiligem Flug der fernen amerikanischen Küste zustrebten, zogen den ganzen Tag über das Schiff hinweg. Hunderte von den ermatteten Tieren ließen sich in der Takelage und an Deck nieder. Bereitgestelltes Futter und Wasser nahmen sie nicht mehr an. Sie starben bald. Der Alte deutete diese Zeichen richtig. Ein Westindien-Hurrikan nahte heran. Die Leesegelspieren wurden an Deck genommen. Sämtliche Segel, bis auf ein kleines Sturmsegel zwischen Groß- und Kreuzmast, wurden festgemacht. Die Mannschaft räumte ihr Quartier im Vorschiff und nistete sich auf dem Achterschiff ein. Nach dem Mittagessen folgte auch der Koch dorthin. Die Türen des Mannschaftslogis sowie die Kombüse wurden durch starke Planken gesichert. Ich hatte noch keinen Hurrikan erlebt, ersah aber aus den getroffenen Anstalten, daß es sehr ernst werden würde.
Alle Sicherungsmaßnahmen waren damit getroffen, um Schiff und Mannschaft zu retten. Ein ungeheures Blitzen zeigte sich in der schwarzen Wolkenbank, die sich inzwischen bis zum Zenith aufgetürmt hatte. Es wurde heiß und windstill. Gegen zehn Uhr abends raste der Hurrikan über das Schiff hinweg. Er war begleitet von wolkenbruchartigem Regen. Der ungeheure Ansturm legte die *Da Capo* nahezu gekentert auf die Seite, und in diesem Riesengriff blieb das Schiff während der nächsten acht Stunden auch so liegen. Die folgende Flutwelle überrollte den Segler und drückte den Rumpf unter Wasser. Hinter einem schmalen Schutzkleid, das um das Hüttendeck gespannt war, lag die Mannschaft festgebunden, fast erstickt von dem entsetzlichen Luftdruck. Das aufgespannte Schutzkleid wurde gleich zerrissen, und unsere spärliche Bekleidung ging den gleichen Weg. Von den Wogenkämmen flog der Salzwasserstaub über uns hinweg und verklebte unsere Augen. Dazu kam noch der harte Regen. Uns fror jämmerlich. Unser braves Schiff wehrte sich verzweifelt. Die See rollte unaufhörlich darüber hinweg, und es schien manchmal, als ob wir kein Schiff mehr unter uns hätten.
Es war schon halber Tag, als ein Abflauen des Unwetters spürbar wurde. Im Nordwesten stand noch eine kleine Wolkenbank, letztes Zeichen des dorthin rasenden Hurrikans. Die Haie hatten sich wieder eingestellt und zerrten wild an dem über Bord gewaschenen Tauwerk herum. Gegen Mittag hatte sich unser Segler wieder so weit aufgerichtet, daß die Beschädigungen am Rumpf sichtbar wurden. Die Verschanzung an Backbord war zwischen Fock- und Großmast völlig weggerissen, und an der Steuerbordseite lag die Reling teilweise glatt. In der Takelage sah es böse aus. Die meisten Segel waren zerrissen, obwohl sie gut festgemacht waren. So ergab sich reichlich Arbeit für uns, und trotz unseres geschwächten Zustandes begannen wir damit sofort."

☆

Den Anteil, den die atlantischen Hurrikane an den tropischen Wirbelstürmen ausmachen, verdeutlicht die in der nachstehenden Tabelle aufgezeigte Anzahl tropischer Wirbelstürme (pro Jahrfünft) im Nordatlantik von 1891—1924:

	tropische Wirbelstürme	davon Hurrikane
1891—1895	44	28
1896—1900	33	20
1901—1905	35	17
1906—1910	38	18
1911—1915	22	15
1916—1920	29	21
1921—1924	24	17

Da sind weiter die gefährlichen Böen der äquatorialen Mallungen und des Passatgebietes, weiter die Wirbelstürme der Tropenzone des Atlantiks, vor allem jene bei den Kap Verden, die zwar selten, aber sehr heftig sind, ferner außer jenen innerhalb der Antillen jene auf der Westhälfte der subtropischen Zone des atlantischen Ozeans und jene auf der östlichen Hälfte, insbesondere im Bereich der Azoren und bei Madeira. Unvergessen der Reina-Regente-Orkan, der sich im Dezember 1894 austobte und dem sogar ein Panzerschiff zum Opfer fiel, eben der spanische Panzer *Reina Regente,* nach dem dieser furchtbare Orkan seinen Namen erhielt. Und schließlich bleibt das Gebiet nördlich des 40. Breitengrades zu erwähnen, jener Bereich, der im Segelhandbuch als der sturmreichste des ganzen nordatlantischen Ozeans bezeichnet wird. Hier erlebte der Segler *Pallas,* der 1886 auf dem Wege von Soerabaja nach dem Kanal stand, während sieben Tagen gleich sechs Wirbel mit einem einzigen Orkan.

In einen der bei den Azoren geborenen und nach Norden ziehenden Orkane geriet auch — nur als Beispiel — die Viermastbark *Passat,* als sie 1957 von Hamburg nach Montevideo segelte und für diese Strecke sage und schreibe 84 Tage brauchte. Einer: „... Wir durchsegelten die Biscaya mit wechselnden Winden in drei Tagen, dann verließ uns das Glück. Ein Sturmtief nach dem anderen zog von den Azoren herauf und westlich an uns vorbei. Es brachte uns Winde in Stärke elf, die uns immer wieder zum Beidrehen zwangen. Kurze Pausen zwischen den Tiefs konnten wir nur dazu benutzen, um uns von Cap Finistere freizusegeln. Volle neun Tage fuhren wir kreuz und quer und machten nichts gut. Die Stimmung sank so tief wie das Barometer tief stand ...“

Unter den Nordatlantikminima sei — als Beispiel — nur an die außerordentliche Sturmperiode im Winter 1898/99 erinnert, die in den Orkanen im Januar und Februar ihren Gipfelpunkt fand. Obwohl der Nordatlantik in allen Wintern durch häufige und heftige Stürme ausgezeichnet ist, steht doch das schwere Sturmwetter jener Zeit fast ohnegleichen da. Bislang hatte es sich noch nie ereignet, daß durch die Gewalt der Elemente auf offener See, nicht durch Strandung, eine so große Zahl mächtiger Schiffe schweren Schaden genommen hat oder vernichtet worden ist. Dem Segelhandbuch der Deutschen Seewarte vom Jahre 1910 ist zu entnehmen, „... daß von einer Reihe von Schiffen, welche allein in den 14 Tagen vom 14. bis 27. Januar ihre Reise antraten und ostwärts nach Europa bestimmt waren, nicht weniger als 22 Segelschiffe und zwölf Dampfer dem wilden Meere zum Opfer fielen ...“ Und da der Schwerpunkt der Unwetter sich bis über die Mitte des Februar hinzog, ließe sich die traurige Bilanz der Sturmengel des Todes noch um weitere Verluste ergänzen.

☆

Im Südatlantik dagegen kommen Stürme von größerer Dauer erst südlich vom 30. vor, unter diesen jene beim Kap der Guten Hoffnung, ferner die schon erwähnten Pamperos und jene bei den Falklands und bei der Horn.

Soviel über Küstenstürme, soviel über Zyklone aller Art und aller Zonen. Beispiele nur.

Hier nun noch Berichte über ebenfalls windgebundene Erscheinungen: über Beobachtungen und Erfahrungen mit
Wasserhosen,
Windhosen und
Wirbelwinden und jenen
Tornados, die vor den westafrikanischen und nordamerikanischen Küsten zu Hause sind.

„Die Luft sauste aus allen Richtungen durcheinander und war sehr zerrissen. Bald waren die Segel back, dann, zwischen zwölf und 16 Strich differierend, wieder voll. Ein merkwürdiges Phänomen ..." Solches schrieb Kapitän Grube für den 21. April 1890 auf 41° S und 35° W in das Journal seines Seglers *Theodor* über einen bei Tagwerden plötzlich von oben hereinbrechenden Wirbelwind.

Ein anderes Beispiel gibt eine Erklärung für das Einfallen der Böen von oben: 1890: 41° S und 59° W liegt das Vollschiff *Parchim* unter Patagoniens Ostküste bei nordwestlichem Wind und südwestzusüdlichem Kurs. Morgens, um die vierte Stunde etwa, weckt der Steuermann den Kapitän, denn das, was er beobachtet, ist ihm unheimlich genug: Oben in der Takelage, und zwar bis einschließlich zu den Obermarssegeln herab, weht eine frische starke Brise, die alles Tuch prall und voll stehen läßt, darunter aber tut sich nichts, einfach nichts. Außer dem lauen Fahrtwind weht kein Hauch. Untermarssegel und Untersegel hängen lose an den Rahen herunter.

Ein Phänomen: Oben herrscht soviel Wind, daß die *Parchim* ein wenig mehr als acht Knoten läuft — unten, bis zur Untermarsrah, ist praktisch Windstille.

Wer sich nun vorstellt, daß sich die oben mit frischer Brise wehende Windfläche plötzlich senkt, hat eine Bö, wie sie die *Theodor* erlebte.

Am 10. April des Jahres 1875 war es, als die Bark *Ceylon* auf 31° Nordbreite und 71° Westlänge stand. Den ganzen Tag über herrschte strahlend schönes Wetter, und als in den Abendstunden ein schweres Gewitter heraufzog, ließ Kapitän Niemann — besser ist besser — alle Segel bis auf die Untermarssegel einpacken.

Die Alten unter der Besatzung lächelten ein wenig über die scheinbar allzugroße Vorsicht ihres Kapitäns, der auch dann die Segel nicht wieder setzen ließ, als sich das Wetter zusehends besserte.

Da war irgend etwas, was ihn davon abhielt. Eine Erklärung hatte er nicht dafür.

Die etwas dunklere Wolke am westlichen Horizont, ein kleiner, in sich gedrungener Fleck gerade über der Kimm, hielten alle erst für ein fremdes Schiff. Und als man endlich begriff, um was es sich in Wirklichkeit handelte, um eine Wasserhose nämlich, war es, da keine Segel gesetzt waren, zu spät, ihr noch zu entrinnen ...

Minuten später packte die Wasserhose das Schiff an der Backbordseite. Die *Ceylon* drohte zu kentern. Die Steuerbordunterrahen tauchten mit ihren Nocken bereits tief in die See ein. Das Vorschiff sackte tiefer. Und sie alle spürten es, wie sich die Bark um die eigene Achse zu drehen schien: „... von NNW nach SSO", wie der Mann am Ruder sachkundig beobachtete. Die *Ceylon* wurde nun an der Backbordseite hart übergekrängt. Krachend gingen dabei Groß- und Besanmast über Bord.

Kapitän Niemann erwischte es dabei. Er wurde zu Boden geworfen und blieb bewußtlos liegen. Der Steuermann wurde von einer Rah oder einer Stenge erschlagen. Niemand wußte hinterher zu sagen, was es war und wie es geschah. Nur in einem war man sich in ungefähr einig: Der ganze turbulente Vorgang hat nicht mehr und auch nicht weniger als zwei mal 60 Sekunden gedauert.
Auch der Bark *Reindeer* wurde auf ihrer Reise nach New York im Nordatlantik eine Wasserhose zum Verhängnis: 1888, auf 32° Nordbreite und 76° Westlänge, mitten im Golfstrom. Sie stand unter allen Segeln, als 10.30 vormittags eine Wasserhose über das Schiff hinwegging. Der Segler wurde, so wie ein Schnitter mit der Sense die Garben mäht, bis unter die Saling der Untermasten vollständig entmastet.
Auch hier ging keine Warnung voraus. Auch hier brach das Verhängnis plötzlich und mit brachialer Gewalt herein. Auch hier dauerte die üble Sache nicht mehr als ein paar Minuten.
Einen Tornado erlebte — auch ein Beispiel nur — die *J. C. Julius* am 28. August 1891 auf ihrer Reise von Sta. Rosalia zum Kanal, als sie auf 13° Nordbreite im Nordatlantik stand. Kapitän Chr. Christiansen in sein meteorologisches Tagebuch Nr. 3681: „Fast sämtliche Segel, die aufgegeiten wie auch die stehenden, flogen davon. Es wehte härter als im härtesten Orkan bei der Horn. Die See war in fünf Minuten schneeweiß von Schaum."

VII

Engen und Straßen

Straßen und Engen auf den Meeren mit einem Segelschiff zu befahren, ist wie ein Hindernisrennen oder wie ein Slalomlauf. In beiden Fällen genügen geringe, ja geringste Abweichungen und Fehler, um zumindest das gesteckte Ziel nicht zu erreichen. So darf denn das Befahren derart schwieriger Gewässer sehr wohl als die hohe Kunst der Segelschiffahrt bezeichnet werden. Sie setzt zudem eine genaue Kenntnis und Beherrschung aller Komponenten voraus: des engen Fahrwassers mit seinen Untiefen und Strömungen einmal, der Wetterverhältnisse, der Segeleigenschaften des Schiffes zum anderen. Aber erst das Zusammenspiel der Besatzung ermöglicht solche Leistungen. Das zu erreichen, ist das größte Verdienst dessen, der auf einem Schiff allein- und letztverantwortlich ist. Hier einige Beispiele, denn Engen und Straßen, wie sie im obigen Sinne interessant sind, gibt es mehr als einige Dutzend.

Hell scheint die Wintersonne, als die Viermastbark *Pindos* nach beschwerlicher und aufregender Reise das Elbe-Feuerschiff erreicht. Den in San Pedro vom Kapitän über den geschäftstüchtigen amerikanischen Heuerbaas schanghaiten Besatzungsersatz hatte der „Alte", der froh war, mit dieser Karnevalsgesellschaft nicht ums Horn fahren zu müssen, bereits in Taltal ziehen lassen. Die Kerle hatten ihm wahrlich glaubhaft versichert, daß ihr Bedarf an Seefahrerromantik mit dieser Reise ein und für allemal gedeckt sei, daß sie nur den einen Wunsch hätten, es dem Heuerbaas in San Pedro heimzuzahlen, denn er, der Kapitän, sei ja auch auf ihn hereingefallen. So waren sich denn Kapitän Jochensen und die scheidenden Nichtseeleute wenigstens in diesem einen Punkte einig: im gemeinsamen Wunsch, daß es gelingen möge, auch einmal den Heuerbaas von San Pedro auf einen Windjammer zu verschanghaien.

In Taltal mußte sich Jochensen daher wohl oder übel erneut um einen Ersatz bemühen. Er holte ihn aus den Kneipen und aus dem Callabus heraus, Männer, deren letzter Kapitän tunlichst „vergessen" hatte, sie aus dem Gefängnis auszulösen ... Aber mochten sie an Land auch ausgefressen haben, was sie wollten, sie waren Segelschiffsleute, sie waren befahrene Männer. Ihre wahre Heimat war die See. Hier aber entfalteten sie ihr Bestes.

Erst einmal an Bord, erst wieder Teakholzplanken „unter de Feut", machten sie sich prächtig, standen sie in jeder Beziehung ihren Mann. Nur die beiden Kleiderschranktypen, die man in Tocopilla, wo die Salpeterladung vervollständigt wurde, noch an Bord nehmen mußte, entblätterten sich als wenig erfreuliche Zeitgenossen. Sie suchten Streit, wo und mit wem und wann auch immer. Keiner blieb von ihren Anrempeleien verschont. Nur einem, einem etwas scheuen Matrosen, war es bislang gelungen, den beiden aus dem Wege zu gehen. Bis es sich nicht vermeiden ließ, als er an den einen der beiden Raufbolde geriet. Minuten später lag dieser bewußtlos am Boden. In diesem Augenblick erschien der zweite dieser Kleiderschränke auf der Bühne. Und da er meinte, der Scheue sei abgekämpft, packte er zu. Mit dem Erfolg, daß es auch ihn furchtbar erwischte. Womit das athletische Gleichgewicht an Bord hergestellt war und fürderhin Frieden auf der *Pindos* herrschte.

Doch zurück zur Elbe, wo der Lotse in einem Segelkutter naht, über die Lotsentreppe an Bord jumpt und Kapitän Jochensen die Hände so kräftig schüttelt, daß dieser sie mit sichtbar schmerzlichem Zug im Gesicht zurückzieht. Die mannhafte Begrüßung hatte ihren Grund: Der Lotse ist auch ein alter Windjammermann.
Das bringt die beiden schnell einander näher. Und da der Wind günstig steht, verzichtet Jochensen auf den entgegenfahrenden Schlepper. Nur folgen soll er. Im Kielwasser.
Mit vollen Segeln steuert die *Pindos* Cuxhaven an.
Unter allem Tuch passiert der Viermaster die Mole.
Wenn auch der Schlepper nun endlich die ersehnte Trosse bekommt, so nimmt Jochensen dennoch die Segel nicht weg. Die Leinenverbindung *Pindos*—Schlepper hängt durch, und der Schlepperkapitän muß seine PS schon voll einsetzen, um nicht achteraus zu geraten. Erst bei Schulau läßt Jochensen die Obersegel wegnehmen und festmachen. Die Blankeneser Landungsbrücke aber passiert die *Pindos* unter Marssegeln noch mit eigener Kraft.
Bestaunt und bejubelt von einer riesigen Menschenmenge.
Erst als mit dem Hafenlotsen auch die Hafenschlepper heranschnaufen und die *Pindos* beinahe gewaltsam an die Leine nehmen, rauschen die letzten Segel, die Stagsegel, klirrend nieder.
Hamburg hat die *Pindos* wieder.
Dieses Mal weiß die Presse freundlicher als jene in San Pedro zu berichten. Die Glanzleistung von Kapitän Jochensen wird über die ganze Seite des lokalen Teils in epischer Breite gefeiert. Aber auch das paßt Jochensen nicht.
Seine spartanische Sparsamkeit, seine Poesielosigkeit, seine Besessenheit für Zucht, Straffheit und Ordnung und hier, nach der großartigen Segelfahrt auf dem hautengen Gewässer der heimatlichen Elbe, seine zur Schau getragene, spröde zu nennende Bescheidenheit, zeichnen sie ihn nicht aus? Wer möchte leugnen, daß diese Lebensart — bei allem Pech, das Jochensen privatim auch hatte — nicht großen Stiles ist?
Indessen, auch andere bezwingen die Elbe unter Segeln, wenn auch nicht viele. Einer davon war Hinrich Bernhard Meentzen mit seinem Vollschiff *Union,* das er bis in den Hafen Hamburg segelte, wo auch er buchstäblich erst in letzter Minute einen Schlepper nahm. Ein anderer war der berühmte und gefürchtete („. . . ick schieß Dir von Rah") Kapitän Walker mit seiner *Liesbeth,* die auf dem Papier eine *Großherzogin Elisabeth* und ein echtes Segelschulschiff war. Ein weiterer, einer aus der jüngsten Zeit, der Cap Hornier und Kapitän zur See Peter Lohmeyer mit der Bark *Gorch Fock,* dem Segelschulschiff der Bundesmarine.

☆

Als das Vollschiff *Erik Rickmers* im Jahre 1898 auf dem Wege von New York nach Hongkong wegen einer Flaute in der Einfahrt der Lombokstraße zwischen Bali und Lombok liegenblieb und vor Anker gehen mußte, hoffte der Kapitän auf Landwind, um weiterzukommen. Erster Offizier Janssen: „. . . Der hat uns nicht betrogen. Kurz bevor der Strom kenterte, setzte ein leiser Zug von der Küste her ein. Und da wir eine für die damalige Zeit sehr moderne Dampfankerwinde an Bord hatten, war es leicht für uns, unseren Anker schnell aufzuhieven. Nur muß man wissen, daß der Landwind aber nur zwei bis drei Seemeilen von der Küste nach See zu weht. Man darf sich also, vorausgesetzt, daß der Grund nach der Seekarte frei von Untiefen ist, ohne Gefahr ziemlich dicht unter Land wagen. Dreht der Wind, ist der Kurs so zu ändern, daß man immer Dwarswind fährt. Dieser Wind weht, auch das muß man wissen, in den Stunden vor Mitternacht am stärksten, dann flaut er wieder ab. Wer ihn nicht auszunutzen verstand, konnte tagelang brauchen, um durch die Straße zu kommen. Auf der vorherigen Reise mit der *Erik Rickmers* von Philadelphia nach Japan haben wir einen englischen Segler, der auch nach Japan bestimmt war, von den Sundainseln bis nach Kobe um 25 Tage geschlagen, und das nur durch die Ausnutzung des Landwindes. Als der Engländer in Kobe ankam, hatten wir schon fast unsere Ladung gelöscht . . .“

✡

Südseefahrer können ein Lied darüber singen: ohne Schlepperhilfe unter Segeln in ein kranzförmig von einem Korallenriff umgebenes Atoll hineinzukommen. Stets war es ein Wagnis, denn:

- die Einfahrt in das Innere des Atollringes ist immer schmal und
- Bojenmarkierungen gab es damals noch nicht,
- der Durchfahrtkanal wird an beiden Seiten von schroff abfallenden Korallenriffen begrenzt und
- zum Passieren bleiben nur zwanzig Minuten Zeit, weil der Wind, den sie hier den Mallpassat nennen, dreimal in der Stunde seine Richtung wechselt.

Die auf der Braker Bark *Viktoria* erlebten das[226] bei den damals deutschen Marschall-Inseln beim Einlaufversuch in den Hafen Jabor der Insel Jaluit so:
„Die Einfahrt lag in Richtung NO. Sobald der Wind wieder aus SO wehte, mußten wir sie passieren. Deshalb war es notwendig, für diesen Augenblick mit der *Viktoria* startbereit davorzuliegen. Anfangs klappte das Manöver auch gut, aber als wir uns mitten darin befanden, drehte der Wind auf NO, die Segel schlugen back, wir trieben seitwärts auf ein Korallenriff und saßen fest. Darüber wurde es Nacht, und wir konnten vorläufig nichts unternehmen. Bei der leichten Dünung scheuerte der Schiffsboden beängstigend auf dem Riff hin und her.
Bei Tagesanbruch wurde das Schiff geleichtert. An Deck hatten wir eine Holzladung und einen großen Kutter. Dieser wurde ausgesetzt, die Holzdeckslast zu einem Floß vereinigt, das von den herbeigekommenen Eingeborenen zum Strand gerudert wurde. Inzwischen hatten wir auch zwei Anker mit langen Trossen in tieferes Wasser ausgefahren, mit deren Hilfe wir das Schiff vom Riff abhieven konnten. Anschließend gelang es uns, mit günstigem Wind das Innere des Atollringes zu erreichen und hier zu ankern. Es war ein glücklicher Kampf um jede Minute Zeitgewinn gewesen.“ Soweit Arnold Bohlen.
Die Befürchtung, das Schiff könnte bei dem Aufsetzen leckgesprungen sein, zerstreuen einige tauchkundige Eingeborene, welche die Schiffsführung außenbords nach unten schickt. Man kann nicht mehr tun, als glauben und hoffen, daß es dabei auch dann bleibt, wenn die Verbände beim Segeln belastet werden.
Dabei bleibt es aber nicht, wie man auf See feststellt. Die *Viktoria* hat ein Leck. Sie macht nicht mehr, aber auch nicht weniger Wasser, als die Pumpen gerade noch schaffen. Kapitän Hotes wagt sich dennoch um die Horn. Und schafft es.
Das Segelhandbuch für den Pazifischen Ocean der Deutschen Seewarte aus dem Jahre 1897[227] rät für das Befahren der inselübersäten Südsee, der Engen zwischen den Atollen und für das Ansteuern und Befahren von Lagunen dieses in der Sprache der damaligen Zeit:
„Die Tiefe des Wassers nach dem Grade der Deutlichkeit, in dem man den Mee-

ben: Die *Preußen*, der Welt zweitgrößter Rahsegler, im Vergleich zu einem Vollschiff normaler Größe. Links ten: Die *Preußen* im Hafen von Hamburg vor Antritt ihrer letzten Reise im Winter des Jahres 1910. Unten chts: Windjammer im Passat mit den ältesten Segeln unter den Rahen. Auf dem Tuch spielen Licht und Schat- ı, und überall arbeiten Männer der Besatzung, um die Takelage für die „Reise um die Horn" bereit und fit zu ıchen.

Links oben: Queen of the Sea! Treffender und melodischer ist kaum zu formulieren, was dieses Bild der Viermast bark *Passat* aussagt. Rechts oben: Arbeiten in schwindelnder Höhe. Das straff ausgestreckte Segel wird unterge schlagen. Unten: Aufklaren an Deck nach dem Segelmanöver. Jeder der Tampen hat seine Bezeichnung und seine festen Platz über den Koffeenägeln auf der Nagelbank.

resboden sieht, beurtheilen zu wollen, ist äußerst schwierig und ungenau, da dieselbe, wie bekannt, hauptsächlich von der Farbe und Beschaffenheit des Wassers und des Bodens sowie von der Beleuchtung abhängt. Man konnte z. B. vom S. M. Kanonenboot *Wolf* aus beim Passiren der Bingham-Passage des Apaiang-Atolls den Grund so deutlich sehen, daß man, obgleich die geringste Tiefe 5½ m betrug, dieselbe auf nur wenige Decimeter zu schätzen geneigt war. Der Boden bestand zum großen Theil aus weißem, festem Sand. Eine kurze Zeit später war auf 7 bis 8 m der Grund nicht mehr zu erkennen, das Wasser nahm eine hellgrüne Färbung an; der Grund bestand aus thonigem Korallensand, durch welchen das Wasser getrübt ward.
Bei den steil abfallenden Riffen oder den zerstreut liegenden größeren oder kleineren Korallenblöcken ist das Loth von sehr geringem oder gar keinem Nutzen. Auch die Passagen sind oft so uneben, daß die gleichzeitigen Lothungen auf beiden Seiten des Schiffes oft um mehrere Meter differiren.
Bei einem großen Theile der Inseln der Marshall-Gruppe ist das Befahren der Lagune verhältnismäßig einfach, weil der Unterschied zwischen tiefem und flachem Wasser sehr deutlich erkennbar ist. Bei einem Theile der Gilbert-Inseln liegen die Verhältnisse insofern viel ungünstiger, als die Farbenunterschiede hier geringere sind.
Die zu unterscheidenden Farben im Wasser sind annähernd: Dunkelblau, Hellblau oder Dunkelgrün, Hellgrün und Gelb bis Schwarz. Die bei den Farben seitens S. M. Kanonenboot *Wolf* beobachteten Tiefen, die jedoch nur einen Anhalt für die Beurtheilung der Durchsichtigkeit des Wassers geben sollen, waren ungefähr:
Dunkelblau über 35 m,
Hellblau oder Dunkelgrün 15 bis 35 m,
Hellgrün 1 bis 15 m,
Gelb meistens die bei Niedrigwasser trocken fallenden oder bis dicht unter die Oberfläche reichenden Riffe,
Schwarz Korallenbänke sowohl in tiefem wie in flachem Wasser.
Ein hoher Standpunkt des Beobachters, sowie ein hoher und besonders achterlicher Standpunkt der Sonne ist am günstigsten für die Navigierung. Auch des Nachts erkennt man Riffe vom Topp aus besser als von Deck; auch kann man vom ersteren aus in engen Passagen die Versetzung des Schiffes durch Strom bedeutend sicherer als von Deck aus beobachten.
Die Angaben in den Karten und Segelhandbüchern über die Formen der einzelnen Inseln und Inselgruppen sind fast durchgängig zu ungenau, um sich auf Peilungen verlassen zu können. Auch auf Vertonungen ist wenig Verlaß, einerseits, weil die Inseln und Riffe nur selten charakteristische Merkmale bieten, andererseits, weil die Inseln mehr und mehr kultivirt, d. h. mit Kokospalmen bepflanzt werden, so daß sich das Aussehen der Inseln mit der Zeit ändert. Häuser und Hütten sind zu vergänglicher Natur, als daß sie längere Zeit richtige Merkmale abgeben könnten ..."

☆

Zu diesem Kapitel dürfen auch Fahrten in engen Seegebieten, unter denen auch — um bei bekannten Bereichen zu bleiben — die Nordsee und die Ostsee zu nennen sind, gezählt werden. Jeder, der bei Erikson fuhr, wird sich erinnern, daß es kein Sommervergnügen war, notfalls bei bewegtem Wetter oder gar bei Sturm in der Ålandsee zu kreuzen, wenn kein Schlepper für Mariehamn zur Hand war oder der Schlepperkapitän das Risiko des Einschleppens nicht eingehen wollte.

Und noch viele unter denen, die auf Tiefwasserseglern fuhren, werden zu berichten wissen, welch ein hartes Brot es manchmal war, aus der Nordsee, auch nasses Dreieck genannt, in den Schlauch des Englischen Kanals hineinzufinden. Normal waren es von Cuxhaven gute 24 Stunden. Die Viermastbark *Hougomont,* ohnehin nicht als Schnellsegler auf die Welt gekommen, brauchte 1932 volle 33 Tage. Erst beim dritten Anlauf glückte es dem erst 32 Jahre alten Kapitän, Dover endgültig mit Kurs Kanal zu passieren. Die Tage und Wochen vorher kreuzte die Viermastbark in der Nordsee hin und her. Die letzten zehn Tage waren die schlimmsten und die schwersten. Es herrschte vollkommener Sturm. Mit Nebel, Schnee und Hagel. Die Manilatrossen und alles laufende Gut waren so aufgequollen, daß sie nur noch schwer durch die Blöcke gingen. Die Leute waren durchnäßt wie bei winterlicher Kap Horn-Fahrt, und die Kombüse war zu klein, um die nassen Plünnen zu trocknen.

Segel setzen.

Segel bergen.

Mit einer Wache allein konnte das nicht geschafft werden.

So ging es Tage, so ging es Wochen.

Der Bark *Plus* ergeht es 1898 nicht viel anders: Sie hat, elbabwärtslaufend, am 1. Dezember kaum den Großvogelsand passiert, da wird der Wind spitz, schralt, schlägt nach Westen um und treibt die Bark nach Norwegen hinauf. Auf den schlimmen dänischen Gründen kommen sie eben noch klar. Hans Henschel, einer von der Besatzung[228]:

„Immer, wenn wir wenden müssen, schralt der Wind. Es ist kein Vorwärtskommen. Eine Nacht gehen wir in der Bucht des Feuers von Skudesnäs über Stag, in der nächsten müssen wir vor Terschelling oder Texel halsen. Von den 13 Mann liegen sechs krank oder mit gebrochenen oder gequetschten Gliedern in der nassen Koje ..."

Heiligabend ist's — niemand vor dem Mast denkt daran, denn keiner zählte die Tage mehr —, da nehmen sie die Reffs aus den Marssegeln. Die *Plus* hat jetzt Kurs auf den Kanal. Als die Leuchtfeuer in Sicht kommen, schralt der Wind wieder. Zum Teufel auch, nun reiten sie wieder auf den Pferden, packen das Tuch wieder ein. Und als sie das tun, schält sich voraus ein grünblinkendes Feuerschiff heraus, das von South Sandhead. Auf den Rahen freuen sie sich über die Kanonenschüsse auf dem grünen Wächter, meinen sie doch, das seien schöne Grüße für sie. Unten an Deck, am Ruder der Kapitän, denn der Erste, der Groot, ist, weil so viele Hände fehlen, auch mit oben.

Der Alte hat die eine Hand am Mund. Er ruft etwas nach oben. Keiner versteht, was er will. Dann winkt er, er bewegt die Hand von oben nach unten ... Sie aber machen weiter.

Später, unter der englischen Küste, als die See ruhiger wird, spricht es sich auch bei den Männern vor dem Mast herum: Die *Plus* hatte — genau am Heiligabend und wohl eben noch mit einer Handbreit Wasser unterm Kiel — vierkant die Vorlandbank überlaufen, aber auch nur, weil gerade Hochwasser war. Das Schießen aus der Kanone waren Warnschüsse, und die mitlaufende schwere See waren

Grundseen und schwere Brandungsseen gewesen, und das Rufen und die Gesten des Kapitäns galten ihnen, die sie auf den Rahen waren: Sie sollten niederentern. Sofort ... denn jeden Augenblick konnte die *Plus* aufsetzen, konnte die Takelage von oben kommen und mit ihr alle, die in ihr schufteten ...

Bei allem Glück im Unglück: Der Wind dreht erneut. Die *Plus* muß zurück. Der Traum vom warmen Passat ersäuft in Wut und Verzweiflung: Sie torkeln wieder in die Nordsee hinein.

„... Bis Sylvesterabend dauerte das Unwetter noch. Dann liefen wir mit günstigem Wind in den Kanal und durch den Kanal. Das Ziel heißt Wladiwostok."

Dieses Kapitel kann nicht abgeschlossen werden, ohne — obwohl ebenfalls nur beispielhaft —, jener Straße zu gedenken, die wohl am häufigsten unter den Windjammerfahrern im Gespräch war, denn vor die Horn hat der Düwel so etwas wie eine Art Versuchung gesetzt, die Versuchung des schnelleren, kürzeren Weges: die Le Maire-Straße. Sie zieht sich zwischen der braunen, kahlen Ostküste von Feuerland und den von Riffen und Schluchten zerrissenen Gestaden der Staateninsel von Norden nach Süden hin. Wer indessen die Seekarte genauer betrachtet, findet unter der Staateninsel[228a] eine Bemerkung, die für diese Enge lautet: In der Le Maire-Straße beim C. S^{kt}. Diego und $C.S.^{n}$. Bartolomé treten sehr starke Gezeitenströmungen und Stromkabbelungen auf, die sich bis zu 6 sm erstrecken.

Bei allen Vorteilen, welche die Straße für eine schnelle 50zu50-Reise bietet, der Weg gemahnt zur Vorsicht:

1. Die Strecke ist noch unbefeuert, sie kann wegen der starken Gezeitenströmung mit Sicherheit nur am Tage befahren werden.
2. Die Schiffe müssen — vor allem im Winter, wenn das Tageslicht weniger als acht Stunden andauert —, wenn sie die Straße ansegeln wollen, Segel kürzen, oder für längere Zeit beiliegen, vor allem auch bei dickem Wetter.
3. Es ist nicht selten, daß Segler, welche die Straße mit günstigem Wind ansteuern, in ihr dann plötzlich konträren Wind aus Süden bekommen oder in Windstillen geraten und mit dem nördlich versetzenden Flutstrom, der bei Südwind verstärkt und oft von längerer Dauer auftritt, wieder zurücktreiben. Nicht selten wird der Passierversuch sogar am Tage vereitelt. Wenn nun noch Wind aus Südost aufdreht, kann es gut geschehen, daß das Schiff, das seine Zeit mit Beiliegen und vergeblichem Bemühen, die Durchfahrt zu erzwingen, verloren hat, noch nördlich von der Straße steht, während das andere, das bei Nordwind sofort um Cap St. John herumsteuerte, schon westlich von der Horn im raumen Winde segelt.

Und dann die Gefahren:

Bei Windstillen versetzt der Strom, der hier mit mehr als vier Knoten läuft und zeitweilig quer über das Fahrwasser setzt, Segler auf das Riff bei Cap San Diego oder auf die steilen Felsenufer der Staateninsel zu. Und da es in der Good Success-Bai keinen Ankergrund gibt, ist das Schiff — Gnade Gott — willenlos der Strömung überlassen.

Noch ärger ist der Segler dran, über den nach dem Durchsegeln der Straße ein SSW-Sturm hereinbricht, ein Sturm mit hier hohem, wildem Seegang, den im Winter oft dichtes Schneetreiben begleitet. Wer jetzt nicht westlich genug steht und so die Rückfahrt in die ihm offene Straße antreten kann, dem droht das Ende in den Riffen der Staateninsel.

Auch die Raselung ist — wenn sie unter normalen Umständen nicht gefährlich ist —, bei einem Zusammentreffen ungünstiger Umstände wie Springtide, entge-

gengesetzte Richtung von Wind und Strom und hohem Seegang oft genug Ursache für ernste und nicht selten lebensbedrohende Schäden in der Takelage.
Die Strecke von Le Maire zu durchsegeln, bedarf besonderer Umstände: günstiger Wind aus West bis Nord, sichtiges Wetter und die Aussicht, daß der Wind lange genug anhalten wird. Wenn es so ist, dann bietet dieser Weg alle jenen guten Vorteile, die ein Test der Jahre 1893 und 1894 ergab. 32 Vergleichsfälle erbrachten einen Gewinn von 86 Tagen und elf Stunden, was einem Durchschnittsgewinn von zwei Tagen und 17 Stunden entspricht ...
Während der Kapitän Niejahr von der Rostocker Brigg *Hermann Friedrich* die Straße trotz ihrer „gewissen Gefahren" lobt („... man sollte — so auch empfohlen im britischen South-American-Pilote — es immer so einrichten, daß man bei Beginn der Ebbe, die nach Süden durch die Straße setzt, bei Cap San Diego steht[229]..."), berichtete Kapitän Brünings von der *C. H. Wätjen* sogar, die Straße auch bei Gegenströmung, bei Flut also, niemals schwierig gefunden zu haben, indessen andere Schiffsführer dabei in sehr gefährliche Lagen gerieten und stundenlang in den hohen, brandenden Überfällen nördlich von Cap San Diego festgehalten wurden oder strandeten.
Kapitän H. H. Haltermann von der *R. C. Wylie:* „... Was ich vor Jahren hier erlebte, bestimmt mich, nie wieder im Winter durch die Straße zu gehen."
Kapitän J. G. Rieke mit der *Maria* von Liverpool nach Guayaquil: „Von unserem Besteckpunkt am Mittag des 7. Oktober 1881 aus steuerten wir nach der Mitte der Straße Le Maire. In einer Entfernung von etwa 7 sm nordöstlich von Kap Diego gerieth das Schiff in eine wild und unregelmäßig durcheinander laufende See. Hoffend, daß sich diese See bald legen würde, setzten wir unsern Kurs so, daß wir das genannte Kap in einem Abstande von 5 sm passieren mußten. Statt dessen aber wurde die See nach kurzer Zeit so gefährlich, daß wir befürchten mußten, falls das Schiff dwars zur See kommen sollte, die Masten zu verlieren. Das Schiff war beständig unter Wasser, und von beiden Seiten schlug die Brandung über dasselbe hinweg. Wir hätten jetzt gerne unsern Kurs so verändert, daß wir aus dem Strudel herausgekommen wären, durften aber der hohen See halber nicht riskieren, östlicher als SOzO zu halten, weil wir dadurch immer mehr unsere Breitseite der fürchterlichen Brandung dargeboten hätten. So segelten wir volle drei Stunden in dem entsetzlichen Wirbel, alle Augenblicke befürchtend, daß infolge des fürchterlichen Schlingerns die Masten brechen würden. Zum Glück wehte ein frischer NW-Wind. Das Schiff lief mit einer Fahrt von 6 Knoten, so daß wir im Stande waren, dasselbe auf seinem Kurse zu halten. Nach Verlauf von drei Stunden hatten wir nach dem Patentlog 18 sm durch das Wasser gesegelt, in Wirklichkeit aber, nach Peilung von Landobjekten, nur 4 sm über den Grund zurückgelegt. Wir hatten also einen Strom von etwa 5 sm in der Stunde entgegen gehabt. Ein solcher Strom in Verbindung mit dem frischen NW-Winde darf wohl als eine genügende Ursache für die Erzeugung der hohen See angesehen werden.
Als das Kap San Diego SW peilte, in einem Abstande von 4 sm, wurde die See besser, das Schiff begann durchzusegeln, und bald war das Kap dwars. Hier war das Wasser ganz ruhig, und wir machten bedeutenden Fortschritt. Weiter nach Good Success-Bai hin entstand eine langsame hohe nördliche Dünung. Als wir diese Bai in etwa 2 sm passirt hatten, trat Windstille ein, und wenige Augenblicke später erhoben sich wieder Brechseen, die um so mehr gefährlich waren, als wir wegen des fast ganz fehlenden Windes befürchten mußten, dwars zu kommen.

Wir hielten jedoch glücklich das Schiff im Steuer. Nach einer kleinen Stunde kam wieder eine frische NW-Brise durch, worauf sich die See legte und wir bald aus dem Bereich dieses so unheimlichen Fahrwassers gelangten. Um ungefähr 8½ Uhr abends passirten wir das Kap Good Success. Außerhalb der Straße war, abgesehen von einer langsamen südwestlichen Dünung, die See ruhig.
So waren wir denn glücklich mit dem bloßen Schreck davongekommen; was aber aus dem Schiff und seiner Takelung geworden wäre, wenn beim Kap San Diego Windstille eingetreten wäre, ist zwar nicht mit Bestimmtheit zu sagen, doch waren die Umstände danach, daß das Allerschlimmste befürchtet werden mußte. Auch als in der Nähe von Good Success-Bai bei eintretender Windstille in unerklärlicher Weise plötzlich wieder eine so hohe, nur mit einer schweren Brandung vergleichbare See entstand, wäre das Schiff schwerlich ohne Schaden davongekommen, wenn das Ruder seine Wirkung verloren hätte.
In den Segelhandbüchern wird für die Umsegelung des Kap Horn von Ost nach West die Route durch die Straße Le Maire sehr empfohlen. Ich glaube nun auch, daß sich so schlechte Verhältnisse, hervorgerufen durch hohe nördliche See, steife NW-Brise und Springzeit, als wir sie antrafen, nicht oft wiederholen werden; aber es bleibt — nach meiner Ansicht — die Durchsegelung der Straße immer ein gewagtes Unternehmen. Ich halte für besser, Staatenland zu umsegeln. Es wird damit zwar ein Umweg gemacht, doch wird dieser Nachteil durch das Vermeiden der bei der Durchsegelung der Straße entstehenden Gefahren bei weitem aufgewogen."
Damit der Beispiele für schwierige Fahrwasser, Engen und Straßen, deren es so zahllose gibt, genug.

VIII

Strandungen

Im Brockhaus, Band 19, aus dem Jahre 1886 ist unter dem Stichwort „Strandung" dieses zu lesen: Strandung im Sinne des Seerechts ist vorhanden, wenn ein Schiff unter nicht gewöhnlichen Verhältnissen der Schiffahrt auf den Grund festgerät und entweder überhaupt nicht wieder flott wird oder nur durch ganz außergewöhnliche Maßregeln (Kappen der Masten, Löschung der Ladung usw.), oder zwar ohne solche, aber erst, nachdem es einen erheblichen Schaden erlitten hat. (Handelsgesetzbuch Art. 857.)
Meyers Konversationslexikon aus dem Jahre 1908 ergänzt dazu: ... das Festkommen eines Schiffes auf Strand oder auf Untiefen (vgl. Scheitern und Schiffbruch). Wird das Schiff absichtlich auf den Strand gesetzt, um es vor dem Untergang oder der Nehmung zu retten, so gehört der dadurch verursachte Schaden zur großen Haverie (s. d.). Die in verbrecherischer Absicht oder fahrlässig herbeigeführte S. bedroht das Strafgesetzbuch mit Zuchthaus und Gefängnis (§ 265, 322—326). Das Strandungswesen ist durch die Strandungsordnung vom 17. Mai 1874 gesetzlich geregelt (dazu Instruktion vom 24. Nov. 1875). Sie handelt von den Strandbehörden, denen die Sorge für die Rettung und Bergung der in Seenot befindlichen Personen und Güter (s. Bergen) anvertraut ist, von dem Verfahren bei Bergung und Hilfsleistung in Seenot, von dem sogen. Strandgut (s. d.), von dem Aufgebotsverfahren in Bergungssachen und dem Recht auf herrenlose, geborgene Gegenstände, von den Bergungs- und Hilfskosten und bedroht mit Geldstrafe bis zu 150 Mk. oder Haft: 1. die unterlassene Anzeige eines Falles von Seenot; 2. die Nichtanzeige der Bergung von an das Land getriebenen Stücken des Schiffes, seiner Ladung usw., sowie die Nichtablieferung dieser Gegenstände; 3. die Nichtanzeige der Bergung von Seeauswurf, strandtriftigen, versunkenen oder seetriftigen Gegenständen; 4. die Bergung oder Hilfeleistung gegen den Willen des Schiffers (s. Bergen).

Daß es zur Zeit der Segelschiffahrt mehr Strandungen als heute gab, liegt in der Natur der Sache. Hier ein Beispiel, eines, das besonders tragisch und dramatisch ist:
Vor der Westküste der USA.
„Das ist der Columbia-River. Daran ist kein Zweifel."
Kapitän Westphal sagt es, als er mit seinem Schiff, der deutschen Viermastbark *Mimi*, ex britisch *Glenclova*, auf die Küste von Oregon zuhält[230].
„Es kann aber auch sein, daß wir die Mündung des Nehalem-Flusses vor uns haben", warnt der Wachhabende nach einem langen prüfenden Blick in die Seekarte auf dem Tisch des Kartenhauses. Er sagt dieses tropfenweise, wie ein Arzt, der eine bittere Medizin verabreichen muß.
„Unsinn", knurrt der Kapitän[231].
Es bleibt bei dem befohlenen Kurs.
Wenig später strandet die *Mimi*. Der Wachhabende hat recht behalten: Dort, wo das Schiff aufgelaufen ist, zieht sich das Südufer des Nehalem-Flusses hin.
Die Viermastbark ruht auf ebenem Kiel, und wenn bei Ebbe das Wasser zurückgeht, fällt die *Mimi* mit dem Vorschiff so weit trocken, daß die Besatzung an Land steigen kann, ohne sich nasse Socken zu holen.
Das dank dem Leiter der Rettungsstation in der zehn Meilen südlich vom Strandungsort gelegenen Tillanock-Bay, Captain Robert Farley. Hat er doch, ohne

gerufen worden zu sein, das Brandungsboot von sich aus herangefahren, um eine Landverbindung zwischen Schiff und Küste zu schaffen.

Die Versicherer untersuchen die *Mimi.*

Captain E. Genereaux und andere Experten schließen sich an. Das Ergebnis ist einmütig: Es sollte eigentlich möglich sein, die Bark vom Sandstrand herunterzuschleppen, liegt sie doch bei normalem Hochwasser in sieben Fuß Wasser. Bei einer Springflut wird das Wasser noch höher klettern, so hoch jedenfalls, daß es wahrscheinlich gar nicht so großer Anstrengungen bedarf, den Segler dann vom Strand herunterzuziehen.

Das Feilschen beginnt:

„Wenn Sie — vorausgesetzt, Ihre Eigner wollen verkaufen — nach dem Freischleppen keinen höheren Preis für die Bark erzielen, als die Versicherungssumme von 60 000 Dollar ausmacht, gehört das Schiff dann uns?" will die Versicherungsgesellschaft wissen.

Von sich aus kann das Kapitän Westphal nicht entscheiden, er sagt aber zu, sofort bei den Eignern, bei der Reederei Hans Hinrich Schmidt in Hamburg, rückzufragen, inzwischen könne ja die Bergungsarbeit ruhig vorangetrieben werden.

Nun treffen sich die Berger mit dem Kapitän an Bord. Und wieder hebt ein hartnäckiges Feilschen um die Kosten und Bedingungen an. Der Kapitän verlangt, daß das Schiff nach Astoria am Columbia-River gebracht werden solle. Vorher dürfe die Bergungssumme nicht ausbezahlt werden.

Geht klar.

Weiter verlangt der Kapitän: Die Bergungsfirma habe sich für das Leben der Leute zu verbürgen und zuzusagen, die Eigentümer für totes Inventar schadlos zu halten.

Nach einigem Zögern und einigem Hin und Her, bei dem Kapitän Westphal hart und unerschütterlich in seinen Forderungen bleibt, willigen die Berger auch in diese Bedingungen ein.

Was den Preis für die Bergung selbst angeht, so wird auch hier ein Kompromiß erzielt, denn Westphal kennt seine Pappenheimer an dieser Küste: Sie fordern von Anbeginn mehr als sie eigentlich wollen. Dumm genug, wer die Summe sogleich akzeptiert. Die Berger verlangen 40 000 Dollar, der Kapitän will nur 18 000 zahlen. Man einigt sich auf den goldenen Mittelweg. Die Bergekosten werden mit 24 850 Dollar ausgeschrieben und von beiden Teilen akzeptiert.

Über den Abschlepplan, zwei Pilzanker etwas mehr als tausend Meter in See auszubringen, daran zwei Leichter mit Donkeys an Bord zu legen, die das Schiff mit Drähten vom Strand abziehen sollen, herrscht allgemeine Einmütigkeit. Nicht aber über den Vorschlag, vorher 1 300 Tonnen Ballast des in Ballast gefahrenen und gestrandeten Schiffes an Land zu geben. Es ist vor allem Captain R. Farley, der schwere Bedenken anmeldet: „Sie gefährden Schiff und Besatzung. Ich warne Sie!"

Die Verantwortlichen hören jedoch nicht auf Farley, dessen Wort an dieser Küste viel gilt. Sie hören aber auch nicht auf die anderen, deren Sach- und Fachkenntnisse auch nicht erst von gestern sind.

Man beginnt schon in den nächsten Tagen damit, bei Niedrigwasser den Ballast aus dem Schiff herauszuschaffen.

Als Termin für die Abschleppoperation wird der 6. April festgesetzt. Für diesen

Tag, ein Sonnabend übrigens, ist ein besonders hohes Hochwasser vorausberechnet worden, eine Rechnung, die absolut zuverlässig ist.
Die Zeit bis zu diesem Tage vergeht schnell. In der Nacht vom 5. zum 6. April kommt es zu einem Ereignis, das zwar in die unrealistische Welt der Träume und des Aberglaubens gehört, demzufolge aber — und das ist deren Glück — der Erste Offizier und die beiden Steuerleute prompt und eilfertig das Schiff verlassen und an Land bleiben[232].
Der 6. April dämmert herauf. Er kommt grau in grau.
Viel Volk hat sich eingefunden, haben doch die Sägemühlen und die anderen Industriezweige ihren Arbeitern und Angestellten freigegeben, damit sie dabei sein können. Auch die Baumfäller aus den benachbarten Wäldern wollen sich dieses Ereignis nicht entgehen lassen. Und daß die Fischer da sind, ist selbstverständlich, weniger aus Neugier, mehr denn aus Anteilnahme mit dem Geschick eines Schiffes und seiner Besatzung.
Daß auch Captain Farley zur Stelle ist, braucht eigentlich kaum erwähnt zu werden, wohl aber, daß er, der am Strand steht, den Kapitän an Bord der *Mimi* erneut warnt, das Schiff ohne Ballast durch die Brandung hindurchbringen zu wollen: „Sie wird kentern, Westphal. Hören Sie doch auf mich!"
Kapitän Westphal läuft im Gesicht so rot wie ein Hahnenkamm an. Die Zornadern schwellen. Dann sagt er mit einer vor verhaltener Wut bebenden Stimme, aber mit vor Ärger phosphorroten Augen in perfektem Englisch: „Wenn wir Sie benötigen, Sir, werden wir es Sie wissen lassen. Das ist mein letztes Wort."
14 Mann Besatzung und zwölf Mann vom Bergekommando befinden sich an Bord der *Mimi*, als die Arbeiten zum Abschleppen der Bark beginnen. Zur gleichen Zeit werden am Signalmast der Rettungsstation Sturmwarnungsflaggen gesetzt.
Erneut schaltet sich Farley ein. Und da er eingesehen hat, daß es sinnlos ist, noch ein Wort über die wahrhaft ernste Lage des Schiffes mit diesem sturen Kapitän zu sprechen, ruft er das Büro der Bergefirma an. Er weist nicht nur auf die ohnehin große Gefahr eines Kenterns hin, er meldet auch das heraufziehende Wetter, das als eine schwarze, niedrighängende, fleckige Wolkendecke heranzieht. „Kümmern Sie sich um Ihre Aufgaben. Dieses hier ist nicht Ihr Brot, Farley", schallt es dem Kapitän entgegen.
„Zugegeben, daß Angst Leuten von einem Bergekommando fremd sein muß, daß sie auch einmal ein Risiko eingehen müssen, wenn es gilt, ein Schiff und dessen Besatzung zu bergen, hier aber liegen die Dinge anders. Völlig anders. Wenn Sie unnötig das Leben der Männer auf der *Mimi* riskieren — und das tun Sie, zum Teufel auch —, dann zwingen Sie mich unter Umständen, auch das meiner Leute in Gefahr zu bringen. Und zwar unnötig in Gefahr zu bringen. Ich wiederhole das, damit Sie mich nicht mißverstehen."
Ein Fluch am anderen Ende. Ein leises Knacken. Der Herr der Bergungsfirma hat aufgelegt.
So werden denn die Arbeiten zur Abbergung der *Mimi* fortgesetzt. Die letzten Landverbindungen werden gekappt. Inzwischen steigt die Flut. Mit der Flut klettert die Brandung langsam den Strand höher und höher. Bald umtobt sie den ganzen Rumpf der *Mimi*. Zur Stunde des Hochwassers läuft das Wasser beim Schiff bis zu zehn Fuß auf . . .
Es ist soweit.
Die Donkeys rattern los.

Die Drähte, welche die Leichter mit dem Schiff verbinden, straffen sich, während sich die Pilzanker immer tiefer in den Grund hineingraben.
Die Bark bewegt sich. Zögernd erst. Dann aber wird sie Zentimeter um Zentimeter vom Strand heruntergezogen. Erst langsam, dann schneller. Und das bei zusehends zunehmendem Wind, bei zusehends höher und wuchtiger laufender Brandung.
In diesem Augenblick, da sich das Schiff anschickt, in tieferes Wasser zu gleiten, passiert es: Die Bark torkelt. Sie rollt in einer Art, die für den Fachmann höchste Gefahr bedeutet. Dann, nur Minuten später, kentert sie. Sie legt sich so plötzlich und konsequent wie ein gefällter Baumriese krachend auf die Seite. Mit dem Deck nach Land zu. Sie ist erneut gestrandet. Und das mit offenen Luken.
Gegen Wind und Brandungssee läßt Farley sofort das Rettungsboot zu Wasser bringen. Er braucht seine Leute nicht erst zu rufen. Er hat sie vorsorglich gleich zu Beginn der Bergungsarbeiten auf die Station gerufen. Er selbst übernimmt das Kommando. Mühsam kommen sie voran, aber sie schaffen den Weg bis kurz vor dem Wrack, dessen Steuerbordseite tief und dessen Heck ganz unter Wasser liegt. Was darüber ist, geht in Schaum und Gischt der Brandung unter, deren Wucht durch das Schiffshindernis nur noch verdoppelt wird. In Lee, dort wo Farley hofft, an die Bark heranzukommen, herrscht fürchterliches Durcheinander, denn hierhin ist die Takelage übergegangen, hier ragen die weißgepöhnten Nocken in den Grund der Barre gerammter Rahen in die Luft, treiben zerbrochene Stengen an den Fesseln von Pardunen und Wanten und Stagen auf und ab und hin und her. Zwei von den Maststengen schneiden wie die Messer einer Schere gegeneinander ... Nirgendwo vermag Farley einen Durchschlupf zu entdecken, um durch das Treibgut bei der gekenterten *Mimi* längsseit zu gehen. Und wenn, dann schließt sich die Lücke sofort wieder.
Aussichtslos, sich ohne schwere, ohne tödliche Bedrohung von Lee her dem Wrack zu nähern. Wenn das Rettungsboot kentert, wird niemand überleben. Farley will gerade abdrehen, um einen Versuch an der Luvseite zu unternehmen, einen hoffnungslosen Versuch, wie er jetzt schon weiß, da reckt sich der Bugmann im Boot hoch auf: Er weist mit gestrecktem Arm in die See. Farley legt Ruder, so daß das taumelnde Boot unter den Riemenschlägen in die gewiesene Richtung eindreht. Der Arm wandert tiefer, neben die Bordwand hin.
„Laßt streichen Riemen."
Der Bugmann zerrt ein Bündel über Bord, ein Bündel Mensch. Einen Toten. Der Mann trägt Arbeitskleidung. Ob es ein Seemann oder einer von den Bergern ist, läßt sich nicht feststellen. Im Augenblick ist das auch nicht wichtig.
Farley manövriert das Boot in die Luvseite, gerät hier aber in größte Gefahr, von der See am Rumpf der Bark zerschmettert zu werden. So längsseit zu kommen, daß wenigstens ein Mann den Rumpf besteigen und erklettern kann, erweist sich auch als nicht durchführbar.
Nicht bei noch so großem Können. Nicht bei noch so großem Mut.
Und an beidem mangelt es Farley und seinen Männern nicht. Vielleicht sollte man eine Leine vom Schiff nach dem Land hin ausbringen, überlegt der Captain. Er verwirft diesen Gedanken aber sofort wieder, denn die Entfernung ist zu groß. Und wozu? An Bord haben sie nirgendwo ein Lebenszeichen gesehen, als sie vor der Mauer aus treibendem Gut schwammen und hin und wieder doch einen ganz guten Blick auf die aus dem Wasser herausragenden Teile des Decks und der Deckaufbauten hatten.

An Land empfängt Farley eine aufgebrachte Menge. Er hört nur Bruchstücke ... wie: „Feiglinge ... zurücklaufen ... nicht alles getan ... müssen noch leben ...". Die Sätze gehen im Johlen und Schimpfen der Masse unter.

Nur für ein paar Sekunden ebbt der Orkan der Wut ab: als Farley die Hand hebt, wie einer, der etwas zu sagen hat. Und als er dann auch überzeugend erklären kann, daß er weitere Opfer nicht verantworten könne: „Jeder Versuch, näher an das Schiff heranzukommen, wird mit dem Verlust von einigen, wenn nicht allen Männern des Rettungsbootes bezahlt werden. Wozu? An Bord lebt keiner mehr", scheint es für ein paar Augenblicke, daß die Menge einsichtig wird.

Gerade in diesem Augenblick, im ungünstigsten fürwahr, heben zwei Mann im Boot den Toten an und geben ihn von Bord.

Erneut brandet der Zorn auf.

Nur die Fischer in der Menge schweigen, verschlossen wie eine Muschel. Sie sind es auch, die sich mit kräftigen Schwimmstößen Platz schaffen, Holz und Reisig zusammentragen, zu einem Haufen schichten und anzünden, damit sich die erschöpften und durchnäßten Leute aus dem Rettungsboot erst einmal wärmen können.

Und wieder wird es ruhiger, wieder scheint die Vernunft der Erregung Herr zu werden. Das gelassene Gebaren der Fischer, die, ohne aufgefordert zu sein, stumm und einig untereinander das tun, was jetzt am Notwendigsten erscheint, wirkt wie Öl auf die Wogen. In dieser Phase schreit einer aus der vorderen Reihe der Menge auf. Er ruft mit letzter Kraft seiner Stimme: „Doch ... doch, sie leben. Eben winkte einer ... mit den Armen ... mit einem Tuch ... mit einem weißen Tuch ... Ihr müßtet sie gesehen haben, Farley!"

Trauer hier.

Wut dort.

Frauen weinen. Männer johlen.

Aller Augen richten sich auf Farley.

Der Captain winkt müde ab: „Wenn noch jemand lebt — ich glaube es aber nicht —, dann können wir bei dieser See auch in Lee nicht durch die Trümmer hindurch. Oder sollen wir versuchen, mit unseren Messern die Pardunen durchzusägen? Oder mit Sägen, meinethalben, an der in der See irrsinnig hin und her tobenden Takelage arbeiten? Nein. Warten wir auf besseres Wetter. Und vor allem auf Niedrigwasser."

Schließlich und endlich findet sich die Menge mit der derzeitig hoffnungslosen Lage ab, um so mehr, als sich die see- und sturmerfahrenen Fischer vor Captain Farley stellen und ihm, wenn auch schweigend und nur durch Kopfnicken oder Gesten beipflichten.

Der nächste Tag ist ein Sonntag.

In seinen ersten Stunden ist das Wasser abgelaufen. Es herrscht Ebbe. Da die *Mimi* aber von der Barre bereits abgezogen wurde und nun an der Schwelle zum tieferen Wasser ruht, steht beim Wrack noch immer eine hohe Brandung. Fast sieht es so aus, als ob die Brandungsbrecher jetzt sogar noch höher laufen.

04.30 sind sie mit dem Rettungsboot wieder in Lee vor dem Wrack. Die Situation ist die gleiche. Nichts hat sich geändert. In Luv sieht es auch noch nicht viel besser aus. Die überbrandenden Roller drohen das Boot umzuschlagen — so mühelos, wie man die Seite eines Buches umblättert —, wenn es außer Kurs läuft und querkommt. Und noch ehe Farley weitere Maßnahmen überlegen kann, hat die Strömung das Boot gepackt und an der Bark vorbeigetragen.

Farley spürt erst jetzt die grimmige Kälte . . . und richtig, die Strömung, die jetzt, bei dem ablaufenden Wasser, läuft . . .

Der Captain kehrt um.

Es hat keinen Sinn, noch keinen Sinn. Und wenn das Boot jetzt in eine bedrohliche Lage kommt, könnte es sein, daß die Männer nicht einmal mehr die Kraft haben, sie abzuwenden. Sie sind seit Sonnabendmorgen auf den Beinen und unterwegs, sie sind naß seit der ersten Fahrt, und sie haben seit dieser Zeit weder etwas gegessen noch getrunken.

Die Stimmung der Zuschauer gerät erneut ins Sieden. Die Schimpfworte sind verletzender, die Vorwürfe schwerer. Es kostet Farley und seine Männer Nerven, ruhig zu bleiben und sich zu beherrschen.

Neuer Versuch, abends, kurz vor dem Sonnenuntergang. Auch dieser scheitert.

Angehörige der verunglückten Bergungsleute bieten sich an. Und die drei an Land gebliebenen Steuerleute der Bark bitten Farley um das Rettungsboot.

„Nein."

Die Menge droht tätlich zu werden. Aber Farley weicht keinen Schritt zurück.

In den Kampf der Meinungen schaltet sich nun auch die Presse ein. Die Lokalzeitung bestätigt dem Captain, ein guter Fachmann und ein kundiger, unerschrokkener und umsichtiger Seemann zu sein. Das Konkurrenzblatt behauptet genau das Gegenteil. Zur See fuhr keiner von den Herren. Montagmorgen.

Es ist ruhiger geworden. Der Wind hat nachgelassen und gedreht. Die Brandung ist schwächer.

Farley ermuntert seine Schar. Die Männer nicken.

Von weitem schon sehen sie Gestalten auf dem Wrack. Auf dem noch stehenden Kartenhaus, in den Resten der überhängenden Wanten und Pardunen. Die eine ist der Kapitän, die anderen sind drei Leute, die an Land keiner kennt.

Zwischen einer im Sandgrund auf- und niederstehenden Spiere und zwei leeren Rettungsbootdavits glückt es Farley, beim Wrack längsseit zu kommen. Hier ist ein mehr oder weniger freier Raum, um arbeiten zu können, wenn auch die quirlende, auf- und niedergehende See stark behindert und das Boot daher nicht ruhig gelegt werden kann.

Jetzt beweist sich das Geschick und das Können der Rettungsmänner. Und auch ihr Mut. Als ersten Überlebenden holen sie, am Tampen von den drei noch an Bord befindlichen Männern gefiert, einen jungen Deutschen an Bord. Der Seemann ist besinnungslos, konnte also gar nichts tun, um die Rettungsarbeit von sich aus zu unterstützen. Es folgen Kapitän Westphal, der Kajütjunge und der Kapitän der Bergungsfirma, ein Mister Fisher.

„Lebt noch jemand an Bord?"

Achselzucken statt einer Antwort.

Die Rückfahrt glückt, obwohl das Boot zweimal querzuschlagen droht.

Warme Decken und heißer Whisky bringen auch den Bewußtlosen langsam wieder zu sich.

Aber auch jetzt vermag keiner der Überlebenden eine klare Antwort auf die Frage zu geben, ob noch ein Mensch an Bord des Wracks atmet. Und, wenn ja, wo.

Einer der drei Steuerleute bietet sich Farley an, mit dem Rettungsboot zum Schiff zurückzukehren. „Das ist mutig von Ihnen, Sir. Aber bedenken Sie, Sie haben keine vollwertige Bootsmannschaft. Meine Männer sind restlos erschöpft."

Der Deutsche sieht auf das Boot, in dem die Männer hocken. In sich zusammengesunken. Ohne ein Zeichen der Freude ob des Erfolgs ... Aber zur Stunde der Ebbe dieses Tages packen sie dann doch wieder in die Riemen.
Farley klettert sogar auf das Wrack. Umsonst. Nirgendwo ein Lebenszeichen.
Wo sind die 10 von den 21 Mann, die an Bord waren, als das Abschleppmanöver begann? Über Bord gespült? In den Kammern ertrunken? Was aber suchten sie bei dem Manöver in den Kammern oder Räumen? Vielleicht waren sie im Schiff, um nach dem Wasserstand zu sehen? Auch das Seeamt vermag darauf keine Antwort zu geben. Wohl aber auf die Frage, ob Captain Farley alles, aber auch alles getan habe, um das Leben der an Bord befindlichen Männer zu retten. Hier gibt es eine klare Antwort. Sie kommt von den Fischern als den Berufensten unter den Zuschauern: „Yes, Sir."
Die Frage nach der Schuld? Das Seeamt fällt einen eindeutigen, im Hinblick auf Kapitän Westphal auch interessanten Spruch: „Die Hauptschuld an der Katastrophe trifft die Leitung der Abschleppfirma. Die verbrecherische Sorglosigkeit der Verantwortlichen dieses Unternehmens ist die Ursache für das Kentern der deutschen Viermastbark *Mimi.*"
Bei Jürgen Meyer findet sich in seiner Edition: „Hamburgs Segelschiffe, 1795—1945", eine andere Lesart, nämlich daß die Berger ausdrücklich vor dem Löschen des Ballastes gewarnt hätten.

Das ist ein Beispiel nur. Viele, sehr viele andere ließen sich erzählen, so das tragische Ende der *Marie Hackfeld,* ein Vollschiff, das der Reederei J. C. Pflüger in Bremen gehörte und 1909 kurz nach dem Auslaufen vor der Elbemündung strandete und im Buschsand-Fahrwasser verlorenging. Noch heute warnt eine Tonne in grüner Farbe vor dem Wrack. Da ist die an anderer Stelle erwähnte riesige *Preußen,* die vor Dover ihr Ende fand, da ist das Vollschiff *Nymphe,* dessen Stunde am 22. November 1901 schlug, als es an der Küste von Tsimegi Zaki auflief, ... da ist die *Parnassos,* die vor Terschelling, einem der großen, berüchtigten Schiffsfriedhöfe, Grundberührung hatte und später kenterte, ... da ist das Vollschiff *Palmyra,* das nach der Umschiffung der Horn auf der Höhe des 50. Breitengrades Süd von einem Sturm gepackt wurde und, weil man sich in der Distanz vom Land vertan hatte, an der felsigen, klippenreichen Küste der Wellington-Insel endete, wobei 21 Mann ums Leben kamen, ... da ist weiter das britische Vollschiff *Deccan,* das die Brecherküste der Insel Santa Ines nicht überlebte. Es strandeten das britische Vollschiff *Baron Blantyre* 1889 in der Banka-Straße, das britische Vollschiff *Avenger* 1904 auf dem Wege nach Gulfport, als es zu nahe an das Ship Island geriet, die deutsche Bark *Schiller* 1906 in der Ostbucht von Dungeness im Englischen Kanal. Ausgerechnet Weihnachten erwischte es die *Antoinette* aus Bremerhaven an der Küste des amerikanischen Staates Georgia. Der Fünfmasttoppsegelschoner *Adolf Vinnen* ging 1923 bei Kap Lizard verloren, und zwar auf seiner ersten Reise. Fast ein Dutzend Jahre zuvor endeten hier die berühmte *Pindos* und ein wenig später, kurz vor Kriegsausbruch, fast an der gleichen Stelle die *Hera.* Besonders tragisch ist das Schicksal des Viermastvollschiffes *H. Bischoff,* das nach zweijähriger Reise kurz vor Erreichen des Heimathafens auf dem so tödlichen Großvogelsand festkam. Die Hälfte der Besatzung, meist junge Seeleute, kam ums Leben.
Seiten ließen sich füllen mit den Namen von Seglern, die unter den verschiedensten widrigen Umständen strandeten und verlorengingen.

IX

Kollisionen

Im Brockhaus des Jahres 1885 steht unter K bei Kollision: „ . . . der Zusammenstoß von Schiffen ist eine der häufigsten und bedenklichsten Gefahren, denen Schiff und Ladung ausgesetzt sind. Besonders in Flüssen, Häfen und engen Meeresarmen (zum Beispiel dem Kanal), aber auch auf hoher See mehren sich die Fälle der Kollisionen von Jahr zu Jahr mit der wachsenden Zahl der Dampfschiffe, weil diese, unabhängig von der Windrichtung, jeden beliebigen Kurs zu halten vermögen und außerdem der Konkurrenzkampf sie zu immer schnellerer und rücksichtsloserer Fahrt veranlaßt. Zur Verhütung des Zusammenstoßes der Schiffe auf See haben deshalb alle seefahrenden Nationen Verordnungen erlassen über das Führen von Lichtern, über Nebelsignale, über das Ausweichen der Schiffe, so die deutsche Verordnung vom 23. Dezember 1871. Auch über das Verhalten der Schiffer nach einem Zusammenstoß, „ . . . solange thunlich am Platze zu bleiben, um den anderen zu helfen. . .", existiert eine kaiserliche Verordnung vom 16. August 1876. Erstaunlich eigentlich, daß die Maßnahmen zur Verhütung solcher Kollisionen in der viele Jahrhunderte alten Seeschiffahrt nicht einmal hundert Jahre alt sind. Aus der Zeit der sich mehrenden Kollisionsfälle einige, die Windjammer betreffenden Beispiele:

Gegen Mittag des 15. Juni — es ist ein Sonntag — läßt der Erste die Royals wegnehmen und festmachen. Der Wind ist auf Sturmstärke angewachsen. An Bord der jetzt auf Steuerbordhalsen liegenden Bark *Fortuna* ist man wieder guter Dinge. Der Abschiedsschmerz ist schnell vergessen, und wenn der Wind nicht unerwartet umspringt, hat man bald die Enge Dover-Calais passiert. Es könnte eine schnelle Reise werden . . .

Zwei dünne Schläge der kleinen Glocke am Kartenhaus zeigen die erste Stunde des 16. Juni an. Der Ausguckposten auf der Back erwidert sie mit der großen Glocke und einem: „Die Lampen brennen!" Der zweite Steuermann, Ablaß mit Namen, der die Hundewache von null bis vier Uhr morgens für den noch immer erkrankten Kapitän geht, antwortet mit einem: „Aye, Aye!" Wenig später meldet der Ausguck einen Dampfer vier Strich an Steuerbord. Ablaß stellt bald fest, daß dieser direkt auf sie zukommt: denn das Rot und Grün der Seitenlampen ist klar und deutlich zu sehen, und die weißen Lichter der vorderen und achteren Topplaternen stehen genau übereinander.

„Klaus", wendet sich Ablaß an den Rudergänger, „Kurs halten! Ganz genau Kurs halten!"

Der Dampfer ist ausweichpflichtig. Die *Fortuna* darf jetzt nicht einen Grad vom Kurs abweichen. So schreibt es die internationale Regel vor. Der Dampfer hält immer noch auf den Segler zu. Stur und vierkant. Ablaß ist aber der festen Überzeugung, daß er, wenn er nahe genug ist, abfallen und seinen Weg um das Heck der Bark nehmen wird. Bald schälen sich die Konturen des anderen Schiffes aus dem Dunkel der Nacht heraus. Aber noch immer ist keine Kursänderung ersichtlich. Jetzt wird Steuermann Ablaß unruhig. Schlafen die Kerle da drüben? Man kann doch einen großen Dreimaster unter voller Besegelung nicht übersehen.

Ablaß scheucht die Freiwache an Deck. Er läßt von dem Ausguckmann laufend die große Glocke schlagen. Doch zeigt sich auf dem Dampfer keine Reaktion. Jetzt erscheint er schon, eine schaumige Bugsee — weiß wie Buttermilch — vor sich herschiebend, zum Greifen nahe. Und wenn Ablaß sich bislang strikt an die Regeln gehalten hat, jetzt, da allerhöchste Gefahr für das eigene Schiff besteht, darf er alles unternehmen, was zur Sicherheit der *Fortuna* nützlich ist. Noch zu frisch sind die Erinnerungen an das, was man ihm in langen Monaten auf der Steuermannsschule eingehämmert hat und was für ähnliche Situationen mit Modellen geübt wurde, als daß er auch nur eine Sekunde in der Ausführung seines Entschlusses zögert.

„Hart Steuerbord! In 'n Wind! Los Vorschooten!"

Bei dem harten Wind und der guten Fahrt von neun Knoten luvt die *Fortuna* fast blitzschnell an. Sie schießt förmlich in den Wind. Sie windet sich damit praktisch aus der unmittelbar bevorstehenden Kollision heraus — dreht dabei aber den Spieß um, denn sie nimmt nun ihrerseits den Dampfer wortwörtlich auf die Hörner. Mit voller Drehgeschwindigkeit trifft sie den in hoher Fahrt daherbrausenden Frachter vierkant mittschiffs. Ein dumpfer Stoß, dem ein furchtbares Krachen und Splittern folgen. Alles wird aufs Deck geworfen, wie von Hammerschlägen gefällt. Und während aus dem Vormast ein Brechen von Holz und Knirschen von Draht und Tauwerk zu hören sind, singen die Wanten und Stage des Haupt- und Kreuzmastes unter der Wucht der hin und her pendelnden Stengen mit markerschütternd hellem Ton.

Der messerscharfe Bug der *Fortuna* hat den Dampfer — es ist die *Wilhelmina* mit 42 Mann Besatzung an Bord — in Höhe des Maschinenraumes getroffen. Er durchschneidet das Schiff bis zur Backbordseite. Bugspriet und Klüverbaum haben sich in die Decksaufbauten gebohrt. Sie werden wie Streichhölzer nach achtern weggeknickt. Die Vorbramstenge bricht ab und kommt von oben. Sie reißt Pardunen, Stage, Wanten sowie die Fallen und Niederholer der Vorsegel mit sich. Durch die Wucht des herunterkommenden Geschirrs wird auch die Großbramstenge nach vorn gezerrt. Sie bricht, verfängt sich aber im Gewirr der Wanten, Pardunen, Brassen, Geitaue und Gordings und knallt in halber Höhe des Großmastes auf die Marssegel. Steuermann Ablaß hat keine Sekunde die Übersicht verloren. Da ein Sinken der *Fortuna* in Rechnung gestellt werden muß, befiehlt er, die vier Rettungsboote auszuschwingen und in den Davits zu Wasser zu lassen. Der fieberkranke Kapitän Schulz, der sich an Deck geschleppt hat, beauftragt den Zimmermann, den Lenzzustand der Bilgen zu überprüfen. Und es ist fast ein Wunder zu nennen, als dieser wenig später dem Kapitän meldet: „Kein Wasser im Schiff, Herr Kaptein!"

Peter Hinrichsen, der in dieser Nacht das erste Mal zum Anlernen als zweiter Rudergänger aufgezogen war, steht noch immer hinter dem Ruderrad, die Hände in die Speichen verkrallt. In seinem Blick ist Angst, die Augen sind gläsern. Aber das Rad, das Rad läßt er nicht los. Er hat es mit seinen Händen umkrampft, als wolle er es zerbrechen.

So hat er sich seine erste Reise nicht vorgestellt.

Als die Rettungsboote mit den Überlebenden näherkommen, schickt ihn der Kapitän nach Backbord achtern, um den Schiffbrüchigen eine Leine zuzuwerfen. Unter furchtbarem Gefluche und Gebrülle nähern sich die Fahrzeuge. Peter kann erkennen, daß die Boote schlecht in der See liegen. Die Hälfte der Insassen schöpft

verzweifelt Wasser, das durch die lecken und altersschwachen Planken in Mengen eindringt.
Mit Erstaunen sieht der Junge, daß die Seeleute auf seine Zurufe nicht reagieren und auch das zugeworfene Tau nicht ergreifen. Statt dessen legen sie neben den zu Wasser gelassenen Booten der *Fortuna* an. Sie klettern hinein und beginnen, die Taljen der Kutterläufer auszupicken. Peter schaltet jetzt blitzschnell: „Herr Kapitän, die wollen unsere Boote klauen!"
Zur gleichen Zeit versuchen andere Überlebende der *Wilhelmina* das gleiche Manöver bei den Steuerbordbooten. Sie scheinen in wildem Selbsterhaltungstrieb zu handeln. Offenbar haben sie Angst, daß auch die Bark bald sinken und sie mit ihren eigenen wracken Untersätzen nicht weit kommen würden. Als das die Janmaaten der *Fortuna*, deren Vorfahren noch gegen wirkliche Seeräuber ihr Schiff, die Ladung und das eigene Leben verteidigen mußten, bemerken, beginnt das Erbe der Ahnen zu kochen. Zorn schießt wie böse Flammen in ihre Wangen. Mit Marlspiekern, Handspaken und Koffeenägeln gehen sie gegen die „Räuber" vor. Ein wildes Handgemenge entbrennt im Dunkel der Nacht.
In letzter Minute verhindert der Kapitän der *Fortuna* ein noch größeres Unheil. Mit übermenschlicher Kraft schreit der vom Fieber fast verzehrte Mann auf die Tobenden ein: „Haltet ein, Leute! Seid vernünftig! Unser Schiff sinkt nicht. Hier an Bord seid ihr alle in Sicherheit! Haltet ein!"
Auch der fremde Kapitän unterstützt ihn bei diesen Bemühungen. Die Beilegung des Streites kommt just zur rechten Zeit, denn jetzt wird die *Fortuna* und ihre nunmehr doppelte Besatzung von einer anderen tödlichen Gefahr bedroht. Durch das langsame Absacken der *Wilhelmina* und das Backschlagen ihrer Segel hat sich die *Fortuna* stetig von ihrem Kontrahenten gelöst. Auch nachdem sie ganz frei gekommen ist, zeigt es sich, daß das Vorschott hält und kein Wassereinbruch zu befürchten ist.
Plötzlich geht ein erneuter Ruck durch das ganze Schiff. Höllengetöse unter der Back. Ohrenbetäubendes Kreischen, Funken stieben auf. Mit lautem Gepolter rauscht die Steuerbordankerkette aus.
Der zweite Steuermann stürzt nach vorn zum Ankerspill. Im dünnen Licht von einigen Kugellampen erkennt er aber sofort: hier ist nichts mehr zu retten. Die Bremsbacken sind herausgebrochen, da ist keine Möglichkeit, die aus der Ankerklüse schließende Kette aufzuhalten. Wenn jetzt der Riesenschäkel unten im Kettenkasten auch bricht, ist die Kette mit einer Länge von 60 Faden verloren. Sand-, Rost- und Funkenwirbel hüllen die Männer unter der Back ein. Es stinkt nach verbranntem Eisen. Dann verstummt das Knallen und Schlagen der ausrauschenden Kette, ein heftiger Stoß, tief taucht das zerschundene Vorschiff der *Fortuna* in die aufgewühlte See. Der Schäkel hat gehalten. Ein Wunder.
Aber allzuschnell erkennen die Männer, daß dies ein wahres Teufelsgeschenk des Schicksals ist. Bei der Ramming war der Riesenstockanker aus seiner Halterung auf der Back gerissen worden, hatte sich unlösbar in den Eingeweiden der *Wilhelmina* festgehakt und somit beide Schiffe aneinander gekettet. Immer tiefer sackt der Bug der *Fortuna* weg. Langsam packt das Schicksal zu. Schreckensrufe aus vielen Kehlen: „Der Dampfer sackt ab. Der Dampfer sackt ab. Er nimmt uns mit!"
Wenn es nicht im allerletzten Augenblick gelingt, die Ankerkette zu sprengen, ist auch die *Fortuna* verloren. Man hat indessen nicht untätig zugesehen. Der schwerste Vorschlaghammer, den es an Bord gibt, ist unter die Back geschafft

worden. Ein hünenhafter, bärenstarker Norweger von der Dampferbesatzung hat sich freiwillig für die lebensgefährliche Aufgabe gemeldet. Von seiner Geschicklichkeit, seiner Kraft und einer guten Portion Glück hängt jetzt die Sicherheit der *Fortuna* und der zwei Besatzungen ab. Ein kurzes Maßnehmen, ein tiefer Atemzug, und dann saust mit aller Kraft, durch die Drehung beschleunigt, der mächtige Hammer auf die straff gespannte Kette. Der Norweger stürzt zu Boden, aber über ihm zerspringt die Kette. Wie Glas. Bevor ihr freigewordenes Ende durch die Ankerklüse schießt, zerschlägt es mit einem Prankenschlag die Spanten und das Deck der Back.

Von ihrer tödlichen Fessel befreit, schießt die *Fortuna* förmlich mit dem Bug aus dem Wasser heraus. Jetzt, ohne den Zug der Kette auf ihr Achterschiff, dreht die *Wilhelmina* wieder auf die *Fortuna* zu, und mit Hilfe der See und der noch immer laufenden Schiffsschraube kommt sie in bedenkliche Nähe. Steuermann Ablaß pariert den drohenden Rammstoß durch Hartruderlage und blitzschnelles Anbrassen der Segel.

Im Abdrehen vernehmen sie verzweifelte Hilferufe, die das Heulen des Sturmes übertönen. „Da sind unser Chief und der Smut!“ ruft ein Holländer überrascht aus. „Die haben wir vergessen mitzunehmen!“ Und so war es auch. Bei dem überstürzten Verlassen der *Wilhelmina* hatte niemand an den krank in der Koje liegenden Ersten Maschinisten gedacht, und als der Koch ihn an Deck geschleppt hatte, waren die Rettungsboote bereits längsseit der *Fortuna*. Ihre Rufe verhallten während des Kampfes um die Boote ungehört, und als das Wasser in der *Wilhelmina* höher und höher stieg, blieb den beiden keine andere Wahl, als sich dem völlig verrotteten Dingi anzuvertrauen. Riemen waren natürlich auch nicht im Boot, so daß sie sich mühsam mit Bodenbrettern durch die hohe See kämpfen mußten.

Seeleute der *Wilhelmina* springen bereitwillig in eins ihrer Boote, haben mit kräftigen Schlägen das Dingi bald eingeholt und die zwei Mann an Bord gezogen. Wenige Augenblicke später versinkt das Beiboot in den Fluten der Nordsee.

Das Wetter hat sich inzwischen verschlechtert. Der Wind weht mit Sturmstärke, und das Barometer fällt weiter. Die Schiffsführung der *Fortuna* ist sich nach kurzer Beratung klar, daß ihr nur ein Weg bleibt: Vor dem Wind nach Osten zurück und mit allen Mitteln versuchen, die Elbe zu erreichen. Außerdem ist höchste Eile geboten; denn es ist nicht abzusehen, wie lange noch das vordere Schott den ungeheuren Druck der See aushalten wird. Die Beseitigung der Havarieschäden geht flott voran, denn die Besatzung hat sich ja verdreifacht. Die Männer der *Wilhelmina* legen schon im eigenen Interesse tüchtig mit Hand an, und sie erweisen sich — obwohl Dampferseeleute — im großen und ganzen als brauchbar.

Es werden nur die Mars- und Untersegel gefahren. Die Fock bleibt aufgegeit, um das Vorschiff nicht zu tief ins Wasser zu drücken. Im Großtopp weht das internationale Signal „Nanni Cäsar“[233], denn noch ist die akute Gefahr für Schiff und Besatzung nicht gebannt.

Gegen neun Uhr kommt der britische Routinedampfer von Hamburg nach London in Sicht. Auf eine rote Rakete hin ändert er sofort seinen Kurs und kommt näher. Ihm wird signalisiert, daß die *Fortuna* nicht stoppen könne. Er zeigt „Verstanden“ und antwortet: „Ich bleibe bei euch, bis Schlepperhilfe eintrifft!“

Diese auf See selbstverständliche Hilfsbereitschaft gibt den Männern frischen

Mut und ein Gefühl der Geborgenheit, und als wenig später der Hochseeschlepper *Albatros* von der Bugsier zur Hilfeleistung eintrifft, sind die gefahrvollen Stunden der vergangenen Nacht vergessen.

Nach zwei Tagen kommt Cuxhaven in Sicht. Ablaß atmet auf. Er ist seit der Kollision nicht von der Brücke gekommen. Der immer noch krank in seiner Kammer liegende Kapitän hat ihm die Führung des Schiffes belassen, nachdem sich herausgestellt hatte, daß der Erste Steuermann, Hirschberger, ein Danziger, bislang nur Schlepper gefahren hatte und nur wenig Kenntnisse in der Führung eines Großseglers besaß.

„Steuermann, lassen Sie sofort die Fock setzen!" befiehlt der Kapitän der *Wilhelmina*.

„Das kann ich nicht verantworten, das Vorschot würde uns weggeschlagen", antwortet Ablaß, entrüstet über den Befehlston des unfreiwilligen Gastkapitäns.

„Dann melden Sie es Ihrem Kapitän. Ohne Vorsegel können Sie niemals sicher die Elbe ansteuern!"

Ablaß meldet Kapitän Schulz, daß der fremde Kapitän ihm einen Befehl erteilen wollte. „Ablaß, Sie tragen die alleinige Verantwortung. Veranlassen Sie, was Sie für richtig halten!"

Man einigt sich dann, es erstmal mit einer gerefften Fock zu versuchen, und als man die Fockschooten durchholt, hebt sich der Bug merklich aus dem Wasser. Neidlos erkennt Ablaß an, daß der Dampferkapitän doch einige Ahnung von Segelschiffen hat. Die *Fortuna* kommt so gut in die Elbeinfahrt, und bei Glückstadt gelingt es, die Schleppverbindung herzustellen.

Anfang Juli findet dann die Seeamtverhandlung statt, die darüber zu befinden und zu entscheiden hat, ob die Handlungsweise des 2. Steuermanns Ablaß richtig gewesen war. Der Zimmermann, der Rudergänger und auch der Junge Peter Hinrichsen sind als Zeugen geladen.

Ablaß muß sein Patent abgeben, das von einem Beisitzer unter Verschluß genommen wird. Befragt, schildert er den Vorgang. An Hand von Modellen erläutert er die Situation. Er betont, daß er die plötzliche Kursänderung, die zur Kollision führte, nur als äußerste Notmaßnahme angewandt habe, um sein Schiff zu retten.

Das Seeamt befragt die Zeugen, vernimmt die Schiffsführung der *Wilhelmina* und zieht sich dann zur Beratung zurück.

Was der Zusammenstoß mit der *Wilhelmina* nicht fertiggebracht hat, daß nämlich Steuermann Ablaß seine Fassung verlor, das schaffen beinahe die Herren der Presse. Von der Pressebank fliegen zu dem wie auf feurigen Kohlen sitzenden Steuermann Wortfetzen herüber:

„Klar, er konnte und mußte ausweichen ..."

„Viel zu jung ..."

„Rennt den Dampfer einfach über den Haufen ..."

„Rücksichtslos ..."

„Klogschieter!" knurrt Ablaß vor sich hin, „euch Brüder hätte ich mal sehen mögen. Die Hosen hättet ihr euch gestrichen vollscheeten."

Die Beisitzer erscheinen wieder, alles erhebt sich, und der Vorsitzende, Admiral Koldewey, verliest stehend den Spruch, den das Seeamt fällte: „Das Verhalten des Zweiten Steuermanns, Adolph Ablaß, bei dem Zusammenstoß der Bark *Fortuna* mit dem Dampfschiff *Wilhelmina* in der Nacht vom 15. zum 16. Juni anno 1903 war umsichtig und muß gutgeheißen werden. An dem bedauerlichen

Untergang der *Wilhelmina* trifft den Steuermann Ablaß kein Verschulden. Für die Errettung der gesamten Besatzung des gesunkenen Schiffes und die sichere Rückführung der schwerbeschädigten Bark *Fortuna* und deren Ladung nach Hamburg wird der Schiffsführung der *Fortuna* allerhöchstes Lob ausgesprochen!"
Der Zweite Steuermann der *Wilhelmina* wird schuldig am Untergang seines Schiffes gesprochen, das Patent wird ihm entzogen. Der Kapitän des Unglücksschiffes muß freigesprochen werden, da er seine schriftliche Anweisung im geretteten Logbuch vorweisen kann, die besagte, daß „ihn der Zweite Steuermann in schwierigen Fällen sofort zu wecken habe" — und das sei nicht geschehen. Damit wird die Verhandlung geschlossen.

Auf dem Vollschiff *Melpomene:*
In der Irischen See mit Kurs auf Ellesmere Port am Mersey River.
Es ist kurz nach Mitternacht, als die gerade aufgezogene Wache eben an Steuerbord voraus die rote Seitenlampe und die weiße Topplaterne eines Dampfers erspäht.
Es wird wohl alles klar sein.
Es scheint auch alles klarzugehen.
Plötzlich sehen sie auf der *Melpomene* riesige, unklare, schattenhafte Gerippe auf sich zuwachsen. Sie nehmen rasend schnell Formen an. Jeder an Deck erkennt die Umrisse sich im dunklen Nachthimmel verlierender Riggen und einen hoch aus dem Wasser herausragenden Rumpf: den Rumpf eines in Ballast fahrenden Segelschiffes.
Nun aber geht alles so schnell, daß niemand an Bord des Heimkehrers die Lage begreift, geschweige denn etwas zur Abwendung der drohenden Katastrophe tun kann. Man erkennt nicht einmal die große Gefahr, in der die *Melpomene* in diesen Sekunden schwebt, in denen die schattenhaften Masten im gleichen Augenblick, da ein eigentümlich sanfter Ruck den Hamburger Segler durchwogt, für den Bruchteil einer Sekunde stehen zu bleiben scheinen.
Ein gespenstischer Anblick in der Sekunde vor dem aufbrandenden Lärm.
Dann dreht der Fremde, als habe eine Riesenfaust das Vollschiff gepackt und halte es fest; als schiebe eine andere das Achterschiff um diesen Punkt herum. Es sieht so aus, als ob der fremde Segler regelrecht an der Bordwand der *Melpomene* beigeklappt wird. Dann: ein metallisches Schnurren und Schleifen von Eisen auf Eisen ist zu hören.
Schrill wie die nackte Angst.
Kreischend wie tausendfach gepeitschte Wesen.
Dort, wo die beiden Schiffe Bordwand an Bordwand liegen, sprühen wie bei einem Feuerwerk wild hin und her zuckende Funken herauf.
Nur wenige Augenblicke später ebbt der Lärm ab, verschwinden die Funken, saugt die Dunkelheit der mondlosen Nacht den Fremden wieder auf.
Zunächst stehen sie vor einem Wald von Fragezeichen. Dannn aber dämmert es den Männer auf dem Hamburger Vollschiff: der Dampfer, der mit dem weißen Topplicht, den sie zuerst sahen, war kein Dampfer, sondern ein Schlepper, dessen vorgeschriebenes zweites Topplicht entweder nicht zu sehen war oder nicht brannte. Die *Melpomene* hatte ihn zwar passiert, war dann auf die Schlepptrosse mit dem Segler auf dem Haken aufgefahren, hatte die Trosse mit dem Schwung des Stevens nach unten gedrückt und war mit dem Kiel darüber hin-

weggeschliert, während der andere Segler dabei an der Bordwand regelrecht beigeklappt wurde, um danach achteraus zu rutschen.
Zwei oder gar nur eine Sekunde später hätte der Steven der *Melpomene* nicht die Trosse erwischt ... er hätte sich in die Seite des fremden Seglers gebohrt ... Mit Sicherheit wären bei dem Anprall auch die eigenen Toppen über Stag gegangen.
„Man soll eben den Tag nicht vor dem Abend loben", resümiert H. Hennig hinterher. Er hatte als Matrose auf dem Vollrigger angemustert. Wieder einmal in guter, fester Hoffnung auf „eenen goden Kaptein, fixen Stüermann und — last not least — ordentlich was zu picken ..."
„Man traf", so nach H. Hennig, „manch einen Kameraden wieder, mit dem man irgendwo und irgendwann zusammen war: auf einer Marsrah beim Segelreffen, beim Fandango an der Westküste oder bei der Salvation Army in Melbourne ..."
Mit in Iquique geladenem Salpeter an Bord schiebt sich die der Hamburger Reederei B. Wencke Söhne gehörende *Melpomene* nach einer bisher guten Reise mit nördlichem Kurs bei stürmischem Südwest und schmierigem, meist regnerischem Wetter durch den St.-Georgs-Kanal weiter in die Irische See hinein.
Mit einer hoffnungsfrohen Besatzung an Bord, es bald geschafft zu haben ...

☆

Januar 1883.
Querab vom Borkumriff tastet sich die *Diamant*, ein Downeaster aus Thomastone, jetzt Petroleumsegler für Wm. Stisser & Co., durch den Nebel. Der Ausguck ist doppelt besetzt. Auch wer nichts zu tun hat, spitzt die Ohren nach Nebelsignalen, versucht, den milchigen, brodelnden Dunst zu durchdringen. Just in jenem Augenblick, da es ein wenig sichtiger zu werden scheint, entdecken sie aus dem Wasser herausragende Masten. Und in deren Takelage Menschen: Frauen und Männer, die winken, rufen, schreien.
Der Kapitän der *Diamant*, Haeslop, braßt sofort back. Das Boot, das er aussetzen läßt, ist mit dem Zwoten und zwei tüchtigen Seeleuten bemannt. Es nähert sich, da der Wind günstig ist und kaum eine See steht, den Masten ohne Schwierigkeiten. Dreimal fahren sie hin und zurück. Sie bergen siebzehn Menschen: Frauen, Männer, Kinder mit erstarrten, zum Teil erfrorenen Händen und Füßen ... die Letzten, denn viele andere waren von Masten und Rahen in die eisige See gestürzt. Sie ertranken vor den Augen derer, die selbst am Ende ihrer Kräfte waren.
Zweiundzwanzig weitere übernimmt — unweit von dieser Stelle — die englische Bark *Thetis*. Sie holt sie aus zwei treibenden Rettungsbooten heraus, aus den Booten mit den Nummern 7 und 1.
Mehr Überlebende gibt es nicht, die das wohl größte Schiffsunglück jener Zeiten kostete: der Zusammenstoß des englischen Dampfers *Sultan* mit der *Cimbria*, einem Passagierdampfer der HAPAG. Er kostete 437 Menschen das Leben, denn als die *Sultan*, die ihre Reise mit zusammengedrücktem Steven fortsetzte, Hamburg erreichte und der Kapitän das Unglück meldete und „... ich habe noch immer die gellenden Schreie der sterbenden Menschen in dieser erbarmungslos grauen Finsternis des Nebels in den Ohren ...", war es für Rettungsaktionen bereits viel zu spät.
Als die in Eile ausgerüsteten Rettungsschiffe das Unglücksgebiet erreichten, war bereits geborgen, was überhaupt noch zu bergen war.
Die so schicksalhafte Duplizität der Ereignisse will es, daß drei Jahre später

— genau am 23. März 1886 — die *Diamant* von dem aus Hamburg kommenden Dampfer *Napoli* unweit jener Position gerammt wird, wo die *Cimbria* sank. Auch in dichtem Nebel. Jedoch ohne Menschenverluste, denn die Besatzung kommt noch gut in die Boote und wird gerettet. Die *Diamant* jedoch schwimmt mit ihrer Ladung, treibt wie ein Geist in der Nordsee hin und her, bis sie kentert und bei den Winterstürmen sinkt.

Über die Kollision der *Preußen* ist an verschiedenen Stellen bereits berichtet worden. Sie, die im Jahre 1910 erfolgte, ereignete sich, als das Fünfmastvollschiff in den Englischen Kanal hineinsegelte:

Sonnabend, der 5. November.

Abends, 21.50, wird im Abstand von zwei Seemeilen *Royal Sovereign*-Feuerschiff passiert. Es weht eine frische Nordwest-Brise, und der Schleppzug läuft nun — schon etwas schneller — mit etwa neun Knoten Fahrt in die Nacht hinein. In allen fünf Masten sind die unteren und oberen Marssegel gesetzt worden, um den Schlepper zu entlasten. Kapitän Nissen hält den Zeitpunkt für gekommen, die 500 Seemeilen lange Schleppfahrt zu beenden. Es ist 22.20, als der Schlepper loswirft und schnell achteraus fällt. Drei lange Töne mit der Dampfpfeife klingen als letzter Gruß über die dunkle See. Sie wünschen der *Preußen* eine gute Fahrt, wieder einmal eine gute Fahrt. Und dann taucht sie auch schon — einem dunklen Schatten gleich — in die noch dunklere Nacht hinein.

Gegen 23.00 wird es leicht dunstig. Bald flaut der Wind ab, so daß der große Vollrigger, auf dem mit Ausnahme von Bagien und Besan alle Segel gesetzt sind, nur noch mit vier Knoten Fahrt durch das Wasser läuft. Obgleich das Feuer von Beachy Head, das etwa fünf Seemeilen voraus an Steuerbord liegt, noch immer gut sichtbar ist, läßt Nissen schon die vorgeschriebenen Nebelsignale abgeben. In Zwischenräumen von einer Minute heult das Nebelhorn auf. Es zeigt an: Hier segelt ein Segelschiff mit Steuerbordhalsen. Auf dem Hochdeck stehen Kapitän Nissen, der wachhabende II. Offizier, Töpper, und Bootsmann Beck. Alle drei blicken angestrengt und aufmerksam ins nächtliche Dunkel. Da erscheinen plötzlich an Steuerbordseite des Seglers die weißen Topplaternen eines Dampfers, der gleich darauf auch sein rotes Positionslicht zeigt. Kurze Zeit später verschwindet das rote Licht des Gegenkommers, jetzt ist dessen grüne Positionslampe zu sehen.

Kapitän Nissen schließt daraus, daß der Dampfer die Absicht hat, mit Backbordruderlage hinter dem Segler herumzugehen, denn nach den Ausweichregeln der Seestraßenordnung hat, wie schon gesagt, ein Dampfer jedem Segler auszuweichen. Da andererseits nur ein Schiff handeln darf und das andere Kurs und Geschwindigkeit beizubehalten hat, läuft die *Preußen* unbeirrt weiter.

Es sind spannungsreiche Minuten, die Kapitän Nissen auf dem Brückendeck seines Schiffes durchlebt. Es gibt Beispiele bitterer Erfahrungen mit Dampfern genug, und so stürmen viele Fragen auf ihn ein: „Soll ich selbst etwas unternehmen? Ist es nicht höchste Zeit dazu, denn auch das schnellste Manöver an den Brassen läßt wertvolle Minuten verstreichen. Oder ist es noch zu früh; würde unter Umständen gerade hierdurch ein Zusammenstoß unabwendbar?"

Nach einiger Zeit zeigt der Dampfer erneut Rot. An dem hellen Schein der Lichter ist zu erkennen, daß er schon ziemlich nahe steht. Gleichzeitig hört man von ihm ein Signal für eine Steuerbordruderlage. Er teilt diese Absicht dem ihm fremden Segler mit der Dampfpfeife durch das entsprechende Signal mit. Nun wird es dem erfahrenen Nautiker Nissen klar, daß der Dampfer nicht die nach Lage der Um-

stände erforderlichen Ausweichmanöver vornimmt, sondern versucht, vor dem Bug der *Preußen* vorbeizulaufen. Um auf die drohende Gefahr eines Zusammenstoßes aufmerksam zu machen, werden auf der *Preußen* in kürzeren Abständen Signale mit dem Nebelhorn abgegeben.
Der Dampfer kommt immer näher.
Und nun, da infolge der sich kreuzenden Kurse ein Zusammenstoß unvermeidbar ist, läßt Kapitän Nissen das Ruder hart backbord legen und gleichzeitig die Achterrahen backbrassen, um es dem Dampfer zu ermöglichen, an der Steuerbordseite der *Preußen* vorbeizulaufen.
Zu spät.
Das gewaltige Schiff hat eben erst begonnen, dem Ruder zu folgen, als der Dampfer wie eine dunkle Wand neben ihm aufwächst. Nun spielt sich alles Weitere in Sekunden ab, die sich zu Ewigkeiten auszudehnen scheinen. Zunächst fegt der starke, stählerne Klüverbaum der *Preußen* über das Deck des Dampfers und reißt mit unvorstellbarer Gewalt den vorderen Schornstein und einen Mast hinweg. Der Klüverbaum selbst bricht dabei in Höhe der Krulle[233a]. Gleichzeitig trifft der Vorsteven des Vollschiffes die Backbordseite des Dampfers und gleitet dann an dieser Seite entlang, wobei erhebliche Schäden an dessen Schanzkleid, den Davits und den Booten entstehen.
Infolge des Zusammenstoßes haben sich am Vorsteven des Seglers einige Platten gelöst. Durch das ungefähr 15 Fuß lange Loch gurgeln gierig die grauen Fluten des Kanals in das Schiff, und bald darauf steht die Vorpiek unter Wasser.
Sonntag, der 6. November.
Nachdem die beiden Havaristen voneinander freigekommen sind, dreht Kapitän Nissen mit der *Preußen* bei. Er läßt alle Segel bis auf die Unter- und Obermarssegel wegnehmen.
In einigem Abstand liegt — mit gestoppter Maschine — der Dampfer. Es ist das in Newhaven beheimatete Doppelschrauben-Turbinenschiff *Brighton* der London Brighton & South Coast Railway Company unter dem Befehl von Captain Albert Edward Hemmings. Das Schiff war mit einer Stückgutladung und 91 Passagieren auf der Reise von Newhaven nach Dieppe, als es passierte.
Nachdem man sich auf dem Dampfer davon überzeugt hat, daß die *Preußen* einer Hilfeleistung zunächst nicht bedarf, kehrt die *Brighton* wegen der eigenen Schäden nach Newhaven zurück. Auf der *Preußen* peilt der Zimmermann die Pumpen. Es ergibt sich, daß das Schiff bis auf die völlig unter Wasser stehende Vorpiek dicht geblieben ist.
Das spricht deutlich für die Qualitätsarbeit der Bauwerft, bezogen auf die Arbeit selbst wie auch auf das Material. Ein stählener Schiffskörper von den Abmessungen dieses großen Seglers mit seinen 8 000 Tonnen Ladefähigkeit ist so leicht nicht zum Halten zu bringen, wenn er mit dem Zug der Segel und dem Winddruck dahinter in Fahrt ist. Geschieht das Anhalten jedoch plötzlich, so wie hier, durch einen Zusammenstoß mit einem anderen Schiff, dann ist die Aufprallenergie gewaltig. Man sollte meinen, da hätte mehr, viel mehr geschehen müssen.
Der Volksmund versteht es gut, kritische Sachverhalte oft mit wenigen Worten treffend auszudrücken. Jedenfalls rühmte man seinerzeit an der Weser — zu Recht — die gute Arbeit der Tecklenborgschen Werft mit diesen Worten: „Kaptein sei unbesorgt, Din Schipp is baut bi Tecklenborg!"
Kurzum: Das Kollisionsschott hält dem ungeheuren Wasserdruck, der sich dagegen stemmt, stand. Nachdem das Vorgeschirr auf der Back geklart ist, läuft

der hart angeschlagene Fünfmaster auf westlichem Kurs unter Marssegeln weiter, um Portsmouth als Nothafen anzulaufen ...

Doch das Glück hat die stolze *Preußen* verlassen. Zunächst rauschen bei einem Ankermanöver beide Ketten aus, so daß Kapitän Nissen die Hilfe von drei inzwischen herbeigeeilten Schleppern annimmt, zumal inzwischen ein starker Südweststurm aufgekommen ist. Die Segel werden festgemacht, und in großem Bogen steuert der Schleppzug der Einfahrt des Hafens von Dover zu. Kurz vor der Einfahrt packt ihn eine sehr heftige Bö. Die Schlepper können das Schiff nicht halten, es wird auf Land zugetrieben. Zu allem Überfluß bricht auch noch die Trosse des Schleppers *John Bull*. Fast scheint es, daß die geschickten Manöver von Kapitän Nissen, der schnell alle Untersegel setzen und die Rahen der drei hinteren Masten back brassen läßt, das Schiff vor einer Strandung bewahren und über Steuer freisegeln lassen, als die *Preußen* mit ihrem Vorderteil einen Unterwasserfelsen rammt. Alle Versuche der Schlepper, den Fünfmaster von dieser anderthalb Seemeilen östlich von Dover befindlichen Klippe abzuziehen, zeigen keinen Erfolg. Am 8. November, als wieder schönes Wetter herrscht, sorgt Kapitän Nissen dafür, daß die Besatzung in eigenen Booten gelandet wird, denn die Hoffnung, den gestrandeten Segler zu retten, schwindet von Stunde zu Stunde. Die *Preußen* droht aufzubrechen und wird, so fürchtet Nissen wie auch der herbeigeeilte Inspektor der Reederei, beim Wiedereinsetzen des Sturms ganz verlorengehen. Es gelingt aber, einen Teil der Ladung und des Inventars zu bergen, ehe der Fünfmaster als Totalverlust abgeschrieben wird. Das und die Tatsache, daß kein Besatzungsmitglied verlorenging oder verletzt wurde, ist bei diesem so unrühmlichen Ende des Olympioniken unter den Windjammern immerhin noch ein Trost.

Kollisionen mit schlimmem Ausgang waren auch diese:

1904 wurde die stählerne Bark *Inverlyon*, die Erz an Bord hatte und nach Antwerpen wollte, im Nordatlantik in Äquatornähe von der deutschen Bark *Khorasan* gerammt. Dem Kapitän der deutschen Bark wurde später der Vorwurf gemacht, er habe der sinkenden britischen Bark nicht genügend Hilfe geleistet, im anderen Falle hätten die Verluste an Menschenleben wahrscheinlich vermieden werden können. Dazu der deutsche Kapitän: „Ich war selbst in der Gefahr unterzugehen und war voll und ganz damit beschäftigt, das Leben meiner eigenen Leute zu retten."

Durch Kollision ging auch die britische *Talookdar* verloren. Sie, ein Vollschiff von Harland & Wolff, war knappe fünf Jahre alt, als sie 1890 querab vom Kap der Guten Hoffnung mit einem anderen Segler kollidierte und sank. Dasselbe Schicksal ereilte die Bark *Firth of Solway*, die, 1885 erbaut, im April des nächsten Jahres durch Kollision endete. 15 Mann kamen dabei um, das heißt, sie wurden später vermißt.

Auch die *Killochan*, ein Vollschiff von 1233 BRT ging (1889) durch Kollision verloren und war damit eines der 40 von 81 Schiffen der britischen Reederei John Kerr & Coy., Greenock, die auf die Verlustliste gesetzt werden mußten.

Das sind einige Beispiele aus dem britischen Bereich, aus dem deutschen vielleicht noch diese; die durch eine Kollision ihr Leben ließen: die Hamburger Viermastbarken *Pangani* und *Pitlochry* oder die Rostocker Bark *Helen Scott* ...

X

Entmastet/Gekentert

Daß Segelschiffe entmastet wurden, hatte verschiedene Ursachen. Ein Materialfehler konnte bei schwerem Wetter den Bruch einer Stenge und damit eine alle Masten in Mitleidenschaft ziehende Kettenreaktion auslösen. Eine übermäßig starke Belastung konnte die andere Ursache sein, wobei hier ungewöhnlicher Winddruck auf die unter (oder zum Teil unter) Segeln stehende Takelage einmal oder ein übermäßig starkes Rollen des Schiffes — bei plötzlichen Windstillen in bewegter See oder einem besonders starken Roller in einer Kreuzsee zum Beispiel — zum anderen infrage kam. In manchen Fällen, besonders, wenn das Schiff unter Segeln stand und die Entmastung die Folge besonders starken Winddruckes war, darf ein Entmasten sogar als ein Glücksfall angesprochen werden, da das Schiff im anderen Falle gekentert wäre.
Uber das Kentern ist im Lexikon für den Hausgebrauch nachzulesen: Das Umschlagen eines Schiffes bei ungenügender Stabilität infolge von zu starkem seitlichen Winddruck oder Seegang oder Uberschießen der Ladung. Prof. Dr. Westphal im Westphal: Physik-Wörterbuch[234]: „Kentern ist in des Wissenschaftlers Sprache eine Änderung der Schwimmlage, bei der ein zunächst im stabilen Gleichgewicht schwimmender Körper umschlägt, wenn z. B. der Krängungswinkel über die Schwimmlage bei verschwindender Stabilität (Kenterpunkt) hinaus anwächst und der Körper über das labile Gleichgewicht in eine andere stabile Lage (Kiel oben) gerät. Über die statische Stabilität →Metazentrum. Die dynamische Stabilität ist besonders zu berücksichtigen.“

Die Bucht der Biscaya ist zur Winterzeit kein Vergnügungsplatz für ein segelndes Schiff. Vom ersten Tag ihrer am 6. Januar 1924 in Bordeaux angetretenen Reise hatte die britische *Falkirk*, eine von Hamilton 1896 erbaute stählerne Bark, eine harte Zeit. Sehr bald schon war einiges in der Takelage „wrong“. Ob das schwere Wetter oder die Tatsache, daß nach der langen Liegezeit Tauwerk, Blöcke, Taljen und so manches andere im Schiffgeschirr sich nicht in bester Verfassung befanden — oder beides — die Ursachen dafür waren, daß man, kaum daß die Segel standen, in böse Schwierigkeiten geriet, wird nie mehr nachzuprüfen sein.
Kurzum, es sah bemerkenswert düster aus! Denn so manches, das unter dem Druck des Sturms zu Bruch ging, ließ sich, hier auf See, mit Bordmitteln nicht mehr reparieren.
Auch das noch: Am Abend des 12. Januar drückte eine furchtbare Kreuzsee die *Falkirk* beinahe unter Wasser. Die Bark wurde von dem Roller wie von einer Titanenfaust niedergedrückt. Wasser rauschte tonnenweise an Bord. Und die Geräusche in der Takelage kamen allen wie ein Stöhnen eines gemarterten Wesens vor. Oder war es Rasmus' Hohngelächter? Aber die *Falkirk* richtete sich wieder auf, langsam, taumelnd wie benommen, angeschlagen. Captain Clark war es wie ein Wunder, daß die Masten überhaupt noch standen. Er ging keinen Fußbreit mehr vom Achterdeck. Er wollte da sein, wenn passierte, was hier an Bord jeder jeden Augenblick erwartete. Die *Falkirk* ist nicht sein erstes Schiff, das er führt. Man kennt ihn in den Windjammer-Kreisen. Als Kapitän der *Loch Carron* hat er sich während der letzten Jahre in der Wollclipperfahrt einen Namen

gemacht. Nie zeigte er sich als Hitzkopf, immer als besonnener Mann, den Erfahrungen nur reifer werden ließen.

Abends, genau um 8.20, inmitten einer pfeifenden Hagelbö, inmitten von Donner und Blitzen eines Wintergewitters, geschah, was Stainton Clark befürchtet hatte: Erst war in der Luft ein schrilles Kreischen, dann ein gräßliches Rumoren und Bersten. Und dann knickte der vordere Mast direkt über dem Deck oberhalb der Halskrause weg. Rahen und Stengen kamen von oben, polternd und lärmend wie's Jüngste Gericht. Einige bohrten sich mit der Nock ins Teakholz der Deckplanken ein. Dazwischen die peitschenhaften Böller zerberstenden Tauwerks. Dazwischen die ekelhaften, explosionsähnlichen Geräusche der an Deck, auf die Reling und die Aufbauten knallenden Blöcke, von denen einige auseinanderstoben und wie Geschosse durch die Luft zischten. Dazwischen Schreie der Männer der Besatzung.

Doch niemand wurde verletzt oder gar getötet. Ein Wunder.

Clark und seine Männer hatten diese Feststellung soeben erleichtert vermerkt — zwanzig Minuten mochten seit dem Überstaggehen des Vortopps verstrichen sein —, da verabschiedete sich der Großmast auf demselben Wege.

Und wieder kamen alle an Bord ohne auch nur einen Riß in der Haut davon.

Die Bark, der stützenden Kräfte durch die Segel nun beraubt, torkelte wie sinnlos trunken in der nächtlichen See von Backbord nach Steuerbord hin und her. Aber diese wilde, bastardhafte Rollerei hatte auch ein Gutes, zunächst Gutes: die abgebrochenen Masten, Stengen und Rahen wurden durch die heftigen Bewegungen über Bord geschleudert, hier nun aber festgehalten von Pardunen, Stagen und all dem anderen Tauwerk, das noch nicht gebrochen war. So wie die verwegen-buntgekleideten Landsknechte des Mittelalters mit Rammböcken Mauern befestigter Städte zu zertrümmern versuchten, so wuchtete eine nachtgrüne, gischtüberschäumte Sturmsee die Stengen und die Maststümpfe gegen die stählernen Außenhautplatten. Damals pflegten Niete diese Platten zusammenzuhalten, und wenn ein Schiff so viele Jahre auf der salzigen See zugebracht hatte, wie es bei der *Falkirk* der Fall war, dann hatte der stille, heimliche Fraß der Korrosion — mochte auch noch so oft Rost geklopft, noch so oft Rostschutzfarbe aufgetragen worden sein — die Festigkeit der Verbände geschwächt. Wie lange noch ... und die ersten Niete der unter der Wasserlinie liegenden Platten werden reißen. Das konnte nur noch eine Frage von Minuten sein, bis das erste Wasser in das Schiffsinnere drang.

In einer solchen Lage wissen die Männer an Bord immer, was die Stunde geschlagen hat und was sie von jedem einzelnen von ihnen verlangt:

das Letzte,

das Beste.

Sie packten kraftvoll zu auf der armen, alten *Falkirk*, um die Spannschrauben zu zerschlagen, um die Drähte zu kappen, um die Tampen zu zerteilen.

Alle: Da war Jim, der bohnenstangenhagere Matrose aus Glasgow, fromm und brav nur solange, als der liebe Gott ihm die Sonne scheinen ließ und Kautabak für ihn hatte. Im Sturm jedoch entfuhren ihm Flüche, die selbst die abgebrühtesten Seeleute erschauern ließen.

Da war Jan, der Zimmermann aus Stavanger. Er wirkte wie ein verträumter Wiking, war sanft wie ein Osterlamm und weich wie Butter. Wenn's draußen aber tobte, dann war er, einsneunzig groß, in voller Größe da. Und keinem war's geraten, bei seinen Anweisungen auch nur zu zögern, etwa dann, wenn's galt, sich an die von der See überwaschene Reling heranzuarbeiten, um zu klarieren, was für das Leben aller klariert werden mußte.

Da war Mac, gebürtiger Ire und nun ein Amerikaner dem Passe nach. Immer war er, der grauhaarige Pessimist, voller düsterer Ahnungen, immer sah er schweratmend durch den Schleier der grauen Zukunft hindurch. Und wenn er sprach, dann kroch der Ton aus ihm ganz tief von innen herauf. Jetzt aber, draußen an Deck, schüttelte er seine Spökenkiekereien vom bösen Sturm und der Bark, welche die Masten verloren und, na und . . . wie ein Baum welkes Laub von sich ab, er schnürte sich den Hosenriemen zwei Löcher enger und war dabei.

Da war Hein, der Leichtmatrose aus Jena, ein Junge mit wasserblauen Augen, mit Kinderaugen, so keusch, so klar. Er machte jetzt seine zweite Reise. Auf der ersten hatte er noch geheult, hatte er noch gebetet, als Rasmus das Logis auswusch, jetzt aber hing er in den Speichen des Ruderrades, als habe es ihm einst als Wiege gedient.

Da war Steffens, gutmütig wie ein Bernhardinerhund und geduldig wie Mastvieh — man verzeih's —, dessen ganzer Daseinszweck in der Nahrungsaufnahme besteht. Es gab kein Freudenhaus in den Häfen dieser Welt, das er nicht sah, das er nicht betrat. Nun aber hörten es alle: Er denke nicht daran, mit diesem jämmerlichen Trog von einem Schiff abzusaufen, denn noch habe er einiges vor. An ihm solle es nicht liegen, die Takelage wieder zu klarieren. Ohne Südwester stand er an Deck, die brandroten Haare leuchteten wie ein Feuerturm.

Und da waren diejenigen, die vorhatten, einmal auf die Schule zu gehen, Söhne achtbarer Eltern, von reichen wie von armen. Wer unterschied sie jetzt vom Jan, vom Jim oder vom Hein oder vom Mac?

Auf einen Nenner gebracht: Sie waren Seeleute aus Nord und West, so wie sie an Bord lebten, mochte das, was sie von sich gaben, für eine Lady shocking sein. In den Augen ihres Kapitäns aber waren sie Männer, waren sie Kameraden und Seeleute aus bestem Holz.

Sie arbeiteten wie besessen, nur nicht wie Blindbesessene. Ohne festen Halt auf diesem auf und ab, und hin und her taumelnden Untersatz. Umtost von eisiger See, die sich immer wieder wildrauschend, hohnlachend fast an Deck brach und die Männer vom Schiff zu zerren suchte. Die Besanstenge schwang mit jedem Roll der Bark gefährlich hin und her. Und schließlich ging auch er über Bord. Bei seinem Sturz wurde die untere Takelage aus ihren Befestigungen herausgerissen.

Und wieder überstand dies die Besatzung ohne eine Verletzung. Der zweite Offizier konnte eben noch glücklich entkommen, bevor der Besanbaum auf das Dach des Kartenhauses stürzte. Und welch ein weiteres Wunder: Ruder und Kompaßhäuschen mitsamt der Kompaßsäule waren ebenso ganz, wie die zwei achteren Rettungsboote unbeschädigt geblieben waren.

Zur Zeit der Entmastung stand die *Falkirk* auf 48°N 9°W. Die *Gamin*, ein französischer Fischdampfer, kam zur Hilfe, konnte aber infolge der schweren See nicht in der Nähe bleiben, während die entmastete Bark mit gut drei Seemeilen Triftgeschwindigkeit nach NNO getrieben wurde. Am 15. Januar, drei Tage nach dem Übergehen der Toppen, machte der Dampfer *Somerset* verschiedene, aber vergebliche Versuche, eine Schlepptrosse an Bord der Bark zu geben. Da Captain Clark im Einvernehmen mit seiner Besatzung das Schiff nicht aufgeben wollte, hatte er so auch nur Dank für das Angebot derer von der *Somerset*, doch wenigstens die Besatzung abzubergen. Die Männer blieben. Und hofften.

Die *Somerset* hatte inzwischen durch ein FT die Küste alarmiert. Der in der Nähe stehende, unter holländischer Flagge fahrende Bergungsschlepper *Roodezee* sagte Hilfe zu und erschien schon bald auf der ihm gewiesenen Position. Hier glückte nun, was denen von der *Somerset* versagt war. Die *Roodezee* nahm die entmastete *Falkirk* auf den Haken und brachte sie am 17. Januar nach Falmouth ein.
Schiff und Ladung waren gerettet. Daß man sie nach dieser Reise dem Abwrakken übergab, schmerzte die Männer.
Es hätte auch anders kommen können, wenn kein Schlepper hätte durch FT herbeigerufen werden können, wenn die *Falkirk* irgendwo weit draußen in einsamer See entmastet worden wäre ... Ihr weiteres Schicksal wäre dann so gewiß gewesen wie das vieler anderer Segler, die aus ähnlicher Situation nie wiederkehrten.
Nicht heim dagegen, das nur als Beispiel unter vielen, kommt die Viermastbark *Loch Torridon.* Unter russischer Flagge segelte sie 1915 im Nordatlantik, wurde entmastet und aufgegeben. Der britische Dampfer *Orduna* übernahm die Besatzung.
Und hier ein anderer Fall, bei dem das Schiff ebenfalls beinahe kenterte, dann die Masten verlor und dennoch heimkam:
Es geschah 1905 in der Nähe der Azoren:[235] Ohne sichtbare Anzeichen fällt aus graubehangenem Himmel bei steifer Brise eine Bö über die mit vollem Zeug von Rosario nach Falmouth segelnde norwegische Bark *Angerona* her. Das Schiff — die Wache hat der zweite Offizier — legt hart über. Die Backbordreling gerät unter schäumend quirlendes Wasser.
Den Segler in den Wind zu bekommen, glückt indessen nicht.
Entgegengesetzt abzufallen, glückt auch nicht.
Die Reling sackt immer tiefer ab. Die Nocken der unteren Rahen nähern sich der See.
Die *Angerona,* beladen mit Leinsaat in Säcken, droht zu kentern.
Der Abend kommt. Die Nacht steht bevor.
Plötzlich ein berstendes Krachen: Der Fockmast ist von oben gekommen.
Die Bark richtet sich auf. An der Bordwand poltern die Trümmer der in drei Teilen über Bord gegangenen Marsstenge hin und her. Die Untermarsrah hält sich in ihrem Rack. Steil wie ein Ausrufungszeichen reckt sie sich mit der Steuerbordnock in die Luft. Unter der Backbordnock hängt das ganze stehende Gut mit dem Rest des Fockmastes nach außenbords.
Es wird dunkel. Und aus der Finsternis heraus ist das Dröhnen und Rumoren der Wrackteile zu hören, immer, wenn die See sie gegen die Bordwand wuchtet.
Es weht nicht mehr so stark, aber die See läuft noch hoch. Das Rammen ist daher noch so stark wie zuvor.
Eine französische Bark ist über die Kimm getreten. Man braßt dort vierkant, fällt vom Kurs ab und segelt auf den Havaristen zu:
„Brauchen Sie Hilfe?“
„Danke, es geht klar.“
„Wir helfen, das ist doch selbstverständlich!“
„Danke, nein“, läßt Kapitän Gjesten zurücksignalisieren.
Der Franzose wünscht alles Gute, braßt an und schwebt davon, bald nur noch als weiße Wolke zu sehen, dort, wo sich Himmel und See vermählen.
Während der Kapitän noch weitere Wetterbesserung abwarten will und sich nach der schlaflosen Nacht in seine Kajüte zurückzieht, glaubt der Zwote, ein

Schwede von Geburt, von sich aus handeln zu müssen: Er geht dabei und versucht, die platt auf der Reling liegenden Marspardunen und all die anderen Drähte und Tampen zu kappen.
Sofort ist Kapitän Gjesten an Deck: „Lassen Sie das."
Der Zwote hört nicht.
„Sie sollen damit aufhören. Sofort!"
Der Zwote hebt nur einen Augenblick den Kopf, sieht den Kapitän böse an, als wolle er sagen: „Misch' Dich hier nicht ein. Das Schiff ist verloren, wenn Du nichts unternimmst."
Gjesten geht und kehrt mit einem Revolver zurück.
„Wollen Sie nun meinem Befehl folgen oder nicht? Wenn nicht, ist das Meuterei, ist das klar?"
Der Schwede hält ein. Er findet sogar noch ein Wort der Entschuldigung, ehe er sich ohne Widerstand ins Matrosenlogis einsperren läßt.
Tags drauf weht, wie Gjesten dessen fast sicher war, nur noch ein leichter Wind. Er läßt alles, was über Bord gegangen ist, auffischen und an Deck holen, die noch einigermaßen brauchbare Bramstenge durch das Eselshaupt nach oben bringen und festkeilen. Sie ziehen Stage zum Klüverbaum. Segelmacher Brüning holt neue Stagsegel aus der Last.
Als sich die Männer vor Erschöpfung auf das Luk hocken, steuert die *Angerona* bereits wieder.
Weiter, weiter: Ein neues Untermarssegel wird angeschlagen, eine neue Fock kommt unter die Rah.
Die Bark erreicht mit dieser Notbesegelung Falmouth. 14 Stunden später kommt ein anderer Segler ein. Es ist die französische Bark, die Hilfe leisten wollte . . .

☆

Es sind gewißlich nicht wenige Segler, die ihre Stengen, einen oder einige ihrer Masten verloren oder ganz entmastet wurden, und die dennoch davongekommen sind. Nicht selten sind wohl auch jene Fälle, da wenigstens die Besatzung gerettet wurde. Und sicherlich nicht weniger selten dürften jene Fälle sein, daß Segler kenterten, wobei wir von vielen nicht wissen, daß sie kenterten und wenn, wo es geschah.
Einer dieser Großsegler, der in einem Hurrikan unter besonders dramatischen Umständen kenterte und dann sank, geht uns, die wir die deutsche Sprache sprechen, besonders ans Herz. Am 21. September 1957 kenterte, wie bereits im Kapitel I erwähnt, das frachtfahrende Segelschulschiff *Pamir,* ein Laeisz'scher alter Schule und bester Qualität. Die Viermastbark war in den im Nordatlantik völlig regelwidrig ostwärts ziehenden Wirbelsturm „Carrie" geraten, hatte schwere Schlagseite bekommen und kenterte. Doch vorher noch hatte Kapitän Diebitsch prophylaktisch alle in der Nähe stehenden Schiffe und alle erreichbaren Küstenflugsicherungsstationen um Hilfe gebeten. So gelang es den vereinten Anstrengungen auf See und aus der Luft, von 86 Mann Besatzung wenigstens sechs zu retten.
Vor Jahrzehnten — als das Schiff noch keine Funkanlage fuhr — hätte wahrscheinlich niemand das Kentern überlebt.

XI

Feuer und Explosion

Nächst den verschiedenen, in den einzelnen Kapiteln ausführlich behandelten Gefahren, denen sich ein Großsegler ausgesetzt sah, war ein Feuer auf einem Schiff ein Ereignis, das der Windjammerseemann ganz besonders zu fürchten hatte. Die Technik von damals kannte keine Frühwarnanlagen, wie sie heute vor allem auf Schiffen üblich sind, die brennbares Gut oder Passagiere befördern. Meist war es daher schon zu spät, um einen ausgebrochenen oder erst schwelenden Brand wirksam zu bekämpfen. Man kannte auf dem Gebiet der Brandbekämpfung selbst praktisch auch nur das Wasser, während heute außerdem mit Schaumlöschern oder mit Kohlensäure gearbeitet wird. Und um das Wasser an den Brandherd zu bewegen, standen mehr oder weniger primitive Hilfsmittel zur Verfügung. In den meisten Fällen waren es von Hand betriebene Pumpen, nur in wenigen Ausnahmen konnte Wasser in Verbindung mit hohem Wasserdruck auch mechanisch an den Brandherd bewegt werden. Erschwerend trat hinzu, daß es in den meisten Häfen keine modernen Löscheinrichtungen gab — Feuerlöschboote etwa, die über mehrere Strahlrohre großer Dimensionen und hoher Drücke verfügten —, wenn es schon einem Segler mit brennender Ladung noch gelang, die Küste zu erreichen. Hinzu kam, daß der Laderaum auch der größten Großsegler nicht wie bei den Dampfern durch wasserdichte Schotten unterteilt war, sondern, daß es nur Schotten[236] im Vorschiff und Achterschiff gab, welche die Vor- und Achterpiek vom Laderaum trennten. Ein Feuer konnte daher nicht auf einen Laderaum lokalisiert und hier wirksam mit Bordmitteln bekämpft werden. Erschwerend war ferner, daß die Großsegler um die Jahrhundertwende und die Zeit danach keine Nachrichtenmittel an Bord hatten oder auch noch nicht kannten, um einen Notstand, wie Feuer vor allem, in der Nähe stehenden Schiffen oder den nächsten Küstenstationen zu melden, um somit wenigstens Hoffnung auf Rettung der Besatzung zu haben, wenn das Schiff aufgegeben werden mußte. Über solche Fälle ist im besonderen die Rede im Kapitel XII: Verschollen/Vermißt ... Hier sollen Beispiele mit mehr oder weniger glücklichem Ausgang für die Besatzung und — von Fall zu Fall — auch für das Schiff behandelt werden.

Sie war klein, die Bark *Gerhardine* aus Hamburg[237]. Mit ihren 303 Reg.-Tonnen wirkte sie im Schatten der großen Viermaster wie ein Knäblein neben einem bärenstarken Vater. Aber, was die Standfestigkeit anging, nahm sie es gut und gerne mit den Großen auf. Unter Kapitän Thomsen scheute sie auch das winterliche Kap Horn-Revier nicht, auf das man sich, einschließlich Kapitän acht Mann an der Zahl, gut vorbereitet hatte. Auch A. Bartels, jüngster Seemann an Bord, vor dem — er weiß es nur noch nicht — außer dieser elf weitere Horn-Reisen liegen sollen. Er hockt gerade oben, bei der Klaue der Besangaffel. Der Splint von einem Bolzen macht ihm zu schaffen. In diesem Augenblick schreckt auch ihn der Ruf: „Füer in't Schip" auf ...

Wintertags am Kap Horn ... ausgestiegen von einer brennenden Bark ... im entsprechend kleinen Boot im Karussell einer bösen, bösen See ...

Das sind Bartels wildkreisende Gedanken, als er sich, der Eile wegen, an den Pardunen herabläßt.

Es brennt in der Kajüte. Genauer: beim Schott zur zweiten Kajüte. Den Niedergang kann niemand mehr betreten. Er ist völlig unter Qualm. Auch durch die zweite Tür ist an den Brandherd nicht heranzukommen ...

„... Die Tür war zwar geöffnet. Wir hatten aber von dieser aus das Gelbholz so passend hineingestaut, daß es zu lange dauern würde, dieses erst herauszuholen. An den Seiten, wo die rechteckigen Fenster waren, hatten wir das Holz nicht so hoch bekommen. Hier also könnte jemand nach achtern zum Schott der eigentlichen Kajüte und damit zum Brandherd kriechen ... Einer, der dünn, der schlank ist ..."

Und der Schlankste an Bord ist der Schiffsjunge Bartels. Fragend ruhen die Augen der restlichen Sieben auf ihm.

„Geht nicht, Herr Kapitän. Durch das Fenster komme auch ich nicht durch."

Kapitän Thomsen sieht den Jüngsten seiner Mannen lange und durchdringend an. Er denkt in diesem Augenblick wohl auch an die dumme Sache mit dem aus seiner Kajüte geklauten Tabak. Der Blick ist entsprechend, als er sagt: „Du hast was gutzumachen, min Jong!"

Einer, ein ganz bestimmter unter den restlichen Sieben weiß Rat: „Wenn Du Dich nackicht ausziehst, kommst Du bestimmt durchs Fenster durch ... wetten!?" Und er grinst dabei verstohlen und hämisch, denn in Marseille, wo sie beide gemeinsam hinter des Alten Tabak her waren, ging's ja auch: Nackt durchs Fenster der Kajüte.

Also: Hier hilft kein Zögern. A. Bartels zieht sich aus.

Nackt, wie ihn der liebe Gott erschaffen hat: auf kleinem Schiff in großer See vor dem bösen Kap Horn.

Es glückt, was alle hoffen. Mit Beil und Wasserschlauch bewaffnet, löscht der eingestiegene Moses den Brand:

„Das Schott schlug ich leicht durch, weil es schon fast durchgebrannt war. Dann ließ ich Wasser hineinpumpen, wobei ich glaubte, ersticken zu müssen."

Abends läßt Kapitän Thomsen Korinthen-Pfannkuchen backen, denn man hat Grund genug, diesen Tag zu feiern.

Am nächsten Morgen nimmt er sich den Schiffsjungen Bartels an die Seite: „Die Sache mit dem Tabak ist nun ja erledigt ... Du hast das Schiff gerettet ..."

„Sie wußten es also, Herr Kapitän?"

„Ein Kapitän weiß alles. Versprich es, sowas, was man besorgen nennt, aber Diebstahl ist, in Zukunft zu lassen, sonst wirst Du keiner."

✫

August 1892.

Durch die Guanabarabucht schleift der Wind eine alte Bark herein[238]. Langsam humpelt sie auf den größten, besten und auch schönsten Naturhafen der Erde zu. Das Schiff hat Schlagseite, schwere Schlagseite. Diese aber ist es nicht, die den Hafenkapitän von Rio de Janeiro zu hastigen Sofortmaßnahmen veranlaßt, denn Schiffe mit Schlagseite zählen zwar nicht zum gewohnten Bild, sie sind jedoch auch nicht selten, aber: Außer dem Unterscheidungssignal QBCD wehen an der Gaffel des Seglers die Flaggen NC und NQ. Das Nanni Cäsar heißt: Bin in Not, das Nanni Quarz heißt nach dem Signalbuch von 1857 bis 1897: Habe Feuer im Schiff.

„Ein offener Brand ist nicht zu sehen?" sagt einer der Mitarbeiter des Hafenkapitäns.

„Um so schlimmer für uns."

„Ich verstehe nicht."

„Sie würden mich verstehen, wenn Sie schon einmal erlebt hätten, wenn ein unter Deck schwelender Brand bei einem im Hafen liegenden Schiff durchbricht. Kommen Sie . . .“

Vom Hafenkapitän mit kraftvollen Worten und südländisch theatralischen Gebärden angefeuert, laufen die Führer jener Schlepper, die Feuerlöschgeräte an Bord haben, mit ihren Fahrzeugen aus und dem Einkommer entgegen, bei dem es sich, das haben sie beim Hafenkapitän inzwischen festgestellt, um die deutsche Bark *Smidt* handelt. Sie drehen, als sie den Segler erreicht haben, auf Parallelkurs, gehen auf Rufweite heran und schreien dem Kapitän zu, er möge die Fahrt aus dem Schiff nehmen. Sofort. Nicht nur, damit man an Bord kommen könne, auch, damit das Schiff nicht weiter in das Hafengebiet hineinfährt. Noch während die Schlepper am Segler festmachen, erfahren die Männer, daß sich auf der Bark die Kohlenladung entzündet habe. Die Fahrt durch die tropischen Zonen habe — wieder einmal — viel zu lange gedauert. Die *Smidt* — von ihrer Besatzung wenig schmeichlerisch, aber treffend als Ozeanschnecke bezeichnet — ist nun mal kein schnelles Schiff. Leider. Die Folge der Hitze an und unter Deck waren Gase in der Ladung. Diese wiederum haben sich vor Tagen aus irgendwelchen Umständen selbst entzündet. Seitdem frißt sich ein schwelendes Feuer immer tiefer in die Kohlenladung an der Backbordseite hinein.

Diese Auskünfte genügen.

Jeden Augenblick kann es zu einer Explosion kommen, kann mit einem Knall das Deck auffliegen. Die Männer auf den Schleppern wissen, was zu tun ist. Sie löschen den Brand, sie ersticken das schwelende Feuer.

In letzter Stunde.

Später, im Hafen von Rio, wird die Ladung umgestaut, die Schäden werden beseitigt. Die Bark *Smidt* ist bald wieder klar. Erst im Jahre 1896 wird ihre Schicksalsstunde schlagen, wenige Monate vor ihrem 30. Geburtstag. Aber auch dann nicht endgültig.

✡

Kohlen als Ladung sind es auch, die der berühmten *Potosi* zum Verhängnis werden . . ., nachdem die Chilenen die Fünfmastbark in *Flora* umgetauft, von Grund auf überholt[239] und Ende 1924 unter dem Kommando des deutschen Kapitäns A. Ötzmann auf der altgewohnten Route mit Salpeter an Bord nach Deutschland geschickt hatten. Die Reise bis Cuxhaven dauerte — völlig ungewohnt für den alten Recken — 110 Tage, denn über dem westlichen Pazifik lag ein ausgedehntes Hochdruckgebiet mit fast völliger Windstille, das den ersten Teil der Reise erheblich behinderte. Die Elbe führte noch Eisschollen, als ein Schlepper das Schiff elbaufwärts taute. Wiedersehen mit dem alten Heimathafen. Nach elfeinhalb Jahren Abwesenheit. Wer in Hamburg ein Herz für die Seefahrt hatte — und wer hat das nicht in der Hansestadt —, den zog es zum Hafen hin, den Fünfmaster zu sehen und zu begrüßen. Die *Flora* löschte die Ladung und machte sich in Ballast auf den Weg nach Cardiff im Bristol-Kanal.

Mit 5 400 ts Fuel in Blöcken zu drei bis vier Kilo, auch Patent Fuel oder — verständlicher — Briketts genannt, und 600 ts Welsh coal in den Laderäumen geht sie am 13. Juli mit dem Ziel Mejillones/Chile in See. An Bord sind auch die Frau des Kapitäns und dessen Sohn.

Am 15. September, zwei Monate später, erfährt es die Welt:

Die *Flora* hat Feuer im Schiff.

Die Ladung brennt ...
Es war in See, querab von Buenos Aires:
Mit dem ersten Sonnenlicht des neuen Tages sahen sie es: Deck, Aufbauten und die Boote schillern in den Farben eines Regenbogens. Genauer betrachtet, ist eine klebrige, ölige Schicht die sekundäre Ursache für dieses Spektrum. Die primäre ist hoch oben in der Takelage zu entdecken. Rauch — er ist von giftig-gelb-grüner Farbe — quillt aus den Öffnungen der Untermasten heraus, besonders aus den Scheibgatten und den Toppkappen der Untermasten. Recht heftig qualmt es aus dem Großmast heraus, so dick und mächtig wie aus dem Schornstein eines Dampfers. Und da eine nur leichte Brise steht, hat der Morgentau den Rauch überall an Deck niedergeschlagen, auch auf die Masten, auch auf die Aufbauten.
Alarm:
„Feuer im Schiff!"
„Die Kohlenladung brennt!"
Es ist nicht einfach, den Brand zu lokalisieren, denn die Decks sind so schlüpfrig, als habe man sie mit Schmierseife eingerieben.
Nachdenklich stimmt den Kapitän, daß der Erste Bootsmann, der sofort in den Pumpenschacht hinter dem Großmast eingestiegen war, zwar nicht fand, woher der Rauch kam, wohl aber eine Petroleumlampe mit heraufbrachte, die er unten entdeckte. Außerdem sei das Holzschott angekohlt. So versicherte er.
Merkwürdig genug.
Der Brand wird in der Ladung in Höhe der Luke Zwo vermutet. Die alarmierten Männer nehmen einen Lukendeckel auf und geben mit den Handpumpen Wasser in den Raum und auf die Ladung. Aber der Qualm, der sich aus dem Lukenspalt herauswindet, wird nicht weniger, er nimmt vielmehr zu. Der eindringende Sauerstoff in der Luft schürt das Feuer.
Der Kapitän entschließt sich zu einer Gewaltlösung: „Deckt die eine Seite der Luke ganz auf!"
So geschieht es.
„Wer wagt es, die Kohlen umzuschaufeln, um an den Brandherd heranzukommen?"
Fast alle heben die Hand.

„Immer je vier Mann, die anderen warten als Ablösung." Nasse Handtücher vor Mund und Nase gebunden, springen die ersten Seeleute durch die qualmüberwellte Lukenöffnung in den Raum, beherzte Männer, mutige Männer, die, um die Zeit zu nutzen, die ihnen bleibt, wie die Wilden schaufeln und graben. Schon nach ein paar Minuten taumelt der erste der vier. Er hustet, krümmt sich, droht zu ersticken.
„Raus!"
„Ablösung vor!"
Sie wühlen sich erst an zwei, dann an drei Stellen in die Kohlenblöcke, die sie hinter sich und zur Seite werfen hinein ... fünf, sechs, sieben Minuten lang ... Dann raus aus dem giftigen Qualm ... Ablösung rein ...
Die letzte Ablösung, mit schwarzem Schleim verschmierte Männer mit geröteten Augen über der sauber gebliebenen Gesichtspartie um Mund und Nase, berichtet Unerfreuliches:
„Wir kommen nicht weiter. Tiefer unten ist die Kohle am Schmelzen. Wir stehen wie auf schwankendem Moor."

Hinzu kommt, daß sich der Rauch immer stärker verdichtet.
Die Arbeit wird eingestellt. Das Luk wird zugedeckt und neu verschalkt.
Kapitän Ötzmann läßt alle Öffnungen, durch die Rauch herausdringt, verstopfen, ausgenommen bleibt ein kleines Loch in einem der Lukendeckel. Hierdurch wird, genau über der glühenden, sich bewegenden Masse, der Schlauch der Deckwaschpumpe geführt. Aber das hineingepumpte Wasser verdampft sofort. Es hat nicht die geringste Wirkung.
Auch der Versuch, das Feuer in diesem Schiff, dessen Laderaum nicht, wie die neuen modernen Dampfer, über wasserdichte Schotten verfügt, zu ersticken, schlägt fehl. Kapitän Ötzmann entschließt sich daher, Port Stanley auf den Falklands als Nothafen anzulaufen. Dort hofft er auf Hilfe von Land. Da der Wind aber umspringt, bleibt nur der Versuch, möglichst schnell die patagonische Küste zu gewinnen, vielleicht, nach dem Passieren von Sam George-Golf, Bahia Blanca. Der Wind schläft aber ein. Ein aus dem Golf kommender Petroleum-Dampfer wird von dem Feuer unterrichtet. Er ist es dann, der die erste Nachricht über die Bedrohung des Schiffes bekannt werden läßt, denn die *Flora* hat kein FT, obschon dies jetzt mehr oder weniger fast auf allen Schiffen gefahren wird. Kapitän Ötzmann wählt nunmehr den Petroleumhafen Commodoro Rivadavia als Ziel aus. Hier wird man, davon ist er überzeugt, wirksame Feuerlöschmittel vorfinden. Da aber keine Karten für die flache, ausgedehnte Küste an Bord sind, läßt die Schiffsführung die *Flora* fünf Seemeilen von Land entfernt ankern.
Den ersten Gruß auf das Notsignal hin entbieten die Hafenautoritäten. Sie besprechen sich mit dem Kapitän, und sie strömen über vor Hilfsbereitschaft und Versprechungen — doch dabei bleibt es —, und der Kommandant des argentinischen Kriegsmarine-Tenders, der zusagte, mit seiner starken Pumpenanlage Wasser ins Schiff zu befördern, vorher aber noch nach der Basis laufen müßte, um seine Vorräte zu ergänzen, wird überhaupt nicht mehr gesehen.
Jedenfalls: Zwei Tage geschieht nichts, rein gar nichts. Und von wirksameren Feuerlöschmitteln, wie sie sich Ötzmann versprach, ist weit und breit nichts zu sehen.

Zwei Tage später klettert der Vertreter des englischen Lloyd an Bord. Den Vorschlag, das Schiff auf Grund zu setzen und zu fluten, um so den Brand einzudämmen, lehnt er ab: „Die Versicherungssumme von 20 000 Pfund ist zu gering. Wir müssen mit Folgen und damit mit Kosten rechnen, welche diese Summe vielleicht übersteigen."
„Dann ist es für Sie also billiger, wenn das Schiff ausbrennt und sinkt."
„Oh yes, Sir", gibt der Vertreter mit beneidenswerter Offenheit zu.
Aber eine Pumpe verspricht er. Sie kommt — endlich nach zehn Tagen — in Gestalt eines Donkey-Kessels. Ötzmann hat mit einem Zwei- bis Dreitonnengerät gerechnet. Dieses ist nicht viel größer als die eigene Kesselspeisepumpe. Ein Rohr[240] wird durch ein gerade oberhalb des Großmastes gebohrtes Loch geführt. Seewasser wird ins Innere gepumpt. Mit dem Vertreter des Lloyd unterzeichnet der Kapitän inzwischen einen Kontrakt nach der alten Formel: „No cure, no pay."
Die Pumpe arbeitet ohne Pause, obschon vom Kapitän nicht ohne Bedenken beobachtet: „Dieses mangelhafte Verfahren mit primitiven Mitteln hatte absolut keinen Erfolg, im Gegenteil, die eingepumpte geringe Wassermenge, die sofort verdampfte, erzeugte in Verbindung mit den Kohlengasen nur ein starkes

Explosivgas. Das erwies sich am zweiten Tage, an dem die Einrichtung arbeitete ..."[241]

An eben diesem Tage fährt der Kapitän in den Nachmittagsstunden mit der Gig an Land. Er will die Behörden bewegen, mehr für das Schiff und zur Brandbekämpfung zu tun. Das Boot bleibt im Hafen und wartet. Die Sonne sinkt, die Dämmerung legt sich über das Land an der patagonischen Küste.

Alle hören das Geräusch, diesen dumpfen Knall, der sich anhört, als habe man eine Salutkanone abgefeuert. Wer indessen in diesem Augenblick gerade zur *Flora* hinübersah, dem bot sich ein unheimliches Bild.

Einer von der Gig-Mannschaft: „Eine hohe Feuersäule schlug in der Nähe des Großmastes aus dem Segler heraus. Man sah die vollständige Takelage der *Flora*, nur, daß der schwarz gestrichene Rumpf von der Finsternis verhüllt wurde. Es war ein phantastischer Anblick. Da auch noch einige Segel stehengeblieben waren, konnte man meinen, ein gekonntes Bühnenbild von Richard Wagners ‚Fliegendem Holländer' zu sehen ..."

Was Ötzmann befürchtet hatte, war geschehen. Eine Gasexplosoin in der Nähe des Großmastes hatte das Deck aufgerissen und fast alle Lukendeckel der Großluke in die Luft gewirbelt. Der schwelende Brand hat Luft bekommen. Er wird zum lodernden Feuer, das sich schnell über die Ladung im Vorschiff und das Vorschiff selbst verteilt.

Als Kapitän Ötzmann von Land zurückkehrt — das Boot wurde von einem kleinen Küstendampfer herangeschleppt, während andere Küstenschiffe und Leichter zu Hilfe eilen — verbreitet sich der gelblich-grüne Qualm bereits bis in die Räume des Mitteldecks.

Ötzmann findet ein wüstes Durcheinander bei der Besatzung vor, besonders in der Kajüte und den Räumen für den Proviant: „... Jeder versuchte zu stehlen, soviel er konnte, sowohl die eigenen Leute als auch die von der Petroleum-Gesellschaft (deren Barkasse zusammen mit einer Schute längsseit lag). Bald kam auch der Hafenkapitän an Bord und erklärte mir, daß das brennende Schiff in nächster Nähe der Petroleum-Verschiffungsanlagen nicht liegenbleiben könne."

Doch bevor ein kleiner, zufällig im Hafen liegender Dampfer die *Flora* auf den Haken nehmen kann, schickt Kapitän Ötzmann von Bord, wen und was er nicht gebrauchen kann: da ist zunächst der größte Teil der Besatzung, da sind ferner Katzen und Hunde, die sich in seltener Eintracht im Leichter hauteng nebeneinander wiederfinden, da sind die Hammel, die Ötzmann wegen der chilenischen Seeleute an Bord nahm, die Schweine und die eigenen Hühner, da sind weiter nautische Instrumente, Handwerkszeug, Proviant in Dosen und andere Nahrungsmittel — und vor allem — die Privatsachen von jedem Besatzungsmitglied. Zurück bleiben Kapitän Ötzmann, seine Offiziere und eine Handvoll ausgesuchter guter, verläßlicher Seeleute.

Die *Flora* abzuschleppen, glückt indessen nicht. Das liegt nicht an der Dunkelheit, welche die Manöver behindert. Der Brand spendet genügend Licht. Die Ursache ist vielmehr darin zu suchen, daß ein normaler Dampfer eben kein Schlepper ist, der langsam und behutsam antauen kann. Des Dampfers Anfangsgeschwindigkeit dagegen ist zu hoch, sie läßt sich nicht drosseln, und so kommt es, daß die Schlepptrosse immer wieder bricht, nachdem einige mutige Männer mit einem Boot nach vorn gefahren waren, um auf der Back den Steuerbordanker zu slippen.

03.00 morgens gibt man es auf, den Riesensegler allein mit Schlepperhilfe auf

Strand zu setzen. Aber der jetzt von See in Richtung Land in Stärke drei bis vier wehende Wind bietet seine Hilfe an, vorausgesetzt, daß sich Männer finden, in die achteren Masten zu entern und Segel loszumachen.
Es finden sich Freiwillige. Keiner derer, die noch an Bord sind, schließt sich aus. Sie entern die Wanten auf, legen aus, durchschneiden Zeisinge und Stegbolzen einiger festgemachter Segel. Das Tuch fällt von der Rah, wird vorgeschotet, bläht sich und sammelt und überträgt die Kraft des Windes.
Fahrt kommt ins Schiff, unterstützt von dem kleinen Dampfer, der jetzt nicht mehr mit einer Stahltrosse, sondern mit einer lehnigen Manilatrosse mit dem Segler verbunden ist.
Die *Flora* ex *Potosi* segelt. Noch einmal und zum letzten Male.
Auf dem Achterdeck der Rest der Besatzung, die auf den ersten Grundstoß wartet. Wenig später sitzt der Fünfmaster fest, aufgelaufen auf einem Grund aus hartem Sand. Immer wieder packt die Dünung den Rumpf, hebt ihn sanft vom Boden ab und läßt ihn mit dem schnell folgenden Wellental auf den Boden krachen. Bei der Höhe der südatlantischen Dünung sind die Grundstöße von ungeheuerlicher Wucht. Das Schiff erbebt in allen Spanten. Keiner ist an Bord, der da glaubt, das Schiff wird diese wütenden Belastungen an seinem Unterwasserteil überstehen.
Die Niete werden wie sprödes Holz zerbrechen ... die Bodenplatten wie gespanntes Papier zerreißen, das eine Männerfaust durchstößt ...
Nichts dergleichen geschieht.
Und viel später wird man bestätigt finden, was im Augenblick niemand glaubt: Die Ex-*Potosi* überstand auch diese und letzte Kraftprobe mit den Elementen.
Da der an seinem unteren Teil rotglühende Großmast jeden Augenblick stürzen kann — nur weiß niemand in welche Richtung — gibt Kapitän Ötzmann den Befehl, die *Flora* zu verlassen. Es ist der Befehl eines Schiffsführers, der in der Welt der Rahsegler kein Unbekannter ist, führte er doch vordem die *Parchim*, die *Persimmon*, die *Penang*, die *Pinnas* und die *Peking* der Reederei F. Laeisz, nachdem er als Erster unter Boye Petersen im Jahre 1906 auf der *Preußen* letzte — und beste Erfahrungen für das Führen eines Großseglers gewonnen hatte. Ötzmann ist nicht nur ein Kapitän, sondern einer der erfolgreichsten Kapitäne bei FL vor 1914.
04.00 morgens: Eine besonders starke Dünungsee drückt das gestrandete Schiff stärker als sonst nach Steuerbord. Der Großmast knickt ab. Kurz über dem Deck. Er stürzt über Bord, Rahen und Stengen werden in der See zu Rammböcken.
Als die Sonne aus der See auftaucht, beleuchten ihre ersten Strahlen ein von vorn bis achtern brennendes Wrack. Noch immer rollen Dünung und Brandung den Rumpf hin und her, einen Rumpf, der mit Fortschreiten des Brandes geleichtert wird.
Drei Tage brennt die *Flora*, nun allein mit den Neugierigen von der Küste Patagoniens, denn die Besatzung hatte noch am Morgen nach der Strandung Abschied genommen.
Der vierte Tag dämmert herauf. Die Sensation spricht sich in Windeseile herum: Die *Flora* ist verschwunden und nichts deutet darauf hin, daß sie etwa auseinanderbrach oder daß sie versandet sein könnte.
Man findet das Wrack, dessen Ladung fast ausgebrannt ist, später draußen in See. Der argentinische Kreuzer *Patria*[241a] sichtete es 25 Seemeilen von der Küste entfernt.

Hier schwimmt die Ex-*Potosi:* auf ihrem alten, vertrauten Track, über den sie unter deutscher Flagge 54mal die Horn gerundet hat... unter Robert Hilgendorf, dann unter G. Schlüter, Heinrich Nissen, J. Frömcke und schließlich unter Robert Miethe. 163 273,58 tons Salpeter hat der stolze Fünfmaster unter diesen Kapitänen auf seinen 27 Reisen unter der Laeisz-Flagge von Chile nach Deutschland geschleppt.

Gute 20 Seemeilen nördlich von Commodoro Rivadavia nähert sich das Schiff wieder der Küste. Hier wird es, um als Schiffahrtshindernis beseitigt zu werden, von der *Patria* versenkt.

Eine Seeamtverhandlung findet nicht statt. Sie hätte vielleicht mehr Klarheit über die Ursachen des Brandes gebracht, als die Gerüchte sie hergaben. Auch von dem Vertreter der Versicherungsgesellschaft wurden ja Vermutungen ausgesprochen, daß der Brand in der Ladung absichtlich angelegt worden sei. Kapitän Ötzmann, dem außer so manchen anderen Hinweisen der schwerkranke Zimmermann aus dem Hospital der Kupfermine in Portrerillos schrieb, daß er um eine Unterredung bitte, da er wichtige Mitteilungen zu machen habe, beendet seinen Bericht: „Der Brand des Schiffes *Potosi* ist und bleibt für mich ein Mysterium; anzunehmen ist, daß er auf irgendeine Weise provoziert wurde, vielleicht aus Furcht vor der Umsegelung der Horn, vielleicht aus anderen Gründen.

Schwere Verluste haben auch wir (also Kapitän Ötzmann, dessen Frau und Sohn) selber erlitten: als man später die Koffer öffnete, fanden wir statt Wäsche und Kleider nur Steine. Manches könnte noch erwähnt werden, doch es hat weniger mit dem Verlust des Schiffes zu tun."

Das ungeklärte Mysterium beim Brand der *Flora* ex *Potosi* erinnert an einen anderen Fall. Er, bei dem ebenfalls Kohlen als Ladung eine Rolle spielen und bei dem — es war gute zehn Jahre früher — auch die damals noch unter deutscher Flagge segelnde *Potosi* dabei war, ereignete sich auf der Viermastbark *Parma.* Auch ein Tiefwassersegler von den Flying-P-Liners aus Old Hamburg am Elbestrand.

1912 in Valparaiso.

Neben der stählernen *Parma* geht in den Morgenstunden des 14. Mai — genau 07.50 — die *Potosi* vor Anker. Der Fünfmaster kommt von Hamburg, es ist seine 25. Rundreise nach Chile und die erste unter R. Miethe, dem Holsteiner Bauernsohn, als Kapitän. Daß an Bord der Reedereischwester einiges wrong ist, hat er schon beim Einlaufen auf die Reede erkannt:

Der Viermaster brennt. An mehreren Stellen zugleich windet sich Rauch in die Takelage. An Deck herrscht Zustand. Wer zwei Hände hat, ist aufgeboten, um den Brand zu löschen. Aber es ist nicht ein Brand, es sind mehrere. Das erschwert die Maßnahmen.

Miethe alarmiert sofort seine Männer. Was er an Schleppdampfern auftreiben kann, beordert er zu der bedrohten Viermastbark. Gemeinsam mit den Seeleuten der *Parma* bekommt man den Brand schließlich unter die Kontrolle. Die Schäden sind gering, praktisch gleich Null. Nur ein paar Tonnen Kohle sind verbrannt.

Kapitän Miethe, der später bei den verschiedenen Amtshandlungen als Dolmetscher tätig war, über die Brände: „Kapitän Fritz Wolf war mit einer Ladung Kohlen von Australien nach Valparaiso gekommen. Mit der *Parma* war er vorher in Japan gewesen und hatte wegen Desertion einiger Leute Japaner an Bord nehmen müssen, zwölf Mann etwa. In der ersten Liegenacht in Valparaiso — jener vor dem Einlaufen der *Potosi* — fing das Schiff gleich an mehreren

Stellen im Zwischendeck an zu brennen. Das Feuer wurde, wie sich später herausstellte, von den Japanern gelegt. Sie, die in Chile bleiben wollten, hatten für die Rundreise Japan — Japan gemustert, weil die *Parma* nach dort noch eine Reise mit Kistenöl machen sollte.
Ein alter Japaner nahm dann später alle Schuld auf sich, und da Kapitän Wolf mit diesen Leuten nicht weiterfahren wollte, wurden alle Japaner abgemustert. So wurde ihr Wunsch auf diese Weise erfüllt. Der angebliche Attentäter spielte den wilden Mann. Man schickte ihn ins Irrenhaus nach Santiago."

☆

Nicht so glücklich davon kommt die *Lautaro* ex *Priwall*, die, im Weltkrieg II mit einem Hilfsmotor versehen, unter chilenischer Flagge segelt. Ihre Salpeterladung — eine ohnehin gefährliche Fracht — gerät in Brand. Der Segler, der früher den Namen jenes Platzes bei Lübeck geführt hatte, an dem heute der letzte deutsche Großsegler — die Viermastbark *Passat* — von seinen Fahrten ausruht, geht dabei verloren.

☆

Unter den vielen Beispielen, die sich in Verbindung mit Feuer an Bord von Segelschiffen berichten lassen, sei an jene Serie aus 1896 erinnert. In diesem Jahre geriet eine ganze Anzahl jener Schiffe, die in Newcastle, N.S.W., Kohlen geladen hatten, durch Brände in der Ladung in Schwierigkeiten.
Da ist zunächst das britische Vollschiff *Brabloch* zu nennen, ein Stahlbau vom Clyde, der für Robert Holms-Kerr von der Glasgower Stock-Exchange entstanden und bei Aitken, Lilburn & Co. bereedert war. Mit 3 154 ts Kohle an Bord hatte die *Brabloch* Newcastle verlassen, und als sie schließlich in San Francisco einkommt, schlagen bereits Flammen aus Luken und Ventilatoren heraus. Die Hafenbehörden handeln schnell. Sie schleppen den in seiner Ladung wild brennenden Vollrigger nach den Sausalito Flats[242]. Sie sorgen dafür, daß das Schiffinnere mit Wasser vollgefüllt wird und auf ebenen Kiel auf flachen Grund absinkt. Das Feuer wird erstickt. Danach pumpt man die *Brabloch* wieder leer, löscht die Ladung und beseitigt die Schäden.
Da ist weiter die *Alexandra*, die, mit ihrer Kohlenfracht aus Newcastle zwar für Los Angeles bestimmt, mit Mühe und Not nur bis San Francisco kommt. Alle Anstrengungen, die brennenden Kohlen zu löschen, schlagen fehl. Der Brand ist zu heftig, um ihn noch bekämpfen zu können. Das Schiff wird zerstört.
Noch weniger Glück hat die *Republic*, deren Newcastle-Kohle ebenfalls auf See in Brand geraten ist. Der Besatzung gelingt es nicht, das Feuer bis zum nächsten Hafen einzudämmen. Als die Flammen durch die Decks durchbrechen, steht die *Republic* noch 300 Seemeilen von San Francisco ab. Die Besatzung geht in die Boote. Das Schiff, das sie rettet, hatte auch Schwierigkeiten mit Feuer im Schiff gehabt. Dieser mit Newcastle-Kohlen beladene Segler, die *Hollinwood*, hatte Lyttleton als Nothafen anlaufen müssen — und war davongekommen. Er war dort entladen und neu gestaut worden.

Das fünfte Schiff, das sich mit auf See in Brand geratenen Kohlen aus Newcastle herumplagen muß und dessen Besatzung ein ähnliches Los droht, wie es die von der *Republic* erlebt haben, ist die berühmte *Knight of St. Michael*. Hier jedoch entdeckt man einen erst drohenden Brand bereits kurze Zeit nach dem Auslaufen. Der Kapitän kehrt um. Er segelt nach Newcastle zurück, läßt die heiße, aber noch nicht brennende Kohle aus den Laderäumen wieder herausschaffen und kommt noch einmal davon.

Feuer an Bord ist die Ursache für so viele Segelschiffsverluste. Listen ließen sich damit füllen. Da sind allein vier Schiffe von einer Reederei, die das Opfer von Flammen wurden. Dieser Zweig der Reederei R. Shankland & Co. hieß ausgerechnet auch noch „The ‚BURN'-Line of Sailing Ships"[242a]

Die *Cartsburn*, ein 1 257 BRT großer Vollrigger, brannte am 7. August des Jahres 1880 aus,

die *Otterburn*, auch ein Vollschiff (1 677 BRT), ging 1886 querab von Montevideo in Flammen auf,

die *Bannockburn*, ein Vollrigger von 1 675 BRT, ereilt 1881 in Chittagong das gleiche Schicksal, und

die *Blythswood*, auch ein Vollschiff (1607 BRT), kommt wenigstens nicht unter der Hausflagge durch Feuer um, über die de Wolf'sche Flotte kommt sie schließlich unter norwegische Flagge und wird unter dem Namen *Lysglimt* mitten im Atlantik durch Feuer vernichtet.

Auch die Reederei R. W. Leyland & Co. verliert zwei Vollrigger durch Feuer: die *Otterspool* brannte 1888[242b] in Chile auf und die *Ruby*, ebenfalls ein Vollschiff, im Jahre 1900.

Von den 19 Schiffen, welche die Reederei George Duncan von 26 verlor, gerieten 1899 das Vollschiff *Indian Empire* und im Jahre 1891 das Vollschiff *Khersonese* in Brand.

Und unter denen, die das Opfer von Feuer wurden, ist 1867 auch die *Mobile*, ein ex-amerikanischer Clipper aus Eichen- und aus Fichtenholz aus dem Jahre 1855, die mit ihren 1765 brit. Register Tons alter Messung[243] einmal das größte Segelschiff der Norddeutschen Handelsmarine war. Die *Mobile*, die seit 1856 unter der Flagge des Bremer Kaufmanns Franz Tecklenborg fuhr, brannte aus, als sie in der Lower Bay am Golf von Mexiko vor dem Hafen lag, dessen Namen sie trug. Der Matrose Thomas Smith hatte Feuer in der Baumwolladung gelegt.

Welch ein Spiel des Zufalls, denn auch ein anderes, größeres Schiff von der Weser, der Schnelldampfer *Bremen*, wurde viele Jahrzehnte später das Opfer einer Brandstiftung. Der Täter war ein Schiffsjunge. Und er hieß Schmidt.

Von den drei Seglern, die unter der französischen Flagge den Namen *Caroline* trugen, verbrannten die 1869 für A. D. B. erbaute Bark im Jahre 1893 und die 1891 bei F. C. Mahon in Windsor, N. Sc., vom Stapel gelaufene, 1909 von A. D. B. angekaufte und in *Caroline* umbenannte ex *Muskoka* 1919 in Antofagasta[244].

☆

Außer Feuer an Bord waren nicht selten auch Explosionen in der Ladung die Ursache für Komplikationen und Totalverluste. Das beweist das Beispiel der bei B. Wencke Söhne, Hamburg, bereederten Viermastbark *Euterpe*, so (etwas gekürzt) in der Originaldiktion und im Schriftdeutsch seiner Zeit nachzulesen im „Hamburger Correspondenten" vom 8. September anno 1902:

„Die *Euterpe*, ein im Jahre 1884 aus Eisen erbautes Schiff von 2 035 tons, war am 2. August 1902 von Hamburg nach Port Talbot ausgelaufen, um dort Kohlen für Iquique zu laden. An Bord des Schiffes befanden sich 25 Mann, darunter Kapitän Ernst Adolf Wilhelm Eduard v. Kaufmann-Tripkau[245], 1. Steuermann Gottlob Julius Albert Johannes Wilhelm Breitsprecher-Tribsees; 2. Steuermann

Paul Otto Leberecht Dorin-Schützendorf; 3. Steuermann Carl August Hermann Brandt-Celle.

Nach Einnahme der Kohlen in Port Talbot verließ die Viermastbark am 6. 9. den Hafen zur Reise nach Iquique. Sie befand sich am 2. Tag etwa 50 Seemeilen außerhalb von Lizard und fuhr jetzt in den Atlantischen Ocean. Es wehte ein frischer, östlicher Wind. Das Schiff durcheilte die Wogen mit allen Segeln im Topp mit etwa zwölf Seemeilen Fahrt in der Stunde.

Es war kurz nach 11.00 Uhr vormittags. Die Backbord-Wache des ersten Steuermanns hatte Freizeit, die Leute schliefen in ihren Kojen. Der Kapitän befand sich in der Nähe des Steuerruders auf dem Achterdeck. Der zweite Steuermann war mit den Leuten seiner Steuerbordwache mittschiffs mit dem Reinigen des Schiffes von Kohlenstaub beschäftigt. Es wurde ‚Farbe gewaschen' und Deck geschruppt. Zu diesem Zweck befand sich der Matrose Meilchen mit dem Leichtmatrosen Pick auf dem Vorschiff unter der Back. Plötzlich ließ sich im Deck ein Rollen gleich einem Erdbeben vernehmen. Gleich darauf barst das Deck gerade an der Stelle, wo der zweite Steuermann mit seinen Leuten Farbe wusch und flog mit einem entsetzlichen Krachen hoch in die Luft. Eine gewaltige Säule von Kohlenstaub wirbelte empor. In dem mit Kohlen angefüllten Schiffsraum war eine Explosion erfolgt, wie man sie sich fürchterlicher kaum denken kann. Vom Großluk bis zum Halbdeck war das Deck mit allem darauf Befindlichen direct aus dem Schiff herausgerissen worden. Die ganze in der Mitte des Schiffes befindliche Brücke, die Mittschiffsboote sowie der mittschiffs sitzende Donkey waren mit dem Deck in die Höhe und über Bord geschleudert worden. Zugleich — und das war das Entsetzlichste — war der zweite Steuermann mit allen seinen Leuten in die Luft geflogen. Es waren die Matrosen Lübcke-Glückstadt, de Buhr-Warsingsfehn, Petterson-Schweden (Borstel) und der Leichtmatrose Franck-Neubrandenburg. Von diesen fünf Personen hat Niemand auch nur die Spur wiedergesehen.

Der Schmied Hagedorn-Tönning hatte sich etwa fünf Minuten vor der Katastrophe mit den Matrosen lachend unterhalten. Er hatte erzählt, daß er für den Kapitän eine Arbeit zu verrichten habe, zu welchem Zweck er sich aus dem Schiffsraum Sachen zu holen habe. Zu diesem Zweck hatte er das kleine Vorderluk passiert und war dort in den Schiffsraum hinabgestiegen. Als einige Minuten darauf die entsetzliche Explosion erfolgt war und die Matrosen der Freiwache aus dem Logis, in dem sie geschlafen hatten, herausgestürzt waren, hörten sie Hülferufe aus dem Vorderluk. Der Matrose Faust ließ sich an einem Tau hinab. Unten fand er den Schmied in einem entsetzlichen Zustande. Faust konnte sich aber wegen der Hitze nicht lange dort unten aufhalten. Schnell band er das Tau um den Schmied herum. Die oben befindlichen Matrosen holten hierauf den Schmied aus dem Raum heraus. Er war vollständig verbrannt. Die Augen waren ihm ausgelaufen. Als die Matrosen ihn, um ihn über den Lukenrand zu ziehen, an den Armen anfaßten, blieb ihnen die vom Feuer abgesengte Haut in den Händen zurück.

Auf fast wunderbare Weise ist der Matrose Sprenger von der Steuerbordwache am Leben geblieben. Er wusch etwa drei Schritt von seinen übrigen Collegen entfernt neben dem Donkey die Farbe. Springer blieb verschont. Wie das möglich geworden, das weiß er selbst nicht. Er befand sich nach der Katastrophe gerade an der Grenze des abgesprengten Decks.

Nach der entsetzlichen Explosion stand der Kreuzmast mitten in einem großen

Loch, in dessen Tiefe die staubbedeckten Kohlenmassen sichtbar waren. Die Pardunen etc., die dem Mast Halt und Festigkeit geben sollten, waren mit den durch die Explosion abgesprengten Verschanzungen gebrochen. Der Kreuzmast war so ohne Halt. Das konnte er, da der kräftige östliche Wind die Segel schwellte, nicht aushalten. Er gab dem Druck der Segel nach und knickte etwa zwei Meter oberhalb der Deckshöhe. Auf Befehl des Kapitäns hatten die Matrosen alle Schoten und Fallen losgeworfen, doch war auch dann noch der Druck der Segel zu stark gewesen.

Der Kreuzmast war mit all seinen Rahen und Segeln in die Leeseite nach Steuerbord hinübergefallen, als die *Euterpe* mit südlichem Kurse bei Ostwind über Steuerbord-Bug segelte. Die schweren Rahen und Stengen nebst dem Untermast, die jetzt über Bord hingen, gaben dem Schiff noch mehr Schlagseite nach Steuerbord, als es bisher durch den Druck der Segel schon gehabt hatte. Von außenbords strömten die Wogen unaufhaltsam in das mächtige Loch hinein, das sich an Deck befand. Das Schiff sank tiefer und tiefer. Die auf dem Vordertheil befindlichen Matrosen konnten nicht nach hinten zu ihren Collegen gelangen, da zwischen Vorder- und Achterschiff die durch die Explosion verursachte Tiefe gähnte. Der Kapitän rief den Leuten zu, daß sie die auf dem Vorderschiff auf dem Logis-Deck gebliebenen beiden Boote über Bord werfen sollten. Diesen Befehl führten sie aus, indem sie zunächst das große Backbord- (Luv-) Boot überkanteten, bis es über Bord fiel. Das Boot vermittelst Taljen etc. auszusetzen, war unter den gegebenen Verhältnissen unmöglich gewesen. Unglücklicherweise fiel das Boot derartig ins Wasser, daß es vollschlug. Die Fangleine, an der es festgehalten wurde, riß. Das Boot trieb fort. Das einzige Boot, das sich jetzt auf der *Euterpe* befand, war ein kleines Boot an der Steuerbord-(Luv-)Seite auf dem Volkslogis. Auch dieses Boot ging verloren, als es ausgesetzt werden sollte. Jetzt war die Besatzung des Schiffes vollständig ohne Rettungsboot. Wäre es weiter im Atlantischen Ocean gewesen, dann hätte es sehr schlimm um die Besatzung der *Euterpe* ausgesehen. So aber war in der verkehrsreichen Gegend vor dem englischen Canal Hülfe in der Nähe. Der englische Dampfer *Rydalhall* hatte die Explosion auf der *Euterpe* bemerkt und war zur Hülfe herbeigeeilt.

Es war 11.30 Uhr, kaum eine halbe Stunde nach der Explosion, als die *Euterpe* durch das in den Raum hineingeströmte Wasser so tief eingetaucht war, daß sie jeden Augenblick in die Tiefe sinken mußte. Der Kapitän rief seinen Leuten zu, daß sie sich mit Korkwesten und Rettungsringen versehen und ins Wasser springen sollten. Die auf dem Vorderschiff befindlichen Matrosen wollten den verbrannten Schmied mitnehmen. Der rief ihnen aber zu: ‚Laßt mich hier. Ich muß doch sterben.' Die Matrosen sahen ein, daß sie die Qualen des Armen nur noch vermehren würden, wenn sie ihn und seine Brandwunden nochmals berühren und ihn ins Wasser werfen würden. Sie willfahrten deshalb seinem Wunsch und ließen ihn auf der *Euterpe*. Alle Mann sprangen an der Backbord-(Luv-)Seite über Bord. Sofern sie nicht schon von ihren Korkwesten und Rettungsringen getragen wurden, hatten sie mehr als genug Schiffstrümmer in der Nähe, an denen sie sich festhalten konnten. Es trieb eine Menge Decksplanken, Spieren etc. auf den Wogen herum.

Als der Kreuzmast über Bord gefallen war, hatte er die auf dem Achterdeck stehende Brassenwinde aus dem Deck herausgerissen. Durch das entstandene Loch hindurch hatte man direct in die Kammer des 3. Steuermanns Brandt hineinsehen können. Brandt hatte, als die Katastrophe erfolgt war, in seiner Koje

geschlafen. Die durch die Explosion eingedrückte Kajütswand hatte ihn festgequetscht. Durch das oben entstandene Loch konnte er aus seiner entsetzlichen Lage befreit werden. Er war besinnungslos. Der Kapitän ließ ihm einen Rettungsring um den Körper legen und festbinden. Dann wurde er über Bord geworfen. Im Wasser erlangte er die Besinnung wieder.
Die im Wasser umhertreibenden Schiffbrüchigen sahen dann, wie die *Euterpe* sich plötzlich vorn so hoch aufrichtete, daß das halbe Schiff aus dem Wasser herausragte. Dann sank der vor kurzem noch so stolze Segler fast senkrecht mit dem Hinterende in die Tiefe. Die in dem Vorderschiff eingepreßte Luft brach sich Bahn; das Vorderschiff brach auseinander.
Es dünkte die Umhertreibenden eine Ewigkeit, bis das Boot der *Rydalhall* sie aufnahm. Sie brachte die Schiffbrüchigen nach Las Palmas, wo sie im Seemannshause untergebracht wurden, bis der Reichspostdampfer *Bürgermeister* sie an Bord nahm und nach Hamburg brachte . . ."

☆

Eine Explosion zerstörte auch eine Reedereischwester der *Potosi* und der *Parma.* Die *Posen,* die bis zur Indienststellung des Fünfmasters *Preußen,* 1902, *Preußen* hieß, hatte 1909 Schießpulver geladen und stand auf dem Wege nach Valparaiso, dorthin also, woher der Rohstoff für dieses Pulver nach Europa geholt worden war.
Am 14. Oktober wird Feuer im Schiff entdeckt.
Alle Versuche, es zu löschen, schlagen fehl.
Der Kapitän tut das, was ihm die Lage anrät. Er verläßt sein Schiff mit der ganzen Besatzung, das just in einem Augenblick, den man an Land mit dem Begriff der „höchsten Eisenbahn" zu belegen pflegt.
Wenig später zerreißt eine Detonation den Segler.
Die Besatzung wird noch am gleichen Tage von dem britischen Dampfer *Earl of Carrick* aufgenommen und nach Pernambuco gebracht.

XII

Verschollen / Vermißt

Der § 862 des Handelsgesetzbuches sieht vor, daß ein volles Jahr vergangen sein muß, ehe über ein seit seinem Auslaufen vermißtes Schiff der Seeamtsspruch „Verschollen“ als letzte Entscheidung gefällt werden darf. In der heutigen Zeit sind Fälle, da Schiffe spurlos verschwinden, seltener geworden. Der Fall des modernen Frachtschiffes Melanie Schulte, *das auf seiner Reise von Hamburg über Narvik nach Mobile im Golf von Mexiko seit dem 21. Dezember 1952 westlich der Hebriden spurlos verschwand, darf als eine solche Seltenheit gewertet werden, ebenso das ungeklärte Schicksal des Fischdampfers* Johannes Krüss, *der auf seiner Fangreise zwischen Island und Grönland am 28. Februar 1967 die letzte Position gefunkt hat und von da ab vermißt wird, derselben* Johannes Krüss, *die im Januar 1952 im todesmutigen Einsatz in der Arktis nach Überlebenden des vermißten dänischen Schiffes* Hans Hedthoft *suchte*[246]*. Früher aber, zur Zeit der Windjammer insbesondere, waren Schiffsverluste dieser Art ungleich höher. Sie wären sicherlich nicht so hoch gewesen, hätte es bereits eine drahtlose Telegrafie und einen Funkraum auf jedem Schiff gegeben, über die im Notfall Hilfe erbeten werden kann. Es gab für Segelschiffe vielerlei Möglichkeiten und Ursachen, die zu einem Totalverlust und einem „Verschollen“ führen konnten: leck geschlagen, entmastet oder gekentert in der Hölle der Horn, in dem erdumspannenden Ozean der Roaring Forties, im Taifun oder im Tornado, aufgelaufen auf einen Eisberg im Nebel oder in der Nacht, oder von innen her zum Kentern und zum Sinken gebracht, weil die Ladung überging. Kapitän Friedrich Spengemann, der viel zu wenig bekannte, große deutsche Schriftsteller der Segelschiffahrt, unterteilt die dafür vornehmlich infrage kommenden Ladungen in*[247]*:*

1. *Steinkohlen,*
2. *Petroleum und*
3. *Getreide.*

Allein im Jahre 1880 sind, wie auch Lloyd's Tabellen zu entnehmen ist, 83 Segelschiffe amtlich als verschollen erklärt worden. Wie es dazu kommen konnte, ist verschiedenen Kapiteln dieses Buches zu entnehmen. Nachstehend zunächst ein weiteres Beispiel, das geradezu klassisch für das Zusammentreffen von Schiff und Besatzung bedrohender Ereignisse genannt werden kann und als deren Ende sehr leicht ein „Verschollen“ hätte stehen können ...

Der 23. September 1922.
Südlich von Kap Horn schwimmt die Hamburger Bark *Helios.*
Ein ausgesucht flegelhafter Westsüdweststurm macht Kapitän Heinatz[248] und seiner Besatzung schwer zu schaffen. Heinatz kennt jedoch die holprige Geographie dieses Reviers. Nichts Außergewöhnliches, was sie jetzt erleben und durchstehen. Man ist sogar guter Dinge, denn auch die Temperatur in der Kohlenladung bleibt stetig. Sie liegt bei 16 °C. Die Oberflächenventilation, um die sich der Kapitän in Port Talbot persönlich gekümmert hatte, funktioniert. Was also soll schon passieren.
Gegen Mittag kommt Scholleneis in Sicht.
Stunden später folgen prächtig anzuschauende solide Eisberge. Sie schwimmen voraus, an Backbord und auch an Steuerbord. Sie sind bald rund herum. Der Mann in der Bramsaling zählt 86 Stück: kleine, vom Format marokkanischer Häuser, große wie Scheunen, Leviathanen gleich.

Heinatz: „... Das einzig günstige ist, daß es Tag ist, und wir, von den Eisbergen geschützt, verhältnismäßig wenig Seewasser übernehmen und etwas ruhiger liegen ... Wir werden allerdings gezwungen, dauernd Segel- und Ausweichmanöver zu machen ..."
Welch eine Lage: Wilder, schnaufender Kap Horn-Sturm und dabei umkreist von jenen grandios erhabenen, aber so tückischen Gesellen aus südpolarem Eis.
In dieser Situation bricht unter der Belastung der orkanhaften Böen das Rack der Großuntermarsrah mit dem gesetzten, vom Wind prall ausgebauchten Großuntermarssegel daran. Sie kracht, abwärts stürzend, auf die Großrah. Diese wiederum sackt nach unten durch. Die *Helios* ist fast manövrierunfähig geworden. Und gerade jetzt steigert sich der Sturm zum zornigen Orkan. Beide Wachen arbeiten schwer, um die Takelage wieder zu klarieren, indessen sie alle hoffen, daß das Glück sie nicht verlassen möge. Einer der Eisberge treibt in knapp 100 Metern am Schiff vorbei. Stumm, aber drohend. Alle an Bord spüren den eisigen Hauch.
Zwei Mann kommen von oben.
Sie überleben, aber sie sind verletzt. In der Kajüte untersucht und behandelt sie der Kapitän. Der eine hat das Schlüsselbein, der andere das Handgelenk gebrochen. Heinatz verbindet die beiden Seeleute notdürftig. Dann bändselt er sie — vorsorglich und fürsorglich — auf dem braun getönten Ledersofa fest: damit sie ruhig liegen, damit sie beim Arbeiten des Schiffes und beim Halsen nicht hin- und hergeworfen werden.
In diesem Augenblick drängt sich der Erste Offizier neben ihn, ganz dicht, so, daß er ihm fast leise ins Ohr sagen kann, was ihn in die Kajüte führt, denn die Verletzten will er nicht beunruhigen.
Soviel Zartgefühl, soviel Takt hat Heinatz seinem bulligen Grobian von Ersten gar nicht zugetraut. Er spürt sogar ein Lächeln darob um seinen Mund, das aber schnell erstirbt, als er hört, was der Erste zu sagen hat:
„Wir haben Feuer im Schiff, Herr Kapitän. Das Thermometer im Rohr der Luke 3 zeigt 56 Grad."
Heinatz nickt, wendet sich noch einmal kurz den Verletzten zu, sagt ein paar tröstliche, gute Worte mit einer Stimme, die ob ihrer Ruhe gar nicht anders klingt als auch im Passat.
Dabei ist die Lage alles andere als beruhigend:
- Takelageschaden mit im Augenblick fast völliger Manövrierunfähigkeit.
- Sturm in Stärken zehn bis elf und in den Böen darüber, die Windgötter spielen auf allen Orgeln. Jede Musik hat ihren Himmel; der Tag wird zur Nacht.
- Feuer im Schiff.
- Die See eine einzige Kette wandernder Züge weißgeflammter Wogen.
- Eisberge rundherum.

Na denn: Prost, Jack London!
Schlimmer kann es nicht kommen. Ärgeres können auch die Göttinnen des Unheils nicht ersinnen.
Jetzt den Kopf hängen lassen? Das würde das Ende vom Schiff und mit Sicherheit der gesamten Besatzung bedeuten. Zupacken also. Und auf Gott vertrauen, daß er hilft, wo des Menschen Kunst versagt. Ein Gebet? Ja, ja auch. Aber auch ein Gebet kostet Zeit. Hier geht es um Minuten.
Irgendeiner weint,
ein Junge noch.

Kapitän Heinatz handelt. Er läßt alle Öffnungen, die in den Laderaum führen, schließen. Dann sagt er: „Weitermachen in der Takelage. Los, los, los!"
Sie arbeiten ohne Pause. Bis in den Abend, bis in die Nacht hinein.
Die Eisberge sind immer noch da. Wenn sie nahebei sind, leuchtet die sich an ihnen brechende Sturmsee herüber. Dahinter, darüber, schwach, aber erkennbar, der Berg: bizarr, unheimlich, drohend wie ein zum Schlag erhobener Zyklopenhammer.
Schimmelig kommt der Morgen, langsam, quälend. Die Takelage ist wieder klar. Die *Helios* kann wieder Sturmsegel führen.
Heinatz berät sich mit seinen Offizieren: „Also gut. Halten wir weiter nach Süden. Ob wir weiter nördlich oder weiter südlich herumkommen, ist nun egal. Mehr im Süden kommen wir vielleicht sogar aus dem lausigen Eis heraus."
„Und treffen, ganz Ihrer Meinung, auch günstigeren Wind", der Erste.
„Und noch etwas: Das Temperaturmessen an der Ladung wird sofort eingestellt Das Feuer ist zu vergessen. Niemand spricht noch ein Wort darüber."
Mit diesen Worten zerrt der Kapitän einen Pfeifenstummel aus der einen und einen Beutel mit Tabak aus der anderen Tasche, das Zeichen, daß das Thema für ihn erledigt ist.
35 Jahre später schreibt Kapitän O. Heinatz, wie es weiterging:
„... Nun endlich konnten den beiden Verletzten Bandagen angelegt werden. Zu unserer Freude gingen meine Annahmen betreffs des Wetters und des Eises voll in Erfüllung. Gegen Abend sahen wir von der Eisdrift nur noch einzelne Berge, und ein auf SO drehender Wind erlaubte es uns, Westlänge abzusegeln ... Kein Mensch sprach mehr vom Feuer. Beim Löschen der Kohlen in Taltal fanden wir allerdings, daß das Feuer tatsächlich erstickt worden war. Wir fanden eine Partie verkokster Kohle, so groß wie eine Stube ..."
Was er sonst noch dachte, sprach er nicht aus:
Die *Helios* war einem mehrfachen Tode davongesegelt:
Weil niemand verzagte,
weil der Kapitän den Männern ein Vorbild war, stark genug, auch die Angst und Sorge vor dem Feuer zu bannen,
und weil man Glück hatte,
sehr viel Glück.
Sonst gäbe es keine *Helios* mehr.
In Europa würde nach Ablauf der vorgeschriebenen Zeit die Lutine-Glocke läuten und in den Schiffsregistern hinter dem Namen *Helios* das Wort „verschollen" gesetzt werden.
So wie man es für die *Eleanor Margaret* tat, die, ein Schiff der Reederei J. D. Bischoff, Vegesack, unter ihrem tüchtigen Kapitän Johann Fischer, mit 2902 ts Kohle in Newcastle nach Valparaiso auf die lange Reise ging. Es wurde eine Reise ohne Ende. Am 20. Juni 1891 sah man sie noch, als sie auf 45° Nord segelte, man sprach auch mit dem Kapitän, und man wünschte sich gute Fahrt ... Danach verschwand sie spurlos.

☆

Sie lagen in Cardiff zusammen, die *Amphitrite*, die, eine geborene *Defiant*, ein vollgetakelter Downeaster mit einem Portenband um seinen schlanken Leib war — Gildemeister und Ries, Bremen, hatte sie von den Holländern gekauft — und das Vollschiff *Comet*, das unter der Bremer Reederei Boelkens Flagge segelte.

Man hatte sich gegenseitig besucht. Man hatte gutnachbarliche Bande geknüpft, und man hatte für die bevorstehende Reise außer Cardiff-Kohlen als gleicher Ladung mit Hong Kong auch das gleiche Ziel.

Als die *Comet* in der Sundastraße den javanischen Hafen Anjer passiert, wo man frisches Gemüse an Bord nimmt und Informationen über das Weltgeschehen und auch über die Segelschwester einholt, heißt es, der Vollrigger mit des Meeresgottes Tochter Namen — und dessen Liebling zugleich — habe die Enge vor vier Tagen wie eine weiße Wolke durchflogen, so behende, so schwerelos wie auf dem Rücken eines Delphins ...

Wieder auf hoher See, beutelt ein Taifun die *Comet.* Meilen voraus rast das Zentrum vorbei. Als sie auf Hong Kong-Reede die Göttliche nicht sehen, überkommt dunkles Ahnen jeden auf der *Comet.* Ein einkommender Dampfer bestätigt, was man fürchtet, denn in der Nähe der klippenreichen Felseninseln der Paracels habe man nach dem Orkan Wrackstücke in der See treiben sehen.

Weißgemalene Wrackstücke, wohlbemerkt.

Die Bestätigung kann nicht klarer sein, wurde das Bild der schönen *Amphitrite* doch von weißgestrichenen Blöcken belebt. Von weitem wirkten sie in der Takellage wie Tauben oder Möwen etwa, was einfallsreiche Briten als „floating pigeon loft“ bezeichneten. Auf gut deutsch: als „schwimmenden Taubenschlag“.

Ein Vollschiff von königlicher Schönheit und vortrefflichen Segeleigenschaften ist nicht mehr.

Mit ihm blieb eine gute, eine tapfere Besatzung, mit Bernhard Sosath Rowehl als Führer, einem Kapitän, den der Ruf begleitete, ein Meister seines Faches zu sein, und einem Groot[249] an Bord, „der sein Schiff“ — so die junge Frau des *Comet*-Kapitäns in ihr Tagebuch — „so sehr lobte und so sehr liebte“.

☆

Vermißt wird auch die berühmte Viermastbark *Hebe*[250]. 1898 hatte sie sich, mit einer Ladung Cardiff-Kohle in den Räumen, aus den Barry Docks für Iquique in See geschwungen. Ihr Kapitän, Johann Dietrich Rowehl, war so kräftig, so gesund und so gut wie das bei Blohm & Voss gebaute Schiff. Letztmals wird der Viermaster vor Südamerika gesehen, dann nie wieder. Auch nicht ein Wrackstück von der *Hebe* wird gefunden.

Was mag passiert sein?

Sank sie im Orkan?

Sank sie nach einer Kohlenstaubexplosion?

Oder nach einem nicht mehr einzudämmenden Feuer?

Fand sie ihr Ende auf einer der Klippen von Staten Island? Die Götter, denen sie, anmutige Tochter des Zeus und der Hera, namentlich so nahestand, schweigen.

☆

Sie lagen zusammen in Newcastle, Neu-Süd-Wales, in Australien: die 2020 BRT große Viermastbark *Nomia,* ein 1891 bei Ritson & Co. in Maryport für eigene Rechnung gebauter Segler, der nunmehr unter der Hausflagge der Bremer Reederei Visurgis AG fuhr, und das Vollschiff *Schwarzenbek,* das ein Jahr später seinem Element übergeben wurde. Der Kapitän der *Nomia,* Wilhelm Himme, hatte seinem Freund Tegge, dem Kapitän der *Schwarzenbek,* an Land erzählt, daß die

Ruderanlage seines Schiffes nicht korrekt arbeite und daß er Mühe habe, einen ordentlichen Schmied zu bekommen. Denn die waren damals selten im Agrarland Australien. Beide Segler hatten den Bauch voller Kohlen geladen. Für Antofagasta an Südamerikas Westküste. Die Viermastbark lief einige Tage früher, am 10. Juli 1912, aus und wollte sich, so hatte Himme seinem Freund Tegge gesagt, südlich von Neuseeland die Roaring Forties dienlich machen. Sie war ein guter Renner, die schon unter dem Union Jack unter dem Namen *Auchencairn* einen Ruf als schneller Segler hatte[251]. Von 1898 bis 1902 hatte sie, nunmehr als *Nomia*, unter deutscher Flagge der immer glückliche Kapitän Friedrich Rowehl, der ein guter Taktiker und ein überlegener Stratege war, geführt. Seine Fahrten waren so stetig wie die der Dampfer auf den gleichen Routen. Sein Zweiter Steuermann war übrigens der schon 1897 eingestiegene Leopold Ziegenbein, ein hervorragender Seemann, der bis 1899 auf der Viermastbark blieb, und der es einmal nicht nur bis zum Kapitän einer der größten deutschen Reedereien bringen sollte, mehr noch: er wurde der erste Kommodore beim Norddeutschen Lloyd.

Wie gesagt, die *Schwarzenbek* folgte ein paar Tage später.

Es war Sommer.

Weit und windvoll sind um diese Zeit die südlichen Breiten. Die beiden Schiffe kannten ihre Gunst, sie kannten auch ihre Tücken. Schon einmal hatten sie dieselbe Reise gemacht.

Als der Anker der *Schwarzenbek* in den Grund der Reede von Antofagasta rasselte, sah sich Kapitän Tegge vergeblich nach seinem Freund Himme um. Die *Nomia* war noch nicht zur Stelle. Ihm schwante Schlimmes, war doch sein eigenes Schiff nun wahrlich kein Renner. Da kann doch etwas nicht stimmen, überlegte Tegge, denn nach dem Zeugnis seiner Zeitgenossen war Wilhelm Himme ein großer Nautiker, wenn auch großes Rauhbein zugleich. Was den Segelschiffen damals noch an Stahl mangelte, ersetzte er durch eiserne Disziplin[252]. Der untersetzte, vierschrötige Kapitän nahm es mit jedem baumlangen Neger auf, wenn der beim Pumpen schlappzumachen drohte. Es gab auf See keine Situation, von der Wilhelm Himme glaubte, nicht damit fertig zu werden. Selbst mit einer Geburt kam er klar. Auf der ersten Australreise hatte er seine Frau mitgenommen. Als sie merkte, daß sie ein Baby erwartete, schlug Himme vor, daß sie die Rückreise von der Westküste Südamerikas aus mit einem Passagierschiff des Norddeutschen Lloyd antreten sollte. Doch Frau Magdalene wollte die *Nomia* nicht verlassen. So ging Wilhelm Himme in Sydney von Bord, vertraute sich einer Hebamme an und nahm Unterricht in der Geburtshilfe. Am 19. März 1907 brachte Magdalene Himme bei Kap Horn genau auf 40° S und 164.28°W ein gesundes Mädchen zur Welt. Zunächst waltete der Kapitän als Hebamme, dann als Vater, schließlich als Standesbeamter. Er trug den Namen des Kindes in die Schiffspapiere ein: Nomia Himme.

Wer in der Biographie dieses Hardcasesailor-Kapitäns weiter forscht, wird Wilhelm Himme mit den einundzwanzig Männern seiner *Nomia* in den Listen für vermißte Seeleute finden. Als Zeit, da die *Nomia* als verschollen bezeichnet wird, wurde der 16. Juli 1912 festgelegt. Dieses genaue Datum verdankt die Welt einem Demijohn, an dem eine rote Flagge befestigt war und der ein Jahr später an Neuseelands Küste gefunden wurde. Der Kaiserliche Deutsche Konsul in Auckland auf Neuseeland sandte daraufhin der Reederei in Bremen ein Schreiben dieses Inhalts:

„Vor zirka drei Wochen wurde hier auf dem Zollamt ein Papier eingeliefert, welches in einer Flasche enthalten war, die in der Nähe von Hokianga an der Nordwestküste Neuseelands gefunden wurde. Da es anscheinend aus einem deutschen Logbuch herausgerissen war, wurde es mir zur Entzifferung sofort eingesandt. Ich las daraus:
„Monday, 16. 7. 1912.
Nomia is sinking by hurricane in 42 S. and 160 East.
God save us and every body."
Kapitän Rolf Reinemuth, Sektionspräsident der Cap Horniers, Bezirk Weser: „Welche Bereitschaft zum Unabwendbaren, welche bittere Erkenntnis der Aussichtslosigkeit eines Kampfes, der bereits entschieden war.
Und welche menschliche Größe eines Mannes, der die Unwiderruflichkeit seines eigenen Schicksals und das seiner Männer als endgültig bescheinigt.
Im tobenden Hurrikan:
Bescheinigt mit Datum und Unterschrift.
Und dem Schiffsort unter der Küste Australiens."

✡

Vierundvierzig Jahre blieb das Schicksal der *Mary G. Farr*[253] ungeklärt, nachdem sie 1886 als „verschollen" erklärt worden war, weil Leichen an die amerikanische Küste trieben, die man als Besatzungsmitglieder der MGF identifizierte. Aber wie war es und was war geschehen?
1930, vierundvierzig Jahre nach der Verschollen-Erklärung ging einem Fischer vor der nordamerikanischen Küste eine Flasche ins Netz. Was auf dem darin befindlichen Zettel stand, war eben noch zu lesen:
„Brand an Bord der *Mary G. Farr*. Wir gehen in die Boote. Der Himmel sei mit uns."

✡

In den Jahren 1891/92 wurden nach dem Rundschreiben des Internationalen Transport-Versicherungs-Verbandes Nr. 2104 vom 20. Januar 1893 allein unter den aus Eisen erbauten Viermast-Segelschiffen diese als „verschollen" erklärt:
Die *Romsdal*, ein 1877 bei R. Steele, Greenock erbautes, 1887 BRT großes Schiff der Reederei J. & A. Allan in Glasgow, mit einer Ladung Jute auf der Reise von Chittagong nach Dundee: Seit dem 31. Oktober 1891.
Die 1881 bei H. Murray & Co., Glasgow, für die Reederei Watson Bros. erbaute, 1950 BRT große *Ben Doran*. Die Viermastbark hatte in San Francisco Getreide geladen. Sie wurde das letzte Mal am 24. April 1882 gesehen.
Die *Perseverance*, 2558 BRT, 1886 bei W. B. Thompson, Glasgow, erbaut und bei A. D. Bordes et Fils, Bordeaux, bereedert. (Keine näheren Angaben über Reise und letzte Sichtung.)
Die stählerne *Dunkerque* —, eine ebenfalls Bordes gehörende Viermastbark, ein neues Schiff noch, das erst 1889 bei Russel & Co., Pt. Glasgow, entstand —, befand sich mit einer Ladung Steinkohlen auf der Reise von Cardiff nach Rio de Janeiro.
Die 1889 bei Russell & Co., Pt. Glasgow, erbaute 2210 BRT große *Stanley* der Reederei G. M. Steeves auf der Reise Philadelphia—Calcutta. Sie, ein gutes Schiff aus Stahl, hatte Petroleum in Kanistern geladen.
Die *Nation*, 1891 aus Stahl bei Russell & Co., Pt. Glasgow, für W. Thomas &

Co., Liverpool, erbaut, ging mit einer Ladung Reis auf der Reise von Burma nach Bremen nach dem 24. März 1892 mit Mann und Maus verloren. Wo, weiß niemand.
Dasselbe Schicksal teilte die 2292 BRT große *Ashbank,* die in Ballast von der Algoa Bay nach Newcastle N.S.W. segeln wollte und seit dem 31. Mai 1892 als verschollen gilt. Die stählerne Viermastbark war knapp ein Jahr alt. Russell & Co. in Port Glasgow hatte sie für A. Weir & Co., Glasgow, erbaut.
Auch der damals größte Segler der Welt, die 3822 BRT[254] große *Maria Rickmers,* eine auch bei Russell & Co., Port Glasgow, entstandene Fünfmastbark, die unter den Farben Helgolands für Rickmers Reismühlen, Reederei und Schiffbau Akt.-Ges., Bremerhaven, fuhr, mußte auf ihrer Jungfernreise als „vermißt" abgeschrieben werden. Der stattliche Segler befand sich mit 57000 Sack Reis in den Laderäumen auf der Fahrt von Saigon nach Bremen. Er hatte diesen Hafen am 15. Juli unter dem Kommando des bisherigen Ersten Wiethoff verlassen, da der Kapitän, J. Gennerich, im Zielhafen der Ausreise verstorben war. Am 24. Juli stand das Schiff in der Sunda-Straße und wurde von Anjer aus seinem Reeder gemeldet. Seitdem fehlt jede Nachricht über den Verbleib. Die *Maria Rickmers* war ein schönes, ein stolzes Schiff, und sie führte als einer der ganz wenigen deutschen Großsegler Skysegel[255].
Das sind ungeklärte Schiffsschicksale von Großseglern, von Viermast- und Fünfmastbarken aus nur zwei Jahren zur Blütezeit der Segelschiffe. Diese Aufzählung ließe sich Jahr für Jahr fortsetzen und durch kleinere Segler: Vollschiffe und Barken pp. obendrein noch ergänzen. Hier eine Zusammenfassung, die sich für die Jahre 1888 bis 1900 ausschließlich mit deutschen Schiffen befaßt:[256]
Fast 1800 Menschen wurden in diesen Jahren auf See vermißt, davon 1377 allein auf Segelschiffen, die auf 137 Seglern blieben, auf 50 Barken, 30 Schonern, 13 Galeassen, 12 Vollschiffen, 10 Briggen, 6 Kuffen und Ewern, 1 Schonerbrigg und 3 Viermastbarken und 1 Fünfmastbark, der schon erwähnten *Maria Rickmers.*
Weder der Ort, noch der Tag, noch die Art des Todes wurden je bekannt.
Hier, einige von ihnen:
Am 23. März 1893 schreibt Kapitän Hermann Hinrich Ahlers, der mit der *Andrée Rickmers* in Penang liegt, nach Elsfleth an seine Familie: „Wir müssen uns mit dem Gedanken abfinden, daß die *Maria Rickmers* und mit ihr unser Sohn Hinrich auf ewig verschollen bleibt!" Sie war am 24. Juli 1892 in der Sunda-Straße zuletzt gesichtet worden und war mit ihrer Reisladung von Saigon zum Kontinent bestimmt."
Sie war und blieb verschollen, und nur Vermutungen konnten über ihr Ende angestellt werden.
Man hatte sich mit dem Gedanken abzufinden, so war es seit eh und je an der Küste, wenn es um den Seemannstod ging.
Auch Kapitän Ahlers fand sich damit ab. Und seine Familie, eine Familie, die bereits einen hohen Zoll der See zu zahlen hatte. Aber welches Haus in Elsfleth oder Brake, in Nordenham, Bremerhaven oder Vegesack blieb verschont von diesem Schicksal?! Da war, soweit es die Familie Ahlers betrifft, der Schwager Gerhard Oetken, der die dritte Bietstochter zur Frau hatte, die hier, hinter dem Oldenburger Deich mit anderen Seefahrerfamilien, mit Reedern, Schiffbauern, Reepschlägern und Segelmachern zusammenlebte, wenn er, Kapitän Gerhard Oetken, draußen war. Von 1886 an fuhr er die Bark *Kepler* als Kapitän. Kaum

ein Hafen der Welt, den sie nicht besucht hatte. 1888 nahm Gerhard Oetken seinen jüngeren Bruder Hinrich-Hermann als 1. Steuermann an Bord. Vorher war er bei Ahlers Obersteuermann gewesen und hatte mit diesem die letzte Reise der *Elise* mitgemacht, bevor sie in Soerabaja condemniert worden war. Mit Petroleum in Kisten, lief das Schiff von New York nach Singapore, wurde dort gelöscht und wollte nach Hong Kong zum Laden versegeln. Nie kam die Bark *Kepler* dort an. Irgendwo in der Chinasee nahm die im Taifun rasende See Männer und Schiff.

Von vierzehn zwei aus einer Familie.

In Ballast war die der Reederei Nicolai in Brake gehörende Bark *Lina* von Brasilien nach Rangoon bestimmt. Sie lief am 1. November 1897 von Rio de Janeiro aus. Der in der Kimm verschwindende Zuckerhut war das letzte Land, das ihre Besatzung zu sehen bekam. Unter ihr wieder ein Sproß der Ahlers/Oetken-Familie, der Schiffsjunge Gerhard Oetken. Es war nicht seine erste Reise. Es sollte aber schon seine letzte sein. Die *Lina* blieb verschollen.

Als verschollen gelten für die genannte Zeit — unter anderem — weiter:

1877 auf der Reise von Lagos zum Englischen Kanal die Braker Brigg *R. C. Schumacher* unter Kapitän Lohse,

die Elsflether Schonerbrigg *Union* unter Kapitän Metz im Nordatlantik mit einer Ladung Steinkohlen an Bord,

die Bremer Bark *Virginia,* 1879 auf einer Kohlenreise von Newcastle nach San Francisco,

das Vollschiff *Kaiser Wilhelm* mit dem Heimathafen Bremen am Heck, erst im Jahre 1877 bei der A.-G. „Weser", Bremen, erbaut, mit einer Ladung Salz und und Stückgütern auf seiner zweiten Reise von Bremerhaven nach Rangoon, und 1878 die Geestemünder Bark *Jupiter* zwischen Geestemünde und New York.

Ferner auch die Bark *Artillerist* von Elsfleth mit einer Ladung Baumwolle von Galveston nach Bremen. Selbstentzündung vermutete man, denn Baumwolle brennt leicht. Ein winziger Funke der eisernen Bänder genügt, wenn Öl mit Wolle in Verbindung kommt.

1902, ein anderes Beispiel, ging die eiserne Bark *Kiandra* in See. Ihr Kapitän war ein Vegesacker, einer vom besten Schlag: Hinrich Bunje, der auch diese Fahrt mit Vertrauen und Zuversicht auf eine gute und glückliche Reise antrat. Warum auch nicht, hat die *Kiandra* doch nun 14 Jahre unter deutscher Flagge nur gute Reisen gemacht. Es war April, als die Bark in Philadelphia Naphta übernahm und den Hafen mit Kurs Hamburg verließ . . ., um nie wieder gesehen zu werden.

Auch Bremens letzter Petroleumclipper *Columbus,* den Kapitän Grübmeyer führte, kehrte nie zurück.

Das ist im Kirchenbuch von Wustrow in Mecklenburg nachzulesen:

„Am Sonntag Trinitatis, 2. Juni 1900, ist geläutet und gedankt worden:

1. Für den Schiffer Peter Erdmann Ahrens aus Wustrow. Er segelte am 19. 10. 1899 mit dem Rostocker Schiff *Viduco*[257] von Rockhampton in Australien nach Newcastle, NSW. Seither fehlt jede Nachricht von ihm, so daß leider kein Zweifel mehr sein kann, daß das Schiff samt der gesamten Besatzung untergegangen ist.
2. Für den mit ihm verunglückten 1. Steuermann Christian Jacob Nicolaus Niejahr.
3. Für den Matrosen Willi Hans Robert Bülow.
4. Für den Leichtmatrosen Wilhelm Karl Georg Niemann.

So starben sie, die von der Weser, die von der Elbe, und auch die von den Segelschiffen der Ostsee machten keine Ausnahme.
1 377 deutsche Seeleute in dreizehn Jahren. Unter diesen auch ein Sohn aus dem Kaisergeschlecht der Habsburger, der junge Erzherzog Johann, der unter dem bürgerlichen Namen Johann Orth als Kapitän des Vollschiffs *St. Margaret* am 11. Juli 1900 vom La Plata nach Valparaiso in See ging. Die Kap Horn-See war es wohl, welche die *St. Margaret* ausgelöscht hat. Und mit ihr alle Männer. Und mit diesen auch ein Mitglied eines der ältesten europäischen Herrscherhäuser, denn die See kennt keine Unterschiede. Vor ihr sind alle gleich.
Wenigstens den Schein einer Spur fand man von zwei gleichzeitig vermißten Vollschiffen, die 1893 von Java mit Zucker als Ladung nach Vancouver in See gegangen waren: die *Blair Athole* und die *Morayshire.*
Als sie einige Monate überfällig waren, schickte man HMS *Pallas* von Esquimalt in See. Die *Pallas* kehrte mit der Nachricht heim, daß man auf einigen der in der Bering See gelegenen Aleuten-Inseln nautische Instrumente gefunden habe. Mit Basil Lubbocks Worten[258]:
„This report seems hardly worthy of credence. No further news of the two ships ever came to hand and their fate still remains a mystery."
Und, um der Vollständigkeit halber auch das Beispiel einer Reederei aufzuzeigen, sei die Reederei George Milne & Co. in Aberdeen genannt. Von 46 Schiffen, welche sie besaß, mußten allein fünf, die Barken *Java, Donegal, Rowena* und *Invermark* und das Vollschiff *Inveravon,* als vermißt abgeschrieben werden.
Aber, wie gesagt, alle aufgeführten Segler sind nur Beispiele. Um sie und ihre Besatzungen alle aufzuzählen, die je vermißt wurden, wäre ein Buch mit vielen hundert Seiten notwendig. Lediglich ein Schiff sei noch erwähnt, eines aus der jüngsten Zeit: die Bark *Penang,* die unter Eriksons Flagge 1940 von Australien mit einer Ladung Weizen mit Kurs nach Europa auslief und ihr Ziel nie erreichte. Sie ist am 8. Dezember 1940 das Opfer von U 140 geworden, das, unter dem Kommando von Oberleutnant z. S. Hans-Peter Hinsch stehend, den Segler etwa 70 sm NNW von Herris Head (NW-Irland) versenkte[258a].
Obwohl sich dieses Buch mit frachtfahrenden Segelschiffen befaßt, sei jener Segelschulschiffe gedacht, über deren Endschicksal auch heute noch absolute Unklarheit besteht:
Seit März 1938 wird das frachtfahrende Segelschulschiff *Admiral Karpfanger* ex Viermastbark *L'Avenir* unter Kapitän Walker mit 60 Mann, vornehmlich Kadetten, vermißt, nachdem es am 1. März die letzte Positionsmeldung gab und am 12. noch in Funkverbindung mit Norddeich stand. Man nimmt an, daß die Viermastbark wahrscheinlich in der Nähe von Kap Horn, und zwar dem „falschen" Kap Horn verloren ging.
Da ist weiter der dänische, in Leith aus Stahl erbaute Fünfmaster *Kjøbenhavn,* der mit achtzig Zöglingen an Bord während einer Weltumsegelung spurlos verschwand, nachdem er am 14. Dezember 1928 Montevideo verlassen und am 21. noch über Funk gemeldet hatte: „An Bord ist alles wohl."

☆

Doch manchmal geschahen auch Wunder, so jenes, das die bereits als verschollen abgeschriebenen Männer der britischen Viermastbark *Dundonald* angeht: Sie wurden nach Monaten auf einer der unbewohnten Aucklandinseln entdeckt und

abgeborgen*, oder jenes, das den aus Neuenschleuse im berühmten Kirschenparadies des zwischen Lehe und Este liegenden Alten Landes stammenden Seemann Heinrich Meier betraf. Er, der seit Ende der 1830iger Jahre als Matrose mit seinem Segelschiff und seinen Kameraden in der Südsee als „vermißt" geführt wurde, tauchte gut 50 Jahre später, als ein deutsches Kriegsschiff die damals deutschen Tonga-Inseln besuchte, auf der Hauptinsel Nuka'alofa der Tongatabugruppe wieder auf:
als
König Georg I. von Tonga.
Das ist die märchenhafte Story, die kein Märchen war[259]: Heinrich Meier war, nachdem sein Schiff südlich der Samoainseln verloren gegangen war, als einziger Seemann von den Eingeborenen gerettet worden. Er heiratete die Tochter des Häuptlings von Tongatabu und wurde nach dessen Tod zum Gebieter erkoren. Er vereinte die 192 Tongainseln und deren Bewohner zu einem Königreich und ließ sich ab dato als König Georg I. titulieren. Den Namen Georg I. fand er nicht von ungefähr, er nahm ihn in Erinnerung an seine hannoversche Heimat und das hannoversche Königshaus an. In Borstel-Neuenschleuse steht heute noch, einige Häuser hinter dem Haus Neuenschleuse Nr. 2, das Geburtshaus des ersten Kings von Tonga, dessen Vater einen landwirtschaftlichen Betrieb besaß und gleichzeitig Elblotse war.

---

* siehe auch Brennecke, Jochen: Strandungen. Besatzungsschicksale aus der Zeit der großen Segelschiffe. Bd. 1 in der Reihe „Koehler's Kleine Seebücherei", Koehlers Verlagsgesellschaft mbH, Herford 1969

XIII
Rettung

Des Seemannes ungeschriebenes, aber oberstes Gesetz ist es, zu helfen und zu retten, wo immer er auf See auf einen Seenotfall trifft oder — heutigentags — durch Funk auf einen in erreichbarer Nähe eingetretenen Fall aufmerksam gemacht wird. Es gibt wohl keinen schwereren Vorwurf für die Führung eines Schiffes als den der unterlassenen Hilfe. Sie kann heute sogar auch rechtlich verfolgt werden. Rettungsaktionen, die sich mit Windjammern befassen, sind ungleich erregender, ungleich dramatischer. Das liegt in der Natur der Sache und — auch an der Zeit, da Rettungsaktionen nicht durch modernste technische Hilfsmittel — Flugzeuge, Hubschrauber, praktisch kentersichere Motor- und Rettungsboote — unterstützt werden konnten. Eines aber ist sich gleich geblieben: Die große, seemännisch-kameradschaftliche Selbstverständlichkeit, wenn es gilt, Menschen aus Seenot zu retten. Hier einige der ungezählten Beispiele aus der Windjammerzeit, soweit nicht schon in anderen Kapiteln, vor allem in dem Kapitel Strandungen, behandelt.

Es geschah auf jener Reise der *C. H. Wätjen*, auf der das Vollschiff in der Südsee während eines Zyklons entmastet wurde und dann, mit Notmasten und Notsegeln notdürftig wieder hergerichtet und auch mit einem Notruder versehen, mehr trieb als segelte ...

Der 27. März 1902.

Die von dem Pumpentörn — unter diesen der Matrose und spätere Kapitän H. Frost — hören durch das Knarren, ächzende Mahlen und qualvolle Quietschen der Pumpe einen Aufschrei. Sie halten ein. Schweißüberströmt und schwer atmend heben sie wie witternd den Kopf. Da ist sie wieder, diese sich vor Erregung überschlagende Stimme, die aus dem Vortopp kommt. Der Ausguck ist's, der da schreit:
„Schiff in Sicht!"
Und wieder: „Ein Schiff in Sicht!"
Und noch einmal: „Ein Schiff ist in Sicht!"
Endlich — sind ein paar Sekunden oder gar Minuten vergangen? — taucht im Sonnenglast der Poop der Erste auf, formt die Hände zum Trichter und bestätigt die Meldung mit einem „OK". Sein Blick wandert über die Pumpmannschaft, die ihre monotone Arbeit wieder aufgenommen hat ... Auf — nieder ... Auf — nieder ... Auf — nieder ... Erschöpfte Männer, unrasierte Gesichter, aus denen die Backenknochen hervorstechen. Aber jetzt mit Augen, in denen wieder das schon fast erloschene Feuer der Hoffnung brennt. Der Erste tritt einen Schritt näher an diese Männer heran:

„Lot stohn de Pump."
Mehr kommt nicht über seine Lippen. Aber das Wenige ist genug, soviel wie: Laßt es gut sein, die Rettung naht, wir brauchen nicht mehr zu pumpen ...
Aber die Hoffnung, die das Dämmerlicht der Apathie erhellte, erlischt so abrupt, wie eine Sternschnuppe nach ihrem kurzen Aufleuchten nach Eintritt in die Erdatmosphäre verglüht. Das Schiff ist kein Schiff — das, was über die Kimm tritt, ist ein Boot mit einem Kuttersegel ...

Auch der Kapitän, der bei dem Zyklon schwer verletzt worden war, hat sich, Kopf und rechten Arm in nicht mehr ganz weißen Binden, am Stock gehend an Deck gequält. In seiner Stimme schwingt, als er sich an den Ersten wendet, Schmerz mit, den er zu unterdrücken versucht:

„Leidensgefährten."

„Ja, Schiffbrüchige im Boot!"

„Wir haben wenigstens noch ein Schiff unter den Füßen. Wenn auch einen wrakken Untersatz."

„Dann werden wir wohl die kargen Rationen auch noch mit denen teilen müssen?"

„Wir werden es, kümmern Sie sich darum, vor allem um das Wasser!"

Was sie, die Schiffbrüchigen, die nun Schiffbrüchige retten, aus dem Boot übernehmen, sind — welch eine Überraschung — Landsleute: der Erste Steuermann und sieben Mann der Hamburger Bark *Edith*. Die Männer waren bereits acht Tage im Boot, seitdem die *Edith* auf einem Korallenriff gestrandet und von ihrer Besatzung verlassen worden war. Der Kapitän und die restlichen Seeleute hatten im zweiten Boot Platz gefunden und waren außer Sicht gekommen.

Sie erreichen aber ebenso das rettende Land wie sechs Wochen später die Retter und die Geretteten auf der *C. H. Wätjen*. Die Mühsalen, Leiden und Opfer bis zum 14. Mai, da die Küste von Neuguinea in Sicht kommt, zu beschreiben, fehlen die Worte. Man läßt sich aber nicht unvorbereitet auf sie zutreiben. Jeder der nun 33 Mann an Bord hat sich eine Waffe hergestellt und bereit gelegt. Nicht alle Eingeborenen hegen freundschaftliche Gedanken, wenn sie Weißen — und noch dazu weißen Schiffbrüchigen — begegnen. Und in nicht wenigen Fällen sind Weiße, die vorher kamen, die Ursache dafür . . .

☆

1929.

Mit Koks und Zement an Bord ist das Vollschiff *Pinnas*[260] nach Passieren der Le Maire-Straße in einen bösen Sommersturm geraten. Am vierten Tage, am 18. April, läßt das orkanhafte Wetter 07.30 ganz plötzlich nach. Was bleibt, ist ein sanfter, kaum spürbarer Hauch. Die noch hoch laufende See packt den Segler und schleudert ihn, dessen Takelage nicht mehr vom Wind gestützt wird, hin und her.

Wie ein Hund eine Ratte:

50 Grad nach Backbord.

50 Grad nach Steuerbord.

Das hält so an die zehn Minuten an. Dann kommt, was kommen muß: Vor- und Großtopp, sie knicken eben oberhalb der Halskrause ab. Sie stürzen achteraus an Deck. Dabei zertrümmern sie die Lenzpumpe.

Wenig später folgt der Kreuztopp. Er bricht eben unter der Marsrah ab.

Niemand ist verletzt. Ein Wunder.

Doch soll diese Katastrophe erst der Anfang vom Ende sein, denn so plötzlich der Wind wegblieb, so plötzlich setzt er wieder ein. Mit Böen von Orkanstärke. Und das Barometer fällt, fällt, fällt. Bis auf 718 Millimeter.

Die Besatzung arbeitet wie besessen, ohne Essen, ohne Schlaf. Mit blutenden Händen. Am 24. läßt der Sturm etwas nach. Mit einem Notsegel kann nun auch eine Notantenne am Stumpf des Kreuzmastes aufgebracht werden. Die *Pinnas* funkt SOS. Der chilenische Passagierdampfer *Alfonso* und der britische Dampfer

Scottish Strath versprechen zu kommen. Aber nur der Chilene schafft es, die *Scottish Strath* kommt gegen Sturm und See nicht an.

Erst am 27., in Sichtweite des Kaps der Felseninsel Diego Ramirez, Grab so vieler Segler, entschließt sich der *Pinnas*-Kapitän: Eine Bergung des Schiffes ist bei dem noch immer in Orkanstärke tobenden Sturm unmöglich, höchstens noch eine Rettung der Besatzung. Und diese gelingt der *Alfonso* nur unter größter Lebensgefahr für die braven Männer im Boot, das den Weg *Alfonso—Pinnas* zweimal durchkämpfen muß, um die vom Klüverbaum abspringenden deutschen Seeleute aus der See zu zerren. Alle 25 überleben.

Eine Hagelbö saugt das Wrack der *Pinnas* auf.

☆

Drei Tage arbeitet die Besatzung der britischen *Garsdale* nun schon, um die am 7. September 1905 bei Kap Horn in einer heftigen Bö über Bord gegangene Takelage zu kappen[261].

Die Männer klaren das Deck auf.

Und endlich bekommt die Schiffsführung einen Überblick über den Schaden. Er ist beängstigend.

Außerdem rollt das entmastete Schiff derart schwer, daß die Ladung an Pickeisen[261a], Ziegelsteinen und Kohle übergeht. Der Kapitän macht sich kein X für ein U vor. Er weiß, daß jeden Augenblick die im Rhythmus der Rollbewegungen des Schiffes arbeitende Fracht die Bordwand zertrümmern kann.

„Aber wir sind machtlos. Es wäre Selbstvernichtung, die Ladung etwa trimmen und feststauen zu wollen", schreibt der Kapitän ins Journal.

Zwei Tage später zeigt sich ein Silberstreif über der Kimm. Der italienische Segler *Ascensione* kommt auf. Er nimmt sofort Kurs auf das Wrack, kann aber wegen der hohen See keine Boote aussetzen, zudem wird es auch bereits dunkel.

„Bitte, haben Sie Verständnis, ich kann das nicht verantworten", argumentiert der italienische Kapitän, tröstet die auf der *Garsdale* aber mit dem Hinweis: „Wir bleiben bei Ihnen in der Nacht. Vielleicht ist die See morgen früh etwas ruhiger."

„Danke für Ihre Hilfsbereitschaft."

„Aber bitte sehr, das ist doch selbstverständlich", versichert der Italiener in vollendet römischer Höflichkeit.

Als das Morgenlicht mühsam und langsam die Kap Horn-Nacht verdrängt,
als die Sicht klarer und größer wird, ist von der *Ascensione* nichts zu sehen.
Es ist kalt an Deck. Und die Herzen der Männer frieren
bei der Frage nach dem Warum und Wieso, denn keiner zweifelt an der echten Hilfsbereitschaft des Italieners, der vielleicht selbst in Not geraten ist, und
bei der Frage nach dem Wann,
denn die *Garsdale* ist schwer leckgeschlagen. Es ist eine glatte Rechnung, wann sie trotz aller „Pumpschiff-Anstrengungen" sinken wird ... In drei Tagen etwa. Oder schon früher ...

Drei Tage später, als die *Garsdale* zu sinken beginnt, schieben sich wieder Masten über die Kimm. Es sind Masten ohne Obersegel. Auch dieser Segler entdeckt das Wrack, auch er ändert sofort seinen Kurs.

Es ist die französische *Berengere*.

Des Kapitäns — Beadoir heißt er — erste Frage lautet: „Wie lange können Sie sich noch halten?“

„Nicht mehr lange“, ist die schnelle Antwort.

„Sie übersehen die Lage besser als ich, der ich hoffe, daß sich das Wetter etwas bessert, um Sie abbergen zu können. Sagen Sie es in Zeit.“

„Vielleicht nur noch Stunden — vielleicht aber nur noch weniger, sehr viel weniger.“

„Das ist deutlich. Gut denn, ich werde versuchen, was in meinen und meiner Männer Kräften steht.“

Die See läuft noch genau so hoch wie am Tage der Begegnung mit dem Italiener: riesige Berge walzen und stampfen querfeldein. Nicht hastig, nicht hektisch, nein ruhig,
majestätisch,
souverän.

Selbstbewußt gleichsam ob ihrer zermalmenden Kraft.

Der Franzose zögert keine Minute. Er fiert ein Boot. Und er bringt es tatsächlich ohne Schaden zu Wasser und gut von der Bordwand frei. Ein seemännisches Meisterstück.

Die Männer im Boot pullen an das sinkende Wrack heran. Mal hoch auf dem Kamm eines der Greybeards thronend und mit einem, für Sekunden frei in die gischtige Luft hineinragenden Bug, mal unten im Tal, zwischen zwei Wellen, der Sicht entzogen.

Einige zehn Meter vor dem Wrack verhält das Boot der *Berengere.* Der Steurer schreit durch die zum Trichter geformte Hand: „Ich kann nicht längsseit scheren. Können Sie mir entgegenkommen?“

Die auf der *Garsdale* fieren nun ihrerseits ihr großes Boot. Kaum zu Wasser gebracht, wird es von einer See mit ekelhafter Gewalt gegen den Rumpf des sinkenden Schiffes gewuchtet. Es geht zu Bruch. Bevor die Taljen ausgeklinkt werden können, sind seine Verbände zerschmettert, läuft es voll. Aber es schwimmt. Es treibt auf den Lufttanks.

In ihm hocken bis zum Bauch im salzigen, antarktisch eisigen Wasser 19 Mann der *Garsdale*-Besatzung und deren Erster Offizier. Dieser beruhigt seine Seeleute mit beschwörend ausgestreckten Händen. Er legt das Ruder hart über und läßt das wracke Boot mit dem Sturmwind vom Wrack hinweg und frei treiben.

Darauf warten die Franzosen in ihrem Boot nur. Meisterhaft manövrieren sie sich an den Rettungskutter der *Garsdale* heran, nicht zu nahe, um nicht zu kollidieren, aber nahe genug, um die Zwanzig zu übernehmen.

Bleiben nur noch der Kapitän der *Garsdale* und vier Mann an Bord des Wracks ...

„Sie müssen springen. Es gibt keinen anderen Weg“, brüllt der französische Bootssteurer, der Zweite an Bord der *Berengere,* und manövriert sein Boot in die Nähe des Hecks der bereits tief im Wasser liegenden *Garsdale.*

Einer nach dem anderen jumpt in die See.

Als letzter, wie die große Tradition es will, springt der Kapitän.

Auch er wird aufgepickt.

Als die *Berengere* wieder auf Kurs geht und einige Meilen vorangekommen ist, kentert das Wrack und versinkt. Nur sehen die Überlebenden das Ende ihrer bisherigen Heimat nicht. Sie ruhen — mit wärmenden Decken und heißem

Cognac wohl versorgt — in den Kojen, die ihnen ihre Retter selbstlos selbstverständlich eingeräumt haben.

☆

Das Zuwasserbringen eines Bootes bei einem solchen Wetter darf sehr wohl als eine sehr mutige Tat bezeichnet werden. Bei Lubbock, der im Band I „The Last of the Windjammers" den Bootsbesuch eines Walfängerkapitäns auf Danas berühmter Brigg *Pilgrim* in der Horn-Region beschreibt, heißt es:
„Eine Bootsfahrt im Reich der schnaubenden und tosenden Zonen von Kap Horn klingt für einen Tiefwassermann des 19. und 20. Jahrhunderts sehr tollkühn. Aber Walfänger, Weltumsegler und Freibeuter sind auf hoher See die größten Experten, welche die See sah. Das Wetter muß schon sehr, sehr schlecht sein, um einen von den drei Typen davor zu bewahren, ein Boot auszusetzen . . ."
Man möchte als vierten Typ hinzufügen: Männer, die besessen sind von dem Willen, trotzdem zu retten . . .
Wer Helden sucht, diese Franzosen verdienen es, Helden genannt zu werden. Und daß sie es später, nach der Heimkehr, vor der Presse ablehnten, so genannt zu werden, macht ihre — auch in diesem Falle seemännisch selbstverständliche — Tat nur noch größer.

☆

Voraus, hier, nördlich der Western Islands, ein havariertes Schiff. Gesichtet von Seeleuten auf der deutschen Bark *Dora*, die ehemals *Richard Rickmers* hieß, und deren Kapitän, Diederich Albert Anton Barenborg, dabei war, als die *Diamant* zwischen Elbe und Wesermündung gerammt wurde.
Der Fremde, so erkennt man näherkommend bald, befindet sich in sinkendem Zustand. Die Masten des im böigen Nordwest in der atlantischen See treibenden Schiffes sind gebrochen. Die Kajüte ist eingedrückt. Die Boote fehlen. Das Roof ist weggeschlagen. Um den wracken Rumpf schieben, zerren, stoßen, wüten und torkeln Reste der hier und dort sogar noch mit dem Schiff verbundenen Takelage.
Anton Barenborg schickt den Obersteuermann mit vier Mann zur Rettung aus. Dieser, Meyer mit Namen und aus Oldenburg stammend, kommt mit seinem Boot auch ganz gut frei von der *Dora* und bei dem Havaristen — es ist die schwedische Bark *Amazone* — trotz der in der See treibenden Trümmer mit streichenden Riemen auch ganz gut heran. Hohle Seen drohen das Boot am Rumpf zu zerschmettern, Reste von Spieren und Rahen sind die andere Gefahr. Dennoch, man holt zunächst sechs Mann herunter, bringt diese zur *Dora* und kehrt, mit neuer Bootsmannschaft, wie lauthals versprochen, zur *Amazone* zurück. Man birgt auch die drei restlichen Seeleute gut ab und wartet, bis der Kapitän den dritten Kanister Petroleum über das Deck ausgeschüttet hat. Dann zündet er es an. Eine Flamme, ein dumpfer Knall . . . das Wrack steht in Flammen, es wird nun so oder so ein Ende finden und kein Hindernis für die Schiffahrt mehr sein. Just in dem Augenblick, da der Kapitän schon fast im Boot ist, faustet eine schwere See die Retter vom Wrack ab. Der Schwede stürzt in die See. Zwischen Boot und Wrack droht er abzutreiben. Aber man erwischt ihn noch.
Als man ihn als den letzten der Überlebenden auf die *Dora* schafft, sind sechs Stunden seit Beginn des Rettungswerkes vergangen. Im Boot sind nur noch der Matrose de Harde und der Obersteuermann Meyer, der eine vorn, der andere hinten. Sie picken die herunterhängenden Taljen wieder ein. Oben holen beide Wachen die Taljenläufe ein. In eben diesem Augenblick rollt eine mächtige See

heran. Mit ihrem sich aufsteilenden Rücken hebt sie das Boot wie ein Spielzeug an. Und als sie, so plötzlich wie sie kam, wieder in sich zusammensinkt und das Boot, da bereits eingepickt und vorgeholt, nicht folgen kann, bricht an Bord der *Dora* der achtere Davit. Er trifft den mit dem Bootsheck in die See stürzenden Obersteuermann so schwer, daß dieser nichts mehr zu seiner eigenen Rettung tun kann; de Harde dagegen kann von dem vorderen, in den hanfenen Läufen hängenden Teil des Bootes noch die Rüsten des Großmastes ergreifen.
Schmerz trübt die Freude über die Ehrungen, die Kapitän Barenborg später zuteil werden ... von König Oskar II. von Schweden ein silberner Pokal mit eingraviertem Dank, vom deutschen Kaiser, Wilhelm II., eine Widmung, ebenfalls mit graviertem Dank, und von der Laeisz-Stiftung die Rettungsmedaille in Gold ...

☆

Über die Rettung der Besatzung der des öfteren erwähnten *France* gibt es einen Bericht, jenen, dem das meteorologische Tagebuch der der Hamburger Reederei B. Wencke Söhne gehörenden Viermastbark *Hebe* zugrunde liegt. Es war am 10. Mai 1901, als sie auf ihrer Reise von Port Talbot nach Valparaiso auf 31° Südbreite und 46° Westlänge — also rund 400 Seemeilen querab von Südostbrasilien stand ...
Nachmittags beginnt es zu wehen und um 15.00 schießt der nordnordöstliche Wind in schwere Böen und unter heftigem Regen nach Westen aus. Typischer Winterpampero. Um den Abend brist es erneut auf. Um die Mitternachtsstunde weht es in zehn bis elf. In der gewaltigen See geht die Bark fürchterlich zukehr.
Ein peitschender Knall: Das Vorobermarssegel ist aus den Lieken geflogen.
Wieder ein Knall. Und noch einer.
Auch das Großobermarssegel und das Großstengestagsegel sind zum Teufel. Und auf den Wachen von 12 bis 4 folgen nicht nur das Vor- und Großuntermarssegel, auch festgemachtes Tuch beutelt der Wind los, zerrt es aus den Zeisingen heraus, bis es reißt.
Zu tun genug „for all hands“ an Bord, die alten Segel abzuschlagen, neue aufzubringen.
Der 12. Mai: Es bläst noch immer in Sturmstärken, jetzt aus Westnordwest.
Im Tagebuch der *Hebe* heißt es, von Kapitän Korffs Hand geschrieben:
„2 Uhr nachmittag: sichteten Fünfmastbark *France* von Dünkirchen mit Notsignal. Hielten darauf ab. 3^h 30 m längsseit. Das Schiff hatte eine schwere Schlagseite nach B.Bord und ersuchte uns, während der Nacht in der Nähe zu bleiben.
Lagen beigedreht.
13. Mai. 6 Uhr a. m.
Die *France* mit Signal: „Müssen das Schiff verlassen.“ Setzten B.Bord-Boot aus und holten die Besatzung in drei Fahrten, im ganzen 45 Mann. Die Rettung der Leute konnte nur unter Anwendung der größten Vorsicht ausgeführt werden. Es stand eine schauderhaft durcheinanderlaufende See, und es wehte in den Böen mit Stärke 8 bis 9.“
Welch eine große seemännische Leistung. Was sich hinter diesen Zeilen verbirgt, weiß eigentlich nur der zu werten, der die See kennt. Und wenn ein Kapitän, so hier H. Korff, von größter „Vorsicht“ und „schauderhaft durcheinander laufende See“ spricht, dann war etwas los, was „den armen Lüd an Land“ für Monate Gesprächsstoff geboten hätte. Wie wenig man an Bord und noch viel weniger

in den Häfen über solche seemännischen Selbstverständlichkeiten sprach, beweist, daß der Hamburger Kapitän Ernst Römer, der 1906 mit der Seefahrt begann, 1958 im Albatros der deutschen Cap Horniers schrieb: „... Ich kann mich nicht erinnern, daß in Seemannskreisen damals über diese Rettung gesprochen wurde. Und Janmaat hat doch so manches beklöhnt auf den langen Segelschiffsreisen; es wurde ja auch kaum über anderes debattiert als über die Seefahrt (und ab und an über die Frauen). Tatsächlich erfuhr ich von jenem Ereignis erst sechsunddreißig Jahre später. Auch eine daraufhin angestellte Umfrage bei älteren Berufsgenossen ergab, daß sie von dieser Geschichte noch nichts gewußt hatten. Sollte das alles auch ein Zufall sein, so wird man sich doch sagen können, daß damals von der Sache nicht viel Aufhebens gemacht worden ist.“ Immerhin, diese Sache war eine bemerkenswerte Sache: Wer unter den Seeleuten kannte nicht diesen imposanten Segler unter der Trikolore?

XIV

Kapitäne

Es gibt gute Schiffe, und es gibt schlechte Schiffe. Es gibt gute Kapitäne[262], und es gibt weniger gute Kapitäne. Eines aber gibt es nur selten: schlechte Kapitäne. Dafür wird in dieser Laufbahn viel zu oft, viel zu hart, viel zu fein gesiebt, ehe das Große Patent, auch wenn es gemäß Gesetz nach Absolvierung von Seefahrtzeit und Steuermannsexamen auf dem Papier erworben wird, praktische Anwendung findet: Der Kapitän ist nicht nur der erste Nautiker eines Schiffes, nicht nur das, was man an Land einen Direktor heißt, er ist mehr in seiner Pflicht und seiner Verantwortung für das Schiff, dessen Ladung und das Leben an Bord, er ist das, was wohl die Briten am treffendsten nachempfinden lassen, wenn sie sagen, er ist ein
MASTER NEXT TO GOD.
Während der langen Reisen auf Windjammern war er es vielleicht — in einigen Punkten zumindest — noch deutlicher als heute, war er doch ungleich abhängiger von seiner Besatzung, ihrem guten Willen, ihrem Wollen, ihrer Einsatzbereitschaft und ihrem Können. Es war nicht Rekordsucht, wenn die Windjammer-Kapitäne versuchten, möglichst schnelle Reisen zu machen. Das war nicht mehr und nicht weniger ein ökonomisches Gebot, das der Existenzkampf nun einmal jedem Unternehmen abfordert; zugegeben, auch ein wenig Sportgeist spielte eine Rolle und ein wenig Ehrgeiz wohl auch. Schnelle, gute Reisen waren indessen fast immer eine Summierung überdurchschnittlicher Leistungen in der Nautik, in der Auswertung meteorologischer Beobachtungen, in der Segeltechnik und im Ladegeschäft, ferner im Vermögen des Kapitäns, seine Besatzung zu Höchstleistungen zu bewegen, wozu in allem, last not least, noch ein gutes Schiff und auch eine glückliche Hand hinzuzurechnen wären. Jedenfalls sind, was die Windjammer-Fahrten betrifft, der Beispiele viele zu nennen, daß bislang schnelle Segler in der Hand eines neuen Kapitäns oder weiterer Kapitäne nie wieder die früheren Bestleistungen erzielten. Das trifft auch auf die Potosi *zu, mit der Robert Hilgendorf, der sich bereits als erstklassiger Segelschiffsführer einen Namen gemacht hatte, ehe er diesen Großsegler übernahm, zeigte, was „Segeln mit einem schweren Schiff" heißt.*

Robert Hilgendorf kam nicht wie die berühmten Clipperkapitäne der nordamerikanischen Ostküste an einem der großen Ozeane zur Welt. Seine Wiege stand im pommerschen Schievelhorst, einem kleinen Nest in dem an das Stettiner Haff angrenzenden Kreis Stepenitz. Hier wurde er am 31. Juli 1852 als Sohn eines Schiffers geboren . . .
Sein Berufsweg ist vorbestimmt. Schon als Junge nimmt ihn sein Vater auf dem kleinen Fahrzeug mit. Und anstellig und interessiert, wie der junge Robert ist, lernt er schnell und gründlich. Schon mit zwölf Jahren führt er des Vaters Kutter[262a] selbständig. Sein Sinn steht ihm quasi von ‚klein an' aber nach größeren Schiffen. Zwar sieht er sie nicht von der Haffküste aus unter vollem Zeug durch ozeanische Breiten schweben, wohl aber erlebt er sie, wenn sie von und nach Stettin übers Haff und durchs Papenwasser geschleppt werden — oder trotz des schwierigen Fahrwassers sogar segeln. Und was sie draußen auf den Ozeanen durchgemacht haben, bleibt auch in den Städtchen und Dörfern der Haffküste nicht verborgen. Dafür sorgt der Küstenklatsch.
Doch vorerst gilt es, neben den Arbeiten auf Vaters Fahrzeug und jenen daheim, wo die Eltern eine kleine Landstelle ihr eigen nennen, auch noch die Schulbank

zu drücken. Aber außer Lesen und Schreiben und einfachem Rechnen kann auch dem jungen Hilgendorf nicht viel mehr geboten werden. Sein drängender Eifer will mehr wissen, viel mehr.
Doch eine hohe Schule steht außer Frage. Dazu langt das Geld nicht. Wozu auch, denkt der Vater, der Junge übernimmt einmal den Kutter. Er wird Seemann und Schiffer wie ich. Dagegen, daß der Junge, der Stimme seines Blutes folgend, erst einmal richtig zur See fahren will, dagegen vermag der Vater nichts einzuwenden. Noch weniger, daß er sich das Geld zum Besuch der Steuermannsschule selbst verdienen will. So steigt denn Robert zunächst vor dem Mast auf Ostseeseglern ein. Doch bald genügen ihm die kleinen, wenn auch starken Schoner nicht mehr. Er wechselt hinüber in die Große Fahrt, auf größere Schiffe, mit längeren, in vielem beschwerlicheren und gefährlicheren Reisen.
1873 wird er für drei Jahre zur Kaiserlichen Marine eingezogen. Am eindrucksvollsten und instruktivsten ist seine Zeit auf der als Schraubenfregatte erbauten *Arcona*[262b], einem Querspant-Eichenholzkraweelbau mit Kupferbeschlag, mit einer Maschine von 1365 iPS/no 350 aus Lüttich und der soliden Rahtakelung eines Vollschiffes.
Diese *Arcona* ist in der KM nicht irgendein Schiff, sie ist das erste in einem deutschen Lande des zur Stunde noch nicht geeinten Deutschland erbaute Kriegsschiff Seiner Majestät[263]. Es ist — Fachleute allerorten bestätigen es — ein ganz vorzügliches Seeschiff geworden. Es braucht und verträgt viel Segel, und es manövriert bei gehißter Schraube und Vorlastigkeit ganz ausgezeichnet. Auch steuert es gut, wenn es nur unter Segeln fährt, während es als Dampfer viel Fahrtverlust gegen die See einstecken muß.
Was Robert Hilgendorf an Theorie und angewandter Theorie bisher in der Praxis nicht geboten bekam, weil es auf einem Frachtsegler an einer planvollen Ausbildung einfach fehlt und hier jeder mehr oder weniger auf sich selbst und seine Angst, etwas falsch zu machen, angewiesen ist, lernt er auf der *Arcona* systematisch. Dazu lebt er noch auf einem Schiff, das, wie der damalige Konteradmiral R. Werner im Buch der Deutschen Flotte[264] schreibt, eine ‚tatenreiche Geschichte' hinter sich hat (war es doch 1859 bis 1862 das Flaggschiff des Ostasien-Geschwaders, das für den Deutschen Zollverein unter anderem einen Schiffahrts- und Handelsvertrag mit Japan, China und Siam abschloß). Zwar erlebt Robert Hilgendorf keine Auslandsreise mehr, aber auch bei den Fahrten in heimischen Gewässern bekommen die Jungen nicht nur eine gründliche Ausbildung in der Seemannschaft[265]. Sie erfahren, vor allem, wenn sie befördert werden und den gesamten Bordbetrieb mit wachen Augen verfolgen, auch einiges über die wesentlichen Grundlagen der Navigation. Der junge Pommer schafft es jedenfalls vom einfachen Matrosen bis zum Bootsmannsmaaten. Das ist für die kurze Dienstzeit eines Nichtaktiven eine Leistung. Und auch eine Auszeichnung.
1876 besteht Hilgendorf in Hamburg-Altona seine Steuermannsprüfung. So wie er bei der Kaiserlichen das Glück hatte, auf ein Schiff mit Tradition verpflichtet zu werden, so bietet sich ihm jetzt eine Stellung als Alleinsteuermann auf der in Hamburg-Blankenese beheimateten Barkantine *Nautik an.* Hinzu kommt, daß Kapitän David Breckwoldt ein Mann ist, der seinem jungen, energischen Steuermann mehr Selbständigkeit, als allgemein üblich, überläßt. Aber auch erst — und das kennzeichnet das Zusammenspiel zwischen Tüchtigkeit und Glück — nachdem er sich davon überzeugt hat, daß der junge Steuermann mehr kann, als normalerweise von einem taufrischen Patentinhaber erwartet werden darf...

Und das ist auch der Grund, daß der Kapitän der *Nautik* nicht lange Freude an dem so verläßlichen, eifrigen und tüchtigen Robert Hilgendorf hat, denn 1878 meldet er sich erneut zur Schule an.
Ein Jahr später hat er sein Schifferpatent bestanden.
Inzwischen hat sich eine der deutschen Segelschiffreedereien einen auch in aller Welt mit Respekt genannten Namen gemacht: Es ist die Hamburger Reederei Laeisz.
Hier will der Pommer fahren. Das hat er sich in seinen Kopf gesetzt. Nun, nach seinem Kapitänspatent, stellt er sich Ferdinand und Carl Laeisz, dem Vater und dem Sohn des Unternehmens, vor: Als ein junger schlanker Mann mit harten wasserblauen Augen, mit scharfkantig heraustretenden Backenknochen in einem schmalen Gesicht, mit einer kräftigen, scharf gekrümmten Nase. Seine Bewegungen sind knapp. Seine Haltung ist selbstbewußt und ohne eine Spur von Devotismus. Seine Sprache ist klar und ohne Floskeln. Und er weicht den prüfenden Blicken der beiden Reeder nicht aus. Man nimmt ihn sofort.
Man mustert ihn als Obersteuermann[266] auf der erst 1878 in Geestemünde bei Schau & Oltmanns erbauten, also neuen, aber noch hölzernen und nur 646 BRT großen Bark *Parnass* an. Hier und danach auf der in Brake bei J. Oltmanns Wwe. erbauten hölzernen Bark *Panama* verbringt er zwei Jahre, im zweiten davon heiratet er übrigens: Eine Kaufmannstochter aus Altona wird seine Frau.
Robert Hilgendorf hat sich während der zwei Jahre als Obersteuermann so glänzend bewährt, das Carl Laeisz ihm — und das spricht auch für die Menschenkenntnis des Reeders — im Jahre 1881 die *Parnass* als Kapitän anvertraut. Der junge Pommer ist ganze 29 Jahre alt, als er das schwere, so verantwortungsvolle Amt eines „Master next to God" übernimmt. Dabei erinnert er sich der Schrift, die der königlich autorisierte Navigationslehrer H. Brarens in Friedrichstadt anno 1807 herausgegeben hat. Viel Grundsätzliches hat die Jahrzehnte vollgültig überdauert, so auch diese Worte:
„Mit dem Schiffe, als einer dem Wind und Wetter blossgestellten Maschine, übernimmt daher der Fuehrer eine Art voraussorgende Unruhe ... Er muss immer auf neue Mittel und neue Maasregeln bedacht sein, sowohl wenn das Schiff vor seinen Ankern liegt, als auch wenn es im Ozean segelt: denn Strohm, Wind und Seegang können sich plötzlich ändern.
Die erste vorsorgende Pflicht des Schiffers besteht mithin darin: Trage Sorge, dass auf dem Schiffe gute Ordnung sei; dass bestaendig Wachen gehalten, Wind und Wetter in Acht genommen, und ein ordentliches Journal über die eintretenden Ereignisse gefuehrt werden ..."
Es folgen nun Anweisungen über die Vorbereitungen zur Reise, über die Ausrüstung und Beladung, über Steuerlastigkeit und die Kunst des Steuerns schlechthin, über die Einrichtung der Takelage, über Seepass, Baubrief, Messbrief, Musterrolle und:
„... Die zu seinen Diensten engagierte Mannschaft ist, nach gesetzmaessiger Einschreibung in die Muster-Rolle, pflichtig, die Reise mit dem Schiffe zu vollfuehren ... Wenn einer von seinen Leuten dem Posten, wozu er sich hat verhaeuren lassen, erwiesenermassen nicht vorzustehen weiss, so hat der Schiffer volles Recht, den Mann abzusetzen; so wie auch ein solcher Untuechtiger seiner verdienten Gage verlustig wird ...
Die saemtliche Mannschaft ist dem Schiffsfuehrer ohne allen Widerstand zu Gehorsamen verpflichtet, nemlich insoweit er einiges, was zur Fortsetzung der Reise,

und zum Besten des Schiffes dient, befiehlt ... Keiner von den Leuten darf ohne Erlaubnis von Bord gehen. Den Ungehorsam kann er strafen lassen — den Meuterei und Unruhe Stiftenden am naechsten Christenlande aussetzen, oder in Eisen schliessen lassen, um ihn hiernach an die Obrigkeit auszuliefern ...
Die Mannschaft muss auch dem Schiffer, welcher an der ersten Stelle, an die sie verhaeuret worden, eingesetzt ist, gehorsamen, und ueberhaupt auch bei verlaengerten Reisen dem Schiff so lange folgen, bis es nach einem daenischen (sprich auch deutschen, denn was für Daenemark gilt, ist auch für Deutschland zutreffend) Hafen in Europa zurueckgebracht ist. Wenn einer von der Mannschaft zu Schaden koemmt, so wird derselbe für Rechnung des Schiffes kuriert ..."
Und dann geht es weiter in dem Buch: „Pflichten in Hinsicht der Lotserie ... Pflichten bei der Reise ueber See ... Anweisungen, Segel zu bergen und zu setzen ... Vorsichtsregeln, um Unfaelle zu verhueten ... Rathgebungen, wenn die Ladung uebergeworfen waere ... wenn der Boegspriet gebrochen waere ... wenn das Schiff leck wuerde, wenn er auf Leegerwall sich besetzt faende ... wenn er von einer See-Rheede fluechten muesste ... wenn das Steuerrad braeche ... wenn seine aus Faessern bestehende Ladung hin- und herrollte ... um die Seebrandungen zu daempfen ... wenn er notgedrungen ein Seegat zur Nachtzeit eingehen muesste ... Bemerkungen ueber Stroeme in den Meeren und ueber die Winde ... Allgemeine Regeln für Seereisen aller Art ... Die Obliegenheiten des Schiffsfuehrers beim Frachtschliessen ... Tafeln von Uebereinstimmung der Kornmaassen und der Gewichte ... Formulare der Certepartie ... Bei Unterzeichnung der Certepartie ... Formular eines Conossements ... Was bei der Einladung in Acht zu nehmen ... Schema eines Manifestes ... Erinnerungen wegen noethiger Certifikate ... Worauf der Schiffer, in Betreff seiner Ladung, waehrend der Reise Acht zu geben hat ... Obliegenheiten, wenn er den Ort seiner Bestimmung erreicht hat ... Obliegenheiten, in Betreff der Ausloeschung ... Obliegenheiten, wenn er einen Nothafen haette anlaufen muessen ... Ueber die Havarien und deren Bezahlung ... Ueber Bodmerei ... Pflichten beim Schiffbruch und beim Stranden ... Ueber die Fuehrung der Schiffsrechnung ..."
Nach der *Parnass*, die Hilgendorf wie einen Clipper segelt, überträgt Ferdinand Laeisz dem jungen Kapitän die Bark *Parsifal*, ein 1 075 BRT großes, aus Eisen bei Blohm & Voss erbautes Schiff: kräftig, stark und schön.
Auf der dritten Reise geht auf der Höhe von Kap Horn bei schwerem Wetter die Kohlenladung über. Daß Hilgendorf nichts unversucht läßt, sie auf dem Schiff, dessen Steuerbord-Unterrahen bereits tief durch das Wasser schleifen, zu trimmen, bedarf keiner Erwähnung. Das Schicksal ist gegen ihn und seine Seeleute. Kurz bevor die von der See leckgeschlagene *Parsifal*, deren Masten Hilgendorf noch entschlossen kappen ließ, sinkt, rettet sich die Besatzung in die Boote. Sie wird von der englischen Bark *Saraca* übernommen und nach Irland gebracht. Nach der Zeit auf der 536 BRT großen Bark *Professor* wird Robert Hilgendorf Kapitän der eisernen *Pirat*, einer 1 053 BRT[267] großen Bark von Blohm & Voss aus dem Jahre 1883. Die Ausreise verläuft normal, schnell und ohne irgendwelche Vorkommnisse. Auf der Heimreise aber, im Juni 1888 in ungefähr 24° Südbreite und 81° Westlänge[267a], kommen die Vormars- und Großbramstengen mit allen dazugehörigen Rahen krachend von oben. Nach dem Stengenverlust und dem Ausracken der Fockrah ist im vorderen Schiffsteil vom Klüverbaum bis zum Großmast — das Großstengestagsegel ausgenommen — kein Segel mehr zu führen. Man sollte meinen, daß schwerer Sturm und schwere See die Ursachen

waren. Mitnichten. Im Meteorologischen Tagebuch Nr. 3021 der Reise — säuberlich und korrekt in klarer deutscher Schrift vom Kapitän in eigener Person geführt — ist nachzulesen, daß zur Zeit mindestens acht Stunden lang südsüdöstlicher Wind in knapp Stärke 5 geweht hat.
Kein Gedanke also von einem Sturm.
Bleibt nur eine Erklärung:
Robert Hilgendorf hat seine Riggen von oben gesegelt ...
Er hat zuviel Tuch stehen lassen ...
Er hat die Takelage zu stark belastet, um nach den bisherigen schnellen Reisen eine noch schnellere zu machen ...
Mit Blöss: „Hilgendorf handelt mit Energie und Umsicht. Er läßt die Bark zunächst treiben, da sie nicht mehr am Winde gesegelt werden kann, und repariert den bösen Schaden."
Im Journal heißt es schlicht (und ergreifend, so möchte man beinahe sagen): „Tag und Nacht wurde gearbeitet."
Endlich, nach sieben Tagen, bringen sie auch die neue Marsstenge auf, „... die grosse Bramstenge und Raa schon in der Zwischenzeit."
Ein für diese Jahreszeit ungewöhnlicher Südost-Passat mit Windstärken bis zu sieben, zuweilen auch bis zu acht Beaufort bringt die *Pirat* dann zwar munter voran, Hilgendorf aber ist vorsichtig geworden. Im Journal bemerkt er: „Das ist wirklich ein harter Wind und eine zu hohe See für ein Passatwetter. Die Böen und Windstöße sind so heftig, daß man vorsichtig sein muß und daher die ganze Segelfähigkeit nicht ausnutzen kann. Es könnte wieder Stengen kosten, und ich habe keinen Stumpf[268] mehr in Reserve."
Als die *Pirat* querab von Lizard steht, ist sie von Pisagua trotz der Havarie nur 78 Tage unterwegs. Die ganze Reise hat, vom Kanal hin und zurück gerechnet, fünf Monate und 27 Tage gedauert. Das ist ein schönes, das ist ein gutes Gesamtergebnis. Über die verlorenen Stengen wird in Hamburg nicht weiter gesprochen, als der Reeder seinen Kapitän Robert Hilgendorf zur schnellen Reise beglückwünscht.
Als Dank — und das trotz der Havarie, trotz des Verlustes der *Parsifal* — übergibt ihm Carl Laeisz das Kommando über wiederum eine Bark, seine erste Bark aus Stahl, die 1888 bei Blohm & Voss erbaut und auf den Namen der Hauptstadt des Pergamenischen Reiches getauft worden war. Nach der *Pergamon* wechselt Hilgendorf auf das 1797 BRT große Vollschiff *Palmyra* über. Der Segler ist neu, auch er entstand bei Blohm & Voss: 1889. Auch er ist aus Stahl. Wenige Jahre später sieht man Hilgendorf auf der ersten Viermastbark aus diesem vielversprechenden Schiffbauwerkstoff, auf der noch werftneuen, bei Joh. C. Tecklenborg 1892 erbauten, 2845 BRT großen *Placilla*. Aus ihr knüppelt er, der alles begrifflich erfaßt und bei aller Leidenschaft zu seinem Beruf stets ruhig und beherrscht bleibt, auf der ersten der vier Fahrten vom Kanal bis Valparaiso jene schnelle 58tagereise heraus[269], die zu einer Sensation in der bisherigen Westküstenfahrt und der Großsegelschiffahrt schlechthin wird.
Man spricht über Robert Hilgendorf. Überall, in allen Häfen, auf allen Windjammern, in der Kajüte und vor dem Mast, in den Kontoren der Segelschiffreedereien.
Über die vier Reisen wäre noch zu berichten, daß er auf der dritten, am 15. Dezember, in einen derart schweren Sturm geriet, daß die *Placilla* zeitweise wie ein Springer durch das Wasser schoß ...

„... Türen, Treppen wurden zertrümmert, Schooten brachen, und die Bark mußte vor dem Winde laufen ... Notschäkel hielten nicht in den Schooten,. mußten neue Glieder schweißen ...“

Auf der vierten Rückreise trifft er das Gegenteil an: „Kap Horn, verzweifelt schön. Keinen Wind, keinen Strom, keine See und auch kein Regen mehr. 26 Tage in See, davon fünf Tage mit zufriedenstellender Brise und nur drei mit gutem Wind und Fortgang. Damit soll und will man noch schnelle Reisen machen. Das Los eines Dampferkapitäns ist gewiß auch nicht leichter, aber solchen Geduldsproben, die man anstandshalber mit größter Ruhe über sich ergehen lassen muß, ist er doch nicht ausgesetzt. Komisches Gefühl, wenn man nach 27stündiger Arbeit, wo mit allen Schikanen jeder Luftzug bestmöglichst ausgenutzt worden ist, 13 Seemeilen gemacht hat ...“

Anstandshalber Ruhe bewahren muß ...

Viel lieber hätte auch ein Robert Hilgendorf geflucht, daß die Albatrosse erröteten.

Schon lange blicken die angehenden Kapitäne der Reederei zu diesem Manne als Vorbild auf, jene vor dem Mast, die noch kein Steuermannsexamen haben, und jene, die mit und ohne Patent als Schiffer auf Großer Fahrt[269a] — bereits als Steuermann fahren. Schon lange ist es so, daß die Besatzungen, die unter Robert Hilgendorf segeln, den geringsten Abgang haben. Auf den von dem Pommern geführten Schiffen zählt es zu großen Seltenheiten, daß irgendwo irgendein Seemann achteraus segelt. Nicht zuletzt auch wegen seines Wahlspruches: „Harte Arbeit, aber gutes Essen.“ Er hat nichts gegen Alkohol, wohl aber gegen Trunkenheit: „Man kann nie zu wenig trinken — aber leicht zu viel“, ist des Pommern Devise.

Die Männer schimpfen zwar heftig und deftig und gar nicht mal selten, wenn der Alte sie nicht zur Ruhe kommen läßt, wenn er das Letzte aus dem Schiff herausholt und das Äußerste dabei wagt, scheinbar wagt, denn das Wort Wagnis ist in Hilgendorfs Wortschatz unbekannt.

Sie haben schon lange einen Namen für ihn, einen treffenderen gibt es nicht. Jeder weiß — in Hamburg, Antwerpen, an der Westküste, in Sydney oder in London —, wer mit dem „Düwel von Hamburg“, mit „The Flying German“ gemeint ist.

Und jeder ist stolz, unter diesem „Düwel“ zu fahren oder gefahren zu haben.

Und war's auch noch so hart. Nie nahm er sich aus. Immer war er noch härter zu sich selbst, denn gegen andere. Und hat man auch noch so geflucht und gewettert und innerlich gekocht über diesen wortkargen, hageren Kerl, der keine Disziplinlosigkeiten duldete, der ein strenger Cato — oder auch ein Cromwell? — war, wenn es um die heiligen Gesetze der Sittlichkeit ging, man blieb — trotz der strengen Zucht —, wenn auch er für die nächste Reise der Kapitän war.

Die einen bezeichnen ihn jedenfalls als einen „Driewer“, der wie einer der Dalli-Dalli-Kapitäne seine Besatzung unermüdlich in Gang hält, um das Schiff voran ... voran ... voran zu bringen, die anderen gar als einen Hexenmeister, der immer, ganz gleich, wo man auch steht, mit sicherem Griff den richtigen Wind herauszufinden weiß.

Hilgendorf selbst berichtet in seiner pommersch-drögen Art, wie er selbst Zeuge dafür wurde, von seinen Seeleuten als Zauberkünstler angesehen zu werden: Das war auf einer der letzten Reisen, als er, wie so oft, ins Kartenhaus trat, um die

Windbeobachtungen der letzten Stunden in einer Skizze auszuwerten. Sagt doch da einer von den Jan Maaten leise, aber nicht zu leise zu seinem Makker: „Nun is de Ohl all wedder am Zaubern."

Kapitän E. Römer hat sich in Verbindung mit dem Beitrag: „Robert Hilgendorf: Wollen und Wirken eines großen Seemannes", dem der Verfasser viele dieser wesentlichen Unterlagen verdankt, auch mit Hilgendorfs Gabe, der Kunst der Wetterbeobachtung und deren Auswertung befaßt. Im Albatros, der Zeitschrift der deutschen Cap Horniers, schreibt er:

„... Jede Maßnahme Hilgendorfs, vom Kern des Tiefdruckwirbels hinwegzusteuern, als zu vermuten war, daß sich das Schiff dem Gebiet tiefsten Druckes nähern würde, dürfte ein typisches Beispiel für die vorbildliche und damals durchaus moderne Art seiner Wetternavigation sein (ein Schlagwort, das seinerzeit noch nicht im Schwunge war)." Hilgendorf besaß gegenüber manchem der zeitgenössischen Segelschiffsführer eine klare Vorstellung von den Zusammenhängen zwischen Luftdruckverteilung und Winden, zwischen der Änderung des Luftdrucks und der Windrichtung. Er wird stets nach der Kenntnis getrachtet haben, in welchem Viertel der Zyklone er sich befand.

Hält man sich vor Augen, daß damals die Wetterkunde als Wissenschaft noch in den Kinderschuhen steckte, wetterkundlicher Unterricht in den Lehrgängen zum Seeschiffer auf Großer Fahrt noch nicht getrieben wurde, so wird man ermessen können, mit welchem Nutzen sich ein Hilgendorf des Segelhandbuches für den Atlantischen Ozean bedient hätte.

Seine ebenso gewissenhafte wie wertvolle Mitarbeit an den damaligen Aufgaben der Deutschen Seewarte war beispielhaft und zeugte von dem Verständnis für den Grundsatz: Ich gebe, Du gibst.

Er hat die von der Deutschen Seewarte herausgegebenen Segelanweisungen trefflich auszunutzen vermocht und dieser Anstalt damit einen gewissen Anteil an seinen Erfolgen zugestanden ..." Die ihm verliehenen Seewarte-Medaillen in Bronze und Silber hat er sich wahrlich verdient.

In Alan Villiers ausgezeichnetem Werk „Auf blauen Tiefen" ist nachzulesen, daß er sich darauf verstand, andauernde Windstillen zu umgehen: „Flauten waren der Fluch der Segelschiffe, das große Handicap rascher Reisen — vor allem die Kalmengürtel wie die in der Nähe des Äquators und die Roßbreiten. Aber neben diesen waren andere Flauten ebenso übel. Durch systematisches Studium der Berichtsammlung des Hydrographischen Amtes, die bald die Erfahrungen Hunderter von Seglern vereinigte, konnte ein Meister wie Hilgendorf den Punkt auf dem Äquator oder sonstwo wählen, wo sein Schiff mit einem Minimum von Kalmen rechnen durfte."

Und über die Lage bei Kap Horn schreibt er:

„Allzu viele Kapitäne näherten sich der grimmen Region des Kaps mit Unruhe und Sorge, ließen die Segel beim ersten eisigen Anhauch des Windteufels kürzen und blieben unter kleinen Segeln liegen, bis der Wind in eine günstige Richtung drehte oder abflaute, oder, wenn sie die Hoffnung auf besseres Wetter verließ, gaben sie den Kampf auf und segelten den anderen Weg rund um die Welt. Es gab aber nur einen Grund für Hilgendorfs bemerkenswerte Siege bei Kap Horn — Cook hätte es ebenso gemacht, und in der Tat gibt er auch diesen Rat —:

Er nutzte den Wind. Er nutzte alle Winde."

Oben: Ein neues Obermarssegel — eine Riesenboa aus grauem Leinen — wird aufgebracht und untergeschlagen.

Mitte: An der Obermarsrah bläht der Wind das neu untergeschlagene Tuch. Auf der Steuerbordnock der Untermarsrah Seeleute, die damit beschäftigt sind, die Steuerbordschot des neuen Obermarssegels einzuschäkeln.

Unten: Im ruhigen Wetter des Azorenhochs wird die Gelegenheit zum Schiften, also zum Auswechseln der Segel, ausgenutzt: Neue Segel für die Schlechtwetterzone des winterlichen Nordatlantiks, hier eines der Stengestagsegel.

Mitte rechts: Einer für all
Kapitän Robert Hilgendor
der Düwel von Hamburg a
dem Pommernland. Ein
der ersten Kapitäne, der d
Bedeutung einer meteorol
gischen Navigation erkann
und dessen berühmt gewo
denen schnellen und stetig
Reisen, vor allem mit d
Potosi, nicht Zufall und au
nicht Glück gewesen sin

Oben: Hardcastsailors! Hier die von der deutschen Bark *Este* (Reederei F. C. Bramslöw, Hamburg), aufgenommen im Dezember 1901 in Williamstown (Australien), mit ihrem Kapitän Fr. Carstens in der Mitte. Mitte: Die Crew der britischen *Blackbraes*. Das Vollschiff machte durch manche schnelle Reise von sich reden. Unten: Die von der Braker Bark *Fürst Bismarck*, einem A-G Weser-Schiff. Fürwahr: Männer! Seeleute! Deepwater men!

Soviel über Hilgendorfs Fähigkeit, sich die Wetterbeobachtungen in Verbindung mit den jeweiligen Segelhandbüchern nutzbar zu machen.

Eine erstaunliche Fähigkeit?

Nein, zumindest nicht bei diesem Robert Hilgendorf.

Er ist zwar Autodidakt, aber er beherrscht die Gabe des Abstrahierens.

Er vermag das Wesentliche vom Unwesentlichen zu trennen.

Und er ist ein Wissenschaftler des Segelns mit großen Rahschiffen. Was er tut, erledigt er genial mit Methodik und wissenschaftlicher Akribie. Dabei zeichnet er sich nicht nur als Schiffsführer aus, er schaltet sich auch in das von der Reederei schon verbesserte Ladegeschäft ein. Er verbessert es weiter: er erfindet einen vereinfachten Typ der Schiffsladewinde, die eine noch schnellere Beladung ermöglicht.

Es steht nirgendwo aufgezeichnet, wenn aber der Reeder Carl Laeisz seinem Robert Hilgendorf nach dem Rekordreiseschiff *Placilla* den ersten Segler über 3 000 BRT, nämlich die in Schottland bei Stephen & Sons 1894 erbaute, genau 3 088 BRT große Viermastbark *Pitlochry* anvertraut, dann geschieht dieses nicht ohne Absicht, dann denken beide an einen noch größeren Segler, an eine Fünfmastbark, die einmal *Potosi* heißen wird.

Mit der *Pitlochry* geht Hilgendorf in die hier berüchtigte und dort gepriesene Straße Le Maire. Es ist der 5. Januar 1895: Nachts 01.00 sehen sie St. Johns in SSO. Der Wind wird stürmisch und böig. Als sie das Land recht windwärts haben, kommen mehrere schwere Böen. Bald tritt die Stromkabbelung hinzu, welche die Bark mit guter Fahrt durchsegelt. Dann aber wird aus dem Sturm Orkan mit schweren Böen.

„... Ich dachte wohl daran, den Sturm hinter Land abzuwarten, da ich jedoch ein gutes Schiff und gute Segel hatte, ging ich raus. Denn sollte der Wind mal hoch südlich gehen, dann wäre es doch zu ärgerlich. Da ich noch nie zurückgetrieben bin und das Barometer auch zu steigen begann, fürchtete ich es (dieses Wetter) auch mit der *Pitlochry* nicht."

Am 3. Juni 1895 kehrte Hilgendorf mit der *Pitlochry* nach Hamburg zurück. Sein Reeder, der auf das Werturteil Hilgendorfs über neue Laeisz-Segler — gleich ob nun angekauft oder neu gebaut — so großen Wert legt, schickt Robert Hilgendorf nach Geestemünde. Auf Tecklenborgs Werft wuchs inzwischen der erste deutsche Fünfmaster in den Himmel: die *Potosi.* Fünf Tage vor der Vollendung seines 43. Lebensjahres geht Kapitän Hilgendorf mit ihr auf die Jungfernreise.

Robert Hilgendorf und die *Potosi* werden während der zehn Reisen, die der dickschädelige Pommer sie von 1895 bis 1901 führt, zu einem Begriff zusammenwachsen. Aber auch zu einem Beweis großer Menschenführung, denn die Arbeit auf einem Großsegler verlangt ohnehin die Mitarbeit von jedem Mann, von jeder Hand. Unter Hilgendorf gibt jeder sein Bestes, von sich aus und ohne dazu angetrieben zu werden.

Kapitän Römer hat in der Zeitschrift „Albatros" einmal 18 Westküstenreisen auf neun Schiffen untersucht, die Hilgendorf vor der Übernahme der *Potosi* gemacht hat. Er hat diese neun Schiffe ihrem Alter nach in drei Gruppen unterteilt, weil auch das Alter und die Ausrüstung der Schiffe für einen Könner, der auch das Letzte aus einem Großsegler herausholen kann, eine nicht unbedeutende Rolle spielen:

		Ausreise	Heimreise
Ältere Gruppe	4 Reisen	84,8 Tage	92,5 Tage
Mittlere Gruppe	5 Reisen	65,2 Tage	83,8 Tage
Jüngste Gruppe	9 Reisen	64,6 Tage	76,9 Tage

Römer: „Hier war ein Könner und ein Willensmensch am Werk. Ein Mann, dessen Norm in allem Vollkommenheit heißt."

Auf der ersten Reise der *Potosi* bewies er sie auf seine Art: er führt ein riesiges, wertvolles und unversichertes (!) Schiff, und er lehnt eine Abkürzung des Weges durch die Le Maire-Straße dieses Mal ab: „Ich will kein Risiko eingehen. Ich fahre lieber einen Umweg, eine Verlängerung der zu durchsegelnden Distanz." Das heißt: Er muß das wieder gutmachen durch ein Aufkreuzen gegen Strom, Wind, Sturm und Sturmsee bei hier fast immer niedrigen Luft- und Wassertemperaturen. Und er schafft die erste Reise mit diesem, ihm noch so fremden Schiff in einer guten Zeit: 26. Juli 1895 in Hamburg in Ballast aus, 30. Juli St. Catherine Point passiert, 1. August querab von Ouessant, 7. Oktober Iquique ein nach einer Horn-Umsegelung „... in wieder mal 10 Tagen und 4 Stunden ..." Gesamtreisedauer von Ouessant bis zum Zielhafen: 67 Tage. Bereits auf der zweiten Reise braucht er vom Kanalausgang bis Caleta Buena nur 64 Tage und auf der dritten segelt er vom Ausgang Kanal bis nach Valparaiso in 59 Tagen, wobei er in der 50zu50-Region 10,1 Tage zubrachte.

Zum Vergleich seien einige seiner früheren, schnellen Westküstenreisen in einer Zusammenfassung gegenüber gestellt:

Bark	*Pirat*	Lizard — Valparaiso	68 Tage
Bark	*Pergamon*	Lizard — Valparaiso	65 Tage
Vollschiff	*Palmyra*	Lizard — Valparaiso	63 Tage
Vollschiff	*Palmyra*	Lizard — Valparaiso	65 Tage
Vollschiff	*Palmyra*	Lizard — Valparaiso	65 Tage
Viermastbark	*Placilla*	Lizard — Valparaiso	58 Tage

Das Mittel dieser Reisen deckt sich auffallend mit dem der *Potosi*, deren mittlere Ausreisen von der Elbe nach den chilenischen Häfen bei 69,9 Tagen und von Lizard bei 64 Tagen und bei den Heimreisen Chile—Elbe bei 79,4 Tagen und von Chile—Lizard bei 73,9 Tagen lagen.

Das wahrscheinlich größte Etmal hat Kapitän Hilgendorf mit der *Potosi* auf einer Ausreise nach Iquique vom 10. zum 11. Mai zwischen 55° S 81° W und 49° S 86° W erreicht. Es betrug 376 sm. Das sind 15,7 kn im Durchschnitt. Der Wind war während dieses überaus harten Segelns ostsüdöstlich, der Kurs zwischen WNW, alles mißweisend. Dazu sei dem Meteorologischen Tagebuch Nr. 5415 folgende Eintragung von Hilgendorfs Hand entnommen:

‚... Böen mit Staubregen. Das Barometer fiel mehr, und der Regen wurde dichter; kamen anscheinend der Depression zu nahe, deshalb wurde der Wind wieder von Backbord eingesteuert. Wellenberge. Hatten Noth, das Ballastschiff darin zu steuern, weil zeitweise nur wenig vom Ruder im Wasser blieb und dann natürlich anluvte.'

Die Segelführung ist leider nicht angegeben." Soweit Römer im „Albatros", der Zeitschrift der deutschen AICH-Sektion.

Dreiunddreißigmal hat Robert Hilgendorf Kap Horn in westlicher Richtung — 66mal insgesamt — gerundet, wobei keine 50zu50-Umsegelung des Kaps länger als zehn Tage dauerte. Zehn in aller Welt bewunderte Reisen hat er mit der *Potosi* hinter sich gebracht, als er im Jahre 1901 nach dem Tode seines Senior-

chefs Carl Laeisz dem Dienst in der Firma entsagt und von der Deputation für Handel, Schiffahrt und Gewerbe zum Schifferalten, also zum nautischen Sachverständigen der Handelskammer, ernannt wird, ein Amt, das er fünfundzwanzig Jahre lang — von seinem 50. bis zum 75. Lebensjahr — versieht, ehe er, noch immer rüstig, in den wohlverdienten Ruhestand tritt.
Aus seiner Ehe entsprossen sechs Söhne und zwei Töchter. Die beiden Ältesten werden Seeleute, der eine davon wird schließlich Elblotse, der andere Kapitän bei der Reederei J. T. Essberger in Hamburg.
Die Frau und die beiden Töchter sterben noch vor Robert Hilgendorf. Und er ist achtzig Jahre alt, als er von einem Motorrad überfahren wird. Bewußtlos wird er in ein Krankenhaus geschafft. Seine Angehörigen ahnen und wissen nichts über seinen Verbleib.
Als Robert Hilgendorf nach vierundzwanzig Stunden im Krankenhaus aus seiner Bewußtlosigkeit aufwacht, verlangt er in gewohntem Befehlston seine Kleidung. Die verschüchterte Schwester bringt sie ihm. Robert Hilgendorf zieht sich an, obwohl man ihn eindringlich darauf hinweist, daß ihm die Ärzte strenge Bettruhe verordnet haben. Der herbeigerufene Arzt kann ihn nicht hindern, als er sich zum Gehen anschickt. Das tut er mit den Worten: „Wissen Sie, Doktor, wer erst mal in so einem Haus liegt, mit dem geht's auch bald zu Ende."
Der achtzigste Geburtstag bringt ihm noch eine besondere Ehrung. Der in Doorn lebende deutsche Ex-Kaiser schickt ihm sein Bild. Er hat die Begegnung mit dem Pommern auf der *Potosi* nicht vergessen, damals, als er von Robert Hilgendorf als Gast der *Potosi* empfangen wurde.
Fünf Jahre später, am 4. Februar 1937, tritt der Meister aller Meister unter den Segelschiffskapitänen einer großen Zeit seine letzte Reise an.
Die Welt ist um eine Persönlichkeit, um einen Mann ärmer. Sein Typus aber lebt weiter in all denen, denen er Vorbild war. Und es sind nicht wenige Laeisz-Kapitäne, in denen sich Robert Hilgendorfs Art zu leben und zu handeln widerspiegelt.
Fast 25 Jahre später, am 16. Juni 1961, wird bei der F. Schichau GmbH in Bremerhaven[270] ein Lotsenschiff auf den Namen *Kapitän Hilgendorf* getauft. Den Taufakt vollzieht einer der Söhne des berühmten Segelschiffskapitäns, der Kanallotse und Kapitän Berthold Hilgendorf. Regierungsdirektor Breuer hält[271] die Festansprache. Und er sagt unter anderem: „. . . ‚The Flying German': Das war Kapitän Robert Hilgendorf[272], der 66mal Kap Horn gerundet und 50 Reisen davon als Kapitän gemacht hat. Er war einer der wahrhaft großen Segelschiffsführer und Ausgang des 19. Jahrhunderts einer der bekanntesten, von bereits legendärem Ruhm umgebenen Seemänner der Welt.
Wenn dieses Schiff den Namen *Kapitän Hilgendorf* tragen soll, liegt darin nicht nur eine Ehrung dieses Mannes und seiner Verdienste, nicht nur ein Gedenken an die Zeit der großen Rahsegler, deren bedeutender Repräsentant er war. Es verbindet sich vielmehr mit dieser Namensgebung die Absicht, den ganzen deutschen Seemannsstand hier an diesem vorgeschobenen Posten unserer Küste zu ehren. Hilgendorf ist nur der Prototyp — er ist nur einer der vielen Männer, die auf der Brücke, in der Maschine und im weiteren Bordbetrieb unserer Handelsschiffahrt ihre verantwortungsvolle und harte Aufgabe erfüllen und in der Vergangenheit erfüllt haben.
Wenn irgendwo der Mensch in unserer Zeit zunehmender Technisierung seine Bedeutung und seine Unentbehrlichkeit behalten hat und sie auch in absehbarer

Zukunft behalten wird, dann in der Seeschiffahrt. Wäre das anders, so würde auch dieses Schiff hier nicht nötig sein, von dem Tag und Nacht Männer an Bord einkommender Schiffe aller schiffahrttreibenden Länder versetzt werden, um sie sicher durch die Schwierigkeiten des Reviers zu lotsen. Wie in der Vergangenheit der großen Segler, so auch in der Gegenwart der maschinengetriebenen Schiffe und in der Zukunft vielleicht der Schiffe mit nuklearem Antrieb hängt die Sicherheit von Schiff, Besatzung, Fahrgästen und Ladung überwiegend von dem Können der Besatzung und insbesondere von den Erfahrungen und dem Verantwortungsbewußtsein der Kapitäne, ihrer nautischen und ihrer technischen Schiffsoffiziere ab. Sie sind bei der Erfüllung ihrer Pflicht häufig allein auf sich selbst gestellt, und ihre Verantwortung kann ihnen keiner abnehmen. Daß die deutsche Seeschiffahrt stets über viele solcher Männer verfügt hat, die sich ihrer Verantwortung bewußt waren — das hat in der Zeit Hilgendorfs das Ansehen unserer Handelsflotte entscheidend mitbegründen helfen, es hat aber auch den zweimaligen bemerkenswerten Wiederaufbau unserer Schiffahrt nach zwei verlorenen Weltkriegen möglich gemacht. Viele dieser Männer würden es verdienen, in ähnlicher Form gewürdigt zu werden, wie es hier mit Hilgendorf geschieht. Mögen all unsere Seeleute diese Namensgebung als eine Ehrung ansehen, die nicht nur Hilgendorf oder den Männern gilt, nach denen weitere Schiffe benannt werden, sondern ihnen allen.
In der harten Schule des Segelschiffs halfen die Elemente, das Bewußtsein der Zusammengehörigkeit der Besatzung an Bord, das Einstehen eines für alle und aller für einen zu formen. Das ist in manchem anders heute. Wir sind heute vielleicht noch mehr als damals auf Persönlichkeiten angewiesen, die Menschen zu leiten verstehen, um die großen Leistungen unserer Seeschiffahrt zu erhalten.
So spannt sich der Bogen von der vergangenen Zeit eines Hilgendorf bis zu der heutigen Notwendigkeit: In der Seeschiffahrt steht über allem der Mensch! Unseren deutschen Menschen an Bord, den heute Fahrenden und den Gebliebenen und nicht zumindest denen, die in Zukunft unsere Schiffe führen sollen, gilt unser Gruß, wenn wir dieses Schiff auf den Namen *Kapitän Hilgendorf* taufen.
Unserem Nachwuchs möge Robert Hilgendorf als Vorbild dienen!"

✡

Robert Hilgendorf steht für alle, für all jene Charaktere, die dieses harte Leben eines Segelschiffskapitäns — in ihrer Alleinstellung während langer Wochen und Monate auf den sieben Ozeanen mit ihrer Weite, mit ihrer Einsamkeit — nur ertrugen
aus einem Drang der Berufung,
aus einer Verachtung körperlicher und seelischer Leiden,
aus absoluter Hingabe an den Beruf, einer Hingabe, die nur noch aus einem vergangenen Zeitalter hergeleitet und verstanden werden kann.
Unter den Cap Horniers der Franzosen hat Kapitän Louis Lacroix einen nicht minder großen Ruf, wie ihn Hilgendorf, Boye Petersen, Clauss oder Piening bei den Deutschen haben, nur mit dem Unterschied, daß er — ebenfalls eine Persönlichkeit mit ausgesucht ungewöhnlichen Führerqualitäten — sich außer auf die hohe Kunst der Navigation auch auf eine glänzende Feder verstand. Neben seiner späteren Eigenschaft als Kapitäns-Experte beim Comité der Seeversicherer von Nantes und ab 1939 als solcher auch beim dortigen Handelsgericht, hat er noch Zeit für beachtliche literarische Werke gefunden.

Louis Lacroix begann seine seemännische Laufbahn auf Lotsenkuttern von St. Nazaire. 1895 war er erst Junge, dann Leichtmatrose auf den Dreimastern *Frederic, Suzanne* und *Esbrouffe*. Nach seinem Steuermannspatent fuhr er — zunächst von 99 bis 03 — auf der *Duchesse Anne*, dann auf den Barken *Babin Chevaye* und *Jean*. 1919 trat er in die Lotsenschaft des Suez-Kanals ein, mußte hier aber wegen Unfalls ausscheiden. Später, an Land, übte er verschiedene verantwortungsvolle Positionen bei Reedereien und Verbänden aus, bis er die oben erwähnte Stellung übernahm.
In seinen Büchern *Les Derniers Cap Horniers Français* und *Les Derniers Grands Voiliers* gibt er nicht nur seine Erinnerungen preis — und nur Gott weiß, wie vielfältig sie wirklich waren —, sondern er verleiht in lyrischen Sätzen manchmal auch seiner Neigung zur endlosen Weite der See tiefen Ausdruck. Die Franzosen, seit eh und je ein musisches und kulturell hochstehendes Volk, haben diese Werke mit dem höchsten Lorbeer bedacht, den sie verdienen:
Lacroix wurde 1939 mit dem Großen Preis der Akademie der Marine und 1943 mit dem Preis der Académie Française ausgezeichnet.
Einer, der ihn erlebte, ist Commandant Aubin, Träger des Großen Literaturpreises der französischen Handelsmarine:
„Den Kapitän Lacroix habe ich gut gekannt, denn er war einer von denen, die mich in der Hohen Schule der Seefahrt ausgebildet haben. Ich vergesse nicht meine erste Reise auf der Bark *Babin Chevaye* als Steuermann unter seinem Kommando . . ., eine Reise um die Welt in fünfzehn Monaten:
Tasmanien, Frisco, Chile . . .
Und nie könnte ich die Tage der Beklommenheit vergessen, die wir während der Umsegelung von Cape Stiff erlebten, als wir von endlosen bleichen Eisschollenfeldern umgeben waren, die uns um ein Haar aufrissen. Ich habe in meinem Buch erzählt[273], wie wir im Morgengrauen nach einer apokalyptischen Nacht, von der wir überzeugt waren, es sei unsere letzte, das Wrack eines großen Viermasters sichteten, der unser Nachbar auf der Reede von Iquique gewesen war und der nie seinen Zielhafen erreicht hat.
Wenn Kapitän Lacroix hart war anderen gegenüber — und wie soll man es nicht bei dieser Navigation unter Segeln sein, wo die geringste Unaufmerksamkeit Katastrophen heraufbeschwören kann? —, so war er es ebenfalls gegen sich selbst.
Ich sehe ihn noch, wie er immer mit gutem Beispiel voranging. Ich sehe ihn in den düsteren Nächten vor Kap Horn, als wir gegen die gespenstisch bleichen Eisberge angingen, und er auf der Brücke im Winde stand, den Schutz des Kartenhauses ebenso verachtend wie Schaum und Spritzer, die überkamen, wie er, mit all seinen Sinnen aufmerksam wachend, die rettenden, schwierigen Manöver befahl, ohne ein Wort des Unmuts, ohne ein Zeichen der Ungeduld, ohne eine Regung des Zweifels . . .“[274]
Wer von Robert Hilgendorf spricht, wird seinen Ersten, Boye Petersen[275], nicht vergessen, wurde dieser doch, der zwischenzeitlich die Führung der *Pestalozzi* übernahm, des Fünfmasters *Preußen* erster Kapitän.
Er fuhr stets glücklich mit dem größten Vollschiff der Welt, nicht nur das, auch die schnellen Reisen beweisen, was in ihm als Seemann steckte und — was er von seinem Meister lernte. Das bewies er schon als Kapitän der kleinen *Pestalozzi*, mit der er nur elf Tage nach dem Einlaufen der *Potosi* in Hamburg am 5. September 1896 am Ausgang des Kanals stand. Bei Windstärke 8 bis 9 hatte er

Wachdistanzen von 48 Seemeilen zurückgelegt. Und um die Horn hatte er es in 13 Tagen geschafft. Mag sein, daß auch das gute Führungszeugnis, das ihm Hilgendorf nach der ersten *Potosi*-Reise schrieb, dazu beigetragen hatte, daß er die *Preußen* erhielt; daß die Reederei ihn später aber, 1910, zum Inspektor bestellte, kommt einer Auszeichnung gleich.
Sie gilt auch für einen anderen unter den Windjammer-Kapitänen: Hermann Piening, der 1936 bis (die Kriegszeit ausgenommen) 1960 Inspektor bei Laeisz gewesen ist. 1967 schrieb er, damals 79 Jahre alt und inzwischen, 1968, verstorben, an den Verfasser, als dieser ihn nach seiner Meinung nach anderen berühmten und großen Windjammerkapitänen ansprach:
„... Hier noch ein anderes Beispiel: Die Reise von zwei FL-Viermastbarken im Ballast von Hamburg nach Spencers Golf Südaustralien. Beide gehen am gleichen Tag elbabwärts, beide stehen nach 65 Tagen, abends, bei etwas unsichtigem Wetter vor dem Ziel. Der Jüngere riskiert die Einfahrt, der Ältere wartet den nächsten Morgen ab, läuft ein und kann sich in aller Ruhe einen günstigeren Ankerplatz aussuchen. Nr. 1 war der ‚Sieger'. Wer wohl, meinen Sie, fand im Kontor der Reederei den größeren Beifall?
Preußen und *Potosi* wurden nicht selten bis ganz zum oder — gelegentlich sogar — durch den Englischen Kanal geschleppt, teilweise liefen sie in Ballast nach draußen.
Ich denke,
jeder hat
sein ‚Bestes' getan,
einmal mit etwas weniger,
einmal mit mehr Glück.
Die *Potosi* wurde einmal fünf bis sechs Tage durch schweren Oststurm im Kanal aufgehalten; ein anderer, schwächerer F.-Laeisz-Segler hatte gerade eben vor dem Sturm noch den Hafen erreicht, und sein Kapitän schlief schon bei Mutti, während der gute *Potosi*-Kapitän sich bei dem Sauwetter im Kanal mit all dem Verkehr abquälte! Diese Zeit ist ‚pasado'.
Sie war schön.
Und alle waren ‚Männer'.
Lassen wir doch den Kapitänen: Hilgendorf, Nissen, Petersen, Miethe den ehrlich verdienten Ruhm. Wir alle, die wir von ihnen lernten, und dann unser Bestes taten, brauchen uns doch nicht irgendwie zurückgesetzt zu fühlen.
Ich weiß nicht, ob es sich lohnt, einzusteigen in das Gebiet der ‚tüchtigen' bzw. der ‚bekanntesten' Kapitäne. Es ist ein sehr heißes Gebiet, auf dem es kaum möglich sein wird, wirklich ‚faire' Urteile zu fällen.
Es spielen zu viele ‚unbekannte' Größen eine Rolle. Hier ein Beispiel: Unsere *Susanna*-Reise 1905[276]. Das Schiff hatte auf der Reise vorher Stengenbruch gehabt und auf dieser Reise, die bei allen Schiffen infolge des außergewöhnlich stürmischen Wetters sehr lang war, wollte der Kapitän naturgemäß so etwas vermeiden — ohne sein Wissen ging auch noch das Chronometer verkehrt, so daß wir uns noch weiter gegen die herrschenden Stürme nach Westen quälten als nötig gewesen wäre.
Das krasseste Gegenstück: Die *Priwall* kommt — nicht zu schwer mit Stückgut beladen — nach Kap Horn und trifft den so seltenen Ostwind. Da man diesen stark gebauten Viermastern eine bedeutend größere Portion Sturm — besonders noch von achtern — zumuten kann, läßt man reichlich Segel stehen und läuft in 5,5

Tagen von 50° bis 50° ums Kap Horn:
Weltrekord!“

Hermann Piening, 1888 in Ottensen geboren, erlebte nach dem Besuch der Realschule seine erste Seefahrtzeit auf dem Segelschulschiff *Großherzogin Elisabeth*, auf dem gleichen Vollrigger, auf dem auch der Verfasser und sein Mitarbeiter Werner Krüger ausgebildet wurden. Man sah ihn dann als Matrose auf dem Norweger *Hövding*, einem Vollschiff, dann auf dem Amerikaner *Henry Failing*, auch einem Vollschiff, auf der unter Australiens Flagge segelnden *Daniel*, einer Bark aus Holz, auf dem australischen Schoner *Dashing Wave* und auf der britischen Viermastbark *Tasmania*. Mit Auszeichnung bestand er 1910 in Altona das Steuermannsexamen.

Danach wieder Segelschiffe: Als Dritter auf der Laeiszschen Viermastbark *Petschili*. Die P-Liner haben ihn jetzt und lassen ihn nicht mehr los. Es folgen die *Parchim* und die *Ponape* und 1913, nach dem Kapitänspatent, die *Pinguin ex Erasmo*. Nach dem Kriege, 1919/20, fährt er als Kapitän die Bark *Yildiz ex Royal* aus Hamburg, ein während des Orlogs durch das deutsche Luftschiff „L 23“ aufgebrachtes Prisenschiff. Ab 1927 sehen wir ihn wieder bei FL. Nach einer kurzen Gastrolle als Erster auf der *Priwall* führt er die *Peking* als Kapitän, dann, bis Ende1930, die *Padua*. Wer ihn kannte, weiß um sein stets klares Urteil in allen Fragen, welche die Seefahrt angehen.

Übrigens: Kapitän Piening erwähnte unter den Großen und Bekannten auch Heinrich Nissen. Aus dessen Händen übernahm er 1927 die Viermastbark *Peking*, aus den Händen eines Seemannes, der, in Heiligenhafen an der Ostsee geboren[277], in seiner fünfzigjährigen Fahrenszeit das Kap Horn achtundsechzigmal in beiden Richtungen rundete, also zweimal mehr als sein berühmter Kollege Hilgendorf. Im Gegensatz zu diesem wählte Heinrich Nissen, als er die *Potosi* führte, fünfmal die Straße von Le Maire, das sind bei acht Ausreisen mehr als fünfzig Prozent, bei denen er sich im 50zu50-Bereich den kürzeren Weg erzwang. Das paßt zu ihm, der, von vitaler Natur und ein strebsamer Nautiker, als ein harter Reefer in die Geschichte der Tiefwassersegler eingegangen ist und der beide Fünfmaster der Reederei FL als Kapitän geführt hat: die *Potosi* und auch die *Preußen*. Daß des Fünfmastvollschiffes 14. Reise die letzte wurde, das ist nicht Heinrich Nissens Schuld gewesen, wahrlich nicht. Nur Glück hatte er dieses Mal nicht.

Und da wurde weiter der Kapitän Miethe erwähnt, der am 28. Juli 1877 in einem der Insel Fehmarn gegenüberliegenden Bauernhaus zur Welt kam[278] und den es, 1892 war es, in jungen Jahren auch auf die Planken trieb, die auch eine Welt, eben eine andere Welt bedeuten. Als Offizier fuhr er auf Windjammern mit guten Namen, auf der *Pampa*, der *Prompt* und als Kapitän zunächst auf der *Pitlochry*.

1909 schlug er mit dieser Viermastbark, die er wie eine Yacht segelte, sogar die *Preußen* um 20 Tage. Beide mit Salpeter beladenen Segler liefen von Tocopilla nach Hamburg aus, die *Pitlochry* neun Tage nach dem Fünfmaster. Doch Hamburg sah die Viermastbark elf Tage früher als ihr Lieblingsschiff.

Dann stieg er auf der *Pamir* ein: „Das Schiff war wohl etwas voll gebaut und daher schwerer durch das Wasser zu prügeln, dagegen war es in allen Teilen stark erstellt.“

Die *Potosi* wurde dann, 1912, Miethes nächster und 1920 auch letzter Segler . . .

Am 2. Oktober 1920 muß er, der 42mal die Horn umrundete und 30 Jahre auf

Segelschiffen verschiedener Nationen fuhr, den in Valparaiso internierten Fünfmaster den Franzosen übergeben. Er selbst bleibt, wird chilenischer Staatsbürger und macht das chilenische Staatsexamen für Große Fahrt, den Capitan de alta Mar. In Chile fuhr er zwei Jahre lang auf kleinen Dampfern unter der Westküste, bekam dann die erste Landstellung bei der Reederei Compañia Meulls de la Población Vergara in Valparaiso, die er mit aufbauen half. Danach wurde er Experte und nautischer Sachverständiger bei den chilenischen Versicherungsgesellschaften für Seeversicherungen. Er ist der eine von zwei Kapitänen in ganz Chile, die sich in diese Arbeit teilen, eine Arbeit, die der heute 91jährige Robert Miethe auch heute, 1968, noch versieht. Das mag unglaublich, unvorstellbar klingen, aber es entspricht den Tatsachen: Robert Miethe, der wie ein 60jähriger wirkt, muß, das ist Vorschrift in Chile, jedes Jahr die Prüfung zum Kapitän auf Großer Fahrt neu ablegen und somit beweisen, daß er mit den letzten Erkenntnissen, Gesetzen und Forderungen vertraut ist und auch physisch den Anforderungen gewachsen ist. Das bewies er auch unlängst seinen Cap Hornier-Kameraden, als er anno 1968 im Mai/Juni am XXIV. Kongreß der Association Amicale Internationale des Capitaines aux Long Cours Cap Horniers im südfranzösischen Juan-Les-Pins teilnahm: Nach einem Flug (in Chile fliegt er nur, wenn er an der langen Küste einen Schadensfall zu begutachten hat, „um abends wieder zu Hause zu sein") von mehr als 17 Stunden stieg er in Frankfurt in den Bus der von der Weser kommenden CH-Kameraden ein. Von hier bis nach Freiburg, der nächsten Station, unterhielt er ‚den ganzen Omnibus'. Und was er an Erlebnissen, Erfahrungen und auch Döntjes zu berichten hatte, erzählte er in unverfälschtem Platt der holsteinischen Küste. Wer ihn in Juan-Les-Pins und am Cap d'Antibes während des Kongresses sah — und er war immer und bei allem dabei —, erlebte ihn stets frisch und heiter und an allem interessiert.

„Wie wird man so alt? Wie bleibt man so frisch wie Sie?", eine Frage des Verfassers an Miethe nach dem ergreifenden Gedenkgottesdienst in der Seefahrerkapelle Sanctuaire de Notre-Dame-de-la-Garde auf dem Plateau de la Garoupe, während dem der französische Vikar, Père Hochet mit Namen, die Cap Horniers mit einem alten normannischen Seefahrerlied begeisterte. Robert Miethes Antwort war knapp: „Arbeiten, geistig wie körperlich. Das ist es." Das spartanische Leben auf Segelschiffen wird ein Gutteil dazu beigetragen haben, möchte man ergänzen.

Hier übrigens, was Vikar Hochet, jener sympathische blonde Geistliche mit der kraftvollen Stimme eines Seemannes, in seiner Predigt sagte: „Diese Kapelle, in der Ihr so herzlich willkommen geheißen seid, ist der Mutter Gottes, der Königin des Friedens, gewidmet. Im Jahre 1016 ist sie an diesem Ort als Schutzpatronin der Seeleute auserwählt worden. Wir sind hier von vielen Votiv-Bildern umgeben, die an den Glauben all derer erinnern, die seit Hunderten von Jahren ihre Hoffnung zu ihr gekehrt haben. Als erstes seid Ihr hier zusammengetroffen in der Erinnerung an die Jahre, in denen Ihr die Abenteuer und die Gefahren gemeinschaftlich geteilt habt. Ihr seid aber auch in der Erinnerung an alle diejenigen hier, deren Namen Euch bekannt sind und die auf See ihr Leben gelassen haben. Und Ihr seid auch zum Danken gekommen. Durch viele Stürme hat Euch Gott geleitet, und Ihr werdet es nicht vergessen. Ich denke, auch das ist der Sinn dieses Gebetes, Dank dem zu sagen, der Euch fähig machte und macht, all Eure Aufgaben, auch die jetzigen, zu bewältigen.

Die kühnen Heldentaten Eurer Karriere haben Euch mit Energie erfüllt, und

Ihr werdet danach streben, auch die geistlichen Aufgaben, die Euch täglich auferlegt werden, zu fördern.
Gott gebe Euch, die Ihr im Chaos vor Cap Horn nur stärker wurdet, seinen Beistand ..."

Doch zurück zu den „großen Kapitänen".

Es sind — leider — immer nur die Großen einer Nation, der Erde oder einer Berufsgruppe, die vor der Geschichte lebendig bleiben: Begnadete, Begabte oft, die neben ungewöhnlichem Wissen, überdurchschnittlicher Tat- und Entschlußkraft am Ende auch vom Glück begünstigt worden sind — oder werden —, wobei Glück im Sinne von Fortuna und nicht im Sinne der Moltke'schen Interpretation zu verstehen ist. Die Zahl derer, die aber nicht minder tüchtig, nicht minder klug und tatkräftig gewesen sind, geht — im Ganzen gesehen — in die Legion, bei der Seefahrt in die vielen Hunderte, wenn man hier nach bedeutenden Persönlichkeiten unter den Kapitänen zur Hoch-Zeit der Segelschiffahrt sucht. Und da es schwer ist, hier einen Maßstab der Bewertung anzulegen, sollen und können auch nur Beispiele genannt werden, die stellvertretend für die vielen anderen verdienstvollen und tüchtigen Kapitäne stehen:

Auch einer von diesen war der an anderer Stelle zitierte Kapitän Daniels. Wahrscheinlich wäre R. Daniels nie dieser Daniels geworden, wenn ihn nicht ein Erlebnis geformt hätte, das Erlebnis der Begegnung mit einem Manne, der in einer Lage nicht aufgab, wo so mancher andere schon längst die Flagge gestrichen hätte: mit Christian Steuer, Kapitän auf der kritischen Reise des Vollschiffes *Landseer*, so geschehen im Jahre Eins Neun Null Null ...

Die *Landseer*, ein ex-amerikanischer Down Easter aus der Ostindienfahrt, gehört einer Bremer Partenreederei, als sie um die Jahrhundertwende in Liverpool mit Portlandzement und Lumpen für New York beladen wird. Einer der Matrosen — 50,00 Reichsmark Monatsheuer bei freier Kost und freiem Logis — ist R. Daniels. Auch er nimmt den obligatorischen Vorschuß vor Beginn der Reise entgegen, auch er wägt sorgsam ab, wann mit einem neuen Hafen zu rechnen sein wird: „... Die Reise nach New York veranschlagt man, so meinen auch die anderen, die alten Windjammerjantjes an Bord, auf 58 bis 68 Tage. Aber der Monatsheuervorschuß war bereits verdient, ehe wir den Kanal endlich und in mühseligen Kreuzschlägen verließen ..."

Im Atlantik hält die *Landseer* südwärts, bis an die Kalmen fast. Der Kapitän will das schlechte Wetter im Norden vermeiden. Er hofft, im Nordostpassat die so verlorene Länge wieder gutzumachen, um dann wieder nordwärts zu halten.

Alles verläuft nach diesem, auf Erfahrungen aufgebauten Plan: „Nach leidlich guter Reise erreichten wir New York. Wir löschten selbst, und sonnabends gab es dann den obligaten ‚Bremer Dollar'. Womit man damals noch etwas anfangen konnte, denn ein halbes Liter gutes Schooner[279a], ein von deutschen Braumeistern gebrautes Bier, kostete nur fünf Cents, und in der Mittagszeit gab es noch ein ‚free lunch' dazu, etwa clam chowder, eine Muschelsuppe, oder ein Erbsen- oder ein Bohnengericht oder auch fried potatoes mit Fisch.
Das konnte uns wohl billig schmecken ..."

Sie verholen durch die Brooklyn Bridge hindurch, um Naphta in Holzfässern zu laden, denn Tankdampfer — so heißen die Tanker in dieser Zeit — gibt es kaum: „Da jedes Faß 370 kg wog, luden wir immer nur ein Faß zur Zeit, mit der Hand aufzuhieven natürlich, von 6 Uhr morgens bis 5 Uhr nachmittags. An Pausen hatten wir eine halbe Stunde fürs Frühstück, eine halbe fürs Mittagessen."

Ein Schlepper bringt die beladene *Landseer* auf Reede. Die wegen der Brückendurchfahrt an Deck genommenen Bramstengen und die Bram- und Royalrahen werden wieder aufgebracht, die Segel wieder angeschlagen. Der Schlepper zieht wieder an. Sie passieren die Liberty-Statue, setzen die Segel, werfen den Bully los und nehmen Kurs auf den französischen Mittelmeerhafen Sète. An Bord sind der Kapitän, zwei Steuerleute, ein Koch, ein Segelmacher, ein Zimmermann, zwölf Matrosen, vier Leichtmatrosen und ein Kajütjunge.

„Als wir dann einige Tage im Atlantik waren, ging der Wind auf Ost. Es briste so auf, daß die *Landseer* bald in einer groben See heftig durchgeschüttelt wurde. Eines Morgens peilte der Zimmermann dann auch gleich ein paar Fuß Wasser im Schiff.

‚Der Kahn leckt', hieß es.

Und das hatte beträchtliche Folgen für uns.

Nun mußten wir alle ran.

Zuerst wurden Säcke mit Sägespänen und Mehl über Bord geschüttet, um die lecken Nähte zu verstopfen, denn die *Landseer* war ja ein altes, ein noch aus Holz erbautes Schiff. Dann hieß es: ‚An die Pumpen', an deren Schwungräder zur Erleichterung 20pfündige Bleilote befestigt wurden. Die Windmühlenpumpe, auf deren Arbeitsleistung wir unsere müden Knochen gern ausgeruht hätten, war nach unserem Blau[279] in'n Dutt. Wir meinten, sie müsse doch zum Laufen zu bringen sein. Blau aber meinte das nicht. Es nutzte alles nichts: Wache um Wache, alle vier Stunden abgelöst, mußten wir ‚Alle Mann' pumpen.

Doch das Wasser stieg weiter. Bei kleinem wurde unsere auftreibende Faßladung lebendig. Im Raum begann es unheimlich zu poltern. Wir kamen nun doch in Sorge um unser Schiff.

Eines Tages nun — die See ging höher, und der Wind hatte zugenommen — hämmerten und rammten die schweren Fässer beim Arbeiten des Schiffes derart gegen Spanten und Bordwand, daß wir unsere Pumpstation verließen und in die Rettungsboote wollten.

Der Kapitän, Christian Steuer, gebürtiger Elsflether übrigens, 1,80 m groß, rothaarig, aber in Wolle, sagt nur einen Satz:

‚Dann hängt mich man erst an der Kreuzrah auf.'

Das genügte.

Also weiter gepumpt.

Nach wochenlangem Plagen erreichten wir die französische Küste, zeigten Notsignale, und bald hatte uns ein Schlepper glücklich in den Hafen von Sète gebracht.

Es gab einen ‚Blinden ohne Glas', einen Schluck direkt aus der Buddel, einen ‚Besan Schoot an' also. Es gab auch frischen Proviant und, das wichtigste:

Zeit zum Schlafen, denn Kapitän Steuer hatte sofort nach dem Einlaufen eine Hafengäng zu unserer Ablösung an Bord an die Pumpen geholt ..."

Soweit der damalige Matrose R. Daniels.

In der Stunde, da die Angst groß wurde an Bord, da ein Überlebenwollen jede Vernunft und Disziplin zu untergraben schien, da die Männer die Pumpen in Stich ließen und an die Rettungsboote liefen, da hätte Kapitän Steuer auch anders handeln können:

fluchen, daß dieses Meuterei sei,

drohen, daß jeder Mann nach dem Einlaufen schwer bestraft werden würde,

zur Waffe greifen, sofern ein Mann seiner Art eine solche überhaupt an Bord führte,
tätlich werden, sofern er sich der Unterstützung seiner Steuerleute gewiß war.
Nichts dergleichen.
Statt dessen nur diese leise und freundlich ausgesprochene Feststellung, daß man ihn vorher erst an der Kreuzrah aufknöpfen müsse. Dem Sinne nach soviel wie: „Nur über meine Leiche, Leute."
Oder bedarf es eines stärkeren Beweises, daß die Besatzung der *Landseer* ihren Alten nicht nur schätzte, sondern auch dessen Art, in Stunden der Not Disziplin und Arbeitswillen aufrechtzuerhalten, respektierte, als die schlichte Feststellung des damaligen Matrosen R. Daniel: „... Das Schiff wurde wieder mit Lumpen und Zement beladen.
Erneut ging es nach New York.
Mit der gesamten alten Besatzung.
Sie blieb auch die nächsten Reisen unter Christian Steuer an Bord."
Die Namen der Kapitäne, die nach Piening so oder so der Erwähnung verdienen, wie auch solcher großartigen Männer, wie es der *Landseer*-Kapitän einer war, sind, wie schon gesagt, hier einfach nicht aufzuführen, ob es sich nun um
Kapitän C. F. Blöse handelt von der *Pampa, Pluto, Potsdam, Prompt* und *Parchim,* um
Kapitän G. Schlüter von der *Rosa, Panama, Prompt, Palmyra, Pitlochry* und *Potosi,* um
Kapitän Jürss, der die *Pampa,* die *Pirna, Pinnas, Priwall, Peking, Padua* und *Passat* führte, oder um
Kapitän A. Leopold aus Vegesack, der die Vollschiffe *Wega*[280] und *Rigel* fuhr und den sie, in Anlehnung an ein anderes Vorbild, den „Düwel von Vegesack" nannten.
Unmöglich, sie alle aufzuzählen, wenn man nur die Deutschen meint.
Wollte man auch die Briten nennen, man müßte wohl mit Captain Woodget von der *Cutty Sark* beginnen. Aber wo und mit wem aufhören, wenn man weiter an die Finnen denkt, unter deren Flagge so viele der an Erikson verkauften deutschen Tiefwassersegler fuhren. Es sei nur an
Kapitän J. Hägerstrand von der *Hougomont* gedacht, der später die *Winterhude,* die *Viking* und die *Passat* fuhr, oder an dessen Kollegen
Kapitän M. Sjögren von der *Moshulu* und der *Archibald Russell, oder an*
Kapitän Karl Broman von der *Pommern* und der *Viking* ...
Auf keinen Fall aber sei unter den nicht-deutschen Kapitänen einer der vielen Großen unter den prächtigen Franzosen vergessen:
Yves Menguy.
In der Bretagne in Pléhédel am 1. Mai 1877 geboren, ging er mit dreizehn schon als Schiffsjunge unter Segel, ist mit siebenundzwanzig bereits Kapitän und bleibt in dieser Eigenschaft 23 Jahre lang in der Fahrt um die Horn. 17 Jahre davon ist er, der seine Frau nur alle zwei Jahre zu Gesicht bekommt, der Kapitän der Bark *Vincennes.* 1950 wird er, nun schon lange an Land, zum Grand Mât gewählt, zum nun vierten Präsidenten des stolzen Bundes der Cap Horniers. Als er 1958 einundachtzig Jahre alt wird, schreibt der Präsident der deutschen Sektion, Kapitän Walter von Zatorski: „Er gehört zu jenen seltenen Menschen, deren Freundschaft uns mit dem Rest der Menschheit aussöhnt."
Ganz abgesehen von den kanadischen Blue Noses und deren Methoden (es gab

auch Deutsche, Engländer oder Italiener dieser Art): nicht alle Kapitäne waren beliebt, manche waren verhaßt, andere wurden nur respektiert, so wie der Kapitän Timme von der *Pindos:* auch ein Pommer übrigens, auch einer von dem harten Schlag. Sein ehemaliger Topsgast Kneile[281] weiß zu berichten, daß er eine von der Besatzung wenig freundlich aufgenommene Angewohnheit hatte, wie sie auch im schönen, wenn auch heute landverkitschten Shanty vom „Ohl Kassen Magelhan" beschrieben wird: „Alle Schiffsmanöver wurden möglichst nach Feierabend gemacht. Jedenfalls blieben auch aufgegeite Segel bis nach zehn Uhr abends hängen."

Oder es sei an Kapitän Bahlke erinnert. Auf der Bark *Fortuna* erlebte ihn der Erste, Ablaß, erneut, als man heimkehrend im Nordatlantik schwamm:

Der Wind schwillt auf Sturmstärke an. Es wird nur wenig Raum nach Osten gewonnen, und oft genug geht der Gewinn eines Schlages durch ein unbedingt notwendiges Ausweichmanöver verloren. So wie jetzt wieder, bei einem sich auf Rammkurs nähernden Vollschiff, das noch das ganze Zeug gesetzt hat, während die *Fortuna* schon vor Stunden die Royals festgemacht hat.

„Zwei Strich nach Backbord!" befiehlt Ablaß dem Rudergänger, und Zorn schwingt in seiner Stimme mit, als er hinzufügt: „Das kann doch bloß ein Laeiszscher sein, ein anständiger Christenmensch segelt doch niemals so verrückt!"

„Komm auf das Ruder! — Recht so! Was liegt an?"

„Nordnordwest!"

Das Vollschiff liegt jetzt auf Parallelkurs. Es passiert in etwa 300 Meter Abstand und bietet einen prächtigen Anblick. Die Steuerbordreling schleift durchs Wasser, die Leeseen lecken noch bis zu den Nocken der Untersegel, und Gischt und Schaum der Bugsee spritzen bis zum Mars.

Untadelig sind die Rahen gebraßt und die Segel getrimmt.

Fachmännisch beobachtet der Erste den Dreimaster durchs Glas, dann läßt er den Kieker in die Riemen fallen und stemmt beide zu Fäusten geballten Hände in die Seite: „Als wenn ich's geahnt hätte. Er ist's!"

ER, das ist Kapitän C. Bahlke, der das Vollschiff *Posen* unter Vollzeug vorbeijagen läßt. Ablaß kennt ihn, den Pastorensohn von der Insel Rügen, von der Viermastbark *Pisagua* her:

„Für uns hatte er keine frommen Sprüche, sondern nichts als Flüche und Schimpfworte übrig. Wenn er tobte und uns zu schwerster Arbeit in der Takelage zwang, um sein Schiff so schnell wie möglich ans Ziel zu bringen, haßten wir diesen Mann. Von Segelschiffen und vom Segeln verstand Bahlke allerdings mehr als mancher andere. Es fehlte ihm nicht an dem Mut, das Material ebenso voll einzusetzen, wie er die Mannschaft brutal zum Einsatz der letzten Kräfte zwang. Wenn aber Bahlke sich in Chile trotz der 30 Grad Hitze in feierlich schwarzem Anzug mit Zylinder auf dem Kopf und Handschuhen in der Hand in seiner Gig an Land rudern ließ, um sein Schiff anzumelden und die geschäftlichen Angelegenheiten beim Makler zu erledigen, konnten wir ihm allerdings die Achtung nicht versagen. Viele der Laeisz-Seglerkapitäne ließen sich bei der Anmusterung der Matrosen deren Hände zeigen, und wessen Hände nicht davon überzeugten, daß ihr Besitzer zupacken konnte, kam nicht auf sein Schiff. Bahlke war einer von denen. Einmal — ich werde das nie vergessen und die ganze Schiffsmannschaft hielt damals so etwas für unmöglich — hat dieser harte Mann ‚Min Jung' zu mir gesagt. Das war kurze Zeit nach dem Tode seines Sohnes, den die See auf dem Vollschiff *Parchim* über Bord gespült hatte."

Ablaß's Prophetie aber, die er in diesem Zusammenhang auf der *Fortuna* macht, daß die *Posen* nämlich „etliche Tage" früher in Hamburg festmachen würde, die erfüllt sich — wie so vieles auf der unberechenbaren See — nicht. Wegen Proviantnotstand muß Kapitän Schulz mit seiner *Fortuna* die Insel Wight anlaufen. Das nicht nur des Verpflegungsnotstandes wegen: die Männer seiner Besatzung sind völlig erschöpft, da völlig entkräftet[282].

Die Apostrophierung „groß" braucht nicht immer mit Rekordreise, nicht immer mit dem Prototyp an Ordnung und Selbstdisziplin verbunden zu sein. Daß auch menschliche Güte und fast weise zu heißende Toleranz einen Kapitän auszeichnen und bei denen, die ihn erlebten, ihn nicht vergessen lassen, beweisen die Erinnerungen von Kapitän Johs. Lühr[283] an seine Matrosenzeit auf dem Vollschiff *Union*[284] im Jahre 1908:

„Es ging alles so friedlich an Bord zu. Kein Gebrüll, kein Schinden, kein Hunger oder gar Schlagen gab es. Unter unserem lieben ollen Käpt'n Meentzen, den wir und alle anderen Käpt'n Is nannten, war die *Union* ein Musterschiff, so daß alle Arbeit gern und willig vonstatten ging. Alle mochten ihn gern. Sein Alter kam uns sehr hoch vor, zumal er ständig seine Brille trug und beim Sextantenablesen sogar noch einen vorsintflutlichen Kneifer davorsetzte. Und wenn er mal seine Mütze abnahm, entdeckte man auf seinem schlohweißen, vollen Haarschopf einen altersgelben Eisbärkreisel. Nach jeder langen Pumpwache nachts holte er eine Buddel Köhm aus der Kajüte, dazu ein altes stark verrostetes Blechlot. Bekanntlich hatte solch ein Kaffeelot einen versetzten Boden, so daß eine Seite ein Lot, die andere ein halbes Lot maß. Natürlich füllte unser Käpt'n das halbe und nicht ganze Lotmaß vorsichtig und trotz Brille sehr knapp voll und reichte es mir stets zuerst. Nach dem kurzen Freudenschluck reichte ich stets das Blechlot umgekehrt zurück, um wenigstens dem Nächsten ein ganzes Lot Köhm zuzuschanzen. Jedoch entdeckte er den Schwindel stets und sagte selbstgläubig, uns jedoch nicht überzeugend: ‚Jan, weten Se, dat is to veel für einen' und drehte dann auf Halblot wieder um.

An einem Sonntagmorgen in Porsgrund, gegen drei Uhr, trete ich an Deck raus und sehe unsern Käpt'n allein mit Pütz und Besen Deck waschen. ‚Aber Käpt'n' — sagte ich — ‚dat könen wi doch bi Dag moken', und ruhig wie immer antwortete er: ‚Weten Se, Jan, dat do ick for mien egen exercise' und ließ sich nicht stören bei seiner Morgenübung."

Bleibt noch nachzutragen, woher der aus Kirchhammelwarden bei Brake stammende Bernhard Meentzen den tiefgekühlten Beinamen hatte. Vermutlich nicht, wie Kapitän Lühr meint, von dem Eisbärkreisel auf seinem Kopf. Vielmehr — nach Dr. Jürgen Meyer[285] —, weil man ihn so viele Jahre auf der *Union* in der Eisfahrt nach Norwegen sah[286], um Gletschereis für die deutschen Kühlhäuser zu holen.

Dieser an der Weser fast legendär gewordene Bernhard Meentzen, das interessiert vielleicht doch, war der Sohn eines Weserkahnschiffers. Seine Seebeine wuchsen ihm in der Fahrt über die Ostsee, die mehr mit einer überschwemmten Wiese, denn als Meer zu vergleichen, oft aber ruppig und gefährlich wegen ihrer kurzen See war, wenn's wehte. Er fuhr hier auf der kleinen Schonerbrigg mit dem unprosaischen Namen *Johann Heinrich*. Sie war in Oberhammelwarden für Kapitän Hagens, Reeder H. Ramien „und Consortia" erbaut, und sie fiel weder durch Schönheit noch durch besonders schnelle Reisen auf. Sie war eben einfach einer der vielen kleinen Segler unter den Zweimastern, Briggen, Schonerbriggen,

Brigantinen und Schonergalioten, die in jedem Frühjahr die Flüsse zur See zu herunterschwammen, wenn die linden Winde das Eis wieder zersprengt und vertrieben hatten.
Und Frühjahr war es, als Hinrich-Bernhard Meentzen hier als Kajütjunge einstieg, um sein Leben der See zu verschreiben. Sie waren neun Mann an Bord, und da Hinrich-Bernhards Heuervertrag vorsah, daß er auch den Smut zu spielen habe, mußte er neben seinem Kajütdienst und den Wachen in der Nacht (weil er am Tage ja kochen und auf- und abbacken mußte) auch noch kochen. Und wenn Not am Mann war, bei dringenden Segelmanövern etwa, brauchten Kapitän und Schiff dann auch noch seine Hand, egal ob dann die „geelen Arften" anbrannten oder nicht: erst die Segel fest, dann erst kommt das Essen. Genauer gesagt: Da er, kam er vormittags um 08.00 von Wache, wieder bis vier Glasen nach dem Frühstück an Deck mußte — derzeit herrschte noch die berühmte Zehn-und-Drei —, stieg er, wenn seine Wachkameraden in die Koje kletterten, in seine Kombüse hinein, um das Mittagsmenü vorzubereiten und — auch zu kochen. Es bedarf keines Rechenexempels: viel Schlaf bekam der junge Mann nie, meist weniger als wenig. Dafür sorgte schon der bullerige Steuermann, Wurtmann mit Namen.
Nun, aus dem Jungen wurde trotzdem — oder besser — gerade ein guter Seemann und ein tüchtiger Kapitän. Als eines der ersten Schiffe führte er die Brigg *von Roon,* dann die eiserne Bark *Julius* ex *Hoek van Holland,* einen prächtigen main-skysail-yarder, der H. Bischoff & Co. in Bremen gehörte — und später als *Julius Bremen* in die Geschichte einging . . .[287]
Auch an Land bewährten sie sich:
Bezeichnend für das Vertrauen, das eine mit der Seefahrt verbundene Bevölkerung einem erfahrenen Segelschiffkapitän entgegenbringt, ist der Lebensweg von Kapitän Christian Jessen. Von Geburt Deutscher, kam Christian Jessen durch die nach dem Weltkrieg Eins erfolgte Grenzverschiebung zwischen Schleswig-Holstein und Dänemark unter die rote Flagge mit dem weißen Balkenkreuz. Er, der von 1902 bis 1921 ein ganzes Seefahrerleben auf Segelschiffen zugebracht hat — vor dem Mast auf der Bark *Pestalozzi* und dem Fünfmastvollschiff *Preußen,* mit Steuermannspatent auf den Viermastbarken *Alsterschwan* und *Wandsbek* und als Kapitän auf der Viermastbark *Lisbeth* und dem Vollschiff *Mimi* — er, der so viele Male das Kap der Stürme rundete, wurde somit Däne. Die Bürger von Skodsböl[288] wählten den alten Fahrensmann als ihren Bürgermeister. 15 Jahre lang steuerte er, getragen von den Wogen des Vertrauens, nun dieses Schiff durch alle Fährnisse, durch alle Wirrnisse hindurch.
Die aus Skodsböl bereuten es nicht.
Auch nicht die von Saint Servan, Schwesterstadt von Saint Malo, Sitz der Cap Horniers. Ihr Bürgermeister wurde der schon erwähnte Kapitän Yves Menguy. Sein Magistrat funktioniert so gut wie seine eingefahrene Schiffsmannschaft von einst. Seine Devise war und ist: „Gerechtigkeit und Arbeit!"

✫

Soviel über Windjammerkapitäne, eine Auswahl, eine Auslese nur über
Herren über
Leben und Tod, über Herren
einer kleinen Welt.
Was ein Kapitän sagt, muß jedem auf das erste verständlich sein. Das gilt für damals — und für heute.

XV
Besatzungen

Über die Besatzungen und das Leben der Männer an Bord von Windjammern ist in den verschiedenen Kapiteln bereits eine Fülle gesagt worden. Dieses Leben, das geht daraus hervor, war schwer, und es war in vielem unsagbar entbehrungsreich. Es war hart vom ersten Tage an, der für die Männer vor dem Mast meist der Tag vor dem Auslaufen war. Es war aber, das sei hier noch einmal besonders betont, auch ein Leben voller Risiken, voller tödlicher Gefahren, die immer da waren, auch bei schönstem Wetter, auch im bravsten Passat ...

Auf der *Persimmon,* einer Viermastbark unter der FL-Flagge, am 24. Mai 1910, 00.10 Uhr:
Beim Bergen des Vor-Skysegels ist der aus Lotterbach in Ostpreußen stammende Leichtmatrose Adalbert Heyn von oben gekommen. Niemand hatte den Hergang des Unglücksfalles beobachtet. Man hörte nur den dumpfen Aufschlag, und man fand den Unglücklichen mit zertrümmertem Schädel und gebrochenem Unterschenkel auf dem Backbordvordeck. Der letzte, der mit Heyn sprach, war der Matrose Bursche, dem er, bevor er in die Wanten nach oben stieg, auf dessen Ermunterung, sich wegen des bevorstehenden Wachwechsels ein wenig zu beeilen, zurief: „Ich glaube schon, daß ich noch vor Mitternacht damit fertig bin."
Wie es kam? Niemand weiß es. Der Verunglückte hatte bereits die Luvseite des Segels festgemacht. Er ist wahrscheinlich bei dem Bemühen, nach Lee zu kommen, beim Herumklettern um die Stenge abgestürzt.
Bei der Seeamtsverhandlung, die am 25. Oktober 1910 in Hamburg unter dem Vorsitz von Rat Dr. Schön, dem Beisitz von drei Kapitänen und einem Ingenieur und in Anwesenheit des Reichskommissars, Vizeadmiral von Bodenhausen, stattfindet, kommt man ebenfalls zu keinem befriedigenden Ergebnis, nur zu dem Schluß, daß der Unglückliche nicht genügend vorsichtig gewesen sein wird.
Ins Journal war am 24. Mai für die Uhrzeit 08.30 Uhr noch die Eintragung gekommen: „Der Leichtmatrose Albert Heyn wurde nach Seemannsbrauch bestattet."
Auf derselben Reise, auf demselben Schiff:
Der 16. Juni 1910.
Bei mäßigem Ostnordost werden, wie man an Bord sagt, kleine Segel gemacht. Das Schiff arbeitet schwer in einer hohen durcheinanderlaufenden Dünung. Abends, 07.30 Uhr, passiert es, gerade, als nun auch die Bagien festgemacht werden soll. Der Leichtmatrose Theodor Lexau, ein Hamburger, verliert den Halt auf der Rah, die beim Schlingern des Schiffes trotz aller „Bandagen" wie durchgeholte, steifgesetzte Brassen und Toppnanten in ihrem Rack kurz und heftig hin und herruckt. Dabei schlägt Lexau dem neben ihm auf schwankendem Fußpferd stehenden K.W.W. Lappe mit der Hand ins Gesicht. Die Wucht des Schlages des nach hinten überfallenden Lexau ist derart groß, daß auch Lappe von oben kommt. Während Lexau aufs Deck stürzt, wo ihn seine Kameraden mit zertrümmertem Schädel finden, fällt Lappe in die See, schwimmt auf und winkt.

Kapitän Ötzmann, der sich mit dem Ersten Offizier auf dem Achterdeck aufhält, hat das Unglück beobachtet. Geistesgegenwärtig wirft er eine Leuchtboje über Bord, läßt im gleichen Atemzug halsen und gibt den Befehl, das Boot an Steuerbord bis zur Relinghöhe zu fieren. Das alles vollzieht sich schneller als sonst bei einem Manöver. Sieben Freiwillige steigen ein, der Bootsmann übernimmt die Führung. Dasselbe hatten der Erste wie auch der Dritte vor, die dem Bootsmann folgen wollten. Kapitän Ötzmann hielt sie am Arm zurück. Es wäre ihm zwar lieber, wenn einer der Offiziere das Kommando übernehmen würde, aber er will keine Zeit verlieren. So beläßt er es beim Bootsmann. Der Mann ist ihm durch sein geschicktes Manövrieren und auch beim Führen von Booten durch Brandungen hindurch als tüchtiger, geübter und umsichtiger Seemann bekannt.
Obwohl die Leuchtboje gut und weithin sichtbar brennt, gelingt es der Bootsbesatzung nicht, die Unglücksstelle zu erreichen. Wind und Seegang stehen gegenan. Das Boot treibt ab. Nach zweieinhalbstündigem, wahrhaft verzweifeltem Ringen mit See und Wind muß der Rettungsversuch aufgegeben werden. Und da sich die Wetterlage inzwischen erheblich verschlechtert hat, kostet es die Männer Mühe, bis zu ihrem Schiff zurückzupullen.
Der Bootsmann bereitet seine Männer — es sind alles „beste" Seeleute mit gründlicher Schulschiffausbildung — auf das Längsseitgehen vor: „Sobald wir uns der Bordwand nähern, seht zu, daß ihr einen der von Bord herunterhängenden Tampen erwischt. Man wird euch zu diesem Zweck Pahlsteks auch zureichen. Packt zu, packt kräftig zu und belegt sie mit einem halben Schlag um die Hand ... Das Boot kann kentern ... Das Boot kann ... Zum Teufel, es kann dies und das passieren, was normalerweise nicht passieren darf ...! Und pickt mir die Taljen schnell und gleichzeitig ein ...!"
Er kennt sich aus, der Bootsmann Lüthke. Es ist nicht das erste Manöver dieser Art und nicht das erste unter den erschwerenden Umständen wie bei einer solchen kreuz und quer laufenden See. Alles klappt: das Längsseitgehen, das Einpicken der Taljen ... „Klar vorn und achtern!" Der Bootsmann hebt die Hand zum Zeichen, daß das Boot klar zum Heißen ist. Darauf haben sie oben nur gewartet. Mit angespannten Mukeln und Sehnen. Kapitän Ötzmann gibt den Befehl. Am Tampen jeder der beiden Taljen packen hier elf, dort zwölf Seeleute zu, alles junge, alles kräftige Kerle, die wissen, worum es geht, und denen die Mahnung ihres Alten, alle, auch die letzten Kräfte zu mobilisieren, mehr als nur ein Befehl ist. Sie reißen wie wild an den Tampen, und sie holen das Boot mitsamt seinen acht Insassen — vorn und achtern gleichzeitig — Zentimeter um Zentimeter auf ... Aber zwei Dutzend Hände sind einfach zuwenig, um den Kutter über die Kuttertaljen schnell bis in Relinghöhe aufzulaufen. Kurz bevor das geschafft ist, legt sich die *Persimmon* erneut schwer über. Dabei schlägt das Boot auf eine ausgerechnet in diesem Augenblick besonders hoch aufwellende See auf. Die bis dahin straffen Taljenparten fallen in sich zusammen, die Blöcke kippen zur Seite. Als die See, so plötzlich wie sie sich aufbuckelte, in sich zusammenfällt, stürzt der hintere Teil des Kutters in die Tiefe. Die Ursache: Die Taljenverbindung hatte sich gelöst. Das konnte auch der Bootsmann nicht verhindern, der Ring und Haken festgehalten hatte und der später nicht sagen kann, ob die Talje nun aushakte oder der Haken brach.
Gerettet werden nur Bootsmann Lüthke und die Matrosen Elser und Bursche. Sie alle hatten einen der über Bord gehängten Tampen gepackt und an sich mit einem halben Schlag vertäut, fest genug, daß auch der durch das Abstürzen des

Strandungen zählten bei den von Wind und Strömungen abhängigen Segelschiffen zu den prozentual wohl häufigsten Seeunfällen. Oben links: Die vor den Kreidefelsen gestrandete *Preußen*. Oben rechts: Das Ende der *Queen Margaret*, die auf einen Unterwasserfelsen vor Lizard auflief.

oen Mitte: Diese felsige Küste wurde bei ıwerem Wetter der *Bay of Panama* zum Verngnis. Unten rechts: Die Bark *Obotrita* ex *vorita* endete dagegen hoch auf einem Strand s weichem Sand.

Die See und ziehende Wolken sind eine Quelle täglichen, stündlichen Erlebens. Links: düstere, blauschwarze, regenschwere Wolken in den Mallungen.

Der Ausguck auf der Back. Es hat aufgebrist, und die See ist — so ist's im Journal nachzulesen — gröber geworden. In guter, schneller Fahrt kommt die Viermastbark nun voran.

30° Schlagseite. Es weht in Stärken 9 bis 10 und in den Böen bis um die 12. Den Seemann am Kartenhaus erregen, wie seiner Haltung anzusehen, weder die Krängung noch der hohe Seegang des Nordatlantiks.

Alles Tuch auf den Rahen ist eingepackt. Die Schlagseite bleibt dennoch, denn Rahen, Masten, Takelage und Stagsegel bieten noch Angriffsflächen genug. Der Weg querschiffs wird zur strapaziöser Kletterpartie.

Bootes ausgelöste auftretende Ruck diese Verbindung nicht abreißen ließ. Die Matrosen Leopold Zwirn, ein Wiener im Alter von 20 Jahren, und Manfred Ilwes, in Reval geboren und 23 Jahre alt, und die Leichtmatrosen Hans Kelting aus Itzehoe, 18 Jahre, Robert Domann aus Pölitz in Pommern, 19 Jahre, und Hans Maß aus Mönchen-Gladbach, 17 Jahre alt, fallen, da sie sich trotz der Ermahnung nicht gesichert hatten, in die See und treiben ab.
Kapitän Ötzmann veranlaßt alles, was ihm für die Rettung dieser Männer möglich ist. Er läßt Rettungsbojen über Bord werfen, er läßt halsen und die Viermastbark zur Unglücksstelle zurücksegeln. Nirgendwo entdecken sie ein Lebenszeichen in der See, nirgendwo auch nur einen der über Bord gegangenen Kameraden. Der Wind ist noch stärker geworden. Schneetreiben behindert die Sicht immer mehr, je dichter die weißen Flocken wirbeln.
Noch ein Boot aussetzen?
Kapitän Ötzmann kann es nicht verantworten. Er ist überzeugt, daß das Boot im jetzt stürmischen Wind und in der hohen See abgetrieben wird und in der heraufkommenden Nacht wahrscheinlich, nein sicher, verlorengehen wird.
Das kritische, sach- und fachkundige Seeamt befindet später: „Der Unfall, durch welchen fünf Leute den Tod gefunden haben, ist auf höhere Gewalt zurückzuführen. Menschliches Versagen ist nicht nachzuweisen . . ."

☆

Auf der *Star of Russia* löst die Unachtsamkeit des Rudergängers eine Kettenreaktion aus. Es war Nacht. Und da sich der steife Wind zum Sturm aufzublasen drohte, wollte der Erste mit der ganzen Wache vorsichtshalber den Außenklüver niederholen, um das Schiff für das schwere Wetter fit zu machen. Im gleichen Augenblick, da der Mann am Ruder ermahnt wurde, während des Einholens des Außenklüvers besonders gut aufzupassen, schaltete er nicht. Es passiert genau das, was der Steuermann befürchtete. Die *Star of Russia* schoß in den Wind. Sie luvte an, weil nicht rechtzeitig Ruder gelegt worden war. Ihr Vorschiff tauchte tief in die See ein. Die Folge war, daß diese mit einem mächtigen gallegrünen Brecher überkam. Sie riß den Steuermann und seine ganze Wache über Bord[289].
Dasselbe passierte auf dem 3 330 BRT großen Viermastvollschiff *Liverpool.* Auch hier wurde auf einer der Reisen während dessen kurzer Lebenszeit (1889 bis 1902) die ganze Wache erbarmungslos über Bord gewaschen. Auch hier überlebte niemand.
Daß es Fälle gab, wo die See einen einzelnen Seemann über Bord schwemmte und die nächste See ihn wieder an Deck spülte, soll in diesem Zusammenhang nicht unerwähnt bleiben, so unwahrscheinlich es auch klingt, es ist kein Seemannsgarn.

☆

Manchmal ging es auch gut mit einem Sturz aus der Höhe. Auf dem Vollschiff *Chile* fiel im April 1914 im Kap Horn-Wetter der Matrose Konrad Hammer von der Vorobermarsrah. Zwischen Fockmast und Nagelbank blieb er liegen, wurde vom Ersten zum Kapitän gebracht, der ihn verband. Er nahm bald seine Arbeit wieder auf. Dem Verfasser ging es auf der *Großherzogin Elisabeth* auf der Heimreise von Westindien nicht viel anders, nur, daß er für zwei Wochen ausfiel.

☆

In der Form ihres Rumpfes hatte die in England erbaute Viermastbark *Pindos* einen großen Sprung[290]. Bei schwerer See war der Mitschiffbereich eine einzige wassergefüllte Waschbalje. Und da das Schiff über keine Braßwinden verfügte, waren hier Deckarbeiten immer eine höchst gefährliche Sache. Jedenfalls erwischte auf einer Westküstenreise im Südatlantik ein über die Reling hinwegschwemmender Brecher einen Matrosen, als dieser gerade ein Tau auf der Nagelbank belegen wollte. Die See warf den Mann — ein riesenhafter Kerl übrigens — mit tonnenschwerer Wucht wie einen Spielball gegen die kupferbeschlagene Nagelbank. Dabei wurde ein Fuß gegen die Schiene mit den Leitblöcken geklemmt. Das Fußgelenk zersplitterte wie sprödes Glas.

Sofort, als sich das Wasser verlaufen hatte, holten sie den Verletzten und schafften ihn nach achtern. „Cöppen" Jochensen, sonst mürrisch, abweisend und schweigsam, nahm sich seiner sofort mit fast kameradschaftlichem Eifer an. Unter Mithilfe eines Steuermanns verarztete er ihn trotz der wilden Bewegungen des mit achterlicher See dahinjagenden Schiffes so geschickt, daß der Mann später keinen verkürzten Fuß behielt. Sicherheitshalber schickte er ihn im Zielhafen San Pedro noch zu einem Arzt. Dieser aber schüttelte nur den Kopf, als er den Seemann untersucht hatte: „Da ist für mich nichts mehr zu tun. Sagen Sie Ihrem Kapitän, er hat eine glänzende Arbeit geleistet, als er Sie behandelte. Besser hätte ich Ihnen auch nicht helfen können."

Damit wird ein Problem angeschnitten, das symptomatisch nicht nur für die Windjammerzeit ist. Auf Schiffen, die keine Passagiere, sondern die normal übliche Zahl an Besatzungsmitgliedern an Bord führen, ist die Anmusterung eines Arztes auch heute nicht des Reeders Pflicht. Auf mechanisch betriebenen Schiffen — auf Dampfern, Motorschiffen, Turbinenschiffen — mit ihren im Vergleich zu den Seglern kurzen Seetörns und ihren modernen Nachrichtenmitteln an Bord mag das angehen, ärger bestellt war es auf Segelschiffen, die Wochen, oft Monate ohne eine Landverbindung unterwegs waren und die auch keine Funkeinrichtungen kannten, geschweige denn an Bord führten. Dieser Tatsache war bereits im 14. Jahrhundert, zu einer Zeit also, als die ozeanische Schiffahrt aufzublühen begann, Rechnung getragen worden. Es war 1557, als in Straßburg der erste Leitfaden der Seemedizin: Georg Pictorius' „Raiß Büchlein" erschien. Ihm war ein Anhang beigegeben „... wie sich auff dem Möre oder anderen Wasser zu schicken". Diese Schrift[291] war in erster Linie als eine Anweisung für Kapitäne und Steuerleute gedacht. Daran, Kapitäne und Steuerleute mit den wesentlichsten Grundlagen der Medizin und der Ersten Hilfe vertraut zu machen, hat sich im Prinzip bis heute noch nichts geändert. Auch die Tatsache nicht, daß es in der Natur der Seefahrt liegt, von denen, die sich beruflich damit befassen, eine eiserne Gesundheit zu erwarten — und zu verlangen.

Nach der Vorausstellung einiger Beispiele über weitere und stets gegenwärtige Gefahren für den Segelschiffmann sei endlich der, wenn auch wenigen friedlichen und erbaulichen Gelegenheiten in der Windjammerfahrt gedacht. Zum Beispiel dieser:

Sie waren schön, besonders auf glücklichen Schiffen mit einer guten Crew, freundlichen Achtergästen und einem ehrlichen Koch an Bord, die Tage und die Wochen im lauen, handwarmen Passat, hier, im Paradies der Segler:

tagsüber unter der kühn schwingenden Geometrie eines sich im Blau des weißwolkig betupften Passathimmels reckenden Doms aus windprallen, weißen Segeln, im Rhythmus der Dünung durch das Spiel von Schatten belebt, die das Schiff und mit ihm die segeltragende Takelage bewegte,

nachts unter Millionen diamanten funkelnden Sternen und nun tintenschwarzen Segeln. Unter alten Segeln wohlbemerkt, unter der dritten Garnitur, der Passatgarnitur: verblichenes, verwittertes, vielfach geflicktes und gestopftes Tuch: mit dem ersten Passathauch für die abgeschlagenen Schwerwettersegel aus der Segelkoje an Deck gezerrt und aufgebracht. Das war ein Tun, das bei Jan Tautrecker mehr als Sport denn als Arbeit ankam. Das war ein Fest, ein Sportfest beinahe, das mit dem neuen Tage gleich früh statt des sonst üblichen Putzens mit Feudeln und Piassavabesen damit begann, daß die Wache zunächst die Toppjollen aufbrachte. Das waren endlos lange Manilataue, diese Jolltaue, die, durch einen hoch oben im Mast angebrachten Steertblock geschoren, dem Aufheißen der grauweißen Leinentuchwürste dienten.
Von den Royals angefangen, hatten sie dann von Rah zu Rah Segel um Segel ausgewechselt. Mit fröhlichen Rufen, mit nicht immer melodischem, aber lautem Gesang, mit Scherzworten, von denen manche so gar nicht druckreif sind.
Fragt den Seemann nach den Tagen, die ihm Inbegriff der Schönheit und der Freiheit auf dem Meere waren. Er hat nur eine, nur diese Antwort: die Zeit im Passat.
Und dann die Nächte. Wie still waren sie, wenn kaum ein Block, kaum ein Rack knarrte. Auf der Poop der Schatten einer Gestalt: der Wachhabende, der sich in der Luvseite mit genau abgezirkelten Schritten auf- und abbewegte. Hinter dem Ruder jetzt nur noch ein Mann. Die Lampen, die unter ihrer Messinghaube — auch Nachthaus genannt — den vor dem Ruder in einem achteckigen, gewichtig wirkenden Teakholzsockel ruhenden Kompaß beleuchteten, warfen ihren milden Schein auf ein Jungengesicht. Vorn, auf der Back, an die Reling gelehnt, der Ausguck. Daß er wachte und nicht döste oder gar schlief, belegte er jede halbe Stunde, indem er zum Glasen mit der Schiffsglocke sein langgezogenes „Die Lampen breeennen, auf der Back ist alles wohol“ aussang.
Man muß dabeigewesen sein, um zu begreifen, wie das war, im Passat abends auf persenningbezogener Großluke oder auf hartem Deck, weich genug für einen hardcasesailorman, zu liegen, die Hände hinter dem Kopf verschränkt und mit offenen Augen in den Nachthimmel zu träumen.
Man muß dabeigewesen sein, wenn einer, abends zwischen sechs und acht, während jener echten Feierstunden für Achtergäste und Männer vor dem Mast, zum Treckbüdel griff und einen Shanty aufspielte ... Wenn alle mitsangen. Aus rauhen Kehlen. Und mit einer Inbrunst, wie einst die Neger am Mississippi ihre wehmütigen Blues gesungen haben mögen.
Ein großer Rahsegler unter vollem Tuch in einer Tropennacht!
Und ein Shanty dazu!
Apropos Koch. Wenn er sich, der allerorten grundsätzlich gleich nach dem Alten kam, an solchen Abenden zu einem Snak herabließ, war's nicht selten ein manilataudickes Garn. Wie dieses, das der Smut von der tragisch berühmt gewordenen *Pamir* auf jeder neuen Reise jedem der Neuen nicht vorenthielt: „Anno sößungsöbentig wör dat up so'n novoskooschen Schuner . . . da wurde beim wüsten Orkan und einer besonders schweren Bö von der See die Komböse mitsamt dem Negerkoch über Bord gehievt. Nichts hat der Swatte gemerkt, rein janichs. Und als er dann aus dem Kombüsenbulley sah, hat er — ob ihr's glauben wollt oder nicht — ‚Hallo, what ship that‘ zu uns herübergerufen . . .“
Und nach dem Passat — wenn auch weniger beschaulich und weniger stetig für den Windjammerseemann — die Mallungen. Wer ein Auge hatte für sie, konnte

sich auch hier an meereslandschaftlicher Schönheit erbauen: an den über schwarzgrauer, spiegelglatter See unaufhörlich aufquellenden Wolkengebirgen mit den darunter hängenden Regenfahnen.
Edgar Freiherr Salis-Soglio[292]: Ein unwahrscheinlich schöner Regenbogen strahlte auf, und wenig daneben leuchtete der Himmel von einer so intensiven Bläue, wie man sie selbst im Passat nicht erlebte. Dazu brannte und stach die Sonne vom Firmament. In anderer Richtung zog eine Windbö einher. Sie warf kleine Schaumköpfe auf. Ständig waren da andere Farben. Immer neue Kombinationen erwuchsen zu unerschöpflichem Schauspiel. Andauernd wechselte der schwache Luftzug seine Richtung. Er sorgte schon dafür, daß wir an den Brassen bleiben mußten. Und nicht selten torkelte das Schiff — oft stundenlang — im Rhythmus der Dünung auf der Stelle herum, mit schlaff und müde herunterhängendem Tuch ... Und das so manches Mal über einer ermatteten und völlig erschöpften Besatzung, ... wenn der Segler schon zu lange unterwegs war, ... wenn Proviant und Wasser knapp geworden waren ... oder gar wenn der Skorbut die Seeleute angefallen hatte.
Oft brach aus einer jener Wolkenbänke, die stundenlang auf einer Stelle verharrten, ein Regenguß von unvorstellbarer Heftigkeit heraus. Für die einen, die Matten auf dem Langzeitsegler, eine Labsal, für die anderen, die noch Frischen und Kräftigen, ein perlendes Vergnügen, sich nackend darin zu tummeln und, bei achterlicher oder vorlicher Dünung, das Deck in eine Rutschbahn zu verwandeln. Auf blankem Mors, versteht sich.
Wer ein Auge dafür hatte, fand auch südlich der Mallungen Interessantes genug, um Herz und Seele zu erbauen, wenn sich die ersten Kaptauben unter die Schar der kleinen Seeschwalben mischten, jene grauen Vögel mit den Möwenschwingen, sie, die ersten Boten aus dem Revier der Stürme.
Plötzlich, mit dem Morgengrauen, war der erste da: ein großer weißer Bursche mit breiter, sich quer über Rücken und Flügel hinwegziehender Zeichnung, die schmalen Schwingen in einer Klafterweite von drei Metern ausgereckt. Bewegungslos im Gleitflug kurvte er hoch über den Mastspitzen auf den Kurs des Schiffes ein. Und blieb. Dem ersten Albatros folgte bald der zweite, dann noch einer, dann noch einer. Viele. Schweigend und mühelos begleiteten sie — die schwarzen unter ihnen, jene mit dem dunklen Federkleid, wurden Priester geheißen — auch im ärgsten Sturmwetter den einsamen Segler. Und immer waren einige Riesen darunter, solche mit bis zu vier Meter breiten Schwingen. Und auch so mancher alte Herr und manche alte Dame, ergraut am Hals und um die Augen.
Volkmar Steinert: „Alte Bekannte waren dabei. Man entdeckte sie gleich wieder, man winkte hinauf. Und der schwebende Freund senkte den Kopf, als wolle er danken oder nach dem gewohnten Willkommenshappen fragen. Ganz hinten in der Schar war auch wieder der Asbach-Uralte. Ich erkannte ihn jedesmal an der außergewöhnlich stark und dunkel bemosten Stirn und an der Lücke im Flügel, wo die Schwungfeder fehlte, wieder ..."
Wenn, wie hier, der stummen Freunde des Seemannes gedacht wird, seien die vielen anderen nicht vergessen: die possierlichen Delphine — auch Tümmler genannt —, die Wale, die Leviathane der salzigen See, die farbenprächtigen Bonitos, die Fliegenden Fische oder die Bidewinder, jene seltsamen Segelquallen ... Wenn auch alles andere als ein Freund des Seemannes, sei auch der Hai nicht vergessen. Ihn zu fangen und umzubringen, war mehr als nur ein, allerdings willkommener, Zeitvertreib an Bord.

Doch zurück zu des Seemannes Reisen: Wer gar um und vor der Jahrhundertwende die Südsee befuhr, wird abendfüllende Garne von der Schönheit der Inseln und den Begegnungen mit braunhäutigen Eingeborenen spinnen können, so wie Pit Petersen seinen Cap-Hornier-Kameraden im Albatros[293] über die Nachfahren der Bounty-Meuterer auf der nun rechtmäßig verwalteten Meuterer-Insel Pictairn berichtete: „Auf dem Vollschiff *Alsterthal* war es: Boote mit Obst und Gemüse fuhren uns, dem auf dem Wege nach Australien stehenden Segler, entgegen, als wir noch zwei bis drei Meilen abstanden ... Nachdem sie längsseit festlagen und eine Lotsentreppe über die Reling gehängt worden war, kam zuerst der Gouverneur, ein großer alter Mann mit wallendem Haar, riesigem Vollbart und einem mächtigen Schlapphut auf dem Kopf, an Bord, wo ihn Kapitän Hellmich und der Erste Steuermann begrüßten. Er erbat sich die Erlaubnis, mit den anderen Herren und Damen sowie einem Teil seiner Leute das Schiff betreten zu dürfen, eine bemerkenswert formvollendete Etikette ... Inzwischen schafften die Bootsbesatzungen, alle in sauberem Zeug, erst am frühen Morgen gepflücktes Gemüse, baumfrische Apfelsinen und Bananen, Ananas und erdfrische Kartoffeln an Bord. Für alle diese Herrlichkeiten erbaten die Insulaner im Tausch Nadeln, Zwirn, Streichhölzer und andere Nützlichkeiten, die ihnen fehlten. Einen alten Seemann dagegen gelüstete es nur nach Kautabak. Die Herren auf dem Achterdeck wünschten einige Dosen Büchsenfleisch, etwas Mehl und Hülsenfrüchte, etwas Wein und Schnaps. Letzteren natürlich, so ausdrücklichst betont, nur für medizinische Zwecke. Vom Ersten Offizier Peters wollten sie Farbe. Für die neue Kirche. So sagten sie. Und niemand zweifelte daran, daß es nicht so war ..."
Sie blieben zweieinhalb Stunden und gingen sodann mit allen guten Wünschen für das Schiff und die Besatzung. Gottes Segen gaben sie dazu. Kapitän Hellmich, ein ihm vom Gouverneur geschenktes reich illustriertes Buch über Pictairn unterm Arm, ließ wieder vollbrassen. Die *Alsterthal* nahm die Fahrt wieder auf.
Pit Petersen: „Ein großes Erlebnis fand sein Ende."
Auf der *Erik Rickmers*, 1898: „In der zwischen Bali und Lombok hindurchführenden Lombokstraße waren Balinesen im Boot an Bord gekommen. In der Hauptsache verlangten sie alte Kleidungsstücke. Was da alles hervorgeholt wurde, ist kaum zu beschreiben. Alles wurde gleich anprobiert und anbehalten. Da die Insulaner alle nackend waren, kann man sich ein Bild machen: Maskerade auf See. Einen beobachtete ich, der hatte eine alte wollene Unterhose erwischt. Er hatte sie auch richtig angezogen, aber weil ihm die Öffnung vorn bei seiner Nacktheit nicht gefiel, zog er die Hose aus und drehte das Vordere nach hinten ..."
Solcherart Beispiele aus den paradiesischen Gefilden der Südsee ließen sich seitenlang berichten. Auch aber solche, bei denen es gar nicht so paradiesisch friedlich abging:

- Da wurde 1872 Kapitän Mammen von dem hawaiischen Schiff *Onward* auf dem zur Gruppe der Salomonen gehörenden Gowers Island ermordet. Papuas erschlugen und verzehrten ihn, als er an Land gefahren war, um Wasser und Früchte für sein Schiff einzuhandeln.
- In den 80er Jahren wurde die Restbesatzung der vor den Salomonen Inseln Malaita und Ouru vor Anker gegangenen Auckländer Schonerbrigg *Borealis* von Kanaken, die Tauschhandel vorgaben, ermordet, während der Kapitän mit dem Agenten und zwei Mann im Boot an Land gefahren waren. Die Toten, darunter der Sohn des Kapitäns, hatten die Kannibalen mit an Land genommen. Nur den schwerverwundeten Koch ließen sie zurück.

● Zwei Jahre später ereilte hier die Restbesatzung der englischen Brigg *Janet Stewart* — auch hier war der Kapitän, in diesem Falle mit dem Zweiten Steuermann, an Land — dasselbe Geschick, nur mit dem Unterschied, daß die Kanaken, jene wollköpfigen Salomonen, den von ihnen ausgeplünderten Segler auch noch in Brand steckten.

● In Nord-Guinea passierte es nur ein halbes Jahr später, daß die eingeborenen Keenais die aus 19 Mann bestehende Besatzung eines im Fluß Fay ankernden Seglers erschlugen und auffraßen.

● Nicht weniger gefährlich waren die Eingeborenen der Neu-Hebriden-Gruppe noch in den 80er und 90er Jahren. Oder jene auf den Carolinen-Inseln. Hier wurde die überlebende Besatzung eines vor Namayonne gestrandeten Tausendtonnenseglers — der Name war wegen der feindseligen Haltung der Inselbewohner von vorbeifahrenden Schiffen, die ein Boot ausgesetzt hatten, nicht zu ermitteln — von den Eingeborenen des Dorfes Piserare überwältigt, erschlagen und aufgefressen. Diese Einzelheiten erfuhr der Kapitän des englischen Schoners *Beatrice* anno 1878 von den etwas friedlicher eingestellten Eingeborenen der Nachbarinsel Puluwat, als er dort vor Anker ging. Das Boot, in dem sich zwölf Mann des Seglers gerettet hatten, wurde von den Kannibalen zerstört, so daß auch hier nichts Näheres über die Nationalität des gestrandeten 1000tonners zu erfahren war.

● Es sei auch an die Jagd der Kanaken der Insel Sarsonal von der Sankt Andrew-Insel-Gruppe auf die von flauem Winde behinderte Bremer Bark *Melusine* erinnert. Sie entkam am 12. April 1885 nur, weil der Wind in dem Augenblick auffrischte, als die in ihren Booten in Massen angreifenden Kanaken schon fast längsseit gekommen waren —

● oder an das Bremer Vollschiff *Rajah*, das vor der Tobi-Insel von den Besatzungen von elf Eingeborenenbooten geentert zu werden drohte und nur durch ein geschicktes, windbegünstigtes Manöver des Kapitäns entkam und vor einem Kampf mit den zahlenmäßig überlegenen Kannibalen und Ärgerem bewahrt wurde.

Die Besatzungen von so manchem Segler, der in der Südsee als vermißt geführt wird, werden dagegen weniger Glück bei einem Zusammentreffen mit menschenfressenden eingeborenen Piraten gehabt haben — nach einer Strandung oder bei dem Versuch, frisches Wasser und Früchte von einer dieser Südseeinseln zu besorgen.

✡

Und die Tage im Hafen, die dem Seemann während einer Reise vergönnt waren? Es war eigentlich überall dasselbe: Jan Tautrecker, oft viele Monate zur Enthaltsamkeit verurteilt, suchte — Ausnahmen bestätigen die Regel — Wein, Weib und Gesang. Hart verdiente Heuer rann wie Sand durch die Finger. Manchmal genügten zwei Piscos, um den Tatendrang der Entwöhnten euphorisch zu fördern.

Und doch sind so Männer herangewachsen, denen — soweit sie interessiert und gewillt waren, ihre Patente zu machen, — die Reeder später Millionenwerte an Schiff und Ladungen und, was noch schwerer wiegt, Besatzungen und — auf Musikdampfern — auch zahlende Passagiere anvertraut haben.

Die kleine Story mit dem Koch, der immer wieder die gleiche Geschichte erzählte, verweist übrigens auf etwas, was für die Männer auf einem Tiefwassersegler so typisch gewesen ist: Es dauerte gar nicht so lange, daß jeder von jedem all und jedes kennt und weiß. Wenn einer dann den Mund nur aufmacht, weiß jeder, was nun kommt. Dann ist der Tag nicht mehr fern, da der Gesprächsstoff wegbleibt wie der Wind in den Mallungen. Und wenn es dann noch irgendwelche Schwierigkeiten gibt, beginnt es bei dem stetigen Zusammenleben auf engstem Raum im Gebälk zu knistern.

Ziel Nummer Eins solcherart aufbrechender „Liebenswürdigkeiten" ist dann zumeist und zunächst der Koch, den sie Smutje nennen oder auch Smölter, Kombüsenhengst, Smeerlap, Smeerdraak oder, manchesmal, auch Mister Nobody, weil dann keiner genau weiß, wer und was er nun wirklich ist.

Das Thema Koch und noch mehr das über die Verpflegung beschäftigt die Gemüter sowieso an Bord.

Die Kombüse wird, kaum daß das heimatliche Revier verlassen ist, zum Mittelpunkt des Lebens und auf langen Reisen zur Drehscheibe der Illusionen: Saftiges Beefsteak mit einem Spiegelei drauf und einem Halben Holstenbier dazu . . ., und wenn in Hamburg, dann nur bei Peter Ruge auf der Davidstraße . . .

R. Daniel, heute einer von den deutschen Cap Horniers, hat keine einzige Mahlzeit vergessen, die er auf dem Vollschiff *Landseer* genoß[294], weil . . ., naja, eben: „Morgens zum Frühstück gab es Spechts Mannschaftskaffee mit Schiffszwieback, Beschüten[295] genannt,

und Mohrs Margarine („. . . ist die beste!") dazu.

Abends dasselbe oder den Rest vom Mittag.

Der Wochenmagenfahrplan für die Mittagsmahlzeiten sah so aus:

Montag: dicke Graupen mit Speck,

Dienstag: Erbsen mit Salzfleisch,

Mittwoch: Pflaumen mit Klößen,

Donnerstag: Präservierte Kartoffeln mit Dosenfleisch,

Freitag: Bohnensuppe mit Salzspeck,

Sonnabend: Stock- oder Klippfisch und

Sonntag: Salzfleisch oder ähnliches, vor allem aber Sackkuchen mit Syrup und frisches Brot, das stückweise ausgelost wurde. Die Morgenwache an Deck bekam vom Zwoten als dem Speckschnieder und Proviantverwalter einen Besan-Schot (zumindest auf der *Landseer)*. Wenn er gut gelaunt war, sogar als ‚Blinden ohne Glas'.

Der Bordtag begann im Vierstundentörn:

vier Stunden Wache,

vier Stunden Schlaf,

von dem Backschaft und Mahlzeiten abgingen."

Victor Klages, ein anderer Cap Hornier der deutschen Sektion, hat nicht viel anderes zu berichten: „Erbsen mit Speck, Bohnen mit Salzfleisch, Sauerkraut mit Salzspeck, Pflaumen und Klöße . . . Da habt ihr das gesamte Windjammer-Küchenrepertoire, das sich von Woche zu Woche, von Monat zu Monat wiederholte."

Übrigens, das grobe Steinsalz aus dem Fleischfaß — so, als Beispiel auf dem in Papenburg beheimateten Rahschoner *Wilhelmine*[296] — wurde nach dem Motto sparsamer Friesen: „nichts darf umkommen", kleingeschlagen und unter die Margarine vermischt: „Damit sie sich besser hielt." „Sie wäre", so R. Kneile im Wortlaut, „ohnehin höchstens durch ihre hellere Farbe von der Stiefelwichse zu unterscheiden gewesen."

Und da zwangsläufig alle Kost total versalzen war, blieben die Folgen, Furunkel, nicht aus.
Daß der Seemann hin und wieder zur Selbsthilfe griff und sich „besorgte", was ihm an Verpflegung abging, braucht wohl nicht dick unterstrichen zu werden. Nur, manchmal ging's schief, vor allem an Land. So auf dem Vollschiff *Erik Rickmers*, wo man in Hongkong, so erklärte man dem Ersten, einen angeblich vor dem Schiff umherirrenden Hammel wahrgenommen hatte. Das kostete die drei Seeleute — zwei Matrosen und den Segelmacher — mit drei Monaten hartem Zuchthaus einen unfreiwilligen Landaufenthalt.
Schließlich hat sich, die deutsche Schiffahrt betreffend, ES EM, der deutsche Kaiser in persona, eingeschaltet und eine „Speiserolle für Seeschiffe laut Kaiserlicher Order" entwerfen lassen. Sie mußte in den Offiziermessen und Fo'c'sles[297] ausgehängt werden. Das tat man denn auch. Aber auch ein Kaiser kann nicht zaubern. Wenn der Wind wegbleibt, wenn widrige Stürme des Schiffes Reise verzögern und der Proviant nicht nur knapper, sondern auch schlechter und schlechter wird, nutzt auch eine Kaiserliche Order nichts ... Schon gar nicht, wenn der Kapitän oder der Smut ausnahmsweise von jener Sorte sind, wie man sie so gern in schaurigen Liedern besingt — und wie sie es, weniger auf deutschen als auf ausländischen Schiffen, auch gegeben hat.
Da war noch eine andere Institution, die sich der Verpflegungsbelange auf Seeschiffen annahm und Willem Zwo in den Fürsorgefragen um das leibliche und somit auch seelische Wohl der Jan Maaten sozusagen den Rang abzulaufen gewillt war. Das war der Deutsche Transportarbeiter-Verband, „Gruppe der seemännischen Arbeiter", in dessen Seemannskalender für das Jahr 1911 — als Beispiel — Herausgeber Paul Müller, allen alten Seefahrern als gewerkschaftlicher Kämpfer für die Belange der Seeleute bekannt, neben Auszügen aus der Seestraßenordnung, Heuerabrechnungen, Distanztabellen, Unfallstatistik usw. auch die Speiserolle eine gewichtige Rolle spielte.
Zum Thema Speiserolle schrieb einmal ein anderer, der draußen dabei war: Was die Kartoffeln anbetrifft, gab es pro Kopf zwei bis drei Stück, ungeschält natürlich. Wer sparsam war, gab einen Teil zurück, um abends auch noch etwas zu haben. Das Konservenfleisch schmeckte nicht schlecht, nur appetitlich sah es nicht aus.Welcher Art das Kraut war, aus dem der Tee gebraut wurde, ließ sich nie so recht ermitteln, und genauso undefinierbar schmeckte der dann und wann gereichte Dosen-Grünkohl. Kenner tippten auf Matratzeninhalt. Und wenn der Koch nichts taugte, schmeckte auch der Stockfisch, die Glanznummer der ganzen Woche, wie aufgeweichter Pappkarton.
Das Hartbrot bestand aus zweierlei Sorten: das bessere war das als Schiffszwieback bekannte Weizenhartbrot. Aus ihm fielen die Maden ohne große Mühe heraus, wenn man es beidseits auf die Back klopfte.
Da waren aber noch die aus einem Roggengemisch gebackenen Peerfeuts, die ihrem Aussehen nach an Pferdefüße erinnerten. Die Stücke waren handgroß und steinhart. Sie bestanden nach Art der Zwiebäcke aus einem Ober- und einem Unterteil. Im Zwischenraum wohnte allerlei Lebendiges: Käfer, Raupen und Würmer und manchmal auch unbekannte Spezies, willkommen an Bord, beflügelten sie doch die naturkundlichen Studien unter den Jan Maaten.
Reis mit Maden? Keine Rarität auf Windjammern, vor allem nicht in der Asienfahrt.
Ratten? Gab's auch. Überflüssig zu sagen, daß bei Hülsenfrüchten und Mühlen-

fabrikaten deren „Visitenkarten“ mitgekocht wurden. Sie vorher auszusortieren, konnte ja keinem an Bord zugemutet werden. Höchstens in den Tropen machte man sich die Mühe und schüttelte Erbsen, Bohnen, Linsen und Graupen auf ein Bootssegel, damit das Ungeziefer verschwinde.

Es gab Schiffe, auf denen man sich an Sonntagen einen Extra-Leckerbissen besorgen konnte. Aus der Slapskiste, die manchen Kapitänen mancher Reedereien einen Nebenwerb einbrachte. Besonders geschäftstüchtige Schiffsführer hießen den Smut aus der Bordverpflegung Brötchen backen, diese aufschneiden, jede Hälfte mit Margarine bepinseln und mit Hartwurst belegen: Die verkauften sie. Ein flottes Geschäft, bei dem so mancher Jantje seine Tagesheuer opferte.

Aber wie gesagt, solche Kapitäne waren Ausnahmen, wohingegen jene nicht selten waren, die aus der Sorge vor Eventualitäten in puncto Verpflegung Sparsamkeit ganz groß geschrieben haben.

Erwähnt werden muß wohl auch, denn er gehört ebenfalls ins Bild, der Fleischsack, gab es doch kaum Eisboxen auf Segelschiffen, indessen Kühlschränke noch völlig unbekannt waren. Allein das Fehlen von Kühleinrichtungen, wie sie heute so selbstverständlich sind, wirft die ganze Problematik der Verproviantierung für derart lange Seereisen auf. Wintertags hielt sich das Fleisch im Sack prächtig, und der Koch vermochte es auch gut einzuteilen und vorzubereiten. Teufel aber auch, wenn die Sonne niederbrannte, wenn kein Lüftchen die Lappen bewegte, dann ließ auch der vornehmst angefertigte Beutel den Inhalt alsbald kulminieren. Zuweilen nahm er den Duft von Wildbret an. „Doch“, so Kapitän F. B.[298], „vermöbelt wurde auch solches. Ein Essigbad über Nacht half ganz gut. Und im übrigen gab es übermangansaures Kali.“

Daß man versuchte, den Speisezettel mit Bordmitteln zu bereichern, sei nebenher erwähnt. Meist waren — in ruhigen Zonen natürlich — Schweinsfische das Opfer. Oft aber auch Bonitos, nein nicht die echten aus der Familie der Makrelen, denn: „... die sind“, so Kapitän Denker, „kaum genießbar, die unechten, die mit dem Namen palemys sarda. Die schmecken!“

Aber es sind nicht immer die langen Reisen oder andere Einflüsse, die sich indirekt auf die Verpflegung auswirken. Unten im Horn-Revier oder in einem nordatlantischen oder anderem bösen Wetter gab es oft kein warmes Essen. Hier, weil das Großdeck dauernd unter Wasser stand. Dort, weil der Koch mitsamt seinen Töpfen herausgeschwemmt worden war. Wobei — so auf der *Pindos* — die Töpfe sogar über Bord gingen, der Smut aber gottlob überlebte. Er hatte sich, Schlimmes ahnend, an einer Fangleine gesichert, bevor das Kombüsenschott von der Pranke einer Riesensee zerschmettert wurde.

Und so was womöglich zur Winterzeit, da ein warmer Schlag so gut ist wie beste Medizin.

Wenn man jedoch all solche Berichte über die Verpflegung an Bord von Segelschiffen vergleicht, sie enden — und das ist gar nicht so sonderbar — fast alle in diesem Tenor:

Victor Klages, Cap Hornier: „Salzfleisch und christliche Seefahrt waren einst nicht voneinander zu trennen — Smutje und sein Labskausstampfer waren Bestandteile einer Romantik,
unserer Romantik.
Und — der Teufel soll mich holen —
es hat trotzdem geschmeckt.“

Eine Kapitänsfrau aus Blankenese nach der über 150 Tage langen Reise nach

Europa: „Ich verstehe nichts von der Wissenschaft, aber mit wie wenig Vitaminen der Mensch leben kann, das habe ich selbst erlebt auf der Segelschiffreise von San Francisco nach Falmouth for order."
Herbert Tiesler, gelegentlich eines Treffens derer von der Bay Region — jener von der *Lasbek*, der *Thielbek*, der *Reinbek*, der *Harvestehude*, der *Egon* und der *Hans*: „... Obwohl man auf den alten Kästen, Dwarsdrievers oder schnittigen Seglern, auch oft Kohldampf geschoben hat und die Behandlung nicht immer vom Besten war, möchte man doch jene Jahre nicht in der Erinnerung missen ... Man war jung, man nahm vieles in Kauf ..."
R. Daniels: „Wir alle waren immer gesund. Unsere Krankheiten waren meist mit castor-oil[299] zu kurieren, und wir sind kräftig und zäh geworden. Niemanden hat das schwere, entbehrungsreiche Leben geschadet. Von der Pieke an als Moses begonnen, bin ich 22 Jahre beim Norddeutschen Lloyd als Kapitän gefahren, bin gesund geblieben und heute[300] 80 Jahre alt."
Auch aus der Fo'c'sle tönt es ähnlich, wenn man daran erinnert, daß die Kurzform G & R für die Reederei Gildemeister & Ries zwar
„Geele Arften und Ries"
bedeutete, wohl aber auch, so andere,
„Gut und Reichlich"[301].

☆

Und so konnten sie auch sein wie hier auf der Blankeneser Bark *Ora*, die — so nach einem Bericht in einer alten Hamburger Zeitung — eine zum größten Teil shanghaite Besatzung an Bord hatte, als sie mit einer Ladung Weizen wieder nach Europa unterwegs war. An Bord dieses Seglers auch die 23 Jahre alte Frau des Kapitäns, der in dieser verantwortungsvollen Stellung seine erste Reise macht. Hier ist ein Auszug aus ihrem mit g.- unterzeichneten Bericht: „... Der Himmel mag wissen, was wir ausgefressen hatten und wer der ‚Jonas' war: Brise genug, aber immer von der verkehrten Seite. Das Kreuzen an der amerikanischen Küste wurde uns auch bei täglichem Sonnenschein ein Kreuz. Woche für Woche verging, ohne daß es richtig schaffen wollte. Mit geheimer Sorge sah ich meiner schweren Stunde entgegen. Getröstet hat mich eins: die Haltung der Mannschaft. Es waren böse Knoten zwischen der internationalen Gesellschaft. Aber je näher der Geburtstag meines Kindes heranrückte, je ruhiger und zartfühlender wurden die Männer. Kein lautes Wort mehr auf dem Achterdeck. Der Rudersmann schlich nur so über Deck. Selbst barfuß gingen sie auf Zehen. Das Ruderkommando gaben sie nachts einander leise weiter, um meinen Schlaf nicht zu stören. In einer windstillen und sternklaren Nacht, das Kreuz des Südens sah durch das Oberlicht der Kajüte, kam das Kind zur Welt. Geburtshelfer waren mein Mann und der Steward, ein Grieche, der schon an die vier Jahrzehnte Seefahrt hinter sich hatte. Ich sehe heute noch den Angstschweiß auf der Stirn der Männer und die rührende Freude der ganzen Besatzung. Jeder überraschte mich oder das Kind mit kleinen Geschenken, und es war bei aller strahlenden Sonne, bei leider spiegelglatter See und tropischer Wärme eine Stimmung wie in der Adventszeit.
Sonderbar, wenn der Vater und Ehemann auch gleichzeitig Standesbeamter ist und er in das Schiffstagebuch einträgt: Am 20. November 1893, auf 36.3 Grad Südbreite und 70.9 Grad Westlänge hat Frau Sowieso, geborene Sowieso, ein Kind weiblichen Geschlechts um drei Uhr vier Minuten Greenwich-Zeit geboren. Es wurde auf den Namen Doris getauft. Vater des Kindes ist Ernst Sowieso, Kapitän der Bark *Ora*.

Viel Glück hat uns die Doris anfangs nicht gebracht. Der Wind schlief nach wie vor. Das Kap Horn war noch verhältnismäßig gelinde und meinte es gut, aber im Atlantik legte sich der Wind wieder aufs Ohr. Von Tag zu Tag wurde der Proviant knapper. Hundertdreißig Seetage hatten wir schon hinter uns. Von Woche zu Woche mußte das Essen weiter gekürzt werden. Zum Glück hatten wir genügend Wasser. Das Wort Vitamin war damals noch nicht erfunden, aber der Organismus eines jeden Menschen der Besatzung schrie danach. Täglich waren die Seeleute bei der Arbeit, um mit Hilfe von rollenden Flaschen oder hölzernen Rollen aus Weizen Mehl zu mahlen. Eine mühselige Arbeit. Die Doris gedieh bei dem Mehlpapp, bei Muttermilch und der frischen Seeluft unter dem Sonnensegel prächtig. Die Mannschaft wurde von Tag zu Tag schwächer. Aus Rücksicht auf mich ging keiner mehr ohne Jacke über das Achterdeck, um mir den Anblick der abgemagerten Körper zu ersparen. Aber die Augen lagen tief in den Höhlen, und nur Doris konnte den ernsten Gesichtern der Männer noch ein Lächeln abgewinnen. Weit und breit nichts als Wasser. Einhundertfünfzig Tage auf See, und noch kein anderes Bild! Kein Schiff, das helfen könnte mit frischem Proviant. Ein furchtbares Gespenst fuhr als Passagier mit: der Skorbut. Eine Krankheit, bei der man mit dem Zollstock den Tod im voraus berechnen kann ...“[302]

☆

Das Wort von den eisernen Seeleuten auf hölzernen Schiffen ist, auf die unmittelbare Nachfolgeschaft bezogen, nichts weiter als eine oberflächliche Redewendung. Als nach den hölzernen Segelschiffen die eisernen und stählernen Barken und Vollschiffe die Meere der Welt beflügelten, hat sich, wie vielfach belegt, kaum etwas an der Härte und Schwere der Arbeit und des Lebens an Bord geändert. Mit Fug und Recht darf man vielmehr sagen, daß der Dienst trotz mancher technisch-mechanischer Erleichterungen eher noch schwerer war, wurde doch die Zahl der Besatzungsmitglieder aus Rentabilitätsgründen erheblich reduziert. Der einzelne Seemann hatte damit mehr zu leisten als ehedem. Einmal waren die Schiffe um ein Vielfaches größer, zum anderen mußten die Segel — wie eh und je — mit der Hand losgemacht oder festgemacht werden. Das hieß bei schlechtem Wetter, abgesehen von der Mehrarbeit, auch noch weniger Freizeit während der Freiwache. Dabei war der Seemann dieser neuen Ära gleichen Gefahren und gleichen Strapazen ausgesetzt. Allenfalls hatten Skorbut, Beriberi und die verschiedenen tropischen Fieber ihren Schrecken verloren. Und das Essen war besser geworden, wenn auch nur erst eine Nuance.
Man sollte auch nicht meinen, daß ein Segelschiffmann draußen auf See nicht viel mehr zu tun hatte, als nur die Segelstellung nach dem Wind zu ändern, das Ruder zu bedienen und Ausguck zu halten. Welch ein Irrtum. Ein Großseglermann war so vielseitig beschäftigt, wie kaum ein anderer Zeitgenosse. Der Tag begann morgens 06.00 mit dem Deckwaschen. Von nun an bis nachmittags 06.00 Uhr war die wachhabende Hälfte der Besatzung stets bei der Arbeit. Diese wurde nur unterbrochen, wenn Wind und Wetter Arbeiten in der Takelage wie Segelbergen, Brassen der Rahen, oder das Aufbringen neuer Segel für gerissenes Tuch notwendig machten. Nachts ruhte die Arbeit als solche, nicht aber, soweit notwendig, die eben erwähnte Bedienung der Takelage. Vor dem Weltkrieg I war es sogar üblich, daß am Tage auch die Freiwachen zwei Stunden zur Decksarbeit und nicht nur — wie auch später — in Sonderfällen zu Segelmanövern herangezogen wurden. Die älteren Seeleute wissen noch, was „Zehn und drei“ bedeutete.
Aber auch hier gilt, was in puncto Verpflegung zu sagen war:

Niemandem hat diese harte Arbeit geschadet.
Das Gegenteil war der Fall.

☆

Noch ein Wort über die Besatzungen an sich.
Auf deutschen Schiffen fuhren natürlich deutsche Matrosen, einst aber auch hier Seeleute vieler anderer Nationen. In der ganzen Welt kannte man um die hohe Zeit der Windjammer, draußen in den Häfen der Welt,
keine Paßfotos,
keine Fingerabdrücke,
keine meilenlangen Formulare,
keine amtlichen Stempel.
Gesucht wurden Seeleute, die tüchtig anpacken konnten und auch anpacken wollten und die keine Angst vor einem nassen Hintern hatten ... wenn's dabei blieb ...

XVI

Achterausgesegelt und shanghait

Unter Achteraussegeln versteht man in der „Christlichen" das Aussteigen ohne Abschied und ohne Kenntnis der Schiffsführung. Genau genommen — und juristisch gesehen — ist der Tatbestand eines Vertragsbruches erfüllt, wenn ein angemustertes Besatzungsmitglied ohne ordnungsgemäße Abmusterung —aus welchen Gründen auch immer — heimlich sein Schiff verläßt. Man kann diese einseitige Lösung eines Dienstverhältnisses auch als Desertion bezeichnen. Solange dem Seemann keine Strafvorschriften für das eigenmächtige Verlassen des Schiffsdienstes drohten, waren Desertionen im Schiffahrtsbetriebe alltäglich. Zeitweise, so 1853, nach der Entdeckung der Goldfelder Australiens, nahmen die Desertionen einen derartigen Umfang an, daß mehr als 100 englische Segelschiffe in den Häfen von Port Phillip und Sydney ohne Mannschaften für die Rückreise auf Reede lagen. In Kalifornien und in den Häfen der Westküste Südamerikas lagen die Verhältnisse zeitweilig nicht viel besser. Später haben in allen Schiffahrtsstaaten geschaffene Strafvorschriften diesen Zuständen ein Ende zu machen versucht. In Deutschland war diese der § 93 der Seemannsordnung, der im Falle eines Entweichens damals Geldstrafen bis zu 300,00 Goldmark vorsah, aber auch nur, sofern die Strafverfolgung auf Antrag der Schiffsleitung eingeleitet wurde. Oft genug verzichteten die Kapitäne darauf, einmal, weil nur wenig Hoffnung bestand, den achteraus gesegelten Seemann wieder einzufangen und zu bestrafen, zum andern standen die dadurch verursachten Mühen in keinem Verhältnis zu der meist sehr milde ausfallenden Strafe, die zudem doch nicht auf eine Besserung der bestehenden Verhältnisse hoffen ließ.
Das Wort Shanghaien erklärt das Lexikon der Seefahrt als „ein Verpflichten eines Seemannes gegen dessen Willen durch Überreden oder Gewalt".
Das Achteraussegeln ist heute selten geworden. Im liberalen Zeitalter meldet sich der Seemann, ohne Schwierigkeiten befürchten zu müssen, ordnungsgemäß ab, es sei denn, er unterliegt gewissem nationalstaatlichem Zwang. Völlig außer Kurs ist die Praxis des Shanghaiens gekommen. In der Ära der von der freien Welt proklamierten Menschenrechte und Menschenwürde ist es unmöglich geworden, in fremden Häfen neue Besatzungsmitglieder auf oben dargestellte Weise zu „gewinnen". Immerhin damals, zur Zeit der Windjammer, lagen die Dinge anders für die Gründe des Aussteigens wie auch für die Begründung, sich Leute zu shanghaien oder shanghaien zu lassen.

1906, Melbourne/Australien.
Bis auf drei Matrosen sind auf der Bark *Professor Koch* alle Jan Maaten achteraus gesegelt. Bei Nacht und Nebel. Mit heimlich gepackten Seesäcken. Und unter Zurücklassung ihrer Papiere. Angeblich Adolph Ablaß', des „verrückten Ersten" wegen:
„Und ich sage Ihnen", so verkünden sie in den Hafenkneipen oder bei den sinnigen Kaffeestunden im Heim der Heilsarmee, „... der Kerl hat den Düwel im Leibe, so hart geht er ran, so lange läßt er die Lappen stehen. Sogar den Alten hat er neulich aus der Koje herausgesegelt."
In Wahrheit aber sind sie wegen der auf australischen Schiffen größeren Heuer[303] ausgestiegen.
Einige Tage später, als die *Professor Koch* zum Auslaufen klargemacht worden ist, geschieht dieses:

„So, das wäre geschafft, Captain. Hier haben Sie die letzten zwei, nun können Sie in See gehen!" Der Heuerbaas ruft es von einem Boot nach oben, wobei er sich seinen steifen, schwarzen Hut ins Genick schiebt. Vor ihm, zwischen den Duchten, hocken zwei Gestalten. Dann steuert er das Boot längsseit, packt die beiden am Kragen und schiebt sie vor sich her, das Fallreep hinauf. Der Jüngere, ein stämmiger Rothaariger, ist barfuß und nur mit Hemd und Hose bekleidet, während der Ältere in einem verschossenen schwarzen Priesterrock steckt. Wenig später stehen sie, sich gegenseitig stützend und von einer Alkoholwolke umgeben, vor dem Ersten.
„Hälloh, mein Lieber — wo — wo sind wir — sssind wir hier?"
Mühsam richtet der „Schwarze" die Frage an den Ersten.
„Ich bin Mister Mate und nicht Dein Makker. Du gehst Dich jetzt waschen und meldest Dich dann beim Koch. Du bist der neue Steward. Und Dein Makker schert sich nach vorn. Er hat als Leichtmatrose gemustert. Ist das OK?"
Der Rotfuchs, Sohn eines österreichischen Juweliers, war wegen zu großer Langeweile von zu Hause ausgerückt und zur See gegangen. Eigentlich wollte er Pianist werden. Aber sein Vater hatte in Sachen Kunst kein klares Urteil. Er verbot das Klavierspielen. Die Langeweile potenzierte sich. Das harte Leben auf der deutschen Bark *Schiller* war auch nicht nach des Rothaarigen Geschmack. Also hatte er schwarz abgemustert und war ein halbes Jahr quer durch Australien getrampt und ist nun, hier in Melbourne, shanghait worden. Sein Leidensgenosse ist ein ehemaliger Hamburger Pastor, der durch seine Liebe zum Alkohol erst eine Stellung als evangelischer Geistlicher verlor und nach dem Übertritt zum katholischen Glauben auch dort entlassen wurde. Durch Vermittlung bekam er eine Anstellung in Australien. Erst als Pastor und dann als Hauslehrer. Sein Freund, der Alkohol, sorgte aber weiter dafür, daß es nur kurze Gastrollen wurden. Der deutsche Konsul hat dann, um den unliebsamen Landsmann loszuwerden, für eine Stellung in Südamerika gesorgt und ihm auf der *Professor Koch* die Überfahrt als „Passagier" verschafft.
Die Besatzung ist nun vollzählig. Die letzte Verbindung zum Festland, die Leine zur „Farewell-Boje", wird eingeholt und bald liegt die Bark unter vollen Segeln auf Kurs Südost, den Roaring Forties entgegen . . .

✡

„Nach Wladiwostok? Das liegt doch in Sibirien? Ne, dat mokt wi nich mit."
24 der 48 Mann starken Besatzung der 5 548 BRT großen „qualmenden" Fünfmastbark *R. C. Rickmers,* letzter und größter Recke der einst stolzen und großen Seglerflotte der Bremerhavener Reederei[304] klettern kurzerhand und ohne Verabschiedung an Land[305].
Unter diesen sind der Bootsmann und der Segelmacher.
In den Kneipen des derzeitigen Ladehafens Philadelphia werden vom Kommando der *R. C. Rickmers* aus die letzten Reserven unter den an Land liegenden Fahrensleuten mobilisiert. Erster Harff mobilisiert auch die seinen. In Form von harten Dollars. Die mit diesem, sagen wir suspekten Geschäft beauftragten Herren an Land knausern daher nicht. Sie preisen die Vorzüge des neuen Schiffes, sie untermalen jeden Satz mit harten Drinks. Die Neugier wächst, der Widerstand läßt nach. Als die 24 Ersatzseeleute nacheinander und mehr oder weniger volltrunken an Deck der *R. C. Rickmers* stolpern, meinen sie fast, auf einem Segelschiff mit auch im Hafen schwankenden Masten zu sein. Erst auf hoher See, als

sie ihrem abgrundtiefen Rausch entsteigen, merken sie, daß das nebulöse böse Trugbild gar kein Trugbild war. Die ältesten unter ihnen, vier an der Zahl, sind über sechzig Jahre alt. Verständlich, daß ein Großteil, wenn nicht gar alle, angesichts der schwindelhohen Takelage versucht, klammheimlich und schnell wieder unter Deck zu kommen . . .
Als die *R. C. Rickmers* nach schneller Reise in 111 Tagen in Kobe einläuft, haben sogar die Alten Spaß an der Sache auf diesem, wie sie sagen, „feinen Schiff" gefunden und gelernt, auch bei Windstärke zehn in die Toppen zu jumpen.
Heimgekehrt nach Deutschland, mustern die meisten nun offiziell ab, alle Russen, alle Japaner und vor allem auch der Bootsmann, Hein Jannsen. Er habe die Nase voll von der Windjammerei, er wolle es endlich mal auf einem Dampfer „verseuken". Zwei Tage später, als die *R. C. Rickmers* schon im Dock der Werft ausruht, klettert Jannsen wieder über die Stelling und an Bord: „Schönes Wetter heute", versucht er einen Schnack mit dem Steuermann einzuleiten.
„Mann, Hein, was heißt hier schönes Wetter", flucht der Steuermann und lacht. „Hol dine Plünnen un komm an Bord."
Und ob er kommt. Nach ihm steigt auch der russische Leichtmatrose Fjedor Beloff wieder ein. Zwei Tage Reeperbahn genügten ihm.
Wie bekannt, lag der Fünfmaster gerade in Newcastle/England, als der Weltkrieg I ausbrach, das Schiff beschlagnahmt und die Besatzung interniert wurde. Mit ihr auch der Kapitän Otto Friedrich Borgwardt und sein Erster Dietrich Harff. Nach dem Kriege, als Harff nun als Kapitän auf der Brücke eines der Schiffe mit den Farben von Helgoland am Schornstein steht, erzählt ihm der holländische Vertragslotse während der Fahrt auf der Schelde, daß auch er einmal auf einem Rickmers-Schiff gefahren habe.
„Auf welchem?"
„Auf das große Fünfmaster", radebrecht der Lotse.
„Wie ist Ihr Name, bitte mijnheer?"
„Asebelag, Herr Kapitän."
„Verfluchter Kerl", bricht es aus Harff unterirdisch vulkanhaft heraus. „Dann warst Du einer von denen, die mir 1913 in Philadelphia stiften gegangen sind."

☆

Ausgepickt ist auch der holländische Seemann Piet van Os[306]. Kaliforniens Reichtümer lockten auch ihn.
Landhaie schlucken schnell, zu schnell seine letzten Golddollars. Er plagt sich beim Eisenbahnbau herum, um die Kasse wieder aufzufrischen. Er steht seinen Mann in einem Sägewerk. An Kraft und gutem Willen fehlt es nicht. Der Verdienst ist entsprechend. Und täglich sieht van Os, wie der in Port Blakeley liegende Nova-Scotia-Vollrigger *Karoo* unter der Last der an Bord kommenden Ladung tiefer und tiefer einsinkt. Es kann nicht mehr lange dauern, dann ist er bis an die Lademarke abgeladen. Mit jeder Tonne, die da in Form schwerer langer Balken an Bord gehievt und vertaut wird — alles Holz erster Klasse — wächst in Piet van Os die Sehnsucht.
Eines Tages steht er, seinen breitrandigen amerikanischen Hut in der Hand, vor dem *Karoo*-Kapitän, einem Amerikaner namens Bass. Am 26. September 1899 unterschreiben van Os und weitere von ihm gedungene Kumpels aus dem Sägewerk die „articles" der in Cornwallis, Nova Scotia, erbauten 1 939 BRT großen *Karoo*. Außer van Os sind dies: der Ex-Zimmermann der Hamburger Bark *Plus*,

Johann Most, der Seemann Ernst aus dem pommerschen Wollin, Tjallie Peterson, ein Däne, ferner ein Norweger, ein Belgier und ein Seemann aus Chile. Alle angemustert für die Reise nach dem United Kingdom ohne „advance note". Als die *Karoo* am 29. September auf der Reede von Port Townsend unter Segel geht und in Fahrt kommt, geht es Piet van Os durch den Kopf, was er in sein Tagebuch schreiben wird: „Endlich sind wir Seeleute aus der Mühle wieder in unserem geliebten und altgewohnten Tagewerk. Wieder in den Masten und auf den Rahen, wieder Segel anschlagen, reffen, bergen, beisetzen, ausreffen . . .
Das ist unser Leben.
Wer es nicht kennengelernt hat, hat das Schönste, was diese Welt zu bieten hat, versäumt."

☆

Johannes Klockgeter hieß der Kapitän des in Bremen beheimateten Vollschiffes *Julius*[307]. Mit ihm verbindet sich eine vollendet verrückte Geschichte, die man nur als Bolzen apostrophieren kann:
Es geschah, als die *Julius* nach New Orleans versegelt war. Klockgeter hatte sein Schiff auf dem Mississippi vor Anker gelegt, die Ladung gelöscht und mit der Übernahme von Tabakballen beginnen lassen. Eine Besprechung mit dem Verfrachter rief ihn an Land . . . Abends, als er nach tropisch schwülem, heißem Tage an Bord zurückkehren will, wird er von hinten überfallen, gefesselt und geknebelt, auf einem Wagen zum Fluß gefahren und — alles im Auftrage des boarding masters — von den Landsharks an Bord des ebenfalls auf dem Fluß vor Anker liegenden englischen Seglers geschafft, wo man ihn für die Nacht in der Segelkoje einsperrt. Morgens, beim Zutörnen, bekommt auch Klockgeter vom Mate eine Decksarbeit zugeteilt.
Doch Klockgeter verlangt, den Kapitän zu sprechen.
Siehe da: man kennt sich. Worte der Entschuldigung, des Bedauerns und ein Prost mit einem guten Tropfen aus des Briten schottischer Heimat.

☆

Diese Geschichte ist keine Geschichte, sie ist wahr.
Es geschah auf jener Reise der Viermastbark *Pindos*, die diese 1905 nach San Pedro unternahm, bei der der schweigsame, grüblerische und eigenbrötlerische Kapitän Jochensen eine beachtlich gute Zeit heraussegelte und beim Einlaufen in die Bucht den Besatzungen der hier vor dem Sturm Schutz suchenden, zu Anker gegangenen guten Dutzend Yankee-Seglern ein Manöver ‚hinlegte', das noch auf Jahre hinaus Gesprächsstoff in den Häfen der kalifornischen Küste blieb. Wie schon gesagt, als man die *Pindos* dann in die Werft verholte, um die von Rasmus gerupfte Takelage wieder herzurichten, begann für die Besatzung eine gute Zeit . . .
Sie hat nichts zu tun. Sie fühlt sich wie auf Erholungsurlaub, zumal die vielen Deutschamerikaner sich nachgerade darum reißen, die deutschen Seeleute zu Gast zu bitten. Kapitän Jochensen hat sich auch abgesetzt. Er ist in ein kleines Seebad an der sonnenüberfluteten kalifornischen Küste gefahren, um sich als Urlauber lässig unter Gleichgesinnten zu bewegen. Hier, in der Ruhe dieser abgeschiedenen Sommerfrische, reißt es Kapitän Jochensen quasi gewaltsam aus den Erholungsträumen heraus, morgens beim Frühstück mit Viereinhalbminutenei, als er genüßlich die Zeitung zur Hand nimmt, um sich, fernab von diesem blutigen Geschehen, über den russisch-japanischen Krieg zu informieren und darüber nachzudenken,

wohin wohl der Streik der 200 000 Bergleute im Ruhrgebiet führen wird und auch darüber, was dieser Einstein mit seiner „Speziellen Relativitätstheorie" will. Er kann es erst gar nicht fassen, was er da weiter liest. Er muß sich zweimal über die Augen streichen, um sich zu vergewissern, daß er nicht träumt. Steht doch da in balkendicken Lettern:

„Amerikanische Seeleute verpflegen die deutsche *Pindos*-Crew"

oder, in einem anderen Blatt: „*Pindos*-Mannschaft hungert. Kapitän schwelgt im Seebad" und ähnlich Bemerkenswertes mehr.

Jochensen, den sie an Bord den „Düwel von Hamburg" nennen, eine deftige Apostrophierung, die auch anderen Kapitänen — zu Recht oder Unrecht — zugute kam, verzichtet auf das Morgenei, schwingt sich in den Zug, eilt nach San Pedro, stürzt auf sein Schiff und nimmt seine Besatzung mit einer Beredtsamkeit an, die alle erstaunt:

„Dieses bettlerhafte Durchfressen auf fremden Schiffen ist beschämend ...

... Dieses Verhalten ist eines deutschen Seemannes unwürdig ...

... Wartet nur ab, wenn wir erst wieder auf See sind ..."

Es fallen weitere Drohungen, wie:

„Eiserne Disziplin auf See wieder herstellen.

Ordnung in diesen verfressenen Sauhaufen bringen ..."

Das hätte er nicht sagen sollen, denn ...

Doch blättern wir zunächst erst einmal zurück, um zu untersuchen, wie es zu den Schlagzeilen in der Presse kam.

Ob mit oder ohne Einverständnis des Kapitäns: Die Besatzung erhielt auch im Hafen die streng rationierte Seeverpflegung, also kein frisches Fleisch, also kein frisches Gemüse. Und das im sonnigen Kalifornien, wo die Früchte den Einwohnern sozusagen in den Mund hineinwachsen. Die Stimmung sank dann auch ob dieser Knausrigkeit prompt unter den Gefrierpunkt. Man tröstete sich mit den Einladungen ...

Bis dahin ging noch alles gut. Dann aber kamen Seeleute von den Yankeeclippern auf die *Pindos* geklettert ... um sich das stattliche, schnelle Schiff einmal anzusehen ...

Dabei blieb es nicht aus, daß die Amerikaner auch das spartanisch dürftige Essen bemerkten.

„By Jove", staunten sie, „dabei kann doch kein ordentlicher Seemann arbeiten." Und sie meinten es hier ehrlich damit.

Das Ergebnis war: Alle amerikanischen Schiffe schickten Einladungen zum Essen für jeweils drei oder vier Mann. Ging eines der Ami-Schiffe in See, wurde der sinnige Brauch, die Deutschen als Stammgäste an Bord der Amerikaner zu sehen, gleich auf den nächsten Einkommer, soweit er Amerikaner war, übertragen.

Wie dem auch sei, das Essen bei den Yankees war vorzüglich. Es war so gut wie das der Passagiere der I. Klasse auf den europäischen Musikdampfern. Und das war geradezu fürstlich zu nennen.

Niemand kam auf den Gedanken, daß diese menschenfreundliche Haltung etwa einen Hintergrund haben könnte. Schließlich kam die in Amerika seit eh und je neugierige und respektlose Presse hinter diese Verpflegungsbrüderschaft zwischen den Yankees und den *Pindos*-Leuten. Was Wunder, daß sie diese Rosine dick aufmachten, dick genug, daß sie auch der Kapitän Jochensen nicht übersehen konnte.

Der Gerechtigkeit wegen muß indessen auch gesagt werden, daß Kapitän Jochensen die mangelhafte Beköstigung auf seinem Schiff dann auch einsah. Er veranlaßte daraufhin sofort, wenigstens zweimal in der Woche Frischproviant zu verausgaben.
Zu spät.
Am nächsten Tag fehlen beim Zutörnen vier Mann. Sie sind nicht, wie Jochensen anfangs noch hofft, nur ein bißchen länger weggeblieben. Sie sind ausgestiegen. Mit Sack und Pack, wie eine Kontrolle ergibt. Ein paar Stunden später bekräftigen sie, was Jochensen ahnt: Als ein amerikanischer Schoner die *Pindos* passiert, stehen sie abschiedwinkend an der Reling.
Eine Lawine kommt ins Rollen.
Am nächsten Morgen fehlen drei, am übernächsten zwei, am Morgen darauf wieder drei Mann.
Der Erste Offizier hat den inzwischen wieder in seinen Urlaubsort abgereisten Kapitän sofort unterrichtet. Der kommt prompt angereist. Aber retten vermag auch er nichs mehr.
Es is ja nicht nur das gute Essen, das ihm die Männer abspenstig macht, auch die Heuer in guten Dollars lockt. Am Ende sind nur noch die beiden Offiziere und vier Matrosen an Bord. Letztere auch nur, weil sie die für den Besuch der Steuermannschule vorgeschriebene Fahrzeit voll haben und nunmehr die Navigationsschule auch besuchen wollen. Daß die vier bleiben, verdankt der Kapitän eigentlich nur dem Matrosen und späteren Kapitän Rauh, der seine drei Kameraden beschwört, sich doch nicht durch ein solches Aussteigen „die Papiere zu versauen".
Im „Albatros" berichtet eben dieser damalige Matrose R. Rauh, wie es nun weitergeht:
„Jochensen muß fortan seine Freizeitgestaltung mit der Jagd nach einer Ersatzmannschaft ausfüllen, die er nach schweren Geldopfern endlich auch von auswärts erlangt.
Und dann kommen diese Männer an Bord. Es sind wüste und betrunkene Gestalten, die gröhlend an Deck umhertorkeln. Sie tun keinen Handschlag. Für die Mittagsmahlzeit hat einer von uns vier Matrosen eine prima Erbsensuppe mit reichlich Frischfleisch gekocht. Die schimpfende Gesellschaft marschiert geschlossen nach achtern zum Kapitän, knallt ihm das Essen vor die Füße, stellt die Frage, was das denn für ein Saufraß sei und will weiter wissen:
‚Wenn wir schon im Hafen solch ein Futter bekommen, wie soll das auf See erst werden?'
Und da Jochensen, ob der drohenden Haltung dieser Burschen doch ein wenig bleich im Gesicht, nichts sagt, fährt der Anführer wütend fort:
‚Ein solches Schweinefutter ist menschenunwürdig. Wir verzichten auf eine Reise auf Ihrer Knallerbsengondel, Herr Kapitän.'
Sie tippten mit dem Zeigefinger gelassen an ihre Speckdeckel. Gemeinsam marschieren sie an Land.
Jochensen ist sogar froh, daß es ‚nur so' abgeht. Man sieht's ihm an.
Auf ein Neues."
Inzwischen schlagen die zwei Offiziere und die vier Matrosen die Segel unter, hissen sie mit dem Donkey, bauen im Laderaum ein starkes Längsschott mit zahlreichen Absteifungen, trimmen den Kiesballast glatt, weil Sandballast nicht zu haben ist, decken ihn mit starken Bohlen ab und laschen, um der Sicherheit

vollends zu genügen, Stahldrähte darüber, die sie steif hieven. Darauf kommen noch die Warpanker und die überflüssigen Ketten. Womit nach menschlichem Ermessen alles getan worden ist, um ein Übergehen der Ballastladung zu verhüten.

Kurzum: die *Pindos* ist somit seeklar.

Was fehlt, ist die vollständige Crew.

Und eben hinter dieser Vollständigkeit ist Jochensen her, der große Schweiger unter den Kapitänen.

Rauh: Endlich kommt sie, die Vollständigkeit. Als wir die Gangstergestalten erblicken, laufen uns kalte Schauer über den Rücken. Jeder Galgen hätte diese Brüder sofort als Dekoration für Werbezwecke übernommen ... Aber auch diese Sammlung von Sing-Sing-Anwärtern denkt nicht an Arbeit. Sie sehen sich die hohen Riggen an, spucken fettig über Bord und lümmeln sich an Deck herum.

Mittags gibt es ein Festessen: Frische Suppe, Rinderbraten, Kartoffeln und Gemüse.

Trotzdem marschiert die Horde nach achtern. Dort tritt der neue Koch — er hat noch keinen Handschlag getan — vor und verlangt vom Kapitän, unterstützt von der grölenden Bande, die Schlüssel zum Proviantraum und das Recht ab, ohne jede Vorschrift seitens des Kapitäns den Proviant für die Reise selbst einzukaufen und zu bewirtschaften.

Eine andere wüste Gestalt fordert außer einer menschenwürdigen Verpflegung und der vereinbarten Dollarheuer noch eine tägliche Gefahrenzulage von einem Dollar je Mann für diese ‚lebensgefährliche Kletterei' ...

Bedenkzeit: vier Stunden.

Jochensen lehnt ab.

„Geht an die Arbeit, Leute!"

„Nicht heute. Dazu fehlt uns das Kraftfutter, Herr Kapitän."

Mit diesen Worten gehen sie, verteilen sich an Deck und tun nichts. Jochensen schweigt. Draußen auf See wird das anders werden, das walte Gott. Und damit ihm keiner dieser so teuer eingekauften Burschen davonrennt, hat er noch einen Polizisten mit der Aufgabe gechartert, ein Aussteigen der Neuen zu verhindern.

Es geht auf den Abend zu, als in dem Augenblick ein Pfiff ertönt, als der Polizist ein wenig abseits steht. Die Bande jumpt über Bord und zieht davon. Johlend und grinsend.

Jochensen nimmt sich den Polizisten vor:

„Warum haben Sie das nicht verhindert?"

Der Mann läßt sich nicht aus der Fassung bringen. Seelenruhig gibt er zurück:

„Sir, ich habe keine Berechtigung dazu."

„Wie ...? Was ...? Keine Berechtigung sagen Sie?", tönt es aus Jochensen unterirdisch grollend heraus.

„No, Sir", lächelt der Schutzmann und sagt dann sanft und mit Milde: „Wenn die Männer den Fuß auf den Pier gesetzt haben, sind sie im freien Amerika. Sie verstehen?"

Damit tippt der Ordnungshüter an seinen Helm und geht mit einem freundlichen „Good bye, captain".

Während Jochensen wieder an Land steigen muß, um andere neue Leute im Sinne des Wortes ‚zu besorgen', läßt der Erste die *Pindos* seeklar machen, was, verständlich, nicht gelinde Verwunderung bei dem kleinen Haufen erregt. Die Er-

klärung leuchtet aber ein: Die *Pindos* soll außerhalb der Hoheitsgewässer unter Segel auf eine neue Ersatzmannschaft warten.
Als die Viermastbark am nächsten Morgen zum Auslaufen rüstet, stauen sich im Hafen die herbeigeeilten Menschenmassen. Man will erleben, wie diese Handvoll Seeleute mit dem riesigen Segler fertig wird.
Und wieder R. Rauh im Wortlaut: „Für den abwesenden Kapitän übernimmt der Lotse das Kommando, denn wir sind ja — ein Mann steht am Ruder — für das Einholen der Leinen und das spätere Setzen der Segel nur noch fünf Mann stark. Weil der Zwote im Donkey Dampf aufmacht und diesen noch nebenbei betreuen muß, führen wir, wo es nur möglich ist, alle Arbeiten mit Hilfe der im Vorschiff stationierten Dampfwinde aus. Während der Schlepper der *Pindos* langsam seewärts taut, wandern die am Ufer befindlichen Menschen abschiedwinkend mit. Die Besatzungen der Yankees, die wir passieren, stoppen ihre Arbeiten und starren verblüfft das winzige Häuflein Seeleute auf der *Pindos* an. Dann passieren wir den Feuerturm auf der Mole, grüßen dreimal mit der Flagge — San Pedro liegt hinter uns . . ."
Das Wunder geschieht. Die Handvoll Leute setzt bis auf die Obersegel und die Royals alles Tuch. Mit der Dampfwinde zwar, aber man schafft's. Dann holen sie die Schlepptrosse ein, brassen back und warten.
Ihre Geduld wird gar nicht so lange auf die Folter gespannt. Das kleine Schiff, das mit mächtiger Rauchfahne aus dem Hafen von San Pedro herausgedampft kommt, ist, wie sie bald erkennen, jener große Seeschlepper, mit dem Kapitän Jochensen die neue Crew an Bord bringen will. Nun kommt er längsseit. Kapitän Jochensen entert die Jakobsleiter auf, gefolgt von einem Zivilisten eigener Art. Man tippt auf den Boss der honorigen Seemannsvermittlungsfirma oder auf dessen Stellvertreter. Auf der *Pindos*, die Jochensen grußlos betritt, als sei er nur eben für fünf Minuten mal von Bord gegangen, gibt der Kapitän ein Zeichen zum Schlepper hin, dann ziehen sich die beiden Herren in die Kajüte zurück.
Das Zeichen war das Signal für den breitschultrigen Makker auf dem Schlepper, der achtern mit gekreuzten Armen neben der Reling steht. Der Riesenkerl zerrt mit ein paar anderen Mannen eine Persenning zur Seite, darunter ein lakonisches Gewirr von Armen, Beinen und Menschenleibern: bewußtlose Kerle in einem buchstäblich hingeworfenen Durcheinander:
die neue Crew.
An Bord sind diese Herren nur über eine Talje zu bitten. Sie werden wie Salpetersäcke über die Reling geheißt und fein säuberlich, daran hat man sogar noch Spaß, in Reihen nebeneinander an Deck gelegt.
In diesem Augnblick betritt Jochensen, gefolgt von dem Herren mit der Gangsterphysiognomie, wieder das Deck. Was sich in der Kajüte des Alten abgespielt hat, bedarf keiner Erklärung: der Alte hat den geforderten Preis gezahlt, als der letzte Mann an Deck gehievt wurde.
Zum Ersten gewandt, sagt Jochensen, während die beiden Schlepper losgeworfen werden und mit dem Lotsen und dem Gangsterboss heimwärtsdampfen:
„Untersuchen Sie die Burschen, ob sie Waffen bei sich führen."
Nur kleine Taschenmesser dürfen die noch immer selig schlummernden und schnarchenden Ahnungslosen behalten, dann zerrt man sie über Deck ins Logis und verfrachtet sie in die für den jeweiligen neuen Kumpel bestimmte Koje.
Jochensen bespricht sich kurz mit dem Ersten Offizier und gibt ihm den Befehl, abzulaufen.

Die Seewache, ein Offizier und zwei Matrosen, brassen die Viermastbark *Pindos* voll, während der Alte sich zurückgezogen hat. Er hat Schlaf nötig, das billigt ihm jeder ohne Mißgunst zu. Mag sein, daß ihn auch die neuerlichen Kosten für die Neuen noch mehr erblassen ließen.

An dem Spruch, daß sich alle Schuld und alles Böse auf Erden räche, scheint doch etwas wahr zu sein. Hätte „Cöppen" Jochensen mehr Großzügigkeit in puncto Verpflegung gezeigt, er hätte sich viel Kummer und eine ganz hübsche Handvoll Dollars ersparen können.

R. Rauh: „Die Nacht verlief ohne Zwischenfälle. Morgens erhielt jeder von uns vier Matrosen einen alten Trommelrevolver mit sechs Patronen, dazu eine kurze Einweisung in die Handhabung, aber auch den strengen Befehl, die Schußwaffe bis auf weiteres verborgen zu tragen und nur in Notfällen zu benutzen. So gerüstet, gingen wir sechs Mann — der siebente stand am Ruder — zum Mannschaftslogis, um den ‚Auferstehungsakt' der neuen Crew durchzuführen. Im Roof gröhlten und polterten bereits einige der Kerle, als die verschlossene Tür an der Luvseite geöffnet wurde. Und heraus torkelten, von der Sonne geblendet, sechs bis sieben Mann an Deck, starrten verblüfft auf die ihnen von den Offizieren entgegengestreckten Pistolenläufe, auf die See und auf die grauen Segelpyramiden über sich. Dann stammelte einer: ‚shanghait'?

‚Stimmt', sagt Jochensen, ‚Sie sind uns, meine Herren, von dem Heuerbaas als Crew an Bord empfohlen und geliefert worden. Es hat keinen Zweck, sich dagegen aufzulehnen, Meuterei wird auf deutschen Schiffen mit Zuchthaus bestraft. Außerdem steht das Schiff schon hundert Seemeilen von Land ab, und einen großen Segler kann nur ein Berufsseemann führen. In drei bis vier Wochen haben wir unseren Hafen erreicht. Dort können Sie meinetwegen wieder an Land steigen. Machen Sie keine Dummheiten. Fügen Sie sich!"

Eine dichtgedrängte Übersicht ihres Vorrates an Verbalinjurien und der Schwur, den Seelenverkäufer von einem Heuerbaas nach der Rückkehr umzulegen, ist die Antwort auf die Begrüßungsansprache Jochensens. Dann aber siegt langsam die Einsicht. Sie fügen sich in die Lage. Ein Schlag dicke Bohnen mit Speck und Sirup dient als Magenpflaster. Und dann erhalten die Männer den Auftrag, ihre anderen, noch im Dämmerzustand liegenden Leidensgenossen zu wecken und mit der rauhen Wirklichkeit vertraut zu machen. Essen stehe auch für sie bereit.

Die Übergangszeit bis zur Klärung dieser Situation ist für die linientreue Besatzung eine Nervenprobe.

Schließlich trabt die ganze Gesellschaft nach achtern, wo sie von den Offizieren und deren Getreuen erwartet wird. Die Männer verlangen Aufklärung darüber, wie sie an Bord gekommen sind.

Kapitän Jochensen umgeht die kritische Frage, verlangt erneut Gehorsam und die Aufnahme der Arbeit.

Wieder schimpfen die Kerle wie Kanalarbeiter, bringen dann aber ihre eben geweckten Kumpels zum Essen und geben Antwort auf die Frage nach ihrem Beruf. Das Ergebnis ist für die Schiffsführung vernichtend. Nur zwei Mann sind Matrosen, wenn auch nur Rostklopfer, die auf Dampfern fuhren, zwei andere Heizer, also auch Männer, die wenigstens Seebeine haben, die anderen aber entpuppen sich als Farmarbeiter oder Viehhirten. Ein mickriges Kerlchen mit einer zu seiner Figur diametral gewaltigen und dazu baßtiefen Stimme stellt sich als Sektenprediger vor. Ein solcher Beruf wird nun gar nicht gebraucht. Jochensen aber weiß Rat, fürchtet er doch, daß das Männchen beim geringsten Husten-

anfall des alten Herren Rasmus über Bord geweht werden würde: er steckt den „Heiligen“ in die Kombüse.
Von den Neuen können die Offiziere wenigstens fünf Mann dazu überreden, mit den Seeleuten der Stammbesatzung in die Takelage zu steigen, wenn auch keiner von ihnen über die Unterrahen hinausentern will. Die anderen aber versichern mit tiefem Ernst, sie würden sich lieber totschlagen lassen, als auch nur einen Fuß in die Wanten, die sie Strickleitern nennen, zu setzen.
Kein leichter Job für die vom Stamm, die willigen Neuen in die Geheimnisse der Takelage einzuweihen, ihnen die Tampen, deren Namen und deren Sinn zu erklären und auch, weshalb ein Tau immer wieder auf denselben Platz gelegt werden müsse.
Vierzehn Tage gehen ohne Komplikationen dahin.
Man hofft, vielleicht in zwei Wochen schon im Zielhafen Taltal zu sein.
Am nächsten Tage jedoch fällt, fast aus heiterem Himmel, eine Fallbö ein und drückt das Schiff, auf dem nur die Royals fest sind, bis zur Steuerbordverschanzung unter Wasser. Selbst die Nichtseeleute begreifen die verteufelte Situation, nun werfen sie an Tampen los, was sie gerade zu fassen bekommen: Fallen, Halsen, Geitaue und auch die Brassen.
Der Tumult ist nicht zu überbieten, denn zum Heulen der Bö mischen sich die Schreie der Altbefahrenen, um die Neuen an falschen Handgriffen zu hindern, die Kommandos des Kapitäns, das wilde Schlagen der Segel, das Stöhnen und Ächzen des Tauwerks, das harte Klappern der Blöcke und — das läßt alle, die von der Seefahrt etwas verstehen, erschauern — jenes unterirdische Rumoren aus dem Laderaum:
Der Ballast ist übergegangen.
Wie sie das Schiff vor dem schier sicheren Ende retten, ist eine Geschichte für sich, auch die Heimkehr nach Old Germany, die besondere Beachtung verdient. Doch darüber in einem anderen Zusammenhang.

☆

Woher das Wort kommt, das Verbum shanghaien? Vermutlich hängt das mit der Seestadt in Asien zusammen, nein sicherlich, denn hier muß es — so nach dem Cap Hornier Robert Miethe[308] — am dollsten zugegangen sein: „... Damals in Shanghai wurden die fehlenden Leute auch im letzten Augenblick an Bord gebracht und, total besoffen, im Logis verstaut. Erst auf See wurde festgestellt, daß — so geschehen bei uns — einer gar nicht mehr lebte. Es war anzunehmen, daß er von den Runnern schon tot an Bord gebracht worden war ...“

☆

Auch so etwas gibt es und verleitet nicht selten zum Desertieren: So geschehen in Geelong, dem beliebtesten Wheat-Season-Hafen in Südaustralien:
Ein schwerreicher Hotelbesitzer will den Leichtmatrosen Johannes Lühr von der *Birma* überreden, als dieser ihm sein Schiff zeigt, an Land zu bleiben. Er will ihn als Erben und zukünftigen Schwiegersohn für seine einzige Tochter adoptieren. Er verhandelt sogar mit dem Kapitän der Bark, mit August Freiherr von Wrede. Der lehnt nicht ab, er sagte zu dem Jungen:
„Du hast jetzt das erste, das schwerste Berufsjahr der Seefahrt hinter Dir. Und irgendwann einmal wird sich das große Heimweh einstellen. Denke daran. Denke auch an Deinen Beruf.“
Johann Lühr bleibt der Seefahrt treu.

Jahre später ist er selbst Kapitän. Und ein guter dazu.
In einer alten Hamburger Zeitung ist nachzulesen, was die junge Frau eines noch jüngeren Kapitäns im Zielhafen einer Reise nach Kalifornien an Bord einer Blankeneser Bark[309] erlebte:
„Die blonden Hamburger, Altonaer und Holsteiner Jungen, die mein Mann als Besatzung angemustert hat und die mit ihren blauen Augen aussehen wie die Anhänglichkeit selbst, sind hier, in Kalifornien, wie Spreu im Wind zerstoben, ausgerissen wie Schafleder. Die Sonne des Goldenen Tors, das lockende Abenteuer und der Mitschnacker von Heuerbaas hatte sie unruhig gemacht. Eines Morgens waren sie weg. Der Ersatz war eben Ersatz und ein Unterschied wie zwischen Bohnen- und Mischkaffee. Es waren Skandinavier, allerhand Engländer und sogar Spanier an Bord. Aber mein Mann war ein Athlet von Gestalt. Er konnte mit einer Hand einen mittelgroßen Mann im Ölzeug und Seestiefeln am steifen Arm vom Mannschaftslogis an Deck herunterlassen. Eine gute Faust, hieß es damals, ersetzt den Konsul und eine Eintragung ins Schiffsjournal.

☆

Commandant Armand Hayet, ein in Paris lebender Cap Hornier, erinnert sich[310]:
„. . . Aber die Seeleute, die im damals französischen Tahiti und den umliegenden Inseln desertierten, sie waren weder von Habgier noch von Zorn geleitet. Sie folgten nicht niederen Instinkten. Sie ergaben sich einzig und allein dem allmächtigen Zauber dieses Landes, dem Reiz dieser Menschen, dieser Frauen, die alles übertrafen, was sie sich je erträumt hatten. Und ihre Handlung wurde verstanden und verziehen von denen, die die Kraft hatten, ihre Begeisterung zu bändigen und der Verhexung des Archipels zu widerstehen.
Clipper, Barken und Walfänger kamen zur Ruhe und zur Überholung an diese Küsten. Mancher Mann flüchtete und lebte unter den Polynesiern wie ein Eingeborener. Die Jahre vergingen und die meisten von ihnen — sie blieben den Inseln zwar treu — nahmen wieder Verbindung mit ihrer Zivilisation auf. Sie tauschten den Pareo gegen den europäischen Anzug ein, wurden Händler oder Pflanzer. Mehrere der bedeutendsten Unternehmungen von Papeete hatten, als ich dort war, einen desertierten Matrosen zum Ursprung: Deserteure aus Liebe zu Tahiti.
Auch ich wollte desertieren. Ich war buchstäblich behext. Das Schiff lag vor Anker auf der Reede. Meine Wahineh — die der letzten Tage — sollte mit ihrer Piroge in der Nacht vor unserer Abreise in Bordnähe kommen. Gegen elf Uhr glitt ich aus meiner Kabine und stieg auf das einsame Achterdeck.
Kaum waren fünf Minuten verstrichen, als ich einen soliden Fußtritt in die Rippen bekam und die Stimme des Ersten erkannte: „Was tun Sie da, Toppsgast, gehen Sie unter Deck . . . Wissen Sie nicht, wie ungesund es ist, nachts unter den Sternen zu bleiben . . . wenn man nicht Wache hat? Für Kinder vor allem . . ."
Ein Kind!!! Ich war fast 16 Jahre alt . . .
Mit verkrampftem Herzen gehorchte ich, aber in der Hoffnung, doch noch rechtzeitig wieder an Deck kommen zu können. Ich hatte mich aber kaum in meiner Koje ausgestreckt, als der Schlüssel im Schloß herumgedreht wurde. Ich war gefangen. Alles war verloren, und ich wußte nicht einmal, daß in dieser Nacht außer der üblichen, den Männern zustehenden Bordwache, der Erste Offizier, der Zweite und auch der Bootsmann umsichtig eine unnachsichtige und für sentimentale junge Seefahrer so grausame Aufsicht ausübten!

Erst nachdem wir Kap Horn umsegelt hatten und wieder bei schönem Wetter und perlmuttfarbenem Mondschein dahinglitten, einem Mondschein wie der, den ich im See von Taravao so bewundert hatte, zerriß ich den langen Abschiedsbrief, den ich an meine Eltern geschrieben hatte, in lauter kleine Fetzen.
Wie übermütige Schmetterlinge flogen sie dahin, auf denen ich um Verzeihung gebeten hatte für meinen festen Entschluß, einige Jahre auf den Inseln der Schönheit und der Liebe, dem Traumland der Deserteure, zu verbringen . . .[311]"

✡

Auf dem Hamburger Vollschiff *Harvestehude* in Mejillones in Chile anno 1912 passiert[312]:
Auf Zehenspitzen schleicht sich — es ist die stille Zeit kurz nach dem Mittagessen — der Smut auf die Back. Er, im Elbflorenz geboren und von kleiner Statur, aber napoleonischer Gewichtigkeit, hat sich, ganz gegen seine Gewohnheit, eine feine blaue Jacke angezogen, als wolle er — ein guter Koch und daher wertvolles Besatzungsmitglied — an Land gehen. Und das über die Back?
In diesem Augenblick nähert sich das Mannschaftsboot eines Norwegers. Es hat direkten Kurs auf den Bug der *Harvestehude* und
im gleichen Augenblick wirft der Smut nach einem scheuen Blick nach achtern den Niederholer des Außenklüvers über Bord, hievt sich akrobatisch über die Reling, die kaum höher als er groß ist, und hangelt sich an den Tampen hinab.
Doch bevor er sich in das herangleitende Boot schwingen kann, stoppt der Zwote die Norweger. Als sie den langen Kerl mit dem Revolver in der Hand auf der Back auftauchen sehen, drehen sie ab und lassen den Smut am Ende des Niederholers.
Die alarmierten *Harvestehude*-Seeleute ziehen ihn, der mit den Schuhen im Wasser „steht", im Shanty-Takt an Deck. Hier angekommen, faucht er den Zwoten wütend in unverfälschtem Sächsisch an:
„Das is hier wol een richtjes Griechsschiff, wo se uff eenen mit Ganonen zielen, was? Nich mal seine Freinde uff'n Stogfischseechler derf mer besuchen?"

✡

Zum Abschluß ein paar Zahlen. Eine Stichprobe für das damals (1907) wohl wichtigste Zielgebiet für Segelschiffe belegt gegenüber einem der Hauptzielhäfen für die Dampfschiffahrt dieses:
1907 gemeldete Desertionen von Segelschiffen: Antofagasta 2, Callao 21, Iquique 4, Pisagua 1, Taltal 3, Valparaiso 10;
1907 gemeldete Desertionen von Hamburger Dampfschiffen allein im Hafen von New York: 1629 Seeleute.

XVII
Meuterei

Wer von Meutereien an Bord von Segelschiffen spricht, denkt gewißlich sofort an jene klassisch gewordene Auflehnung, die als die „Meuterei auf der Bounty" in die Geschichte eingegangen ist. Oder an den Fall des russischen Panzerkreuzers Potemkin *oder auch an einige Fälle aus der jüngsten Zeit. Auf den Schiffen zur Hoch-Zeit der Segelschiffe waren Meutereien selten, dennoch: es gab sie.*

Schlechtes Betriebsklima kann sich verschiedenartig auswirken, auf keinen Fall zum Guten. Entweder leidet die Arbeitswilligkeit oder — im extremen Fall — es kommt zum Knall. An Land ist es nicht so schlimm, wenn die Leute einfach wegbleiben. An Bord eines auf Reede liegenden Schiffes aber liegen die Dinge anders: So auch auf der *Melpomene*, einem Vollschiff aus Hamburg, das im Salpeterhafen Iquique[313] in der Reihe der hier ankernden Schiffe lag, unweit vom Rumpf eines ausgebrannten englischen Viermasters, auf dem eine unzufriedene Mannschaft die Salpeterladung angezündet hatte.
Man sagt zwar, daß gute Beispiele schlechte und schlechte Beispiele gute Sitten verderben, das Vorbild der britischen Schwester ist's nicht, das die Besatzung des Hamburger Vollriggers unzufrieden sein läßt:
Das Schiff schwimmt nun schon seit vier Wochen auf Reede, es hat den größten Teil seiner Ladung gelöscht, aber noch immer werden den Seeleuten vor dem Mast Landgang, Geld und ein Guthaben beim Bumbootmann versagt.
Die Schiffsführung vertröstet die Bittsteller von einem Sonntag auf den anderen. Das schafft böses Blut.
Der fünfte Sonntag: In der Nacht vom Sonnabend zum Sonntag will es der unglückliche Zufall, daß chilenische Fischer Schnaps gegen Kleidungsstücke anbieten. Der Köhm schafft Mut.
Auf diesem Schiff wird er zur Lunte am dynamitenen Faß angestauten Zorns. Als nun der Kapitän mit dem I. und III. Offizier am frühen Montagmorgen mit dem Boot zurückkehrt, werden sie von den Männern der Besatzung am Fallreep erwartet.
„Wollen Sie uns endlich Geld und Urlaub geben", fragt der Sprecher den Kapitän. „Nein", ist dessen kurze barsche Antwort.
Und nun geht alles sehr schnell und beinahe lautlos. Die drei entreißen den Offizieren die Pistolen, die diese ziehen wollen, werfen sie über Bord und lassen Kapitän und Ersten und Dritten folgen. Sie können sich aber in das von den Meuterern noch nicht aufgeheißte Boot retten, denn einen Fehler machen Aufrührer und andere ihrer Art ja immer. Was liegt näher, als daß der Kapitän an Land Hilfe holt.
So kehren sie dann — von den in die Takelage geenterten Besatzungen der Nachbarschiffe mit verhaltenem Schweigen, aber großer Neugier beobachtet — im Geleit schwer bewaffneter Polizisten, die in gleich drei Booten eben noch Platz gefunden haben, zurück. Und da den Unzufriedenen noch ein zweiter Fehler unterlief, nämlich zu vergessen, die Fallreeps und die Jakobsleitern aufzuholen,

haben die Polizisten keine sonderlichen Mühen, an Deck der *Melpomene* zu gelangen. Dennoch gehen sie nicht konsequent genug mit den Meuterern um, was zumindest dafür spricht, daß echte Meutereien auch damals selten waren. Die Unzufriedenen greifen mit Handspaken und Koffeenägeln an, überwältigen die Polizisten und erneut den Kapitän und seine Getreuen. Dasselbe Schauspiel: sie werden über Bord geworfen und von Bootsbesatzungen aufgenommen.

So zieht sich denn die Streitmacht unter dem Gejohle der nun munter gewordenen Crews in den Masten der Nachbarschiffe zurück, während die Aufrührer glauben, diese Abfuhr selbst der Polizei werde dem Alten genügen und ihn zum Einlenken zwingen. So was wird nun wie jeder Sieg tüchtig begossen, mit einer Flüssigkeit, die einige solide Duhnstärken aufzuweisen hat. Aber erst nachdem man — aus dem Schaden klug geworden — dieses Mal Fallreeps und Jakobsleitern aufgeholt hat.

Mehr oder weniger unbemerkt, nähert sich in den Nachmittagsstunden unter der Führung des deutschen Konsuls eine neue Streitmacht der *Melpomene*, mehr oder weniger unbemerkt insoweit, als der Alkohol die Rädelsführer übermannt und in einen tiefen Schlaf befördert hat und andere Besatzungsmitglieder, die sich nur durch die Gewalt und Drohungen in die Meuterei gefügt hatten, den restlichen Meuterern zur Vernunft zureden.

Also werden die Anführer nicht geweckt, als die Bootsflotte mit fast dreifacher Zahl an schwer bewaffneten Polizisten längsseit kommt. Und als der Konsul verlangt, man solle das Fallreep fieren und die Jakobsleitern über die Reling geben, man solle jeden Widerstand unterlassen, anderenfalls jeder, der Widerstand zeige, sofort niedergeschossen würde, geschieht alles nach Wunsch.

Die gesamte Besatzung wird gefesselt an Land geschafft.

Verhöre trennen die Schafe von den Böcken.

Wer nicht allzusehr belastet ist, darf als freier Mann an Bord zurückkehren, während die Anführer mit einem anderen Schiff in die Heimat befördert werden.

Die Strafe ist hart, denn nichts wiegt auf einem Schiff schwerer als Gehorsamsverweigerung oder gar Gewalttätigkeit gegen die Schiffsführung. Sie wird, soweit es deutsche Schiffe betrifft, verhängt nach den §§ 101—102 der Deutschen Seemannsordnung und dem § 122 des Deutschen Strafgesetzbuches.

Wenn mit diesem — gemessen an der *Bounty* — noch gelinden Beispiel das Kapitel Meutereien auf Segelschiffen beendet wird, dann einfach deshalb, weil Meutereien auf Seglern — und auf deutschen ganz besonders — eben selten waren.

XVIII

Aberglaube und Brauchtum

Nach der Etymologie ist Aberglaube soviel wie ein falscher Glaube. Da aber das, was den „wahren Glauben" ausmacht, für verschiedene Völker oder Berufsgruppen und zu verschiedenen Zeiten sehr verschieden ist, so erscheint dem einen das als Aberglaube, was dem anderen wahrer Glaube ist, und umgekehrt. Auf den höheren Religionsstufen werden sich immer die den niedrigen Stufen eigentümlichen Anschauungen, sofern sie mit den höher entwickelten Vorstellungen in Widerstreit geraten, als Aberglaube darstellen. Das betrifft namentlich die Überbleibsel früherer sinnlicher Vorstellungen, wenn diese als Verunreinigung des geistigen und sittlichen Glaubens erscheinen. Als Überrest der alten Naturreligionen bezieht sich der Aberglaube deshalb vornehmlich auf das Walten geheimer Mächte in der Natur. Er sieht entweder rein passiv in gewissen Naturvorgängen Vorzeichen des eigenen Schicksals, und er deutet Dinge, die mit den menschlichen Verhältnissen keinen Zusammenhang haben, so den Flug der Vögel, den Befund der Eingeweide geopferter Tiere, oder, bei Seeleuten, das Auftauchen eines Kometen und dergleichen, zu Anzeichen für das vorbestimmte Gelingen und Mißlingen menschlicher Tätigkeiten und Vorhaben um. Oder aber er wird versuchen, durch gewisse Vorbeugung dem Einfluß von Vorzeichen auf zu befürchtende Ereignisse entgegenzuwirken.

Ratten, nichts als Ratten. In allen Laderäumen der *Erik Rickmers* tummeln sie sich, und nicht selten verläuft sich einer dieser grauen Langschwänze bis ins Matrosenlogis im Vorschiff. Man läßt sie gewähren, man verscheucht sie höchstens. Und eben dieser Ratten wegen gibt es während der Liegezeit des Vollschiffs in Hongkong Zustand, Unruhe, Angst. Der Erste hatte einen Matrosen als festen Nachtwächter bestimmt, und dieser Mann waltete seines Amtes mit der Gewissenhaftigkeit eines Segelschiffjantjes, der nur zu gut weiß, daß seine Hand mehr als nur eine Arbeitshand ist, daß seine Augen das Schiff vor einer Katastrophe bewahren können, wenn er auf Ausguck das drohende Unheil rechtzeitig erkennt, Klippen etwa, ein treibendes Wrack oder einen mit nicht intakten Lichtern fahrenden Entgegenkommer in der Nacht ...

Bereits nach der ersten Nachtwache in Hongkong stürzt der Mann zum Ersten Offizier Jannssen und berichtet, was er sah: daß Ratten, von denen es auf der *Erik Rickmers* ja wimmele, während der Nacht an Land spaziert seien.

„Ach", so winkt der Erste lachend ab, „laß doch die herrlichen Ratten ruhig mal auch einen Landspaziergang unternehmen. Laß sie an Land wie die Seeleute, laß sie sich auch mal amüsieren."

Der Matrose bleibt ernst. Dann sagt er weiter, mit Unruhe und deutlicher Sorge in der Stimme: „Ich habe gesehen, wie verschiedene Ratten von den Fendertauen hinabgeklettert sind. Keine einzige ist davon zurückgekommen ..."

Die Tatsache, daß Ratten das Schiff verlassen, macht schnell die Runde und auch das Sprichwort, nach dem Ratten eben nur ein sinkendes Schiff verlassen. Aber von sinkend kann bei der *Erik Rickmers* nicht die Rede sein.

Erneut kommt das Thema Ratten auf die Back, als die *Erik Rickmers* im Hafen von Bangkok zur Heimreise rüstet und ausgerechnet an einem Freitag den Anker einholt. Der Zimmermann kann es sich nicht verkneifen, den Ersten Offizier

anzusprechen: „Herr Steuermann, warum gehen wir denn ausgerechnet heute, an diesem Freitag in See, wo doch der Sonntag der eigentliche Bremer Segeltag ist?"
Darauf weiß auch der Erste Offizier Jannssen keine rechte Antwort. Auch, daß die *Erik Rickmers* dann ein paar Seemeilen vom Ankerplatz (prompt, möchte man sagen) auf eine Sandbarre läuft, kann den IO nicht überzeugen, daß es derartige überirdische Kräfte und an gewisse Vorzeichen gebundene Regeln seemännischen Aberglaubens geben soll. Aber der Zimmermann beschwört ihn jetzt erst recht: „Stürmann, erst die Ratten und nun auch noch dieses Unglück nach dem Ankeraufgehen . . . Das ist der Anfang vom Ende."
Er war es wirklich, denn die *Erik Rickmers* strandete kurz vor dem Kanal.
Und da niemand zu Schaden kam, konnte der Timman dem Ersten gegenüber sein Fazit ziehen: „Na, Steuermann, wer hat nun recht gehabt?"
Jannssen, später, in einem Bericht über diese letzte Reise: „Ich mußte zugeben, daß er recht behalten hatte. Aber abergläubisch bin ich nicht mehr und auch nicht weniger geworden, als ich es vorher war. Aber nachdenklich hat es mich doch gestimmt."
Nachdenklich hat es ihn gestimmt . . . Das ist für einen, der dem Aberglauben nur ein wenig oder gar nicht zugetan ist, soviel wie der erste Schritt zur Überzeugung. Noch ein Fall — oder ein ähnlicher — und dieser ernst-nüchterne, grundsolide Mann glaubt daran, glaubt an die Ratten als überirdisches Zeichen, wenn sie ein Schiff verlassen, und an den Freitag, an dem kein Seemann in See gehen darf (oder sollte).
Übrigens, was man den Ratten nachsagt, trifft auch auf die Küchenschaben zu. Der Seemann hat diese emsigen, stets geschäftigen und stets eiligen Tierchen schwungvoll in Kakerlaken umbenannt. Er hat nichts gegen sie. Im Gegenteil. Je mehr Kakerlaken, um so sicherer das Schiff. Und allen Ernstes gibt es Seeleute, die ein Schiff meiden, auf dem keine Kakerlaken leben, denn ein Schiff ohne diese stets eilfertigen mahagonifarbenen Käfer an Bord ist (für sie) ein Unglücksschiff.
Um sich der Gunst des Windgottes zu versichern, um in Flauten und Stillen eine leichte oder deftige Brise herbeizuerbitten, bedient sich Hein Seemann auf einem vom Wind so abhängigen Windjammer der verschiedensten Methoden. Sie beginnen beim wahren, beim echten Gebet. Hoffen läßt Hein Seemann aber auch, den Wind an placktotenstillen Tagen durch ein stilvolles Kratzen am Mast zum Erscheinen zu bewegen oder gar zu reizen.
Es ist in Fachkreisen die Rede davon, einen Erfolg in dieser Richtung gäbe es auch, wenn der Moses mit dem ältesten Piassavabesen an Bord ins Vorwant steigt, um mit dem Dings in der Fock herumzufegen. Es soll Kapitäne gegeben haben, die unter grummelnd vorgebrachten Beschwörungsformeln Kupfermünzen als Windopfer achteraus auf die nasse Wiese geworfen haben. Natürlich wählte ein sparsamer Käppen, wenn er ein Deutscher und kein Schotte war, chinesische Coppers dafür, denn die machten nur ein Fünftel eines Kaiserlichen Reichspfennigs aus: „Halfpennies? Mann, dat ward to dühr!"
Auch eine in einen Spalt des Besanmastes hineingesteckte Klappmetz, ein seemännisches Taschenmesser also, soll hier und dort wahre Wunder bewirkt haben.
Zu den alten, uralten Mitteln, ‚Wind zu machen', gehört auch das Geflöte des Bootsmannes, denn nur er versteht sich auf die rechte Melodie. Daher darf nur er und kein anderer flöten, nur er und der Wind. Einer in der

„Seekiste", was sich in einem speziellen Falle „danach" tat, einer mit Humor: „Gegen Mittag des ersten Weihnachtsfeiertages schienen die Gebete und Zauberformeln nach Wind an Ort und Stelle angekommen zu sein. Erst fing es langsam und alsdann immer heftiger an zu wehen. Gegen Abend kam noch eine Windsee dazu, eine, die von gar nicht schlechten Eltern war. Das Schiff, das das Besanstagsegel als Treiber gesetzt hatte, den man dortzulande so sinnig den Apan, den Affen zu nennen pflegt, schöpfte dennoch munter Wasser von beiden Seiten, so daß der Zirkus an Deck um die Galanummer einer Wasserpantomime erweitert wurde. Man gut, daß in dem Krach nicht zu hören war, was die Janmaaten an Stoßgebeten gen Himmel und zur Konkurrenz schickten.
„Seht Ihr, da habt Ihr's: So viel Wind und keine Segel . . ."

☆

Auf der Viermastbark *Pindos* ist, als sie 1905 von Hamburg nach dem kalifornischen San Pedro segelt und nach dem Umfahren von Kap Hoorn über den SO-Passat im Pazifik in die Mallungen gerät, E. Rauh dabei[314]. Hier sein Bericht im Wortlaut, sonst glaubt's einfach keiner:
„. . . ein wilder Brassentanz beginnt, um das Schiff aus der Windstille herauszubringen. Kapitän Jochensen kratzt wie eine Wildkatze am Mast, er flötet wie ein Kunstpfeifer, den Windgott mit diesen Lockungen zu betören. Entweder ist er etwas schwerhörig geworden oder wegen der feuchten und schwülen Luft nicht zum Pusten aufgelegt. Jedenfalls ziehen die Tricks nicht. Weil aber durch die Windstille die bisher sehr schnell verlaufende Reise gefährdet ist, gibt Jochensen seine Bemühungen um Wind nicht auf.
Er holt zwei ausgelatschte Pantoffeln an Deck, hält sie, für den Windgott gut sichtbar, hoch und wirft sie über Bord. Es ist unklar, ob der Windgott durch die Großzügigkeit anderer Kapitäne in gleicher Lage schon ein ausreichendes Pantoffellager hat oder ob ihm dieses Pantoffelopfer zu schäbig vorkommt. Jedenfalls reagiert er sauer. Er zeigt sich auch jetzt noch nicht.
Jochensen mag die Minderwertigkeit seines filzigen Opfers schließlich eingesehen haben, denn Stunden später kommt er mit einer vollen Flasche Schnaps an Deck, mit der er sich an der Heckreling aufbaut. Dann zwitschert er mit dem Korken auf der Flaschenwandung die reinsten Sirenentöne, nimmt einen mächtigen Schluck, verkorkt die Buddel und wirft sie mit den Worten ‚Wohl bekomm's' außenbords.
Auf dieses imponierende Knallköhmopfer scheint der Windgott nur gewartet zu haben, denn bald danach tänzeln leichte Eindrücke von Katzenpfoten über den Wasserspiegel.
‚An die Brassen!' brüllen Alter und wachhabender Offizier zugleich.
Die flappenden Segel füllen sich, und allmählich nimmt die *Pindos* die Fahrt wieder auf.
Wir haben vier kostbare Tage in den Mallungen verloren. Sie sind kaum wieder einzuholen.
Und dennoch macht die *Pindos* den Verlust wieder gut, denn:
Vermutlich hat Jochensen in seinem Eifer die Buddel Schnaps mit der Hausmarke für den persönlichen Gebrauch geopfert, und dieser Stoff muß dem Windgott gut gemundet und ihn gnädig gestimmt haben. Der nun durchgekommene NO-Passat wird steifer und steifer. Schließlich tanzt er, wie sein Bruder im Nordatlantik, vollends aus der Norm . . ."

Wer diese Zeilen aufmerksam liest, wird sich des Eindrucks nicht erwehren können, daß die Opfergaben des *Pindos*-Kapitäns von der Mannschaft absolut ernst genommen wurden, wenn der Verfasser die Maßnahmen des Alten auch mit heiterer Note erzählt.

Das sagt Max Krohn, der 40 Jahre auf Segelschiffen fuhr und 1952, als 62jähriger, unter Kapitän Heuer dabei war, als die Viermastbark *Passat* nach der Ostküste von Südamerika segelte, wo sie in Rio Grande do Sul, in Rosario und in Buenos Aires stürmisch begrüßt und gefeiert wurde: „Nach ältester Segelschifftradition soll ein Segelschiff nur an einem Sonntag in See gehen. Auf keinem Fall aber an einem Freitag."

Einem solchen schwarzen Freitag gibt Oldtimer Krohn ja auch die Schuld, daß das Vollschiff *Walküre,* auf dem er 1911 als Segelmacher angemustert hatte, verlorenging.

Es war am Freitag, dem 1. Dezember 1911, als die *Walküre* von Hamburg aus zu neuer Reise aufbrach, in Brunshausen noch 600 Kisten Dynamit übernahm, bei Cuxhaven den Schlepper entließ und die Segel setzte . . .

Sie passiert Borkum Riff noch bei einigermaßen handigem Wind, der abends bei fallendem Barometer aber derart stürmisch wird, daß die Bramsegel eingepackt werden müssen.

Typisch für ein Auslaufen am Freitag.

Es regnet so dick, daß man auf der *Walküre* kaum zwei Schiffslängen voraus sehen kann.

Das Besteck ist unsicher. Der Kapitän hält mit Backbordhalsen nach Westen ab.

Der dritte Tag: Es wird gerade gehalst, da wogt ein Bodenstoß durchs Schiff. Die *Walküre* ist auf die gefährliche, 30 Seemeilen östlich von Great Yarmouth liegende Sandbank von Haisborough aufgelaufen. Brecher schwemmen viel Wasser an Deck.

Die Decksladung, 500 Glasballons mit Salpetersäure, geht über Bord. Macht nix, denn man will das Schiff ohnehin leichtern, um die 600 Kisten Dynamit, die Kisten mit Glaswaren, Schreibmaschinen, Trichtergrammophonen, Porzellan und viel Gutem mehr zu retten.

Und da das Schiff Wasser macht, kommen die Pumpen nicht zur Ruhe.

Umsonst. Mahlsand packt den Rumpf und gräbt ihn immer tiefer ein.

Der Wind schießt nach Nordwesten aus. Jetzt bringen die Brecher schon Sand mit an Deck.

Aus. Hier helfen nur noch Notsignale, denn die *Walküre* zerren auch zehn Schlepper nicht mehr frei.

Aber erst nach sieben Tagen, während denen Tag und Nacht Notsignale abgefeuert wurden, schert das Segelrettungsboot von Great Yarmouth heran. Es übernimmt eine völlig erschöpfte Besatzung. Als man sich in Hamburg trennt, kann es sich Max Krohn nicht verkneifen: „Das ist es, nur das: Kein Segelschiff sieht die Heimat wieder, das an einem Freitag den Hafen verläßt . . ."

Ein Freitag, und ein 13. dazu, war es auch, nämlich der 13. Dezember des Jahres 1907, als die „Revolution der Seefahrt", der Siebenmast-Gaffelschoner *Thomas W. Lawson,* bei den Scilly Islands verlorenging. Mehr darüber und über dieses Schiff, das zu den großen der Windjammer gehörte, im Kapitel XXII: Die Größten unter den Segelschiffen der Welt.

Frauen spielen im Leben des Seemannes so — aber auch so — eine Rolle. Der Aberglaube, daß Frauen an Bord von Schiffen Unglück bringen sollen, ist mit der Zeit nach und nach abgebaut worden.
Einst, vor gar nicht mal so grauen Zeiten, galt es sogar als unheilbringend, einem Schiff nur einen weiblichen Namen zu geben. Erst nach und nach lockerten sich auch hier die engen Bande, vielleicht, weil man inzwischen am Bug der Segelschiffe schon länger Frauengestalten als Galionsfiguren duldete, meist mehr oder minder bekleidete Damen.
Auf der *Cutty Sark* ist's sogar, wie der Name des Schiffes verspricht, eine Lady mit jenem kurzen Hemd, wie es die Nannie in Robert Burns Gedicht „Tam-o'-Shanter" trägt.
Sogar eine Madonna mit Kind verirrte sich an den Bug von Segelschiffen als Talisman. So bei der *Medway*. Doch für den Fachmann war's kein Irrweg, hieß doch die *Medway* früher einmal *Ama Begonakoa* und segelte, für spanische Eigner (Sola y Aznar) in Montevideo registriert, unter uruguayischer Flagge.
Ein solcher Schiffsbugtalisman war es auch, der einmal Kapitän Cook aus der Fassung brachte, als er bei Neuseeland am Bug der Kriegskanus der Eingeborenen geschnitzte Löwenköpfe sah. Da Löwen in Neuseeland unbekannt sind, ist des Rätsels Lösung nur diese eine: Die Eingeborenen machten einen Talisman zum Talisman, eine Galionsfigur, die sie gewißlich, wo denn sonst, an einem gestrandeten Segelschiff entdeckt hatten.
Typisch dafür, wie tief sich ein Traum in das Unterbewußtsein eingraben kann, daß bei zum Aberglauben neigenden Menschen — und unter Seeleuten gibt es derer mehr als an Land[315] — im Wachsein sogar das befolgt wird, was ihnen im Schlaf angeraten worden ist. Da ist das Beispiel von der Viermastbark *Mimi*, über deren Strandung, deren Kentern nach dem Freikommen und der daran anschließenden erneuten Strandung bereits an anderer Stelle berichtet wurde, nicht aber über das sonderbare Traumereignis, demzufolge der Erste Offizier und die anderen Steuerleute fluchtartig das Schiff verließen:
In der Nacht vom 5. zum 6. April des Jahres 1913, von einem Sonntag zum Montag, erwachte Friedrich Flagg, Erster Offizier an Bord der vor der Mündung des Nehalem-Flusses an der Küste von Oregon gestrandeten Bark. Er ist schweißgebadet. Was er soeben träumte, steht greifbar vor ihm: Er sah die *Mimi* als Totenhotel auf dem Meeresgrund. An Deck — von Fischen umschwärmt — die Besatzung außer zwei Mann und dem Kapitän. Die Männer trugen Kränze aus Seetang auf dem Kopf. Ihre Gesichter waren mit durchsichtigen Schleiern bedeckt.
Flagg vermag nicht wieder einzuschlafen. Der Traum verfolgt ihn wie ein Alptraum. Morgens ist er der erste an Deck. Erregt berichtet er seinen Kameraden. Er und die beiden Steuerleute verlassen die Bark. Fluchtartig fast, getrieben vom Dämon eines Angsttraumes, steigen hier Männer aus, die sonst keinen Sturm und keine noch so hohe See fürchteten, die sich als nüchterne Nautiker auf die hohe Kunst der Errechnung eines astronomischen Bestecks verstehen, in deren Wortschatz Begriffe wie Azimutgleiche, Monddistanz, Inklination oder Isodynamen zur Berufssprache zählen.
Wir wissen, daß von den 14 Mann Besatzung der *Mimi* nur 10 überlebten: der Kapitän und die zwei mit ihm geretteten Besatzungsmitglieder, die drei ausgestiegenen Steuerleute und der an Land verbliebene Rest der Crew.
Man muß schon erhaben und gelassen weit über den Dingen stehen, um nicht

ebenfalls — zumindest — beunruhigt zu sein, wenn man die Erfüllung des Traums an Bord der Bark *Mimi* erfährt.

☆

Der Fall *Antuco:* „Einer wird sterben. Einer von achtern wahrscheinlich."

Der ekuadorische, grünuniformierte Zöllner versichert es den Seeleuten der deutschen Bark *Antuco* mit tiefem Ernst[316].

Er sagt es leise, mit ängstlich gesenktem Kopf, wie einer, der sich fürchtet, als man ihn nach dem Namen des auffallend grünweißen Vogels fragte, der sich nach dem „Fallen Anker" im vom Abendlicht getönten Strom vor Guayaquil auf dem Flaggenkopf des Besanmastes niedergelassen hat. Und der nicht weicht.

„Wie diese richtige Vogelart mit Namen heißt, weiß ich nicht. Wir jedenfalls nennen diese Biester Totenvögel."

Das fügt der Beamte noch erklärend hinzu und ist zu keiner weiteren Auskunft über das Wieso und Warum bereit.

Was man an Ungutem über den Hafen hörte, ist nicht übertrieben. Es ist heiß und feucht zugleich. Die Luft ist wie eine gallertartige, stickige Flüssigkeit. Sie ist schlimmer als Treibhausluft. Und die schnell allen bekanntwerdende Tatsache, daß in den letzten vierzehn Jahren den wegen Gelbfieber und Malaria so gefürchteten Hafen nur ein einziges Segelschiff ohne Verluste verlassen habe, macht die Stimmung in Verbindung mit der düsteren Prognose des „Grünen" nicht viel besser. Daran ändert auch die erheiternde Feststellung nicht, daß eine prächtig herausgeputzte Musikkapelle jeden Morgen an Land zur feierlichen Flaggenhissung sinnigerweise eine Operettenmelodie intoniert, nämlich diese: „Reich mir die Hand, mein Leben, komm auf mein Schloß zu mir."

Soviel noch zur Vervollständigung des Bildes: Am Kai liegen noch ein deutscher Dampfer der Kosmos-Linie und das mächtige britische Vollschiff *Allerton.*

Jeden Tag jedenfalls stellt sich — man kann die Uhr danach stellen — der grünweiße Vogel ein, bezieht seinen Platz auf dem Flaggenknopf der Bark *Antuco* und wird erst mit dem erwachenden Morgen von anderen Vögeln vertrieben.

Wenige Tage bevor das Löschen der Kohlenladung beendet ist, erkrankt der Kapitän. Schnell macht die Runde, was der Steward des Ersten und dieser dem Zweiten und dieser wiederum dem Dritten anvertraut hat:

. . . daß dem Kapitän in Australien von einer weisen Frau prophezeit worden sei, er würde nur am Leben bleiben, wenn er mit seinem Schiff beim Auslaufen aus dem nächsten Hafen eine Felseninsel passiert . . .

Sie gehen wieder in See. Als die felsige Insel Santa Clara in Sicht kommt, befiehlt der Erste: All hands achteraus, und verkündet: „Der Kapitän ist soeben verstorben."

Er war erst 39 Jahre alt.

Die Prophezeiung hat sich also erfüllt. Das ist Humus für den Boden, auf dem der Seeleute Aberglaube wächst.

Die *Antuco* — übrigens eine der schönsten deutschen Barken ihrer Zeit und ein Schiff unter der W-&-S-Flagge[317] — läuft zurück und ankert vor der Insel Puna, wo ein Arzt bestätigt, was man angesichts des schon verwesenden Körpers ohnehin schon weiß und wo der tote Kapitän auf einem Bergfriedhof unter einem üppig blühenden Oleanderstrauch seine letzte, aber so heimatferne Ruhe findet.

Und wieder zeigt sich mit Beginn der Abenddämmerung einer von den Grünweißen an Bord. Dieses Mal sucht er sich den Fockmast für die Nachtruhe aus. Und irgendeiner spricht es aus: . . . daß nun auch vorn einer sterben müsse. Noch während der Abwesenheit des Ersten Offiziers, der, da ohne Schifferpatent, nach Guayaquil fahren mußte, um vor zwei *Kosmos*-Kapitänen eine Notprüfung abzulegen, packt den jungen Leichtmatrosen das Fieber. Der spätere Kapitän Dettmering, damals noch Matrose an Bord: „Ausgerechnet ihn, den wir alle so gern hatten, erwischte es."

Der Erste kehrt zurück. Mit dem „Notpatent" in der Tasche. Die *Antuco*, Reedereischwester der beiden stolzen Vollschiffe *Maipo* und *Osorno*, geht wieder in See. Wenige Tage später muß der „Notkapitän" die Flagge auf Halbstock setzen lassen.

Der Leichtmatrose ist tot.

Auch ein Nichtseemann wird nachfühlen, was die Männer beim Gedanken an den grünweißen Vogel jetzt und für alle Zukunft bewegt.

Noch ein abschließendes Wort: Man muß diesen Aberglauben, der mehr als ein Volksglauben zu werten ist, vor dem Hintergrund der hohen Schiffsverluste und der damaligen Zeit sehen. Sie sind besonders bei den kleinen Schiffen — bei Seglern wie später auch Dampfern — verhältnismäßig sehr hoch gewesen. Das französische Versicherungsbüro Véritas rechnete damals in der Welt mit täglich sieben bis acht Schiffsverlusten. Bei solchen Gefahren wucherte natürlich der Aberglaube unter den Seeleuten. Fliegender Holländer und der Klabautermann waren keine imaginären Wesen. Die Leute rechneten damit, einfach, weil sie an sie glaubten.

Und sie waren überzeugt, daß ein Sankt Elmsfeuer dem Schiff und der Besatzung Unglück bringe, genauso wie sie Unheil fürchteten, wenn einer ein lebendes Wesen — sei es nun eine widerliche Ratte oder gar einen Hund oder eine Katze — über Bord werfen würde. Und sie waren nicht davon abzubringen, daß eine vorn am Klüverbaum angenagelte Haifischflosse dem Schiff und seinen Männern Glück bringen müsse. Nur haben mußte man sie erst . . .

☆

Bliebe noch über das Brauchtum an Bord der Windjammer zu berichten. Doch darüber hat Fred Schmidt ein so ausgezeichnetes Werk geschrieben, daß es sich erübrigt, hier näher darauf einzugehen. Nur einige der vielen Bräuche seien kurz erwähnt, vor allem das Hissen des Salpeterkreuzes, jener klassischschöne Brauch der Westküstensegler, wenn der große Tag des Auslaufens gekommen war, wenn die letzte Launch längsseits schwamm und leer war bis auf einen einzigen Sack. Um diesen zu übernehmen, wurde eine besondere Talje an der Großrah angeschlagen. Und es war Moses[318], der in die Launch zu klettern hatte, um den Sack mit einem Stropp in die Talje zu picken. Danach setzte er sich selbst darauf . . . An Deck stehen alle Mann am Tampen, auch der Steward, auch der Koch. Die Schiffsglocke wird geläutet. Auf allen im Hafen liegenden Seglern hören sie auf zu arbeiten, klettern Seeleute in die Wanten oder auf Reling, um zu sehen, wer's ist, der da zur Ausreise rüstet und auch, um das Cheeren nicht zu verpassen. Unter dem Gesang von Hol-Shanties heißen sie auf dem Homeward Bounder den letzten Sack bis dicht unter die Großrah auf, hoch genug, um von allen im Hafen gesehen zu werden. Lärmend fällt für Minuten die Glocke ein. Dann ist Totenstille im Hafen. Der Seemann auf dem

Sack schwenkt die Flagge und beginnt mit dem Cheeren für das zunächst an der Steuerbordseite liegende Segelschiff: „Three cheers for the *Alexander Isenberg* ... Hipp, hipp, hurra! ... Hipp, hipp, hurra! ... Hipp, hipp, hurra!"
Die ganze Besatzung cheert die Hurras mit.
Und nun läuten sie auf der *Alexander Isenberg*. Ein Matrose ist auf die Reling geklettert und ruft, beide Hände zum Trichter vor dem geformten Mund: „Three cheers for the *Landkirchen* (oder für die *Pindos* oder für die *Edmund* ... oder wie gerade der sich zum Auslaufen rüstende Segler heißt), hipp, hipp hurra ... hipp, hipp hurra ... hipp, hipp hurrah ...!"
Und wieder läutet die Glocke. Jetzt gilt der Gruß dem an Backbord liegenden Engländer (oder Franzosen, Italiener oder Deutschen).
Einer nach dem anderen folgt. Keiner wird vergessen. Erst dann wird der letzte Sack mit dem Seemann darauf feierlich in die Luke abgefiert.
Abends folgt ein Fest, auf deutschen Seglern mit Berliner Pfannkuchen oft bereichert. Wein in Flaschen macht die Runde. Rotwein aus Chile. Die Besatzung versammelt sich beim Salpeterkreuz, einem Kreuz aus Spillhaken oder aus Balkenenden gefügt. Die vier Lampen werden angezündet: oben und unten eine weiße, an den beiden Seiten die roten.
Die Nacht ist sternklar. Spiegelglatt liegt das Meer. Rundherum die Ankerlaternen der anderen Segelschiffe.
Auf der *Edmund*, oder wie sie auch heißen mag, läutet die große Schiffsglocke die Feierstunde des Heißens des Salpeterkreuzes ein. Anhaltend kräftig. In ihr Läuten fallen die Glocken sämtlicher im Hafen liegender Segler ein.
Kapitän Strassburger[319], der auf der obengenannten *Edmund* dabei war: „Es ist dies der erhabenste Moment für die Männer der Schiffsbesatzung, denn alle diese Schiffe der verschiedensten Nationen läuten ja für sie. Jedem einzelnen der Besatzung gilt der Gruß. Nach etwa zwei Minuten verstummen die ehernen Rufer."
Wieder liegt Totenstille über dem Hafen. Dann: Laut, weit über die Reede hallend, klingt er auf, der alte Shanty vom Hamburger Veermaster und vom Gold „... on the banks of Sacramento".
Immer höher schiebt sich das Kreuz am Fockstag. Bis es von allen anderen Besatzungen gesehen werden kann.
Und wieder wird rundherum gecheert. Eine Flasche Rotwein nach der anderen macht die Runde.
Es ist zwei Uhr morgens, als endlich auch das letzte Schiff seinen Gruß bekommt. Das Salpeterkreuz wird niedergeholt. Nach altem Brauch mit einem Shanty, mit dem Shanty für dieses Tun: Rolling, rolling home across the sea ...
Und wieder läuten die Glocken aller Schiffe. Es dauert, bis Ruhe im Hafen einkehrt, bis auch der letzte Glockenschlag verebbt.
Der nächste Tag bringt harte Arbeit.
„Oft aber war es so, daß von den anderen Seglern Abordnungen noch in der Nacht an Bord des Homwardbounders kamen, um den scheidenden Kameraden — gleich welcher Nation sie nun waren — die Arbeiten des Segelsetzens und des Ankerlichtens abzunehmen, sie den Genuß empfinden zu lassen, für ein paar Stunden so etwas wie ein zahlender Passagier zu sein, Traumbild eines jeden Seemannes."
Kapitän Hermann Ricklefs, der auf dem Hamburger Vollschiff *Landkirchen* dabei war: „Sie sahen zu, wie ihre Ankerkette mit einem rolling home kurz-

stag gehievt und die Segel klargemacht wurden, um sofort bei der so etwa um 5 Uhr morgens aufkommenden Landbrise gesetzt werden zu können. Dann, als es soweit war, hievten die befreundeten Matrosen den Anker ganz auf, heißten die Obermars-, Oberbram- und Stagsegel auf, und langsam kam das Schiff, mit den Booten der anderen Segler im Schlepp, in Fahrt, bis es Zeit für die Freunde wurde, auszusteigen und zurückzurudern auf ihre Segler, auf denen sie der harte Arbeitstag schon erwartete."

Soviel — oder sowenig — über das Salpeterkreuz. Nicht minder ausführlich ließe sich berichten über den Albatrosfang und auch — eine wenig schöne, aber in der Tradition der Kap Horner nicht wegzudenkenden Sitte — über die Verwertung der gefangenen Tiere: Aus den Schwimmhäuten entstanden Tabaksbeutel, aus den Knochen Pfeifenspitzen, und der Schädel mit dem langen Hackschnabel wurde präpariert und zum seemannsberuflich anerkannten Ausweis, um die Horn gefahren zu sein.

Da sind die vielen anderen kleinen Basteleien, die während der Freiwachen, vornehmlich im Passat, entstanden: Vollmodelle von Segelschiffen mit stehenden Segeln und allem Zubehör. Halbmodelle in einem Rahmen oder Buddelschiffe, die den ‚armen Lüd an Land' Verwunderung und Respekt abzwingen, oder Spazierstöcke aus den Rückenwirbeln eines Hais, mit einer Krücke aus einem Albatrosschnabel, das versteht sich.

Ins Bild der Bräuche gehört auch der Abmusterungstag. Wenn's Schiff vertäut war und der Erste den Seeleuten das ortsübliche „Dad'll do" zurief, Worte, mit denen das Dienstverhältnis als beendet galt. Die Abmusterung wurde meist am nächsten Tag, wenn möglich in den Morgenstunden, vor dem Seemannsamt vollzogen. Und die Nacht bis dahin, die erste im Hafen, die hießen sie eine Bauernnacht: Weil sie durchschlafen konnten wie ein Bauer auf seinem Hof. Ohne ein „Reise, reise"[319a] und ohne ein „All hands an Deck".

XIX
Skorbut, Beriberi . . .

„In der Geschichte der Schiffsmedizin", so im Wortlaut nach Professor Dr. med. H. Schadewaldt, „hat es eigentlich nur eine ganz oder gar typische Schiffskrankheit gegeben, die vergleichsweise wegen ihrer äußerst günstigen Prognose nur geringes Interesse gefunden hat, obwohl sie dem einzelnen sehr zusetzen kann: die Seekrankheit. Auch heute noch ist sie eine Crux medicorum. Da sie die Manövrierfähigkeit und Kampfkraft eines Schiffes kaum eingeschränkt haben dürfte, fand sie in früheren, rauheren Zeiten auch nur in seltenen Fällen in den medizinischen Traktaten Erwähnung und wurde viel eher von empfindlicheren Dichtern und Höflingen als ‚Geißel der Seefahrt' geschildert[320]." Bedingt typisch indessen dürfen Skorbut und Beriberi geheißen werden, bedingt in erster Linie durch lange, zu lange Reisen auf Segelschiffen — und das auch noch in einer Zeit, da Antiskorbutica bereits allgemein bekannt gewesen sind.
Schließlich sind noch das Gelbfieber, das Fleckfieber in der Variante des sogenannten Schiffsfiebers, ferner Malaria und Dysenterie tropisch-amöbider und bakterieller Entstehung hinzuzurechnen.

Azoren. August anno 1898.
In Ponto Delgada halten alle, die einen Ausblick zur See haben, mit ihrem Tun inne. Ein Dampfer, der eine Bark im Schlepp hat, steuert dem Hafen zu. Der Segler, so scheint es, ist völlig intakt. Ein neuer Fall *Mary Celeste?* Der Fall jener Brigantine, die nur ein wenig östlich der Azoren von der *Dei Gratia* aufgefunden wurde und die, weil völlig, aber offenkundig grundlos und in größter Eile verlassen, bis zum heutigen Tage zu den maritimen Mythen zählt. Wie der Fliegende Holländer oder Moby Dick etwa.
Der Dampfer ist der Franzose *Subin,* wie sich wenig später, nach dem Einlaufen feststellen läßt, und bei dem Segler handelt es sich um die in Hamburg beheimatete Bark *Olga,* die, 1300 BRT groß, von Samarang kommt und Zucker für die Vereinigten Staaten an Bord hat. Die Ursachen für das Einschleppen machen schnell die Runde: Die *Olga* war 66 Tage von Semarang auf Java in See, als sich der 2. Offizier und ein Leichtmatrose in die Koje legten. Beide fühlten sich sterbensmatt, beide hatten stark angeschwollene Füße. Am nächsten Tag warf es den Segelmacher um, einen Tag später packte es auch den Kapitän.
Beriberi sagten die einen wegen der lang anhaltenden Kost von geschältem Reis, Skorbut die anderen. Wie dem auch sei, beide Krankheiten haben den gleichen Ausgangspunkt, beide sind Mangelkrankheiten.
Der diensttuende Offizier bedrängt den kranken Kapitän, sofort einen Nothafen anlaufen zu dürfen. Dieser aber wehrt ab: „Ich trage dem Reeder gegenüber eine große Verantwortung. Nur wenn es unumgänglich ist, nur wenn wirklich Not am Mann ist, stimme ich einem Nothafen zu."
Der Erste versucht es immer wieder, den Kapitän umzustimmen, denn so, wie er die Lage sieht, steht es schlimm für die beiden Kranken. Hier wäre ärztliche Hilfe notwendiger als die Rücksichtnahme auf das Pflichtbewußtsein.
Am 26. Juni stirbt der inzwischen ebenfalls erkrankte 2. Offizier, am Morgen des 6. Juli ein Matrose. Als in den Nachmittagsstunden eine Bark in Sicht

kommt — der Kapitän der *Olga* liegt im Sterben — läßt der Zwote durch Flaggensignale um frischen Proviant und Medikamente bitten.
Die Antwort ist vernichtend:
Der fremde Segler — es handelt sich um die norwegische Bark *Pehr Ugland* — ist selbst in Not. Auf ihm fällt der Skorbut einen nach dem anderen an. Aber man kann wenigstens die restlichen Medikamente teilen. Für den Kapitän der *Olga* indessen kommt jede Hilfe zu spät. Als sich die beiden Schiffe mit den besten Glück- und Genesungswünschen für die Besatzungen und das Reiseziel trennen und der Erste in die Kajüte des Kapitäns eilt, findet er einen Toten vor.
Die Reise geht weiter, und an jedem neuen Tag gibt es neue Krankheitsfälle. Am Ende hat es die ganze Besatzung gepackt. Nur mit großer Mühe und unter Aufbietung der letzten Kräfte vermögen die Männer die Takelage und das Ruder zu bedienen. Am 24. Juli traten zwei Matrosen die letzte Reise an. Diesen folgt der Segelmacher. Schließlich stirbt auch der 1. Offizier.
Damit ist die *Olga* ohne Führung.
Niemand an Bord versteht sich auf die Kunst der Navigation.
Aber da das Wetter einigermaßen handig, der Wind günstig ist und die Männer sich in der Bedienung des Ruders und der Takelage auskennen, passiert nichts, noch nichts.
Schwereres wird ihnen erspart, denn am dritten Tag sichten sie einen Dampfer, der die Notsignale beachtet und sofort auf den Segler zudreht. Es ist der Franzose *Subin,* dessen Kapitän das Allernötigste veranlaßt: Frischproviant für die Todkranken auf der *Olga.*
Als dies geschehen ist, teilt er ein paar seiner Männer zur Unterstützung der *Olga*-Besatzung ab, nimmt den Segler in Schlepp und bringt ihn in den Azoren-Insel-Hafen[320a].
Das war ein Fall aus der Praxis. Andere klingen in den verschiedensten Kapiteln an, so vor allem im Kapitel 4: Schnelle Reisen.
Hier, was der Direktor des Medizinhistorischen Instituts der Universität Düsseldorf, der Historiker Professor Dr. med. H. Schadewald, über solche ernährungsbedingten Erkrankungen auf Seeschiffen zu sagen hat:
„Während sich (im Mittelalter) die Schiffschirurgen damit begnügten, ihre mehr oder weniger wirkungslosen therapeutischen Maßnahmen, wie Aderlaß, Diaphorese oder Purgation, anzuwenden, gab es doch hier und dort scharf beobachtende Köpfe, die die einzig wirkungsvolle Behandlung, die Zufuhr frischen Obstes und Gemüses, mit größtem Erfolg empfahlen. 1560 bereits hatte der Greifswalder Arzt Franz Joel I[320b] von der Schifferbevölkerung die Brunnenkresse als Antiskorbutikum kennengelernt. Der französische Kapitän Jacques Cartier[320c] hatte von den Indianern die Spitzen des Thujabaumes als wertvolles Rettungsmittel für seine im Winter in Neufundland festliegende skorbutkranke Besatzung erhalten. 1590 gab Sir Richard Hawkyns auf seinen Kaperfahrten gegen die spanische Flotte Zitonen- und Orangensaft aus, und im Jahre 1600 finden wir die erste prophylaktische Anwendung dieses Mittels durch Admiral Sir James Lancaster[320d]. Bei dieser Expedition der Englischen Ostindischen Kompanie wurden nämlich auf dem Flaggschiff einige Wochen nach der Abreise jeden Tag drei Löffel eingedickten Zitronensaftes ausgegeben; auf den anderen Schiffen der Flotte hielt man von dieser Maßnahme nichts. Das Ergebnis war, daß das Flaggschiff kaum Verluste erlitt, während auf den Begleitschiffen von 278 Mann 105 an Skorbut starben!

Man sollte denken, daß dieses Beispiel hellhörig machte, aber es ist dies nicht der Fall gewesen, und es dauerte, obwohl immer wieder von einsichtigen Schiffsärzten Zitronen- und Limonensaft empfohlen worden war, doch noch über 150 Jahre, bis auf Grund der genialen Versuche des schottischen Marinearztes James Lind[320e] der Zitronensaft als das einzig wirksame Heilmittel gegen Skorbut anerkannt wurde. Das größte Hemmnis gegenüber dem Sieg dieser rationellen Behandlungsmethode bedeuteten dabei die von mit der Seefahrt wenig vertrauten Universitätsprofessoren aufgestellten Skorbuttheorien, die eine — theoretisch wohl begründete praktisch oft aber ebenso absurde Behandlungsmethode nach sich zogen.

Daß der Seewind und die salzige Seeluft die Hauptrolle beim Zustandekommen des Skorbut spielen sollten, wurde schon durch die einfache Tatsache widerlegt, daß Bewohner auch kleinster Inseln keineswegs regelmäßig an Skorbut erkrankten, sondern im Gegenteil gestrandete oder dort abgesetzte Seeleute oft schnell Heilung fanden. Gegen die angebliche Faulkrankheit — Gaumeneffloreszenzen und Zahnfleischulzerationen gaben zu dieser Auffassung Anlaß — empfahl im 17. Jahrhundert der illustre Abraham Leonhard Vrolingh schimmelverhütende Mittel. Daß der Skorbut als Infektionskrankheit imponierte, wie der von 1536 bis 1614 lebende Baseler Felix Platter annahm, und mit der neu aus Amerika importierten Lues oft in einen Topf geworfen wurde, kann bei dem plötzlichen und massiven Ausbruch der Krankheit nicht wundernehmen. In einer Zeit, in der humoralpathologische Anschauungen nach wie vor die Oberhand hatten, war man natürlich vor allem im Hinblick auf das Auftreten von Petechien an den unteren Extremitäten geneigt, einer Dyskrasie des Blutes eine wichtige Rolle zuzuschreiben, die man nun wiederum mit sauren Mitteln zu bekämpfen trachtete, wie es etwa der Edingburgher Kliniker William Cullen[320f], der Inaugurator der Neuralpathologie, tat, der allerdings in jungen Jahren selbst zur See gefahren war. Säure sollte nämlich nach alter Auffassung das Blut verdünnen können. So griff man aus ganz anderen theoretischen Voraussetzungen durchaus auf das einzig richtige Heilmittel, den Zitronensaft, zurück. Andere Autoritäten, wie der Holländer Steven Blankaart[320g], waren allerdings gerade der entgegengesetzten Meinung. Sie glaubten, daß Säuren, Zucker und Kälte gemeinsam zu einer Eindickung des Blutes führen würden, und verboten daher die Verwendung von sauren Fruchtsäften, empfahlen dagegen Tee oder Kaffee. Der Ernährung wurde in diesem Zusammenhang am allerwenigsten Beachtung geschenkt.

Mit Lind begegnen wir dem ersten Vertreter einer Richtung, welche die Schiffsmedizin zu einer echten wissenschaftlichen Disziplin umformte und die an die Namen der britischen Flottenärzte Sir Gilbert Blane[320h] und Thomas Trotter (1760 bis 1832) geknüpft ist. Lind begnügte sich nicht mit einem therapeutischen Behandlungsversuch des Skorbuts der Besatzung seines Schiffes, sondern er führte wohl als erster in der Medizin den vergleichenden ‚Arzneimittelversuch', in diesem Falle mit verschiedenen Antiskorbutika, an einem gleichen Kollektiv durch, so wie er etwa heute in der medizinischen Methodenlehre von dem 1889 geborenen Paul Martini propagiert wird. Lind testete 1747 in seinem berühmt gewordenen Experiment an Gruppen von je zwei Matrosen, die sich alle im gleichen Stadium des Skorbuts befanden und sonst die gleiche Nahrung erhielten, also unter idealen Versuchsbedingungen, verschiedene Antiskorbutika, wie Zitronen- und Orangensaft, Apfelwein, verdünnte Schwefelsäure, Seewasser und eine Patentmedizin zur Spülung des Gaumens. Es zeigte sich, daß nur diejenigen Patienten, die Apfelsinen- oder Zitronensaft und, mit gewissen Einschränkungen, Apfelwein genossen hatten, eine deutliche Besserung ihrer Krankheitserscheinungen zeigten, während sich die Lage der anderen Kranken weiter verschlechterte. In einer zweiten Versuchsreihe führte Lind den sogenannten Auslaßversuch durch, das heißt, ein Teil der Besatzung erhielt nun prophylaktisch Zitronen und Apfelsinen, der zweite keine, und dabei zeigte es sich noch deutlicher als in dem vorherigen therapeutischen Versuch, daß die Südfrüchte eine ausgesprochen skorbutverhindernde Wirkung hatten.

Damit war der Modellfall einer ausschließlich durch Nahrungsmittel zu heilenden Erkrankung gefunden, die nicht mit einer Nahrungsmittelintoxikation zu vergleichen war und die ganz neue Probleme für die Heilkunde aufwarf. Freilich war man sich über die eigentliche Wirkung noch lange nicht im klaren, und so wurde in der Folgezeit z. B. die Verwendung von Zitronensaft in Form des eingekochten Sirups oder der Ersatz der Zitronen durch preiswertere Limonen sowie gar durch die noch wesentlich billigere Zitronensäure vorgeschlagen, was natürlich zu wenig erfreulichen Resultaten führte, weil das wirksame Vitamin C entweder durch Erhitzen zerstört, in den Limonen sehr viel schneller unwirksam wurde oder in der Zitronensäure überhaupt nicht vorhanden war. Noch Blane mußte sich so unsinniger Ideen wie derjenigen eines Richard Mead (1673 bis 1754), eines der angesehensten englischen Kliniker, erwehren, der der Auffassung war, daß schon der Duft einer Zitrone zur Heilung führen könne.

Es bleibt immerhin merkwürdig, daß es über 200 Jahre gedauert hatte, bis von der ersten Empfehlung an das einzig taugliche Antiskorbutium in die offizielle Schiffsmedizin eingeführt wurde, aber man möge bedenken, daß oft genug der Genuß von frischem, ungewaschenem Obst zu verheerenden Durchfallepidemien mit typhusähnlichem Charakter geführt hatte und daher von kompetenter Seite aus in der gleichen Zeit, in der Früchte als Heilmittel des Skorbuts gelobt wurden, dringend vor ihrem Verzehr, vor allem in tropischen Gegenden, gewarnt wurde. Dazu kam noch, daß nach dem Genuß unbekannter Pflanzen immer wieder schwere Vergiftungsfälle beobachtet werden mußten.

Immerhin darf festgehalten werden, daß der Gedanke an ernährungsbedingte Erkrankungen nicht toxischer Genese erst seit der Erkennung der skorbutverhütenden Wirkung der Zitrone Allgemeingut der Medizin geworden ist. Schon 1631 sah dies Sigesmund Wurfbein, der feststellte, daß eine Umstellung der Ernährung an Bord einer der entscheidendsten Faktoren für die Gesundheit wäre. Damit wurde die Schiffsmedizin zur Vorkämpferin der modernen Ernährungslehre schlechthin."

XX
Ladung

Die Ladung der Segelschiffe ist in zweifacher Hinsicht interessant: 1. weil sie nicht selten die Ursache für eine Katastrophe war, wenn sie aus dem einen oder anderen Grunde „überging“, wenn das Schiff hart am Winde segelte — also an Backbord oder Steuerbord mehr oder weniger hart überkrängte — oder — von einer Kreuzsee zum Beispiel — derart überrollt wurde, daß eine besonders starke Krängung die Laschings im Laderaum brechen ließ; 2. weil sie nicht selten von der Besatzung des jeweiligen Segelschiffes selbst gelöscht oder selbst gestaut werden mußte, da es in vielen Häfen an diesbezüglichen Anlagen wie auch an Stauern fehlte.

Wenden wir uns zunächst dem Punkt 1 zu.
Nicht selten war eine übergegangene Ladung gleichbedeutend mit dem Verlust des Schiffes und — leider — oft genug auch mit einem Teil oder der ganzen Besatzung. Hier mögen diese Beispiele überzeugen:
Als die Bö, die über die *Pindos* mit ihrer zusammengewürfelten, da mehr oder weniger shanghaiten Besatzung weit vor Chiles Küsten in tropischer Zone so unerwartet und mit Urgewalt hereinbrach, abgezogen ist, richtet sich die Viermastbark nicht wieder auf[321]. Die schwere Steuerbordschlagseite bleibt. Der Kapitän versucht, das Schiff mit Segelmanövern auf einen anderen Bug zu legen. Umsonst. Das Ruder spricht nicht mehr an.
Was ist los in den Laderäumen, denn nur hier ist die Ursache für die Schlagseite zu suchen?
Sie geien die Segel auf, sie brassen die Rahen an der Luvseite herum. Dann steigen der Erste und ein altbefahrener Matrose in den Unterraum durch die Luke eins ein, denn sie scheint noch am sichersten vor einem Wassereinbruch zu sein. Was die beiden Seeleute unten vorfinden, läßt den Atem langsamer gehen. Das Gewicht des Ballasts hat bei der plötzlichen und so heftigen Krängung durch die Bö die als Lasching dienenden Drähte wie Zwirnsfäden zerrissen. Die sichernden Holzbohlen sind zertrümmert. Das in der Mitte aufgerichtete Längsschott ist durchstoßen und weggeschlagen. Eine große Menge des Kiesballasts ist nach Steuerbord übergegangen. Noch immer schiebt er sich von Backbord nach Steuerbord.
Der Erste berichtet dem Kapitän. Und dieser macht sich selbst auf, um den Schaden an Ort und Stelle zu prüfen. Er sagt nicht viel, nur zwei Worte: „Böse Sache!“
Dann werden alle Mann — ausgenommen vier Matrosen, die die Segel wenigstens in Höhe des Racks festmachen sollen, weil die Fußpferde nicht mehr begehbar sind — in den Raum geschickt: Mit Schaufeln sollen sie den Kies von Steuerbord nach Backbord zurückbewegen, eine Knochenarbeit, nicht nur, weil es viel Muskelkraft kostet, den Kiesballast aus dem jetzt tiefer liegenden Steuerbordteil in den höher liegenden Backbordteil hinaufzutrimmen, sondern auch der irrsinnigen Hitze wegen, denn der Sonnenstern knallt mit tropischer Macht aufs Deck und verzaubert die Räume darunter in eine Sauna, die selbst

einen Finnen ermatten lassen würde. Hinzu kommt, daß die Luft ausgesprochen schlecht ist, weil die Lüfter nicht ausreichen und die Luken wegen der akuten Gefahr eines Wassereinbruchs verschalkt bleiben müssen. Dazu ist die Beleuchtung mehr als dürftig. Erschwerend treten die Trümmer der im Sand verstreuten Planken hinzu, ebenso aber auch die Enden der gebrochenen, widerhakigen Trossen und die Ankerketten.

Erfolgloses Beginnen: Nach 24 Stunden harter Schwerstarbeit ist man soweit wie zuvor: Immer wieder rieselt der Kies nach Lee zurück.

Kapitän und Offiziere sehen ein: So geht das nicht. Auf diesem Wege ist die *Pindos* nicht zu retten. Außerdem sind die Männer am Ende ihrer Kräfte. Einer nach dem anderen klappt zusammen.

Der Erste macht einen anderen Vorschlag: „Wie wäre es, wenn wir Segel aus der Segelkoje holen, wenn wir diese mittschiffs wie einen Wall vor die Luvseite packen und durch in den Kies gerammte Holzbalken am Verrutschen hindern. Wenn wir den Kies dann hinter diesen Wall trimmen, sollte es, so meine ich, gehen . . ."

Und da ein Versuch nie schaden kann und in dieser Lage jedes, auch ein sinnlos scheinendes Mittel recht wäre, ist der Kapitän sofort einverstanden. Nach einigen Stunden zeigt sich der erste Erfolg: Der Kiesballast bleibt hinter dem Wall, die Steuerbordseite hat sich bereits wieder ein wenig angehoben. Das macht Mut. Das stärkt die Zuversicht, noch einmal davonzukommen.

Jochensen, der Kapitän, der Mann, der System und Ordnung — allerdings zum Leidwesen der Besatzung, auch die Sparsamkeit — so liebt, bringt Methode in die Sache. Eine Wache soll sich jeweils ausruhen und schlafen legen: „ . . . dann wird man doppelt schnell vorankommen."

Außerdem wird jetzt auch Ballast nach vorn und achtern getrimmt. Man will feststellen, ob hier wenigstens das Längsschott die Belastung überstanden hat. Gottlob, der untere Teil steht noch, also kann man den oberen wieder anbauen. Recht und schlecht natürlich, denn es fehlt an Material. Aber besser dieses als gar keines.

Sie schuften sieben volle Tage und sieben Nächte hindurch, eine ganze Woche lang, denn nun muß der Ballast von vorn wieder nach achtern zurück. Weiterer muß von Luv nach Lee geschafft werden.

Acht Tage gehen dahin. Neun, zehn Tage . . . vierzehn . . .

Geschafft.

Die *Pindos* schwimmt wieder aufrecht.

Sie gehorcht auch dem Ruder wieder, als die ersten Segel wieder stehen. Jochensen läßt zwar nur die Marssegel setzen, um das Schiff nicht übermäßig zu beanspruchen, auch will er tunlichst jede stärkere Krängung, wie sie bei mehr Segelfläche beim Einfall einer Bö zu befürchten ist, vermeiden.

So erreichten sie Taltal.

Mit einem Schiff, das dem sicheren Tode geweiht war.

☆

In der Tat, die zwar später gestrandete *Marie Hackfeld* war schon ein stabiles Schiff. — Sie hätte sonst nicht diese Reise überstanden, auf der unter anderem der spätere Kapitän Krahn aus Kiel-Holtenau noch als Matrose an Bord fuhr: Sie kamen von Geelong-Port Victoria . . .

Westlich vom Kap Horn geraten sie in eine durch ein Seebeben verursachte Dünung. Die *Marie Hackfeld* wird dabei von einem der riesigen, besonders hohen Roller schräg nach achtern überlaufen. Ein gewaltiger Ruck durchbebt das Schiff. Der in Säcken geladene Weizen geht in den Laderäumen in derartigen Mengen über Stag, daß das Vollschiff auf 22 Grad Schlagseite liegenbleibt: „ . . . Während des nun aufkommenden Sturms mußten wir hart ran, um die Säcke wieder richtig zu stauen. Die Besatzung erlitt keinen Schaden, und die Kreuzmars- und Bramstenge haben — obwohl angeknackt — bis Dublin noch ausgehalten, mußten dann jedoch erneuert werden . . . "

„ . . . mußten hart ran."

Nur ein Seemann weiß, was diese einfachen, nüchternen drei Worte bedeuten.

☆

Zum Punkt 2 mögen nur einige Beispiele aus der Lade- und Löscharbeit demonstrieren, was einem Windjammerseemann damals abgefordert wurde:

Als Kapitän Paul Keller noch als Matrose auf der *Flottbek* fuhr, machte er in Iquique die Bekanntschaft mit einer für die Ausreisen zur Westküste damals typischen Fracht[322]. „Beim Löschen machen uns die mit Pech gebundenen Steinkohlenbriketts schwer zu schaffen. Der Staub frißt sich bei der starken Sonneneinstrahlung derart in die Gesichtshaut ein, daß sich deren Farbe kaum von der der Einheimischen unterscheidet . . ."

Und die Haut brennt. Und die Augen entzünden sich.

„Weitermachen, Leute, nur keine Müdigkeit vorschützen . . ."

Kapitän Thiesen, einst Seemann vor dem Mast auf dem Vollschiff *Walküre*, gedenkt der Zeit im Hafen von Valparaiso. 1910 war es, da man dort eine Ladung Koks zu löschen hatte: „Da wir den Koks in Säcke schaufeln mußten, war dies eine recht mühselige Arbeit, zu der wir zwei Wochen brauchten. Und des öfteren mußten wir die Ladungsarbeiten auch noch wegen Regen oder heftiger Norder unterbrechen . . ."

Hatten in Pensacola fleißige Negerstauer die Bark *Birma* mit Holz beladen, so bleibt der Besatzung im unbeschreiblich schönen Rio de Janeiro keine andere Wahl, als beim Entladen selbst anzupacken[323]. Jede einzelne Planke wandert den Männern durch die schwieligen Hände. Jede Bohle wird an der Winde hochgekurbelt. Es ist nur ein Glück, daß die Arbeitszeit in den Häfen der Tropen behördlicherseits auf nur acht Stunden festgesetzt worden ist, was jedoch den ersten Steuermann des Schiffes nicht daran hindert, den einen oder den anderen Seemann auch noch zur Nachtwache anzusetzen: von zehn Uhr abends bis vier Uhr morgens etwa. Eine Belastung, die nicht immer gutgeht: Der Leichtmatrose Lühr stürzt infolge völliger Erschöpfung an einem heißen Vormittag nach sehr knapper Fofftein mit noch knapperem, ja magerem Frühstück die Raumleiter drei bis vier Meter hinab. Unten im Schiff bleibt er bewußtlos liegen. Der Hafenarzt weist ihn in ein Sanatorium an Land ein. Sein Kapitän besucht ihn hier, zum Erstaunen des Bettnachbarn, eines Segelmachers von einer englischen Viermastbark, dem die schweren Winterstürme der Horn Hände, Arme, Füße und Oberschenkel gebrochen haben.

Nach dem Löschen der Ladung übernimmt die *Birma* Granitsteine als Ballast. Sie werden aus einem in der Nähe befindlichen Steinbruch geholt. Das Verschleppen und das Stauen dieser schweren Brocken bleibt den Junioren auf der *Birma* vorbehalten.

In dem in einem anderen Kapitel bereits erwähnten nikaraguanischen Hafen San Juan del Sur — mehr eine urwaldgesäumte Bucht denn ein Hafen — lernen die Männer der von Mentz, Decker & Co., Hamburg, bereederten Bark *Viganella* ex *Anna Schwalbe* im Jahre 1904 ein Frachtgut kennen, das seinerzeit besonders hoch im Kurs stand: das in den tropischen Wäldern geschlagene Farbholz und Zedernstämme. Holzfäller stellen am Strand die Stämme zu Flößen zusammen, die dann über eine aufeinandergesteckte Leine längsseit gezogen werden. Und dann beginnt die Schufterei bei tropischer Sonne: Stamm für Stamm wird mit Handwinden an Deck gehievt, unter Deck in den Raum gefiert und hier von Hand so verstaut, daß jede Ecke ausgenutzt wird.
Viel Mühe, viel Schweiß, viele Flüche.
Hin und wieder fällt einer in den Bach, in dem Haie auf eine lohnende Mahlzeit lauern.
An Land nur ein Haus, eine Wellblechbaracke. In dieser ein Europäer, der einzige Weiße weit und breit: ein deutscher Farmer, ein vernünftiger, anständiger Kerl: „ . . . Wir dürfen nach Herzenslust soviel Obst, wie wir mögen, ungefragt pflücken und essen, und auch an Fleisch mangelt es nicht, denn es kommt ihm auf ein paar Rinder nicht an . . ."

✡

Oder das Laden von Kopra auf einer der traumhaften Südseeinseln . . . O. Heinatz, 1902 Zwoter auf der Hamburger Bark *Weiwera*[324]. „. . . Die meisten Inseln in der Südsee werden von dem gleichmäßig wehenden Südostpassat bestrichen, und die Beladungen werden demzufolge an der Leeseite der Inseln vorgenommen. Man liegt hier gut vor Anker, aber ist auch von den meisten Korallenriffen umringt. Da auch hier noch keine festen Landmarken und Ankerplätze in unseren Karten eingezeichnet waren, wurde ich in die Vorbramsahling geschickt und mußte durch Winken und Zuruf den Weg durch die Korallenriffe, die bis dicht unter der Oberfläche von oben zu sehen waren, anzeigen. An Deck wurde gelotet, bis wir einen guten Ankerplatz gefunden hatten. Laut Charter mußten alle Eisenteile im Laderaum mit Palmenblättern umwickelt werden, um Beschädigungen der Ladung zu verhüten. Kopra war damals eine der wertvollsten Ladungen, die es überhaupt gab. Mit ihren Kanus brachten die der Plantagengesellschaft verpflichteten Eingeborenen von Neuguinea die Ladung längsseit. Die ortsansässigen Kanaken arbeiteten nicht. Erst in späteren Jahren, als die Bibel und der Whisky mehr in Erscheinung traten, waren die Eingeborenen dazu mehr oder weniger gezwungen. Sobald nun eine größere Schicht Kopra im Raum lag, wurden unsere größeren Wasserfässer in den Raum gebracht, aufgefüllt, damit sie Gewicht bekamen, und hin- und hergerollt und so die Ladung zusammengepreßt. In achtwöchiger Arbeit hatten wir endlich unsere Ladung vervollständigt und konnten unsere Reise nach Marseille antreten. Mit Schrecken denke ich aber noch zurück an die Millionen Koprakäfer, die mit der Zeit zur Qual wurden und sich überall im Schiff verbreitet hatten."

✡

Nicht immer waren die mangelhaften, meist nur manuell betriebenen Lösch- und Ladevorrichtungen Ursache für einen oft sehr langen Aufenthalt im jeweiligen Hafen. Dem Meteorologischen Journal Nr. 4355 des Kapitäns des Bremer Vollschiffes *Aldebaran*, Chr. Bruns, ist für den Hafen Santa Rosalia für das

Jahr 1894 zu entnehmen: Der lange Aufenthalt wurde dadurch verursacht, daß erstens sich eine Flotte von zehn großen Schiffen angesammelt hatte, zweitens herrschten in den Monaten Oktober und November viele NW-Winde; es konnte in den beiden Monaten nur an 31 Tagen gelöscht werden, die übrigen waren surf days[325]. Die englischen Schiffe *Lathom* und *Chelmsford* haben dort vom 1. August 1894 bis Mitte Januar 1895 liegen müssen, um 1450 Tons Ladung zu löschen und 1200 bis 1400 Tons Ballast einzunehmen."
Primitiv ging's damals auch in Yokohama zu. 1900 war Adolph Ablass unter Kapitän Fennekohl mit dem Vollschiff *Wega* dort eingelaufen . . . „Die Löscharbeiten begannen sofort: bei 20 Grad Kälte und starkem Schneetreiben. Auf die *Wega* waren zu diesem Zweck etwa 100 Frauen gekommen, armselig und dünnbekleidete Japanerinnen, welche die Kohlen mit ihren Händen in kleine Körbe aus Bast zu schürfen hatten, diese dann in der Kette von Hand zu Hand an die Bordwand weitergaben, wo die Kohlen in bereitliegende Dschunken geschüttet wurden. Die Arbeitszeit betrug zwölf Stunden, der Lohn — in deutsches Geld umgerechnet — fünf Pfennige.
Und wie die Kohlen von Bord gebracht worden waren, so wurde Sand als Ballast wieder ins Schiff transportiert: Körbchen für Körbchen. Und da man drüben, auf der anderen Seite des Pazifiks, in Portland, Weizen übernehmen will, muß der Sand nicht nur wieder heraus, die Räume werden von allen Spuren der Kohlenladung peinlichst gründlich gesäubert, eine Arbeit, die bei einem 80 m langen und 10 m hohen Schiffsinnern nicht als angenehme Beschäftigung zu bezeichnen ist. Erst wenn die amerikanischen Kommissare die Räume geprüft und freigegeben haben, kann das Beladen mit Weizen vorbereitet werden: die Zimmerleute ziehen ein. Sie verschalen das Innere der Laderäume mit Brettern, damit die Weizensäcke nicht mit dem Eisen der Schiffswände in Berührung kommen können . . ."

☆

Und hier noch etwas Statistik:
In der Getreidefahrt nach Europa spielten die amerikanischen Pazifikhäfen eine bedeutende Rolle, vor allem in den 80er Jahren. Als Konkurrent Nordamerikas kam zwar später Argentinien auf, jedoch blieb die La Plata-Fahrt damals praktisch noch uninteressant. Auch Rußland trat als Getreidelieferant für das übrige Europa auf. Für die Segelschiffahrt war das Betätigungsfeld hier jedoch gering, nur eine, bis in die ersten Jahre des 20. Jahrhunderts betriebene Segelschiffsroute verdient der Erwähnung, jene nämlich, über die Getreide aus den russischen Ostseehäfen nach den russischen Militärstationen in Fernost geschaft wurde. Die Eröffnung der transsibirischen Eisenbahn setzte dieser Segelschiffsroute ein Ende. Die Reisen von der Ostsee durch den Atlantik um Afrika herum nach dem japanischen und ochotskischen Meere waren die längsten Expeditionen, welche die Segelschiffahrt überhaupt kannte. Für kleinere Getreideladungen kam auch Indien in Frage. Die anfänglich nur geringe Weizenausfuhr aus Australien (wuchs vom Jahr 1874 mit 907 453 auf 2 315 700 t im Jahre 1888 an) wurde erst im 20. Jahrhundert bedeutend. Die Weizenregatten Australien—Europa sind ein besonderes Kapitel in der Geschichte der Großsegelschiffahrt.
Ein anderes Massengut war der Reis aus Asien. Die Monopolstellung der Segelschiffahrt bis Ende der 80er Jahre in den Reishäfen, wie Rangoon, Bassein,

Saigon, Bangkok und Akyab wurde durch den Suez bald ins Wanken gebracht. Die gesamte deutsche Segelschiffahrt mit Ostindien belief sich, das nur als Beispiel, in den Jahren 1883 bis 1902 auf 616 direkte Fahrten oder 13,7 %. Gerade auf dieser Route erhoffte man durch den Einbau von Hilfskraftanlagen den Segelschiffen eine höhere Wettbewerbsfähigkeit zu verleihen. Die Erfahrungen waren sogar so befriedigend, daß Dr. Scholz im Jahre 1910 schrieb[326]: „. . . daß auch in der Reisfahrt das Segelschiff wieder eine bedeutende Rolle in der Zukunft spielen wird." Auch das blieb ein Wunschtraum.

In der Petroleumfahrt bildete der Transport von Petroleum in Fässern und Blechkisten bis Ende der 80er Jahre eine reiche und lohnende Rückfracht nach Europa. Der Ende der 80er Jahre einsetzende Bau von Tankern führte zu einer schnellen Verdrängung der Segelschiffe aus dieser Fahrt. Sie betrug innerhalb von fünf Jahren (von 1887 bis 1892) 84 %.

Hauptverschiffungsgut von europäischen Häfen war neben gelegentlichen Stückgutladungen die Verschiffung europäischer Kohle, vor allem jener von der englischen Südwest- und Ostküste. Nach 1900 verzeichnete sich ein erheblicher Rückgang der englischen Kohlenausfuhr, da der Kohlenausfuhrhandel von der australischen Ostküste einen bedeutenden Aufschwung nahm und bald das ganze Gebiet des Stillen Ozeans beherrschte.

In der Salpeterfahrt waren vornehmlich deutsche, englische und französische Segler beschäftigt[327]. Wurden 1840 jährlich 14 644 t Salpeter nach Europa verschifft, waren es 1860 bereits 65 000 t, 1870 219 125 t, 1880 444 185 t und 1900 1 384 349 t. Im ersten Jahrzehnt des 20. Jahrhunderts war Hamburg der größte Einfuhrhafen für Chilesalpeter: 1900 mit 483 886 t im Werte von 77,4 Mill. Mark und 1905 von 540 191 t im Werte von 410,7 Mill. Mark. Nicht minder interessant neben den schon erwähnten Gütern waren für die Segelschiffe die Transporte von Wolle und Baumwolle, von Guano oder europäischem Zement.

Unter den größeren Frachtanteilen in der Segelschiffahrt sind vor allem noch zu erwähnen die Verschiffungen von europäischem Eisen und von Portlandzement, die Einfuhren von Wolle, Baumwolle und Jute, von Guano oder, wie ebenfalls bereits erwähnt, von den damals sehr gefragten Farbhölzern aus Übersee nach Europa.

Noch zwei Besonderheiten zum Thema Frachtarten auf Segelschiffen. Die eine sind die Klaviere, die man besonders gern auf den, weil vibrationsfreien Segelschiffen, nach Übersee verfrachtete. So hatte — zum Beispiel die *Preußen* — als sie 1910 auf ihre letzte, gewaltsam unterbrochene Reise ging, 800 Klaviere an Bord.

Die zweite Besonderheit war, daß es ehedem Schiffe gab, die Eis als Ladung fuhren. So brachten, das nur als Beispiel, die Amerikaner auf ihren Seglern Eis vom St.-Lorenz-Strom unter anderem in das tropisch heiße Indien. Hölzerne Segler unter dem Union Jack schleppten Eis von Nordnorwegen nach England, vornehmlich nach London, wo es vielerlei nützliche Verwendung fand. Auch die Dampffischerei-Gesellschaft Nordsee in Bremerhaven ließ während der Sommerzeit Eis von Norwegen holen, um die Fänge ihrer Dampfer nach der Abladung vor schnellem Verderb zu bewahren. Hier haben sich neben den norwegischen Seglern die gesellschaftseigenen Vollschiffe *Union* ex *Semiramis* und die Bark *Standard*, die eine ex *Queenstown* war, einen Namen gemacht.

Auch sowas gab's im Ladegeschäft:
Auf der *Pamir* geschah es: stellt sich doch im Chilenischen Zielhafen Talcahuano heraus, daß die Zahl der wirklich vorhandenen Klosettbecken nicht mit dem Soll laut Ladepapieren übereinstimmt; einer von damals, J. A. Combat[328]: „Da hat man den Lanchero zu uns an Bord geholt, und während man ihn mit Bier vollgoß, holten wir aus seiner Lancha die entsprechende Anzahl der schon ausgeladenen Becken wieder heraus, um sie später, in seinem Beisein, wieder in die Lancha zu bringen. Siehe da, die Zahl stimmte."

XXI

Werften, Reedereien, Wirtschaftliches

Es würde zu weit führen, einen ins Detail gehenden geschichtlichen Rückblick auf die Entwicklung des deutschen Schiffbaues, insbesondere des Segelschiffbaues, zu geben, so interessant dieser auch ist. Es möge genügen, daß um die 70er Jahre des 19. Jahrhunderts zwar noch viele kleine, Handwerksbetrieben ähnliche Werften an der Nordsee (vor allem an der Elbe und Weser) und an der Ostsee, insbesondere an den holzreichen Küsten existierten (100 an der Zahl, die sich mit Hochseeseglern befaßten), nachdem eine nicht unerhebliche Zahl bereits Ende der 60er Jahre infolge Absinkens der Neubautätigkeit einmal und der sich abzeichnenden Schwerpunktbildung zu größeren Unternehmen zum anderen ihre Bautätigkeit eingestellt hatte. Zu den Werften, die sich bereits vor den 70er Jahren einen Namen geschaffen hatten, zählten für die Nordsee die Werften Joh. Lange, Rickmers, Tecklenborg, Wencke und Ulrichs und vor allem auch die Reiherstieg-Werft, die 1706 von Lucas Kramer neben dessen ein Jahr zuvor erbauter Sägemühle auf dem damals hannoverschen Reiherstieg errichtet wurde und die bereits in den ersten 84 Jahren — also von 1706 bis 1790 — an die Spitze des Hamburger Schiffbaues rückte. In der Ostsee waren es die Werften Früchtenicht & Brock (die spätere Stettiner Vulcan AG), Klawitter in Danzig und Schichau in Elbing, die aus der Masse der sonst kleinen Schiffbaubetriebe herausragten. Übrigens waren es eben die Vulcan-AG und die Schichau-Werft, die den damaligen Besitzer der Reiherstieg-Werft, Johann Cesar Godeffroy, beflügelten, sich ebenfalls mit der Entwicklung im Eisenschiffbau vertraut zu machen. Er gewann, um hier einmal ins Detail zu gehen, den flämischen Schiffbauingenieur[329] Henri Deister, und als die Werft 1857 in „Reiherstieg Schiffswerfte und Kesselschmiede" umbenannt wurde, lagen bereits die Pläne für den ersten deutschen Rahsegler aus Eisen vor: für das 1858 für die HAPAG in Dienst gestellte Vollschiff Deutschland. *Doch nicht alle größeren Werften in Deutschland, die sich mit dem Bau von Segelschiffen befaßten, folgten dem Beispiel der fortschrittlichen Reiherstieg-Werft. Sie blieb daher bis 1870, also ein genaues Dutzend Jahre, das einzige deutsche Unternehmen, das den Bau von großen Segelschiffen aus dem neuen Werkstoff Eisen wagte. Erst von diesem, auch für die deutsche Schiffahrt so bedeutungsvollen Jahre an, zogen die anderen, größeren Werften nach, so die Bremer Schiffbau-Gesellschaft, vormals H. F. Ulrichs und später Bremer Vulcan, die 1872 gegründete Flensburger Schiffbau-Gesellschaft, die in den Anfangsjahren Segelschiffen den Vorrang im Bauprogramm einräumte, und die Aktien-Gesellschaft Weser-Bremen.*

Was den Bau von Segelschiffen angeht, so folgten diesem im Laufe der nächsten Jahrzehnte noch weitere sieben Werften an Nordsee und Ostsee (siehe auch Anhang, Tafeln XXI). Von diesen elf Werften, die sich ebenfalls mit Seglern aus Eisen und Stahl befaßten, blieben um die Jahrhundertwende und danach nur drei, denen noch Aufträge für Großsegler zuteil wurden:

- *Blohm & Voss, Hamburg (seit 1880 mit dem Bau von eisernen und stählernen Segelschiffen beschäftigt),*
- *Joh. C. Tecklenborg, Geestemünde (seit 1886) und*
- *Rickmers, Bremerhaven (seit 1894).*

Die anderen Unternehmen hatten den Bau von Großseglern inzwischen aufgegeben. Darunter ist interessanterweise und ausgerechnet auch die so fortschrittliche Reiherstieg-Werft, welche die meisten Schiffe obiger Art, 36 an der Zahl, erbaut hatte. Über die besonderen Leistungen der Joh. Tecklenborg AG. sind Einzelheiten bereits in Verbindung mit den beiden Glanzleistungen des deutschen Segelschiffbaues, der Potosi *und der*

Preußen, *im Kapitel XXII: „Die Größten unter den Segelschiffen der Welt" gesagt worden, wohingegen Blohm & Voss der Ruhm gebührt, die letzten großen Viermastbarken für die Frachtsegelschiffahrt überhaupt gebaut zu haben: kräftige und schöne, gute und schnelle Schiffe zugleich.*
Für die Entwicklung eines besonders im Segelschiffbau versierten Schiffbauunternehmens aus kleinsten Anfängen bis zur renommierten Großwerft möge für alle symptomatisch die Rickmers Werft stehen[330].

1834 ist es, als die Geschichte der Firma Rickmers beginnt, klein, unscheinbar und, im Schatten der großen Schiffbauer in den USA und in England, so völlig unbedeutend. In der Geeststraße von Bremerhaven findet der Helgoländer Schiffszimmermann und Schiffbaumeister Rickmer Clasen Rickmers[331] das, was er für seine Pläne sucht: einen Bauplatz für ein Haus und eine Schiffbaustätte vor dem Deich der Geeste. Am 15. Juni beginnt die Geschichte der Firma Rickmers. Da ist ein einfacher, kleiner Wohnhausbau, die Rückseite dient als Werkstatt, und das erste Schiff, dessen Kiel hier gestreckt wird, ist größenentsprechend. Es ist nur ein kleines Fahrzeug, eine Schaluppe von 18 Fuß Länge.
Dazu ist für diese Zeit grundsätzlich zu sagen, daß der Bau solcher und anderer kleinen Holzschiffe nur wenige und einfache Betriebseinrichtungen und eine geringe Arbeiterzahl erforderte, die überwiegend aus Schiffszimmerleuten bestand. Die Herstellung der Takelungen wurde meist an „Rigger" genannte Taklermeister vergeben, ebenso wurden die vielen Ausrüstungsarbeiten weitervergeben. Der Standort der Werften war einmal bestimmt durch die Nähe des Schiffbaumaterials — also einem Holzreichtum in Küsten- oder Flußnähe — und zum anderen durch die Tatsache, daß in kleineren Orten die Lohn- und Grundstücksbedingungen günstiger waren, als etwa in den engbebauten großen Städten wie Hamburg oder Bremen[332]. Doch zurück zu Rickmers, dessen erster Bau zu einer Zeit entsteht, da andere, größere deutsche Schiffbauunternehmen bereits Barken, Briggs und Vollschiffe aus bester deutscher Eiche abliefern, so z. B. die Werft von Johann Lange in Vegesack unter anderem die Galioten *Adelheid Wilhelmina* (1805), *Herings-Jager* (1807), *Compas (1807)* oder *Einigkeit* (1819) . . . insgesamt bis 1834 fünfundvierzig dieses Typs, so unter den Briggen die *Johanna* (1818) die *Constitution* (1820), die *Bürgermeister Smidt,* bis 1834 achtzehn an der Zahl, so die Vollschiffe[333] *Olive* (1807), *Jupiter* (1818) oder *Arminius* (1820), bis 1834 sieben an der Zahl. Und im Jahre 1816 die *Weser,* eines der beiden ersten deutsche Dampfschiffe überhaupt. Diese Aufzählung mag vielleicht langweilen, aber Interessierte werden ihr eines gewißlich entnehmen: Rickmer Clasen Rickmers hatte einen schweren Stand, sich gegen derart tüchtige und zugleich fortschrittliche Schiffbauer, wie Johann Lange einer unter einigen war, zu behaupten.
1836 kann auf RCRs neuer, noch am unbebauten Ufer der Geeste gelegenen Werft der Kiel zu einem Kahn von 40 Fuß Länge gestreckt werden. Zusätzliche Erweiterungen der Werft gestatten bald auch größere Schiffe: Kuffs und Galioten zunächst, dann — 1839 — eine 1840 abgelieferte Bark, die *Maria Franziska* für H. Visser in Bremen. Sie ist 92 Fuß lang und 370 Tonnen groß.
Das ist die allgemeine Lage, welche diese Zeit und ihre Technik kennzeichnet: Gelernte Schiffbauingenieure gibt es kaum[334]. Konstruiert wird nur wenig, meist nur der Linienriß in einfachster Darstellung. Gerechnet wird noch weniger, und alles beruht auf Erfahrung — und auf Kunst. Die, wie anderswo erwähnt, einzige technische Schule für den Schiffbau in Grabow bei Stettin wird

erst nach ihrer Verlegung nach Berlin technisch wissenschaftliche Bedeutung erlangen. Immerhin werden in Grabow bereits selbständige Entwürfe und Berechnungen einfachster Art durchgeführt. Materialstärken, Abmessungen der Takelung usw. werden nach Faustregeln bestimmt[335]. Und da die Kunst noch immer größer geschrieben wird als die Technik, die ja zudem noch immer ein biederes Handwerk ist, zählt auch die Rickmers-Werft im Jahre 1840 zu den vielen anderen kleinen Betrieben, die im Durchschnitt auch bei angestrengter Bautätigkeit auf nur 1,5 bis 2 Schiffe im Jahre kommen[336]. Im Mittel dürfte dabei der Umsatz je Werft bei 180 Mark je Tonne Tragfähigkeit liegen.

Immerhin: Mit der Größe der Schiffe wächst nun auch für Rickmers der Kundenkreis. Bestand er anfangs aus Kapitänen aus Geestendorf, Weddewarden und Elsfleth, so sind es jetzt Bremer und Hamburger Kaufleute und Reeder. Was Rickmers baut, ist solide und zuverlässig, ist kräftig und schnell zugleich. Seine Brigg mit dem Namen *Bremen* ist das beste Beispiel für die hohe Kunst des Schiffbaues an der Geeste schlechthin.

Rickmer Clasen Rickmers ist ein mutiger, wenn auch kühl rechnender Mann. Aber er ist auch als Geschäftsmann aktiv. Er will nicht nur Schiffe bauen, er will auch Schiffe laufen lassen. Er will sein eigener Schiffbauer und eigener Reeder sein. Anfang 1842 steigt er zusammen mit den Bremern J. H. Chr. Winkler und Blasius & Imhoff ins Reedergeschäft ein. Sie kaufen zwei Schoner, die *Weser* und die *Athene,* um sich damit im Auswanderergeschäft nach Texas zu betätigen. Die Geschichte der Reederei Rickmers hat begonnen.

1843 wächst auf den Helgen das erste Vollschiff in den Himmel: eine neue *Bremen.* Mit ihren 850 Tonnen ist sie für ihre Zeit wahrlich ein Riesenschiff.

1847: Es herrscht Hochbetrieb auf der Werft, auf der von morgens sieben Uhr bis abends sieben Uhr mit einer nur einstündigen Mittagspause gesägt, gehämmert und genietet wird. Drei Schiffe, für die genau hundert Händepaare werken, sind gleichzeitig im Bau: ein Vollschiff von 400 Last, eine Bark von 200 Last und eine Brigg. Alle drei — gekupfert aus bestem Material — auf eigene Rechnung. Kostenpunkt pro Schiff: 40 000, 27 000, 13 500 Louisdor[336a]. Das ist schon etwas für einen, dessen Vermögen sieben Jahre zuvor nur 7 200 Louisdor betrug.

Weitere Schiffe folgen: schöne, gute und schnelle. Die *Maria Louise* braucht für die Bremer Stürcken & Sohn von New York bis Dover 17 und ein anderes Mal von Philadelphia bis zur Weser nur 18 Tage. Das ist bemerkenswert schnell für ein vollgetakeltes Schiff, das nicht als Clipper anzusprechen ist.

Inzwischen wächst an Geeste und Weser die Konkurrenz heran. H. F. Ulrichs baut eine große, mit einem Trockendock ausgerüstete Werft, und zwischen den Unternehmen Ulrichs und Rickmers gründet Joh. C. Tecklenborg einen ähnlichen Betrieb. Unterhalb der Fähre haben F. W. Wencke und Carl Lange Trockendocks und je eine Werft angelegt. Rickmer Clasen Rickmers hat dennoch keine Sorgen: Seine Schiffe sind gut, sie sind trotzdem billig.

1848: Ein neues Jahr und ein weiterer Schritt nach vorn. Die Brigg *Friedrich Daniel Bassermann*[337], ein Eigenbau, hat die Reederei bereichert. Mit 90 Auswanderern geht sie nach den Staaten in See, im Topp — erstmals — die Hausflagge der Reederei in den Farben Grün-Rot-Weiß mit einem weißen R in der Mitte.

Die Vorgänge im stürmischen Revolutionsjahr 1848 behindern weitere Pläne,

und da Dänemark mit dem Deutschen Bund in Fehde liegt, die Blockade für Weser und Elbe verhängt und die dänische Korvette *Gefion* unter Helgoland kreuzt, wird es still vor den Mündungen gleich beider Flüsse.
Der Bund ist machtlos. Er besitzt keine Kriegsschiffe, um die Blockade zu brechen. So geschieht es, daß auch der Schiffbau auf den Werften zum Erliegen kommt[338]. 1849 jedoch wird auf den Schiffbaustätten an Weser und Elbe wieder gehämmert und genietet, auch bei Rickmers. Und da die Auswanderung nach Amerika interessanter denn je zuvor ist, fehlt es an geeignetem Schiffsraum. Der Bedarf ist so groß, daß man sich darauf beschränkt, ältere, meist kleinere Schiffe umzubauen. Erst Jahre später kommt auch der Bau von neuen Seglern wieder in Schwung. Auch bei Rickmers folgt eine Kiellegung der anderen.
Die Aufhebung der beengenden Vorschriften der englischen Navigationsakte, die wachsenden Handelsbeziehungen mit Fernost, die zunehmende Auswanderung nach Amerika bringen den Reedereien in Bremen und Hamburg gewaltigen Aufschwung. Der Bedarf an Schiffsraum wächst ständig. Auch die Rickmers-Werft kann immer neue und immer mehr Kunden verzeichnen, unter diesen ist die Reederei Wattenbach, Heilgers & Co. in London, bei der für Schweizer Rechnung[339] unter anderem auch die *Ida Ziegler* entsteht. Das Vollschiff (und ihre Schwester) wird eine Sensation: Rickmers bietet mit diesem Schiff eine Konstruktion, die es erlaubte, die Schnelligkeit der amerikanischen Clipper mit der Zuverlässigkeit der vollgerundeten Formen zu verbinden. Das zwei Meter lange Modell, das die Juroren der Pariser Weltausstellung als zukunftweisend betrachteten wie heute die Besucher der Hannover-Messe einen Digital- oder Analogrechner, erhielt einen Preis zweiter Klasse — und Bremerhavens Werft damit die Grundlage für ihre spätere dominierende Stellung im Segelschiffbau.
Der *Ida Ziegler* folgten weitere Clipper: die Vollschiffe *Bellona,* die *Adele* oder, für eigene Rechnung, die *Creole.* Sie sind schnell, die bei Rickmers erbauten Schiffe, so segelte die *Ida Ziegler* unter anderem in nur 82 Tagen von London nach Auckland, die *Augustus Wattenbach* von London nach Calcutta in 96 oder von New York nach Liverpool in 15 Tagen, das Vollschiff *Adele* in nur 30 Tagen von Buenos Aires homeward bound.
Rickmers braucht mehr Platz, den die damaligen bremischen Behörden jedoch dem Mann versagen, von dem der Bremerhavener Amtmann Gröning sagt: „... er würde nicht wenig dazu beitragen, dem Bremer Schiffbau einen guten Ruf zu erhalten und zu erwerben ... er ist ein ausnehmend industriöser Mann, der vielleicht das größte Schiffbaugeschäft an der Weser habe ..." Auch ein Schreiben an den als Handelsminister des Deutschen Bundes bekanntgewordenen Bremer Senator Duckwitz bleibt ohne Erfolg.
Schließlich erwirbt Rickmers auf der zum hannoverschen Staatsgebiet gehörenden Geesthelle vom hannoverschen Staat und aus privater Hand ein für seine Zwecke geeignetes Gelände. Die neuen, gewaltigen Werftanlagen entstehen auf eigene Rechnung — und Rickmers tut das, was heute die im Schiffbau so außerordentlich tüchtig gewordenen Japaner betreiben: Er baut Wohnungen für seine Arbeiter.
Die Werft wird gerade noch fertig, um in der neuen Hochkonjunktur in der noch immer bundesdeutschen Schiffahrt tätig zu werden. Die Vorliebe, mit der man in jener Zeit den Dreimastschoner bedenkt, teilt Rickmers nicht. Er, der

überzeugt ist, daß man vom Schonerbau ebenso wie von der Clipper-Konstruktion bald wieder abkommen wird, wendet sich nun auch weiterhin im Wesentlichen dem Bau von Barken und Schiffen zu.

Das Reedereigeschäft entwickelt sich genausogut wie die Werft. Auf allen Meeren, an allen Küsten taucht die Rickmers-Flagge auf, sogar in der Küstenschiffahrt vor Indien und Ostasien.

Im Teegeschäft segeln Rickmers-Schiffe mit den amerikanischen Clippern um die Wette. Sie machen glänzende Reisen von Shanghai und Foutchou nach New York oder London. Und sie sind trotz ihrer breiten Bauart den schlankeren amerikanischen Clippern gewachsen und nicht selten überlegen, so daß diese Schiffe bei Frachtabschlüssen immer wieder bevorzugt werden[340]

1870/71 steht fast die gesamte Rickmers-Flotte im Fernost-Verkehr[341]

Interessant ist übrigens, daß die Rickmers-Werft angesichts der Erfolge der Rickmers-Reederei ab 1865 kein hölzernes Segelschiff mehr für fremde Rechnung erbaute, sondern nur noch den Eigenbedarf deckte[342].

Typisch für den so aktiven, so strebsamen Geist des 1886 verstorbenen Gründers war bei aller Fortschrittlichkeit sein Festhalten am Alten, an dem, was er im Schiffbau bisher als gut und richtig erkannte. Bis zu seinem Tode wurde trotz der Wünsche seiner Söhne kein Schiff aus Eisen gebaut oder auf dem Reißbrett konstruiert. Erst Peter Rickmers, der 1838 in Bremerhaven geborene Älteste des Gründers der Werft, wendet sich dem neuen Werkstoff zu. Noch zwei Segler wachsen aus Holz auf den Rickmers-Helgen, das 1750 BRT große Schiff *R. C. Rickmers* als Ersatz für den 1882 auf See verbrannten[343] Segler gleichen Namens und die dritte *Etha Rickmers* für die 1889 nach Norwegen verkaufte Namensschwester[344], auch ein Schiff und mit 1 860 BRT und 2 900 t Ladefähigkeit das größte je auf einer deutschen Werft erbaute Schiff aus Holz, wenn man das 1856/57 von Andreas Damm gezimmerte Apenrader Clipperschiff *Cimber* nicht zählt.

Bleibt noch zu sagen, daß sich die Umstellung vom Holzschiff- auf den Eisenschiffbau ziemlich langsam vollzog, so daß auch die Rickmers-Flotte durch in Größe und Werkstoff zeitgemäße Segler zunächst aus dem Ausland vergrößert und ergänzt werden mußte. Welch ein Symptom dafür, daß auch die große und leistungsfähige Rickmers-Werft nicht von heute auf morgen von Holz auf Eisen umstellen konnte; was fehlte, war weniger das Material. Woran es in erster Linie mangelte, war ein im Eisenschiffbau erfahrener, werfteigener Facharbeiterstamm[345]. Der erste Eisenbau war daher kein Segler, sondern nur ein Leichter von 1300 t Tragfähigkeit auf den Namen *Irawaddy*. Nach weiteren Eisenbauten — Leichter und Schlepper und auch ein Tanker unter Dampf — gelingt endlich der Anschluß auch im Segelschiffbau aus dem neuen Werkstoff. 1894 läuft die aus Stahl erbaute, 2581 BRT große Viermastbark *Albert Rickmers* vom Stapel. 1899 erwirbt sie der Norddeutsche Lloyd, sie wird das NDL-Schulschiff *Herzogin Sophie Charlotte*. Nicht einmal ein Dutzend Jahre später, 1906 verläßt der vorletzte Rickmers-Segler die Helgen [345a]. Dieser Vorletzte ist auch der Werft größter Segelschiffbau zugleich. Es ist eine 5548 BRT große Fünfmastbark. Sie, die Krönung des Rickmerschen Segelschiffbaues, trägt den Namen des Gründers der Werft. Sie ist ein stolzes, ein majestätisches Schiff, nur ein echter Windjammer ist sie, da ebenfalls motorisiert, leider nicht.

Die Franzosen heißen den Eigner eines oder mehrerer Handelsschiffe schlicht le propriétaire oder deutlicher, l'armateur, was indessen Schiffseigner und Schiffsbefrachter gleichzeitig bedeutet. Die nüchternen Briten kennen nur den owner, und die auch in ihrer Sprache beschwingten Italiener sagen proprietario del bestimento zu dem, was der uralte Brockhaus (1886) heißt: „... einen Eigentümer eines zum Erwerb mittels Seefahrt bestimmten Schiffes, ingleichen denjenigen, der ein fremdes Schiff zu dem nämlichen Zweck ausrüstet und verwendet. Alle von ihm innerhalb dieses Gewerbes mit einem Schiffer oder Kapitän, der Schiffsmannschaft, den Passagieren und Befrachtern abgeschlossenen Verträge passen zwar in die allgemeinsten Umrisse des Miet- und Verdingungsvertrages, werden aber als Handelsgeschäfte und mit Rücksicht auf die Bedürfnisse und Wechselfälle des Seeverkehrs in vielen Punkten nach eigentümlichen Grundsätzen beurteilt. Der Reeder haftet sowohl für eigenes Verschulden als für das seiner Leute, kontraktlich und außerkontraktlich, aber in zahlreichen Fällen nur mit seinem Schiffsvermögen (s. d.), besonders aus Delikten der Mannschaft und aus Verträgen, die der Schiffer außerhalb des Heimathafens für ihn abschließt. Befindet sich das Schiff im Miteigentum mehrerer Reeder, so besteht häufig eine Reederei oder Mitreederei ..."
Auch für die deutschen Segelschiffreedereien gilt, was im Abschnitt 1 zum Ausdruck kommt. Es ist unmöglich, alle deutschen Segelschiffreedereien, ihr Werden und Wachsen, ihre Bedeutung und ihr Schicksal, ihre Gründer und Mitbegründer in diesem Buch zu behandeln und zu würdigen. Stellvertretend für alle mögen daher zwei Reedereien stehen, die schon oft behandelte, berühmte Reederei Laeisz, an deren Aufbau drei Generationen beteiligt waren, drei Männer: Vater Ferdinand, Sohn Carl und der Enkel Carl Ferdinand Laeisz, und die Reederei G. J. H. Siemers & Co., Hamburg, auch ein Unternehmen, das aus echtem Unternehmertum erwuchs.

Ein Hut war der Ausgangspunkt für ein Unternehmen, das sich im Laufe von drei Generationen zu Hamburgs größter Privatreederei entwickelte, zum bedeutendsten, international anerkannten Unternehmen seiner Art. Die Geschichte, wie aus einem Buchbinder, über den Beruf eines Hutmachers ein berühmter Segelschiffreeder wurde, sie klingt wie eine Legende, aber sie ist wahr. Und sie ist typisch für ihre Zeit.
FL — am 1. Januar 1801 geboren, im gleichen Jahr, da Gauß die „höhere Mathematik" und Young den Wellencharakter des Lichts belegt — ging nach seiner Buchbinderlehre, wie damals üblich, „auf die Walz". Nach einigen Wanderjahren, die er in Magdeburg, Dresden, Leipzig und Breslau verbrachte, lernte er neben seinem Handwerk die Herstellung der inzwischen in Mode gekommenen Seidenhüte kennen, die, so der Brockhaus des Jahres 1884, unter den Hüten aus gewebten Stoffen hervorzuheben waren. Solches geschah 1821 in Berlin, wo man in einer Großbuchbinderei neben Galanteriewaren auch deren Produktion aufgenommen hatte. In sein Elternhaus zurückgekehrt, wurden diese Seidenhüte — sie bestanden aus einem Pappgestell, das mit Felbel, auch Pelzsamt genannt, überzogen war — zu seinem ersten selbständigen Gewerbe. Er ging mit so viel Eifer ans Werk, „... so daß ich im Laufe des ersten Jahres kaum zehn Sonntage unbeschäftigt war und mir auch nachts nur den notwendigsten Schlaf gönnte". Eines Tages nahm ein befreundeter Kapitän solche Hüte mit seinem Schiff zum Verkauf in Übersee mit. Der in Buenos Aires erzielte Erfolg ermutigte FL, der inzwischen als Hutmachermeister Hamburger Bürger geworden war und ein Jahr später die Tochter des Hutmacher-Ältermannes Creutzburg zur Ehefrau nahm, einen Verwandten mit drei Gesellen nach Bahia zu schicken, wo man — 1828 geschah es — Hüte — nunmehr aller Art — an Ort und Stelle in einer „Hutfabrique" fabrizierte und verkaufte. In den näch-

sten Jahren kamen weitere überseeische Niederlassungen hinzu, denn die einen Erfolg versprechende Devise des Exporteurs war damals diese: feste überseeische Stützpunkte. Die von FL entstanden in Caracas und Pernambuco, in Santiago de Chile und in Lima[345b].
Reiselust und auch, um Erfahrungen in fremden Ländern zu sammeln, brachten FL, der inzwischen für den Freistaat Hamburg zum Konsul von Peru ernannt worden war, vornehmlich „in Sachen Hüte" nach Holland, nach Belgien und nach Frankreich. Und auf seinen Seereisen lernte er England und „per Dampfer" auch Rußland kennen, noch immer mit dem Ziel, Hüte „an den Mann" beziehungsweise „an die Frau" zu bringen. Was lag näher: In FL erwuchs der Wunsch, ein eigenes Schiff zu besitzen, ein Segelschiff. Der Zeitgeist mag sein übriges dazu beigetragen haben, denn sein „eigener Reeder" zu sein, gehörte zum Bild eines hansischen Kaufmanns. Mit der 220 BRT großen, auf FLs Sohn *Carl* getauften[346] Brigg begann — und endete — dieser Versuch, auch als Reeder tätig zu sein; zunächst jedenfalls. Die *Carl* wurde wieder verkauft. Die Zeit war noch nicht reif, ebensowenig, wie die Welt der Schiffahrt die ersten Telegraphiezeichen Morses (1843) oder die ungewohnten Vorzüge des Eisens als Werkstoff für den Schiffbau begriff.
FL aber war jedoch ein Mann, der für seine Ziele kämpfte. Er überwand die Bedenken anderer. Die starke Nachfrage nach dem neuen Rohstoff Tran weckte neue Aspekte. Tran hieß: Wale fangen. Die Erfolge, die ein Bremer Unternehmen im Walfang erzielte, ließen FL mit den namhaften, befreundeten Kaufleuten Tietgens und Robertson in Hamburg 1843 mit zwei Seglern, der Bark *Hamburg* und dem Schiff *Elbe,* die „Südsee-Fischerey Co." in Hamburg gründen. Auch dieses Unternehmen war nicht vom Glück begünstigt, denn „... die Wahl des einen Kapitäns erwies sich als eine verfehlte ...", eine Feststellung, welche die damalige Bedeutung eines Schiffsführers unterstreicht. Außerdem gab es unter den Einwirkungen des dänischen Krieges und der Blockade der Elbe große Verluste. 1848 wurde die Gesellschaft aufgelöst, die Schiffe wurden verkauft[347]. Genau in jenem Jahre, über das FL später schrieb: „Das wilde Jahr 1848 verfehlte nicht seine Einwirkung auf meine für die Freiheit begeisterten Gefühle. Als alter Demokrat, welcher im Zorn über den Hochmut bevorzugter Klassen und die Unterdrückung jeder selbständigen Regung aufgewachsen war, begrüßte ich den Völkerfrühling mit Freuden. Allein bald erkannte ich auch die unvernünftige Bahn, welche die Bewegung einschlug ..."
Ein Jahr zuvor, 1847, geschah noch etwas anderes, Wesentliches und für die Zukunft des Namens FL so Wichtiges. Mit Adolph Godeffroy und H. J. Merck & Co. hatte FL die Hamburg-Amerikanische Packetfahrt-Aktien-Gesellschaft, kurz HAPAG genannt, gegründet. Sie nahm, anfänglich noch mit vier Segelschiffen, die Fahrt nach New York auf. Sieben Jahre später, nun unter Beteiligung von zwei weiteren Firmen, der von Johannes Schuback & Söhne und der von C. Woermann, fuhren für diese Gesellschaft auch die beiden ersten Dampfer unter einer deutschen Flagge. Wenig später, 1857, wird FL Mitbegründer der Hamburg-Brasilianischen Dampfschiffahrtsgesellschaft.
Neben dem Exportgeschäft — FL war übrigens der erste Deutsche in Fernost, als er hier, 1862, mit einem noch unter holländischer Flagge segelnden Schiff, der *Louis Kniffler,* der ex-schwedischen Bark *Cecilia,* den Verkehr zwischen Hamburg und Japan aufnahm[345c] — rückte langsam ein anderer Geschäftszweig in den Vordergrund: die Versicherungstätigkeit. Bereits 1847 trat FL dem

„Verein Hamburger Assekuradeure" als Mitglied bei. Hauptsächlich wurden Kasko- und Cargo-Versicherungen abgeschlossen. Um erfolgreich zu sein, setzte diese Tätigkeit kaufmännische Fähigkeiten, gründliches Studium des Weltmarktes und ein gut Teil Erfahrung voraus, wobei im Laufe der folgenden Jahre alle drei Firmeninhaber, Ferdinand Laeisz, Sohn Carl und Enkel Carl Ferdinand, dazu beigetragen haben, daß die Firma — auch durch Beteiligung an einer Reihe von anderen Versicherungsgesellschaften — zum Mittelpunkt des hamburgischen Seeversicherungsmarktes wurde.

Sohn Carl, am 27. April 1828 geboren, war nach einer kaufmännischen Lehrzeit und mit in England und Frankreich gesammelten Erfahrungen in kaufmännischen und speziell in Schiffahrtsbereichen 1852 ins Geschäft des Vaters eingetreten. Er war es, der das kaufmännische Talent und den weiteren unternehmerischen Spürsinn mitbrachte, unter denen sich das Unternehmen, zu dem der solide Grundstein bereits gelegt worden war, zu einer bedeutenden Segelschiffreederei entwickelte. Er, groß, schwer, breitschultrig, mit gerötetem gesunden Gesicht, umrahmt vom englischen Backenbart alter Tradition, war das Abbild eines echten Hamburgers, eines Mannes, der, ein wenig rauh in seiner Art, als kühler Rechner ein solider, nüchterner Geschäftsmann war, der, uns wundert das nicht einmal, sogar einen starken Hang zu den schönen Künsten in sich barg — oder besser: in sich verbarg. Seine Erfahrungen waren geschätzt und geachtet in seiner Stadt. Und er gehörte dem Vorstand des „Vereins Hamburger Reeder" an.

In der großen Wirtschaftskrise des 19. Jahrhunderts — 1857 — bewies CL seine kaufmännische Umsicht, sein sprichwörtliches Fingerspitzengefühl. Vielen Unternehmen wurde dieses Jahr zum wirtschaftlichen Ruin. CL dagegen vermochte seinen Vater zu überzeugen, daß die Rückschläge für die Firma bei noch im Rahmen liegenden Verlusten geblieben waren, und er konnte ihn dazu bewegen, sich über die eigenen Interessen hinaus an der „Hamburgischen Garantie- und Disconto-Casse" zu beteiligen, einem Unternehmen, das in den darauffolgenden Jahren viel zur Wiedererlangung und zur Stabilisierung des Vertrauens in den Hamburger Handel beitrug.

Mit viel Lust und viel Unternehmungsgeist stand CL, nachdem eine gute Zeit lang das Hauptaugenmerk auf dem Export- und dem Versicherungsgeschäft lag, in der Leitung des 1856 nach des Alten Devise „Wollen, Wissen, Können" erneut aufgenommenen Reedereigeschäftes seinem Vater zur Seite. Langjährige Berufserfahrung sicherte ihnen, die sich übrigens auch nachdrücklichst für eine Vertiefung der Unterelbe eingesetzt hatten[348], den späteren Aufstieg bis in die obere Reihe der Hamburger Reeder. Klein fingen sie mit dem neuen Reedereigeschäft an, 1856 mit dem angekauften, in Stettin geborenen, hölzernen, 87 CL[349] großen Schoner *Sophie und Friedericke* ex *Gladiator*.

Ein Jahr später erwarben sie die mit 60 CL kleinere Brigg *Adolph*. Sie erzielten bald so gute Erfolge, daß sie 1857 bei der Stülcken-Werft in Hamburg eine Bark von 194 CL bauen ließen und diese auf den Namen *Pudel*[350] tauften. In späterer Zeit — 1866 — wird es dann, wie bereits anderswo erwähnt, Tradition der Reederei, ihren Schiffen Namen mit dem Anfangsbuchstaben P zu geben, ein Brauch, der sich bis zur heutigen Zeit erhalten hat. Doch noch war es nicht so weit. Der nächste Zuwachs — eine im Jahre 1858 angekaufte Brigg mit 85 CL — hieß *Schiller*, als man sie übernahm. Und dabei blieb es auch. Ihr folgten, 1860, die Brigg *Pacific* mit 94/100 CL, deren P gewißlich ein Zufall war und die Barken *India* mit 132 CL und *Costa Rica* mit 136 CL. 1861 wurde die Flotte um die Bark *Republic* mit 115 CL bereichert. Das Jahr 1862 überraschte durch zugleich vier Ankäufe, nämlich mit der im am Kleinen Haff in Pommern gelegenen Ueckermünde vom Schiffbaumeister Wittenberg geschaffenen Bark *Neptun* mit 195/220 CL, mit der Brigg *Peru* mit 120/110 CL, einem Geestemünder Kind, mit der Bark *Panama* mit 178 CL, die als *Marbs* für J. Marbs in Hamburg das Licht der Welt erblickte, und die in Brake erbaute, 176 CL[350a] große *Persia.* Drei Schiffe mit dem Buchstaben P als Anfangsbuchstaben scheinen zwar kein Zufall mehr, doch Gesetz der Reederei war das auch jetzt noch nicht.

Aber der Anfang zu einer echten, stolzen Flotte war gemacht. Und wo viel ist, kommt viel hinzu, eine Binsenwahrheit. Während die ersten Ankäufe abgestoßen wurden, kamen neue, modernere und größere Segler unter die FL-Kontorflagge: 1863 waren es drei, 1864 zwei, 1865 einer, 1866 einer und 1867 gleich sechs der sieben Segler, welche bis dato die Hamburger Reederei J. T. Bahr besaß.

Betrachten wir die gefahrenen Routen der FL-Segler, so darf das Jahr 1862 ein Meilenstein in der Reederei genannt werden. Zum ersten Male lief ein Laeisz-Segler einen chilenischen Hafen, den von Valparaiso, an. Das war der Auftakt zu den sich später entwickelnden, so regelmäßigen Westküstenreisen in der Salpeter- und Guanofahrt. Noch aber, das heißt bis Anfang der 80er Jahre, wurden die FL-Segler überwiegend in freier Fahrt, auch Trampfahrt genannt, beschäftigt. Sie beförderten Waren nach Gelegenheit und Bedarf und daneben, bereits im regelmäßigen Transport, auch eigene Waren nach Übersee.

In dem Jahre, in dem der Deutsch-Französische Krieg ausbrach, besaß die Reederei FL durch Ankauf geeigneter Segler und durch Neubauten auf deutschen Werften mit 16 Schiffen mit 6700 NRT eine für die damalige Zeit bedeutende Seglerflotte. Sie hielt sich im Wechsel der Ankäufe und Neubauten einerseits und der Verkäufe und (verhältnismäßig sehr wenigen) Verluste[351] andererseits bis zum Weltkrieg Eins konstant. Und diese Konstanz ist bemerkenswert und typisch zugleich für die Reederei FL. Die Zahl der Segler bewegte sich in all den Jahren zwischen fünfzehn und siebzehn Schiffen, die Tonnage dagegen stieg von 6700 auf 39 485 NRT im Jahre 1910 bei gleicher Schiffszahl.

1878 war es soweit: Eine Linienfahrt mit Seglern konnte eingerichtet werden. Alle vier Wochen gingen von Hamburg und alle acht Wochen von Antwerpen FL-Segler auf die Reise nach Chile. Salpeter, ein Massengut, das allerdings in Säcken geladen werden mußte, war es, der in zunehmendem Maße Segler an die Westküste von Südamerika zog, nachdem die Landwirtschaft in Europa begriffen hatte, was der Chemiker Justus von Liebig bereits 1839 entdeckte: Salpeter, in der Wissenschaft $NaNO_3$ geheißen, ist ein vorzügliches Düngemittel. Obwohl um die achtziger Jahre der Dampfer bereits stark „im Kommen" war, blieb Salpeter als Massengut auch weiterhin der Segler rentable Fracht. Daß sich der Ausbau der Salpeterfahrt lohnen würde, hatte FL schon frühzeitig erkannt. Dazu gehörte auch, wie schon an anderer Stelle dargelegt, in den anzulaufenden Häfen eine gute Organisation und — das vor allem — eine schnelle Abwicklung der Ladegeschäfte. Gleichzeitig aber bedeuteten die Südamerikafahrten regelmäßige Umsegelungen des Kap Horns. Dazu gehörten nicht nur schnelle, sondern vor allem starke Segler und — ausgewählte Besatzungen.

Um die Fortschritte auf dem technischen Sektor der Seefahrt war FL schon Jahre zuvor rege bemüht. An der Schiffahrt interessierte Behörden und Wirtschaftler, die der deutschen Handelsschiffahrt bedeutende Impulse zu geben vermochten, schlossen sich 1869 im „Deutschen Nautischen Verein" zusammen, dessen erste Generalversammlung von FL eröffnet wurde. Er gab viele Anregungen, die dem weiteren Fortschritt der Seeschiffahrt galten, so die Ausrüstung der Schiffe mit nautischen Instrumenten, der Ausbau des Telegrafennetzes . . . Man besprach die Funktion der „Seegerichte" und die laufende Revision der Seekarten, von denen es deutsche Karten erst für die Nordsee gab. FL verlangte, alle Leuchttürme an das Telefonnetz anzuschließen, „. . . damit gestrandeten Schiffen schneller als bisher Hilfe gebracht werden kann."
Der 1879 in die Leitung der Firma eingetretene Enkel Carl Ferdinand Laeisz, am 10. August 1853 geboren, war ebenfalls ein guter Kenner des Segelschiffbaues. Für einige Jahre waren es nun drei Männer aus drei Generationen, die mit ihren umfangreichen Erfahrungen, ihrem Können und Wollen und ihren starken Impulsen dem Laeiszschen Reedereigeschäft die Voraussetzungen für eine überdurchschnittliche Leistung geben konnten. Als FL, dem übrigens als Nichtengländer die hohe und seltene Auszeichnung einer Mitgliedschaft bei Lloyds zuteil wurde, 1887 starb, bemühte sich sein Sohn Carl wegen des sich immer mehr steigernden Salpetergeschäftes um weiteren, noch stärkeren Ausbau einer Flotte von Seglern, die inzwischen als „Flying P-Liner"[352] in der internationalen Seefahrt ehrende Anerkennung gefunden hatten. Diese Segler waren keine hölzernen Seeschiffe mehr: Erst Eisen, dann Stahl waren die neuen Werkstoffe, für die sich übrigens bereits in den fünfziger Jahren vor allem der junge Robert M. Slomann eingesetzt hatte[353]. Dazu kamen beste technische und nautische Ausrüstung und erstklassige Schiffsführungen und -mannschaften, was sich auszahlte in: weniger Havarien, in weniger Verlusten, und was Voraussetzung für die so berühmt schnellen und erstaunlich regelmäßigen Reisen der Laeiszschen P-Liner wurde (siehe Kapitel III: Schnelle Reisen). Mit zwanzig Ausnahmen[354] hat die Reederei FL ihre Schiffe auf deutschen Werften bauen lassen, der Rest stammte meist von britischen Schiffbauunternehmen. Die Schiffsgrößen steigerten sich von 1000 BRT bis zu den 2000 bis 3000 BRT der herrlichen Viermastbarken und den 4026 BRT der Fünfmastbark *Potosi,* der das 5081 BRT große Fünfmastvollschiff *Preußen* (s. Kapitel XXII: Die Größten . . .) folgte.
CFL, von Natur mit Geist, Witz und Liebenswürdigkeit beschenkt, stand im Mittelpunkt des damaligen hamburgischen sowie internationalen Versicherungs- und Wirtschaftslebens. An vielen Versicherungsgesellschaften war die Firma Laeisz beteiligt. Der Gesamtumfang des Versicherungsgeschäftes der drei Laeisz — Großvater, Vater und Sohn — war beträchtlich, vor allem auch auf dem Markt der Seeversicherung von Hamburg. Über sein eigenes Geschäftsinteresse als Reeder hinaus, stellte er seine Arbeitskraft und seine Bemühungen in den Dienst der allgemeinen Sache, so wie er sich als Präsident der Hamburger Handelskammer, der er seit 1884 angehörte, nicht nur für die Interessen der Handelsschiffahrt einsetzte, sondern seine Unterstützung auch den Plänen für eine Erweiterung der deutschen Kriegsflotte gab.

Die unter Bismarck erfolgte Sozialgesetzgebung schuf 1887 auch die Grundlage für die Unfallversicherung der Seeleute und die bei der Seeschiffahrt beteiligten Personen, was einen genossenschaftlichen Zusammenschluß aller Reeder notwendig machte. Das war kein Zufall: Vorstand der Ende 1887 gegründeten See-Berufsgenossenschaft wurde CFL, und er hat bis zu seinem Tode im Jahre 1900 seine Arbeitskraft in diese soziale Aufgabe gestellt. Er erarbeitete auch die erste Fassung der Unfallverhütungsvorschriften, und er bemühte sich um eine Hinterbliebenenversorgung der Seeleute.

Unter Carl und Carl Ferdinand Laeisz' Initiative entstanden mit finanzieller Beteiligung der Firma Laeisz noch eine Reihe Sondergesellschaften,

so, außer der bereits genannten HAPAG, die Hamburg-Südamerikanische-Dampfschiffahrts-Gesellschaft[355], deren Vorsitz 1871 Sohn Carl übernahm,

so 1872 die Transatlantische Dampfschiffahrts-Gesellschaft, kurz Adlerlinie genannt, in der ein Laeisz im Aufsichtsrat vertreten war,

so die Deutsche Dampfschiffahrts-Gesellschaft KOSMOS, deren Großaktionär die Firma FL war,

so die Dampfschiffreederei HANSA, eine Trampreederei, die ein Werk von Ferdinand Laeisz und August Bolten war und deren Vorsitz zwar FL inne hatte, deren Aufblühen aber CFL zu danken war (sie erwies sich später aber doch als ein Fehlschlag, so daß sie schließlich von der HAPAG übernommen wurde),

so 1886, als die Chilefahrt der Laeisz-Segler in voller Blüte stand, die Afrikanische Dampfschiffahrts-Gesellschaft[356],

so 1888 die Deutsch-Australische Dampfschiffahrts-Gesellschaft,

so die Gründung der Hamburg-Calcutta-Linie mit CL als Vorsitzendem, die indessen ebenfalls ein Mißerfolg war,

so 1889 die Deutsche Levante-Linie, durch die sich günstige Aussichten für den deutschen Handel im Vorderen Orient ergaben,

so 1890 die Deutsche Ostafrikalinie. Auch an dieser von der Reichsregierung vorgenommenen Gründung war ein Laeisz beteiligt und wurde in den Aufsichtsrat gewählt.

Gemeinsam mit anderen Hamburger Kaufleuten gründete CFL die Vereinigte Bugsier- und Frachtschiffahrts-Gesellschaft. Sie befaßte sich mit der Überführung der Leichter für Seeschiffe auf der Niederelbe durch Schleppdampfer. Kleine Frachtdampfer übernahmen die Verteilung von Ladungen für jene Nord- und Ostseeküstenhäfen, die von den Großseglern nicht angelaufen werden konnten. 1890 wurde dann auch der erste regelmäßige Küstendienst zwischen Hamburg und Bremen aufgenommen. Und noch eine Aufgabe von hohem sittlichem Wert: Die Gesellschaft stellte Bergungsdampfer in den Dienst für in Seenot geratene Schiffe.

Die solide Grundlage im Aufbau der Firma Laeisz wurde durch den allzu frühen Tod von CFL im Jahre 1900 nicht ge- und auch nicht zerstört. CL, der ein Jahr später starb, hatte für seine 1886 und 1888 geborenen Enkel Herbert F. und Erich F. Laeisz die Verwaltung des Unternehmens zunächst drei Prokuristen übergeben, bis sie 1912 in die Leitung der Firma eintraten. Auch die Prokuristenverwaltung hat mit unverändertem Unternehmungsgeist weitergearbeitet. 1908 wurde die Afrikanische Fruchtcompagnie geplant, die durch den eigenen Anbau von Bananen im Kamerungebiet Deutschland vom Import ausländischer Bananen unabhängig machen sollte. Die Entwicklung wurde jedoch durch den Beginn des Ersten Weltkrieges unterbrochen.

1913 hatte die Firma Laeisz, unter deren Flagge insgesamt 79 Segler fuhren,

mit 18 Seglern den Höchststand als Segelschiffreederei erreicht. Mit 16 Seglern bei Ausbruch des Weltkrieges Eins war sie außerdem auch die größte Privatreederei Hamburgs, als Segelschiffreederei stand sie indessen erst an zweiter Stelle.
Und wer vom Wahrzeichen Hamburgs, dem Michel, spricht, sollte wissen, daß auch an der berühmten Hamburger Kirche ein Laeiszscher beteiligt war: der Vorfahre der stolzen Reedereifamilie, der um die Mitte des 18. Jahrhunderts aus dem Schwabenländle noch als einfacher Zimmermann nach Hamburg kam, wo er beim Bau der St.-Michaelis-Kirche mittat. Sein Sohn Johann Ludwig Laeisz heiratete 1789 die Tochter des Ältermannes des Hamburger Glaseramtes, Grewe. Sie wurde die Mutter des berühmten Ferdinand, der unter zehn Geschwistern der sechste war.

☆

„Geht weg mit diesem neumod'schen Zeug", höhnten die einen,
„Ist der alte Trankrüsel, der es doch bisher so gut tat, denn nicht hell genug?" hatten andere als Erwiderung. Und wieder andere dieses, als Edmund J. A. Siemers sein Petroleum an den Mann bringen wollte: „Die Wachskerzen genügen uns. Sie brennen hell, ihr Licht ist warm und schön."
Gegen den väterlichen Rat und gegen dessen Mahnungen hatte der junge Mann, eben mündig, 1861 eine eigene Firma gegründet und in den Vereinigten Staaten jenes umstrittene Petroleum gekauft und kommen lassen.
Er irrte, wenn er glaubte, man würde sich darum reißen.
Jedoch: Die Spötter verstummten, als Edmund Siemers — er hatte in weiser Voraussicht möglichen Einwänden vorgebeugt — die ebenfalls in Amerika gekauften Petroleumlampen füllte und in Betrieb nahm. Spott verwandelte sich in Erstaunen, denn das Licht war heller als das der Kerzen. Und es brannte auch viel länger. Und es war örtlich unabhängiger als das eben von England eingeführte Gaslicht, das zudem nur begüterten Kreisen vorbehalten war, noch jedenfalls. 1864, drei Jahre später, lenkte Vater Siemers ein. Er nahm Sohn Edmund wieder in die väterliche Firma G. J. H. Siemers & Co. auf. Man „machte" nun gemeinsam in Petroleum.
Und das Geschäft mit dem schillernden, stinkenden Brennstoff entwickelte sich gar bald so gut, daß die Siemers 1887 ihren ersten Petroleumtankdampfer bauen ließen. 1890 besaßen sie bereits eine Flotte von drei Schiffen dieser Art mit 8063 BRT.
Gleichzeitig mit der Bildung der ersten großen Erdölgesellschaft, der Standard Oil Company, schlossen sich in Deutschland die Firmen G. J. H. Siemers, Wilhelm Riedemann und Schütte zur Deutsch-Amerikanischen Petroleumgesellschaft zusammen. 1898 befaßte sich Siemers auch mit der Einfuhr von Quebrachoholz. Außerdem galt auch sein Interesse dem weißen Gold Chiles. Und da Salpeter ein Frachtgut ist, das keine hohen Frachtspesen verträgt, lag der Gedanke nahe: 1892 wurde Siemers auch noch eine Segelschiffreederei.
Sie wurde nicht so groß wie die von FL etwa, aber ihre Schiffe — zwei Vollschiffe und sechs Viermastbarken — zählten im ersten Jahrzehnt des neuen Jahrhunderts zu den bekanntesten Erscheinungen im Hafen von Hamburg. Und jeder liebte sie: die Segler mit dem schwarz-weißen Portenband um den Rumpf[357]
Eines haben die drei Beispiele der Werften und Reedereien gemeinsam[358]: Sie sind zu jenen Unternehmern zu zählen, die, Revolutionäre im eigentlichen

Sinne, Träger der industriellen und wirtschaftlichen Revolution dieser Zeit waren. Sie, und nicht die Schulen und Lehrer, nicht die Hochschulen und Professoren, auch nicht die Bankiers und Finanziers, vollbrachten die riesigen Veränderungen, die 1750 in England begannen und Anfang des 19. Jahrhunderts endlich auch Deutschland — genauer: sprich Preußen — erfaßten. Unternehmer war damals nicht jemand kraft seiner Schulbildung und seines Studiums, sondern auf Grund von Eigenschaften, die mit denen des Künstlers und Gelehrten verglichen werden können. Der Unternehmer war ein Stand eigener Art: Zumeist war er, wenigstens im Anfang, auch Erfinder und Konstrukteur, kaufmännischer und technischer Leiter in einer Person. Er hat in der längsten Zeit des 19. Jahrhunderts nicht mehr schulische Bildung besessen oder gebraucht als die Fugger im 16. Jahrhundert. Später, in den siebziger, achtziger und neunziger Jahren begann sich dieses zu ändern. Die Unternehmer vom Ende des 19. Jahrhunderts hatten studiert — und auch das noch freilich wenige, meist dann, wenn ihre arrivierten Eltern es sich leisten konnten oder weil das Studium innerhalb der Unternehmerschicht ein zusätzliches Prestige, den Adel der Promotion, brachte — nicht aber, weil es wirklich nötig war. Über die wirtschaftliche Seite der Segelschiffahrt ist, soweit es deutsche Reedereien betrifft, wegen der Verluste in den Bombennächten des Weltkrieges Zwei, abgesehen von einigen früheren Veröffentlichungen, praktisch nur wenig zu erfahren. Ein englisches Beispiel, das der *Queen Margaret,* belegt nicht nur die Kosten und den Profit, es gibt auch einen Überblick über die damals üblichen Frachten auf den Routen dieses Seglers. Die *Queen Margaret,* Viermastbark mit Clippertakelung: Drei Sky-Segeln über den Royals und einfachen Bramsegeln, zählte einmal zu den schnellsten Schiffen der neunziger Jahre. Sie, die „The Lovely Queen" geheißen wurde, war weiß gemalen. Sie war schön. Man erzählte sich unwahrscheinliche Dinge über ihre Geschwindigkeit, und die Schiffsjungen wußten zu berichten, daß es auf ihr zum Geschäft gehöre, zum Frühstück Schinken mit Ei vorgesetzt zu bekommen. Ihre Eigner waren John Black & Co. Ihr erster Kapitän, D. F. Faulkner, war ein typischer Windjammer-Seemann. Er war eine Blue-Nose von Nova Scotia, ein Riese von einem Mann.

Hier die ersten sieben Rundreisen:

1. Reise (April 1893 bis August 1894):
in Ballast aus Greenock bis Philadelphia in 45 Tagen[359],
aus Philadelphia mit 87 000 Kisten Petroleum,
Rate: 16 Cents,
Fracht (abzüglich £ 120 für Kommission und Maklergebühren): £ 2780,
ein in Calcutta nach 134 d,
aus Calcutta mit 2052 Sack Salpeter (total 150 ts) und 15 331 Ballen Jute (gleich 4027 ts),
Rate: 4,75 Rupies per 40 Kubikfuß,
Fracht (abzüglich der Kommission von £ 242): £ 3764[360],
heim nach Boston in 120 d.

Die wirtschaftliche Analyse dieser Rundreise sieht so aus:
Versicherung (Schiff geschätzt): £ 18 000,
Heuer: £ 1358 (der Kapitän erhielt £ 20 im Monat),
laufende Ausgaben und Management: £ 250.
Profit der 1. Reise: £ 1500.

2. Reise (August 1894 bis Februar 1896):
in Ballast aus Boston nach New York an einem Tag,
aus New York mit 87 000 Kisten Petroleum,
Rate: 21 Cents,
Fracht (abzüglich £ 312 für Kommission und Makler): £ 3478,
nach Shanghai in 158 d,
aus Shanghai nach Hongkong in 6 d, Boden wird geschrapt und gepöhnt;
aus Hongkong mit für 10 000 Dollar Fracht an Bord nach San Francisco in 59 d,
aus San Francisco mit 1084 ts Weizen, 503 ts Gerste und 1751 ts „generals“,
Rate: 26 Shilling / 3 Pence,
Fracht (abzüglich £ 343 für Gebühren): £ 4041,
heim nach Liverpool in 140 d.
Profit der 2. Reise: 2754.
3. Reise (von März 1896 bis März 1897):
aus Liverpool, an Cardiff nach 3 d,
aus Cardiff mit 3390 ts Kohle,
Rate: 15 Shilling / 6 Pence,
Fracht: £ 2627,
nach Nagasaki in 119 d,
aus Nagasaki nach Yokohama in 11 d,
aus Yokohama in Ballast nach San Francisco in 32 d,
aus San Francisco mit 3365 ts Weizen,
Rate: 27 Shilling / 6 Pence,
Fracht (abzüglich £ 358 für Kommission und Makler): £ 4268,
heim nach Queenstown in 111 d,
aus Qeenstown nach Fleetwood in 1 d.
Profit der 3. Reise: £ 1134.
4. Reise (April 1897 bis März 1898):
aus Fleetwood, an Barry in 2 d,
aus Barry mit 3360 ts Kohle,
Rate: 20 Shilling / 6 Pence,
Fracht (abzüglich £ 246 für Kommission und Makler): £ 3198,
nach Nagasaki in 103 d,
aus Nagasaki in Ballast nach Portland, Oreg., in 37 d,
aus Astoria, Oreg., mit 3339 ts Weizen,
Rate: 26 Shilling / 9 Pence,
Fracht (abzüglich Kommission und Maklergebühren von £ 335): £ 4131,
nach Dünkirchen in 124 d.
Profit der 4. Reise: £ 1813.
5. Reise (April 1898 bis Januar 1900):
aus Dünkirchen nach Cardiff ins Dock in 3 d,
aus Cardiff in Ballast nach New York in 42 d,
aus New York mit 88 000 Kisten Petroleum,
Rate: 23 Cents,
Fracht (abzüglich £ 340 für Kommission und Makler): £ 3963,
nach Hongkong in 169 d,
aus Hongkong mit nicht näher bezeichneter Fracht (für £ 1882),
nach San Francisco in 47 d,
aus San Francisco mit 3338 ts Gerste,

Rate: 30 Shilling / 9 Pence,
Fracht (abzüglich £ 260 für Kommission): £ 4743,
heim nach Antwerpen in 133 d.
Profit der 5. Reise: £ 3074.
6. Reise (Februar 1900 bis Juni 1901) nunmehr unter Kapitän Robert Logie:
aus Antwerpen mit 687 ts Zement,
Rate: 1 Shilling,
nach New York in 39 d,
aus New York mit 87 000 Kisten Petroleum,
Rate: 24 Cents,
Fracht (abzüglich £ 344 für Kommission und Makler): £ 3980,
nach Hongkong in 141 d,
in Hongkong ins Trockendock zur Schiffsbodensäuberung und für neuen Anstrich,
aus Hongkong nach Port Townsend, Wash., in 51 d,
weiter nach Tacoma, Wash., in 3 d,
aus Tacoma mit 3327 ts Weizen,
Rate: 37 Shilling / 6 Pence,
Fracht (abzüglich £ 468 für Kommission und Makler): £ 5770,
heim nach Antwerpen in 136 d.
Profit der 6. Reise: £ 3208.
7. Reise (Juli 1901 bis Dezember 1902):
aus Antwerpen in Ballast nach New York in 40 d,
aus New York mit 87 000 Kisten Petroleum,
Rate: 27 Cents,
Fracht (abzüglich £ 388 für Kommission und Makler): £ 4482,
nach Shanghai in 137 d,
aus Shanghai in Ballast nach Taltal in 96 d,
aus Taltal nach Caleta Buena in 3 d,
aus Caleta Buena mit 3324 ts Salpeter,
Rate: 25 Shilling,
Fracht (abzüglich £ 207 für Kommission und Makler): £ 3913,
nach Marseille in 116 d.
Profit der 7. Reise: £ 1543.

Hier enden die Angaben für Fracht und Ladungen. Bis jetzt hatte die *Queen Margaret* 14 026 £ an Reingewinn eingefahren. Kapitän Logie steigt aus und Kapitän T. F. Morrison übernimmt das Kommando bis 1905, danach hat es W. J. Scott, dann für eine Reise nochmals R. Logie und schließlich, bis zum unprosaischen Ende im Jahre 1913, Kapitän Bousfield[361].

Soviel aber ist aus den Gewinnen herauszulesen: Die *Queen Margaret* hat in den weiteren zehn Jahren ihres schließlich gewaltsam beendeten Lebens die Baukosten amortisiert und stolze Reingewinne eingefahren.

✫

Zusammenfassend kann gesagt werden, daß die Segelschiffreedereien ebenso wie der Segelschiffbau in Deutschland um 1870 stark dezentralisierte Klein- und Mittelbetriebe darstellten. Sie hatten gute, aber keine Spitzenleistungen aufzuweisen. Sie schlossen einen gesunden Wohlstand ein, der auf breiter Basis in den Hafenstädten und auf dem Lande ruhte. Schiffahrt und Schiffbau waren mit ihrem Volkstum eng verwurzelt.

So erfreulich somit die wirtschaftliche Struktur dieser Erwerbszweige an sich war, so war sie leider nicht in der Lage, den Anforderungen gerecht zu werden, welche die neue Zeit der großen Segler und Dampfer aus Eisen und Stahl stellte, nachdem sich Großbritannien mit seiner hochentwickelten Eisenindustrie an die Spitze der schiffbautreibenden Länder gesetzt hatte.

Während das bisher gute Ostseereedereigeschäft, benachteiligt durch die immer stärker werdende Verlagerung des deutschen Seehandels nach der Nordsee, durch Abnahme der Getreide- und Holzausfuhren, Eröffnung des Suezkanals und das mächtige Aufblühen der westdeutschen Industrie, den Anschluß an die neue Zeit nicht finden konnte und fast völlig zusammenbrach (1874 waren in den deutschen Ostseehäfen noch 19 Vollschiffe, 601 Barken und 504 Briggs beheimatet, 1907 dagegen waren es nur noch fünf Barken und zwei Briggs, Vollschiffe gab es keine mehr), waren die Folgen in der Nordsee weniger schlimm. Nach einer Übergangszeit, in welcher der unterentwickelte Eisenschiffbau in Deutschland die Reeder zwang, entgegen früheren Zeiten ihre Schiffe zum größten Teil in England bauen zu lassen, nahmen die deutschen Reedereien an der Nordsee und die Werften an der Ost- und Nordsee, unterstützt durch den aufstrebenden Lebenswillen der ganzen deutschen Wirtschaft und Wissenschaft, einen so schnellen Aufschwung, daß schon um die Jahrhundertwende Deutschlands Reedereien und Werften die größten und die schnellsten Segler und Schnelldampfer schufen. Dabei verdient es hier der Erwähnung, daß so große Werften wie die Stettiner Maschinenbau AG „Vulcan", Stettin, und die Schichauwerft in Elbing, Danzig und Königsberg weder Segler aus Eisen noch aus Stahl erbaut haben. Sie hatten sich von Anfang an auf dampfbetriebene Schiffe konzentriert.

Über die auf deutschen Werften erbauten Rahschiffe aus Eisen und Stahl geben die bereits erwähnten Aufstellungen im Anhang Auskunft. Bleibt noch etwas über die Größe und Bedeutung der Segelschiffreedereien ab 1871 zu sagen. Die größten Reedereien waren:

1871	Anzahl	Tonnage
1. Nordsee:		
1.1 Bremen		
1.1.1 D. H. Wätjen	23	≈ 20 000 NRT
1.2 Hamburg		
1.2.1 Rob. M. Sloman & Co.	20	6 527 CL
1.2.2 Joh. C. Godeffroy & Sohn	19	3 376 CL
2. Ostsee		
2.1 westliche Ostsee		
2.1.1 C. H. Brockelmann, Rostock	49	≈ 13 500 NRT
2.1.2 I. N. Rodbertus, Barth	46	≈ 13 000 NRT
2.2 östliche Ostsee		
2.2.1 G. Linck, Danzig	26	≈ 14 500 NRT

☆

*Insgesamt** gab es an deutschen Segelschiffen über 50 m³
(in Klammern die Besatzungszahl)

	4372	900 361 (74 739)
davon verfügte das Osteegebiet über	2006	439 089 (17 316)

1880	Anzahl	Tonnage
1. Nordsee		
1.1 Bremen		
(bis zum Redaktionsschluß waren keine präzisen Angaben zu beschaffen)**		
1.2 Hamburg		
1.2.1 Rob. M. Sloman & Co.	13	12 463 NRT
1.2.2 Amsinck	15	10 194 NRT
1.2.3 F. Laeisz	17	8 641 NRT
2. Ostsee		
siehe 1880, 1.1		
Insgesamt*** gab es an dt. Segelschiffen über 50 m³ (in Klammern die Besatzungszahl)		
	4 403	974 943 NRT (32 158)
davon unter 100 NRT	2 009	88 326 (6 027)

☆

1890	Anzahl	Tonnage
1. Nordsee		
1.1 Bremen		
siehe 1880, 1.1 (für 1885 war diese Reihenfolge zu ermitteln: 1. D. H. Wätjen mit 36; 2. R. C. Rickmers mit 9; 3. E. C. Schramm & Co. mit 6)		
1.2 Hamburg		
1.2.1 F. Laeisz	15	18 245 NRT
1.2.2 B. Wencke Söhne	11	18 152 NRT
1.2.3 Rob. M. Sloman & Co.	11	10 673 NRT
2. Ostsee		
siehe 1880, 1.1 (1885 war die Reihenfolge diese: 1. E. Linck, Danzig; 2. I. N. Rodbertus, Barth; 3. Aug. Burckhard, Rostock)		

☆

1900	Anzahl	Tonnage
1. Nordsee		
1.1 Bremen und Bremerhaven	168	156 205 NRT
1.1.1 D. H. Wätjen & Co.	17	25 325 NRT
1.1.2 Rhederei u. Schiffbau A.G. Bremerhaven	11	23 218 NRT
1.1.3 Rhederei „Visurgis" A.G.	10	19 627 NRT
1.2 Hamburg		
1.2.1 F. Laeisz	16	30 273 NRT
1.2.2 B. Wencke Söhne	16	28 653 NRT
1.2.3 Knöhr & Burchard Nfl.	11	22 719 BRT
2. Ostsee		
2.1 H. Mentz, Rostock	7	5 315 NRT
2.2 Paul Grampp, Rostock	5	1 956 NRT

1905	Anzahl	Tonnage
1. Nordsee		
1.1 Bremen und Bremerhaven****		
1.1.1 D. H. Wätjen & Co.	11	22 750
1.1.2 „Visurgis" A.G.	10	20 848
1.1.3 E. C. Schramm & Co.	6	10 968
1.1.4 Rickmers Reismühlen, Reederei und Schiffbau Akt.-Ges., Bremerhaven	5	11 106
1.2 Hamburg		
1.2.1 F. Laeisz	14	37 309
1.2.2 B. Wencke Söhne	16	33 434
1.3.3 Knöhr & Burchard Nachf.	11	23 844
2. Ostsee		
2.1 H. Mentz, Rostock	1	1 352

1910	Anzahl	Tonnage
1. Nordsee		
1.1 Bremen und Bremerhaven	9	19 408 BRT
1.1.1 D. H. Wätjen		
1.1.2 Reederei „Visurgis" A.G.	9	17 877 BRT
1.1.3 Rickmers Reismühlen, Reederei und Schiffbau Akt.-Ges., Bremerhaven	6	15 767 BRT
1.2 Hamburg		
1.2.1 Rhederei-Act.-Ges. von 1896	22	44 709 BRT
1.2.2 F. Laeisz	14	39 169 BRT
1.2.3 Knöhr & Burchard Nachf.	14	30 846 BRT
2. Ostsee		
2.1 H. Mentz, Rostock	1	1 352 BRT
2.2 „Nautik" G.m.b.H., Stettin	1	1 074 BRT

Die Reihenfolge der größten Reedereien mit Großseglern von über 1 000 BRT:

1910	Anzahl	Tonnage
1. Rhederei-Act.-Ges. von 1896	22	44 709 BRT
2. F. Laeisz, Hamburg	14	39 169 BRT
3. Knöhr & Burchard Nachf., Hamburg	14	30 848 BRT
4. Akt. Ges. „Alster", Hamburg	8	21 199 BRT
5. D. H. Wätjen & Co., Bremen	9	19 408 BRT
6. Reederei „Visurgis" A.G., Bremen	9	17 877 BRT
7. Rickmers Reismühlen, Reederei und Schiffbau-Akt.-Ges., Bremerhaven	9	15 767 BRT
8. H. H. Schmidt, Hamburg	7	14 796 BRT
9. G. J. H. Siemers, Hamburg	5	14 338 BRT
10. Aug. Bolten, Wm. Millers Nachf., Hamburg	7	14 175 BRT
11. Wachsmuth & Krogmann, Hamburg	7	10 974 BRT
12. Eug. Cellier, Hamburg	4	6 872 BRT
13. H. Fölsch & Co., Hamburg	3	6 465 BRT

14.	J. Tidemann & Co., A.G., Bremen	3	6 263 BRT
15.	Norddeutscher Lloyd, Bremen	2	5 833 BRT
16.	J. Wimmer & Co., Lissabon	4	5 241 BRT
17.	C. A. H. Witte, Bremerhaven	2	4 360 BRT
18.	J. C. Pflüger & Co., Bremen	2	4 146 BRT
19.	W. A. Fritze & Co., Bremen	2	4 075 BRT
20.	A. C. de Freitas & Co., Hamburg	2	4 008 BRT
21.	Theodor & F. Eimbke, Hamburg	2	3 402 BRT
22.	Carl Joh. Klingenberg & Co., Bremen	2	3 184 BRT
23.	E. C. Schramm & Co., Bremen	1	3 166 BRT
24.	Deutscher Schulschiff-Verein, Bremen	2	2 826 BRT
25.	Eduard Holtapfel, Hamburg	2	2 734 BRT
26.	Deutsche Dampffischerei-Gesellschaft „Nordsee", Nordenham	2	683 BRT
27.	Schlüter & Maack, Hamburg	1	2 182 BRT
28.	C. Ch. D. Krabbenhöft, Hamburg	1	925 BRT
29.	F. Alb. Pust, Geestemünde	1	1 805 BRT
30.	D. Ahlers, Bremen	1	1 723 BRT
31.	Hermann Burmester, Oporto	1	1 716 BRT
32.	Gebr. Kuhlenkampff, Bremen	1	1 470 BRT
33.	J. H. E. tom Dieck, Elsfleth	1	1 467 BRT
34.	Rob. M. Sloman jun., Hamburg	1	1 463 BRT
35.	F. C. Bramslöw, Hamburg	1	1 420 BRT
36.	H. Mentz, Rostock	1	1 352 BRT
37.	A. Hartrodt, Hamburg	1	1 210 BRT
38.	Gebr. Seetzen, Hamburg	1	1 197 BRT
39.	Edward Carr Söhne, Hamburg	1	1 132 BRT
40.	„Nautik" G.m.b.H., Stettin	1	1 074 BRT
40	Reedereien	157	329 620 BRT

☆

Von obigen Reedereien waren beheimatet in

Hamburg	20 mit	104 mit	224 184 BRT
Bremen	11 mit	34 mit	69 971 BRT
Unterweserhäfen	5 mit	12 mit	26 082 BRT
Ostseehäfen	2 mit	2 mit	2 426 BRT
Auslandhäfen	2 mit	5 mit	6 957 BRT

☆

1914	Anzahl	Tonnage
1. Nordsee		
1.1 Bremen		
1.1.1 Bremer Stahlhof A.G.	12	31 800 BRT
1.1.2 Reederei „Visurgis" A.G.	5	10 239 BRT
1.1.3 D. H. Wätjen & Co.	3	4 064 BRT
1.2 Hamburg		
1.2.1 Rhederei-Act.-Ges. von 1896	25	60 420 BRT
1.2.2 Knöhr & Burchard Nfl.	18	41 668 BRT
1.2.3 F. Laeisz	16	41 294 BRT

2. Ostsee
keine Angaben

☆

1925	Anzahl	Tonnage
1. Nordsee		
1.1 Bremen		
1.1.1 F. A. Vinnen & Co.	5	10 880
1.1.2 Deutscher Schulschiff-Verein	1	1 260
1.2 Hamburg		
1.2.1 F. Laeisz	6	17 346
1.2.2 H. H. Schmidt	5	10 797
1.2.3 Schröder, Hölken & Fischer	4	7 275
2. Ostsee		
2.1 Stettin*****		
2.1.1 Robert Köppen	1	2 415 BRT
2.1.2 Stettiner Dampfer-Comp.-A.G.	1	2 161 BRT

* nach Institut für Seeverkehrswirtschaft, Bremen (vom 22. Mai 1968)
** Leser, die hier weiterhelfen können, werden gebeten, sich an den Autor zu wenden (auch in anderen Fragen): Jochen Brennecke, 4 Düsseldorf, Graf Reckestraße 84 (VDI/BW), Telefon 02 11/6 21 42 09
*** wie *
**** Erwähnenswert ist noch der starke Anteil von Elsfleth: G. A. Schiff: 4 mit 4 694 und J. C. H. W. Neynaber: 3 mit 3 759
***** Die Stettiner Dampfer-Comp.-A. G. besaß ab 1925 keinen Segler mehr. Das Vollschiff *Greif* wurde Ende 1924 an Vinnen Gebrüder G.m.b.H., Hamburg, verkauft, siehe auch Seite 112.

XXII

Die Größten unter den Segelschiffen der Welt

Solange der Mensch lebt, wird er nach Superlativen trachten. Die verschiedensten Gründe sind die Ursachen dafür. Meist sind es wirtschaftliche und rationelle Überlegungen, die dazu zwingen, nicht selten aber spielen politischer, persönlicher oder nationaler Ehrgeiz eine Rolle. Soweit diese Gedanken die Seeschiffahrt angehen, scheidet persönlicher Ehrgeiz aus; allenfalls der Passagierschiffbau hat im politischen und nationalen Bereich — aber auch nur eine gewisse — Rolle gespielt. Man denke nur an das Blaue Band, das mehr als eine Prestigefrage nur einer Reederei ist. Im Frachtschiffbau sind stets ökonomische Erwägungen maßgebend gewesen, wenn Superlative auf den Hellingen entstanden. Das ist auch heute noch so. Und das wird auch fürderhin so sein. Dennoch ist es in Verbindung mit dem Thema dieses Buches interessant, etwas über die größten Segelschiffe der Welt und deren Bedeutung und Schicksal in einer Zusammenfassung zu erfahren.

Um eine Größenordnung zu bestimmen, bedarf es einer Begrenzung. Bei den Segelschiffen könnte sie bei 3000 BRT liegen. Wenn es jedoch, wie hier, nur um die Superlative geht, ist eine untere Begrenzung auf 4000 BRT notwendig. Unter diesen über 4000 BRT großen Segelschiffen sind die beiden größten der Deutschen die kleinsten. An ihnen, vor allem an der *Preußen*, lassen sich aber aus mehrfachen Gründen Planung, Bau und Ausführung eines solchen Riesen besonders deutlich demonstrieren. Bevor jedoch auf den Bau der *Preußen* selbst eingegangen werden kann, erscheint eine kurze Würdigung der Persönlichkeit wichtig, die, angeregt und auch tatkräftig vom Pommern Robert Hilgendorf unterstützt, für das Fünfmastvollschiff verantwortlich zeichnete. Dieser Mann ist der Schiffbaudirektor Dr.-Ing. h. c. Georg W. Claussen, der seine Laufbahn als einfacher, man darf wohl im doppelten Sinne sagen, kleiner Zimmermannslehrling begann, um sie nach einem schaffens- und erfolgreichen Leben als Technischer Direktor und Teilhaber der Schiffswerft und Maschinenfabrik Joh. Tecklenborg in Geestemünde zu beschließen[362]. Neben seiner beruflichen Tätigkeit widmete er seine reichen praktischen Erfahrungen auch öffentlichen Interessen, so in seiner Eigenschaft als Beisitzer im Reichsoberseeamt, als Vorstands- und späteres Ehrenmitglied der Schiffbautechnischen Gesellschaft und als Königlicher Baurat und späteres Ehrenmitglied der Technischen Hochschule Berlin-Charlottenburg.

Typisch für Claussen ist einmal sein kritisch-wägender Blick und seine Aufgeschlossenheit für alle Neuerungen, zum anderen aber auch sein orthodox konservativ zu nennendes Festhalten am Bisherigen.

Fortschrittlich

zeigt er sich, als er vom Oktober 1865 bis Mai 1869 zu der berühmten Schiffswerft von Caird & Co. nach Greenock in Schottland geht, um an Ort und Stelle den um diese Zeit bereits hohen Stand britischer Schiffbautechnik im Bau von Eisenschiffen zu studieren[363].

Konservativ

dagegen ist seine starke, große Liebe zu den Segelschiffen zu bezeichnen. Muß er — ein so kluger und scharfsinniger Techniker — denn nicht spätestens um

die Jahrhundertwende klar erkennen, daß deren Stern im Sinken begriffen war? Aber mit der ihm eigenen Kraft, Beharrlichkeit und Überzeugung will Claussen das Feld vor den stinkenden Rivalen mit dem rastlos pochenden eisernen Herzen im Rumpf nicht kampflos räumen. Und da bei den Dampfschiffen neben den Konstruktionen immer größerer Schiffe in zunehmendem Maße auch Stahl als Hauptwerkstoff verwendet wird, übernimmt er, der sich in der Bearbeitung von Eisen im Schiffbau geübt hat, dieses Material auch für den Bau seiner weiteren Segelschiffe. Unter diesen sind unter anderem:
das 1808 BRT große Vollschiff *Parchim* (1889),
die 2852 BRT große Viermastbark *Pisagua* (1892),
das 1758 BRT große Vollschiff *Pera* (1890),
die 2845 BRT große Viermastbark *Placilla* (1892),
die 3054 BRT große Viermastbark *Pangani* (1903), und vor allem
die 4026 BRT große Fünfmastbark *Potosi* (1895).
Zwar sind diese Schiffe gegenüber der englischen Konkurrenz noch nicht billiger, sie sind eher noch um einiges teurer — was übrigens auch für die anderen deutschen Segelschiffwerften, also auch für die Neubauten bei Blohm & Voss, gilt —, sie sind aber nach dem Urteil eines international anerkannten Sachverständigen, des Professors Laas von der TH Berlin-Charlottenburg, dafür um einiges besser.
Als die Reederei Laeisz dann die Idee des *Potosi*-Kapitäns Robert Hilgendorf[169a] für einen noch größeren Segler aufgreift und den Auftrag für ein Fünfmastvollschiff vergeben will, kommt gar keine andere Werft als eben Tecklenborg dafür in Frage. Der Bau eines Vollschiffes von den Abmessungen der *Preußen* muß einen Georg W. Claussen, den Segelschiffbauer aus Passion, ganz besonders reizen, vor allem auch, weil die Reederei dafür bekannt ist, keine Kosten zu scheuen, um das Beste aus dem Schiff zu machen.
So plant er denn ein Fünfmastschiff, das er aus dem besten weichen Stahl erstellen will, aus jenem ungemein stabilen Material, das zur Zeit nach dem Siemens-Martin-Verfahren gewonnen wird und das — so fordern es die Klassifikationsgesellschaften — eine Zugfestigkeit von 41 bis 50 kg/mm² bei 20 % Dehnung besitzen muß, um den Anforderungen zu genügen.
Das Schiff soll neben der angestrebten großen Ladefähigkeit gute, wenn nicht sogar sehr gute Segeleigenschaften haben. Es soll mit einer möglichst niedrigen Besatzung auskommen, ohne aber dabei an Manövrierfähigkeit zu verlieren. Besonderer Wert wird auf Sicherheit gelegt. Die mit der Reederei vereinbarten Stärken der einzelnen Verbände werden die Vorschriften für die höchste Klasse des Büros Véritas wie auch des Englischen Lloyd, unter deren Aufsicht der Fünfmaster auf der Helling in den Nordseeküstenhimmel hineinwachsen soll, sogar beträchtlich übersteigen.
Die noch auf dem Papier stehenden Abmessungen lassen die außergewöhnliche Größe, die es mit 11 150 t Wasserverdrängung, 5081 BRT, 4763 Netto-Reg.-Ts. und einer Tragfähigkeit von 8000 Tonnen à 1016 Kilogramm nach den Segelschiffmaßstäben besitzen wird, bereits deutlich erkennen:
Bei einer mittschiffs über der Außenhaut gemessenen größten Breite von 16,40 m soll die Länge über Heck bis zur Galion 133,5 m und in der Wasserlinie 121,92 m betragen. Was Claussen seinen Konstrukteuren immer wieder nahelegte: „Die Stabilität des Schiffes liegt in der Länge“, wird hier höchste Vollendung erfahren. Mittschiffs wird sich von Oberkante Kiel bis Oberkante Deck

eine Tiefe von 10,24 m ergeben. Das entspricht der Höhe eines zweistöckigen Hauses einschließlich dessen Dach. Der Tiefgang des vollbeladenen Schiffes wird bei 8,23 m liegen ...
Eines Tages ist es soweit:
Auch der Stahlschiffbau beginnt mit dem Legen des Kiels, mit dem Rückgrat der gesamten Spantenkonstruktion. Bei der *Preußen* ist es ein Balkenkiel, der also mit den Bodenwrangen einer querschiffs darüberliegenden Bodenverstärkung und einem Trägerkielschwein[364] sowie zwei Seitenkielschweinen einen besonders starken Längsverband bildet.
Der Kiel endet vorn und achtern in den Steven. Der stählerne Vorsteven, unter schweren Dampfhämmern mit einem Fallgewicht bis zu 2000 Kilogramm geschmiedet, weist vom Kiel bis zur Wasserlinie die imponierende Stärke von 30,6 cm auf. Der Achtersteven ist aus Stahlguß gefertigt. Er besitzt die erforderlichen Vorrichtungen zur Aufnahme eines Balanceruders.
Wenn es erlaubt ist, den Kiel als das Rückgrat zu bezeichnen, liegt der Vergleich nahe, die Spanten als Gerippe zu betrachten. Von ihrer Formgebung hängen neben der Länge und Tiefe eines Schiffes dessen Größe, dessen Tragfähigkeit und auch dessen Geschwindigkeit ab.
Die *Preußen* erhält 187 Spanten. Sie werden in einem Abstand von 66 cm aufgestellt. Kräftige Raumbalken, aus U-Stählen gebildet, geben dem Schiffsrumpf eine außergewöhnlich gute Querfestigkeit, zumal sie, ebenso wie die Decksbalken, ein Profil von 34 cm Tiefe haben — das größte übrigens, das die Stahlwerke zur Zeit herstellen können.
Da die *Preußen* als ein schnellsegelndes Schiff geplant ist, wird sie auch starken Belastungen ausgesetzt sein. Aus diesem Grunde werden im Vorschiff und Achterschiff zusätzlich weitere Raum- und Pieksbalken eingebaut.
Die beiden Decks, die den Segler in seiner ganzen Länge durchziehen, sind, wie jene der Aufbauten, ebenfalls aus Stahl gefertigt. Das Oberdeck und die Decks der Aufbauten werden außerdem noch mit einem Belag von Oregonpine (bzw. Pitchpine) belegt. Das ist ein Holz von amerikanischen Kiefern. Es hat einen schmalen, splint- und harzreichen Kern, und es ist, weil dieser fest und hart ist, für diesen Zweck ganz besonders gut geeignet.
Wie alle anderen Großsegler erhält die *Preußen* nur ein Kollosionsschott. Es ist vorn auf Spant 172 eingebaut und reicht hier vom Kiel bis zum Oberdeck. Dieses Schott soll das Schiff vor dem Wegsacken schützen, wenn bei einer Kollision Vorschiff und Steven so stark beschädigt werden, daß Wasser in den Rumpf eindringen kann.
Interessant sind auch die Versteifungsschotte. Hinter jedem der fünf Masten angeordnet, dienen sie allerdings nur der Verstärkung des Querverbandes, andererseits sollen sie den enormen Zug der Takelage an den Schiffseiten aufnehmen. Zum Durchbringen der Ladungen besitzen sie große Öffnungen.
Ein Doppelboden von 550 Tonnen Fassungsvermögen, der zwischen den Spanten 68 bis 106 liegt, kann — durch ein Querschott in zwei Abteilungen getrennt — 450 Tonnen Wasserballast und 100 Tonnen Kesselspeisewasser aufnehmen. Die sinnvolle Einrichtung ermöglicht es, das Schiff im unbeladenen Zustand im Hafen ohne zusätzlichen Ballast zu verholen, ohne daß die für Rahschiffe sonst so große Gefahr eines Kenterns droht.
Ist ein Segelschiff dafür eingerichtet, Wasserballast zu fahren, sind natürlich auch Einrichtungen erforderlich, um den Doppelboden in kurzer Zeit zu lenzen.

Zu dem Zweck erhält die *Preußen* hinter dem Groß- und Laeiszmast je einen Pumpenschacht eingebaut. Die Dampfballastpumpe wird hinter dem Großmast aufgestellt. Sie wird durch zwei doppelt wirkende Lenzpumpen für Handbetrieb ergänzt, von denen eine hinter der Dampfballastpumpe und die andere hinter dem Laeiszmast auf dem Hauptdeck angeordnet ist. Die Pumpen sind untereinander mit einem ausgedehnten Rohrsystem verbunden. Wahlweise ist es dadurch möglich, alle Räume zu lenzen, den Doppelboden zu füllen bzw. zu leeren oder auch die tägliche Trinkwasserration aus den 70 Kubikmeter fassenden Trinkwassertanks zu entnehmen. Zur Aufnahme der Ladung dient ein durch Ventilatoren entlüfteter, großer, durchgehender Laderaum, der in den Unterraum und das Zwischendeck unterteilt ist. Er ist — darauf legte die Reederei ebenfalls betonten Wert — dem Laderaum eines Dampfers durchaus gleichwertig: Fünf Luken im Haupt- und Zwischendeck ermöglichen es, die Ladung bequem in das Schiff zu schaffen. In diesem Zusammenhang ist es nicht uninteressant, über einen Vergleich die Größe des Laderaums der *Preußen* vorzustellen:

Er entspricht der Ladekapazität von 18 Güterzügen zu je 30 Waggons mit einer Ladefähigkeit von je 15 Tonnen. Aneinandergereiht würden diese 18 Güterzüge 6,5 km lang sein und könnten mit 8100 t beladen werden.

In der Vorspiek liegt auf dem Zwischendeck das Kabelgatt, darunter befindet sich die 75 Tonnen fassende Kohlenlast. Der Kettenkasten hat hinter dem Kollisionsschott Platz gefunden. Und da die Achterpik ebenfalls nicht als Laderaum Verwendung findet, dient sie der Unterbringung von Lebensmitteln und anderen Vorräten.

Die *Preußen* ist, seitlich gesehen, dem bei Laeisz so bewährten, modernen Dreiinsel-Typen zuzuzählen. Bei aller zweckmäßigen und bewußt auf große Ladefähigkeit abgestellten Bauweise entsteht dennoch ein Rumpf, der in seiner Formgebung jene ausgewogene, vollendete Schönheit zeigt, wie sie nur einem Segelschiff eigen ist.

Drei große Aufbauten, und zwar eine 11,18 Meter lange Back, ein von Bord zu Bord reichendes Brückenhaus von 28,34 Meter Länge, das die Wohn- und Waschräume der Mannschaften enthält und wesentlich bessere Lebensbedingungen bietet als das Logis im Vorschiff von einst, und eine 9,44 Meter lange Poop[364a] erheben sich über dem Oberdeck und unterbrechen den kräftigen Sprung des Schiffes.

Willi Heidel kommentiert dieses Werk[365]:

„Das rahgetakelte Segelschiff lebt in unserer Erinnerung als eines der schönsten und vollkommensten technischen Bauwerke, die jemals von Menschenhand geschaffen wurden, wenn auch diese stählernen Riesensegler des 20. Jahrhunderts nicht mehr die anmutig wirkenden Linien der aus Holz erbauten Schnellsegler — der Clipper vor allem — besitzen. Um so mehr müssen die Fertigkeit und die hochentwickelte Handwerkskunst der Schiffbauer dieser Zeit bewundert werden. Aus den harten Materialien, die ihnen die Neuzeit mit Stahlplatten und Winkeleisen in die Hand gab, haben sie die schwingenden Linien der stählernen Großsegler geschaffen."

Wie der Rumpf der *Preußen*, wird auch die gesamte Takelage außergewöhnlich stark und zuverlässig hergerichtet. In ihrer Geschlossenheit und Verbindung von Zweckmäßigkeit und Schönheit stellt sie die Summe der Erfahrungen, des

Standes der Technik und des Wissens zahlreicher Generationen von Seeleuten und Schiffbauern vor.
Die Seitenansicht des Schiffes wird von den fünf gewaltigen Masten mit doppelten Mars- und Bramrahen und den Royals als oberste Rahen in allen Toppen beherrscht. Die Masten sind aus Stahlblechen zusammengenietet und durch Winkeleisen noch verstärkt, ebenso die 19 Meter langen Bramstengen. Welche wahrhaft gigantischen Ausmaße diese Masten besitzen, zeigen diese Abmessungen:

äußerer Durchmesser:

in Höhe des Oberdecks:	92 cm mit 14 mm Blechdicke,
in Höhe des Marses:	75 cm mit 11,5 mm Blechdicke,
in Höhe des Bram-Eselhauptes:	46 cm mit 7,5 mm Blechdicke.

Masthöhe:
Der größte, der Mittelmast, hat vom Kiel bis zum Flaggenknopf eine Höhe von 68 Metern. Er erreicht damit die Höhe eines nicht gerade niedrig zu nennenden Kirchturms. Die Bezeichnung der Masten (und ihrer Untersegel) ist von vorn nach achtern diese: Mast 1 = Fockmast (Fock), Mast 2 = Großmast (Großsegel), Mast 3 = Mittelmast (Mittelsegel), Mast 4 = Laeiszmast (Laeiszsegel) und Mast 5 = Kreuzmast (Bagien — Bagiensegel).
Die Rahen:
Die Unterrahen sind bei einem Durchmesser von 63,5 cm in der Mitte 30,30 Meter lang. Die Royal besitzen mit 33 cm Durchmesser in der Mitte noch immer eine beachtliche Stärke. Sie sind 15,7 Meter, also etwas weniger als die Hälfte der Unterrahen, lang. Dazwischen rangieren die Großobermarsrah mit einer Länge von 25,30 Metern und die Großuntermarsrah mit einer Länge von 25,30 Metern. An den Nocken haben sämtliche Rahen den halben Durchmesser der Mitte.
Alle heißbaren Rahen haben anstelle der bisher üblich gewesenen Racks Schuhe aus Stahlguß, die in auf die Masten oder Stengen aufgenieteten Schienen gleiten. Sie verfügen bereits über die gleiche Einrichtung, wie man sie heute bei der Bermudatakelung moderner Hochseeyachten findet.
Auch für die *Preußen* gilt, was seit einiger Zeit üblich wurde: Die Vereinfachung des Vorgeschirrs, das nicht mehr auf Bugspriet, Klüverbaum und Außenklüverbaum aufgebaut wurde. Es erhielt vielmehr ein kurzes Pfahlbugspriet aus Stahl als Grundlage. Zwischen den inneren Backstagen ist ein Netz zum Schutz der Mannschaft ausgespannt. Außerdem wird ein kurzer Stampfstock gefahren.
Stehendes und laufendes Gut:
Verzinkter Stahldraht von besonders hoher Festigkeit bildet das Material für das stehende Gut, das durchweg auf Spannschrauben gesetzt worden ist. Für das laufende Gut ist biegsamer Stahldraht von 13 230 m Länge, daneben aber auch Hanf- und Manilatauwerk verwendet worden. Es hat eine Gesamtlänge von 17 260 Metern. Die Gesamtlänge der Trossen und des Reservegutes wird mit 3050 Metern angegeben.
Das stehende Gut ist 10 800 Meter lang.
Sonstiges:
In der Takelage sind 700 Meter Ketten und genau 1268 Blöcke eingearbeitet worden. Die Zahl der Takelageschrauben beträgt 248 Stück. So stark und fest und zuverlässig Rumpf und Takelage sind, so kraftvoll ist der Segelplan der *Preußen*, der in einem ausgewogenen Verhältnis zur Größe und Stabilität des

Schiffes steht, das heißt, durch eine im Verhältnis zu früheren Schiffen niedrigere Takelung ist der Gesamtsegelschwerpunkt niedriger gelegt worden. Dadurch wurde das Schiff steifer. Die breite Anlage des Segelrisses gibt die Gewähr für die erforderliche Segelfläche.

Die Gesamtfläche aller Segel — es sind 43, von denen allein 30 Rahsegel sind — beträgt 5560 Quadratmeter. Welche Kraft das Urelement Wind zu entwickeln vermag, wenn sie so sinnvoll wie bei den modernen Ozeanseglern ausgenutzt wird, erhellt sich aus der Tatsache, daß anstelle der Besegelung eine Maschinenkraft von etwa 6000 PS erforderlich gewesen wäre, um die *Preußen* mit jener Höchstgeschwindigkeit durch die Wasser pflügen zu lassen, die sie zeitweilig auf ihren Reisen erreichte.

Am 7. Mai 1902 ist der aufsehenerregende Neubau mit der Baunummer 179 bei Tecklenborg so weit fertiggestellt, daß das Schiff von Stapel laufen und auf den Namen *Preußen* getauft werden kann. Die endgültige Ausrüstung kommt so schnell voran, daß auf dem Fünfmaster Ende Juli die Werftflagge niedergeholt wird und die des Hauses Laeisz in den Großtopp klettert.

Jetzt ist ein Rundgang durch das Schiff möglich: „Die Back ist durch zwei Leitern vom Hauptdeck aus zugänglich. Sie trägt neben den üblichen Vorrichtungen in der Mitte ein starkes Gangspill, mit dem die Anker nur durch Handkraft gehievt werden können. Es kann jedoch auch durch einen Längsschaft und eine Kuppelung mit dem auf dem Hauptdeck unter der Back liegenden Dampfankerspill verbunden werden. Ein schwenkbarer Ankerkran ermöglicht es, die schweren Buganker, die das enorme Gewicht von je 3850 kg aufweisen, an Deck zu nehmen oder über die Seite zu geben.

Im freien mittleren Raum unter der Back steht das Dampfankerspill für die 65 Millimeter starken Ankerketten. Das Schiff besitzt insgesamt 560 Meter Ankerketten im Gesamtgewicht von etwa 66 Tonnen. Längst sind die Zeiten vorbei, in denen die Mannschaft der Segler unter der Back, das heißt vor dem Mast, wohnen muß. Die Back der *Preußen* enthält daher keinerlei Wohnräume, sondern in zwei Seitenhäusern nur einen Wasch- und Baderaum, Toiletten für die Mannschaft sowie eine Anzahl von Gelassen für die Unterbringung von Farben, Geräten und anderen Gegenständen. An der hinteren Kante der Back liegen an jeder Seite zwei schmale Kammern. Sie sind nach oben zu in die Lampentürme für die Positionslampen ausgebildet. Die eigentlichen Positionslampen befinden sich innerhalb dieser Türme, wo sie auch bei schwerem Wetter getrimmt werden können, ohne daß dabei jemand über Bord gewaschen werden kann. Außerdem sind die Lampen selbst auf diese Weise vor Beschädigungen durch überkommende Seen geschützt, wenn das Schiff die Nase wegsteckt. Durch eine vor dem Dampfankerspill liegende Luke kann man in das Kabelgatt und in die darunterliegenden Bunker gelangen.

Auf dem zwischen Back und Brückenhaus liegenden Deck befinden sich zwei Luken, die in den Laderaum führen. Hinter dem Fockmast ist ein stählernes Deckshaus errichtet. Es nimmt die an Bord vorhandenen zwei stehenden Hilfskessel von je 3,05 Meter Höhe und 1,83 Meter Durchmesser auf. Die Kessel haben eine Heizfläche von je 16 Quadratmetern. Sie erzeugen den erforderlichen Dampf für die Dampfballastpumpe, die Ankerlichtmaschine, die zum Löschen und Laden vorgesehenen vier Dampfwinden, die bei den Luken aufgestellt sind, und die Hauptrudermaschine.

Das von Bord zu Bord reichende Brückenhaus ist für die modernen Segler vom sogenannten Dreiinseltyp charakteristisch. Es bietet ausreichend Raum, um die gesamte Besatzung unterzubringen. Die Unterkunfträume übertreffen bei weitem die Einrichtungen von Dampfern jener Zeit. Sie haben mit der spartanischen Einfachheit, die man bei den kleineren hölzernen Seglern noch vorfinden konnte, nichts mehr gemein. Auf der Backbordseite wird das Brückenhaus in seiner ganzen Länge von einem Gang durchteilt. An seiner linken Seite liegen die wohnlichen und bequemen Offizierkammern, eine Pantry, die Offiziermesse, ein Baderaum, ein Hospital sowie je eine Kammer für Koch und Steward bzw. für Zimmermann, Bootsmann, Segelmacher und den Schmied.

Im vorderen mittleren Teil des Brückenhauses befindet sich die geräumige, luftige Küche, an die sich rückwärts eine große Segelkammer und ein Proviantraum anschließen.

Den hinteren Raum des Brückenhauses nimmt der gediegen und geschmackvoll ausgestattete Salon, und an der Steuerbordseite der Wohn- und Schlafraum des Kapitäns, das Kapitänsbad und eine Kammer für Passagiere ein. An der Steuerbordseite sind die beiden getrennten Logis für die Mannschaft mit je 18 Kojen untergebracht.

An ihnen wird der Wandel der Zeiten besonders auffällig sichtbar. Während das früher unter der Back oder in einem jedem Seegang ausgesetzten Deckshaus befindliche Mannschaftslogis an Komfort lediglich einen gemeinsamen Tisch und für jeden Mann eine mit Fuß- oder Kopfbord versehene Koje aufwies, an deren Außenkante Ringe zum Festzurren der Seekisten angebracht waren, sind die Mannschaftsunterkünfte der *Preußen* geräumig und gut ventiliert. Jeder Mann besitzt sein eigenes Spind, und ein gemeinsamer großer Schrank dient zur Aufnahme von Lebensmitteln. Vor allem aber — und das verdient hervorgehoben zu werden — sind diese Unterkünfte trocken, weil alle Zugänge in das Brückenhaus von Deck aus durch hohe Sülle geschützt sind und gegebenenfalls ganz geschlossen und verschalkt werden können, wenn es die Wetterlage erfordern sollte. In diesem Fall ist es möglich, aus der Unterkunft durch ein breites Skylight auf das Deck des Brückenhauses zu steigen.

Das Steuern eines Großseglers vom Brückenhaus aus hat erhebliche Vorteile. Das Mittschiffhaus gibt dem Schiff an seinem weichsten Punkt nicht nur eine zusätzliche größere Tiefe, es ist auch bei schwerem Wetter eine wesentlich sicherere und trockenere Plattform, von der aus die Führung des Schiffes unter weit besserer Kontrolle steht, als dies von der ungleich mehr gefährdeten Poop aus der Fall sein kann.

Auf dem Deck zwischen Brückenhaus und Poop befinden sich die vier Boote des Schiffes. Zwei von ihnen lagern in Bootsgalgen, während zwei eiserne Francis-Patent-Rettungsboote klar zum Ausschwingen in Davits hängen.

Die verhältnismäßig kurze Poop beherbergt die Zimmermannswerkstatt, eine zweite Segelkammer sowie ein Logis für Schiffsjungen. Außerdem ist hier der Handsteuerapparat untergebracht, der benutzt werden soll, wenn das Dampfsteuer ausfällt. Über den doppelten Handrädern ist das Deck durchschnitten. Der Ausschnitt wird von einer Kappe überdacht, die vorn durch Glasfenster geschlossen ist. Diese Einrichtung ist sinnvoll und aus einer langen seemännischen Erfahrung heraus geboren. Sie soll den Rudersmann vor schweren Seen schützen, die über die Poop brechen können, und es ihm gleichzeitig ermöglichen, beim Steuern des Schiffes die Segel zu beobachten. Die großen Segler ließen sich, wenn sie vor starkem Wind und hoher See liefen, bekanntermaßen

allgemein schlecht steuern. Und manches starke Schiff, das mit den hinter ihm in endloser Prozession anstürmenden Wellengiganten, vor allem jenen in hohen südlichen Breiten, um die Wette und oft genug auch um sein Leben lief, ist verlorengegangen, weil der Rudersmann über Bord gewaschen wurde und das Schiff quer zur See zu liegen kam.
Es sind sogar Fälle bekannt, daß der Mann am Ruder für Sekunden die Nerven verlor, wenn er von dem tief in einem Wellental versunkenen Schiff aus einen Blick nach achtern warf und eine gewaltige, himmelhoch gegen das Schiff anstürmende See sah.
Eine weitere der Sicherheit dienende Einrichtung sind schmale Laufstege, welche Poop, Brückenhaus und Back verbinden und es dem Seemann bei schwerem Wetter ermöglichen, von einem Ende des Schiffes zum anderen zu gelangen, ohne dabei das von überkommenden Seen gefährdete Hauptdeck betreten zu müssen.
Ohne allzusehr in technische Bereiche vorzustoßen, soll diese Schilderung eine wenigstens annähernde Vorstellung von dem großartigsten Rahschiff vermitteln, das jemals die Helgen einer deutschen Werft verlassen hat.
Es ist nicht übertrieben, diesen starken und in seinen Ausmaßen imposanten Segler als ein Meisterwerk deutscher Schiffbaukunst und als ein Symbol für den Höhepunkt des Segelschiffbaus überhaupt, zu bezeichnen.
Soviel jedenfalls über den deutschen Fünfmaster *Preußen*, über dessen großartige Erfolge und tragisches Ende in anderen Kapiteln berichtet wird.
An dieser Stelle sei dann auch gleich die im Jahre 1895 ebenfalls bei Tecklenborg erbaute Fünfmastbark *Potosi* behandelt. Sie war mit ihren 4026 BRT um mehr als 1000 BRT kleiner als die Werftschwester *Preußen*.
Ihre Abmessungen waren diese:
Länge: 120,1/111,63 m (über Galion und Heck / zwischen den Loten)
Breite: 15,15 m,
Raumtiefe: 8,71 m,
Netto-cbm: 10 907,276, und
NRT: 3858,798;
nach der Neuvermessung im Jahre 1908:
Netto-cbm: 10 638,10,
NRT: 3755,27.
Ihre Ladekapazität lag bei 6150 tdw.
Über die Reisen dieser stolzen Bark, deren größte Masthöhe vom Kiel bis zum Flaggenknopf 64 m maß, ist ebenfalls an anderer Stelle ausführlich berichtet worden. Bliebe noch zu ergänzen, daß sie während des I. Weltkrieges in Chile aufgelegt und noch während des Krieges an die Reederei F. A. Vinnen & Co, Bremen, verkauft wurde. Nach dem Kriege wurde sie aufgrund des Vertrages von Versailles im Jahre 1919 den Siegermächten, und zwar Frankreich, zugesprochen. Dort aber wußte man mit dem Riesen nichts anzufangen und verkaufte das Schiff an die Floating Dock Co. in Buenos Aires. Aber auch hier sah man keine Möglichkeiten eines ökonomischen Einsatzes. Schließlich erwarben die Chilenen den Segler, und zwar im Jahre 1923 die in Valparaiso beheimatete Reederei Gonzales, Soffia & Cia. Man taufte das Schiff in *Flora* um und verwandte es Ende 1924 wieder in der großen Fahrt. Am 30. März 1925 traf die *Flora* ex *Potosi* erstmals wieder in Hamburg ein, ging aber auf der Rückreise nach Südamerika verloren[366].

Wenden wir uns nach den beiden kleinsten Großen über 4000 BRT den anderen Superlativen unter den Windjammern zu. Als Nummer 1 wird in vielen Listen und Veröffentlichungen der im Jahre 1908 bei Harland & Wolff in Belfast (Nordirland) aus Stahl für die Anglo-American Oil Co, London, erbaute Sechsmastschoner *Navahoe* geführt. Er hatte eine für die damalige Zeit ungewöhnliche Größe. Bei 7718 BRT war er 106,7 Meter lang, 17,7 Meter breit und 9,45 Meter tief. Die Poop und die Back hatten die ansehnliche Länge von 24,4 bzw. 22,9 Metern. Das Schiff war mit Wasserballasttanks und zwei Decks ausgerüstet. Trotz seiner Größe ist es in seinem 20jährigen Leben nicht nur nicht sonderlich bekannt geworden, es kann auch nicht als Segler angesprochen werden, denn es wurde stets geschleppt. Die Besegelung diente nur als Stützbesegelung, eventuell für den Notfall, wenn die Schleppverbindung brechen sollte[367].

Also rangiert als die Nummer 1 die bekannte französische Fünfmastbark *France* (II) unter den größten aller Segelschiffe. Mit ihren 5633 BRT war sie, die als die zweite *France* Frankreichs auf der Werft Chantiers et Ateliers de la Gironde, Bordeaux[87a], für die französische Reederei Soc. des Navires Mixtes (Prentout — Leblond, Leroux & Co), Rouen, erbaut wurde und am 8. November 1911 vom Stapel lief, nur gute 500 BRT größer als die Nummer 4 unter den größten Tiefwasserseglern der Welt, also das Fünfmastvollschiff *Preußen.*

Sie hatte eine Wasserverdrängung von 10 710 t, 11 600 cbm Laderaum für 8000 Ladetons. Sie war 139,00 Meter lang, 16,90 Meter breit, 7,54 Meter raumtief. Ihr Tiefgang lag bei 7,85 Meter. Ihre Segelfläche betrug 6350 m^2, ihre Masten waren 64 Meter über dem Kiel hoch (die Untermasten 50 Meter). Sie hatte 2 Motoren mit 900 PS, die aber 1919 entfernt wurden. Und sie verfügte über 7 Passagierkajüten. Sie fuhr neben dem Kapitän nur 2 Steuerleute und 45 Mann.

Wie die *Preußen,* war auch die *France* ein ebenso schönes wie schnelles Schiff. Sie hat mehrfach Geschwindigkeiten bis zu 17 Knoten und auf einer Reise sogar an fünf hintereinander folgenden Tagen mit 1680 sm einen Schnitt von 14 Knoten erzielt, ein Beweis nicht nur für die guten Segeleigenschaften der *France,* ein Beweis auch für das hohe Können des französischen Kapitäns und seiner Besatzung. Die Fünfmastbark wurde vornehmlich in der Fahrt nach Neuseeland und Neukaledonien eingesetzt, wobei sie ausreisend Kohle, heimkehrend Weizen, Wolle und Erze lud[368]. Das Schiff wurde 1916 an die Société des Navires verkauft. Es wurde, da immer noch Krieg, mit zwei 9 cm-Geschützen ausgerüstet und dann auch, als habe man damit das Urteil heraufbeschworen, am 28. Februar 1917, etwa 150 sm WNW von Kap Finisterre, von einem deutschen U-Boot angegriffen, konnte aber im Schutze der anbrechenden Dunkelheit entkommen. Das beste, je gesegelte Etmal lag bei 420 sm im Jahre 1921[369]. Mit der ersten, für A. D. Bordes & Fils erbauten Fünfmastbark *France* (3784 BRT), hat Frankreich insgesamt nur zwei Fünfmaster in Dienst gestellt.

Als größtes Segelschiff Nummer 2 darf die 5548 BRT große, im Jahre 1906 auf der Rickmerswerft in Geestemünde für die Rickmers Reismühlen-Rhederei- & SchiffBau-AG erbaute Fünfmastbark *R. C. Rickmers* bezeichnet werden, obschon sie eine Hilfsmaschine von 1000 PS hatte, derenthalben sie mancherorts nicht zu echten Segelschiffen, sondern zu den Auxiliarseglern gezählt wird. Das jedoch erscheint dem Verfasser zu engherzig, handelt es sich doch um eine Maschine, die nur von Fall zu Fall als Hilfe gebraucht wurde, denn die meiste

Zeit seines Lebens fuhr dieses Schiff unter Segeln, mit denen es zudem auch schneller als mit der Hilfsmaschine voran kam. Allerdings ist diese Hilfsmaschine beim Ansteuern schwieriger Gewässer, beim Befahren von Engen, die andere Segler oft unter Mühen und Zeitaufwand erkreuzen mußten, eine für die jeweilige Reisedauer nicht zu unterschätzende Hilfe gewesen. Wer Rekorde unter den Großseglern vergleicht, darf daher die *R. C. Rickmers* nicht mit heranziehen.

Ihre Maße waren diese:
Länge (ohne Bugsprit): 134,5 m, Breite: 16,6 m, Raumtiefe: 9,0 m[370].

Die Tragfähigkeit des Fünfmasters betrug 8000 Tonnen.

Die *R. C. Rickmers,* die auch an anderer Stelle Erwähnung findet, wurde bis zum Kriegsausbruch mit gutem Erfolg in der Reisfahrt zu den Häfen Hinterindiens eingesetzt. In den Jahren 1912 bis 1914 unternahm sie zwei Reisen nach Ostasien, und zwar: 1. Europa — Philadelphia — Kap der Guten Hoffnung nach Kobe — Portland (Oreg.) — zurück nach Europa (Antwerpen) und 2. Europa — Philidelphia — Japan, von dort weiter nach Wladiwostok, wo der Zar sie besichtigte, und dann über die Kap der Guten-Hoffnung-Route wieder zurück nach Hull in Europa.

Trotz der guten ersten Reise zeigte es sich, daß die Hilfsmaschine in der Endkalkulation unökonomisch war. Sie und ihr Brennstoff verringerten die nicht unbeträchtliche Ladekapazität, sie verursachten auch nicht unerhebliche Kosten für das Maschinenpersonal und den Brennstoff. Dennoch verkaufte die Reederei gerade dieses Schiff nicht, als sie in den Jahren 1910—1912 alle anderen Segler wegen Umstellung des Liniendienstes abstieß. Die *R. C. Rickmers* verblieb der Reederei als ladungfahrendes Ausbildungsschiff, das bei Kriegsausbruch gerade in Cardiff in England zum Kohlen eingelaufen war und von den Briten beschlagnahmt wurde. Die Engländer stellten den Fünfmaster noch während des Krieges unter dem neuen Namen *Neath* wieder in Dienst. Der deutsche Kapitän weigerte sich, die neue, nun britische Schiffsführung zu beraten. Auf der Reise, die nach Mauritius führte, wurde der Großsegler mit einer Ladung Zucker an Bord am 27. März 1917 unter Irlands Küste durch U 66 aufgebracht und dann versenkt.

Schließlich bleibt noch als letzter Großer der US-amerikanische, auf 5218 BRT vermessene Siebenmast-Gaffelschoner *Thomas W. Lawson* zu erwähnen. 1902 war es, als er in dem südlich von Boston gelegenen Quincy, Mass., bei der Fore River Shipbuilding Company für den Reederkapitän John G. Crowley[371], Boston, für 240 000 Dollar (46 Dollar pro Tonne) erbaut wurde. Benjamin B. Crowninshield[372], Boston, entwarf ihn. Pate des Schiffes war der gleichnamige Präsident[373] der Bay State Gas Company, für die der Segler Kohlen heranbringen sollte. Des Seglers Maße waren: Länge: 112,24 m, Breite: 15,20 m, Raumtiefe: 10,75 m[373a]. Bei voller Ladung (bei 11 000 Tonnen, also bei rund 3000 ts mehr als bei der *Preußen)* hatte das Schiff einen Tiefgang von 8,54 m. Eben dieser Tiefgang war es, der sich für das enge Fahrwasser des Delaware wie auch für die meisten nordamerikanischen Ostküstenhäfen, die damals mehr oder weniger erst im Ausbau waren, noch als zu groß erwies. Das bedeutete, daß ein volles Drittel der Tragfähigkeit, 3653 Tonnen nämlich, ungenutzt bleiben mußte. Somit wurde die Verwendungsmöglichkeit einmal und zum anderen die Rentabilität des Seglers stark eingeschränkt.

Man erwartete und erhoffte von diesem großen Schoner, da kleinere und mittlere Schoner unrentabel zu werden begannen, eine Revolution in der Segelschiffahrt. Erstaunlich eigentlich, denn schon R. C. Rickmers hielt nichts mehr von Schonern zu einer Zeit, da sie, um 1850, noch groß in Mode waren[373b]. Die Wirklichkeit sah dann, auch am Endprodukt gemessen, gar nicht so zukunftsträchtig aus. Bewährt hat sich dieses Schiff, das nach der Fama bereits sofort nach seiner Indienststellung abgetakelt werden sollte, am Ende nicht, was ursächlich aber nicht in seinem Typ bzw. seiner Schonertakelung, sondern in seiner Größe zu suchen ist.
Auf See brauchte die *Thomas W. Lawson* zudem handfesten Sturm, um auf Kurs zu bleiben, bei schwächeren Winden lief sie, einem störrischen Pferd gleich, das gern ausbricht, aus dem Ruder. Sturm aber bedeutete für die schwache Besatzung — Kapitän, zwei Steuerleute, ein Maschinist für die Dampfwinde und das mit Dampf betriebene Ruder, ein Steward und elf Seeleute, insgesamt 16 an der Zahl — eine kaum zu bewältigende Anspannung. So wurden größere Segelmanöver stets bis aufs Wachende zurückgestellt, um mehr Mann zur Verfügung zu haben. Jedenfalls zog Crowley das Schiff ein Jahr später, 1903, in aller Stille aus der Kohlenfahrt. Er ließ die Stengen abtakeln und vercharterte es als Leichter. Als solcher wurde es mit Petroleum in Kisten zwischen Texas und Philadelphia gar wenig ruhmvoll hin- und hergeschleppt. Im Herbst 1907 wurde der Schoner wieder aufgetakelt und mit 60000 Fässern Schmieröl wieder auf große Fahrt geschickt. Das Ziel lautete Europa. Auf der Heimreise mußte das Schiff wegen Nebels bei den Scilly Islands ankern. Bei aufkommendem Sturm brachen beide Ketten, und da der Schoner nicht genügend Ballast führte, kenterte er. Nur zwei Mann der Besatzung — Kapitän Dow und der Maschinist — konnten von Land aus gerettet werden. Die andere Besatzung kam — einschließlich des bereits an Bord befindlichen Lotsen — mit dem auseinanderbrechenden Schiff ums Leben[374].
So geschehen an einem Freitag, dem 13. Dezember 1907.
Bemerkenswert bei diesem Siebenmast-Gaffelschoner ist, daß die Masten, deren stählerne Untermasten 41,15 m und deren hölzerne Stengen 17,65 m lang waren, von Hein Seemann nach den sieben Wochentagen benannt wurden, um sie bei Manövern und auch sonst auseinanderzuhalten. Sonst hießen sie fore, main, mizzen, jigger, driver, pusher, spanker, zu deutsch: Fockmast, Großmast, Besanmast, Tanzer, Treiber, Schieber, Spanker (oder der Starke [oder der Tüchtige])[374c] so wurde auf allen amerikanischen Schonern mit mehr als zwei Masten der achterste Mast genannt. An ihm wurde das größte Segel des Schiffes gefahren, während man in Old Europa den kleinen Besan bevorzugte.
Zwischen den kleinsten Großen und den größten Großen würde indessen noch ein Riese zählen, wäre er in der geplanten Größe in Fahrt gekommen: die amerikanische *Great Republic,* deren Größe anfänglich 4555 BRT betrug und die in ihrer ursprünglichen Form von keinem Viermaster je wieder erreicht worden ist. Mit diesem Monstrum, das man für seine Zeit zumindest — als ein echtes Weltwunder bezeichnen darf, wollte Donald McKay — typisch amerikanisch — alles bisher Dagewesene in den Schatten stellen. Die *Great Republic,* ein Schiff aus Holz, das allerdings im Innern schon Versteifungen aus Eisen erhielt und somit als ein Vorläufer der britischen Kompositbauten bezeichnet werden darf, hatte diese Maße: Sie war 335 Fuß (102,075 m) lang, 53 Fuß (16,15 m) breit und hatte 38 Fuß (11,58 m) Raumtiefe. Der Großmast ver-

diente mit 228 Fuß (69,49 m) über Deck seinen Namen zu recht, und die 44 Zoll (111,76 cm) als Durchmesser für die Untermasten waren beachtlich. Die 120 Fuß Länge (36,58 m) für die Großrah übertrafen die 30,3 m (112 1/2 Fuß) der *Preußen.*
Das Schiff wurde mit doppelten Marsrahen bestückt. Noch während des Baues (der übrigens ein reiner Spekulationsbau von McKay auf eigene Rechnung war) wurde aber sehr bald klar, daß auf der Helling ein Etwas aus Menschenhand heranwuchs, das, einmal fertiggestellt, bei allem Respekt für die Konstruktion, den suspekten Beinamen eines weißen Elefanten verdienen würde. Höhere Mächte unterstrichen, was McKay nun wußte. Als das Schiff in New York beladen wurde, brach am 25. Dezember, dem zweiten Weihnachtsfeiertag in angelsächsischen Ländern, ein Feuer aus. Dabei wurde das Oberschiff zerstört. Unter Leitung des erfahrenen Kapitäns Nat Palmer wurde der Viermaster wieder aufgebaut und dabei um ein Deck reduziert. Außerdem wurden die Spieren verkürzt. Die Gesamtgröße lag nun bei 3356,59 BRT. Die Great *Republic,* die jetzt unter der Flagge von A. A. Low & Bro fuhr, blieb dennoch eine Größe unter denSchiffen ihrer Zeit.

Und sie konnte laufen.
Ihr bestes Etmal: 413 Seemeilen.
1872 ging sie verloren.

☆

Bei der Behandlung der großen Segelschiffe dürfte eine Zusammenstellung der weiteren, wenn auch kleineren, Fifesticker genannten fünfmastigen Rahschiffe nicht uninteressant sein:

København, Fünfmastbark, dänisch,	3901 BRT,
Maria Rickmers, Fünfmastbark, deutsch,	3813 BRT,
France (1), Fünfmastbark,	3784 BRT,
City of Vicksburg, Fünfmastbarkantine,	2422 BRT,
City of Beaumont, Fünfmastbarkantine,	2014 BRT.

XXIII

Weizensegler in der Australfahrt

Ein anderer Schwerpunkt in der Großen Fahrt der square-rigged-ships jener Tage ist nach der Ära der Australreisen der Wollclipper die Weizenfahrt auf der gleichen Route. Sie entwickelt sich, weil ebenfalls saisonbedingt, nach und nach — dem Beispiel der Teeclipper folgend[375] — zu einer nicht nur in Schiffahrtskreisen viel beachteten Regatta über eine Distanz von 16 000 Seemeilen. Die Australreisen mit Segelschiffen verdienen insofern noch besonderes Interesse, als ein Teil ihrer Strecke durch die Roaring-Forties führt, also durch jene Zone, die unterhalb des 40. Südbreitengrades liegt. Seit Maury in seinen Anweisungen für die Fahrt nach und von Australien, die zu seiner Zeit durch die Entdeckung der Goldfelder gerade einen außerordentlichen Aufschwung erfuhr, auf die treibende Kraft der Winde in den höheren Südbreiten aufmerksam machte, fiel es keinem Schiffsführer, der seine Rückreise von der Ostküste des Kontinents oder von Melbourne antrat, mehr ein, eine andere Route als die ums Kap Horn zu nehmen. Allerdings bestand in den neunziger Jahren noch einige Unsicherheit hinsichtlich der Wahl des von Südaustralien ausgehenden Rückreiseweges. Wenn diese Zeit in den Südsommer fiel, erachteten es viele Kapitäne für vorteilhafter, westwärts, und zwar um das Kap der Guten Hoffnung, herumzugehen. Es handelte sich hier aber, wie gesagt, um gewisse Sommermonate, um die Monate Dezember, Februar bis März etwa. Während der übrigen Zeit des Jahres wählte man die Hornroute. Jene ums Kap der Guten Hoffnung indessen war allgemein obligatorisch für alle ausgehenden Segler, welche die unter dem 40. Südbreitengrad herrschenden „Braven Westwinde" nutzten. Diese Winde sind aber nur insofern brav zu nennen, als sie stetig und verläßlich sind. Obwohl über Sturmfahrten schon einige Beispiele vorliegen, haben die Fahrten durch die Roaring-Forties ein anderes, eben ihr eigenes Chrakteristikum. Zunächst dafür einige Beispiele.

Es ist Dezember des Jahres 1910, als die 2510 BRT große norwegische Viermastbark *Fingal*, ein ehemals britisches Schiff übrigens[376], mit einer Ladung Superphosphat den Hafen von Amsterdam mit „order for Adelaide in Australien" unter Kapitän Hannevig verläßt. Ein weiter, weiter Weg ist's bis dahin. Und das mit einer gemischten Mannschaft an Bord. Mit Norwegern natürlich und mit Finnen, aber auch mit Holländern und Deutschen, deren einer Herbert heißt: Herbert H. Tiessler. Ihm, der sich erste Seebeine auf einem Gaffelschoner in der Nordsee holte, verdankt die heutige Zeit einen plastischen Bericht aus der australischen Weizenfahrt[377]. Auf dem Schoner hatte er jedenfalls bereits als Koch und Junge gelernt, sich mit den Geheimnissen des seemännischen Handwerks zu befassen, das (noch) so vielseitig ist, wie die Häfen der Welt bunt sind. Und das sich nicht allein auf seemännische Fertigkeiten beschränkt, muß doch ein Segelschiffs-Jantje auch die vielen kleinen Handfertigkeiten innerhalb des persönlichen Bereichs beherrschen. Und das beginnt mit Wäschewaschen, mit Nähen und Flicken und hört mit dem Besohlen von Schuhen auf.

Im Passatwetter erzählt der finnische Matrose Alex, dieser gutmütige, brave Kerl mit den eisernen Fäusten und der Gewandtheit einer Eichkatze, den Jungen und Jungmannen an Bord, daß man südlich vom Kap der Guten Hoffnung Eastern Downs genannte Wellenberge erleben würde: „bis zu fünfzig

Fuß Höhe und einer Meile Länge. Und", an H. Tiessler gewandt, „einen Wind, Herbert, so stark, daß er dir drückt die Zähne in den Schlund, wenn du aufreißt dein Maul."

Herbert Tiessler hält diese Berichte für seemännische Übertreibungen, gerade jetzt, da die *Fingal* hier, im warmen, braven Passat, unbeschwert und leichtfüßig wie eine Ballerina dahinschwebt. Dann aber, nur wenig später, kommt in sein Tagebuch: „Als wir den Bereich der veränderlichen Winde durchkreuzt haben, wird es — und zwar plötzlich — bedeutend kälter. Wollenes Unterzeug und frischgeölte Südwester werden hervorgeholt und in Bereitschaft gehalten. Eine lange Dünung aus Westen macht sich bemerkbar. Und große Albatrosse schweben geisterhaft um unsere Back. Mit ernsten, starren Blicken prüfen sie Takelage und Mannschaft. Ihre besondere Aufmerksamkeit jedoch gilt dem Schiffskoch und dem Steward.

Welch grandioses Bild bietet sich eines Morgens, als wir nach genossener Frühkost an Deck kommen. Der Wind pfeift jetzt vierkant von achtern. Es ist kein gutes, es ist eher ein unheimliches Pfeifen, das wir zu hören bekommen. Es hört sich wie heiseres Röhren an.

Alle Segel stehen zum Brechen steif.

Graublaue, schaumgekrönte Wellenwände erheben sich drohend hinterm Ruderhaus.

Der Kapitän ist an Deck. Er verharrt barhäuptig neben dem Kompaß.

Zwei Mann haben die Hände um die Spaken des riesigen Ruders gekrallt, denn die *Fingal* jagt mit 15 Knoten ostwärts.

Mit donnerndem Getöse fegt die erste, sich von achtern aufsteilende Brechsee über beide Seiten hinweg. Wie die Munkies sausen wir auf die Nagelbänke und in die Wanten. Einer von uns wird vom Großluk heruntergewaschen. Wildgewordene, schäumende Wassermassen schwemmen ihn gegen die Verschanzung, wo er zwischen kalkweißen Wirbeln von Gischt und Schaum, nach Atem ringend wieder auftaucht.

Paff . . . Ein Knall hoch oben in den Lüften.

Dort, wo sonst das Kreuzroyal steht, knattern nur noch Fetzen an der Rah. Wumm . . . donnert es darauf von vorn. Das Focksegel ist in der Mitte durchgerissen. Halsen und Schoten hämmern wütend gegen Mast und Takelage. Die Schlacht hat begonnen!"

Neue Sturmböen. Dann eine, die mit brachialer Gewalt einfällt. Die anderen Royals gehen zum Teufel. Wie nasse Taschentücher werden sie hinter einer mitlaufenden See hinterhergefegt.

Vom Achterdeck schrille Signale aus der Batteriepfeife.

Gebrüllte Rufe: „Freiwache an Deck . . . Call the watch below . . ."

Die, die schlafen oder es zumindest versuchen, wälzen sich fluchend aus den Kojen heraus. Rein ins Ölzeug. Rauf an Deck. Hier reißen sie und zerren sie — die Halsen und Schoten sind losgeworfen — an Gordingen, an Geitauen. Auf nassen, auf glitschigen Planken . . . Mit federnden Knien. Immer bereit, wenn . . .

„Kiek ut . . . !" brüllt einer.

„Look out boys . . ." ein anderer.

„Festhalten, festhalten . . ." ein dritter.

Hoch türmen sich die im Kamm glasgrün schillernden Wassermassen an der

sser an Deck! Bei
verer See ein gewohntes
l für den Hardcasesai-
nan. Und es ist kein
mannsgarn, daß es Fäl-
;ab, daß ein Mann mit
einen See über Bord
aschen und mit der an-
en wieder auf das Deck
ückgeschwemmt wurde.

Oben: An Bord der finnischen Viermastbark *Lawhill*, aufgenommen am Kap der Guten Hoffnung im Februar 1934 mit einer kleinen einfachen „Agfa Billy"

Links: Die deutsche Viermastbark *Priwall* in schwerem Wetter vor Kap Horn.

ts: Die deutsche Vier-
oark *Passat* im No-
ersturm. Deutlich vorn
rungsnetze über der
g, davor eines der
ktaue, das zwei See-
gepackt haben, um
vor dem kochenden
zerrenden Seewasser-
ll in Sicherheit zu
en.

Oben rechts: Ein einmaliges Bild: Viermastbark *Pamir* in schwerem Sturm vor Cape Flattery (Washington). Die Aufnahme entstand an Bord des kanadischen Schleppers *Snobo* (Vancouver), als der später so tragisch verlorengegangene Windjammer diesen unter Sturmsegeln zu überholen begann und die Besatzung die Schlepptrossen kappte.

Mitte rechts: Windjammer unter Sturmsegeln im vollen Orkan: Die *Posen* ex *Preußen* kämpft unter Untermarssegeln gegen die urweltlichen Kräfte der Elemente an. Wasser überbrandet das Deck. Die See ist weiß gesträhnt, und die Luft ist voller Gischt. Unten rechts: Nach dem Pampero: Die Reste des Vorobermarssegels. Unten links: Auch das war einmal ein starkes Segel.

Reling auf, so, als wollten sie, ehe sie zuschlagen, erst ihre Kräfte sammeln. Man duckt sich. Und man hört und fühlt mehr, als daß man es sieht, wie eisigkalte Wassermassen über die Reling brechen und mit Wucht und Gewalt donnernd über den Köpfen und den gekrümmten Rücken der Männer zusammenbrechen.

Unheimlich hoch schießt die See auf der anderen Seite weiter.

Für die Seeleute an Deck — und das sind jetzt alle, die noch gesunde Hände haben — heißt es nun:

Nach oben . . .

Segel festmachen.

Zuerst die Matrosen. Dann die Jungen.

Man steigt nicht die Wanten hinauf, man springt von Webeleine zu Webeleine, und man nimmt die Püttings an der Mars so gewandt wie ein Zirkusakrobat. Und ohne sich dabei etwas zu denken.

Oben, in Höhe der Bram, schlagende Segelballons an beiden Seiten. Prall bis zum Bersten mit diesem vor Wut heiser wirkenden Wind gefüllt. Auf die schwankenden Fußpferde hinaus. Den Magen gegen die Rah gepreßt und mit den Fäusten wacker ins Tuch gepackt, in ein Segeltuch, das aber nicht so gelangweilt wie Wäsche auf der Leine herunterhängt. Das sich, wenn auch in großen Buchten aufgegeit, wild wie eine Wildkatze gebärdet, die eine Faust im Nacken gepackt hat. Das aufgegeite Tuch zu bändigen, hat schon so manchem Seemann das Leben gekostet . . . wenn es nach oben und über die Rah hinweg nach hinten zurückschlug. Wer da die Regel: „Eine Hand für dich, die andere fürs Schiff" nicht beachtete, wer beide Hände nahm . . . der wird gnadenlos nach hinten und von der Rah geworfen. Glück für den, der nicht an Deck, sondern in die See hineinstürzt? Die Fälle sind an den Fingern einer Hand zu zählen, daß es gelang, einen bei derart schwerem Wetter und bei hoher Fahrt über Bord gegangenen Kameraden wiederzufinden.

„Zuuugleich . . . ! Zuuugleich . . . !"

Ruckweise holen sie auf der Bram der *Fingal* eine Brok nach der anderen herauf, stopfen sie sich unter den Bauch und schieben das Paket in die letzte, an der Rah am Jackstag befestigte Bucht hinein.

„Hohooo . . . ruck". Und noch einmal „Hohooo . . . ruck!" Und noch einmal . . .

Geschafft.

Die Wurst ist auf die Rah gerollt.

Zeising drum.

Grandios der Anblick des tief unten dahinjagenden Schiffes, dauernd überholt und überrannt von achtern auflaufenden Seen. Das Großdeck, das sie immer wieder mit ihren Wassermassen auffüllen, ist ein brodelnder Kessel. Hin und wieder werden Vorschiff und Klüverbaum in eine dieser vorauslaufenden Seen hineingepreßt.

Zurück an Deck, wo es in der Zwischenzeit den Ersten Steuermann und den deutschen Matrosen Fritz erwischt hat. Eine der riesigen Seen hat die beiden auf das Großdeck gespült. Der Erste schleppt sich mit gebrochenem Bein nach achtern, der deutsche Matrose kommt mit schweren Quetschungen im Logis in die Koje.

Ist Ruhe jetzt, da die Bramsegel endlich fest sind?

Keineswegs. Der Alte will, daß das davongeflogene Obermarssegel ersetzt wird. Daß es auf den Abend zugeht, was heißt das schon. Aus der Segelkammer zerren sie den langen, grauen Lindwurm von einem starken Ersatzsegel an Deck und schaffen ihn übers Want auf die Rah hinauf. Hier oben, auf der Rah, muß jeder Handgriff sitzen, um das Segel anzuschlagen, um die Vorobermarsschoten, die Geitaue, die Nockgordinge, die Außen- und Innengordinge und den Mittelgording zu scheren, nachdem die Nockbändsel angebracht und das Segel mit den durch die Klotjen am oberen Segeltuchrand hindurchgeführten Anschlagbändsel am Jackstag der Rah angeschlagen[378] worden sind.

Unten warten sie, um die tonnenschwere Rah mit dem neuen Segel zu heißen, nach alter Art, denn moderne Fallwinden und Braßwinden gibt es auf der *Fingal* nicht. Jetzt ist's soweit. Alle Hände haben das Marsfalltau umklammert. Auf der Nagelbank der Segelmacher, kein junger Mann mehr, einer mit eisgrauem Bart, aber mit wachen, listigen Augen. Er wartet ab, bis sich die Kerle mit dem Tampen in der Faust links und rechts das Deck entlang formiert haben . . . Männer jeden Alters, alle im wässrig glänzenden Ölzeug, dessen gelbe Farbe sogar noch durch die kurze Südsommernacht hindurchleuchtet. Alle sind naß von immer wieder überkommenden Seen.

Klar jetzt? Prüfend blickt der Segelmacher die Doppelreihe entlang. Er spuckt seinen Kautabak über Bord, packt in die zwischen den gelbgepöhnten Doppeltaljen mit den Weg nach unten laufende Part und gröhlt mit seiner mächtigen, den Sturm übertönenden Stimme: „Hurrah boys for, Ranzo."

Im Chor kommt mehr laut als melodisch zurück: „Ranzo, boys, Ranzo."

Und im Takt dazu reißen sie am Tampen des Falls.

Der Segelmacher: „Ranzo was no sailor."

Der Chor brüllt zurück: „Ranzo, boys, Ranzo."

Der Segelmacher: „He shipped aboard of a whaler."

Der Chor: „Ranzo, boys, Ranzo."

Der Segelmacher: „The skipper was a dandy."

Der Chor: „Ranzo, boys, Ranzo."

Der Segelmacher: „And very fond of brandy."

Der Chor: „Ranzo, boys, Ranzo."

Der Segelmacher: „He calls Ranzo a lubber."

Der Chor: „Ranzo, boys, Ranzo."

Der Segelmacher: „And made him eat old blubber."

Der Chor: „Ranzo, boys, Ranzo." . . .

Herbert H. Tiessler: „Ranzo singen, Ranzo schreien wir. Und bei jedem „Ranzo" klettert die Rah ein wenig höher.

Trotzig schreit die erschöpfte und völlig durchnäßte Rotte das „Ranzo" über den Ozean.

Hoch mit der Rah. Hoch mit dem verdammten Lappen, desto schneller kommen wir nach dem sonnigen Australien. Hoch, so hoch, bis der Segelmacher sein „Belege das" hinausschreit. Womit auch Vorsänger und Chor verstummen. Windjammerromantik? Ein Shanty bei hoher See, ein seemännisches Arbeitslied bei blasendem Sturm?

Ja! Dreimal ja! Wer außer Passatnächten noch Romantik auf Windjammern sucht, er findet sie beim Holen der Brassen und Fallen, so wie hier in den Roaring-Forties zu nächtlicher Stunde.

Ein Pfeifensignal von achtern. Dieses Mal heißt es nicht „Freiwache an Deck!“ Dieser Pfiff bedeutet ein „Besanschot an“.

Alles rutscht, rennt, schlittert nach achtern.

In die Kajüttür gestemmt, wartet der Steward mit der Köhmbuddel in der Rechten und mit dem Glas in der Linken. Einer nach dem anderen tritt vor und empfängt einen wärmenden Schluck. Der Alte wacht, daß es auch bei dem einen bleibt.

Und so knüppelt denn die *Fingal* unter trostlos grauem Himmel, von westlichen Winden und Böen gehetzt, die Decks mal unter, mal über Wasser, durch Nebelschwaden und graue Wolkenfetzen, die mit der Viermastbark jagen, dem Osten zu. Die Nächte sind angefüllt mit dem röhrenden Getöse hundertfältiger Orgeln, dem Schrillen und Kreischen in der Takelage, dem ständigen Donnern überbrechender Seen. Dazu das gespenstische, phosphoreszierende Weiß und Grün der sich ineinander wild bewegenden und verschiebenden Massen in dieser Höllenfinsternis.

Bis eines Tages im grellen Sonnenlicht die australische Küste im Golf von St. Vincent über die Kimm tritt . . .

Ein Schlepper zerrt den großen Viermaster in den Hafen hinein.“

Wieder zurück zur *Fingal,* die mit Weizen in Säcken in den Laderäumen klar zur Ausreise ist. Der Kapitän bringt mit dem kleinen Küstendampfer aus Adelaide Proviant und den Mannschaftersatz: Homewardbounder for so many pounds of the run.

Rolling home, rolling home across the sea, rolling home to merry old England...

Unter Gesang holen sie über das Gangspill — immer rund herum — den Backbordanker aus dem Grund. Segel werden losgemacht und gesetzt. Bei frischer, westlicher Brise kommt die Viermastbark langsam in Fahrt. Queenstown ist das Ziel.

Herbert Tiessler, der Junge, noch: „Wegen der schlechten Erfahrung mit den Neuen werden wir vier Jungen aus Norwegen, Holland und Deutschland auf die Wachen verteilt. Es gibt keine Tagelöhnerarbeit mit Hammer und Stecher zum Entrosten mehr für uns, sondern als Rudergänger und für den „Policetörn“ auf dem Achterdeck stehen wir nachts den wachhabenden Steuerleuten zur Verfügung. Der junge Zwote aus Schottland — auch ein Ersatz — ist uns Vorbild und immer freundlicher und geschickter Lehrmeister.

Westlich von Kap Horn geraten wir bei starkem, rauhem Wind mit Schneetreiben eines Nachts in einen gewaltig von vorn kommenden Seegang. Um das stampfende Schiff zu entlasten, wird auch die Freiwache zum Bergen einiger Segel herausgeholt. Wir müssen gerade das Bagiensegel aufgeien, als sich vor dem Bugspriet eine riesige schwarze Wellenwand auftürmt.

Schreie an Bord: Die Deutschen: „Festhalten!“ Die Briten: „Belay everything!“ Die Norweger: „Faren brenne my!“[379]

Da donnert auch schon das Wellengebirge mit unheimlicher Gewalt über die Back. Und als sich das Schiff, vom Winde getrieben, mühsam aus der schweren See hervorarbeitet, schießen die Wassermassen, alles mit sich reißend, mit rasender Geschwindigkeit nach achtern. Wir schwingen uns wie Kletteraffen in die Wanten und auf die Nagelbänke des Kreuztopps, denn niemand weiß, wie hoch sich die See vor dem Halbdeck stauen wird. Mancher war nicht schnell genug und wird nun wie ein Korkstöpsel von der weißschäumenden See auf-

und niedergeschleudert. Am schlimmsten ergeht es einem alten Beachcomber, einem von den Neuen. Seine Füße haben das Deck verloren, die See hat ihn mit dem Gesicht gegen eine Latte des Kreuzwants geklemmt. Doch er kommt nicht frei, weil einer über ihm mit seinen Seestiefeln auf seinem von Seewasser triefenden Vollbart steht.
Sobald sich das Wasser verlaufen hat, springen wir erneut an die Geitaue und machen schließlich die schwere, nasse Bagien dann doch noch fest. An der Luvverschanzung verstreut, schwimmen die traurigen Überreste des Schweinestalls. Von den drei australischen Borstentieren ist keines mehr an Bord.
In den Logis schwimmt das Zeug, das jeder „so handig" verstaut hatte, zwischen abgesoffenen Kakerlaken und anderem Zeugs herum.
So klettern wir dann im nassen Unterzeug in unsere Kojen. Unterm Mors die nassen Socken. Die Körperwärme wird sie schon trocknen . . ."
Kurzum, man fand sich mit solcherlei Unbilden ab und kam am Ende ans Ziel, nach Queenstown, nach 108 Reisetagen.

☆

Es ist schon in Verbindung mit der Horn gesagt worden, welch eine gewaltige, urewige See im Südmeer steht. So sind denn die Gedanken von Arnold Bohlen typisch für die Sturmzone der Roaring-Forties, in deren Bereich ja Kap Horn wie auch das Nadelkap liegen. Als Arnold Bohlen noch II. Offizier war, hatte er auf der Bark *Viktoria* angemustert. Man war in einem 60-Tage-Seetörn recht und schlecht — mit Dynamit an Bord — von Hamburg nach Santos gekommen und nahm nun Kurs nach Sydney. Der Pampero war noch müde gegen das, was die „Brüllenden Vierziger" zu bieten hatten[380]:
„ . . . Niemals während meiner Seereisen habe ich wieder derartige Windstärken und einen solch hohen Seegang erlebt wie hier. Wenn ich während meiner Wache hinten bei den Rudergängern stand und die tosende See beobachtete, dann befürchtete ich oft, daß die haushohen Wellen unser Schiff überlaufen und mit Mann und Maus unter Wasser drücken würden. Dieser Aufruhr der Natur bot ein furchterregendes, aber auch grandioses, prächtiges Bild. Das waren keine Wellen mehr, sondern regelrechte rollende Gebirge, die einander und dazu unsere brave *Viktoria* jagten. Wenn sich das Schiff im Tal befand, standen die Kämme marshoch über uns, während der Zwischenraum von einem zum anderen Kamm drei bis vier Schiffslängen betrug. Ein wildes Leben erfüllte dieses Wassergebirge in ununterbrochenem Wechsel, ohne einen einzigen Ruhepunkt, bei donnerndem Gebrüll, wenn die rasenden Bergkämme tosend in den Abgrund stürzten, sich schäumend auflösten und gleich wieder Nachfolger hatten.
So war es kein Wunder, daß es Momente gab, in denen sich ein Gebet von meinen Lippen löste, der Gebieter über diese tobenden Naturgewalten möge uns aus dieser aufgewühlten Wasserwüste glücklich entkommen lassen . . ."

☆

Nicht viel anders lautet der Bericht des damaligen Schiffsjungen Leopold Jehningen[381], der 1904 auf der Elsflether Bark *Anna Ramien* in 91 Tagen von London nach Port Adelaide mitsegelte und auch die „Roaring Forties" sah:
„ . . . Das Ruder war stets mit zwei angelaschten Männern besetzt. Kurs halten war bei dem Lenzen ausgeschlossen, so daß die schweren achterlichen

Brecher pausenlos das Deck überfluteten. Zeitweilig hatte man das Gefühl, was auch die besorgten Mienen der Schiffsleitung zum Ausdruck brachten, daß unser braves Schiff unter den ungeheuren Wassermassen sich tapfer zusammenreißen mußte, um den Bug wieder über der See zu behalten. Eines Morgens kam ein besonders schwerer Brecher von achtern über und nahm die dort in den Davits hängenden beiden Rettungsboote nebst der Laufbrücke zum Peilkompaß mit sich. Die Davits waren wie Streichhölzer zerbrochen, eines der Boote ging unter der Back zu Bruch, das andere war spurlos verschwunden. Nach und nach stellte sich heraus, daß die Verschanzungen nebst Stützen durch die ungeheuerlichen Brecher so verbeult und geknickt waren, als ob ein ungezogener Junge ein blechernes Spielzeugschiff mit einem Hammer bearbeitet hätte."

✡

Wie im Vorspann erwähnt, kam für die Heimreise auch der Weg ums Nadelkap infrage. Betrachtet man im Streit der Meinungen der Schiffsführer zunächst die Länge des Weges, so fällt der Vergleich ohne Zweifel zugunsten der Route ums Kap der Guten Hoffnung aus, sind von Kap Borda bis Lizard um die Horn im Schnitt 14 610 sm und ums Nadelkap nur 13 620 sm zu segeln. Der Unterschied beträgt also 1000 sm. Es läßt sich auch nicht leugnen, daß die von den Nadelkapfahrern der östlichen Route zugeschriebenen widrigen Umstände:
östliche Winde im Stillen Ozean,
anhaltende widrige Nordwinde und
flauer Passat auf dem Wege vom Kap Horn nach der Linie im Atlantik
in Wirklichkeit gar nicht so selten sind und die Reise mitunter tatsächlich sehr verlängern. Für die Westroute ist es zwar wichtig, daß der Wind in den südaustralischen Küstengewässern im Sommer viel aus südlicher oder östlicher Richtung weht, doch treten in dieser Jahreszeit oft genug auch südwestliche und westliche Winde auf, welche die Fahrt nach Kap Leeuwin nicht selten beträchtlich verzögern. Selten wurden jene Winde beobachtet, die den Seglern vor der Küste Australiens in der Breite von Kap Leeuwin oder südlich von der 30. Südbreite bis zum Kapland als so günstig empfohlen wurden. Die meisten Schiffe dieser Route wurden, so nach den Auswertungen der Deutschen Seewarte, von anhaltenden Gegenwinden gezwungen, nördlicher zu gehen, um hier den Passat zu suchen, den sie meist erst nördlich von der 25. Südbreite fanden. Einen frischen, die Reise fördernden Wind trafen sie jedoch auch hier nur „. . . höchst selten . . ." an.
Die Deutsche Seewarte im Segelhandbuch für den Stillen Ozean 1897: „. . . Nach den Erfahrungen unserer (also der deutschen) Schiffe muß die angegebene Durchschnittsdauer einer Reise von Südaustralien nach Mauritius von nur 20 bis 25 Tagen ins Reich der Fabel verwiesen werden."
Eine fernere Behauptung, daß Schiffe, die im Sommer die westliche Route wählten, zu einer günstigeren Jahreszeit nach dem Kap der Guten Hoffnung kamen, traf nur zu einem Teil zu, nämlich nur für solche Segler, die in den ersten Monaten des Südsommers — im Dezember oder Januar — die Reise antraten. Die später ausgehenden Segler hatten am Kap bereits viel Gegenwind und stürmisches Wetter zu erwarten, besonders jene, die Südaustralien nach Anfang März verließen. Das alles schließt nicht aus, daß auch ums Kap

der Guten Hoffnung gute Heimreisen gemacht wurden und daß sie manchmal kürzer ausfielen, als gleichzeitige um die Horn.

Hier eine Übersicht über die mittleren Fahrzeiten auf dem Wege von Südaustralien nach Lizard:

A. Ostwärts um Kap Horn ab Investigator-Straße oder Spencer-Golf:

Dezember	115 Tage,
Januar	120 Tage,
Februar	117 Tage,
März	115 Tage,
April	113 Tage,
Mai, Juni, Juli	114 Tage,
August, September	117 Tage.

B. Westwärts ums Kap der Guten Hoffnung ab Investigator-Straße oder Spencer-Golf:

Januar, Februar, März	124 Tage,
April, Mai	130 Tage,
September, Oktober, November	129 Tage.

Diese Übersicht macht deutlich, daß die Reisen um die Horn im Schnitt acht Tage kürzer waren.

Soviel über die Heimreisen aus den südaustralischen Häfen, von denen vornehmlich Port Augusta, Port Pirie, Port Broughton, Port Germein, Wallaroo, Adelaide, Kingston, Port Lincoln vor allem und andere in Frage kamen, während sich andere Weizenhäfen auf die Küsten von Victoria (Melbourne, Geelong usw.) und Neusüdwales (Sydney) verteilten.

Im Mittel lagen die Reisen
bei den Ausreisen (von West- nach Ostaustralien bewertet) zwischen 85 und 95 Tagen,

für die Heimreisen (ohne Neuseeland) zwischen 110 und 120 Tagen.

Um die Zeit vor der Jahrhundertwende entsprachen diesem Mittel (unter anderem) die Reisen der deutschen Segler: 1880 der *Border Chief* (Kapitän D. Schierloh) mit 105 Tagen; 1880 der *Elisabeth* (A. L. Kessal) mit 117; 1880 der *Carl Both* (F. W. Niemann) mit 111 oder 1890 die *Titania* (D. Schierloh) mit 115; 1890 die *Industrie* (J. Kirchhoff) mit 118; 1890 die *Senta* (F. Kelkenberg) mit 102; 1890 die *Atlanta* (L. Specht) mit 92 oder (auch unter anderem) in diesem Jahr die H. *Bischoff* (B. J. Schwarting) mit 109. Im gleichen Jahr segelten noch die *J. C. Julius* (101); die *Iron Duke* (128); die *Auguste* (126); die *Alcyone* (94); die *Urania* (101) ...

Interessant in der Australfahrt ist, daß auch die Ausreisen — wohl wegen der Roaring-Forties-Strecke — bewertet wurden, und zwar schon in der Zeit vor der eigentlichen Weizenfahrt. Hier sei an jene Australreise erinnert, bei der sich die der Reederei H. H. Eggers gehörende deutsche Bark *Cid* mit den berühmten Clippern *Lightning* und *James Baines* herumschlug. Die *Cid*, damals einer der schnellsten Segler der deutschen Handelsflotte, lag mit den Clippern drei Tage lang auf gleichem Kurs, ehe sie von diesen überholt werden konnte. Zu den schnellsten Ausreisen sind zu zählen (auch solche Reisen in anderer als in der Weizenfahrt, der Wollfahrt vor allem):

1868/69	Clipper *Thermopylae*	London—Melbourne	60 Tage,
1870/71	Clipper *Thermopylae*	London—Melbourne	60 Tage,
1854	Clipper *James Baines*	Liverpool—Melbourne	64 Tage,
1874/75	Clipper *Cutty Sark*	Kanal—Kap Otway (SA)	64 Tage,
1875/76	Clipper *Cutty Sark*	Kanal—Melbourne	66 Tage,
1909	deutsches Vollschiff *Melpomene*	Kanal—Sydney	67 Tage,
1909	deutsche Viermastbark *Herzogin Sophie Charlotte*	Kanal—Sydney	69 Tage.

Dem —im übrigen umstrittenen — Rekord der *Thermopylae*[382] kamen schließlich zwei deutsche Windjammer nahe, nämlich die Viermastbarken *Priwall* und *Padua*, welche die Strecke Kanal—Spencer-Golf in den Jahren 1933/34 in 62 bzw. 63 Tagen durchsegelten und damit schneller bzw. genauso schnell wie die berühmte *James Baines* gewesen sind. Beide Schiffe — sie waren die beiden letzten Windjammer der ruhmreichen Laeisz-Flotte — verließen am 2. November 1933 die heimatliche Elbemündung, um bereits am 4. November, nur wenige Stunden voneinander entfernt, aus dem Kanal in die Weite des Atlantiks hinauszuschweben.

Kapitän der *Priwall*, die übrigens der letzte Windjammer war, der (1939) in der Ostwestrichtung die Horn umrundete, ist Robert Clauß. Der Kapitän der *Padua* ist nicht minder bekannt, es ist J. Jürs, der auf der *Pampa*, der *Pirna*, der *Pamir*, der *Priwall*, der *Pinnas* und der *Peking* als Kapitän gefahren hatte.

Robert Clauß[383] über den letzten Abschnitt des Wettsegelns, über die Fahrt in den Spencer-Golf: „ . . . Während *Padua* am 4. Januar, südwest-halbwest 116 Seemeilen von South Neptune Island, dem Wachtposten vor dem Spencer-Golf, absteht, haben wir noch nordost-halbost 43 Seemeilen bis zu demselben Punkt. Und von da sind es noch 17 Seemeilen bis zum Eingang in den Spencer-Golf, dem Ziel. Lächerliche 60 Seemeilen also, der Rest von 15 000!

Kurz nach elf Uhr fliegt vom Westen dunkles Gewölk herauf. Wer weiß, wie es in einer Stunde aussieht! denke ich und fange an, regelmäßig Sonnenhöhen zu nehmen. Wenn mittags alles überzogen ist, dann rechne ich eben die letzte gute Höhe als Nebenmeridianbreite durch. Mit der ausgezeichneten Morgenbeobachtung kombiniert, werde ich davon schon einen anständigen Schiffsort erhalten. Neptun meint es gut mit uns. Wohl wird es immer finsterer über unseren Masten, doch nur etwa zehn Minuten vor der Kulmination gelingt mir dann noch eine wirklich gute und scharfe Sonnenbeobachtung. Die Vorbedingung zur Berechnung eines genauen Schiffsortes habe ich nun, beim Ansteuern von Land eine große Beruhigung. *Priwall* hat auf der Morgenwache 55 Seemeilen durchs Wasser gepflügt. Beim Wachwechsel muß ich mit beiden Wachen Royals wegnehmen lassen. Das Schiff legt sich über und clippert mit einer stetigen Fahrt von 14,5 Knoten seinem Ziele. zu. Dann setzt eine Serie harter Böen ein, die viel Regen und unsichtige Luft mitbringen. Das hält mich viel an Deck zurück. Drum hat das Schiff schon wieder 11 Seemeilen auf seinem alten Kurs Nord 63 Grad Ost zurückgelegt, ehe ich die Mittagsposition fertig ausgerechnet habe: 35 Grad 53 Minuten Süd, 135 Grad 35 Minuten Ost. Ich setzte den errechneten Punkt in die Spezialkarte, die ein Bild der Einfahrt in den Spencer-Golf gibt. Ein Griff zum Parallellineal: Nord 40 Grad Ost von uns South Neptune Island, genau 43 Seemeilen noch, bis der Leuchtturm der

Insel querab ist. Von da sind's dann nur 17 Seemeilen noch! Ich setze den neuen Kurs Nord 15 Grad Ost ab und gehe an Deck.
Das Wetter klart nicht mehr ab, eine Regenbö folgt der anderen. Immer härter fegt es durch die Riggen. Ein Knall auf dem Achterdeck. Ein paarmal schlägt das Besanstengestagsegel donnernd auf und nieder, dann fliegt's in Fetzen vor der heulenden Bö weg. Wär's nicht besser, wir fingen mit dem Einpacken an? Aber jetzt Ober- und Unterbramsegel, die riesigen Untersegel und das Dutzend Stagsegel festmachen? Caramba! Das dauert Stunden! Und *Priwall* braust durch die See, als ob sie sich — wohlgefällig spielend wie ein Delphin — über die hohen Seen schnellt. Jetzt beidrehen?
Noch ein Blick auf die Karte. In Lee die Känguruh-Insel. Nordost von uns die Yorke-, im Nordwesten die Eyrie-Halbinsel. Voraus die Klippen der Neptune-Gruppe, die Gambier-Inseln und noch ein halbes oder ganzes Dutzend winziger kleiner Rocks. Und *Priwall* fliegt mit 14 bis 15 Knoten darauf zu, eine Torpedobootgeschwindigkeit für einen landansteuernden Großseglerkapitän. Dabei Regen und dicke Luft ringsum und nur minutenlang dazwischen ein klarer Ausblick. Aber beidrehen und unbekannte Strecken vertreiben, das ist hier genauso ungemütlich.
In Ruhe lasse ich mir nochmals meine Berechnungen durch den Sinn gehen, die Sonnenhöhen am Morgen und kurz vor Mittag. Überzeuge mich nochmals von der Richtigkeit meiner Instrumentenablesung bei der letzten Beobachtung. Und wie ist's mit unserem Chronometer — ist ihm zu trauen? Aber wir haben doch genaue Kontrollen in den letzten Tagen durch das Funk-Zeit-Signal von Adelaide gehabt. Por Dios! — Wenn überhaupt in der ganzen Beobachterei und Rechnerei Zweck liegt, dann muß mein Schiffsort stimmen, denn alles ist wohlüberlegt durchgeführt. Es ist eine ernste Nachprüfung, ein Entschluß von schwerster Verantwortlichkeit hängt davon ab. Aber alles sagt mir — das Besteck stimmt! Also ich werde in den Spencer-Golf einsegeln, und wenn's junge Hunde regnet.
Ich gehe an Deck. Am Ruder steht Jonni Jungblut, seit Hamburg ist er Jungmann. Sechzehn ist er, aber mit seinen Bärenkräften hält er das Ruder spielend. Und wie das Schiff ihm gehorcht! Mit 15 Knoten jagt *Priwall* der Passage zwischen den starrenden Klippen zu. Bö nach Bö peitscht johlend über die blauschwarze See. Die Sicht ist etwas besser geworden. Stumm stehen wir auf dem Hochdeck und starren in die fliegenden Schwaden. Der Erste ist mit der Wache auf der Back und macht den zweiten Anker klar zum Fallen. Wieder heult es von Westen ran, wie dicke nasse Tücher hüllt es die Luft ein, prasselnd schlägt der Regen auf Deck. Langsam, viel zu langsam ziehen die grauen, rauschenden Kulissen nach Osten, vorn wird's allmählich heller. Wenn mein Besteck stimmt, muß jetzt South Neptune an Backbord in Sicht kommen. Wenn das Besteck stimmt! Wenn die Höhen zuverlässig waren! Wenn der Chronometerstand richtig war! Wenn die Logge genau zeigte! Doch nein — es stimmte alles. Glasklar war jede Überlegung. Der Turm m u ß jetzt in Sicht kommen — gleich!
Meine Augen bohren sich in die abklarende Luft. Da liegt etwas Niedriges, sanft Gewölbtes vor uns, dort 3 Strich an Backbord: South Neptune Island! Deutlich hebt sich nun der scharfe Strich des schlanken Leuchtturms vom graublauen Hintergrund ab. „Dor kiek hen, Jonni, dor is he!" Da war er, genau, wo wir ihn erwarten mußten. Mit den vollendetsten Hilfsmitteln der moder-

nen Navigation hätten wir ihn nicht besser ansteuern können, das erste Stückchen Land, das wir seit 15 000 Seemeilen, seit dem Passieren von Start Point in Sicht bekamen. Wir, die „altmodischen" Segelschiffer . . .!
15.05 peilt South Neptune West, drei Seemeilen ab. Getragen vom brausenden West, die riesige Takelage ein Singen und Brummen und Beben, mit weithin sprühender Gischt vor dem glänzenden Steven, so schwebt der „Flying P-Liner" 16.00 über die Linie Thistle Island und Gambier ins ruhige Binnenwasser des Spencer-Golfs hinein. Es sind noch nicht 62 Tage, seit wir den Englischen Kanal verließen. Das Ziel ist erreicht."
An sich ist dieser schnellsten Australreise eines Großseglers nach der Clipperzeit nichts hinzuzufügen, dennoch verdient es der Feststellung, daß sich auf der Ausreisestrecke noch so mancher andere Segler auszeichnete, wenn er — wie diese Beispiele zeigen — um die 70 blieb und oft — wie die *Euphrosyne* und die *Mermerus* — die beste Australreise des Jahres machte:

1894	britische Viermastbark *Lawhill*	Bordeaux—Port Lincoln	74 Tage
1907	deutsche Viermastbark *Herzogin Cecilie*	Kanal—Adelaide	74 Tage
1905	deutsche Bark *Charlotte*	Kanal—Melbourne	71 Tage
1905	deutsches Vollschiff *Marie*	Kanal—Adelaide	71 Tage
1894	britisches Viermastvollschiff *Wendur*	Dunnet Head—Melbourne	76 Tage
1902	deutsche Viermastbark *Lisbeth*	Lizard—Sydney	74 Tage
1902	britisches Vollschiff *Euphrosyne*	Liverpool—Adelaide	73 Tage[384]
1932	finnische Viermastbark *Pamir*[385]	Elsinore (Dänemark)—Port Lincoln	77 Tage
1933	deutsche *Magdalene Vinnen*	Kanal—Australien	76 Tage

Bei den Heimreisen, die sich — je nach Hafen — im Mittel zwischen 110 und 120 Tagen bewegten, waren solche um die 80 Tage herum schnell.

1887/88	Vollschiff *Star of France*	Melbourne—Queenstown	84 Tage
1888	Bark *Triton*	Pt. Broughton—Lizard	83 Tage
1888	Bark *Rohilla*	Sydney—Lizard	88 Tage
1933	Viermastbark *Pamir*	Port Victoria—Falmouth	83 Tage

☆

Daß es auf diesem wie auf jedem anderen Track auch ausgesprochene Langzeitrekorde gab, auch das gehört ins Bild der Weizensegler Australien—Europa. Nur ist hervorzuheben, daß für diese Strecke — bedingt durch die verläßlichen Roaring Forties — sehr viel weniger extrem lange Reisen zu vermerken sind.

☆

Hier ist es vielleicht notwendig, auch einmal auf das Phänomen einzugehen, wieso eigentlich Segelschiffe auch in den zwanziger und dreißiger Jahren noch Ladung finden konnten. Kapitän R. Becker, Hamburg, aus seiner praktischen Erfahrung während seiner Fahrtzeit auf der *Magdalene Vinnen* sagte 1967 in Verbindung mit Prölss Dyna-Schiff als Diskussionsredner vor der Schiffbautechnischen Gesellschaft: „. . . Sie (also die Segelschiffe) brachten nämlich ihre Ladung, den Weizen aus Australien, termingerecht auf den Markt. Wir luden den Weizen im Januar und Februar, und die Zeit, wo das Getreide in Nordeuropa gelöscht wurde, war der Monat Mai. Dann nämlich waren die Lagervorräte aus der europäischen Vorjahresernte verbraucht, und die Zeit bis zur neuen Ernte der Nordhemisphäre mußte überbrückt werden. Daher war der Markt für Importgetreide in Nordeuropa im Mai besonders günstig. Diejenigen Importeure, die sich damals entschlossen hatten, Weizen von Australien mit Segelschiffen zu verschiffen — und zeitweise waren wir mit 15 und 20 Frachtseglern nach Nordeuropa unterwegs —, hatten einkalkuliert, daß sie etwa zwei Monate an Lagerkosten durch die dreimonatige Segelschiffreise von Australien nach Nordeuropa sparen würden und daß sie während der dreimonatigen Reisezeit gute Gelegenheit hatten, ihr Getreide an der Börse zu handeln. Schon damals mußte die Massengutladung termingerecht kommen. Und wir kamen termingerecht nach London: im Mai, wenn der Weizen den höchsten Preis erzielte . . ."

☆

Erinnert sei auch an die tragisch verlaufene Weizenregatta, die im Jahre 1909 vier Großsegler aus Port Augusta mit Zielhafen Falmouth antraten,

die deutsche Viermastbark *Herzogin Cecilie,* Segelschulschiff des Norddeutschen Lloyd, Bremen, mit dem Informanten B. Draeger an Bord,

ein britischer Segler, dessen Name von Draeger mit *City of London* angegeben wird, aber anders gelautet haben muß,

die *Admiral Courbet,* ein Franzose,

die *Cavaliere Ciampa,* ein Italiener.

Alle vier Schiffe gehen innerhalb von acht Tagen in See, der Deutsche am 9. März, der Engländer am 11. Vor Kap Horn gerät die *Herzogin Cecilie* in ein ausgesucht schweres Wetter. Das achtere Ruder geht samt Kompaß zum Teufel. Ein Glück, daß mittschiffs gesteuert wird, sonst hätte es auch die vier Rudergäste erwischt. Das Deckshaus mit Kartenzimmer und Kapitänskammer wird total zertrümmert, und den Kapitän hat die See ins Kreuzwant gespült, was ihn davor bewahrte, über Bord zu gehen. Das achtere Oberlicht ist einfach weggewaschen, das achtere Steuerbordboot liegt, aus den Klampen gerissen, zerbrochen an Deck, alle Niedergänge sind zerschlagen. Die See rauscht ungehindert in die Wohnräume hinein . . .

Dennoch übersteht man das Wetter, rundet Kap Horn am 9. April bei Sonnenschein und ist nach einer recht guten Reise von 99 Tagen am 15. Juni in Falmouth.

B. Draeger[386] im Wortlaut: „ . . . Die erste Frage galt natürlich unseren Bekannten aus Port Augusta. Noch war keiner eingelaufen. Es war auch von keinem eine Meldung da. Am nächsten Tage liefen wir nach Antwerpen und löschten dort die Ladung. Und noch immer keine Nachricht von den drei anderen Mitseglern. Sind sie, drei Großsegler, in dem schweren Wetter vor Kap Horn geblieben?

Oder?"

Niemand sah sie wieder.

Viele Jahre bleibt die *Herzogin* unter den ersten, auch nach dem Kriege, auch in den dreißiger Jahren, da noch immer — die letzten — Großsegler in Australien Weizen laden . . . .

1936 hätte der allen so vertraute Champion wieder den Lorbeer errungen, aber . . .
Nach einer Reise von 88 Tagen strandete er am Fuß der Steilküste von Sewer Mill Cove bei Salcombe in Devonshire.

☆

Unter den letzten Schiffen in der einstmals so großen Weizenseglerflotte ist nach dem Ende des Weltkrieges II auch die *Pamir*, die, noch unter neuseeländischer Flagge, Ende 1947 in London einkommt, hier eine Ladung Zement für Antwerpen übernimmt, nach dort geschleppt wird, um mit Schlacke für Neuseeland beladen zu werden. Hier trifft sie nach 109 Tagen am 18. August des Jahres 1949 ein und soll nach einer neuen und letzten Reise, zusammen mit der *Passat*, an das britische Ernährungsministerium verchartert und in Penarth aufgelegt werden. Im Mai 1949 werden *Pamir* und *Passat* in Australien mit Weizen beladen. Wo früher zwanzig, dreißig und mehr Rahsegler die goldene Frucht Australiens übernahmen, sind jetzt nur noch die beiden ehemals deutschen Viermastbarken verblieben. Am 28. dieses Monats breiten sie ihre weißen Schwingen zur letzten Weizenregatta aus.
Im Januar 1951 berichtet die Schiffahrtpresse, daß die beiden Segler an eine belgische Abwrackfirma verkauft worden seien. Bevor aber die Schneidbrenner ihr Zerstörungswerk beginnen, kauft sie der deutsche Reeder Schliewen. Am 10. Juni 1951 werden die *Passat* und die *Pamir* in ihren neuen Liegehafen Travemünde, mit Heimathafen Lübeck, eingeschleppt. Nach langen, langen Wanderjahren auf den Meeren der Welt sind sie wieder in ihr Geburtsland, wieder in ihre alte deutsche Heimat zurückgekehrt.
Da sich dieses Buch ausschließlich mit frachtfahrenden Segelschiffen befaßt, nicht aber mit Segelschulschiffen oder mit frachtfahrenden Segelschulschiffen, soll abschließend nur kurz über das weitere Schicksal der beiden Recken berichtet werden:
Es beginnt mit einem Umbau. Beide Schiffe erhalten vergrößerte und vorzüglich ausgestattete Mannschaftsräume, ein Lazarett, eine Apotheke, einen Baderaum, moderne nautische Hilfsmittel und einen Hilfsmotor. Reeder Schliewen kann jedoch all diese Kosten für die Nachwuchsausbildung der deutschen Handelsmarine nicht allein tragen. Er muß Geld aufnehmen. Diese und andere Kredite bringen die Reederei in finanzielle Schwierigkeiten. Sie enden im Mai 1954 mit dem Konkurs. Eine größere Gruppe von Reedereien gründet im Interesse der Nachwuchsausbildung die „Stiftung *Pamir* und *Passat*", in deren Besitz die beiden Schiffe übergehen. Sie werden nun bei Zerssen & Co. bereedert, um erneut in der Getreidefahrt eingesetzt zu werden. Das Ziel ist nicht mehr das ferne Australien, es heißt La Plata.
Am 1. Juni 1957 tritt dann die *Pamir* jene Reise an, von der sie nicht mehr wiederkehren soll.

XXIV
Schlußwort

Das Ende der Pamir *ist gleichbedeutend mit dem Ende der Reisen frachttragender Segelschulschiffe und der Queens of all Oceans schlechthin. Die tiefere Ursache dafür ist weniger in der* Pamir-*Katastrophe zu suchen, sondern in der nüchternen Feststellung der Verantwortlichen, daß es heute einfach an ausreichendem frachtsegelschifferfahrenem Personal fehlt.*

Ob sich die im Jahre 1967 von dem Hamburger Ingenieur W. Prölss als Ergebnis langwieriger wissenschaftlicher Untersuchungen vorgeschlagenen, DYNA-Schiffe genannten 17 000 tdw-Schüttgutfrachtsegler einmal und überhaupt bewähren, steht in den Sternen[387].
In verschiedenen Seefahrtländern sollen, so auch in der Bundesrepublik, nunmehr reine Segelschulschiffe die seemännische Grundschulung (und auch charakterliche Weiterformung) ersetzen, welche die frachtfahrenden Windjammer in unvergleichlich größerer Härte einst geboten haben. Zahllos sind die positiven Aussagen zugunsten der in jeder Beziehung harten Segelschiffausbildung, so diese vom bekannten Lloydkommodore und *Bremen*-Kapitän Leopold Ziegenbein (zu dessen Maximen unter anderem gehörte: „Jede Neuerung muß auch eine Verbesserung sein, sonst ist sie wertlos und belastet nur"), wenn er befragt wurde, wodurch er seine eiserne Selbstdisziplin und unerschütterliche Ruhe gewonnen habe: „Durch die Fahrenszeit auf Segelschiffen. Wenn man neunmal Kap Horn gerundet hat, wenn man im nassen Zeug seine Arbeit auf Deck und Rahen verrichtet hat, wird man hart und widerstandsfähig, läßt man sich durch nichts mehr erschüttern. Für mich ist die Ausbildung auf den Seglern die Grundlage für meinen weiteren beruflichen Aufstieg gewesen, und ich lasse mich auch heute, gerade heute, im Zeitalter der Technik, durch keine noch so schmackhaft vorgetragenen Versuche vom Gegenteil überzeugen und von der Ansicht abbringen. Nur der Mensch wird zum wirklichen Beherrscher der Technik, der über ihr steht und auch unabhängig von ihr zu handeln weiß. Jede Maschine kann versagen, jede Technik ausfallen. Der Mensch darf es nicht. Wenn er nicht versteht, über der Materie zu stehen, ist er verloren."
Das Jahr 1959 ist vor der Geschichte der Großsegelschiffe das Jahr der endgültigen Außerdienststellung der *Passat*, eines stolzen, eines vielfach bewährten Rekken der Windjammerzeit. Mit der Außerdienststellung der Viermastbark fiel die letzte Entscheidung auch über den letzten deutschen Frachtsegler:
Am 27. November 1959 fand auf der *Passat* im Kapitänssalon das Abschiedsessen statt. Es nahmen auf Einladung von Kapitän Robert Clauß, der das Schiff lange Jahre vor dem Kriege führte, 20 ehemalige Segelschiffleute daran teil: Kapitäne, Steuerleute, Matrosen. Unter den Kapitänen viel Prominenz: Kapitän Piening, Kapitän Sietas, Kapitän Rohwer, Kapitän Oellrich, Kapitän Mellert ...
Die an Höhepunkten und an Dramatik so reiche Geschichte der frachtfahrenden Rahsegler hat damit definitiv ihr Ende gefunden.

So geschehen im gleichen Jahre, in dem
mit der US-amerikanischen *Savannah* das erste mit Atomkraft getriebene Frachtschiff vom Stapel läuft und
der erste Reaktor zur Erforschung und Entwicklung von Atomantrieb für die deutsche Schiffahrt angelassen wird.
Einer der Alten aus der Windjammerära ist hier dabei: Kapitän W. Glahn:
Ihn überkommt,
als er im tiefen Schacht des Kernreaktors von Geesthacht das geheimnisvolle Leuchten beim Vorgang der Atomspaltung beobachtet,
der gleiche Schauer wie damals . . .
als er als Schiffsjunge auf einem Segelschiff in die unergründlichen Tiefen des blauen Passat-Meeres blickte,
über sich die Rahen mit vollem Tuch,
gebläht von der Urkraft Wind . . .
Das war damals.
Und heute?
Es ist wieder einsam geworden vor dem Kap Horn . . .

Zur Stunde der Bearbeitung dieser Neuauflage, jetzt im Frühsommer 1980, scheint es geboten, darauf hinzuweisen, daß sich die Stimmen mehren, die (von der Viermastbark SEA CLOUD[388] als Kreuzfahrer-Lustyacht abgesehen) eine Wiederbelebung der Großsegelschiffahrt erwarten und befürworten. Die Schiffahrt geht, was die Versorgung der bislang zeitgemäßen Antriebsarten mit Heizöl bzw. Dieselöl betrifft, in der Tat krisenschweren Zeiten entgegen. Es gibt bereits Reedereien, die ihre Schiffe wieder auf Kohlebetrieb umrüsten, andere von betriebsstoffintensiven Gasturbinen auf sparsamere Dieselmotoren.
Darüberhinaus ist der Wind als Energiequelle immer wieder im Gespräch. Die Russen ziehen segelbetriebene Massengutfrachter in der Größenordnung von 60 bis 70 000 t in Erwägung. Die Japaner, die Amerikaner, die Dänen befassen sich ebenfalls mit der künftigen Nutzung der altbewährten Antriebskraft Wind. Auch das Projekt des mechanisierten 17 000 tdw-Schüttgufrachtseglers des bereits obengenannten, inzwischen verstorbenen Hamburger Ingenieurs Prölls ist wieder im Gespräch. Hier, bei dem „Dyna-Schiff", hat sich sogar eine internationale Interessengruppe zusammengeschlossen. Es sei nicht verschwiegen, daß die segelschifferfahrenen Kapitäne in den Reihen der Amicale Internationale des Captaines au Loing-Cours Cap Horniers (A.I.C.H.) z.B. dem Pröllsschen Objekt keine Chancen einräumen. Sie sehen die Sache aus ihren vieljährigen praktischen Erfahrungen, vor allem im orkanumtobten Kap Horn-Revier, ungleich kritischer als so mancher Konstrukteur an seinem Zeichentisch im warmen Arbeitsraum an Land. Dabei ist indessen durchaus nicht gesagt, daß über die Vorschläge des Schiffbauingenieurs W. Prölls am Ende nicht doch ein Weg gefunden wird, um Wind wieder als Energiequelle für die Schiffahrt wieder zu nutzen. Ein Weg in der Mitte, der sich so oft als Koordination anbietet. Vielleicht läßt sich auch der legendäre Flettner-Rotor weiter entwickeln, den man seinerzeit 1924 auf dem 500 BRT großen Ex-Dreimastschoner *Buckau* erprobte. Last not least stellt sich die Frage, ob es, wenn das Erdöl in einigen Jahrzehnten versiegt, nicht andere Energieträger gibt, das Wasserstoffperoxid etwa.
Vorerst jedenfalls scheint sich auf See in den Zukunftsplänen noch immer der Wind als Alternative anzubieten. Warum auch nicht? Wenn die Schiffe groß genug und kentersicher sind, etwa, wenn man 50 000 Tonner als Katamarane baut.

Anmerkungen

[1] Hans Mosler: Heimwärts durch den Kanal, Seekiste 6 (1958), S. 459

[2] Es gab auch reine Passagier-Segelschiffe.

[3] Navigation act, auch „Navigationsakte Cromwells" genannt, ein Schiffahrt- und Handelsgesetz, welches das republikanische englische Parlament am 9. Oktober 1651 zur Förderung der britischen Schiffahrt erließ. Hiernach durften namentlich alle aus Asien, Afrika und Amerika stammenden Waren nur durch britische Schiffe in England, Irland und den britischen Kolonien eingeführt und alle in Europa erzeugten oder gefertigten Waren im Britischen Reich nur auf britischen oder solchen Schiffen importiert werden, die Eigentum des Landes waren, von dem die Waren ausgeführt wurden. Die letztere Bestimmung wurde später auf gewisse Artikel beschränkt, die seitdem im Handel als „enumerated articles" bezeichnet wurden. Später folgte das Verbot jeder Einfuhr aus den Niederlanden und Deutschland „unter jedem Verhältnis und in jedem Schiff". 1696 wurde den britischen Kolonien und Pflanzungen sogar verboten, ihre Produkte nach Irland oder Schottland zu senden. 1787 erließen die USA als Repressalie ein der N. wörtlich angelehntes Gesetz gegen England, und auch die nordischen Mächte drohten, in gleicher Weise zu verfahren. Daher wurde die englische N. 1821 und 1825 durch neue Gesetze und durch die Annahme des Grundsatzes der Gegenseitigkeit (Reziprozitätssystem) wesentlich gemildert, bis es endlich zu der erwähnten Aufhebung kam. Doch auch nach 1854 behielt sich die brit. Regierung das Recht vor (Customs Consolidation Act von 1876), die Schiffe derjenigen Länder von der Küstenschiffahrt auszuschließen, die britischen Schiffen die Gegenseitigkeit versagten.

[4] Sie ging bereits wenig später mit zunehmendem Eigenbedarf Deutschlands schnell zurück. Dabei wurde besonders die Segelschiffahrt in der Ostsee betroffen. (Siehe auch die Tafeln X und XI im Anhang.)

[5] Schwarz-weiß-rot war eine Farbenkombination, die aus dem Schwarz-Weiß von Preußen und dem Weiß-Rot der Hansestädte hervorging. Die Schiffe der Bundesmarine, in erster Linie Preußens Orlogschiffe, fuhren bereits seit dem Oktober 1867 unter den neuen Farben. In Deutschland vollzog sich der Flaggenwechsel sang- und klanglos, die Deutschen in New York machten einen Feiertag daraus. Als die Flaggen gewechselt wurden, schossen die Hudson Country-Batterien Salut.

[6] Diese Zahlen wurden 1869 vom Bundeskanzleramt für den Norddeutschen Bund als Anhang zum Signalbuch veröffentlicht.

[7] Die Tonne = 1000 kg

[8] 50 cbm = 17,65 Reg. Tons

[9] Nach Erbach

[10] Nach Erbach

[11] Zwei der aus dem Ausland gekauften Schiffe waren die berühmte *Sovereign of the Seas* und die *Donald Mc Kay*, von der es in aller Welt hieß, sie sei „... one of the grandest ships that ever sailed the seas". Die *Donald Mc Kay* wurde 1870 unter der Führung des deutschen Kapitäns Ihlder von London nach Bremerhaven überführt. Das Bremerhavener Unternehmen Bertus Bartling und Konsorten zahlte als ihr neuer Reeder den Kaufpreis von 61 000 Goldmark. Das mit 2598 BRT vermessene Vollschiff (81,90 m lang, 14,32 m breit, 8,84 m Seitenhöhe), das nach der *Great Republic* als das damals größte Schiff der Welthandelsflotte galt, machte seine Jungfernfahrt von Boston zur

irischen Küste in zwölf Tagen. Das Logbuch vom 27. Februar 1855 wies dabei ein Etmal von 421 sm auf. Das sind 17,5 kn im Durchschnitt. Die *Donald Mc Kay* gehörte übrigens zu einer Klasse von „Halbschwestern", die für die Reederei James Baines & Co., Liverpool, gebaut wurden und deren letzte sie war. Deshalb übernahm auch auf Wunsch des Reeders der berühmte Schiffbaumeister gleichen Namens die Patenschaft. Die Schwester *James Baines* schaffte sogar einmal den fast legendären Stundenrekord von 21 kn, der bis zum heutigen Tage von keinem Segler der Welt überboten wurde und mit ziemlicher Sicherheit auch nicht mehr überboten werden wird. Die *Donald Mc Kay* fuhr später, um einige Meter Großmast und um die Rah des „Himmelssegels" verkürzt, für Riedemanns und Schütte's Petroleumhandel. 1880 wurde sie an die Kohlengroßhändler Bremer & Co. in Bochum, Ruhrgebiet, verkauft, die dieses Schiff als Kohlenhulk für die Kap Verdischen Inseln erwarben. Sic transit gloria mundi, bleibt hier nur noch zu sagen — und zu klagen.

[12] Johann Beenck war ursprünglich mit mehreren Schiffbauerfamilien von Holland nach Hamburg gekommen. Hier leitete er zunächst die Reiherstiegwerft bis etwa 1770. Um diese Zeit kam es zu Meinungsverschiedenheiten mit dem Alleinbesitzer der Reiherstiegwerft, Berend Roosen (vormals Kramer Wwe. & Berend Roosen, vormals Lucas Kramer), und seinem Bruder Peter, der übrigens später sein Nachfolger bei der Reiherstiegwerft wurde. Johann Beenck kaufte die Werft (und Wohnhaus) von Joh. Gottfried Pilz an der Elbstraße in Altona, die dann später, 1845, an Ernst Dreyer überging.

[13] Pink (engl.) ist eine starke Kürzung des altnordischen espingr (schw. esping) und bedeutete: ein aus Espenholz hergestelltes Fahrzeug.

[14] Schmales, hohes Heck

[15] Besanmast mit Mars, aber nur einer Stenge.

[16] Nach Maak, H.: Deutsche Seeschiffahrt zwischen gestern und morgen — 1864/1964 — Hansa, Hamburg 1964

[17] Zur Vorgeschichte bleibt zu erwähnen, daß es ab 1778 bereits regelmäßige deutsche Segelschifflinien zwischen Hamburg und den USA gab, fast zur gleichen Zeit, 1782, als Bremen die *Präsident von Bremen* als erstes Bremer Schiff nach Ostasien sandte (als erstes deutsches überhaupt segelte ein Emdener Schiff nach Ostasien, die 45,70 m lange *König von Preußen* nämlich, die der Octroierten Königlich Preußischen Asiatischen Compagnie in Emden gehörte. Das Schiff hatte 132 Mann Besatzung und 30 Kanonen). Um diese Zeit umfaßte die Segelschiffflotte der beiden großen Häfen und Freien Städte Hamburg 478 und Bremen 154 Segler. Während der Kontinentalsperre wurde jeglicher Verkehr vor den Mündungen der Ems, Weser und Elbe blockiert. Erst nach der Aufhebung der Blockade, 1810, kam die Schiffahrt der Bundesstaaten und Freien Städte langsam wieder in Fahrt. Hier interessiert, daß die erste regelmäßige Fahrgastfahrt durch die Black-Ball-Line in New York mit vier Vollschiffen, Paketschiffe genannt, 1816 eingeleitet wurde und daß die *Savannah* 1819 (vom 24. Mai bis 20. Juni) als erstes Überseedampfschiff von New York nach Liverpool fuhr (in Wirklichkeit war die *Savannah* ein Segler mit Hilfsantrieb). 1826 war es, als solche amerikanischen Paketsegler (in der damaligen Zeit Packet geschrieben) erstmals Bremen anliefen. Im gleichen Jahre wurde eine eigene Bremer Linie nach den Vereinigten Staaten ins Leben gerufen. Diesen Vorsprung im Auswanderergeschäft wußte man in Bremen gut zu nutzen, später auch im Transport von Tabak, Baumwolle und Reis von Amerika nach Europa und später zu Ländern, aus denen die gleichen Waren kamen, so Cuba, Portorico, Brasilien, Ostindien.
Uber das Jahr 1828 gibt es für die Anfänge des Hamburger Reedereigeschäfts übrigens eine interessante, von Peter Godeffroy bei der Commerzdeputation angeregte Liste über die Segler unter der Hamburger Flagge. Danach gab es in Hamburg 121 Schiffe zu 9 477 CL. Von diesen 121 gehörten 19 Kapitänen, vier sind ohne Angaben, und 98 verteilten sich auf 38 Reeder, von denen nur zwei drei, nur einer vier und nur sechs fünf und mehr Schiffe hatten. Von diesen wiederum waren nur drei als Reedereien im Sinne von Unter-

nehmen anzusprechen. Die größten Reeder waren Peter Hinrich Mohrmann mit 14 Schiffen mit 1 185 CL; G. P. Wappäus mit 13 Seglern mit 1 017 CL; S. & B. Roosen mit sieben zu 601 CL; P. H. T. Richters mit sechs zu 661 CL; Joh. César Godeffroy & Sohn mit fünf zu 535 CL und H. J. Merck & Co. mit fünf zu 370 CL.

1828 war es auch, daß ein Mitglied des Hauses Sloman, Robert Sloman (Reederei Sloman, gegründet 1793 durch William Sloman [Die Slomans stammen aus Yarmouth/England und kamen etwa 1790 mit den Briggs *The Beaver* und *Thames* nach Hamburg.]), die Paketschiffahrt mit Segelschiffen zwischen Hamburg und New York einrichtete, und zwar als Makler des Hauses Petersen & Mensch in New York (die Linie hatte nur die beiden Schiffe *Howard* und *Europa*). Als die Firma in New York 1832 liquidierte, kaufte Sloman das eine Schiff, die *Howard*, an und eröffnete seinerseits eine „Packetfahrt" zwischen Hamburg und New York. Auch hier fungierte er offiziell noch als Makler, und erst 1836 expedierte Sloman sein erstes Schiff, 1845 waren es bereits sieben. Weitere Linien folgten, solche nach Canada, Chile, Brasilien und Australien ... 1870 war die Reederei Sloman (es wird hier bewußt etwas ausführlicher auf dieses Unternehmen eingegangen, da es, weil in der Passagierfahrt tätig, im Textteil nur am Rande interessiert) mit 20 Seglern mit insgesamt 6 527 CL das größte Reedereiunternehmen in Hamburg.

Für den Ausbau weltweiter Schiffahrtlinien unter deutscher Flagge sind weiter (unter anderem!) zu nennen:

Der Hamburger Reeder Wm. O'swald (1831 bis 1871), der die Linienfahrt mit Segelschiffen nach Australien, Südamerika und Ostasien errichtete und in Jamaika ein eigenes Handelshaus etablierte.

1837 betrieb J. C. Godeffroy (1813 bis 1885, trat 1830 in den 1766 vom Großvater gegründeten Reedereibetrieb: J. C. Godeffroy & Sohn, Großvater und Vater, ein, war ab 1849 Besitzer der Reiherstiegwerft, Hamburg, eröffnet mit seinem Bruder Adolf [1814 bis 1843, Hamburg]) mit Segelschiffen, nämlich mit Barken und Vollschiffen, Briggs, Schonerbriggs und Schonern, die Linienfahrt nach Westindien, Mexiko, Venezuela und über den La Plata (ab 1849), nach Australien, ferner, ab 1857, auch nach der Südsee. Außerdem waren die Godeffroy's auch im Auswanderergeschäft tätig. Allein 1850 expedierten 20 Godeffroy-Segler Auswanderer nach Kalifornien. Die Godeffroy's sind Mitbegründer der 1847 vom Hamburger Reeder A. Bolten angeregten und gegründeten Hamburg-Amerikanische-Packetfahrt-Aktiengesellschaft (HAPAG), deren erstes Schiff, der eiserne Segler *Deutschland*, unter der Flagge Hamburgs im Oktober 1848 den Passagierverkehr zwischen Deutschland und New York eröffnete. Ab 1856 kam mit der *Borussia* der HAPAG der erste deutsche Dampferdienst auf dieser Strecke zustande. Mitbegründer waren weiter die Reeder H. J. Merck und vor allem F. Laeisz (1801 bis 1887), Hamburg. Zu F. Laeisz siehe weitere Einzelheiten im Kapitel XXI: Werften, Reedereien, Wirtschaftliches.

1840 begann Conrad Warnecke, Hamburg, mit der Paketfahrt nach England. 1849 segelte ein Schiff der Firma Carl Woermann (1813 bis 1880) zur Westküste Afrikas: es war die 200 tons große Brigg *Eleonore*, nachdem im Jahre 1843 bereits die bei Rickmers erbaute Schonerbrigg *Alf* unter dem Eignerkapitän Hans Albert Rodatz aus Vegesack die deutsche Afrikafahrt schlechthin begründet hatte (in arabischen Gewässern erhielt die schnelle *Alf* den Beinamen *Afrid*, soviel wie Gespenst).

Adolf Jacob Hertz, Hamburg (1844 bis 1893), 1874 mit 21 Schiffen Hamburgs größte Reederei (1870 mit 18 großen Seglern, Dampfer erst ab 1890, und zwar bis 1895 sieben), setzte vier vom Reeder P. H. Mohrmann (Mohrmann, P. H., Hamburg, mit den Seglern *Paradies, Rezia, Titania, Oberon, Amandus* und *Carolina*) erworbene Segler in der Fahrt nach Afrika und Arabien ein.

Das erste, eigens für die Afrika-Fahrt erbaute Segelschiff war der 1854 unter Hamburgs Flagge in Dienst gestellte Dreimastschoner *Liberia*. (1879 kam auf dieser Route das erste Dampfschiff der Reederei Woermann in Fahrt: die 1279 BRT große *Aline Woermann*.)

1848 beginnt die in Bremerhaven ansässige Reederei Rickmers Rhederei die Überseefahrt mit auf eigener Werft erbauten Großseglern.

·as Bild der Häfen um die große Zeit der Segel-
hiffe: ein scheinbar unentwirrbares Durcheinander
on Rahen und Stengen, von Brassen, Gordings und
choten, von Wanten, Stagen und Pardunen. Was
ber Whooling scheint, ist mathematisch und physi-
alisch wohlausgewogene Ordnung. Oben: Das Re-
ents Canal Dock in London (um 1895). — Mitte
echts: Arbeiten in der Takelage während der Hafen-
egezeit. Unten: Der Hafen von Galveston am Golf
on Mexiko. In der Mitte die deutsche Bark *Julius* ex
'oek van Holland.

Die Laderäume des Fünfmastvollschiffes *Preußen*, oben: Lang dehnt sich das Zwischendeck und läßt die für ein Segelschiff gewaltigen Ausmaße der Laderäume erkennen. Unten links: Eine Hiev mit Salpetersäcken schwebt nach oben.

1856 beschäftigt der Hamburger Reeder August Behn seinen Vegesacker Neubau, das bei Joh. Lange unter der Baunummer 202 erbaute, 565 CL große Vollschiff *Arracan*, in der Singapore-China-Fahrt.
Der Norddeutsche Lloyd, 1857 in Bremen gegründet, beginnt seinen Amerika-Dienst sogleich mit Dampfern, von denen die ersten allerdings unter Dampf und Segel fahren. Dasselbe trifft auf die 1871 gegründete Hamburg-Südamerikanische Dampfschiffahrtgesellschaft und andere zu.
In der Petroleumfahrt stehen um die fünfziger und sechziger Jahre Schiffe vieler kleiner Reedereien, die später kaum mehr oder gar nicht mehr in Erscheinung treten, so:
Schütte & Lehmkuhl
Fr. Roters, Bremerhaven
Konitzky & Thiermann
D. Schilling, Bremen
E. C. Schramm & Co.
H. Wessels, Bremen . . .
und wie sie alle heißen. Es sind aber auch solche darunter, die auch noch später einen Namen als Segelschiffreederei haben werden. In der Petroleumfahrt bleibt eigentlich nur D. H. Wätjen den Segelschiffen auch später treu.
Das sind einige der Schwerpunkte, die zur Vorgeschichte zählen. Einzelheiten über die deutschen Segelschiffreedereien siehe Kapitel XXI: Werften, Reedereien, Wirtschaftliches.

18 Die ersten Viermastbarken erbauten die Kanadier in Holz nach Plänen des schottischen Schiffsarchitekten Charles Wood, des Erbauers des Clyde-Dampfschiffes *Comet*. Die beiden Barken waren die *Columbus* (1824 erbaut; 91,70 m lang; 3690 ts Tragfähigkeit) und die *Baron of Renfrew*. Eine der späteren hölzernen Viermastbarken war die *Great Republic* des Donald Mc Kay in Boston. Sie war 102 m lang und, da dem Holzschiffbau Grenzen gesetzt waren, bereits durch eiserne Gurtungen verstärkt worden. Bemerkenswert war die Aufstellung einer Hilfsmaschine zum Heißen der Rahen. Professor Laas bezeichnete sie als ein wirklich hervorragendes Beispiel des technischen und wirtschaftlichen Unternehmungsgeistes seiner Zeit: „Sie war der Höhepunkt des amerikanischen Clipperbaues und Holzschiffbaues." Der Erfolg der amerikanischen Clipper war — abgesehen von der günstigen Fahrtgelegenheit — auch und vor allem der Tatsache zu verdanken, daß der Schiffbau in Amerika nicht durch unsachliche Vermessungsparagraphen eingeengt wurde, wie sie die Vorschriften des Merchant Shipping Act von 1854 für den englischen Schiffbau darstellten.
Die erste deutsche Viermastbark entstand 1885 bei Blohm & Voß, Hamburg, aus Eisen: *Polymnia* für B. Wencke Söhne, Hamburg. Hier entstand auch, 1891, die erste deutsche Viermastbark aus Stahl: *Hebe*, ebenfalls für B. Wencke Söhne, Hamburg.
Das erste Viermastvollschiff (aus Holz) wurde 1801 von Thibault in Bordeaux erbaut und (41 m lang) auf den Namen *L'Invention* getauft, das nächste Viermastvollschiff entstand erst Jahrzehnte später. Es handelte sich um die in England erbaute *County of Peebles*, siehe auch Seite 17.

19 Frankreich hat bereits um diese Zeit ganz vorzügliche Segelschiffe gebaut. So standen die von Augustin Normand Père in den Jahren 1850 bis 1853 erbauten Clipper: *Commerce de Paris, France et Chili, Carioca, Petropolis* und *Paulista* den in dieser Zeit in Amerika und England erbauten Clippern nicht nach. Auch diese Schiffe haben sich durch schnelle Reisen einen Namen gemacht. Einige technische Angaben zu diesen Schwesterschiffen (nach E. Pâris) dürften von Interesse sein:

Länge über Steven in der Ladelinie	48,6	m
Breite, äußerste	9,8	m
Tiefgang, hinten	5,53	m
Tiefgang, vorn	4,83	m
Deplacement	1179	t
Deplacement-Völligkeitsgrad	0,402	
Besatzung	30	Mann

Seit dieser Zeit behält Frankreich seinen Ruf unter den Segelschiffahrt betreibenden Nationen. Zur bekanntesten Reederei wird die Firma Ant. Dom, Bordes et Fils, Paris, Bordeaux, Le Havre.

[20] Hölzerne Voll- und Barkschiffe nach dem amerikanischen Clippertyp bauten, wie schon im Text erwähnt, unter anderem Ernst Dreyer in Altona, später C. C. A. Dreyer (Sohn), Neuhof am Reiherstieg (1853: das Vollschiff *Imperieuse*, rd. 45 m lang, und die Bark *Cid*), Jürgen Bruhn bei Apenrade (1856/57: *Cimber*, 76,20 m lang), Joh. C. Godeffroy in Hamburg (1855: *La Rochelle*, 51,5 m lang). Die *Imperieuse* und die *Cid*, beide für die Hamburger Reederei Eggers erbaut, wurden in Fachkreisen bisher als Segler mit besonders scharfen Schiffsformen bezeichnet. Timmermanns Berechnung ergab aber nicht so scharfe Schiffsformen wie bei der bei Dreyer erbauten *William O'Swald*, die Namensträgerin einer Hamburger Reederei. Und inwieweit sich Dreyer mit der Bark *William O'Swald* den Verhältnissen des größten Clippers von Donald Mc Kay genähert hat, belegt diese Übersicht:

	L. in CWL	δ	φ	ψ	L/B
Great Republic	89,03	0,458	0,5	5,06	6,18
William O'Swald	43,40	0,457	0,51	4,88	4,84

L. in CWL, Länge in der Construktionswasserlinie, δ Verdrängungsvölligkeitsgrad, φ Schärfegrad, ψ Schlankheitsgrad und L/B Länge/Breite.

[21] Den ersten Segler aus Eisen, das 270 ts große Vollschiff *Iron-Sides*, erbauten 1838 Jackson, Gordon & Co., Liverpool. Der erste deutsche Segler aus Eisen entstand 1844 auf der Werft von Jacobi, Haniel & Huyssen in Ruhrort. (Die Firma wurde 1810 unter dem Namen „Hütten-Gewerkschaft und Handlung" Jacobi, Haniel & Huyssen gegründet. Aus ihr wurde später die heutige Gutehoffnungshütte in Oberhausen). Es handelte sich um die für den Kölner Alexander Seidel erbaute, 170 CL große Brigg *Hoffnung*. Dieser folgten — ebenfalls bei Jacobi, Haniel & Huyssen — die Bark *Fortschritt* (1845) und dann, mit einem ziemlichen Zeitabstand, bei A. Tischbein in Rostock die Barken *Der Orientale* (1854) und *Herzogin Marie* (1857). Die vielfach veröffentlichte Behauptung, daß das auf der Reiherstiegwerft 1858 für die HAPAG erbaute, 837 NRT große Vollschiff *Deutschland* der erste deutsche Rahsegler aus Eisen gewesen sei, dürfte damit widerlegt sein. Wie die Statistik zeigt, blieben also eiserne Segler auch 20 Jahre nach dem ersten Schiff dieser Art noch eine Seltenheit (siehe Anhang: Die aus Eisen und Stahl auf deutschen Werften erbauten Rahsegler).

Der *Deutschland* folgte 1861 auf der Reiherstiegwerft ein weiteres Vollschiff aus Eisen, und zwar die *Prinz Albert* für Rechnung der R. M. Sloman & Co., Hamburg. Dieser Segler, der wie die *Deutschland* im Auswandererdienst Verwendung fand und, da kein frachtfahrendes Segelschiff, hier nur bedingt von Interesse ist, war mit 620 BRT sogar noch kleiner als sein Vorgänger. Erst im Jahre 1870 wurde in Deutschland beim Bau von eisernen Segelschiffen die 1000 Tonnen-Grenze überschritten. Für die Reederei Carl Woermann entstand die 1033 BRT große Bark *Dorothea* (falsch bei Laas, STG-Jahrbuch 1906, S. 360). Der erste 1000-tonner für eine deutsche Reederei, die 1033 BRT große *Europa*, wurde von der Reiherstiegwerft an die Reederei M. Arnesen & P. Siemsen, Hamburg, abgeliefert.

Der erste Hamburger Segler aus Eisen war übrigens die 1851 in England erbaute Bark *Flying Dutchman* (60 CL), die von der Reederei H. H. Eggers erworben wurde, der nächste — abgesehen von einem 1855 als Schoner bezeichneten Fahrzeug *Norden*, das aber in Wirklichkeit nur ein Leichter war — war die eiserne Bark *Mutlah*, welche die Gebrüder Schiller & Co. im Jahre 1856 kauften.

Zum Grundsätzlichen bleibt hier noch zu sagen: Es war das Eisen, das die Vergrößerung der Schiffe erst ermöglichte. Solange es sich noch um Segelschiffe von 50 bis 60 m Länge gehandelt hatte, waren Schwierigkeiten bezüglich genügender Festigkeit der auf Biegung beanspruchten Längsverbandteile nicht aufgetreten. Und da, um der Konkurrenz der Dampfer begegnen zu können, die zunehmende Entwicklung des Weltverkehrs eine Steigerung der Transportleistungen, eine Erhöhung der Segelgeschwindigkeit durch Takelagevergrößerung und möglichst große Betriebsökonomie forderte, konnten nur große, scharf gebaute Schiffe mit einem wesentlich gesteigerten Verhältnis der Länge zur Breite, wie es eben nur die größere Festigkeit eiserner Schiffe erlaubte, diesen Bedingungen genügen. Während bei hölzernen Segelschiffen das Verhältnis der Länge zur Breite mit Rücksicht auf die Festigkeit die Werte 4 bis 4,5 nicht überschreiten durfte, konnte bei Eisenschiffen eine L:B von 6 zu 6,5 zugrunde gelegt werden, ohne für die Sicherheit des Schiffskörpers fürchten zu müssen. Außerdem: Beim Eisenschiffbau entfallen etwa 33 bis 37 % des Deplacements auf das reine Schiffskörpergewicht, beim Holzschiff beansprucht der Rumpf im Mittel einen Gewichtanteil von 46 %. Es tritt also beim Segler ein Verlust von etwa 10 % an frachtbringender Zuladung in Erscheinung. Das wird deutlich bei zwei nach den Vorschriften des Bureau Veritas und Lloyds Register erbauten Segelschiffen von 500 Reg.-Ts., von denen das eine aus Holz, das andere aus Eisen entstand. Das Endergebnis ist ein Raumgewinn des eisernen Schiffes gegenüber dem in seinen äußeren Abmessungen mit ihm gleichen Holzsegelschiff von 193,4 m^3 = 68,5 Reg.-Ts. = 13,7 %.

Gleichzeitig mit den ersten Anfängen im Eisenschiffbau entwickelt sich, da mit der Eisenindustrie auch die eisenverarbeitende Industrie (also auch jene, die Dampfmaschinen baut) wächst, aber auch die Dampfschiffahrt. Hier, in diesem Zusammenhang, ist es vielleicht nützlich, auf diese Fakten einzugehen, standen die Schiffbauer doch nicht nur jenen Problemen gegenüber, die sich an dem neuen Werkstoff Eisen ergaben, sondern auch jenen, die ihnen aus der ständigen Weiterentwicklung eines neuen Antriebes erwuchsen. Die Anforderung an ihre Kenntnisse wurde hierdurch plötzlich gesteigert, ohne daß sie Gelegenheit hatten, sich das neue Wissen in geeignetem theoretischem und praktischem Unterricht anzueignen.

Zwar hatte man in Deutschland mit der Gründung einer Schiffbauschule in dem bei Stettin gelegenen Grabow 1830 den Anfang zu einer fachlichen Ausbildung der Holzschiffbauer gemacht, aber eine wissenschaftliche Grundlage und eine zweckmäßige Erweiterung für das Studium von Eisenkonstruktionen und des Maschinenbaues erhielt diese Schule erst nach ihrer Verlegung nach Berlin und nach dem Anschluß an das Königliche Gewerbeinstitut.

Der Übergang zum Bau eiserner Schiffe (von Seglern und Dampfschiffen) brachte überdies eine vollständige Umgestaltung und erhebliche Erweiterung des Werftbetriebes. Damit verbunden war wiederum eine entsprechend umfangreiche Vergrößerung des Anlagekapitals. Von den bisherigen Holzschiffwerften konnten im Grunde genommen nur die Bauplätze, die Hellinge also, Verwendung finden. Die Bearbeitung der eisernen Platten und Winkel erforderte besondere Arbeitsmaschinen und damit die Einführung eines Fabrikbetriebes, für den Personal erst beschafft und angelernt werden mußte. Haack und Busley: „Die Leiter und Arbeiter der Werften für Eisenschiffbau waren größtenteils früher hauptsächlich mit dem Bau von hölzernen Segelschiffen beschäftigt gewesen und konnten sich sobald nicht von den altgewohnten Formen und Verbänden trennen, die so lange Zeit für sie maßgebend gewesen waren. Man fand daher in den ersten eisernen Schiffen viele Hauptverbandteile, Deckbalken, Kielschweine, Maschinen- und Kesselunterlagen usw. aus Holz gefertigt, die mit dem Eisen zusammen nur sehr unvollkommen wirken konnten. Auch verband man die einzelnen Eisenteile in ähnlicher Weise wie früher das Holz, wodurch natürlich Konstruktionsfehler entstanden, welche die Festigkeit der Schiffe gefährdeten."

Noch ein Wort zum Anlagekapital: Welche Anforderungen in Kapital eine Eisenschiffwerft schon zu damaliger Zeit beanspruchte, beweist ein Beispiel: Die 1851 zu Bredow bei Stettin für den Bau von Eisenschiffen gegründete Werft Früchtenicht & Brock (zwei Hamburger Ingenieure) wies bereits 1857 einen Buchwert von 639 254 Talern für Grund und Boden, Maschinen, Werkzeuge usw. auf. Beim Ankauf durch die Stettiner Maschinenbau-Aktiengesellschaft im Jahre 1857 (sechs Stettiner und zwei Berliner [Kaufleute, Industrielle]) wurde das Grundkapital bereits auf 1 000 000 Taler festgesetzt.

Hier ist eine Rückblende auf die Anfänge des modernen Schiffbaues notwendig. Die eigentlichen Anfänge des Eisenschiffbaues liegen weit zurück. Schon 1644 empfahl der französische Gelehrte, Marin Mersenne (1588 bis 1648), Mathematiker und Musiktheoretiker, Schiffe aus Eisen zu bauen. 1676 bemühte sich der Große Kurfürst, ein Modell des in Holland „... unlängst erfundenen eisernen Nachen" zu erlangen. Vorläufer waren auch die aus Kupfer- oder Eisenblechen hergestellten Pontons, erstere gab es seit (mindestens) 1672 in Frankreich, letztere seit dem 18. Jahrhundert. Die Anfänge in der jüngeren Zeit gingen in Deutschland wie auch in England aus der Eisen- und Maschinenindustrie hervor. Die ersten Versuche erstreckten sich hier wie dort zunächst auf Schiffe für die Flußschiffahrt. Zwar hatten, um bei der deutschen Entwicklung zu bleiben, J. B. Humphreys jun. in Pichelsdorf bei Spandau und Johann Lange (später Bremer Vulkan) in Vegesack die ersten deutschen, wenn auch noch hölzernen Dampfschiffe, hier die *Princessin Charlotte von Preußen* (1816) und dort die *Die Weser* (1816/17) — beide für die Flußschiffahrt bestimmt — erbaut, die Maschinen jedoch, Räderschiffsmaschinen nebst Kessel, lieferte die britische Firma Boulton, Watt & Co. in Soho bei Birmingham.

Mit dem Bau des ersten deutschen Dampfschiffes aus Eisen begann Lange 20 Jahre später, 1847, als er die *Bremen* vom Stapel ließ. (A propos: Das erste eiserne Dampfschiff erbauten Charles Napier & Manby 1821 auf den Horseley Works, die *Aaron Manby*, die in London zusammengesetzt und nach der Seine gesandt wurde. Es war übrigens ein Vorläufer der im Weltkrieg I zahlreich erbauten „prefabricated ships".) Inzwischen hatte die Böhmisch-Sächsische Dampfschiffahrts-Gesellschaft in Dresden einen mit einer Maschine von Engells-Berlin betriebenen eisernen Raddampfer erstellt. Bald danach begann die Ruhrorter Schiffswerft — Jacobi, Haniel & Huyssen — mit dem Bau von eisernen Rheindampfern, zu welchen Roentgen die Entwürfe der Schiffsmaschinen lieferte. Auch der in Berlin-Moabit von dem Engländer Gilbert erbaute deutsche eiserne Dampfer sei nicht vergessen. Von einer merklichen Entwicklung des Eisenschiffbaues in Deutschland kann jedoch noch lange nicht gesprochen werden. Es fehlte an einer leistungsfähigen Eisenindustrie. Trotz des hohen Einfuhrzolls blieben die deutschen Werften auf die Benutzung englischen Schiffsbaumaterials angewiesen, ebenso auf die bisher nur in England hergestellten Werkzeugmaschinen und alle Hilfsmaschinen und Schiffsausrüstungsgegenstände aus dem Werkstoff Eisen. Das wurde erst anders, als man in Deutschland Mitte des 19. Jahrhunderts vom bloßen Hämmern des Eisens zum Walzverfahren gelangte und in der Lage war, Bleche und Profile in den erforderlichen Mengen und Abmessungen zu liefern. Während England im Jahre 1839 mit dem Großschiffbau aus Eisen mit der von J. K. Brunel entworfenen, 3500 ts großen *Great Britain* begann, handelte es sich beim Eisenschiffbau in Deutschland noch immer mehr oder weniger um Versuche oder um gelegentliche Nebenbeschäftigungen als um ein echtes neues Gewerbe, um das Gewerbe des Eisenschiffbaues schlechthin. Erinnert sei an die im Jahre 1836 in Dresden nach Plänen von Professor Schubert erbauten eisernen Dampfer *Königin Maria* und *Prinz Albert*, an den von Gleichmann & Busse, Hamburg, 1838 für holländische Rechnung erbauten Seedampfer *Willem I*, an den ersten eisernen, 1847 an der Weser von Lange & Raschen erbauten, Dampfboot genannten Flußdampfer *Bremen*. Die Dinge kamen auch mit der Gründung der Eisenschiffbauwerft Früchtenicht & Brock und deren erstem Dampfer *Die Dievenow* nicht so recht im Fluß. Auch die Tatsache, daß die in Rostock gegründete Werft von A. Tischbein (später Aktiengesellschaft Neptun) außer der schon genannten eisernen Bark *Der Orientale* (39,62 m lang, 500 t Tragfähigkeit) und 1852/53 die ersten eisernen Schrauben-Seedampfer (zuerst die *Erbgroßherzog Friedrich Franz* mit 200 ts Tragfähigkeit bei 40,5 m Länge und 70 Hp Maschinenleistung) erbaute, brachten das Novum: den Eisenschiffbau an sich und den Bau von eisernen Dampfschiffen im besonderen, nicht voran. Daran änderten auch — was den Bau eiserner Segler anging — die mutigen Bestrebungen der Reiherstiegwerft in Hamburg vorerst noch nichts.

Maßgebend an der Entwicklung des Eisenschiffbaues war jene in Bredow bei Stettin von den beiden Hamburger Ingenieuren 1851 zum Bau eiserner Schiffe erbaute Werft, die 1857 in die Stettiner Maschinenbau-Aktien-Gesellschaft Vulcan umbenannt wurde. Die Versuche im Eisenschiffbau mehrten sich: 1854, da in England der Bau des bedeutendsten Eisenschiffes des Jahrhunderts, der 18 814 BRT großen *Great Eastern*, begann, entstand aus einer Eisengießerei in Grabow bei Stettin die Werft von Möller & Hollberg (später: Stettiner Oderwerke). Im gleichen Jahre eröffnete Gottfried Ferdinand Schichau, der 1837 die Maschinenbauanstalt Schichau, Elbing, gegründet hatte, eine eigene Werft für Eisenschiffbau, nachdem er vorher, 1841, für den ersten deutschen Dampfbagger die Maschinen, 1849 für das auf der Elbinger Mitzlaffwerft erbaute hölzerne Dampfboot *James Watt* seine erste Schiffsmaschine und, 1852, für die Radkorvette *Danzig* Bestandteile für die Maschine geliefert hatte. 1855 baute F. Sch. für den Elbinger Kaufmann George Grunau das erste preußische Dampfschiff aus Eisen, die *Borussia* (130 ts, 39,5 m lang und 60 Hp Maschinenleistung), im gleichen Jahr lieferte die Werft J. W. Klawitter, Danzig, die übrigens 1852/54 das erste deutsche Schwimmdock (Werkstoff Holz, 76,20 m lang, 39,5 m breit, 7,46 m hoch) erbaute, die ersten eisernen Frachtdampfer, die *Oliva* und *Ottonin,* für eine Reederei in Danzig ab.

Das Jahr 1855 ist auch insofern noch interessant, als Lloyd's die ersten Bauvorschriften für eiserne Seeschiffe veröffentlichten. 1858 folgte das Bureau Veritas, 1877 der 1867 gegründete Germanische Lloyd. (Die schon erwähnte *Borussia* der HAPAG, die 1856 die Linienfahrt nach New York eröffnete, ist nicht mit dem Elbinger Schiff identisch, sie wurde vielmehr zusammen mit der *Hammonia* 1853 in England bei Gaird & Co., Greenock, bestellt, 1855 erbaut und in Dienst gestellt.)

Daß die ersten deutschen Eisenschiffe in Konstruktion und Leistung den internationalen Vorstellungen entsprachen, beweist, daß einer der ersten, in den fünfziger Jahren bei Klawitter erbauten eisernen Dampfer kurze Zeit nach seiner Fertigstellung nach England verkauft wurde.

Im großen und ganzen aber kam in Deutschland die Entwicklung der Eisenschiffwerften und damit auch der Bau von eisernen Seglern nicht nur nicht weiter voran, es trat hier sogar eine Pause ein. Trotz des Klawitter-Erfolges bestellten die HAPAG wie auch der NDL ihre Schiffe für die Transatlantikfahrt vorerst auch weiterhin in England.

Eine neue Zeit begann für den deutschen Eisenschiffbau erst nach der Reichsgründung und dem vorab im Textteil bereits geschilderten Aufschwung für Schiffahrt und Marine im nunmehr Deutschen Reich. Aber auch jetzt zögern der NDL wie auch die HAPAG noch immer, deutschen Werften Aufträge für Eisendampfer zu geben. Das trifft noch stärker auf den NDL als auf die HAPAG zu, die bis zum Jahre 1886 von 48 Schiffen wenigstens elf deutschen Werften anvertraut (Reiherstieg, Hamburg; Norddeutsche Werft, Kiel; Vulcan, Stettin, und Flensburger Schiffbau, Flensburg), während der NDL erst 1886 einer deutschen Werft einen Auftrag erteilt, nämlich der Vulcan in Stettin die vier Reichspostdampfer *Preußen, Stettin, Lübeck* und *Danzig* mit den Baunummern 46 bis 49. Weitere Einzelheiten siehe weiter unten im Bericht von J. Lange.

Entscheidend für die Entwicklung im Eisenschiffbau wurden um diese Zeit auch die Anstrengungen des Deutschen Reiches, eine eigene, auf deutschen Werften erbaute Flotte zu schaffen, beginnend mit dem Bau von drei eisernen Panzerschiffen. Zwei davon, die *Friedrich der Große* und die *Großer Kurfürst* wurden auf den bundesdeutschen Werften zu Kiel und zu Wilhelmshaven auf Stapel gelegt, das dritte Schiff, die *Preußen*, sollte einer Privatwerft, der Vulcan, übertragen werden. Alle Schwierigkeiten, Einwände und Bedenken gegenüber einer Privatwerft — um so mehr als bei der Inbaugabe der *Preußen* zum erstenmal nicht nur der Schiffsrumpf, sondern auch die Maschinen- und Kesselanlage von der Werft angefertigt werden sollten — räumte Kronprinz Friedrich Wilhelm mit dem Hinweis auf die Bedeutung dieses Baues für die heimische Schiffbauindustrie schlechthin aus dem Wege, wobei der Werft selbst große Anerkennung gebührt, die Aufgabe trotz der Probleme und Schwierigkeiten so mutig übernommen zu haben. Schließlich konnte eine Nichtabnahme des Neubaues durch die Marine einem Rufmord und damit einem Zusammenbruch des Unternehmens in Stettin gleichkommen. Aber der aus dem pommerschen Städtchen Gollnow stammende Schiffbauer und spätere Königlich Geheime Hofbaurat Haack ließ sich nicht beirren ...

Für diese Zeit und die Zeit zuvor dürfte für den deutschen Eisenschiffbau die Situation bei der Stettiner Maschinenbau-Aktien-Gesellschaft Vulcan, Stettin-Bredow, bezeichnend sein. Anläßlich der VIII. Hauptversammlung der Schiffbautechnischen Gesellschaft anno 1906 sagte Dipl.-Ing. Lange u. a. über den Vulcan: „... In den ersten neun Jahren des Bestehens der Gesellschaft (Vulcan) beschränkte sich ihre Tätigkeit auf die Herstellung von kleineren Fahrzeugen der Handelsmarine. Die großen Hamburger und Bremer Dampfschiffahrtsgesellschaften konnten sich, trotzdem die Erzeugnisse des Vulcan zur Zufriedenheit seiner bisherigen Besteller ausgefallen waren, noch nicht zu einem Auftrag entschließen. Sie vergaben ihre Neubauten noch für lange Zeit an englische Werften ...
... In den Jahren 1871 wurde nun dem Vulcan nach längeren Verhandlungen der Bau des Panzerschiffes *Preußen* für die neugeschaffene Kaiserliche Deutsche Marine übertragen ... Der Bau der *Preußen,* die mit einem Deplacement von 6 800 Tonnen bei einer Länge von 93,6 m, 16,32 m Breite und 7,2 m Tiefgang die bisher vom Vulcan hergestellten Schiffe an Größe weit übertraf, stellte hohe Anforderungen an die Leistungsfähigkeit der Gesellschaft. Die Werftanlagen mußten beträchtlich erweitert werden. Die Schwierigkeiten in der Beschaffung brauchbaren Baumaterials, besonders des Eisens und des Teak-Holzes, machten sich jetzt noch mehr als früher bemerkbar. Trotzdem die deutsche Hüttenindustrie in der Herstellung von Schiffsbaumaterial Fortschritte gemacht hatte, war die Werft beim Bezuge der großen Schmiedestücke, Panzerplatten und überhaupt der wertvolleren Bauteile noch immer auf England angewiesen, was infolge der Unzuverlässigkeit der Lieferanten bei der Innehaltung der Lieferfristen zu mancherlei Unzuträglichkeiten führte. Dazu kam, daß die Marine eine weit sorgfältigere Bauausführung verlangte, als sie (damals, der Verfasser) im Handelsschiffbau üblich war, wodurch eine Einarbeitung der Ingenieure und Arbeiter in oft ganz neue Arbeitsmethoden nötig wurde. Jedoch wurden alle Hindernisse glücklich überwunden und im Jahre 1875 dieses erste, auf einer deutschen Privatwerft erbaute Panzerschiff zur vollen Zufriedenheit der Kaiserlichen Admiralität angeliefert ..."

Dem Auftrage der *Preußen* ließen die KM und in Kürze auch das Ausland bald weitere, ähnliche folgen.

„... In dem für die Entwicklung des Kriegsschiffbaues beim Vulcan so bedeutsamen Jahrzehnt 1871 bis 1881 wurden für die Handelsmarine nur kleinere Fahrzeuge erbaut. Erst im nächsten Jahrzehnt, 1881 bis 1891, schritt die Gesellschaft auch auf dem Gebiet des Handelsschiffbaues rüstig vorwärts. Auf Anregung des damaligen Chefs der Admiralität, des um die Entwicklung der deutschen Schiffbauindustrie so verdienten Generals von Stosch, trat im Jahre 1881 die Hamburg-Amerikanische-Packetfahrt-Actiengesellschaft, die jetzige Hamburg-Amerika-Linie, mit dem Vulcan in Verhandlungen wegen des Baues eines transatlantischen Dampfers aus Stahl, die schließlich zur Bestellung des Postdampfers *Rugia* führten, eines Schiffes von 107,2 m Länge, 13,1 m Breite und 9,65 m Seitenhöhe bei 3467 BR. Reg. Tons Raumgehalt. Eine Maschine von 200 indizierten Pferdestärken sollte ihm eine Geschwindigkeit von 12 Seemeilen verleihen. Damit war der bisher von den großen Nordseereedereien befolgte Grundsatz durchbrochen, Schiffe von solcher Größe nur in England bauen zu lassen. Dem Beispiel der Hamburg-Amerika-Linie folgte bald auch der Norddeutsche Lloyd, und der gewaltige Aufschwung, den wir im Handelsschiffbau des Vulcan von jetzt an wahrnehmen, ist mit der Entwicklung dieser beiden Schiffahrtsgesellschaften eng verbunden. Die im Schiffahrtsbetriebe gemachten Erfahrungen dieser Reedereien und das sich immer mehr entwickelnde technische Können des Vulcan haben zum Ergebnis Erzeugnisse des Schiffbaues, die zum Teil von keiner Werft des In- und Auslandes übertroffen worden sind ..."

Zum deutschen Eisenschiffbau an sich bleibt für diese Zeit zu vermerken, daß um die sechziger Jahre des 19. Jahrhunderts — nach C. F. Steinhaus, Schiffs-Architect und

Lehrer der Schiffbaukunst in Hamburg — der Bezug des Eisens aus den verschiedenen Hüttenwerken hauptsächlich von den Transportkosten bis zum Bestimmungsorte abhängig war, „... welche nicht unwesentlich auf die Höhe des Preises einwirken... Da nun der Transport zu Wasser durchgehendst mit weit geringeren Kosten verknüpft ist als derjenige auf dem Landwege, so kommt es, daß für die meisten Nord- und Ostseehäfen Deutschlands, wo schon vielfach Eisenschiffbau betrieben wird, das Material dazu aus England bezogen wird, während im Innern Deutschlands, wo dieses Bausystem ebenfalls im Aufschwunge begriffen ist, besonders für die Dampfschiffahrt, vornehmlich das deutsche Eisen zur Verwendung kommt, welches an Güte keineswegs dem englischen nachsteht..."
Nach Schlick, der sich 1884 mit dem Bau von Eisenschiffen in seinem Handbuch für den Eisenschiffbau befaßte, war das um die siebziger Jahre und danach in Deutschland fabrizierte Schiffbaueisen immer von wesentlich besserer Qualität, aber auch etwas höher im Preis. „... Unter diesen Umständen war die deutsche Eisenindustrie gegenüber der englischen so lange im Nachteil, als die bessere Qualität des deutschen Eisens bei Bestimmung der Materialstärke nicht genügend in Betracht gezogen wurde. (Nach Schlick war die Zugfestigkeit des englischen Eisens [zweiter oder „gewöhnlicher" Qualität, wie es früher vorwiegend für den Bau von Handelsschiffen Verwendung fand] hinreichend, die Dehnung hingegen, die der Germanische Lloyd und das Bureau Veritas bei einer Festigkeit von 31,5 kg/mm² [heute kp., d. V.] mit 5 bzw. 4 % mit der Faser und bei einer Festigkeit von 27,5 bzw. 28,5 kg/mm² mit 2 bzw. 1,5 % quer zur Faser forderten, erreichte hier nur in seltenen Fällen 2 % längs der Faser, während sie quer zur Faser „... fast nie constatiert werden konnte...")"
Um die Verhältnisse in geeigneter Weise zu berücksichtigen, traf das Bureau Veritas bereits 1864 eine Bestimmung, nach welcher die Materialstärken der aus Eisen besserer Qualität erbauten Schiffe „... um beiläufig zehn Prozent reducirt werden durften. Dieses System ist im Laufe der Jahre weiter ausgebildet worden, so daß dieses Institut nunmehr in besonderen Tabellen die bei Verwendung von besseren Eisen zulässigen Materialstärken angiebt. Hierdurch wird für ein Schiff aus Eisen besserer Qualität eine Gewichtsersparnis von 7 bis 8 Procent ermöglicht, welche die Preisdifferenz noch nicht völlig aufhebt, dieselbe aber doch wesentlich herabmindert." Über den Werkstoff selbst ist zu sagen, daß vor der Einführung des Stahls im Schiffbau das sogenannte (in nicht flüssigem Zustande hergestellte) schmiedbare Schweißeisen Verwendung fand, das sonst auch Schmiedeeisen oder einfach Eisen genannt wurde.

Die Prüfmethoden des Eisens waren um die fünfziger und sechziger Jahre noch denkbar primitiv. C. F. Steinhaus: „... Die gebräuchlichsten Prüfungen für die Qualität des Winkeleisens sowie der übrigen durch die Walzung hervorgebrachten Formen sind leicht durch die Wirkungen des Feuers und des Hammers durchzuführen. Ist das Eisen gut, so wird sich bei der Biegung wohl ein Bruch in den oberen Teilen der Fläche mitunter zeigen, an der unteren aber noch in langen Fibern aneinander haften und im Gefüge von hellgrauer Farbe sein; ist das Eisen aber schlecht, so wird es diese Biegung nicht ertragen können, kurz abbrechen und im Gefüge klar und krystallisirt erscheinen. Bei den dickeren Eisenstücken giebt es noch ein anderes Verfahren für die Untersuchung der Güte, indem man dieses glühend macht, alsdann mittels eines Stempels ein Loch von beiden Seiten einschlägt, so daß es gehörig rund wird, und nun mit einem größeren conischen Bolzen durch kräftige Hammerschläge dasselbe erweitert. Ist das Eisen gut, so wird das Loch sich allmählich vergrößern, ist es aber schlecht, entweder an einer oder an beiden Seiten reißen. Bei den Platten jedoch, die für den Umschlag des Schiffes bestimmt sind, ist die Probe über die Güte besonders schwierig; sie sind nicht gut nach Obigem zu untersuchen und müssen daher ohne Rücksicht auf ihre Beschaffenheit in Anwendung kommen, doch wird irgend ein Fehler bei der Lochung oder dem Schneiden zu entdecken sein. Die Qualität des Eisens, aus welchem die Nieten gemacht werden, muß besonders gut sein, und die Stange, aus welche man dieselben preßt, in kaltem Zustande leicht zu biegen sein, welches meist eine unfehlbare Probe seiner Güte ist..."

[22] Siehe Seite 21 und die Anmerkung [33].

[23] Das erste Segelschiff mit einem Rumpf aus Stahl war die 1283 tons große *Altcar,* 1864 bei Jones Quigg & Co., Liverpool, erbaut.

[24] Ordentlicher Professor der Technischen Hochschule Danzig

[25] Erbach, R.: Deutsche Segelschiffahrt und deutscher Segelschiffbau zur Zeit der Reichsgründung, Jahrbuch der Schiffbautechnischen Gesellschaft, Bd. 41, Berlin 1940, S. 286 bis 307.

[26] Hier muß etwas mehr zur Geschichte der schnellen Großsegler gesagt werden, deren Anfänge erst in der Mitte des 19. Jahrhunderts zu suchen sind, denn vorher waren die Schiffe in ihren Unterwasserformen plump und rund gebaut. Das galt vornehmlich auch für die meist 670 bis 700 BRT großen, 30 bis 35 Meter langen und zehn Meter breiten Schiffe der Ostindischen Gesellschaft. Sie sollten ausgesucht sichere, betont stabile Schiffe sein, denn sie, die keine Eile hatten, bargen in ihren Laderäumen Ladungen von damals großer Kostbarkeit. Darunter waren sehr teure, indische Gewürze, seltene Edelmetalle, märchenhaft schöne Edelsteine aus Indien, Burma und Ceylon, der Heimat der Corunde, weiter schwere Seiden aus China, Tee aus den Höhenlagen von Darjeeling und Kandy (Englands Teeverbrauch stieg übrigens [nach Scholz] von 6 474 838 Pfund im Jahre 1834 auf 40 490 667 im Jahre 1836!). Sicherheit ging vor Schnelligkeit. Eine Rundreise Europa-Asien dauerte nicht selten mehr als ein Jahr. Die Sicherheitsvorsorge der Kapitäne ging in deren übertriebener Vorsicht sogar so weit, daß man abends — und das bei jedem, also auch bei schönem Wetter — die oberen Segel für die Nacht festmachen ließ. Nur so ist es zu verstehen, daß die Reise des im Jahre 1825 von England nach Indien geschickten ersten, so langsamen Postdampfers als beachtenswert schnelle Reise gegenüber den Indienseglern bewertet wurde.

Erst als die chinesische Regierung ein Einfuhrverbot für Opium erließ, andererseits aber England die Chinesen bald danach zwang, einige ihrer Häfen der Opiumeinfuhr wieder zu öffnen, erwuchsen aus dem sich anbahnenden Konkurrenzkampf zwischen amerikanischen und englischen Reedern in dieser Opiumfahrt immer schnellere Schiffe. Auf Kosten der Tragfähigkeit wurden die Linien des Unterwasserschiffes derart verfeinert, daß diese Segler, die ja keine großen Ladungen schleppen sollten, mehr Yachten, denn Lastschiffen ähnelten. Dazu gehörte auch die Änderung der Besegelung. Hatten sich bislang die wie große weiße Säcke von den Rahen herabhängenden, roh gefertigten Tücher aus Flachs und Hanf noch immer behaupten können, so ließen die Amerikaner jetzt Segel aus feinstem und reinstem Baumwolltuch weben und zuschneiden, Segel, die, wenn gesetzt, so flach wie möglich standen und somit — wenn unter Wind — auch ein Höchstmaß an Kraft entwickelten. Diese neue Geometrie der Segel war auch eine vollkommene Symmetrie.

Diese ersten Clipper bedienten die Vertragshäfen der Engländer in China mit ihren verderblichen und daher nur schnell zu befördernden Ladungen. Die Amerikaner, die bis 1840 den gesamten Chinahandel bestritten und die besten und schnellsten Schiffe hatten — (Dank ihrer Konstruktion und ihrer Kapitäne ersegelten sie 1000 Dollar pro Tag. In den USA wurden um diese Zeit die größten Vermögen bei der Seefahrt verdient [nach Kapitän W. Schröder, Seekiste, 5/59]) —, luden Opium im türkischen Smyrna, die später folgenden Engländer in Indien. Heimkehrend nahmen beide Tee als Ladung, womit sie die alten, behäbig sicheren Ostindiensegler langsam aus dem Felde drängten. Dieser neue Schiffstyp fand bald das Interesse anderer amerikanischer Reeder. Als Zentrum für den amerikanischen Schiffbaubetrieb hatte nun Boston zu gelten, das durch den schon erwähnten, im Clipperbau unvergleichlichen Donald Mc Kay den älteren Ursprungsstätten der Clipper, Baltimore (Hier entstand um die 30er Jahre der sogenannte Baltimore-Clipper-Typ. Schiffe dieses Typs waren scharf gebaute Schoner oder brigg-geriggte Schiffe zwischen 90 bis 200 t. Unter diesen waren die *Ann McKim,* gebaut bei Kennard & Williamson, Baltimore [1833], die Briggs *Troubadour* [1833] und *Tweed* [1834, 1833 in Baltimore]) und New York nämlich, bei weitem den Rang ablief.

Zur Dokumentation über die Beseglung ist für diese und die Zeit danach noch zusammenfassend zu sagen: 1791 erhielten einige Rahsegler erstmals ein drittes Vorsegel (Außenklüver); auf deutschen Schiffen führte es sich erst nach 1800 ein. Ab 1820 (vereinzelt auch schon früher) kamen die Sky-Segel (fünftes und höchstes Rahsegel) in Gebrauch. In den zwanziger Jahren fuhren einige englische und holländische Segler bereits doppelte Marssegel. Ihre allgemeine Einführung ist den amerikanischen Kapitänen Forbes (1841) und Fr. Howe (1853) zuzusprechen. Auf deutschen und britischen Schiffen wurden Unter-Obermarssegel allgemein erst in den sechziger Jahren (1866) anstelle der großen ungeteilten Marssegel üblich. Wenig später setzten sich auch die geteilten Bramsegel durch.

[27] Siehe auch Kapitel II: Drehschreibe Kap Horn, S. 39

[28] Da Rückfracht von Californien kaum zu haben war, fuhren die Schiffe nach China und von dort mit Teefracht nach England. Lange Jahre waren sie hier den britischen Teeclippern überlegen.

[29] Bis zu 90 Mann

[30] Vergleiche auch die Gegenüberstellung im Kapitel III: Schnelle Reisen.

[31] Siehe die Anmerkung Nummer 11

[32] Auf Seite 18

[33] Diese Medium-Clipper waren wie die Extrème-Clipper eine amerikanische Entwicklung.

[34] In diesem Zusammenhang etwas mehr über diese Down Easters. Es entsprach einem alten, auch von den Engländern übernommenen Brauch der Yankees, alle Segelschiffe, die nach der Clipper-Zeit (also nach 1869) in den Hafenplätzen der Neu-England-Staaten erbaut wurden, als Down Easters zu bezeichnen. Außerhalb der älteren Ursprungszentren des Clipperschiffbaues, Baltimore und New York also, waren es die Häfen der Eastern-States, die sogenannten Down-East-Ports, jene vielen kleineren Häfen des unteren Teils der Nordostküste der Vereinigten Staaten, auf deren Werften Vollschiffe und Barken entstanden. Anfänglich begrenzt auf das Mündungsgebiet des Merrimac Rivers, wurde der Begriff des Down-East-Port auf den ganzen Küstenstrich der Neu-England-Staaten zwischen der Fundy-Bay im Norden und dem Long-Island-Sound im Süden ausgedehnt. Er umfaßte die sechs Staaten: Maine, New Hampshire, Vermont, Massachusetts, Rhode Island und Connecticut. Boston blieb das Zentrum (auch für den späteren Bau der sogenannten „full built cargo carriers"). Daneben entstanden auf kanadischem Gebiet noch andere Plätze für den Bau von Segelschiffen, so in der Provinz Brunswick die Plätze St. John, Rockland und Bathurst, sowie in Nova Scotia die Häfen Halifax, Yarmouth und Windsor für die neben den Down Easters nicht minder berühmten Nova Scotians (auf denen übrigens viele deutsche Seeleute fuhren). Der Ankauf dieser amerikanischen Schiffe belebte besonders das Reedereigeschäft im alten Bremerhaven, in Geestemünde und auch in Bremen. Zahlreiche mittlere und kleinere deutsche Reedereien traten erst durch den Ankauf von Down Easters als selbständige Reeder in Erscheinung. Unter anderem kauften Schwoon & Co. in den siebziger und achtziger Jahren den berühmten Vollrigger *Saratoga* (1874 in Boston erbaut) und stellten ihn als *Friederike* in Dienst, ferner das Vollschiff *Annapolis* (1851 in Baltimore gebaut) als *Auguste* und die Bark *Melchior* (*1857* in Newburyport gebaut). Neben vielen anderen Reedereien, die amerikanische Segler erwarben, sei hier noch W. A. Riedemann zu nennen, der von den 1885 in Geestemünde beheimateten Seglern amerikanischer Herkunft die größte Anzahl besaß.

[35] Ende der 50er Jahre wurden von der sich auf fast 2,5 Millionen Reg.-Ts. belaufenden amerikanischen Handelsflotte 63 % der Einfuhr und 60 % der Ausfuhr besorgt. Zu dem Aufschwung im Segelschiffverkehr der 50er Jahre hatte der Ausbruch des Krimkrieges im Jahre 1854 wesentlich beigetragen. Weder Frankreich noch England

waren in der Lage, aus ihren Schiffsbeständen genügend Schiffsraum für die Beförderung des Expeditionskorps und des Kriegsmaterials zur Verfügung zu stellen. Amerika half mit seinen Schnellseglern. Es verchartete einen großen Teil seiner Handelsflotte zu guten Preisen an die Kriegführenden. Die unmittelbare Folge war ein gewaltiger Anstieg der Segelschiffproduktion auf den amerikanischen Werften. 1855 wurden 381 Vollschiffe und Barken und 126 Briggs erbaut, Zahlen, die der amerikanische Segelschiffbau weder zuvor noch später jemals wieder erreichte. 1861 fand der vielversprechende amerikanische Seeverkehr mit dem Ausbruch des Bürgerkrieges eine jähe Unterbrechung (und zwar auf seiner damaligen höchsten Blüte mit 2 642 683 Reg.-Ts. gegenüber 3 179 683 Reg.-Ts. der britischen Handelsflotte). Seitdem ging der Schiffsbestand unaufhaltsam zurück, erst während der 80er Jahre bricht noch einmal eine Blütezeit vor allem für die 3- und 4mastigen Segler an. San Francisco, Puget Sound und Portland werden die Sammelplätze der größten Segler aller Nationen zum Verschiffen von Getreide und Holz über den 14 000 sm langen Weg nach Europa. Nicht weniger als 418 große amerikanische Segler mit einem mittleren Raumgehalt von 1634 Reg.-Ts. verließen 1881 bis 1885 San Francisco mit Kurs Europa.

Der kurze Aufschwung war auch den amerikanischen Segelschiffwerften zugute gekommen: Es entstanden an Vollschiffen, Barken und Viermastbarken: 1881: 29, 1882: 31, 1883: 33, 1884:24, 1885: 11, 1886: 8, 1887: 7, 1888:4, 1889: 1. Alle Segler wurden aus Holz erbaut. Diese Zahlen entbieten auch ein klares Bild, wie einschneidend die unterschiedliche Behandlung der eisernen und hölzernen Segelschiffe seitens der englischen Versicherungsgesellschaften auf die Entwicklung des amerikanischen Segelschiffbaues gewirkt hat. Acht Jahre genügten, um den amerikanischen Wettbewerb fast völlig auszuschließen. Während zwischen 1881 bis 1885 jährlich etwa 115 US-Segel-Schiffe San Francisco verließen, sank ihre Zahl 1889 auf 30 ab. Ihr aber standen nun 167 britische Segler gegenüber. Die großen Rahschiffe nahmen in ihrer Zahl auch weiterhin ständig ab. Die Periode 1893 bis 1904 weist einen Rückgang von 52,7 % auf. 1893 gab es 677 Vollschiffe, Barken, Barkantinen, Briggs und Brigantinen, 1904 nur noch 320. Im gleichen Maße ließ die Bautätigkeit nach. Nach 1904 wurde für kein Rahschiff auf amerikanischen Werften mehr der Kiel gestreckt. Nach Baumaterial und Schiffsarten verteilen sich die amerikanischen Rahschiffe 1904 wie folgt: Aus Stahl 9, Eisen 1, Holz 278, wozu noch 32 im Ausland erbaute Segler hinzuzurechnen sind. Von den Eigenbauten waren 75 Vollschiffe, 111 Barken, 80 Barkantinen, 22 Briggs. Während unter den Schiffsbeständen der Großsegelfahrt aller anderen Nationen die hölzernen Segler fast verschwunden waren, machten sie in den USA zum Stichtag noch 80 % des Gesamtraumgehalts aus, unter diesen die beiden Riesen, die *Roanoke* (3539 BRT) und die *Shenandoah* (3406 BRT). Erstaunliches indessen brachten die Amerikaner mit dem Bau großer Schoner zuwege, Seglern mit fünf, sechs und sieben Masten, die als „Alleeschiffe" in die Geschichte der Typen aller je erbauten Segelschiffe eingingen.

[36] Als Erfinder der erstmals 1850 erbauten Schiffe in Compositbauweise wird John Jordan genannt. Nach anderen Quellen wird Mr. Watson in Dublin diese Bauweise zugeschrieben. Jordan erbaute 1850 in Liverpool einen Schoner und 1851 das Vollschiff *Tubal Cain* (787 t). Nach G. S. Laird Clowes fanden die Composite-Clipper vornehmlich in der Teefahrt Verwendung. — Bei Schwarz und Halle, Bd. I, ist nachzulesen, das dürfte in obigem Zusammenhang interessieren, daß Anfang des 19. Jahrhunderts, als man begann, an eine Vergrößerung der Schifflänge zu denken und feststellte, daß der Schiffskörper dabei zu weich wurde und der Kiel sich bei der Beanspruchung des Schiffes in See durchbog, Robert Seppings angesichts der Fortschritte der Eisenindustrie auf die Idee kam, die Decksbalken mit den Spanten durch eiserne Kniee zu verbinden und eiserne Diagonalbänder einzuführen, um die hölzernen Verbandteile zu entlasten. Außer eisernen Ankerketten und -winden führte man bald auch an Stelle der ungefügen aus einem ausgehöhlten Schwengel bestehenden Pumpen solche aus Eisen ein (siehe auch Sloman). Hierbei blieb man zunächst längere Zeit stehen.

[37] Voraus gingen die britischen Anstrengungen in den fünfziger Jahren, die Amerikaner aus dem Felde zu schlagen. Wie einst die Römer die gestrandeten Schiffe der Karthager zum Vorbild nahmen, um sich eine Flotte zu schaffen, um damit die Karthager sogar zu besiegen, so handelten die Briten. Als die berühmten amerikanischen Clipper *Challenge* (1851, 2007 t, bei Wm. H. Webb, New York, erbaut, erster Kapitän war der berühmte Bully Waterman) und *Oriental* in London dockten, wurden die Techniker der Admiralität beauftragt, sie zu vermessen, um als Grundlage für eigene Schiffe ähnlichen und besseren Typs zu dienen. Die Schiffe entstanden zunächst im Composit . . .
Unter den Schiffen dieser Zeit sei erstens an die weiteren Eisensegler erinnert, die inzwischen — also seit der Indienststellung der *Ironside* — vom Stapel liefen. Selbst in der „Werkstatt Europas", wie das technisierte England seinerzeit hier und dort trefflich bezeichnet wurde, fand Eisen als Werkstoff für Segelschiffe nur langsam Verwendung. Der *Ironside* folgte erst zwei Jahre später ein weiteres Segelschiff aus Eisen, die Bark *Vulcan,* ein Jahr später, 1840, eine weitere Bark, 1842 sind es zwei Schoner, 1844 nur eine Bark, 1846 eine Bark und ein Vollschiff, 1847 ein Vollschiff und zwei Schoner, 1848 drei Schoner und zwei Barken, 1849 eine Bark und ein Schoner, 1850 zwei Vollschiffe, 1851 ein Vollschiff, 1852 zwei Vollschiffe und eine Brigg und — um diese Aufzählung (siehe auch Anhang, Tafel I) abzubrechen — 1853 zwei Vollschiffe und eine Bark.
Für das erste Eisenschiffbauland der Erde war das allerdings ein mageres Ergebnis und — last not least — ein Beweis der Unsicherheit und des Zögerns. Und da sich noch immer zeigte, daß der Schiffsboden mit den damaligen Anstrichen nicht rein gehalten werden konnte, zog man vorerst nicht nur den Compositbau vor, es wurden sogar auch in England wieder Segler aus Holz erbaut, um diesen den so bewährten Kupferbeschlag geben zu können. — Zum Zweiten ist es die *Oberon,* die der Erwähnung verdient (1869 in Composit gebaut, 1189 BRT), a) weil sie ausnahmsweise über 1000 BRT groß war, und b) weil sie eine Hilfs-Dampfmaschine erhielt, mit der sie auch eine Reihe Fahrten mit gutem Erfolg ausgeführt hat. Die Maschine wurde schließlich wieder herausgenommen, weil das ständige Dampfhalten zu viel Kohlen erforderte.

[37a] Meyer, Jürgen: Es hatte, geschätzt nach Schiffsporträts und historischen Photos, nur wenige Schiffe Royalstengen. Die Seeleute nannten aber häufig das obere Ende der Bramstenge auch Royalstenge, obwohl das Holz aus einem Stück war.

[38] Laas im Jahrbuch 1907 der Schiffbautechnischen Gesellschaft: „. . . dies erregte großes Aufsehen und veranlaßte den Vorstand von Lloyd's Register, die Unfälle durch eine Kommission untersuchen zu lassen. Die Untersuchung beschränkte sich nicht auf die Unfälle, sondern zog die ganze Frage der Takelung großer Segelschiffe in ihre Beratung. Es wurden 83 Bark- und Vollschiffe der verschiedensten Größen von 340 bis 2080 Reg.-Tons unter Deck und von 36 bis 83 m Länge eingehend nach allen Richtungen bearbeitet. Insbesondere wurden die Abmessungen der Masten und Raaen und des stehenden Gutes verglichen; durch sorgfältige Versuche wurden die Elastizität und Festigkeit von Stahldraht in Verbindung mit Hanf- und Stahl-Taljereeps und Spannschrauben ermittelt und die Kraftanteile berechnet, die vom Mast und stehendem Gut unter dem Winddruck und beim Schlingern der Schiffe aufgenommen werden; auch die Stabilität wurde nach Größe und Umfang durchgerechnet. Die Arbeit der Kommission ist in einem umfangreichen Bericht veröffentlicht; dieser Bericht stellt demnach die erste gründliche Behandlung der Sicherheit der Segelschiffe (und eines Schiffes überhaupt, d. V.) und ihrer Takelage auf Grund eingehender Versuche und Rechnungen dar. — Das praktische Ergebnis der Untersuchung waren Tafeln für eiserne Masten und Rundhölzer sowie für das stehende Gut aus Draht, welche deren Minimalstärken der Größe der Schiffe entsprechend festsetzen. (Lloyd's Register of Shipping, Rules und Regulations, London 1874 bis 1906). Zunächst wurden die Abmessungen empfohlen (suggested). Sie bilden seitdem die Grundlage für die Bemessung dieser Teile. Seit 1891 ist das Wort „suggested" für das stehende Gut fortgefallen, seit 1892 auch für Masten und Raaen usw. Die Tabellen bilden also seit dieser Zeit einen Teil der Vorschriften

(Rules) von Lloyd's Register. In ähnlicher Form sind die 1874 ermittelten Tabellen in die Vorschriften des Bureau Veritas und des Germanischen Lloyd übergegangen. Vor 1874 war die Bemessung der Takelageteile den Erfahrungen der Werften und Reedereien überlassen. Dieses Verfahren hatte auch bis dahin zu keinen Mißständen geführt, weil die gebauten Schiffe sich in bestimmten gleichmäßigen Größen hielten und die Jahrzehnte lange langsame Entwicklung die Abmessungen aller Teile ermittelt hatte. Erst der schnelle Übergang zu ungewohnten Abmessungen und der Wechsel des Materials machten ein Eingreifen von Lloyd's Register notwendig. Wenn die Festlegung der Takelageabmessungen durch Tabellen auch leicht den Eindruck einer unberechtigten Schematisierung macht (ein Vorwurf, der in neuerer Zeit wieder von Theoretikern den Klassifikationsgesellschaften erhoben wird), so ist es doch gerade für diejenigen Werften und Reedereien, die nur gute Schiffe bauen und besitzen wollen, von großem Wert, wenn solche Vorschriften die Gefahr verhüten, daß weniger gewissenhafte Reedereien und Werften zur Preisverminderung die zulässigen Grenzen unterschreiten ..."

[39] Nach Erbach, 1941

[40] Es war indessen nicht allein die Problematik von der bereits geschilderten rein technischen Seite her, welche den Übergang vom Holz- zum Eisenschiffbau verzögerte. Trotz der unbestrittenen Vorteile: „Größere Stärke und Steife, keine Neigung zur Fäulnis, größere Dichtigkeit des Bodens und daher weniger Bilgewasser", sind gewisse Nachteile, vor allem seitens des Reeders als Kostenträger, nicht zu überehen:

1. die Incrustation, die trotz der Peacock'-schen Farbanstrichcomposition (Versuche an der eisernen *Ripon* im Jahre 1849) vor allem in tropischen Gewässern zum Docken in sich wiederholenden, unrentablen kurzen Zeitspannen zwingt,
2. die damals Oxydierung genannte Korrosion des Eisens,
3. die magnetischen Einwirkungen auf die Kompasse (im Anfangsstadium der Eisenschiff-Schiffahrt führten diese sogar zu Verlusten von Schiffen und Menschen), die erst nach und nach behoben werden konnten, und
4. (nach damaliger Auffassung) die Einwirkungen der Elektrizität.

[41] Der Holzschiffbau wurde von der Zeit der Hanse an in handwerksmäßiger Weise betrieben. Er hatte sich nach den Kriegen an der Ostseeküste und seit dem Jahre 1830 durch die Hebung der Auswanderung nach Amerika an der Nordseeküste lebhaft entwickelt.

[42] Hierzu ist vom Werkstoff her grundsätzlich (nach Erbach) zu sagen: Im Gegensatz zu England, wo man in den 30er Jahren des 19. Jahrhunderts bereits auf Holzimporte angewiesen war, die englische Segler aus Holz gegenüber deutschen aus dem gleichen Material um 10 bis 30% verteuerten, gab es für den deutschen Schiffbau bis in die 60er/70er Jahre noch genügend Qualitätsholz (Eiche) im eigenen Lande (dieser diesbezügliche Mangel in England — verbunden mit dem landeigenen Kohlenreichtum — war daher auch die Ursache für die Intensivierung der Eisenindustrie, auch und vor allem im Schiffbau, der hier mit dem Jahr 1784, als die Fabrikation von Platten und Stangen durch Walzen eingeführt wurde [vorher kannte man nur, wie schon dargelegt, gehämmerte Bleche], seinen Anfang nahm [so mit einem eisernen Kanalboot, das 1787 in einer Zeitschrift Erwähnung findet]). Aus weichen Hölzern, Kiefer und Oregon-Pine wurden in Deutschland weder Segler gebaut, noch wurden solche aus dem Ausland erworben.

Für die kleineren Schiffe, die in Deutschland damals auf eigenen Werften entstanden, war Holz durchaus noch geeignet, da es ausreichende Festigkeit der Verbände ergab. Ein großer Vorteil des Holzes gerade im Segelschiffbau, dem übrigens auch der Compositbau seine Entstehung verdankt und (trotz der sich nun entwickelnden Eisenindustrie) das so lange Festhalten am hölzernen Segelschiff erklärt, ist die Möglichkeit, zum Schutz vor Bewuchs einen Metallbeschlag (Kupfer) auf der Außenhaut anzubringen. (Die Versuche, Kupferbeschlag gegen den Bohrwurm anstelle der hölzernen Verdopplung [Wurmhaut genannt] anzubringen, fanden 1780 zuerst in der britischen Marine Anwendung [erste Versuche 1707 und 1761]. Auf deutschen Schiffen wurde der

Kupferbeschlag erst nach 1815 angewendet, etwa gleichzeitig auch der Zinkbeschlag [in Frankreich erstmals 1782].) — In diesem Zusammenhang wird auf das in England und Nordamerika vielfach benutzte naval brass oder auch Muntzmetall hingewiesen. Es handelte sich um eine nach seinem Erfinder Muntz benannte, im Jahre 1832 dargestellte, schmiedbare, messingähnliche Legierung, deren Mischungsverhältnis von 59 bis 61 % Kupfer, 38 bis 40 % Zink und 0,5 bis 1 % Zinn betrug. Die gelbe, messingähnliche Legierung fand als Beschlag für den Unterwasserteil der Holzschiffe Verwendung, ferner als Beschlag für die Handleisten an Leitern oder für die dem Wetter ausgesetzten Relinge, als wasserdichte Türfittings, Belegnägel usw. Dieser Metallbeschlag war bei den langen Liegezeiten in tropischen Gewässern und der dort seltenen Gelegenheit zum Eindocken besonders wichtig. Damals jedenfalls wurde ein Schiff ohne diesen Beschlag als „nicht tropentauglich“ und als „untauglich für lange Reisen“ bewertet.

Natürlich konnte man auch Eisenschiffe mit einem solchen Metallbeschlag versehen. Da aber Eisen mit einem stark kupferhaltigen Metallbeschlag in Verbindung mit warmem, salzhaltigen Seewasser als Elektrolyt wirkt und ein galvanisches Element von großer Stromstärke bildet (wobei das Eisen durch den dabei entstehenden Sauerstoff sehr schnell zerstört wird), mußte jede leitende Verbindung zwischen Eisen und Metallbeschlag vermieden werden. Das war bei eisernen Schiffen nur mit einer sehr teuren und zudem unzuverlässigen Isolierung durch eine zwischen Eisen und Metallbeschlag gelegte Holzhaut unter Anfertigung aller nicht isolierten Teile unter Wasser (Steven, Ruder, Wellenträger usw.) aus Bronze möglich. Die Anbringung des Metallbeschlages auf Holz selbst brachte dagegen keinerlei ähnliche und ähnlich kostspielige Schwierigkeiten mit sich, wenn wenigstens für den Unterwasserteil alle Verbolzungen aus Nichteisenmetall hergestellt wurden, da eiserne Bolzen bei geringster Verbindung mit Seewasser schnell zerstört werden. Solche mit Metallbeschlag und Metallverbolzung gebauten Schiffe nannte man „kupferfest gebaut“. Metallbeschlag und Metallverbolzung machten einen großen Teil der Gesamtkosten eines Holzschiffes aus. Hier wiederum war es der hohe Zoll auf Metall, der diese Kosten hochtrieb. Man hat daher in Deutschland Holzschiffe auch mit Zinkplatten beschlagen. Diese zeigten sich aber gegen Bewuchs weniger wirksam. Weitere Ersparnisse gab es allerdings hier auch noch dadurch, daß bei der Kombination Eisen plus Zink das Eisen im Seewasser nicht zerstört wird. Das bedeutete, daß die Verbolzung aus dem weniger kostenintensiven, sprich billigen Eisen, hergestellt werden konnte. Seglern, von denen erstklassige Eigenschaften auf langer Fahrt erwartet wurden, blieb jedoch als Wahl nur der Metallbeschlag. Und dieser wurde noch dadurch teurer, daß er häufig ersetzt werden mußte. Bei älteren Schiffen, die aus der großen in die kleinere, europäische Fahrt zurückgezogen worden waren, konnte man sich eine Erneuerung jedoch sparen, so daß viele ältere „kupferfest gebaute“ Schiffe noch lange Zeit ohne Beschlag fuhren. Segler, die nicht von vornherein mit Metall beschlagen worden waren, bekamen nur selten eine metallene Verbolzung. Nur in den jetzt vornehmlich wieder dänischen Gebieten, wo der Zoll wohl auch geringer war, fand man diese hochwertige Bauart damals auch bei unbeschlagenen Schiffen und selbst bei kleinen Küstenseglern. — Nachdem der Germanische Lloyd verzinkte Eisenverbolzung statt unverzinkter für nicht metallbeschlagene Schiffe verlangte, nahm diese bessere Bauart zu. Für unbeschlagene Schiffe überwog in Deutschland jedoch die unverzinkte Eisenverbolzung. Für die deutsche Handelsflotte des Jahres 1870 ergab sich, soweit es Baumaterial, Verbolzung und Beschlag der Hochseeschiffe betrifft, dieses Gesamtbild:

1. kupferfest, Metallbeschlag: ganze Nordseeküste: 84,1 %, ganze Ostseeküste: 25,5 %, ganze Nord- und Ostsee: 52 %;
2. eisenfest, Zinkbeschlag: Nordsee, 6,4 %, Ostsee: 10 %, Nord- und Ostsee: 8,3 %;
3. kupferfest: Nordsee: 1,5 %, Ostsee: 10,5 %, Nord- und Ostsee: 6,4 %;
4. verzinkte Verbolzung: Nordsee: 0,5 %, Ostsee: 18 %; Nord- und Ostsee: 10,1 %;
5. Eisenverbolzung: Nordsee: 4,6 %; Ostsee: 35,8 %, Nord- und Ostsee: 22 %.

Die Zahl der Eisenschiffe betrug: Nordsee: 2,45 %, Ostsee: 0,2 %, Nord- und Ostsee: 1,1 %;
Die Zahl der Compositschiffe betrug: Nordsee: 0,45 %, Ostee 0 %, Nord- und Ostsee: 0,1 %.

[43] 1807 auf dem Hudson eröffnet, 1818 (19) durch die Fahrt der *Savannah* von New York nach England unter Mitbenutzung der Segelkraft in ihrer künftigen Bedeutung in 26 Tagen auf einer Strecke erhärtet, auf der der US-amerikanische Vollrigger *Dreadnought* unter Kapitän Samuel Samuels (dem Hilgendorf dieser Zeit) mit neun Tagen und siebzehn Stunden von Sandy Rock-Feuerschiff bis Queenstown in Irland die beste Segelschiffreise aller Zeiten machte. Sie blieb gleichzeitig auch die beste Reise von Samuel Samuels.

[44] Wenn auch die Dampfschiffahrt durch die 1858 von John Elder entwickelte erste brauchbare Verbundmaschine wie auch durch die von dem Sudetendeutschen Ressel entwickelte Schiffsschraube weitere Impulse erfuhr, so war doch um diese 50er Jahre der Wettstreit keineswegs entschieden, ob die Zukunft weiterhin dem Segler oder dem Dampfschiff gehören wird. Man überließ zwar ohne weiteres der Dampfschiffahrt den Passagierverkehr, fühlte sich aber auf allen anderen Gebieten des Seetransportgewerbes noch wenig bedroht. Was man zum Teil an die Dampfschiffahrt verlor, schien sich indirekt wieder hereinholen zu lassen: für die Segelschiffe eröffnete sich nämlich für den Transport von Steinkohlen eine neue Einnahmequelle, da diese bis in die entferntesten Hafenplätze geschafft werden mußten, um den Dampfern Kohlelagerplätze einzurichten. Hinzu kam, daß die Kohle noch sehr teuer war, also nur für die subventionierten Postdampferlinien und den Passagierverkehr infrage kam. Nur wertvolle Ladungen wie Seide, Cochenille, Indigo, Zierhölzer und Gewürze wären in der Lage gewesen, die noch sehr hohen Betriebskosten des Dampfantriebes im reinen Frachtverkehr zu decken. Da aber große Mengen solcher Frachtgüter nicht zu bekommen waren, um einen ganzen Schiffsladeraum damit zu füllen, griff man auf billige Massenartikel wie Kohle, Getreide oder Salpeter zurück, für deren niedrige Frachtraten ein gewinnbringender Betrieb bei den hohen Kohlenpreisen und großen Dampfverbrauchszahlen damaliger Maschinenanlagen nicht denkbar war. Die warnenden Stimmen, die laut wurden, so auf der seitens der französischen Regierung 1862 über die Lage der Segelschiffahrt veranstalteten Enquête, schließen, fast entschuldigend, mit den Worten, daß solche Sorgen vorläufig doch nur „Spekulationen“ seien.

[45] Weitere Wegverkürzungen sind von Europa nach Sydney um 1070 sm (12250 : 11180); nach Yokohama um 3300 sm (14110 : 10810); nach Hongkong um 3410 sm (12760 : 9350); nach Singapore um 3550 sm (11460 : 7910); nach Rangoon um 3570 sm (11140 : 7630).

[46] Bei Donald McKay in Amerika waren es die *Glory of the Seas* und die *Great Admiral*, in England die *Caliph*, die *Norman Court*, die *Ambassador*, die *Oberon*, die *Blackadder* und andere.

[47] Um 1880 benötigte ein Dampfer der Sloman-Linie, Hamburg, von Hamburg via Suez nach Adelaide 46, nach Sydney 54, nach Melbourne 50, ein Schiff von Plymouth (Orient-Linie) 42, 50, 46 Tage.

[48] $Fr = \frac{v}{\sqrt{gL}}$

v Geschwindigkeit in m/s, g Erdbeschleunigung in m/s^2, L Gesamtlänge in m.

[49] Die großen deutschen Fünfmaster haben ähnliche Etmale erreicht, hier jedoch lag die Froudesche Zahl bei nur etwa 1,6.

[50] Siehe Kapitel II: Drehscheibe Kap Horn.

[51] Die *Accrington* segelte unter britischer Flagge mit einer Besatzung von 54 Mann, dann aber, nach dem Verkauf an Schweden, nur noch mit 20.

[52] Siehe Einzelheiten Kapitel „Drehscheibe Kap Horn“.

[53] Die Compagnie Universelle du Canal Interocéanique de Panama mußte 1889 den Konkurs anmelden. Erst als sich die USA finanziell beteiligten und 1906 die volle Souveränität über die geplante Kanalzone erwarben, kam der Plan voran.

[54] Es handelt sich um Natronsalpeter (salpetersaures Natron, $NaNo_3$), der im regenlosen Küstenstrich des westlichen Südamerika zwischen 19° und 25° Südbreite, besonders zwischen Iquique und Antofagasta, in einer Höhe von 1000 m gefunden wird. Besonders ab 1886, seit der Verwendung des Chilesalpeters als Düngemittel nach den von Justus Liebig entdeckten Grundlagen der Agrikulturchemie, erlebte die Ausfuhr einen bedeutenden Aufschwung. Salpetersaures Natron wurde 1683 zuerst von Bohn erwähnt, 1821 entdeckte Marino de Riviero den Chilesalpeter. Dieser gewann aber erst in der zweiten Hälfte des 19. Jahrhunderts an Bedeutung, und zwar zunächst für die Herstellung von Schießpulver.

[55] Erbach im Wortlaut: „Der Dampfantrieb war außerdem für kleine Schiffe und lange Fahrtstrecken unökonomisch, weil er keine Ladefähigkeit übrigließ. In Deutschland aber wurden zu dieser Zeit noch viele kleine Schiffe in langer Fahrt benötigt, weil der Überseehandel noch nur kleine Ladungen aufwies. Auch waren die Landverbindungen sowohl in den überseeischen Ländern als auch in Deutschland noch nicht durch Binnenwasserstraßen und Eisenbahnen besonders periphal ausgebaut, so daß der Seehandel nicht nur über die bevorzugten großen Häfen gehen konnte, sondern auch alle dazwischen liegenden kleinen Häfen für die dadurch stark dezentralisierte Aus- und Einfuhr benutzt werden mußten. Da die kleinen Häfen geringe Tiefen hatten und zudem die Ladungsmengen, die für sie bestimmt waren, klein waren, konnten hier nur kleine Schiffe mit geringem Tiefgang gebraucht werden. Dafür war nur der Segelantrieb wirtschaftlich . . .“
Erst die Periphalverbindung Lübeck — Danzig hat in der Ostsee später die vielen kleinen Häfen, die um die siebziger Jahre und die nächst späteren noch einen großen Schiffsverkehr hatten, als Häfen immer mehr veröden lassen, so Wismar, Barth, Stralsund, Greifswald, Wolgast, Ueckermünde, Kolberg, Rügenwalde, Stolpmünde und so fort.

[56] Mit rund 26 000 BRT

[57] Nach Brockhaus 4. Bd., Leipzig 1883

[58] Es ist einer der Hauptvorzüge, welche die eisernen Schiffe gegenüber jenen aus Holz besitzen, ein geringeres Eigengewicht zu haben. Es verwundert daher nicht, daß nach der Einführung des Eisens als Schiffbaumaterial bald schon das Bestreben nach einem Werkstoff noch größerer Festigkeit deutlich wird. Am Ende dieses Weges steht der Stahl. Die ersten Versuche in dieser Richtung scheinen in den 50er Jahren in England gemacht worden zu sein[23a]. Wenn auch eine Reihe von Schiffen aus diesem 1857 erstmals für den Schiffbau verwandten Puddelstahl (Gesamtkohlenstoff 0,501, Silicium 0,106, Phosphor 0,096, Schwefel 0,002, Mangan 0,144) erbaut wurden (in Deutschland fand dieser Werkstoff erstmals Anfang der sechziger Jahre für den Bau von Flußschiffen Verwendung), so blieb seine Verwendung doch relativ beschränkt. Der Grund dürfte in dem unverhältnismäßig hohen Preis und auch in der schwierigen Bearbeitung zu suchen sein. Hervorzuheben bleibt, daß es sich bei diesem Werkstoff um Stahl im Sinne des Wortes handeltete, nämlich um ein kohlenstoffreiches, mehr oder weniger härtbares Material. Als dann in den sechziger Jahren der Bessemer-Prozeß eine immer größere Verbreitung fand, wurden mit dem weicheren, kohlenstoffärmeren Bessemerstahl (damals auch Bessemer-Flußeisen genannt) vielseitige Versuche im Schiffbau gemacht. Es wurde eine größere Zahl Schiffe daraus erbaut. Jedoch erfüllte dieser Werkstoff nicht die hier in ihn gesetzten Hoffnungen, so daß dessen Verwendung im Schiffbau nie über das Versuchsstadium hinaus kam. Erst als 1875 über den Siemens-Martin-Prozeß die Erzeugung eines Werkstoffes gelang, welcher die verlangte Bearbeitung wesentlich besser ertrug, fand Stahl für den Schiffbau allgemeine Verwendung. Mit diesem Siemens-Martin-Stahl beginnt ein neuer Abschnitt in der Geschichte des Schiff-

baues. Der Übergang von Eisen zum Stahl vollzieht sich nun so rasch, daß bereits 1888 bei über 90 % aller unter Lloyds-Aufsicht erbauten Schiffe von diesem neuen Werkstoff Gebrauch gemacht wird.

Aus der Sicht von damals (Schlick) war die Bezeichnung „Stahl" für diesen über das Bessemer-, Siemens-Martin- oder Thomasverfahren erhaltenen, kohlenstoffarmen und unhärtbaren Werkstoff nicht korrekt, dennoch aber hatte sich diese Bezeichnung unter den Schiffbauern derart eingebürgert, daß es unzweckmäßig schien, einen anderen sachlich korrekteren Ausdruck, Flußeisen also, dafür zu benutzen. Die Engländer bezeichneten dieses Flußeisen mit dem Namen mild steel. Bei der Bedeutung, welche die englischen Hütten, eisenverarbeitende Industrie und der englische Schiffbau in der ganzen Welt genoß, erstaunt es nicht, daß es fürderhin in Deutschland bei Stahl als Übersetzung von steel verblieb.

Für den Schiffbau wurde im allgemeinen damals ein Werkstoff verwendet, dessen Festigkeit zwischen 40 und 50 kg/mm² (heute kp = kilopond) schwankte und dessen Dehnung mindestens 20 % auf 200 mm Originallänge betragen mußte. Die Kaiserliche Marine und die einzelnen Klassifikationsinstitute gaben hier etwas von einander abweichende Vorschriften, welche die nachstehende Tafel verdeutlicht:

Vorschriften	Bruchbelastung in kg/mm² [1])		Dehnung in % auf 200 mm Länge
	min.	max.	
Kaiserl. Marine, dt Germanischer Lloyd (1890)	41	47	22 für Bleche über 12 mm dick 20 für Bleche unter 12 mm dick wenigstens 20
Britischer Lloyd (1888)	41	49	20 für Bleche über 12,5 mm dick 16 für Bleche unter 12,5 mm dick
Bureau Veritas (1880)	44,1	50,4	20 für Bleche über 6,5 mm dick 16 für Bleche unter 6,5 mm dick

[1]) wie oben

Die außerordentliche Festigkeit des Stahls im Vergleich zu Eisen erlaubte zudem eine nicht unbedeutende Reduzierung der Dicke der Platten und Winkel. Das bedeutete wie vordem beim Übergang vom Holz zum Eisen eine entsprechende Gewichtsersparnis bzw. eine Verminderung des Eigengewichtes eines Schiffes. Solches war für die Rentabilität eines Handelsschiffes schon von eminenter Bedeutung, da die Tragfähigkeit im gleichen Verhältnis mit der Herabminderung seines Eigengewichtes steigt. In dieser Feststellung ist auch die Ursache für die schnelle Verbreitung des Stahls für Schiffbauzwecke zu sehen.

[59] Eigenartigerweise hat Deutschland nie ein Viermastvollschiff (die *Peter Rickmers* kam 1889 aus Glasgow) erbaut. England dagegen brachte außer der mit der 1875 erbauten *County of Peebles*-Serie noch eine ganze Menge Viermastvollschiffe zu Wasser.

[60] *Visurgis* ist Lateinisch und heißt Weser.

[61] In diesem Zusammenhang ist eine Aufstellung interessant, welche die Zunahme vom Stahl gegenüber der vom Eisen als Schiffbaumaterial deutlich macht:

1879	10,25 %	Stahl	89,75 %	Eisen
1885	48 %	Stahl	52 %	Eisen
1901	95 %	Stahl	5 %	Eisen

[61a] Im Bureau Veritas von 1877 steht bei *Von Roon* als Bauwerft F. F. Nicolai; im Bureau Veritas von 1902/03 steht als Reeder J. H. Nicolai.

[62] Scholz führt dieses Absinken darauf zurück, daß die französischen Reeder sich nicht von ihren alteingewurzelten Anschauungen trennen und der Erneuerung ihrer Flotten hölzerner Schiffe durch eiserne Segler nicht näher treten wollten, auch dann nicht, als 1860 der Einfuhrzoll für Schiffbaumaterial aufgehoben und die Einfuhr von englischem

Schiffbaueisen gegen eine Zollabgabe von 10 % des Wertes möglich wurde. „... diese Kurzsichtigkeit war der Anstoß zum Niedergang der französischen Segelschiffahrt, die auf die Dauer nicht mehr mit den wirtschaftlich leistungsfähigeren Eisenflotten der fremden Mächte konkurrieren konnten ...“ — In den Vereinigten Staaten lagen die Verhältnisse um die Mitte des 19. Jahrhunderts ähnlich, denn die nationale Industrie war nicht in der Lage, Eisen in der notwendigen Qualität und zu angemessenem Preis zu liefern, und Einfuhren verhinderten die Prohibitivmaßnahmen aus dem Jahre 1792.

[63] Inwieweit die an sich technisch vertretbare Verminderung der Materialstärken des Stahls gegenüber den beim Eisen gewohnten Stärken bei Unfällen und Verlusten eine Rolle gespielt hat, ist heute nicht mehr nachzuweisen, bei dem Mangel an Erfahrungen aber möglich gewesen.

[64] Eine weitere Serie von Unfällen, hauptsächlich französische Segelschiffe betreffend und hier insbesondere Leckagen und Takelageschäden, gab es 1899/1900. Hierbei wurden vornehmlich mittlere Schiffe betroffen. Die Ursache war (nach Laas) in der schnellen Vermehrung der französischen Seglerflotte in den 90er Jahren zu suchen, und zwar vom Schiffbaulichen wie auch vom Personellen her.

[65] Ein Schiff wird als tender, also als rank bezeichnet, wenn sein Metazentrum zu hoch liegt, wodurch das Schiff eine nicht ausreichende Stabilität erfährt. Das läßt solche Schiffe (Segelschiffe insbesondere) toplastig werden und führt zum Kentern.

[66] Partrick ist ein Stadtteil Glasgows.

[67] Auf der anderen Seite aber nahm die Segelschiffflotte Hamburgs um die Mitte der 80er Jahre bei nunmehr fast gleichbleibender Schiffszahl an Raumgehalt wieder — und sogar erheblich — zu, ein Bild, das nur scheinbar zugunsten der Segelschiffe spricht, denn um diese Zeit wuchs auch die Dampfertonnage rapide an (Siehe Anhang, Tafel XII).

[68] Die anderen letzten hölzernen Rahsegler entstanden: 1879 in Brake (Brigg *Therese*) und 1887 ebenda (Bark *Albatros*).

[69] Ein einfaches Beispiel möge die Wirkung der Prämien erläutern:
Eine französische Viermastbark von 3000 BRT oder 4500 t Tragfähigkeit ist in der Salpeterfahrt beschäftigt. Von der Bauprämie wird abgesehen. Obgleich dies für dieses Schiff etwa 160 000 M. beträgt, ersetzt sie doch nur etwa die Mehrkosten des Baues in Frankreich gegenüber in England gebauter Schiffe.
Die Fahrt vom Kanal nach Nord-Chile beträgt auf dem direkten Dampferweg, der für die Prämienberechnung maßgebend ist, rund 9500 Meilen. Das französische Schiff würde also für eine Hin- und Rückfahrt $2 \cdot 9500 \cdot 3000 \cdot 1{,}70 = 96\,900$ Frcs. = 77 520 M. Prämie erhalten.
Ein deutsches oder englisches Schiff gleicher Größe kann, indem es — wie vielfach notwendig — in Ballast hinausgeht, bei einer Rückfracht von 20 M./t auf derselben Reise verdienen:
$4500 \cdot 20 = 90\,000$ M.
Davon gehen die Kosten für Laden und Löschen ab. Wenn nun das französische Segelschiff überhaupt keine Ladung nimmt, sondern in Ballast hin- und herfährt, so spart es Kosten und Zeit für Löschen und Laden und kann außerdem in Ballast schnellere Fahrten machen, ist also wohl imstande, volle zwei Reisen pro Jahr auszuführen, während das englische oder deutsche Schiff mit der Rückladung 13 bis 14 Monate für zwei volle Reisen benötigt.

[69a] Über das Baujahr gibt es verschiedene Angaben, die eine sagt 1894 (wie in der ersten Ausgabe dieser Edition), andere sagen 1904, so: Underhill: Sailing Ship Rigs & Rigging. 2. Auflage, Glasgow 1963, p. 39; item: Deepwater Sail. 2. Auflage, Glasgow 1963, p. 216; Lubbock: The Last of the Windjammers. II., Glasgow 1966, p. 43 und S. Swenson: Segel durch die Jahrhunderte. Bielefeld. 2. Auflage, p. 94.

[70] Grangemouth and Greenock-Dockyard Co, Greenock

[71] In den amtlichen Unterlagen (Registern usw.) findet sich oft nicht die korrekte Bezeichnung für diesen Typ (meist wird er fälschlicherweise als Viermastschoner dekla-

riert). Der vollgetakelte Fockmast hat eindeutig Mars- und Bramstenge. Das Schiff ist also kein Schoner. Der Direktor des Marine Museums in Greenwich, Basil Greenhill, bringt in seinem Buch, dem Bildband „The Merchant Sailing Ship", Newton Abbot, 1970, mit historischen Photos der Sammlung in Greenwich, die *Mozart* auf p. 17 als Musterbeispiel für den Typ der Viermastbarkantine.

71a Eine erste *Beethoven* war übrigens 1894 in Dienst gekommen.

72 Auf die berühmten amerikanischen Riesenschoner wird hier nicht eingegangen, da sie ausgesprochene Schoner waren, also — im Gegensatz zur *Mozart* und *Beethoven* — überhaupt keine Rahtakelung fuhren.

73 Nach Ing. Möller, Hamburg, in der Diskussion zum Vortrag Laas vor der STG, Berlin, 1905, S. 344

74 Die Gaffeln waren über 12,20 m lang. Die Fläche jedes dieser Segel war 241,8 qm.

75 Diese Schwierigkeit wurde Ing. Möller (nach Diskussionsbericht zum Laas-Vortrag während der Tagung der Schiffbau-Technischen Gesellschaft im Jahre 1906) einmal recht drastisch durch einen amerikanischen Schonerkapitän nahegebracht durch folgende Schilderung: Ein Dampfer trifft einen großen Schoner, den der Kapitän scheinbar nicht mehr in der Hand hat. Der Dampfer-Kapitän will Hilfe anbieten und ruft durchs Sprachrohr: „Who is in command of that vessel?" Worauf eine geknickte Stimme antwortet: „Before that blessed boom got loose, I was."

76 Die Mannschaft der *Mozart* und *Beethoven* bestand aus Kapitän, 3 Steuerleuten, Bootsmann, Zimmermann, 1 Segelmacher, 1 Schiffsschmied (Donkeyman), Koch, Steward und 8 Vollmatrosen, und außerdem waren 12 Jungen an Bord, oder Kadetten, wie man nun — seitdem das Tauende als Lehrmittel ausgeschieden war und die Jungen für den Genuß der Ausbildung noch Honorar bezahlten — sagte. Die Zahl der Besatzung betrug also ohne Jungen 15 Mann, mit Jungen 27. Wer ein vollgetakeltes Schiff derselben Größe vergleicht, wird feststellen, daß 26 bis 28 Mann Besatzung üblich sind. Alles bezahlte Leute, die ihre Posten voll ausfüllen mußten. Fregattenkapitän a. D. Karl Vaihinger, der bei der Christlichen wie auch bei der KM fuhr und auf der *Mozart* zusammen mit seinem Zwillingsbruder gefahren hat, schrieb dem Verfasser am 15. November 1972: „Diese Takelage mag für Küstenfahrt, etwa an der amerikanischen Westküste brauchbar sein, für große Fahrt nicht. Meine Reisen auf der *Mozart* (1909 bis 1910): Von Port Talbot/England nach Antofagasta/Chile 105 Tage, zurück von Mejillones (etwas nördlich von Antofagasta) nach Seebrügge und Brügge 130 (!) Tage. 2. Reise: Von Port Talbot nach Caleta Coloso (wenig südlich von Antofagasta) 106 Tage, Rückfahrt Caleta Coloso nach Hamburg 93 Tage. Als Vergleich die Reise mit dem Vollschiff *Alexander Isenberg*, gerade kein Schnellsegler; bejahrter Kapitän, der auf seiner Wache Segel sehr früh festmachen ließ): von Edingburg/Leith um Kap Hoorn nach Honolulu 156 Tage; von Portland i. Oregon (Astoria am Columbiafluß) bis Queenstown/Südspitze Irland „for order" 144 Tage, eine Strecke dreimal so lang wie die unglückselige Fahrt der *Pamir* mit Weizen von Buenos Aires. Wir hatten auch lose geschütteten Weizen; zwar keine FT.-Nachrichten über Sturmwarnungen und Angaben über Hurrikan-Verläufe, aber eben eine wohl eine erfahrene Segelschiffsführung und gut gestauten Weizen an Bord. Die Schiffe hatten eine Hilfsdampfanlage (Donkey) für Winschen zum Laden und Löschen, zum Segelheißen im schweren Wetter und zum Ankerhieven. Auf der 1. Reise waren wir 22 unbefahrene Jungen im Achterlogis. Da mußten wir schon bald kräftig an Deck und im Mast mithalten. Auf der 2. Reise waren es wohl ebenso viele, nur war davon wohl ein Drittel Leichtmatrosen.

In ruhigen Zonen (Passat u. a.) wurde im Fockmast ein dreieckiges Leesegel gefahren (ausschiebbare Spieren unter der Untermarsrah auf beiden Seiten). Das Segel wurde von Deck aus aufgeheißt, der Hals bis zur Nock der Unterbramrahe, die andere Ecke an die Nock der Leesegelspiere, die Schot wurde durch die Verschanzung, wo auch vom Rahsegel (Fock) die Schot belegt ist, gefahren (zu Luv). Beim Wenden mußte das Segel auf die andere Seite geschiftet werden, es war deshalb nur verwendbar, wenn lange auf demselben Bug gesegelt wurde. Dazu kam noch ein unhandiger großer Spinnacker zu Luv am Schonermast (3. Mast von vorne), der Hals wurde bis zum Masttop geheißt, es ergab sich also ein etwa 40 m (!) hohes Segel. Der Spinnackerbaum mußte beim Wenden auf die andere Seite umgesetzt werden. Er war Vorkante des Wants am Schonermast in einem Zapfen verankert. Bei unruhigem Wind war der Spinnacker nicht zu halten, die Baumnock tanzte beim Vollwerden des Segels weit in die Höhe."

77 Völligkeitsgrad: Er (stets mit δ bezeichnet) ist das Verhältnis der Verdrängung zum Raumrechteck aus Länge, Breite und Tiefgang, mithin

$$\delta = \frac{V}{L \cdot B \cdot T}$$

Entsprechend hat man auch den Völligkeitsgrad der Fläche der KWL, der gleich

$$\alpha = \frac{KWL}{L \cdot B}$$

ist,
und den Völligkeitsgrad des Hauptspantes der

$$\beta = \frac{\text{Hauptspantfläche}}{B \cdot T}$$

ist.
Die einzelnen Völligkeitsgrade stehen bei normal gebauten Schiffen in einem bestimmten Verhältnis zueinander. Bei zunehmender Schärfe des Schiffes werden sie kleiner.

78 Da die Völligkeit nur durch die verlangte Geschwindigkeit und Seefähigkeit beschränkt ist.

79 Große Segler in Ballast haben am Wind bereits etwa einen Strich Abtrift.

80 1910 betrug die Zahl der deutschen Segelschiffe mit über 1000 BRT noch 157 mit 329 620 BRT, siehe auch Anhang, Tafel XII.

81 Professor Laas räumte in seinem Vortrag dem Segelschiff durchaus noch eine Zukunft ein „... Soll es wieder konkurrenzfähig werden (also den Dampfern gegenüber, d. V.), so kann das nur geschehen, wenn an allen Stellen, auf den Arbeitsgebieten des Reeders, des Kapitäns und der Technik, weitere Anstrengungen gemacht werden, um die Nachteile des Segelschiffes gegenüber dem Dampfer zu verringern und seine Vorteile zu vergrößern ..." Vorteile sah L. einmal in einem (später auch erfolgten) Zusammenschluß der deutschen Segelschiffreeder, in Fortschritten in der Wetterkunde, in Fortschritten in der Technik schlechthin, so in einer Verminderung des Gewichts der Takelage und deren maschineller Bedienung und vor allem im Einbau einer Hilfsmaschine. Laas: „... Die langen Reisen mancher Segelschiffe haben ihren Grund nur darin, daß dieselben unterwegs für lange Zeit Windstillen (Kalmen) oder widrige Winde angetroffen haben, welche sie an einem Fleck festhielten. Es ist nichts Ungewöhnliches, daß die Schiffe eine und mehr Wochen aus denselben nicht herauskommen. Da stets wenige Meilen vorwärts günstiger Wind zu treffen ist, so könnte an solchen Stellen schon eine kleine Maschine, die das Schiff nur 3 bis 4 Seemeilen in der Stunde vorwärts bringt, mehrere Tage Fahrt sparen ..." Laas setzt sich dann mit den an Dampfmaschinenanlagen gestellten Anforderungen auseinander und belegte, daß diesen Anforderungen auch „vollauf die Verbrennungskraftmaschinen, im Folgenden kurz ‚Motoren' genannt entsprechen." Er kommt zu dem Schluß, „... daß eine Motorenanlage auf einem Segelschiff sehr große Vorzüge gegenüber einer gleichwertigen Dampfmaschinenanlage hat, daß diese Motoranlage technisch durchaus sicher hergestellt werden kann, und daß die Vorzüge der Hilfsmaschine an Wirksamkeit, technischer Sicherheit und seemännischer Brauchbarkeit am meisten in einer Zweischraubenanlage mit verstellbaren Schrauben zur Geltung kommen."
Wir wissen heute, daß auch diese hier und dort realisierten Vorschläge das Ende der frachtfahrenden Windjammer nicht aufzuhalten vermochte.

Leser, die an dem Originaltext dieses Vortrages interessiert sind, können diesen Text xeroxkopiert direkt über den Verlag: Koehlers-Verlagsanstalt, 46 Herford, Steintorwall, zum Selbstkostenpreis von 3,00 DM beziehen.

[82] Das Schiff wurde 1911 von Laeisz übernommen und in *Penang* umbenannt.

[83] Damals noch HP = Horse Power

[84] Benötigt wurden für die Anlage, die aus zwei Kesseln von je 151 m² Heizfläche bestand, ein Ingenieur, ein Maschinist, ein Assistent, ein Trimmer und fünf Heizer. Nach dem noch lebenden letzten I. Offizier der *R. C. Rickmers,* D. Harff, „... durften diese Männer ihre 1000 Pferde nur selten spielen lassen ...", denn Kohlen waren teurer als der geringe Zeitgewinn. „... die putzten sogar die Reservekurbelwelle und fegten den Schornstein ...", erinnert sich Harff, auch an die Tagesetmale mit nur Wind von 327 und 356 Seemeilen, „... die die Dampfmaschine zum Staubfänger werden ließen ...".

[85] Den einen der beiden Segler taufte Frau Gertrud Grau aus Hamburg: „Der Sturm bedroht in der Nordsee den Segler: Dichter Nebel im verkehrsreichen Kanal bereitet Gefahr: Des Ozeans ganze Wucht trifft ihn in der Biscaya: Erst wenn der Wendekreis überschritten, zieht, mit den vom Passat geschwellten Segeln, das Schiff in schnellem Lauf seinem Ziele zu. Mögen günstige Winde, Dich, Du stolzes Schiff, stets schnell und sicher in den schützenden Hafen geleiten. Diesem Wunsch soll Dein Name Ausdruck geben. — Ich taufe Dich *Passat.*"

[86] Nach Dr. John Lyman, Washington, dem Herausgeber des Magazins LOG Ships, und nach Harald D. Huycke.

[87] Also einschließlich Leichter und Schleppschiffe

[87a] Underhill, der in seinem Buch: Deepwater Sail. 2. Auflage, Glasgow 1963, auch Baupläne der *France (II)* veröffentlicht, gibt auf p. 208 als Bauwerft an: Forges & Chantiers de la Gironde, Bordeaux.

[88] Nach F. Laeisz (Schreiben an den Verfasser vom 18. 12. 67): „Wahrscheinlich weil man den Helgen frei haben wollte ...".

[89] Von 1916 — 2. 8. 1917, als er vor der Insel Mopelia strandete.

[90] Nach „125 Jahre Rickmers", Nordseezeitung vom 26. Mai 1962, war es Newcastle.

[91] Diese Anfrage der Engländer geschah nicht ohne Grund: „... Bei achterlichem Wind", so erzählte Dietrich Harff, der als I. Offizier von 1911 bis zur Internierung auf dem Fünfmaster fuhr, 1962 dem Vertreter der Nordsee-Zeitung, „war der Druck auf das Ruder derart gewaltig, daß wir den Besan reffen mußten. Manche Kapitäne nahmen aber lieber schwierige Rudermanöver in Kauf, wenn sie nur im Journal mit großen Segelflächen prunken konnten. Andere überließen es dem alteingefahrenen ‚Ersten', darüber zu bestimmen, ob der Besan bei achterlichem Wind nur als Flaggenmast gefahren wurde. Da der Schiffskonstrukteur mit einem starken Druck auf das Ruder gerechnet hatte, gab er dem Handsteuerrad einen Durchmesser von 1,80 Metern. Von Hartbackbord bis Hartsteuerbord mußten 34 Umdrehungen ausgeführt werden. Bei einer dieser Umdrehungen warf es einmal einen Rudergänger, der sich gerade die Öljacke ausziehen wollte, durch die Luft. Das ist der einzige Unfall, der mit der Größe des Fünfmasters in Zusammenhang zu bringen war. Segelunfähig war *R. C. Rickmers* dagegen nie."

[92] In der Salpeterfahrt stieg die Frachtquote von Chile nach Europa um das Zehnfache an.

[93] Paul Ganssauge, Emil Offen und Vertreter des Reiches und einiger anderer deutschen Reedereien.

[94] Der letzte britische Kap Horn-Rahsegler überhaupt war die als *Juteopolis* 1891 erbaute *Garthpool,* die, ein Schwesterschiff der *Lawhill,* am 9. November 1929 bei diesigem Wetter auf die Klippen der Kap Verden auflief und verloren ging.

[95] Nach dem Deutschen Schiffahrtskalender 1925

[96] Unter diesen befand sich das deutsche Vollschiff *Steinbek,* das Knöhr & Burchardt 1909 als *Durbridge* von den Briten übernahmen und das später, im Krieg, in den USA beschlagnahmt und erst in *Northern Light* und dann in *Arapahoe* umbenannt wurde, bis die APA in San Francisco das Schiff als *Star of Falkland* in ihre Dienste nahm. 1928 ging es in der Alaskafahrt verloren. Das letzte Schiff der APA war die *Star of Finland,* die ex *Kaiulani,* die, bei A. Sewall & Co. in Bath, Maine, 1899 erbaut, im Jahre 1939 noch fuhr.

[97] Pellny, Kurt in: Was noch in der Seekiste lag. Seekiste 3/1955, S. 245.

[98] So unter Kapitän Wriedt aus Flensburg

[99] Die *Tellus* wurde an eine Gesellschaft verkauft, die sie in der Bucht von Ancon, 30 sm nördlich von Callao, als Unterkunft für einen eleganten nautischen Club auflegte. Sie wurde vorher ihres Alltagskleides — schwarzer Rumpf, gelbe Masten — entkleidet, vollständig überholt und — nun ein weißer Schwan — in *Malaboo* umbenannt, denn so hieß eines der Schiffe von Sir Francis Drake, mit denen der Pirat der Königin im 16. Jahrhundert die Westküste unsicher machte.

[100] 1880 = 17 Segler, 1885 = 16, 1905 = 15, 1910 = 16.

[101] 1877 BRT, 1889 in Port Glasgow von Hamilton & Co. für W. Montgomery, London, erbaut.

[102] Die *Grace Harwar* wurde nach dieser Reise zum Firth of Forth zum Abwracken geschleppt. — Der letzte frachttragende Vollrigger war (nach Dr. J. Meyer) die *Calbuco,* die bis 1949 in Fahrt blieb. Die *Calbuco* gehörte dem Reeder Oelkers (das heißt den Gebrüder Oelkers in Puerto Montt [Chile]). Das Schiff wurde 1949 in Genua abgewrackt.

[103] Ex *Kurt,* eine Hamburger Viermastbark, die am 2. August in Portland/Ore einlief, beschlagnahmt wurde und 1917 von den USA als *Moshulu* im Tonnagekrieg eingesetzt wurde.

[104] Die Zahl versteht sich einschließlich der kleinen Motorsegler.

[105] Hierüber mehr noch im Kapitel „Die Weizen-Segler".

[106] Siehe Kapitel: Der Weltkrieg I und die deutsche Segelschiff-Flotte.

[107] Die Indienststellung der 3185 BRT großen Viermastbark erfolgte im Juli 1920. In der Zeitschrift „Sea breezes" 7 (1966) werden 3 105 BRT angegeben, während H. Underhill in „Sail Training & Cadet Ships", wie hier, ebenfalls 3 185 BRT nennt.

[108] Die anderen noch verbleibenden Segler, die *Priwall, Peking* und *Passat* wurden nach dem Muster *Padua* nun auch für die Nachwuchsausbildung eingerichtet.

[109] Auch in ihm kamen Segler wieder zu hohen Ehren, so zum Beispiel die 1904 erbaute, ehemals deutsche Viermastbark *Hans* (Schwesterschiff der *Kurt*), die ein so bewegtes Schicksal hinter sich hat, daß es als Einzelfall interessiert. Vom Ausbruch des Weltkrieges I in Santa Rosalia überrascht, wurde sie von der Robert Dollar & Co., San Francisco, von dem Reparations Committee in Washington angekauft und in *Mary Dollar* umbenannt. 1935 wurde Kapitän Charles Watt ihr neuer und nächster Eigner, von diesem abgetakelt und als schwimmende Spielbank mit dem Namen *Tango* mit Liegeplatz Los Angeles eingerichtet. 1941 übernahm die Transatlantik Navigation Co., New York, das Schiff und ließ es zu einem Sechsmastschoner umbauen. 1942 segelte es unter der Führung von Kapitän Gunderson in 103 Tagen von Astoria (Oreg.) rund

Kap Horn nach Kapstadt. Die Frachteinnahme betrug über 250 000 Dollar. Nach zwei weiteren Reisen wurde der Schoner an den portugiesischen Reeder Julio Ribeiro Campos in Lourenco Marques verkauft und in *Cidade do Porto* umbenannt. Am 24. August 1945 trat das Schiff mit 28 Mann Besatzung seine erste und einzige Reise unter Portugals Flagge an, kehrte schwer havariert im Schlepp des Dampfers *Pungue* am 20. Oktober nach Lissabon zurück, wurde ans Marineministerium verkauft, 1947 wurde der Segler stationäres Schulschiff und 1948 zum Abwracken verkauft.

[109a] Während des Krieges setzte die *Kommodore Johnsen* die Ausbildungsreisen in der Ostsee fort, zumal der Kapitän Gottfried Clausen und seine Reederei, der NDL, daran interessiert waren, die Kadetten „unversehrt" als Stamm für die zukünftige Handelsflotte zu erhalten. 1944 akzeptierte die Reederei sogar ein Fla-Geschütz an Deck und die Kriegsmarine-Dienstflagge.
Selbst die Ankündigung, in Zukunft werde es keinen Treibstoff mehr für den Hilfsmotor geben, konnte den Norddeut Lloyd nicht dazu bewegen, das Schulschié anzubinden. „Als wir Memel anlaufen wollten, um uns zu verproviantieren", so erinnerte sich der Verlagsvertreter Siegfried Bergmann aus Hamm anläßlich des im Frühjahr 1973 in Bremerhaven durchgeführten Treffens von 90 Ehemaligen der *Kommodore Johnson,* gab es nicht einmal mehr Schlepper im Hafen. Da lief der Alte unter Segeln in den Hafen, ließ Bug-undHeckanker fallen und stand mit dem Schiff einen Leinenwurf von der Kaje entfernt.;
Der Leichtmatrose Bergmann war noch bis zum 20. Dezember 1945 bei der endgültigen Übergabe des Schiffes an die Engländer an Bord. In seinem Tagebuch notierte Bergmann: „Mußten heute unsere letzten Siebensachen schultern. Kapitän heulte, uns allen waren die Augen feucht."

[110] Nach Seekiste 1/57

[111] *Christel Vinnen* um 450 t, *Werner Vinnen* durch Einbau eines Zwischenstücks von 14,88 m Länge verlängert, um 1430 t.

[112] Bekannt durch sein so ausgezeichnetes Buch „The way of the ship", deutsch unter dem Titel „Auf blauen Tiefen", Hans Dulk, Hamburg 1967

[113] Deutschen Werften und deutschen Reedern waren durch die Alliierten strenge Grenzen im Schiffbau wie auch in der erlaubten Größe der Schiffe gesetzt.

[114] Die *Carl Vinnen,* die Schliewen von den Engländern zurückkaufte (das Schiff wurde bei Kriegsbeginn im spanischen Cartagena aufgelegt und 1946 von den Briten nach Gibraltar überführt) wurde zwangsversteigert und in Bremerhaven abgewrackt.

[115] 1961 war noch ein anderer Oldtimer im Gespräch: die 1904 für die Hamburger Reederei G. H. Siemers & Co. als *Kurt* erbaute, 3109 BRT große Viermastbark *Moshulu* (das Schiff war während des Weltkrieges I in den USA interniert und in *Moshulu* umgetauft worden), die erst jetzt von ihren schwedischen Eignern an die finnische Regierung verkauft wurde. Sie findet in Nadental als Getreidehulk Verwendung.

[116] Über die ausgesprochenen Segelschulschiffe, solche Segler also, die als Segelschulschiffe bereits auf Stapel gelegt wurden, wird in diesem Buche nicht berichtet. Von den älteren Schiffen dieser Art sind noch einige im Dienst, so zum Beispiel die *Dar Pomorza,* die als ex *Prinzess Eitel Friedrich* als Schulschiff der polnischen Marine fährt, oder die norwegische *Staatsraad Lehmkuhl,* die als *Großherzog Friedrich August* zur Welt kam, oder die *Peking*, die in Medway bei Rochester vertäut lag und unter dem Namen *Arethusa* als stationäres Schulschiff diente, ehe sie anläßlich der 200 Jahrfeier der USA unter ihrem angestammten Namen *Peking* mit Cap Horniers als Ehrengäste an Bord im Hafen von New York als Museumsschiff vorgestellt wurde.

[117] Sie wurde bei einer Kollision, den die *Mabel Rickmers* 1912 mit einem Dampfer hatte, beschädigt und nicht wieder ersetzt.

[117a] Die Hausflagge bleibt die alte, denn das ganze Manöver war eine steuertechnische Umformierung.

[117b] In der eisfreien Zeit bediente auch weiterhin eine große Menge Segler Sibirien.

[118] Ab 1962 löste die deutsche Bark ex *Albert Leo Schlageter*, ex *Guanabara* (Brasilien), die alte *Sagres* als die neue *Sagres* ab.

[119] Tiefwassersegler = Großsegler, angelehnt an man of war = Kriegsschiff

[120] Das erste Gold wurde 1848 auf dem Besitz des aus Baden stammenden deutsch-amerikanischen Kolonisators General Johann August Sutter (Sutor) gefunden.

[121] Diese Begrenzung ist bei den deutschen Segelschiffleuten üblich, die Engländer dagegen zählen zur Kap Horn-Region bereits alles, was südlich von 40° liegt.

[122] Von 56° Südbreite ab nach Süden kann man die ganze Erde mit Westkurs umfahren, ohne von Land behindert zu werden.

[123] Mit einem Karabinerhaken versehene Tampen um den Bauch, mit dem sich der Seemann auf der Rah zu seiner Sicherheit (wie jetzt auf *Gorch Fock*) am Jackstag o. ä. festhaken kann, waren damals unbekannt.

[124] Der französische Kap Horn-Segler

[125] Jeder Sturm, jeder Orkan ist ja als Feind zu bezeichnen, wobei gerade bei der Horn jahreszeitliche Unterschiede gemacht werden müssen, auch, wie beim Wein, solche nach den Jahrgängen. Mehr darüber siehe Kapitel VI: Pamperos, Hurrikane und Taifune. S. 120—139.

[126] Snorter (engl.) = Schnorchler, im seemännischen Jargon so genannte, aus West blasende Böen

[127] Auszug aus Larisch: Um die Jahrhundertwende auf einem Segelschiff um Kap Horn. Albatros 5 (1960), H. 3, S. 6

[128] Frei nach Lubbock: The last of the Windjammers. Vol. 1

[129] Die *Surprise* machte eine der viel bewunderten Reisen unter 100 Tagen von New York nach San Francisco: Sie durchsegelte die Strecke 1850 (lt. Greyhounds of the sea, Tabelle California Voyages, pg. 479) in 96 Tagen und 15 Stunden.

[130] Nach Lubbock: The last of the Windjammers. Vo . 1, The Epic of the Horn

[131] m/w = mißweisend

[132] 1 Fuß = 0,305 m, 100 Fuß = 30,479 m, 300 Fuß = 91,438 m, 400 Fuß = 121,395 m

[133] SK 2/58, Seite 128

[133a] Nach Lubbock

[134] In Seekiste 2/1958

[135] Nach Becke, v. d.: Rund Kap Horn im September 1905. Annalen der Hydrographie und Maritimen Metereologie 35 (1907), H. 12, S. 544.

[136] In Die Seekiste 3 (1963), 168 ff mit abweichenden Angaben

[136a] Siehe Kapitel I: Zur Geschichte, S. 21, 25 und S. 30

[136b] Kap Stiff ist ein unter Seeleuten bekannter Spitzname für Kap Horn.

[136c] Die Vokabel „windlies" ist kein Wort der englischen Sprache, sondern vielmehr eine seemännische Wortschöpfung in deutsch und als englischer Slang zu betrachten. Gemeint ist damit das, was die britischen Seeleute als „breather of the westerlies" bezeichnen, was, ins Hochdeutsche übersetzt, mit „Verschnaufpause der Weststürme" zu bezeichnen ist.

[137] Nach Lubbock: The last of the Windjammers, Vol. I

[138] Die Meile à 4,8 km „(= 1 leage)"

[139] Tarpaulin (engl.) = geteertes Segeltuch (Persenning), im übertragenen Sinn Bezeichnung für Seemann, auch „tar" genannt (vergleiche „Teerjacke"), jedem Briten auch in dieser Bedeutung geläufig. Siehe auch: Skeat, W. W.: Etymological Dictionary of the English Language. Oxford 1956, p. 630: Tarpauling, Tarpaulin, a cover of coarse canvas, tarred to keep out wet . . . It was once oddly used to denote also a sailor, whence our modern „tar", . . . „Tarpaulin, a piece of convass tar'd all over, to lay upon the deck of a ship to keep the rain from soaking through; also a general name for a common seaman, because usually cloathed in such canvass; Blount's Gloss., ed. 1674; Phillips, ed. 1706. . . ."

[140] a. m. = eine Abbreviation aus dem Lateinischen ante meridiem, vormittags; p. m. = post meridiem = nachmittags.

[141] Ein Vollschiff dieses Namens ist in keinem Register verzeichnet. Offenkundig hat sich der Informant geirrt.

[142] Nach Schmidt: Schiffe und Schicksale

[143] Siehe Segelhandbuch für den Stillen Ozean, Hamburg 1897, S. 490

[144] Siehe Segelhandbuch für den Stillen Ozean, Hamburg 1897, S. 492

[145] Le Maire floh aus seiner Heimat Antwerpen nach Amsterdam, als 1576 Philipp's II. Soldaten die Stadt zum zweiten Male besetzten.

[146] Das zweite Schiff, die Yacht *Hoorn*, ging durch eine Explosion in der Bucht von Deseado (jetzt in Argentinien) verloren.

[147] Bei den Clippern ist für die Umsegelung von Kap Horn der jeweilige Monat in Verbindung mit dem schnellsten Schiff angegeben.

[148] In Klammern bei xx Reisen insgesamt, Name des Schiffes, soweit bekannt.

[149] Fred Schmidt nennt für die zwölfte Reise der *Preußen* (die elfte mit Ziel Westküste Südamerika) knapp sieben Tage für diese Strecke, die von dem Fünfmaster im Juli 1909 laut Journal indessen in 12,4 Tagen durchsegelt wurde.

[150] In einem August (1902) lief die schnelle und berühmte *Preußen*, die Königin der Königinnen mit Order for Iquique via Kap Horn aus. Sie benötigte allerdings neun Tage, traf sie doch auf 50° Südbreite steifen Westnord-Westwind bei fallendem Barometer an. Laut *Albatros* benötigte im August 98 die *Melete* 8 Tage.

[151] Weitere Einzelheiten siehe Anhang 1, Tafel XV, Rund Kap Horn von 50 °S nach 50 °S.

[152] Siehe auch Anhang 1, Tafeln XVI bis XVIII. Mittlerer Verlauf der Reisen deutscher Segelschiffe vom Kanal nach Chile.

[153] Nach Deutsche Seewarte: Segelhandbuch für den Stillen Ozean, Hamburg 1897

[154] Im Schrifttum wird häufig davon gesprochen, die *France* habe zwei Kapitäne an Bord gehabt. Das ist auf mangelnde Sachkenntnis oder einen Irrtum zurückzuführen, denn in Frankreich heißt der I. Offizier (früher Obersteuermann) seconde capitaine.

[155] C. Bahlke fuhr seit 1878 bei FL als Kapitän, und zwar (der Reihenfolge nach) auf der *Mercedes, Henrique Teodoro, Polynesia, Potrimpos, Preußen* (später *Posen*) und *Pisagua.*

[156] Kapitän bei FL seit 1884 auf *Parnass, Parchim* und *Pisagua*

[157] Kapitän bei FL seit 1881 auf *Rosa y Isabel, Panama, Prompt, Palmyra, Pitlochry* und *Potosi*

[158] Gemeint ist raumer Wind.

[159] Ebenfalls (nach Segelhandbuch Stiller Ozean, 1897, S. 474) 15 Tage benötigte 1886 die schnelle *Pampa* (C. J. Steincke), 16 Tage 1894 die *Pisagua* (Bahlke), 16 Tage 1898

Potosi (Hilgendorf), 17 Tage 1895 das Schiff *Melpomene* (Sanders), 17 Tage 1890 die Bark *Prompt* (Schlüter), 17 Tage 1894 das Schiff *Melete* (Walsen), 17 Tage 1886 die Bark *Plus* (Steincke), 17 Tage die Viermastbark *Pisagua* (Bahlke), 18 Tage 1890 Schiff *Adolf* (Schneepsma), 18 Tage 1892 Bark *Banco Mobiliario,* 18 Tage 1894 Schiff *Thekla* (Hammer), 18 Tage 1894 Schiff *Melpomene* (Sanders), 18 Tage 1895 Bark *Pamelia* (Dehnhardt), 18 Tage 1894 Schiff *Nixe* (Fettjuch).

160 Siehe auch den Beitrag: „Besatzungen und Schiffe", von Cdt. Georges Aubin, Nantes, veröffentlicht im Albatros 4/V/1960.

160a Dundee als Bauort der *Pitlochry* ist richtig, obwohl in der Literatur gelegentlich Glasgow genannt wird, wo sich der Hauptsitz der Werft A. Stephen & Sons Ltd. befand (vgl. Carvel, J. L.: Stephen of Lighthouse, a Record of Two Hundred years of Shipbuilding, 1750—1950. Glasgow 1950

160b Siehe Kapitel: Die Größten unter den Segelschiffen

161 Unter Kapitän G. Schlüter:

11.	1902:	Lizard	—	Iquique	86 Tage
12.	1902:	Lizard	—	Iquique	79 Tage

Unter Kapitän H. Nissen:

13.	1903:	Lizard	—	Iquique	66 Tage
14.	1904:	Lizard	—	Valparaiso	67 Tage
15.	1904:	Lizard	—	Iquique	70 Tage
16.	1905:	Lizard	—	Valparaiso	59 Tage
17.	1906:	Lizard	—	Valparaiso	72 Tage
18.	1906:	Lizard	—	Valparaiso	64 Tage
19.	1907:	Lizard	—	Valparaiso	75 Tage
20.	1908:	Lizard	—	Coquimbo	75 Tage

Unter Kapitän F. Frömke:

21.	1909:	Lizard	—	Taltal	62 Tage
22.	1910:	Kanal	—	Valparaiso	67 Tage
23.	1910:	Kanal	—	Talcahuano	60 Tage
24.	1911:	Ouessant	—	Talcahuano	69 Tage

Unter Kapitän R. Miethe:

25.	1912:	Lizard	—	Valparaiso	67 Tage
26.	1913:	Lizard	—	Valparaiso	69 Tage
27.	1913:	Lizard	—	Valparaiso	71 Tage
28.	1914:	Lizard	—	Valparaiso	73 Tage

162 Siehe Schmidt, F.: Schiffe und Schicksale, u. a. Eine 55tage-Reise von der Isle of Wight nach Valparaiso hat es nie gegeben. Siehe, zur Richtigstellung, auch Blöss, H.: Glanz und Schicksal der *Potosi* und *Preußen.*

163 Die Daten der ersten Heimreisen der *Potosi*:

1896: Iquique — Lizard	68 Tage
1896: Caleta Buena — Lizard	78 Tage
1896/97: Iquique — Lizard	79 Tage
1897: Iquique — Ouessant	74 Tage
1898: Caleta Buena — Lizard	70 Tage
1899: Iquique — Lizard	75 Tage

164 veröffentlicht in „Der Albatros", Zeitschrift der deutschen Sektion der AICH

165 Das waren damals gut 1000,00 Mark.

166 Steifer Hut, auch Bombe oder Arbeitgeberhut genannt

[167] Détective, Paris

[167a] P. R. = Persönlichkeit aus dem amerikanischen Unabhängigkeitskrieg: „... Give me liberty or death ...“

[168] Hoedemaker von Vlieland: „Plötzlich kam die *Potosi* angejagt“, Seekiste 10 (1966), S. 790/91, und Original Leuwarder Couvants.

[169] Richtig Knoten, oder sm/h

[169a] Andere Version in Hamecher: Königin d. S. 5-mvs. *Preußen:* 1969, pp 24/25

[170] Der direkte Weg beträgt 9620 Seemeilen, die direkten Distanzen zwischen Lizard-Linie: 3345 sm, Linie — 50° Südbreite: 3500 sm, 50° bis 50° (rund Kap Horn): 630 sm, 50° Südbreite bis Iquique: 2145 sm.

[171] 13. SW'lich in 8 — 9 — 10
14. SW'lich in 5 — 9 — 10
15. SW'lich in 1 — 3 — 9 — 10
16. O-SO in 5
17. OSO-SW-WSW in 2 — 5
18. W-NW-N in 2 — 4 — 7 — 8 — 10
19. NW in 8 — 6 — 4
20. NW-WNW in 4 — 6 — 9

[172] Der Schnitt lag bei Reisen zwischen Lizard und Valparaiso für die Jahre 1893 bis 1904 sonst bei 82,5.

[173] 70 und über 70 Tage benötigten diese Schiffe:

1902:	Vollschiff *Terpsichore:*	Lizard — Iquique	**73 Tage**
1905:	Viermastbark *Pamir:*	Kanal — Valparaiso	**70 Tage**

[173a] Wie man auf deutschen Schiffen vom Kapitän als dem Alten spricht auch, wenn dieser noch das ist, was man noch einen jüngeren Mann heißen kann, so wird auf anglo-amerikanischen Schiffen der Kapitän ohne Rücksicht auf sein Alter „The old man“ genannt.

[173b] Bluenose = Dieser von Lubbock in seinem Werk „The last of the Windjammers“, Vol. I., Pg. 381, gebrauchte Ausdruck deutet darauf hin, daß W. früher entweder auf Segelschiffen fuhr, die in Britisch-Nordamerika gebaut worden waren (genauer: auf Nova Scotia-Schiffen und nicht solchen aus den New Brunswick- und Quebec-Provinzen) oder, eine großzügige Auslegung, daß er aus Nova Scotia stammte.

[174]

1925	Viermastbark *Peking:*	Kanal — Talcahuano	74 Tage
1925	Viermastbark *Pamir:*	Hamburg — Talcahuano	75 Tage
1926	Viermastbark *Peking:*	Kanal — Talcahuano	79 Tage
1927	Viermastbark *Passat:*	Scilly — Corral	67 Tage
1927/28	Viermastbark *Passat:*	Kanal — Corral	73 Tage
1928	Viermastbark *Peking:*	Kanal — Talcahuano	77 Tage
1928	Viermastbark *Padua:*	Scilly — Talcahuano	71 Tage
1928/29	Viermastbark *Padua:*	Lizard — Talcahuano	75 Tage
1928/29	Viermastbark *Padua:*	Kanal — Corral	68 Tage
1929	Viermastbark *Pamir:*	Hamburg — Talcahuano	75 Tage
1930	Viermastbark *Passat:*	Lizard — Talcahuano	73 Tage
1930/31	Viermastbark *Padua:*	Lizard — Talcahuano	72 Tage
1930/31	Viermastbark *Padua:*	Lizard — Talcahuano	62 Tage
		Hamburg — Talcahuano	72 Tage
1931/32	Viermastbark *Peking:*	Kanal — Valparaiso	59 Tage
1938	Viermastbark *Padua:*	Kanal — Corral	**61 Tage** usw.

[175] SOS-Heft 194, pg. 16

[176] Leider fehlen die Daten und sonstige genaue Angaben, um diese Reise zu belegen.

[177] In: FL, Die Geschichte einer Reederei

[177a] Nach Seewart, (1939) 12

[178] Wozu zu sagen bleibt, daß viele Kapitäne mit ihren Offizieren nur dienstlich verkehren. Immerhin macht auch hier der Ton die Musik.

[179] Albatros 4 (1954) H. 3, dem auch der andere Bericht über die Fahrt der *Pindos* zugrunde liegt.

[180] Siehe Einzelheiten im Kapitel XVIII: Aberglaube und Brauchtum.

[181] Keller, Paul: Auf Rekordfahrt mit der *Flottbek.* Seekiste (1957) H. 3, Kiel, S. 174 bis 175.

[182] Erbaut bei Donald Mc Kay, East Boston. Andere berühmte Segelschiffwerften waren George Thomas in Rockland, Maine, wo die nach ihrer mit einer roten Jacke bekleidete Galionsfigur benannte *Red Jacket* entstand, oder die Werft von A. Westerveld und Mc Kay, New York, deren Werk der an der Chinaküste allgemein als Yacht bezeichnete Clipper *N. B. Palmer* war.

[183] Fred Schmidt: Schiffe und Schicksale, 1942, pg. 15

[184] Geschwindigkeit · Tragfähigkeit = Seemeilentons

[185] Beide gehören dem Stamme der niederen Krebstierarten der Rankenfüßer an.

[186] Auf offenen Reeden, wie z. B. an der Westküste, natürlich nicht.

[186a] Anson war zu dieser Zeit nicht, wie vielerorts veröffentlicht, Admiral, sondern Commodore. Erst 1744, also nach der „Voyage round the world", wurde er Contreadmiral der Blauen und 1746 der Weißen Flagge. Später, 1751, wurde er erster Lord der Admiralität, 1761 erhielt er die Würde eines Admirals der Flotte.

[186b] Zu Anson's Squadron ist noch zu ergänzen:

1. *Centurion* (Commodore George Anson), sog. Third Rate; 1,005 tons; 60 Kanonen; erbaut 1732 in Portsmouth; broken 1769;
2. *Gloucester* (Captain Richard Norris); Fourth Rate; 866 tons; 50 Kanonen; erbaut 1737 in Sheerness;
3. *Severn* (Captain the Hon. Edward Legge); Fourth Rate; 853 tons; 50 Kanonen; erbaut 1695 zu Blackwall; umgebaut in Plymouth 1739;
4. *Pearl* (Captain Mathew Mitchel); Forth Rate; 594 tons; 40 Kanonen; erbaut 1708 zu Rotherhithe; umgebaut in Deptford 1726;
5. *Wager* (Captain Dandy Kidd); Sixth Rate; 559 tons; 28 Kanonen;
6. *Tryal* (Captain the Hon. John Murray); Sloop; 200 tons; 8 Kanonen; erbaut 1732 in Deptford.

[187] Das Geschwader machte verschiedene Prisen, beschoß „spanische" Städte und lieferte spanischen Kriegsschiffen so lange Gefechte, bis *Gloucester* und *Tryal* wegen der erlittenen Schäden kondemniert werden mußten. Seefähig blieb nur noch die *Centurion.* Anson entschloß sich im Mai des folgenden Jahres, die südwestamerikanischen Küstengebiete zu verlassen. Er wollte zunächst nach den Philippinen, um zu einem Handstreich an Land zu gehen. Unterwegs fiel ihm eine Galeone in die Hände, deren Wert nebst Ladung auf eineinhalb Millionen Pfund Sterling geschätzt wurde. Da die Spanier inzwischen Zeit gehabt hatten, gegen die Engländer zu rüsten, konnte die *Centurion* als einzelnes Schiff nicht mehr viel unternehmen. Sie lief nach Macao und dann nach Kanton in China, besuchte Java und kehrte am 15. April 1743 über Kapstadt nach dem Ausgangshafen Portsmouth in England zurück.

[188] Kapitän Piening im FL-Buch: „Und wenn mitunter behauptet wird, ein Segelschiff müßte erstaunliche Profite abwerfen, da es für seine Reise weder Kohle noch

Öl braucht, entspricht diese Ansicht einem Mangel an Sachkenntnis. Eine vollständige Besegelung der Viermastbark *Peking* kostet 33 000,00 Goldmark. Und man glaube nicht, daß Segel ewig halten, selbst wenn sie vom Sturm nicht zerfetzt werden ..."

189 Beim britischen Hafen Swansea an der Südküste von Wales gelegen.

190 Bau Nr. 88, 1892, Vollschiff, zwei Decks, 265 Fuß lang; 42,0 Fuß breit; 22,9½ Fuß tief; 1989 BRT; Reederei G. J. H. Siemers & Co., Hamburg.

191 Liegt etwa 40 km von Iquique.

192 Kapitän A. Schumacher im Der Seewart 24 (1963), H. 5, S. 196 ff

193 Erstmals sanken die Temperaturen am 4. September unter Null. Von da ab blieb die Temperatur der Wasseroberfläche bis zum 9. abends bei 0 °C und darunter. Am 13. wurden bei heftigen Schneeböen wieder Lufttemperaturen bis —1 °C gemessen, vom 19. bis zum 21. ebenfalls, am 20. und 21. auch negative Wassertemperaturen.

194 Die Hälfte der Mittagsorte beruht auf ziemlich gleichmäßig verteilten astronomischen Ortsbestimmungen.

195 Deutsche Seewarte: Segelhandbuch für den Atlantischen Ozean, Dritte Auflage, Hamburg 1910, S. 391

196 Luftweg

197 SK (1957) H. 10, S. 866

198 Ein 1884 erbautes, 2073 BRT großes Vollschiff

198a Siehe auch Brustat-Naval, F.: Greif, Geschichte einer Weltreise.

199 Wozu zu bemerken ist, daß der Segler von 1914 bis 1920 in Chile aufgelegen hatte.

200 Es ist nicht festzustellen, ob es sich um das Viermastvollschiff T. aus Glasgow oder um das Vollschiff T. aus Aberdeen gehandelt hat.

201 Nach Schmidt: Schiffe und Schicksale, S. 62

201a Nach Nordseezeitung vom 22. 4. 1967: Bericht über den 84 Jahre alten Kapitän und Kapitänleutnant d. R. a. D. Erich Langemak.

202 Vom Tyne

203 Von Swansea, Wales

204 300 Meter

205 Clipper *Flying Cloud* 1851, 89 Tage, Clipper *Andrew Jackson* 1860, 89 Tage (insgesamt machten zwischen den Jahren 1850 bis 1874 23 Clipper schnelle Reisen unter 100 Tagen).

206 Großkreisnavigation

207 Das Thermometer wurde wahrscheinlich von Galilei um 1600 erfunden. Als Fundamentalpunkte benutzt man seit Hooke (1664) den Gefrierpunkt und seit Hughes (1665) auch den Siedepunkt des Wassers.

208 Erstes Barometer 1643 von Torricelli erfundenes Instrument zum Messen des Druckes von Luft, mit dem Namen Barometer erst 1666 durch Boyle belegt.

209 1897 wechselte Marconi im Golf von Spezia die ersten „Funktelegramme" über eine Entfernung von 12 km zwischen einer Landstation und einer Station auf einem Schiff.

210 Das, obwohl man schon Windfahnen kannte. Es sei nur an den Turm der Winde in Athen erinnert. Die ältesten meteorologischen Forschungsarbeiten begannen nicht vor dem späten Mittelalter. (Älteste durch W. Merle in Oxford und Driby 1337—44)

[211] Heinrich der Seefahrer, geb. 4. März 1394 in Oporto (oder auch Porto), gest. 13. November 1460 in Sagres.

[212] Gegründet 1. 1. 1868 als Norddeutsche Seewarte von W. von Freeden und von diesem bis 1875 geleitet.

[213] Aus Albatros 2 (1957) H. 3

[214] „Wenn der Nordwind hart ist, ist der Pampero gewiß."

[215] Nach Lubbock: Windjammer. Vol. II., strandeten 17 Segelschiffe, zwei Dampf-Schlepper und verschiedene Leichter. Insgesamt gingen 12 500 tons verloren, 63 Seeleute kamen um; nach Meyer, J.: Hamburgs Segelschiffe, strandeten 17 Segelschiffe, (darunter sechs deutsche) 16 Leichter und zwei kleine Dampfer, 70 Seeleute büßten ihr Leben ein.

[215a] abgeleitet von mallen = Umlaufen des Windes.

[216] Geschmackvoller Außenbordanstrich: schwarz mit einem breiten weißen Farbengang mit ausgesparten Kanonenpforten, dem sogenannten Portenband unterhalb des Schanzkleides.

[217] Das einzige, 1919 aus bestem Pitchpine erbaute Schiff der Marine Coal Company in New Orleans; Größe 767 BRT.

[218] Im Albatros 5 (1960), Heft 11, S. 6

[219] Steht für Quecksilberbarometer

[220] Nach Kapitän H. Frost, 1902 Matrose auf der *C. H. Wätjen,* war sie aus Eisen, nach Laas im Kapitel über die Bremer Schiffbau-Gesellschaft, vorm. H. F. Ulrichs Vegesack, aus Stahl.

[221] Frost, H.: Schreckensnächte auf der *C. H. Wätjen.* Die Seekiste 3 (1950), S. 15—16

[222] Von den damals vor Nordost-Australien, den Salomonen-Inseln, Neukaledonien und den Neuen Hebriden, den Fidji-, Tonga-, Samoa-, Cooks-, Tubuaï, Gesellschafts- und Paumotu- (heute: Tuamotu-) Inseln beobachteten 125 Orkanen fielen 103 in die Zeit während der Monate Dezember und März.

[223] Das heißt, zu halsen oder zu wenden.

[224] Hurrikane (karibisches Wort) entstehen 5 bis 15° nördlich vom Äquator. Sie gehen von den Antillen aus über die SO-Staaten von den USA hinweg und wandern weit in den Atlantik hinein.

[225] Ablass, Adolf: Achtzehn Reisen — mein Leben. Der Albatros 12 (1967) H. 1, S 10—15.

[226] Nach Bohlen, A., Albatros VIII (1963) H. 1

[227] S. 708

[228] Henschel, H.: Weihnachten 1898. Eine Handbreit Wasser unterm Kiel, Seekiste H. 12 (1956)

[228a] Hier gibt es verschiedene Schreibweisen, die alle richtig sind: Staateninsel, Staatenland und (engl.) Staten Island.

[229] Der Strom erreicht, nach Niejahrs Beobachtungen, in der Straßenmitte 2 bis 4 sm/h, in Landnähe bei San Diego etwa, bis zu 7 sm/h.

[230] Nach James Gibbs, Jr.: Shipwrecks of the Pazific Coast, Bintfords & Mort, Portland Oregon, im „Albatros" übersetzt von Kapitän F. A. Krage, Brush Prairie, Washington

[231] Die Ansteuerung der Mündung des Columbia-Flusses war ohnehin schwierig, Kapitän Reiners von der Bark *Äolus:* „ . . . dabei darf man sich nicht so sehr auf die Karte verlassen, da sich das Fahrwasser auf der Barre oft verlegt und infolgedessen meistens

nicht dort zu finden ist, wo es nach der Karte sein sollte. Die das Fahrwasser kennzeichnenden Tonnen müssen aus diesem Grunde ihren Ort oft wechseln. Man darf deswegen die Einsegelung nicht ohne Hülfe eines Lotsen unternehmen . . .« (nach Segelhandbuch Stiller Ozean, Hamburg 1897, S. 629).

232 Einzelheiten siehe Kapitel 19: Aberglauben

233 „Ich bin in Not und habe sofortige Hilfe nötig."

233a Die *Preußen* hatte keine Galionsfigur, sie hatte nur eine in Voluten auslaufende Krulle (Krulle = Halskrause).

234 Springer Berlin, Göttingen, Heidelberg 1952

235 Nach H. Brüning: Mit der *„Angerona"* beinahe gekentert. Seekiste (1958) 1, S. 19

236 Kollisionsschotten

237 Bartels, A.: Nackter Moses klaute Kapitäns Tabak. Seekiste Kiel (1955) 8, S. 604-606

238 Nach Kpt. a. D. Spengemann, Bremen, Seekiste (1954) H. 11

239 Die ex *Potosi* konnte danach etwa 500 ts mehr Ladung tragen als zuvor.

240 Nach Ötzmann hatte es eine Dimension von einem Zoll, nach Kapitän Miethe von drei Zoll.

241 Blöss, H.: Glanz und Schicksal der *Potosi* und *Preussen*, Schmidt & Klaunig, Kiel 1960, S. 400

241a H. J. Greiffenhagen: In der gesamten Literatur über diesen Fall wird die *Patria* zwar einhellig als „Kreuzer" bezeichnet, was darauf zurückzuführen sein dürfte, daß die amtliche argentinische Benennung „cruzero torpedero" war, die aber dem internationalen „Torpedobootzerstörer" entsprach. Unter dieser letzteren Rubrik ist die *Patria* dann auch im Weyer, Kriegsausgabe 1914/15, p. 8, aufgeführt. Für die Bezeichnung Zerstörer sprechen auch die Daten: 1070 t; Bew.: 2—12 cm; 4—6 cm; 2—4,7 cm; 5 TR.

242 Flat = Untiefe

242a Shankland & Co. besaßen auch eine „BURN"-Line of steamers, hier ist also nur von einem Zweig der Reederei die Rede.

242b nach Lubbock: The Last of the Windjammers. Vol. I, p. 474: 1900.

243 Oder 784,6 CL

244 Der dritte Segler dieses Namens, die für A. D. B. in Nantes erbaute Viermastbark, strandete 1901.

245 Im Original sind die Geburtsorte mit dem Namen durch einen Bindestrich verbunden, wie überhaupt der ganze Artikel im Original und daher in der Diktion seiner Zeit zitiert wird.

246 Bemerkenswert für die Schnellebigkeit unserer Zeit ist die Tatsache, daß die Presse in den Tagen, da die *Johannes Krüss* als vermißt gemeldet (und als verschollen bestätigt) wurde, mit keiner Silbe auf diese mutige und selbstlose Rettungsaktion für das dänische Passagierschiff *Hans Hedthoft* einging. Damals wurde die gesamte Besatzung der *Johannes Krüss* vom Bundespräsidenten Theodor Heuss und Bremens Wirtschaftssenator — und der Kapitän des Schiffes, Sirck, außerdem auf Schloß Amalienborg vom dänischen König Frederik IX. mit dem Ritterkreuz des Danebrog-Ordens — ausgezeichnet.

247 Spengemann, Friedrich: Auf See geblieben. Seekiste (1958) H. 2, S. 120—121

248 Heinatz: Meine letzte Reise um Kap Horn. Seekiste (1957) H. 5, S. 386—387

249 Bezeichnung für den Ersten Steuermann.

250 Es gab zwei Segler dieses Namens. Die *France*-Besatzung wurde anno 1901 von der anderen, der *2. Hebe* abgeborgen.

251 1893 England — Frisco 110 d, 1894 England — Portland 108 d

252 Nach Kriminalrat Kapitän Heinrich Richter in einem Interview mit der NZ, Bremerhaven (12. 4. 1967- Nr. 86)

253 Hölzerner Schoner, 314 BRT, 1863 in Milton, Del., USA, erbaut; Reeder Middleton, Philadelphia.

254 Nach Laas, nach Kapitän Blöss 3813 BRT, ebenso bei Lubbock; Windjammers. Vol. II.

255 Das Skysegel war ein weiteres, allerdings sehr kleines Rahsegel über den Royals. Kapitän Blöss in seinem Buch über die *Potosi* und *Preussen:* „....und die Segelkraft war gering. Es war schön als oberer Mastabschluß für's Auge, sonst ohne praktischen Wert."

256 Im Original von Kapitän R. Reinemuth

257 Die *Viduco* war allerdings in Hamburg beheimatet.

258 Lubbock, Windjammer. Vol. I, Seite 175/6.

258a vergl. Sea Breezes 9 (1971), p. 717 und J. Meyer: Hamburger Segelschiffe 1795—1945. p. 62.

259 N. N.: Märchen des 19. Jahrhunderts begann am Elbdeich. Matrose regierte ein Südseeparadies. Nordseezeitung, (1967) Nr. 163

260 Nach F. Schmidt: Schiffe und Schicksale, pg. 83/84

261 Nach Lubbock: The Last of the Windjammers. Vol. I, p. 103: „Der Großmast stürzte mit dem Geräusch eines Kanonenschusses an Deck, die anderen Masten folgten und gingen über die Seite, wo sie neben der Bordwand in der schweren See wie mittelalterliche Rammböcke wirkten."

261a Pickeisen = seemänn. Jargon von Pigs (= Schwein[chen] = Roheisenbarren.

262 Das Wort Kapitän für den Führer eines Handelsschiffes ist im deutschen Sprachgebrauch gar nicht so alt. Sein Ursprung ist im lateinischen caput (capus = Kapaun) zu suchen, nach anderen Deutungen ist es vom angelsächsischen Cap und Than gleich oberster Führer, gleichbedeutend mit Hauptmann abgeleitet worden. Der Begriff Hauptmann wurde im romanischen Sprachbezirk in seiner allgemeinen Bedeutung für Befehlshaber gebraucht, so hieß Gonsalvo von Cordova: El gran capitan; Turenne: Le grand capitaine. Erst im 15. und 16. Jahrhundert erhielt die Benennung eine bestimmtere Grenze: in Frankreich wurde unter einem capitaine ein Führer einer Kompanie verstanden, in Spanien ein Capitan als Führer einer Capitania. Später, zur Zeit Ludwigs XIV., als die französische Sprache die vorherrschenden spanischen und italienischen Benennungen verdrängte, setzte man das Wort Kapitän nunmehr der Bezeichnung Hauptmann gleich. In Deutschland fand man bald zur deutschen Bezeichnung Hauptmann zurück und überließ den Begriff nur noch der Kriegsmarine, während er sich in Frankreich auch für den Führer eines Handelsschiffes durchsetzte. Um die Jahrhundertwende wurde in Deutschland der Führer eines Handelsschiffes amtlich als Schiffer (oder Schiffskapitän) bezeichnet, als der zum Erwerbe durch die Schiffahrt bestimmte Führer eines Seeschiffes, dessen Rechte und Pflichten genau umrissen waren. Der Begriff Kapitän setzte sich erst nach und nach auch im amtlichen Sprachgebrauch durch. Die Engländer bezeichneten (und tun das heute noch) einen Handelsschiffkapitän als master, dessen exponierte Stellung an Bord durch die gelegentliche Wendung „master next to God" treffend gekennzeichnet wird.

[262a] In einer anderen Quelle (Meyer, J.) ist von einem Haffkahn die Rede und Torfschiffer als Beruf des Vaters angegeben.

[262b] Nach Meyer, J. soll es sich um die Glattdeckskorvette *Augusta* gehandelt haben.

[263] Es wurde 1855 bis 1859 in Danzig erbaut, und zwar zusammen mit der ebenfalls in Danzig erbauten *Gazelle*, einem Schwesterschiff, das hier während der Jahre 1856 bis 1861 entstand. Die *Gazelle* erhielt ihre Maschine übrigens nicht aus dem Ausland, sondern von der A. G. „Vulcan", Stettin.

[264] Verlag Velhagen & Klasing, Bielefeld und Leipzig 1893

[264a] H. J. Greiffenhagen. Die hier vielfach gebrauchte Bezeichnung „Dreimastschoner" ist falsch, obwohl auch J. Meyer in seinem Buch: 150 Jahre Blankeneser Schiffahrt 1785—1935, Hamburg 1968. p. 238, diese Angabe macht, da die *Nautik* offenbar im Register so aufgeführt war, wo man es m. W. nicht immer sehr genau mit den Bezeichnungen nahm. Da die Benennungen obendrein im deutschsprachigen Bereich örtlich sehr verschieden sein konnten, hat das zu manchen Verwirrungen beigetragen, die heute noch schwerer wiegen, wo es kaum noch Menschen gibt, die gründlich mit der Materie vertraut sind. — Hier könnten wir von den Briten lernen, die schon früh damit begonnen haben, eine Einheitlichkeit in den nach der Takelungsart sich orientierenden Typenbezeichnungen herbeizuführen, so daß jeder sofort weiß, woran er ist. Da diese Typennamen sich ohnehin international durchgesetzt haben, ist das Anliegen F. L. Middendorfs auf entsprechende Vereinheitlichung im deutschen Sprachraum nur stärkstens zu unterstützen, besonders gegen Ende des 20. Jahrhunderts! — Das Bild der *Nautik* bei Meyer a.a.O. zeigt eindeutig eine Barkentine (internationaler Gebrauch) oder Schunerbark (deutscher Gebrauch). F. L. Middendorf: Bemastung und Takelung der Schiffe. Berlin 1903, p. 16: „Schonerbark für Schiffe, welche einen vollgetakelten Fockmast mit Mars- und Bramstenge nebst den zugehörigen Raaen, und am Groß- und Besahnmast nur Gaffel- und Stagsegel führen." Die *Nautik* führt sogar eine Fockroyal und, was auch wichtig ist, kein Schonersegel (Gaffelsegel) am Fockmast. Sie entspricht genau der von Middendorf gegebenen Definition, die sich ähnlich bei H. A. Underhill für den britischen Bereich wiederfindet, um nur einen von vielen zu nennen. — Es wäre erstrebenswert, wenn die DGSM (Deutsche Gesellschaft für Schiffahrts- und Marinegeschichte) mithelfen könnte, moderne Autoren zu einer einheitlichen Sprachregelung zu ermutigen. Schon im Hinblick auf den Nachwuchs unter den Freunden alter Segelschiffe isl das babylonische Sprachengewirr nicht mehr zu rechtfertigen.

[265] Unter Seemannschaft verstand man bei der KM damals:

1. Benennung der verschiedenen Teile eines Schiffes, insofern sie nicht unter die Rubrik ‚Schiffbau' fallen.

2. Benennung der verschiedenen Teile der Bemastung und Takelage, deren Beschaffenheit und Nutzen.

3. Los- und Festmachen, Setzen und Bergen der Segel.

4. Die Wirkung des Windes auf die Segel und dieser auf das Schiff, je nach ihrer Stellung.

5. Die Wirkung des Ruders.

6. Die einfachereren Manöver unter gewöhnlichen Umständen, nebst Kommandoworten.

7. Die Nationalflaggen der bedeutendsten Staaten, die Signalsysteme und Signalapparate der Kaiserlichen Marine und das internationale Signalbuch einschließlich Semaphorsignale.

[266] Der heutige 1. Offizier (IO) damals auch „de Groot" genannt

[267] Nach Laas und Laeisz 1059 BRT

[267a] bei Meyer, J.: 22° S / 77° W

[268] Gemeint ist ein behauener Stamm.

[269] Siehe auch Kapitel III: Schnelle Reisen

[269a] Ein Patent A6 gab es erst ab (etwa) 1930.

[270] Es handelt sich um die Nachfolgefirma der einst so berühmten Schiffbauwerften in Elbing und Danzig.

[271] Für den erkrankten Ministerialdirektor Schubert vom Bundesverkehrsministerium

[272] Albatros 6 (1961) 3 + 4

[273] Nous, Les Cap Horniers. Verlag Flammarion, Paris

[274] Commandant Aubin in seinem Nekrolog über den 1958 verstorbenen Kapitän Lacroix.

[275] geb. am 16. Januar 1869 auf der Hallig Langeness

[276] Siehe Kapitel II: Drehscheibe Kap Horn

[277] 25. Oktober 1862

[278] Geburtsort Lippe, Kreis Plön/Holstein

[279] Ein Schooner war (nach Kapitän Fritz Brustat-Naval) wenigstens ein halber Liter, wenn nicht größer. Das hängt mit der Gallonen-Rechnung zusammen. Die bekanntesten Biersorten kamen alle aus Milwaukee von „deutschstämmigen Brauereien", z. B. Budweiser.

[279a] Zimmermann

[280] Nicht zu verwechseln mit der 2. *Wega* einer ex *Queen of England.*

[281] Albatros 5 (1960) H. 4

[282] Die *Fortuna* wird übrigens nach dieser Reise in Amsterdam nach Italien verkauft.

[283] Lühr, Johs: Kapt'n Is. Die Seekiste, Kiel, 2 (1956) S. 113—114

[284] Die *Union* war insofern ein interessantes Schiff, als sie (nach Lühr) in den 1850iger Jahren in den USA aus Eichenholz erbaut worden war und viele Jahre als Passagierclipper von New York auf San Francisco fuhr. Einzelheiten siehe auch Lühr: Die Seekiste, 2 (1956).

[285] Meyer, Jürgen: Käpt'n Is, Die Seekiste, 12 (1955).

[286] Siehe Kapitel Ladung. Auf der *Union* fuhr auch der Begründer und erste Kapitän des amerikanischen Square Rigger Clubs in San Francisco, der 1967 verstorbene Captain Fred E. Conrad, der seine seemännische Laufbahn mit 14 Jahren auf dem Segelschulschiff *Großherzogin Elisabeth* begann. Im II. Weltkrieg fuhr F. E. C. als Kommandant von Truppentransportern und Nachschubschiffen, auf einer dieser Reisen brachte er den jungen Leutnant John F. Kennedy nach den Salomonen.

[287] Besagte Bark *Julius,* ursprünglich ein Vollschiff, ex *Hoek van Holland,* geriet am 10. Juni 1889 unter Hinrich-Bernhard Meentzens's Führung auf der Reise von Liverpool nach Buenos Aires, an der brasilianischen Küste entlangsegelnd, nach Passieren des hinter der Barre vor Rio warnenden Leuchtturms Atalaia in einen schweren Südoststurm. Sie wurde entmastet und von Kapitän Meentzens an achtzig Faden Kette vor Anker gelegt. Als der Sturm am 13. abflaute, hielten Meentzens Leute Schiffsrat ab. Sie wollten, angesichts der Küste und in nur knapp zehn Meilen Entfernung vorbeifahrender Dampfer, Hilfe vom nahen Land holen. Meentzen wurde (ein vergeblicher Versuch des Obersteuermanns war vorausgegangen) überstimmt. Man brachte mitten in der Nacht zwei Boote zu Wasser: das mit dem Kapitän kam gut und schnell durch die Brandung, in jenem mit dem Obersteuermann, das Tage später an Land geworfen wurde, überlebte nur ein Mann. Es überlebte aber auch die wracke Bark *Julius.* Ein belgischer Dampfer steuerte das noch immer vor Anker liegende Wrack an und brachte das Schiff nach Buenos Aires

ein. Die Ladung wurde gelöscht, der Rumpf verkauft. Als *Julius Bremen* diente er noch lange nach dem I. Weltkrieg als Kohlenhulk.

[288] Dt = Schottsbüll

[289] Siehe Lubbock: The Last of the Windjammers. Vol. I, pg. 167.

[290] Nach R. Rauh, Besatzungsmitglied auf der *Pindos* im Jahre 1905, veröffentlicht im Albatros 3/IV, 1959

[291] Ein zweiter, ähnlicher Traktat wurde nicht von einem Arzt, sondern von dem englischen Dichter und Höfling George Whetstone (1544—1587) geschrieben. Posthum (1598) wurde das von ihm erarbeitete Material als ein Werk über Schiffsmedizin und die damals bekannten Tropenkrankheiten herausgegeben.

[292] Im Albatros

[293] Albatros 9 (1964), H. 3 u. 4

[294] Veröffentlicht im Albatros (1959), H. 2

[295] Beschüte, w., ein Stück Hartbrot, aus dem italienischen biscotto abgeleitet (lat.: bis coctus = zweimal gebacken)

[296] Kneile, R.: Naturkundliche Studien an der Back. Albatros 7 (1962), H. 2., S. 16—17

[297] Slang für Forecastle, wo einst die Mannschaft wohnte.

[298] Efbe (Pseudonym) für F. B. in Seekiste 1959 (H. 4), S. 272—273

[299] Englisch für Rizinusöl

[300] Im Juni 1959

[301] Eine andere Kurzform war weniger liebenswürdig, wenn auch weniger so gemeint, wie es sich — des Reimes wegen (die Schiffe dieser Reederei waren gerade bei den Mannschaften sehr beliebt) ausnahm, die Buchstaben B W Sne — in der weißen Hausflagge vom B. Wencke & Söhne (1905 nach Laeisz die zweitgrößte Segelschiffreederei Hamburgs) = Bannig wenig und schlecht.

[302] Bleibt noch zu erwähnen, daß im Nordatlantik ein Passagierliner das Notsignal der Bark sah und Proviant und Trinkwasser schickte. Die Besatzung erholte sich — und kam gut mit der *Ora* heim.

[303] Während der australische Seemann um diese Zeit sechs Pfund im Monat bekam, erhielt der deutsche Matrose auf den deutschen Schiffen 60,— RM (F. Laeisz zahlte seinen Matrosen im 2. Jahr 70,— RM, der Leichtmatrose bekam 35,— RM, der Schiffsjunge 12,— RM; das allerdings zu einer Zeit, da die Zigarette 2 Pfennig kostete. Und ein 1. bzw. 2. Steuermann, um auch die Offiziere zu nennen, brachten es auf 150,— bzw. 95,— RM.

[304] Die Reederei Rickmers, Bremerhaven, schaffte um 1910 bis auf die genannte Fünfmastbark mit ihrem zusätzlichen Schraubenantrieb einer 1000 PS liefernden Dampfmaschine alle Segelschiffe ab, um ins Sibiriengeschäft einzusteigen. Für Rickmers bedeutete bei diesem Vorhaben der ostsibirische Hafen Wladiwostok, sonst das Ziel britischer Schiffe, das gleiche wie für den Norddeutschen Lloyd New York. Wladiwostok war der Endhafen der Rickmers-Sibirien-Linie und gleichzeitig Symbol und wirtschaftlicher Höhepunkt der Reederei. Das erste Schiff (der Dampfer *Ursula Rickmers)* lief Wladiwostok im Winter 1911 an. Der Frachtanfall war gewaltig, bereits 1912 bediente die Rickmers-Sibirien-Linie den Hafen Wladiwostok alle vierzehn Tage.

[305] Nach Nordsee Zeitung 114 und 122/1962

[306] N. N.: Long time ago ... Seekiste Kiel 9 (1955), S. 642—644

[307] Nach Friedrich Spengemann: „Wie Kapitän Klockgeter ‚shanghait‘ wurde. Seekiste 8 (1959), S. 612—613

[308] Miethe, R.: Auf einem hardliner einmal Westküste und zurück. Seekiste (1968), Fortsetzungsbericht

[309] Sie wollte und das Schiff sollte anonym bleiben.

[310] Hayet, A.: Das Traumland der Deserteure, Albatros 3 (1958) 1, S. 29—30

[311] Ausgerechnet ein anderer Franzose, der spätere Vizeadmiral Louis Antoine Bougainville, verfluchte die Insel, als er als Kommandant der Fregatte *Etoile* um die Erde segelte, „. . . wegen der Sittenlosigkeit der Weiber“ und nannte sie Nouvelle Cythère, was auf deutsch Neu-Kythera bedeutet. Alt-Kythera, die südlichste der Jonischen Inseln im Mittelmeer, aber war der Göttin Aphrodite heilig. Eine der Nachbildungen „Die im Bade kauernde Aphrodite“ befindet sich im Vatikan. Man sieht: Hier war mal wieder einer päpstlicher als der Papst.

[312] Nach Fiester, H.: „Leichtmatrosenerlebnisse auf dem Hamburger Vollschiff ‚*Harvestehude*‘“, Albatros V (1960), S. 15—17

[313] Rückblick auf eine Salpeterreise. Albatros 6 (1961), H. 2 und 3

[314] Albatros 4 (1958), H. 3, S. 4 und 5

[315] Zumindest war das einmal so, als noch die Segelpyramiden der Windjammer die Meere der Welt bevölkerten.

[316] Nach Kapitän Dettmering: „Ich wollte mal sehen, ob die Erde eine Kugel ist“, Seekiste 1951, H. 6, S. 366—371

[317] W & S = Weber & Schuldt, aber auch vom Janmaaten mehr scherzhaft als berechtigt, „Wenig und Schlecht“ genannt.

[318] Auf anderen Schiffen wurde der älteste Matrose dafür ausersehen.

[319] Strassburger, Th. W.: Das Salpeterkreuz. Die Seekiste 9 (1958)

[319a] Reise aus Quartier in Gottes Nam',
ji söllt den Mann an't Ro'er verfang'n,
de Wach' is to Enn', acht Glasen sünd gedahn!!
Reise aus Quartier in Gottes Nam'!
Reise, reise, reise, nach alter Seemannsweise.
Hal' an de Brassen, de Bramseils fier,
reise, reise aus Quartier!

[320] Immerhin ist seit der Antike immer wieder die Seefahrt als Heilmittel gegen Gastritis und andere Magen- und Darmbeschwerden empfohlen worden — iactationis maris causa! — da dies ein Emetikum erspare!

[320a] Um noch das Ende zu erzählen: Hier wartet man, bis Ersatz-Offiziere wie Seeleute — aus Hamburg kommen. Als diese eintreffen, sind die, die überlebten, bei der ihnen inzwischen gereichten vitaminreichen Kost wieder bei Kräften, um mit der *Olga* gemeinsam nach Philadelphia, dem eigentlichen Bestimmungshafen für die Zuckerfracht, zu fahren.

[320b] 1508 bis 1579

[320c] 1491 bis 1557

[320d] Gest. 1618

[320e] 1716 bis 1794

[320f] 1712 bis 1790

[320g] 1650 bis 1704

[320h] 1749 bis 1834

[321] Nach R. Rauh, Albatros V (1960), H. 1

[322] Nach Seekiste 3 (1959)

[323] Nach Lühr, Seekiste 8 (1956)

[323a] Wetter neuerdings in vielen Karten als Wetar

[324] Heinatz, O.: Wie wurden früher Segelschiffe beladen? Seekiste 3 (1957)

[325] surf days = Brandungstage

[326] Scholz, W.: Die Stellung der Segelschiffahrt zur Weltwirtschaft und Technik.

[327] Die erste Anregung zur industriellen Ausbeutung der Salpeterlager an Südamerikas Westküste gab der in Bolivien ansässige Deutsche Thaddäus Haenke — 1809 gab er ein Verfahren an, Salpeter aus Caliche, dem in Chile gewonnenen Rohprodukt, herzustellen —.

[328] Pseudonym für Kämpf, den späteren Kapitän

[329] Seit Jahrhunderten wurden an der Weser und an der Elbe Schiffbauer aus den Niederlanden bevorzugt.

[330] Für die Entwicklung der anderen Werften, vor allem der Reiherstieg Werft, wird auf das einschlägige Schrifttum verwiesen.

[331] geb. 16. Januar 1807 auf dem Helgoländer Unterland, wo er auch die Elementarschule besuchte und beim Schiffszimmermann und Bootswerftbesitzer Jakob Andreas Siemens in die Lehre ging, jenem Sonderling übrigens, dem die Helgoländer die Gründung ihres Bades zu danken haben.

[332] Daher war ehedem der Schiffbau in diesen Städten nicht so bedeutend wie in den kleineren Orten an der Elbe und der Weser. An der Ostsee finden wir für diese Zeit bedeutenden Schiffbau außer in Rostock, Stralsund, Danzig und Kiel vor allem auch in so kleinen Orten wie Ribnitz, Zingst oder Kappeln.

[333] Kurz Schiffe genannt

[334] In Hamburg — als Beispiel — blieb die Ausbildung der Schiffbaulehrlinge bis zum Jahre 1832 in den Händen der Zunft, die aus der 1460 gegründeten Bruderschaft hervorgegangen war und die erst 1514 eine Zunftordnung vom Rat erhielt.

[335] Hier trat erst eine Änderung ein, als die Bauvorschriften des 1867 gegründeten Germanischen Lloyds eine gewisse Einheitlichkeit der Konstruktionen verlangten.

[336] Zur besseren Übersicht:

1836 = 1 (Kahn)
1837 = 1 (Kuff)
1839 = 1 (Galliot)
1840 = 1 (Bark)
1840 = 1 (Schoner-Galiote)

[336a] In Deutschland nannte man (wenn auch unpassend) einen Louisdor (in Frankreich übrigens seit 1803 abgeschafft) die verschiedenen deutschen und dänischen Pistolen oder goldenen Fünftalerstücke.

[337] Mannheimer Verlagsbuchhändler und Mitglied der Nationalversammlung

[338] Ausgenommen der Schoner *Julie* und das Vollschiff *Nicoline* und ein Kanonenboot von 110 Tonnen Tragfähigkeit an die Bundesmarine.

[339] Volkarts, Winterthur

[340] 1867 brachte die *Etha Rickmers* eine Ladung von 2014 Tonnen Tee für etwa fünf Pfund die Tonne von Shanghai nach New York. Es war die größte und wertvollste Ladung, die bis dahin von China verschifft worden war.

341 Während der Dauer des Deutsch-Französischen Krieges befanden sich mit unterschiedlichen Zeitabständen die Bark *Peter Rickmers*, 920 BRT Tragfähigkeit, in Singapore, die Bark *Willy Rickmers* (1200 BRT) in Singapore (als Schutz- und Zwischenhafen), das Fregattschiff *R. C. Rickmers* (1760 BRT) in Singapore, die Schonerbark *Laurita* (450 BRT) in Hong Kong, die Bark *Ellen Rickmers* (500 BRT) in Hong Kong, die Bark *Ernst und Maria* (575 BRT) in Swatow, die Bark *Maria Rickmers* in Shanghai, die Bark *Dr. Petermann* (1100 BRT) in Batavia, das Schiff *Andreas* (1400 BRT) in Yokohama, die Bark *Robert Rickmers* (575 BRT) in Shanghai, die Bark *Sophie Rickmers* (1200 BRT) in Singapore. Die meisten dieser Segler standen und blieben in der damals aufblühenden Reisfahrt, nachdem die Dampfschiffahrt vermöge des schnellen Suez Kanal-Weges die Teefracht an sich gerissen hatte. Seit dieser Zeit stieg Rickmers auch in das Reismühlengeschäft ein, beginnend mit der Firma Ichon & Rickmers (1872).

342 1860: mit der Bark *Robert Rickmers* (435 BRT), dem Schiff *Etha Rickmers* (1600 BRT); 1867: der Bark *Peter Rickmers* (720 BRT), 1868: der Bark *Maria Rickmers* (58[illegible] BRT), der Bark *Ellen Rickmers* (375 BRT), der Schonerbark *Laurita* (270 BRT), der Bark *Willy Rickmers* (850 BRT), 1870: dem Schiff *R. C. Rickmers* (1080 BRT), der Bark *Sophie Rickmers* (880 BRT), 1871: dem Schiff *Etha Rickmers* (1076 BRT), (Ersatz für das 1866 erbaute Schiff, das 1870 auf dem Goodwin Sand verloren ging), 1872: der Bark *Deike Rickmers* (930 BRT), 1873: dem Schiff *Andreas Rickmers* (1560 BRT), 1874: dem noch größeren Schiff *Deike Rickmers* (1840 BRT), 1875: der Bark *Alice Rickmers* (1270 BRT), 1876: der Bark *Paul Rickmers* (1250 BRT), 1877: der Bark *Elisabeth Rickmers* (1300 BRT), 1879: der Bark *Madeleine Rickmers* (1330 BRT), 1881: der Bark *Richard Rickmers* (1400 BRT), 1882: der Bark *Erwin Rickmers*, 1884: der Bark *Ellen Rickmers* (1450 BRT) und 1886, im Todesjahr von Rickmers Clasen Rickmers: der *Andrée Rickmers* (1300 BRT).

343 Kohlenladung

344 Dort als *Rubia* im Dienst

345 Während dieser Zeit wurde die Rickmers-Flotte durch eine bei Russell & Co. in Glasgow erbaute Viermastbark (1887/88) und das Viermastvollschiff *Peter Rickmers* von 4500 t Tragfähigkeit vergrößert. Es wurde der Stolz der Reederei, denn es war schnell und ausgesucht schön. 1892 folgte, ebenfalls von Russell erbaut, die Fünfmastbark *Maria Rickmers*, die jedoch wegen ihrer Hilfsmaschine (750 PS) kein reines Segelschiff war. Russell erbaute auch die ersten beiden Dampfer für die Rickmers-Reederei, die *Sophie Rickmers* und die *Helene Rickmers* mit je 4500 t Tragfähigkeit.

345a Der letzte Segelschiffbau war die 1908 erbaute *L'Avenir*, siehe auch p. 374.

345b Meyer, J. gibt in seinem Buch über Hamburgs Segelschiffe Valparaiso, Rio de Janeiro und Havanna an.

345c Die am 2. März 1863 erworbene Bark ließ C. Laeisz als *Louis Kniffler* übrigens in Stettin registrieren. Da Hamburg damals noch keinen Handelsvertrag mit Japan besaß, wurde als „Strohmann" C. E. Lang, der Sekretär des preußischen Generalkonsulats, als Eigner angegeben, denn preußische Schiffe waren zum Japanhandel vertraglich zugelassen.

346 Bei J. Meyer in Lübeck 1839 erbauten

347 Im Walfang wird das Unternehmen FL erst 1902 wieder tätig sein, nämlich als Gesellschaftsmitglied der 1902 gegründeten Walfang- und Fischindustrie AG in Hamburg.

348 Der erste Anstoß und tiefere Grund dafür war in der Tatsache zu suchen, daß die 80 m lange *Sovereign of the Seas*, die der Hamburger Godeffroy 1854 aus den USA gekauft hatte (was eine Sensation war für Hamburg und die gesamte Segelschiffwelt) wegen ihres Tiefganges nicht die Elbe heraufkommen konnte. Erst 30 Jahre später wurde die Größe der *Sovereign of the Seas* von einem Hamburger Segelschiff, der 1883 erbauten *Terpsichore* von B. Wencke Söhne erreicht.

[349] CL = Commerzlast; 1 CL = je CL etwa mit 1,88 bis 2,43 RT (in Hamburg etwa 6000 Pfund)

[350] Pudel war der Scherzname von Carl Laeisz' junger Frau, die ihrer krausen Haare wegen so genannt wurde.

[350a] nach Kresse = 416 BRT/404 NRT

[351] 3% Verluste pro Jahr galten für die damalige Zeit als normal. Bei FL dagegen blieben es im Schnitt 0,9%. Erwähnenswert ist in diesem Zusammenhang, daß außer den nach Kollisionen mit Dampfern gesunkenen Seglern, den Viermastbarken *Pangani* und *Pitlochry*, dem nach einer unverschuldeten Kollision gestrandeten und aufgegebenen Fünfmastvollschiff *Preussen* und der gestrandeten *Petschili* kein einziger Vier- oder Fünfmaster verlorenging.

[352] Wie die englischen Seeleute bald die schnellen, unter der Laeiszschen Kontorflagge mit dem roten FL auf weißem Grund segelnden Schiffe nannten

[353] Der Sohn von Rob. R. Sloman (d. A.), der 1851 zusammen mit dem Bremer Schiffbaumeister Wencke das erste Trockendock erbauen ließ.

[354] *Poncho, Pluto, Paquita, Pavian, Puck, Pitlochry, Persimmon, Peiho, Pommern, Pinnas, Parma, Perim* und *Perceo* (= 13 aus Großbritannien), *Hunsingo* und *Pelikan* (= 2 aus den Niederlanden), *Ponape* und *Pinguin* (= 2 aus Italien), *Los Hermanos* (aus den USA), *Louis Kniffler* (aus Schweden) und *Pellworm* (aus Frankreich)

[355] Kurz HSDG genannt

[356] 1895 unter Beteiligung von FL in Woermann-Linie GmbH. umbenannt, wobei zu erwähnen bleibt, daß die Reederei Carl Woermann natürlich viel älter war.

[357] Es handelte sich um die Viermastbarken *Edmund* ex *Wilhelm Tell* (3076 BRT), *Hans* (3102 BRT), *Egon* ex *Eclipse* (3090 BRT), *Herbert* ex *Donna Francisca* (2183 BRT), *Kurt* (3116 BRT), *Thekla* (2) ex *Milton Stuart* (3076 BRT) und die Vollschiffe *Susanna* (1975 BRT) und *Thekla (1)* ex *Hermann* (1982 BRT).

[358] Nach und z. T. im Wortlaut: Treue, W.: Gesellschaftliche Voraussetzungen der Industrialisierung. VDI-Zeitschrift 110 (1968), H. 1, Seite 2 und 3

[359] Förderhin für Tage d vom lat. dies

[360] *Queen Margaret* hatte 100 Tonnen Pickeisen als ständigen Ballast an Bord.

[361] Dieses Ende kam, als die *Queen Margaret*, nachdem sie Sidney am 17. Januar 1913 mit 4500 ts Getreide an Bord verlassen hatte, nach 108 Tagen am 5. Mai bei Kap Lizard stand. Kapitän Bousfield erhielt Order, nach Limerick zu gehen, um dort die Ladung zu löschen. Es stand aber starker Gegenwind, so daß die Schiffsführung über ein Telegramm die Reederei um einen Schlepper bat und dann, um das Antwortsignal besser lesen zu können, auf Lizard zusegeln wollte. Es war 08.00 als — man stand eine viertel Seemeile vom Leuchtturm ab — eine leichte Erschütterung durch das Schiff wogte, danach saß die *Queen Margaret* fest. Obwohl der Kapitän sofort back brassen ließ, kam der Segler nicht frei. Bald wurde Wasser im Schiff gemeldet, und bald legte sich die Viermastbark, deren Besatzung bereits abgeborgen war, immer mehr nach Backbord über, während ein französischer Dampfer und die Schlepper *Victor* und *Triton* in der Nähe standen. Der Kapitän pullte noch einmal zu seinem Schiff, vielleicht, daß er hoffte, die *Queen Margaret* doch noch von den Schleppern von dem Felsen abziehen zu können, aber der Segler legte immer weiter über, so weit, daß akute Gefahr des Kenterns bestand. Kapitän Bousfield war an Bord geblieben, bis die Schlagseite des Schiffes so stark wurde, daß er an einem Riemen entlang von Deck in das Rettungsboot hinüberrutschen konnte. Bis zum 8. Mai waren alle Masten über Bord gegangen, das Deck wurde aufgerissen und das Schiff schließlich vom Unterwasserfelsen aufgespalten. Lubbock: „Es gab selten ein dümmeres und unnötigeres Ende eines Schiffes, wie jenes der wundervollen *Queen Margaret*."

Die Unterwasserfelsen vor Lizard sind übrigens einer ganzen Anzahl Segelschiffen zum Verhängnis geworden. Nur eines konnte wieder freikommen: die französische *Socoa.*

[362] Verstorben am 19. Juni 1919

[363] Großbritannien muß als das Mutterland der Industrialisierung angesprochen werden. Es blieb auch — bis zum Ende des 19. Jahrhunderts — das Führungsland, erst dann setzte sich die industrielle Revolution auch in anderen Ländern durch. Der Weg führte über Paris und Amsterdam nach Köln, Berlin und Breslau weiter nach Warschau, Wien und Stockholm und schließlich nach Petersburg, Moskau und zum Ural. Die Industrialisierung schritt fort, sie sprang aber, das erscheint wichtig, nicht hin und her. Vor allem Preußen war es, daß sich sehr bald schon das know-how von der Insel holte, Facharbeiter aus Birmingham und Ingenieure aus Manchester abwarb und Beobachter auf die Insel schickte.

[364] Verstärkung des Kiels über den Bodenwrangen

[364a] Hamecher gibt diese Maße an: Back: 11,90; Brückenhaus: 21,34, Poop: 12,20

[365] Im SOS-Heft 194; Heidel, Willi, u. Janssen, Jens: „Ruhm und Ende des größten Rahschiffes", Moewig-Verlag, München, 1960

[366] Einzelheiten siehe Kapitel XI: Feuer an Bord

[367] Nach Dr. Meyer, Jürgen

[368] Ihre Kapitäne waren Victor Gagnel (1912—1915), Gaudé (1915—1919), Caplain (1919), Le Port (1919—1922)

[369] Die *France* machte diese Reisen: Dezember 1913 (Kohle) für Thio (Neu Kaledonien) ein am 6. März 1914, 92 Tage — Ab Tchio 24. April 1914 (Erz), an Clyde 3. August 1914, 102 Tage — Ab Clyde 29. Oktober 1914 (Kohle), an Tchio 25. Februar 1915, 119 Tage — Ab Tchio 27. März 1915 (Erz), an La Pallice 28. Juli 1915, 109 Tage — Ab Clyde 25. März 1916 (Kohle), an Tchio am 16. Mai 1916, 81 Tage! — Ab Tchio 9. Juli 1916 (Erz), an Rothesay-Docks am 15. Oktober 1916, 85 Tage — Ab Glasgow am 21. Februar 1917 (Kohle), an Montevideo am 15. April 1917, 53 Tage — Ab La Plata am 11. Juni 1917 (Getreide, Talg, Felle), an New York 5. August 1917, 45 Tage — Ab Stapleton-Bay am 2. August 1917 (Kistenöl), an Adelaide 28. 12. 1917 (Kistenöl) — Ab Sydney am 4. Mai 1918 (Mehl), an Tchio 15. Mai 1918, 12 Tage — Ab Tchio 7. Juli 1918 (Erz), an Dakar 31. August 1918, 55 Tage — Ab Gorée 2. Januar 1919 (Mahagoni, Erdnüsse), an Bordeaux am 17. Februar 1919, 46 Tage — Anfang Dezember 1919 ab Newcastle (Kohle) nach Baltimore. Dann folgen einige Reisen zwischen Nordostamerika und St. Nazaire. Im Februar 1921 fährt die *France* ab Newport in Monmouth (Kohle) nach Lyttelton auf New Zealand, 110 Tage — Ab Wellington (Wolle) nach London, 90 Tage — Ab London (Zement) nach Tchio, 103 Tage, Ab Pouemboet auf New Zealand (Erz für Frankreich) aus, jedoch am 12. Juli 1922 auf dem Coya-Riff, 60 Seemeilen von Nouméa, gestrandet, Totalverlust.

[370] Lt. Günter Haak (Seekiste 1960, H. 10, S. 842: 16,5 + 9,7 m), lt. Lubbock: Windjammers (I): 125,12 (zw. d. L.) · 16,34 · 9,27 m

[371] Crowley hatte eine ganze Flotte von Gaffelschonern, nämlich die Fünfmaster *Kineo, Margaret Haskell, Samuel J. Goucher, William L. Douglas* und den Sechsmaster George *W. Wells* in Dienst. — Underhill nennt als Eigner die: Coastwise Transportation Co., Boston.

[372] Der Konstrukteur hatte bereits die Risse der *Margaret Haskell,* der *Samuel J. Goucher* und der *William L. Douglas* geliefert, auch die von erfolgreichen Yachten.

[373] Lawson hat übrigens ein Buch geschrieben, „Finanzwahnsinn" betitelt, das damals viel Staub aufwirbelte.

[373a] lt. Underhill: LWL = 112,17 m; Lüa = 117,35

[373b] Greiffenhagen, H. J.: Oder auch nicht erstaunlich, denn sie haben sich besonders vor der US-Ostküste wegen der dort herrschenden Windverhältnisse ausgezeichnet bewährt.

[374] Es hat außer diesem Siebenmastgaffelschoner eine ganze Reihe Sechsmast- und Fünfmastschoner (meist unter der USA-Flagge) gegeben, die, im Jargon „schwimmende Alleen" genannt, mehr vom Glück begünstigt waren und die (ihre Zeit begann, ausgerechnet, am 1. April 1900) bis in die 30er, zum Teil auch 40er Jahre hinein fuhren (meist in den Jahren nach 1900 als umgebaute Großsegler [verschiedene Viermastvollschiffe darunter und ein umgebauter ex eiserner Schraubendampfer *City of Sydney*, der, so sagt man, das häßlichste Segelschiff der Welt gewesen sei]). Wer mehr darüber lesen will, findet Einzelheiten in der Seekiste 2 (1959) usw.

[374a] Nach Brustat-Naval (nach seiner Erinnerung an Gespräche in der Ackermann's Nautical School, Brooklyn) hießen die Masten: Fore-, Main-, Mizzen-, Spanker-, Jigger-, Push- and Pull-Mast.

[374c] Greiffenhagen, H. J., bei der 2. Auflage des Buches dazu: „Die Masten wurden auf keinen Fall bei Manövern nach den Wochentagen benannt, höchstens bei scherzhaftem Schnack im Logis, aber auch das bestreiten amerikanische Kenner, die es eigentlich wissen müßten. Hier einer für viele, P. R. J. Reynolds aus Cold Spring Harbor, N. Y., in Sea Breezes 6 (1971), p. 482: „... Von ganzem Herzen stimme ich mit meinem guten Freund, Captain Horka, in der Feststellung überein, daß das sogenannte Wochentagsystem zur Benennung der Masten bei den großen Schonern nichts weiter als eine Legende ist, die, wie ich glaube, beim Stapellauf der *Lawson* von einem Bostoner Zeitungsreporter in die Welt gesetzt worden ist . . . Ich bin mit ein oder zwei Leuten zur See gefahren, die einmal zur Crew der *Lawson* gehört hatten, und ich erinnere mich gut, daß sie die Masten wie Capt. Horka fore, main, mizzen, jigger, driver, pusher und spanker nannten . . .' " Horka erwähnt übrigens einen Brief des Konstrukteurs, in dem die Masten numeriert sind.

[375] Die berühmsteste Regatta wurde 1866 (bei einer Teilnahme von insgesamt 16 Clippern) von den fünf Teeclippern *Ariel, Taeping, Serica, Taitsing* und *Fiery Cross* auf der Strecke von Futschau in China nach London ausgetragen. Bis zum Meridian des Kaps der Guten Hoffnung hatte noch immer die *Fiery Cross* die Führung, wurde dann aber von der *Taeping*, die mit der *Fiery Cross* Seite an Seite, und später auch von der *Ariel*, überholt. In den Kanal liefen diese beiden Prachtschiffe nur wenige Seemeilen auseinander ein. Die Wetten stiegen und fielen, denn die Signalstationen im Kanal meldeten den Fortgang des Rennens. Die *Ariel* kam zwar mit zwölf Minuten Vorsprung vor der Themse an, erhielt auch einen Lotsen, als die *Taeping* erst danach signalisierte, kam aber durch einen Zufall 25 Minuten später als die *Taeping* ins Dock — und verlor.

[376] Erbaut 1883 bei Harland & Wolff für R. Martin

[377] Nach einem Bericht (bzw. im Wortlaut zitiert) aus der Feder des damaligen Schiffsjungen Herbert Tiessler im Albatros, 7 (1962) H. 3

[378] Angenäht

[379] Norweg.: Der Teufel soll mich verbrennen

[380] Der Albatros, 7 (1963), H. 1, S. 9

[381] Albatros 7 (1962) H. 1, Erinnerungen an die *Anna Ramien*

[382] Nach einer nicht zu kontrollierenden Veröffentlichung hätten die *Commonwealth* sogar nur 57 und die *Decapolis* nur 56 Tage benötigt. Wahrscheinlich muß es 67 und 66 heißen, denn 57 bzw. 56 Tage sind mit Sicherheit Legende.

[383] In: FL, Geschichte einer Reederei

[384] Zusammen mit dem Vollschiff *Mermerus* die beste Reise des Jahres

385 1931 von FL für 60 000,00 RM an Gustaf Erikson, Finnland, verkauft

386 In Seekiste 1 (1957)

387 Für diese 17 000 tdw-Schüttgutfrachtschiffe mit Windantrieb durch ein neu entwickeltes Takellagesystem mit rahgetakelten Dreibeinmasten wurde von Prölss die Wirtschaftlichkeit gegenüber a. Segelschiffen alter Art und b. modernen maschinenangetriebenen Schiffen am Modell und vor allem rechnerisch untersucht. Durch ein Fernsteuerungssystem läßt sich jeder Mast mitsamt der Besegelung in andere Richtung, das heißt, gegeneinander gestaffelt, einstellen. Auch das Setzen und Bergen der Segel wird fernbedient. Durch die differenzierbare Winkeleinstellung der Masten und durch die geschlossene Segelfläche bei der neuen Takelageform und Anordnung ist eine wesentlich günstigere Ausnutzung des Windes und dadurch eine Geschwindigkeitssteigerung gegenüber den herkömmlichen Segelschiffen möglich. Nach eingehendem Vergleich aller die Wirtschaftlichkeit beeinflussenden Faktoren kommt Prölss zum Schluß, daß ein sechsmastiger Segler, 17 000 tdw, durchaus mit maschinengetriebenen Schiffen konkurrieren könnte.

Vergleichsbasis: Route Hamburg—Hampton Roads—Hamburg mit 4 Hafentagen und 2 Reservetagen

	Motorschiff	Dynaschiff
Baukosten	12 Mill.	10,8 Mill.
Geschwindigkeit von Hafen zu Hafen	15 kn	12 kn
Tragfähigkeit	17 000 tdw	17 000 tdw
Ladefähigkeit	15 950 ts	16 600 ts
Dauer der Rundreise	28 Tage	34 Tage
Jahresleistung (345 Tage)	196 500 ts	168 400 ts

Interessierte finden weitere Einzelheiten in dem einschlägigen Schrifttum von Prölss und Wagner, B (siehe auch Literaturverzeichnis).

388 Dieses Schiff gehört an sich nicht unter den Windjammern erwähnt, es könnte bei seiner relativ sehr starken Maschinenanlage von 2750 PSe allenfalls noch als Auxiliarsegler gelten. Auch die Zweckbestimmung als Yacht klammert die ex *Hussar* unter den klassischen Windjammern aus. Zudem wurde sie auch von Werftdirektor Emmerich 1931 als „große Motoryacht" bezeichnet (so wie Dipl.-Ing. Erbach auch die anderen Auxiliarsegelschiffe der Germania-Werft [so z.B. die *Magdalena Vinnen* oder die *Annen* usw.] schlicht nur Motorsegler nannte). Heute heißt die seinerzeit von der „millionenschweren" E.F. Hutton georderte *Hussar* clipperhaft romantisiert *See Cloud*. Sie gehört, vom Kreuzfahrersegler Kapitän Paschburg wiederentdeckt einer deutschen Eignergruppe, die den Luxussegler mit seinem bewegten Innen- und Außenleben, mit Vergangenheit sozusagen, wieder auf Hochglanz polieren und segelreif und auch sonst renovieren ließ (wozu auch eine stärkere Maschinenanlage von nunmehr 6000 PSe zu zählen sind). Dies Schiff wird nach Überwindung diverser bürotechnischer Probleme als die eleganteste Kreuzfahreryacht der Welt in ozeanischen Bereichen eingesetzt.

Nachträge:

a Zur Anmerkung 21: Nach Auskunft des National Maritime Museums in Greenwich war das erste Wasserfahrzeug aus Eisen der bei John Wilkinson, Lancashire, 1787 erbaute Kanalleichter (Barge) *Trial.*

b Zur Anmerkung 23: Aus Puddelstahl entstand in England bereits 1858 der Segler *Windsor Castle* und aus dem schon qualitativ besseren Bessemer-Stahl der erste Segler 1863, die 1271 tons große *Formby* und 1864 die 1283 tons große *Altcar.*

Anhang 1

Tafel I

Die ersten englischen Segelschiffe aus Eisen, von denen die Iron-Sides *das erste eiserne Segelschiff der Welt gewesen ist*

Nach Auskunft des National Maritime Museums in Greenwich gab es bis zum Jahre 1853 insgesamt 58 Segelschiffe aus Eisen. Hier werden nur die bekanntesten unter diesen Seglern aufgeführt.

Jahr	Schiffsname	Typ	Größe	Heimathafen
1838	*Iron-Sides*[1]	Vollschiff	260 t	Liverpool
1840	*John Garrow*[2]	Vollschiff	711 t	Aberdeen
1840	*Vulcan*	Bark	310 t	Glasgow
1841	*Iron Duke*[3]	Vollschiff	?	?
1841	*Iron Queen*	Bark	310 t	Aberdeen
1842	*Glasgow*	Schoner	99 t	Glasgow
1842	*Mercury*	Schoner	175 t	Glasgow
1844	*Richard Cobden*	Bark	461 t	London
1845	*Prince of Wales*	Schoner	238 t	Leith
1846	*Iron Gem*	Bark	349 t	London
1846	*Haddington*	Vollschiff	1 459 t	London
1847	*Indus*	Vollschiff	1 319 t	London
1847	*Ann*	Schoner	264 t	Leith
1847	*Cleopatra*	Schoner	200 t	London
1848	*Colzium*	Schoner	80 t	Clyde
1848	*Garrel*	Schoner	94 t	Glasgow
1848	*Grange*	Schoner	80 t	Glasgow
1848	*La Serena*	Bark	330 t	Sunderland
1848	*Margaret*	Bark	397 t	Newcastle
1848	*Panic*[4]	Bark	450 t	Liverpool
1849	*Centaur*	Brigg	232 t	Aberdeen
1849	*Eclipse*	Bark	329 t	Hull
1849	*Shamrock*	Schoner	120 t	Drogheda
1850	*Courrier*	Vollschiff	569 t	Newcastle
1850	*Three Bells*	Vollschiff	603 t	Glasgow
1851	*Thomas Hamlin*	Vollschiff	832 t	Greenock
1852	*Duke of Northumberland*	Vollschiff	558 t	London
1852	*Haiti*	Brigg	191 t	Glasgow
1852	*Vanguard*[5]	Vollschiff	643 t	Liverpool
1853	*Queen of the Avon*	Bark	162 t	Liverpool
1853	*Martaban*	Vollschiff	781 t	Greenock
1853	*Lord of the Isles*	Vollschiff	770 t	London
1853	*Gauntlet*	Vollschiff	613 t	Liverpool

[1] Die *Iron-Sides*, für N. Cairns, Liverpool, bei Jackson, Gordon & Co. Liverpool, erbaut, war das erste Segelschiff aus Eisen, das über den Atlantik fuhr

[2] Die *John Garrow* entstand für den Handel mit Ostindien

[3] Die *Iron Duke* wurde 1842 wegen einer Kompaßdeviation wrack gefahren

[4] Frühestes Schiff in der Chinafahrt

[5] wie [4]

Tafel II

Gesetz vom 29. Januar 1881

Art. 4. Als Ausgleich für die Lasten des Zolltarifs werden den Werften folgende Ansprüche zugebilligt:

für Schiffe in Eisen oder Stahl	60 Frcs.	pro Brutto-Register-Tonne
für Schiffe in Holz von 200 To. oder mehr . .	20 Frcs.	
für Schiffe in Holz unter 200 To.	10 Frcs.	
für Composit-Schiffe	40 Frcs.	

für Maschinen und Hilfsmaschinen an Bord der Dampfer einschließlich Kesselanlage . . . 12 Frcs. pro 100 kg
Art. 9. Zum Ausgleich für die Lasten, welche der Handelsmarine für die Rekrutierung und den Dienst in der Kriegsmarine auferlegt sind, wird für 10 Jahre nach der Veröffentlichung dieses Gesetzes den französischen Segel- und Dampfschiffen eine Schiffahrtsprämie bewilligt. Diese Prämie gilt nur für Schiffe in langer Fahrt. Die Prämie beträgt für jede Netto-Register-Tonne und 1000 durchlaufene Meilen 1,50 Frcs. für in Frankreich gebaute Schiffe und vermindert sich jährlich um 0,075 Frcs. für Schiffe aus Holz oder Composit, um 0,05 Frcs. für Schiffe aus Eisen.
Für im Ausland gebaute Schiffe beträgt die Prämie nur die Hälfte. Die Zahl der durchlaufenen Meilen wird berechnet nach dem Abstande des Abgangs- und Ankunftshafens, gemessen auf der direkten Fahrtlinie.

Tafel III

Gesetz vom 30. Januar 1893

Art. 1. Definitionen von „Lange Fahrt", „Internationale Küstenfahrt", „Französische Küstenfahrt"; Lange Fahrt muß außerhalb der folgenden Grenzen gehen: 30° und 72° nördlicher Breite; 15° westlicher und 44° östlicher Länge (Pariser Meridian).
Art. 2. Als Ausgleich für die Lasten des Zolltarifs werden den Werften folgende Ansprüche zugebilligt:

für Segel- oder Dampfschiffe aus Eisen oder Stahl	65 Frcs.	pro Brutto-Register-Tonne
für Schiffe aus Holz von 150 To. oder mehr . .	40 Frcs.	
für Schiffe aus Holz unter 150 To.	30 Frcs.	

Art. 3. Für Maschinen und Hilfsmaschinen (Dampfpumpen, Hilfsmotoren, Dynamo-, Rudermaschinen, Ventilatoren, soweit mechanisch bewegt), neu eingebaut in Dampf- und Segelschiffen, ebenso für die dazugehörige neue Kesselanlage 15 Frcs. pro 100 kg.
Art. 4. Diese Prämie wird für Schiffe, welche in Frankreich für fremde Handelsmarinen gebaut werden, erst fällig, wenn das Schiff seine Fahrt aufgenommen hat.
Art. 5. Als Ausgleich für die Lasten, welche der Handelsmarine für die Rekrutierung und den Dienst in der Kriegsmarine auferlegt sind, wird von der Veröffentlichung dieses Gesetzes an eine Schiffahrtsprämie bewilligt für alle in Frankreich gebauten Segelschiffe über 80 Br.-Reg.-To. und Dampfschiffe über 100 Br.-Reg.-To. Diese Prämie wird bezahlt während 10 Jahren, gerechnet von der Fertigstellung für die in Frankreich während der Gültigkeit des Gesetzes gebauten Schiffe, welche in der Langen Fahrt und Internationalen Küstenfahrt beschäftigt werden.
Art. 6. Für im Ausland gebaute Schiffe ist und bleibt die Prämie aufgehoben. Die Prämie beträgt pro Brutto-Register-Tonne und 1000 Meilen:
1,10 Frcs. für Dampfer (jährl. Abnahme 0,06 Frcs. für Holzschiffe, 0,04 Frcs. für Eisen- oder Stahlschiffe),
1,70 Frcs. für Segler (jährl. Abnahme 0,08 Frcs. für Holzschiffe, 0,06 Frcs. für Eisen- oder Stahlschiffe).
Im Ausland gebaute Schiffe, welche vor dem 1. Januar 1893 französisch geworden sind, erhalten nur die Hälfte der Prämie.
Schiffe der Internationalen Küstenfahrt erhalten $^2/_3$ der Prämie.
Art. 12. 4% der Prämie werden zurückbehalten für die Kasse der Invaliden der Marine.
Art. 13. Die Dauer des Gesetzes ist festgesetzt auf 10 Jahre von seiner Veröffentlichung (31. Januar 1893).

Tafel IV

Seit 1893 in Frankreich aus Stahl oder Eisen gebaute Segelschiffe (über 50 Bruttoregistertonnen)

Im Jahr	Zahl	Br.-Reg.-To.	Mittlere Größe rund	Bemerkungen
1893	3	1 793	600	nach Congrès International de la Marine Marchande, Paris 1900. Paris, P. Dupont 1901 Bericht von M. Mayer: Situation des Marines Marchandes
1894	6	3 537	590	
1895	4	7 019	1 750	
1896	14	25 958	1 850	
1897	18	43 640	2 430	
1898	11	25 740	2 340	nach Statistik des Bureau Veritas
1899	43	59 589	1 750	
1900	40	95 954	2 400	
1901	38	90 233	2 370	
1902	60	156 016	2 600	
1893—1902	237	509 479	2 240	
1903	2	3 491	1.740	nach Statistik des Bureau Veritas
1904	3	401	133	
1905	—	—	—	

Tafel V

Französische Bau- und Schiffahrtsprämien seit 1892[1]

Etat-jahr	In den Etat eingestellte Subvention de la Marine Marchande: Primes à la construction des navires Mill. Frcs.	Primes à la navigation au long cours et au cabotage international Mill. Frcs.	Gesamtprämien Mill. Frcs.	Bezahlte Gesamtprämien Mill. Frcs.	Mehr bezahlt als im Etat vorgesehen Mill. Frcs.	%
1892	—	—	10,5	57,8	5,3	10
1893	—	—	10,5			
1894	—	—	10,5			
1895	—	—	10,0			
1896	3,000	8,500	11,5			
1897	3,000	8,000	11,0	17,1	6,1	55
1898	3,000	8,575	11,6	17,2	5,6	48
1899	4,000	10,600	14,6	21,2	6,6	45
1900	4,800	11,300	16,1	24,7	8,6	53
1901	5,800	12,200	18,0	180,0[3]	—	40[3]
1902	7,300	13,730	21,0			
1903	7,250	22,000	29,2			
1904	7,100	21,850	29,0			
1905[2]	5,000	26,850	31,9			
			235,0	ca. 318 Millionen Francs.		

[1] Nach: Budget de l'Exercise, Ministère du Commerce et de l'Industrie 1892 bis 1905
[2] für 1905 beantragte Summen.
[3] nicht angegeben, geschätzt nach Steigerung des Etats, zu 40% mehr als bewilligt.

Tafel VI

Die Welthandelsflotte 1890—1939 (Schiffe von 100 BRT und darüber)

Jahresmitte	Zahl der Schiffe	Tonnage in 1000 BRT				In v. H. der Gesamttonnage		
		Insgesamt	Dampfschiffe	Motorschiffe	Segelschiffe[1]	Dampfschiffe	Motorschiffe	Segelschiffe
1890	32 174	22 119	12 985		9 133	58,7		41,3
1900	27 840	28 957	22 369		6 588	77,3		22,8
1910	29 943	41 884	37 291		4 593	89,0		11,0
1914	30 758	49 073	45 169	234	3 670	92,0	0,5	7,5
1925	32 905	64 638	59 666	2 714	2 258	92,3	4,2	3,5
1929	32 482	68 074	59 779	6 628	1 667	87,8	9,7	2,5
1930	32 713	69 608	59 928	8 096	1 584	86,1	11,6	2,3
1931	32 344	70 131	59 291	9 432	1 408	84,5	13,5	2,0
1932	32 247	69 734	58 330	10 038	1 366	83,7	14,4	2,0
1933	31 700	67 920	56 427	10 200	1 293	83,1	15,0	1,9
1934	30 997	65 577	53 753	10 605	1 219	82,0	16,2	1,9
1935	30 979	64 886	52 422	11 305	1 159	80,8	17,4	1,8
1936	30 923	65 064	51 714	12 291	1 059	79,5	18,9	1,6
1937	31 183	66 286	51 523	13 748	1 015	77,7	20,7	1,5
1938	30 990	67 847	51 637	15 233	977	76,2	22,3	1,5
1939	31 186	69 440	51 591	16 919	930	74,3	24,4	1,3

[1] Bis 1914 NRT.

Tafel VII

Übersicht der Welthandelsflotte nach Baustoff und Betriebsmittel

Im Jahre	Schiffahrt	Aus Holz		Aus Eisen		Aus Stahl	
		Zahl	Ton-Gehalt	Zahl	Ton-Gehalt	Zahl	Ton-Gehalt
1890	Dampfer	902	360 147	7 719	8 495 920	2 343	4 086 555
	Segler	18 924	6 693 738	1 879	2 021 593	248	348 653
1895	Dampfer	1 007	360 911	7 099	7 432 890	4 994	9 038 000
	Segler	14 526	5 173 766	1 671	1 778 671	801	1 185 101
1900	Dampfer	1 158	382 131	6 262	5 915 714	8 286	15 999 406
	Segler	9 970	3 627 491	1 386	1 482 388	1 082	1 509 298
1905	Dampfer	1 329	435 444	5 523	4 802 490	12 095	24 648 667
	Segler	8 017	2 595 406	1 154	1 242 334	1 368	1 797 331

Tafel VIII

Übersicht der deutschen Handelsflotte nach Baustoff und Betriebsmittel

Im Jahre	Schiffahrt	Aus Holz		Aus Eisen		Aus Stahl	
		Zahl	Ton-Gehalt	Zahl	Ton-Gehalt	Zahl	Ton-Gehalt
1890	Dampfer	4	845	536	536 638	200	391 166
	Segler	906	405 789	191	184 003	28	41 831
1895	Dampfer	1	204	476	446 842	476	896 311
	Segler	462	175 213	200	207 663	109	154 521
1900	Dampfer	1	203	378	322 808	826	1 835 909
	Segler	145	76 901	163	176 628	189	234 660
1905	Dampfer	—	—	308	247 762	1 247	2 845 798
	Segler	57	26 146	98	115 172	283	329 460

Tafel IX

Die Werkstoffe bei der deutschen Schiffahrt 1888 und 1909 in Prozenten

Deutsche Schiffahrt:	Segler aus Holz	Segler aus Eisen	Dampfer
1. Januar 1888	599 980 Reg.-Ts.	159 800 Reg.-Ts.	665 000 Reg.-Ts.
1. Januar 1909	62 780 Reg.-Ts.	405 000 Reg.-Ts.	3 767 100 Reg.-Ts.
Abnahme (—)	— 537 200 Reg.-Ts.	+ 245 200 Reg.-Ts.	+ 3 101 500 Reg.-Ts.
oder Zunahme (+) in % . .	— 90%	+ 154%	+ 466%

Tafel X

Der Typenbestand in Deutschland vom 1. Januar 1906

43	Räderdampfschiffe, 6 121, 606
1 719	Schraubendampfschiffe, 1 909 354, 49 697
77	Vollschiffe, 130 461, 1 820
100	Barken, 114 333, 1 808
20	Schonerbarken und Dreimastschoner, 4 603, 142
2	Briggen, 539, 17
9	Schonerbriggen, Brigantinen, 1 443, 57
69	Schoner, 5 081, 340
231	Schonergalioten, Galiassen, Galioten, 9 513, 670
95	Gaffelschoner, 6 430, 389
1 131	andere zweimastige Segelschiffe, 41 469, 4 602
508	einmastige Schiffe, 12 881, 1 094
57	Schiffe mit mehr als drei Masten, 145 084, 1 870
128	Schiffe ohne Masten, 38 500, 373

Interessant sind die Eigenschaften der Schiffe zum gleichen Termin

aus Eisen sind:			
Segelschiffe	231,	123 724,	1 900
Dampfer	392,	238 054,	4 929
	623,	361 776,	6 824

aus Eisen und Stahl sind:			
Segelschiffe	18,	1 475,	50
Dampfer	12,	18 870,	285
	30,	20 345,	335

aus Holz und Eisen sind:			
Segelschiffe	7,	913,	43
Dampfer	1,	142,	7
	8,	1 055,	50

aus Stahl sind:			
Segelschiffe	642,	387 442,	6 164
Dampfer	1 351,	2 864 035,	45 047
	1 993,	3 251 477,	51 211

aus Holz sind:			
Segelschiffe	1 660,	90 390,	5 577
Dampfer	6,	314,	35
	1 666,	90 803,	5 612

[1] Hinter dem 1. Komma: die Größe in Netto-Reg.-Tonnen, hinter dem 2. Komma: die jeweilige Besatzungszahl

Tafel XI

Die Entwicklung der deutschen Seeschiffahrt in den Jahren 1885—1905[1]

A. Segelschiffe

Reichs- und Küsten- sowie Rheinuferstrecken	Am 1. Jan. der Jahre	Zahl	Segelschiffe Reg.-Ton.	Besatzung
Im Ostseegebiet .	1885	1 369	315 508	10 966
	1905	370	19 192	996
Im Nordseegebiet .	1885	2 238	564 837	15 048
	1905	1 924	520 138	11 918
Im ganzen	1885	3 607	880 345	26 014
	1905	2 294	539 330	12 914

B. Dampfer

Reichs- und Küsten- sowie Rheinuferstrecken	Am 1. Jan. der Jahre	Zahl	Dampfschiffe Reg.-Ton.	Besatzung
Im Ostseegebiet .	1885	321	118 660	4 100
	1905	486	386 953	6 607
Im Nordseegebiet .	1885	329	295 283	9 797
	1905	1 171	2 501 686	40 140
Im ganzen	1885	650	413 943	13 897
	1905	1 657	2 888 639	46 747

A und B zusammen:

Reichs- und Küsten- sowie Rheinuferstrecken	Am 1. Jan. der Jahre	Zahl	Reg.-Ton.	Besatzung
Im Ostseegebiet .	1885	1 690	434 168	15 066
	1905	872	409 457	7 639
Im Nordseegebiet .	1885	2 567	860 120	24 845
	1905	3 352	3 108 190	52 977
Im ganzen	1885	4 257	1 294 288	39 911
	1905	4 224	3 517 647	60 616

[1] Die obige Tafel wertet den Bestand der deutschen Seeschiffe für alle Segler und Dampfer mit mehr als 50 Kubikmeter Bruttoraumgehalt (das sind 17,65 Register-Tonnen).

Tafel XII

Segler und Dampferbestand für die Jahre 1900/01 und 1910

Nach Küstenstrecken in Ostsee und Nordsee und Segelschiffsgrößen unterteilt[1] (1. für 1900/01 und 2. für 1910).

Küstenstrecken	Seeschiffe Zahl	(BRT)	Segelschiffe Zahl	(BRT)	Unter 100 BRT	Über 1000 BRT	Fischereifahrzeuge	Sonstige
A. Ostsee								
Ostpreußen 1	33	(15 135)	1	(258)	—	—	—	1 (Holz)
Ostpreußen 2	32	(14 651)	3	(118)	3	—	1	258BRT
Darunter: Königsberg 2	15	(8 113)	—	—	—	—	—	
Westpreußen 1	57	(29 055)	14	(3 268)	8 (390)	—	—	
Darunter: Danzig . . 1	49	(26 956)	13	(3 215)	.	.	—	
Westpreußen 2	93	(25 799)	53	(1 978)	52	—	1	
Darunter: Danzig . . 2	37	(21 194)	4	(146)	.	—	—	
Pommern 1	359	(110 478)	222	(15 328)	204	1	—	
Darunter: Stettin . . 1	128	(80 381)	35	(1 631)	.	.	—	
Pommern 2	313	(118 521)	168	(7 412)	117	—	2	
Darunter: Stettin . . 2	142	(99 566)	36	(1 147)	.	—	.	
Großherzogtum Mecklenburg-Stettin . . 1	65	(39 267)	33	(19 045)	9	6	1	
Darunter: Rostock . . 1	49	(30 170)	26	(18 822)	2	6	.	
Großherzogtum Mecklenburg-Schwerin . 2	62	(55 198)	8	(2 483)	4	1	1	
Darunter: Rostock . . 2	39	(37 358)	4	(2 257)	.	.	.	
Freie Stadt Lübeck . . . 1	26	(14 113)	—	—	—	—	—	
Freie Stadt Lübeck . . . 2	60	(94 191)	—	—	—	—	—	
Schleswig-Holstein (Ostsee) 1	313	(164 326)	127	(4 824)	124 (3 908)	—	—	
Darunter: Kiel . . . 1	75	(40 708)	12	(1 050)		—	—	
Darunter: Flensburg . 1	77	(80 521)	4	(145)	.	.	—	
Schleswig-Holstein (Ostsee) 2	379	(186 212)	147	(5 450)	147 (5 450)	—	—	
Darunter: Kiel . . . 2	97	(32 772)	4	(120)	.	.	—	
Darunter: Flensburg . 2	91	(117 943)	1	(45)	.	.	—	
B. Nordsee								
Schleswig-Holstein (Nordsee) 1	470	(38 962)	412	(17 081)	408	1	17	
Schleswig-Holstein (Nordsee) 2	489	(35 010)	427	(16 572)	420	—	44	
Darunter: Altona . . 2	42	(9 023)	5	(199)	.	—	—	
Freie Stadt Hamburg . . 1	860	(1 335 835)	353	(215 902)	197	101	143	
Darunter: Hafen Hbg. 1	770	(1 330 365)	204	(210 432)	46	101	142	
Freie Stadt Hamburg . . 2	1 325	(2 417 615)	484	(258 133)	338	110	107	
Darunter: Hafen Hbg. 2	1 192	(2 409 518)	372	(253 889)	.	.	—	
Hannover (Elbe-Weser-Gebiet) . . 1	504	(52 984)	448	(24 047)	439	4	31	
Darunter: Geestemünde 1	62	(35 946)	14	(9 495)	.		4	
Hannover (Elbe-Weser-Gebiet) . . 2	606	(42 998)	518	(23 256)	492	1	9	
Darunter: Geestemünde 2	96	(20 998)	19	(3 915)	.	.	3	

Küstenstrecken	Seeschiffe Zahl (BRT)	Segelschiffe Zahl (BRT)	Unter 100 BRT	Über 1000 BRT	Fischereifahrzeuge	Sonstige
Freie Stadt Bremen . . . 1	561 (908 275)	145 (182 454)	27	100	23	
Darunter: Hafen Bremen allein . . . 1	470 (846 736)	100 (145 961)	.	.	3	
Darunter: Bremerhaven 1	70 (59 851)	24 (34 805)	.	.	.	
Freie Stadt Bremen . . . 2	719 (1 331 216)	105 (99 712)	29	43	46	
Darunter: Hafen Bremen allein . . . 2	602 (1 254 689)	53 (79 394)	.	—	1	
Darunter: Bremerhaven 2	76 (72 349)	12 (16 193)	.	.	5	
Großherzogt. Oldenburg 1	272 (102 395)	214 (71 013)	134	34	13	
Darunter: Elsfleth . . 1	59 (43 750)	58 (43 750)	.	—	11	
Brake . . . 1	66 (22 931)	65 (22 174)	.	—	1	
Großherzogt. Oldenburg 2	245 (65 155)	197 (18 050)	129	1	78	
Darunter: Elsfleth . . 2	36 (5 462)	30 (4 394)	.	.	28	
Brake . . . 2	71 (7 421)	69 (7 281)	—	.	29	
Hannover (Emsgebiet und Aurich) 1	346 (32 967)	316 (29 047)	246	4	58	
Hannover (Emsgebiet und Aurich) 2	317 (28 883)	267 (20 247)	213	—	—	
Darunter: Emden . . 2	126 (14 651)	105 (9 482)	.	—	—	
Westfalen	3 (1 390)	— —	—	—	—	
Preußisches Rheingebiet 1	13 (13 121)	3 (532)	—	—	—	
Preußisches Rheingebiet 2	15 (13 398)	— —	—	—	—	
Darunter: Köln . . . 2	7 (6 097)	— —	—	—	—	
Ostseegebiet 1	846 (372 366)	397 (42 723)	365	7	1	
Ostsee 2	939 (494 562)	379 (17 441)	373	1	5	
Nordsee 1	2 924 (2 468 965)	1 891 (540 074)	1 793	244	287	
Nordsee 2	3 179 (3 935 665)	1 998 (435 970)	1 621	155	402	
Deutsches Reich 1	3 830 (2 841 331)	2 288 (582 797)	1 793	251	282	
Deutsches Reich 2	4 658 (4 430 227)	2 377 (453 411)	1 994	156	407	

[1] Auf Grund der Reichsstatistik; es bedeuten — = der Platz besitzt diese Schiffe nicht, . = keine genaue Feststellung gegeben.

Tafel XIII

I. Hamburgs Segelschiffsflotte in den Jahren 1850—1890

Schiffsgattung	1851—1860 Zahl	1851—1860 Reg.-Ts.	1861—1870 Zahl	1861—1870 Reg.-Ts.	1871—1880 Zahl	1871—1880 Reg.-Ts.	1881—1890 Zahl	1881—1890 Reg.-Ts.
Vollschiffe	52	29 641	54	42 421	35	32 606	32	38 549
Barken und Schonerbarken	144	46 419	220	78 037	179	80 720	132	86 035
Briggs und Brigantinen	125	24 837	102	23 072	39	9 798	10	2 662
Schoner und Schonerbriggs	25	3 448	29	4 730	48	6 988	33	5 121
3-Mast-Schoner	49	5 521	43	7 696	15	4 381	23	7 065
4-Mast-Schoner	—	—	—	—	—	—	—	—
Galeassen	15	1 122	5	501	5	317	9	498
Galioten und Gaffelschoner	9	756	8	814	7	416	10	927
Kuffs, Ewer und dgl.	13	721	10	641	26	1 052	46	1 881
Schiffszahl	432		471		354		295	
Raumgehalt in Reg.-Ts.		112 465		157 912		136 278		142 738

II. Hamburgs Segelschiffsflotte in den Jahren 1891—1907

Schiffsgattung	1891—1900 Zahl	1891—1900 Reg.-Ts.	1905 Zahl	1905 Reg.-Ts.	1906 Zahl	1906 Reg.-Ts.	1907 Zahl	1907 Reg.-Ts.
Vollschiffe	43	69 594	44	78 988	43	77 917	43	77 908
Barken und Schonerbarken	98	109 074	83	144 029	75	137 207	72	136 007
Briggs und Brigantinen	2	650	—	—	—	—	—	—
Schoner und Schonerbriggs	19	2 682	14	738	10	503	10	524
3-Mast-Schoner	16	4 842	2	551	2	551	3	4 679
4-Mast-Schoner	—	—	2	3 752	2	3 752	2	3 753
Galeassen	6	361	29	1 305	32	1 472	34	1 559
Galioten und Gaffelschoner	21	2 758	30	2 439	32	2 526	34	2 562
Kuffs, Ewer und dgl.	89	12 739	233	41 000	266	43 363	282	44 759
Schiffszahl	294		437		462		480	
Raumgehalt in Reg.-Ts.		202 700		272 802		267 802		270 747

Tafel XIV

Vollschiffe und Barken der Unterweser von 1847—1908

Jahr	Vollschiffe						Barken					
	Bremen		Oldenburg		Preußen		Bremen		Oldenburg		Preußen	
	Zahl	Reg.-Ts.	Zahl	Reg.-Ts.	Zahl	Reg.-Ts.	Zahl	Reg.-Ts.	Zahl	Reg.-Ts.	Zahl	Reg.-Ts.
1847	60	30 578	—	—	2	855	57	18 510	2	443	2	510
1857	74	55 704	5	4 755	3	1 242	117	49 598	31	13 770	6	2 261
1867	53	46 507	4	2 238	9	6 504	156	84 431	16	7 131	9	3 600
1877	49	53 212	—	—	16	18 428	138	100 193.	48	22 950	11	9 259
1882	82	103 365	5	5 703	17	21 638	135	111 646	66	37 053	13	11 732
1887	79	106 604	4	4 675	11	14 565	90	86 049	79	52 115	15	14 774
1892	77	115 713	9	10 333	3	4 657	59	68 011	74	65 398	2	1 374
1897	68	108 169	5	5 581	2	3 409	45	62 315	61	58 233	—	—
1901	53	88 085	5	5 286	2	3 409	50	78 152	44	42 792	3	1 557
1902	40	78 169	3	3 311	2	3 409	51	79 931	37	37 254	3	1 557
1903	47	79 908	3	3 311	1	1 710	46	72 444	33	33 914	3	1 557
1904	41	70 980	1	721	1	1 710	46	72 728	28	30 250	2	934
1905	37	63 971	1	721	1	1 710	44	70 020	18	20 797	—	—
1906	35	60 850					34	58 831				
1907	31	53 990					29	41 951				
1908	28	48 240					25	47 736				

Tafel XV

Rund Kap Horn von 50° S. nach 50° S.[1]

Reisedauer 10 Tage und weniger

Januar	1890	Bark	*Potrimpos*	Kapitän C. Bahlke	9 Tage
Januar	1893	Viermastbark	*Placilla*	Kapitän R. Hilgendorf	10 Tage
Januar	1894	Schiff	*Adolf*	Kapitän A. Scheepsma	10 Tage
Januar	1895	Viermastbark	*Euterpe*	Kapitän H. Krause	10 Tage
März	1889	Bark	*Pergamon*	Kapitän R. Hilgendorf	9 Tage
April	1884	Bark	*Parnass*	Kapitän J. Früdden	7 Tage
April	1890	Schiff	*Adolf*	Kapitän A. Scheepsma	9 Tage
April	1893	Schiff	*Pera*	Kapitän E. Hellwege	10 Tage
April	1893	Bark	*Banco Mobiliario*	Kapitän H. Wasmuth	9 Tage
Mai	1891	Schiff	*Copernicus*	Kapitän J. Dethlefs	10 Tage
Mai	1894	Schiff	*Melete*	Kapitän A. Walsen	10 Tage
Juni	1874	Bark	*R. C. Wylie*	Kapitän Wolters	9 Tage
Juni	1880	Bark	*Aequator*	Kapitän E. Wallis	9 Tage
Juni	1883	Bark	*Carl Both*	Kapitän D. Niemann	10 Tage
Juni	1887	Schiff	*Polynesia*	Kapitän J. Reitmann	9 Tage
Juni	1891	Schiff	*Palmyra*	Kapitän R. Hilgendorf	9 Tage
Juni	1894	Viermastbark	*Placilla*	Kapitän R. Hilgendorf	10 Tage
Juni	1895	Schiff	*Susanna*	Kapitän D. Gerdau	10 Tage
Juli	1888	Schiff	*Kepler*	Kapitän H. Haase	10 Tage
Juli	1889	Bark	*Plus*	Kapitän G. Steincke	10 Tage
August	1879	Bark	*Rosa y Isabel*	Kapitän J. Thedens	10 Tage
August	1882	Bark	*Annie*	Kapitän C. Wilts	9 Tage
August	1882	Bark	*Rosa y Isabel*	Kapitän G. Schlüter	10 Tage
August	1882	Bark	*Ceres*	Kapitän H. Mahncke	10 Tage
August	1882	Bark	*Professor*	Kapitän C. Steincke	10 Tage
August	1884	Bark	*Parsifal*	Kapitän R. Hilgendorf	7 Tage
August	1887	Bark	*Aeolus*	Kapitän F. Reiners	10 Tage
August	1888	Bark	*Plus*	Kapitän C. Steincke	10 Tage
August	1892	Schiff	*Preußen*	Kapitän C. Bahlke	10 Tage
August	1895	Schiff	*Peru*	Kapitän U. Ohling	7,5 Tage
September	1868	Schiff	*Sus. Godeffroy*	Kapitän N. Störtenbecker	9 Tage
September	1887	Schiff	*Undine*	Kapitän R. Bielenberg	10 Tage
September	1887	Schiff	*Nestor*	Kapitän C. Edler	10 Tage
September	1890	Schiff	*Palmyra*	Kapitän R. Hilgendorf	9 Tage
September	1895	Fünfmastbark	*Potosi*	Kapitän R. Hilgendorf	10 Tage
Oktober	1894	Schiff	*Parchim*	Kapitän E. Jäger	8 Tage
Dezember	1886	Bark	*Poncho*	Kapitän E. Hellwege	10 Tage
Dezember	1888	Schiff	*Urania*	Kapitän J. Gahde	10 Tage
Dezember	1888	Bark	*Pirat*	Kapitän H. R. Kayser	9 Tage
Dezember	1888	Schiff	*Pharos*	Kapitän P. Reitzenstein	10 Tage
Dezember	1889	Viermastschiff	*Palmerston*	Kapitän A. Cords	9 Tage

[1] Deutsche Seewarte: Eine Gesamtübersicht aus dem Segelhandbuch für den Stillen Ozean, Hamburg 1897, S. 472.

Tafel XVI

Mittlerer Verlauf der Reisen deutscher Segelschiffe vom Kanal nach Chile[1], *578 Reisen*[2]

Vom Kanal im Monat	Reisedauer			50° S. Br. im Monat	Bis Kap Horn		Bis 50° S		Rund Kap Horn	Bis 40° S		Bis Valparaiso		Bis 30° S		Bis Iquique	
	bis 0° Br. Tage	bis 50° S Tage	zusammen Tage		Tage	in S. Br.	Tage	in W. L.	Tage	Tage	in W. L.	Tage	ganze Reise	Tage	in W. L.	Tage	ganze Reise
Januar	29,2	32,8	62,0	März	7,4	57,5°	12,0	81,0°	19,4	5,1	78,2°	4,5	91,0	4,7	75,2°	5,7	96,9
Februar	28,5	36,6	65,1	April	7,2	57,2	11,8	81,3	19,0	5,1	78,7	5,2	94,4	5,5	76,0	6,0	100,7
März	25,0	35,2	60,2	Mai	7,8	57,2	12,0	82,1	19,8	4,9	79,4	6,3	91,2	4,9	75,5	6,0	95,8
April	27,4	35,8	63,2	Juni	6,4	57,1	11,4	81,7	17,8	5,6	78,5	5,2	91,8	4,8	75,5	7,1	98,5
Mai	29,7	32,7	62,4	Juli	8,0	57,1	11,0	81,7	19,0	5,9	78,7	4,7	92,0	5,9	75,6	6,1	99,3
Juni	31,2	31,0	62,2	August	7,0	57,2	12,5	81,1	19,5	5,4	78,6	4,4	91,5	5,2	75,1	5,6	97,9
Juli	30,5	31,5	62,0	September	7,6	57,2	14,7	80,9	22,3	5,3	78,0	4,3	93,9	4,5	75,9	6,6	100,7
August	33,1	31,1	64,2	Oktober	7,2	57,3	14,7	80,8	21,9	5,1	78,0	4,4	95,6	3,9	75,3	5,9	101,0
September	34,5	31,7	66,2	November	7,0	57,2	13,1	80,1	20,1	5,0	77,5	3,9	95,2	4,8	75,2	6,1	102,2
Oktober	28,8	30,7	59,5	Dezember	6,6	57,4	10,5	80,0	17,1	4,6	77,7	3,8	85,0	4,6	75,9	6,2	92,0
November	27,4	30,6	58,0	Januar	6,8	57,5	11,7	80,7	18,5	4,6	78,3	3,9	85,0	3,9	75,2	5,6	90,6
Dezember	29,4	30,8	60,2	Februar	6,7	57,5	12,5	80,3	19,2	4,6	77,8	4,4	88,4	4,5	75,3	5,8	94,3
Das Jahr	29,6	32,5	62,1		7,1	57,3°	12,3	81,0°	19,4	5,1	78,1°	4,6	91,2	4,8	75,5°	6,1	97,5

[1] Nach Deutsche Seewarte: Segelhandbuch Stiller Ozean, Hamburg 1897

[2] Zur Berechnung der Fahrtdauer vom Kanal nach 50° S. Br. im Atlantischen Ozean sind auch noch die übrigen rund Kap Horn gehenden Reisen mit herangezogen worden, wodurch sich deren Anzahl auf 837 vermehrt.

Tafel XVII

Vom Kanal nach Chile

Reisedauer 70 Tage und weniger nach Valparaiso, 75 Tage und weniger nach Iquique[1]

Januar	1889	Bark	*Pergamon*	Kapitän R. Hilgendorf	nach	Valparaiso	65 Tage
Januar	1893	Schiff	*Pampa*	Kapitän C. Steincke	nach	Valparaiso	63 Tage
Januar	1895	Bark	*Favorita*	Kapitän F. E. Thomann	nach	Iquique	72 Tage
Februar	1884	Bark	*Parnaß*	Kapitän J. Früdden	nach	Valparaiso	70 Tage
Februar	1888	Bark	*Pirat*	Kapitän R. Hilgendorf	nach	Valparaiso	68 Tage
Februar	1890	Schiff	*Adolf*	Kapitän A. Scheepsma	nach	Iquique	75 Tage
Februar	1895	Schiff	*Melpomene*	Kapitän D. Sanders	nach	Iquique	72 Tage
März	1890	Bark	*Prompt*	Kapitän G. Schlüter	nach	Valparaiso	65 Tage
März	1892	Schiff	*Pampa*	Kapitän C. Steincke	nach	Valparaiso	65 Tage
März	1892	Viermastbark	*Placilla*	Kapitän R. Hilgendorf	nach	Valparaiso	58 Tage
März	1894	Schiff	*Melete*	Kapitän A. Walsen	nach	Iquique	69 Tage
April	1894	Viermastbark	*Pisagua*	Kapitän C. Bahlke	nach	Taltal	69 Tage
Mai	1891	Schiff	*Palmyra*	Kapitän R. Hilgendorf	nach	Valparaiso	65 Tage
Mai	1892	Bark	*Selene*	Kapitän H. Israel	nach	Iquique	67 Tage
Mai	1893	Schiff	*Preußen*	Kapitän H. Schmidt	nach	Valparaiso	68 Tage
Mai	1895	Schiff	*Palmyra*	Kapitän A. Teschner	nach	Valparaiso	67 Tage
Mai	1895	Schiff	*Susanna*	Kapitän D. Gerdau	nach	Taltal	74 Tage
Juni	1889	Bark	*Plus*	Kapitän C. Steincke	nach	Talcahuano	69 Tage
Juli	1890	Schiff	*Palmyra*	Kapitän R. Hilgendorf	nach	Valparaiso	65 Tage
Juli	1891	Schiff	*Parchim*	Kapitän J. Früdden	nach	Valparaiso	69 Tage
Juli	1893	Bark	*Potrimpos*	Kapitän O. Schmidt	nach	Iquique	74 Tage
Juli	1895	Viermastbark	*Pisagua*	Kapitän C. Bahlke	nach	Valparaiso	67 Tage
August	1894	Schiff	*Parchim*	Kapitän E. Jäger	nach	Iquique	72 Tage
August	1895	Fünfmastbark	*Potosi*	Kapitän R. Hilgendorf	nach	Iquique	66 Tage
Oktober	1889	Schiff	*Palmyra*	Kapitän R. Hilgendorf	nach	Valparaiso	63 Tage
Oktober	1893	Schiff	*Pampa*	Kapitän C. Steincke	nach	Valparaiso	61 Tage
Oktober	1893	Schiff	*Nereus*	Kapitän J. Schulte	nach	Valparaiso	67 Tage
November	1886	Bark	*Plus*	Kapitän C. Steincke	nach	Valparaiso	61 Tage
November	1889	Schiff	*Parchim*	Kapitän J. Früdden	nach	Valparaiso	65 Tage
November	1892	Viermastbark	*Placilla*	Kapitän R. Hilgendorf	nach	Valparaiso	61 Tage
November	1893	Schiff	*Adolf*	Kapitän A. Scheepsma	nach	Iquique	70 Tage
November	1894	Viermastbark	*Pisagua*	Kapitän C. Bahlke	nach	Iquique	69 Tage
November	1894	Bark	*Potrimpos*	Kapitän H. Hellwege	nach	Iquique	72 Tage
November	1894	Viermastbark	*Placilla*	Kapitän O. Schmidt	nach	Iquique	70 Tage
November	1894	Schiff	*Adolf*	Kapitän A. Scheepsma	nach	Iquique	75 Tage
November	1894	Bark	*Dorade*	Kapitän P. Andresen	nach	Taltal	69 Tage
November	1894	Viermastbark	*Pitlochry*	Kapitän R. Hilgendorf	nach	Valparaiso	69 Tage
November	1894	Bark	*Pestalozzi*	Kapitän J. E. Jensen	nach	Valparaiso	67 Tage
Dezember	1889	Bark	*Potrimpos*	Kapitän C. Bahlke	nach	Valparaiso	61 Tage
Dezember	1890	Bark	*Prompt*	Kapitän G. Schlüter	nach	Valparaiso	69 Tage
Dezember	1894	Schiff	*Preußen*	Kapitän H. Schmidt	nach	Valparaiso	66 Tage

„Aus der letzten Zusammenstellung ist es augenscheinlich, daß die meisten raschen Reisen in den jüngst verflossenen Jahren gemacht worden sind. Dies ist kein bloßer Zufall und hat nicht etwa nur darin seinen Grund, daß in den letzten Jahren mehr Segelschiffe als früher in der Fahrt nach Chile beschäftigt gewesen sind. Eine Gegenüberstellung früherer und späterer Reisen erweist, daß die letzteren auch im Mittel auf der ganzen Strecke und, mit wenigen Ausnahmen, auch auf den einzelnen Teilstrecken in allen Monaten kürzer waren als die ersteren . . .“

[1] Deutsche Seewarte: Eine Gesamtübersicht aus dem Segelhandbuch für den Stillen Ozean, Hamburg 1897, S. 472.

Tafel XVIII

Vergleich der Reisen deutscher Schiffe vom Kanal nach Chile vor und nach dem Jahre 1889

Vom Kanal im Monat	Antritt im Jahre	Reisedauer bis 0° Br. Tage	Reisedauer bis 50° S Tage	Reisedauer zusammen Tage	Kap Horn in S. Br.	50° S in W. L.	Rund Kap Horn Tage	40° S in W. L.	Bis Valparaiso von 50° S Tage	Bis Valparaiso ganze Reise Tage	30° S in W. L.	Bis Iquique von 50° S Tage	Bis Iquique ganze Reise Tage	Die späteren Reisen waren kürzer nach Valparaiso Tage	Die späteren Reisen waren kürzer nach Iquique Tage
Januar	vor 1889	29,5	33,8	63,3	57,5°	81,3°	20,5	78,3°	8,7	92,5	75,8°	15,6	99,4	3,9	5,5
	1889 u. später	28,8	31,2	60,0	57,5°	80,3°	17,5	78,0°	11,1	88,6	74,7°	16,4	93,9		
Februar	vor 1889	29,4	37,7	67,1	56,9°	81,3°	21,1	79,1°	10,4	98,6	76,7°	21,1	100,3	9,0	15,6
	1889 u. später	26,9	35,1	62,0	57,5°	81,2°	17,4	78,4°	11,2	89,6	75,6°	14,3	93,7		
März	vor 1889	26,9	39,6	66,5	57,1°	82,6°	20,1	79,3°	11,3	97,9	75,3°	15,4	102,0	12,0	11,6
	1889 u. später	23,6	31,7	55,3	57,3°	81,7°	19,5	79,4°	11,1	85,9	75,6°	15,6	90,4		
April	vor 1889	28,6	36,9	65,5	57,0°	81,7°	19,9	78,3°	11,7	97,1	75,7°	18,5	103,9	11,4	11,2
	1889 u. später	25,7	34,0	59,7	57,2°	81,7°	16,1	78,5°	9,9	85,7	75,4°	16,9	92,7		
Mai	vor 1889	30,8	33,5	64,3	57,0°	81,6°	17,9	78,3°	11,0	93,2	76,3°	21,9	104,1	3,0	7,3
	1889 u. später	28,2	31,7	59,0	57,1°	81,8°	20,0	79,0°	10,3	90,2	75,4°	16,9	96,8		
Juni	vor 1889	32,0	32,2	64,2	56,9°	81,3°	21,3	78,5°	9,8	95,3	75,2°	17,6	103,1	9,1	11,0
	1889 u. später	29,8	29,0	58,8	57,5°	81,0°	17,8	78,7°	9,6	86,2	75,0°	15,5	92,1		
Juli	vor 1889	31,2	32,1	63,3	57,0°	81,4°	22,3	77,4°	10,4	96,0	76,0°	17,5	103,1	5,0	5,3
	1889 u. später	29,4	30,7	60,1	57,5°	80,3°	22,2	78,7°	8,7	91,0	75,9°	15,5	97,8		
August	vor 1889	34,0	32,0	66,0	57,2°	80,3°	21,9	77,7°	9,8	97,7	75,6°	16,1	104,0	6,9	8,2
	1889 u. später	31,1	28,8	59,9	57,5°	81,4°	21,7	78,5°	9,2	90,8	75,2°	14,2	95,8		
September	vor 1889	35,8	31,8	67,6	57,2°	79,9°	20,6	77,1°	8,4	96,6	75,0°	15,3	103,5	3,4	3,2
	1889 u. später	32,4	31,5	63,9	57,3°	80,4°	19,6	78,1°	9,7	93,2	75,3°	16,8	100,3		
Oktober	vor 1889	29,3	31,5	60,8	57,1°	80,1°	17,3	78,3°	9,1	87,2	75,7°	16,3	94,4	5,0	5,3
	1889 u. später	28,2	29,4	57,6	57,8°	79,8°	16,8	77,2°	7,8	82,2	76,1°	14,7	89,1		
November	vor 1889	28,8	31,6	60,4	57,2°	80,8°	19,6	78,0°	9,3	89,3	74,7°	14,9	94,9	10,7	10,3
	1889 u. später	24,9	28,8	53,7	57,8°	80,7°	17,3	78,5°	7,6	78,6	75,5°	13,6	84,6		
Dezember	vor 1889	30,3	32,0	62,3	57,2°	80,5°	21,4	77,9°	10,1	93,8	75,6°	16,2	99,9	10,8	11,9
	1889 u. später	27,8	28,5	56,3	57,6°	80,1°	17,5	77,7°	9,2	83,0	75,2°	14,2	88,0		
Das Jahr	vor 1889	30,6	33,7	64,3	57,1°	81,1°	20,3	78,2°	10.0	94,6	75,6°	17,2	101,8	7,6	8,9
	1889 u. später	28,1	30,9	59,0	57,5°	80,9°	18,6	78,4°	9,4	87,0	75,4°	15,3	92,9		

Der Unterschied in der Fahrtdauer zugunsten der späteren Reisen ergibt sich demnach im Jahresdurchschnitt für Reisen nach Valparaiso zu 7,6 und für Reisen nach Iquique zu 8,9 Tagen, ist also sehr erheblich. Es mag dahingestellt bleiben, ob dieser Gewinn allein der besseren Segelfähigkeit der neueren großen Schiffe oder zum Teil auch der verständigeren Navigation der jetzigen Mitarbeiter der Seewarte zuzuschreiben ist; jedenfalls ist er ein erfreulicher Beweis für die zunehmende Leistungsfähigkeit der deutschen Seglerflotte.

Tafel XIX

Reisen von Nordchile nach dem englischen Kanal (Höhe Lizard)

Vorab: Für die Bewertung der Heimreisen Chile—Europa ist es wichtig zu wissen, daß mit Kurs recht nach Westen in See gehenden Segler bereits oft tagelang in den Windstillen in Sicht der Küste trieben, ehe es ihnen glückte, West bis „hinter" die 85. Westlänge zu machen. Normal und gut dagegen sind die nachstehenden Reisen zu nennen:

Fahrten von Nordchile nach Kap Horn in 20 Tagen und weniger

Schiff *Parnaß,*	Kapitän J. Früdden (1885), von Antofagasta, 19 Tage,
Schiff *Potrimpos,*	Kapitän C. Bahlke (1891), von Iquique, 19 Tage,
Schiff *Ferdinand Fischer,*	Kapitän D. Kruse, im März 1891 von Taltal, 19 Tage,
Schiff *Selene,*	Kapitän H. Israel, im September 1892 von Antofagasta, 17 Tage,
Schiff *Pera,*	Kapitän H. Hellwege, im September 1892 von Iquique, 16 Tage,
Schiff *Preußen,*	Kapitän C. Bahlke, im Oktober 1892 von Iquique, 19 Tage,
Schiff *Meridian,*	Kapitän H. Edler, im November 1892 von Antofagasta, 19 Tage,
Schiff *Pisagua,*	Kapitän J. Früdden, im Februar 1893 von Pisagua, 18 Tage,
Schiff *Susanna,*	Kapitän D. Gerdau, im September 1893 von Taltal, 19 Tage,
Schiff *Pallas,*	Kapitän R. Mehring, im September 1893 von Antofagasta, 20 Tage,
Schiff *Pisagua,*	Kapitän C. Bahlke, im Oktober 1893 von Iquique, 19 Tage,
Schiff *Meridian,*	Kapitän J. Traulsen, im Oktober 1894 von Iquique, 20 Tage,
Schiff *Pampa,*	Kapitän C. Steincke, im Oktober 1894 von Iquique, 20 Tage.

Als schon lang dürfen diese Reisen gelten:
Schiff *Nereus* (1893), von Pisagua, 36 Tage,
Viermastschiff *Palmerstone* (1891), von Iquique, 40 Tage.
Als sehr lang ist die Reise eines Vollschiffes anzusprechen (Name wird nicht genannt), das, aus Iquique auslaufend, 51 Tage benötigte, während eine aus Pisagua am gleichen Tage in See gehende Bark nur 31 Tage brauchte. Beide Namen werden wegen der Kritik, Beispiele schlechter Schiffsführung, taktvoll verschwiegen (Segelhandbuch Stiller Ozean 1897, S. 725).

Nordchile—Lizard in 80 Tagen und weniger

Schiff	*R. C. Wylie,*	Kapitän Wolters (1875), von Iquique, 80 Tage,
Schiff	*Francisca,*	Kapitän J. Kier (1875), von Pisagua, 80 Tage,
Schiff	*Papa,*	Kapitän J. H. Bannau (1882), von Taltal, 80 Tage,
Schiff	*Parnaß,*	Kapitän J. Früdden (1884), von Iquique, 79 Tage,
Schiff	*Parnaß,*	Kapitän J. Früdden (1885), von Tocopilla, 79 Tage,
Schiff	*Pirat,*	Kapitän R. Hilgendorf (1888), von Pisagua, 77 Tage,
Schiff	*Thalia,*	Kapitän M. Meyer (1889), von Iquique, 75 Tage,
Schiff	*Prompt,*	Kapitän G. Schlüter (1889), von Iquique, 80 Tage,
Schiff	*Palmyra,*	Kapitän R. Hilgendorf (1890), von Iquique, 77 Tage,
Schiff	*Placilla,*	Kapitän R. Hilgendorf (1892), von Iquique, 75 Tage,
Schiff	*Selene,*	Kapitän H. Israel (1892), von Antofagasta, 73 Tage,
Schiff	*Placilla,*	Kapitän R. Hilgendorf (1893), von Iquique, 71 Tage,
Schiff	*Pera,*	Kapitän E. Hellwege (1893), von Iquique, 79 Tage,
Schiff	*Susanna,*	Kapitän D. Gerdau (1893), von Taltal, 72 Tage,
Schiff	*Pisagua,*	Kapitän C. Bahlke (1893), von Iquique, 78 Tage,
Schiff	*Potrimpos,*	Kapitän O. Schmidt (1893), von Iquique, 78 Tage,
Schiff	*Plus,*	Kapitän F. Kähler (1893), von Iquique, 78 Tage,
Schiff	*Meridian,*	Kapitän J. Traulsen (1893), von Pisagua, 75 Tage,
Schiff	*Pera,*	Kapitän J. Neumann (1894), von Iquique, 79 Tage,
Schiff	*Pisagua,*	Kapitän C. Bahlke (1894), von Iquique, 77 Tage,
Schiff	*Potrimpos,*	Kapitän O. Schmidt (1894), von Iquique, 80 Tage,
Schiff	*Banco Mobiliario,*	Kapitän H. Wasmuth (1894), von Iquique, 75 Tage,
Schiff	*Favorita,*	Kapitän F. E. Thomann (1894), von Iquique, 78 Tage,.
Schiff	*Pamelia,*	Kapitän H. A. Dehnhardt (1894), von Iquique, 76 Tage,
Schiff	*Meridian,*	Kapitän J. Traulsen, im Oktober 1894 von Iquique, 73 Tage,
Schiff	*Pampa,*	Kapitän C. Steincke (1894), von Iquique, 73 Tage,
Bark	*Pamelia,*	Kapitän H. Dehnhardt (1895), von Iquique, in 67 Tagen,
Fünfmaster	*Potosi,*	Kapitän R. Hilgendorf (1895), von Iquique, in 68 Tagen,
Vollschiff	*Preußen,*	Kapitän H. Schmidt (1895), von Iquique, in 67 Tagen.

Tafel XX

Meteorologische Beobachtungen

Nr.	Schiff	Anzahl Tage	Windstärke									Sturm-[1] häufigkeit in Prozenten	Barometer			Bemerkungen
			8	8 bis 9	9	9 bis 10	10	10 bis 11	11	11 bis 12	12		tiefster Stand mm	am	um	
1	Viermastbark *Woglinde*, Hamburg	2	—	—	—	—	—	—	—	—	—	0	749.9	1. 9.	8h V.	
2	Vollschiff *Parchim*, Hamburg	5	—	—	—	2	—	—	—	—	—	6.7%	725.2	20. 9.	8h V.	
3	Vollschiff *Alsterkamp*, Hamburg	6	6	—	7	2	2	1	2	—	—	55.6%	722.3	23. 9.	Nchts. 12h	
4	Bark *Bille*, Hamburg	6	2	1	—	1	—	—	—	—	—	11.1%	733.4	8. 9.	8h V.	
5	Viermastbark *Hebe*, Hamburg	6	1	—	3	—	1	—	—	—	—	13.9%	732.6	23. 9.	4h N.	
6	Bark *Helios*, Hamburg	6	—	3	1	2	—	1	—	—	—	19,4%	724.0	6. 9.	8h N.	
7	Vollschiff *Nereide*, Bremen	6	7	1	—	—	—	—	—	—	—	22,2%	728.8	20. 9.	4h V.	
8	Vollschiff *Terpsichore*, Hamburg	6	1	5	1	5	2	3	—	—	—	47,3%	730.6	7. 9.	4h V.	
9	Vollschiff *Emilie*, Bremen	9	2	4	2	1	1	—	1	—	—	20.4%	732.4	1. 9.	4h V.	Am 2. Öl in Gebrauch. 3. 12. Mitternacht: kehrt. Um Mitternacht z. 7.: kehrt. [2] Am 15. 4h V.: kehrt. 11. 9. 4h V. in 56° 56' S-Br. u. 65°33' W-Lg. Eisberg passiert.
10	Viermastbark *Herzogin Sophie Charlotte*	11	2	2	—	2	1	1	—	—	2	15.2%	723.5	6. 9.	Mttncht. zum 7.	
11	Vollschiff *Posen*, Hamburg	12	5	5	1	11	7	7	1	3	—	55.6%	718.9	27. 9.	4h V.	
12	Viermastbark *Pitlochry*, Hamburg	18	2	14	2	8	—	15	4	4	2	47.2%	714.9	7. 9.	4h V.	
13	Bark *Pamelia*, Hamburg	21	5	6	12	9	12	7	18	5	3	61.1%	718.4	18. 9.	4h V.	
14	Vollschiff *Erato*, Hamburg	29	3	28	1	39	—	34	3	2	1	63.8%	?	?	?	
15	Vollschiff *Palmyra*, Hamburg	29	15	5	7	3	3	5	2	—	—	23.0%	717.7	6. 9.	Mttncht. zum 7.	
16	Viermastbark *Urania*, Hamburg	30	16	14	2	37	17	35	15	9	—	80.6%	716.8	20. 9.	4h V.	
17	Vollschiff *D. H. Wätjen*, Bremen	31	15	15	22	6	14	4	4	—	—	43.0%	719.8	20. 9.	8h V.	

[1] Nach 4stündlichen Aufzeichnungen.

[2] 714.9 mm ist der niedrigste beobachtete Barometerstand in diesem Monat. Als absolut tiefster Stand überhaupt ist nach Meuß (vgl. „Ann. d. Hydr. usw." 1898, S. 446) vom Segler *Pera* am 21. April 1896 in 57,5° S-Br. und 72° W-Lg. 695 mm gefunden worden; als tiefster Stand galt bis dahin der vom Bremer Segler *Nereus* am 13. April 1890 in 59° S.-Br und 69° W-Lg. notierte Stand von 698.4 mm. (Vgl. Haltermann, „Ann. d. Hydr. usw." 1892, S. 166, 190 und 227.)

Liste aller Rahsegler aus Eisen und Stahl, die auf den deutschen Werften an Nord- und Ostsee gebaut worden sind[1]

1. Nordsee
1.1 Weser

Baujahr	Name	Typ und Werkstoff	Größe
1.1.1 *Bremer Schiffbau-Gesellschaft, vorm. H. F. Ulrichs, Bremen-Vegesack*			
1875	*Capella*	Bk (E)	947 BRT
1876	*Spica*	Bk (E)	947 BRT
1876	*Asante*	Bg (E)	302 t
1877	*Regulus*	Vs (E)	1 145 BRT
1877	*Wega*	Vs (E)	1 145 BRT
1877	*Peiho*	Bk (E)	448 BRT
1878	*Arcturus*	Vs (E)	1 145 BRT
1878	*Antares*	Vs (E)	1 145 BRT
1878	*Musca*	Bk (E)	720 BRT
1879	*Johanne*	Bk (E)	289 t
1879	*Schiller*	Vs (E)	1 261 BRT
1881	*Adelaide*	Vs (E)	1 317 BRT
1885	*Ursula*	Vs (E)	1 497 BRT
1886	*Nixe*	Vs (E)	1 720 BRT
1887	*Drehna*	Vs (E)	1 504 BRT
1888	*Neck*	Vs (E)	1 562 BRT
1889	*Titania*	Bk (E)	1 108 BRT
1889	*C. H. Wätjen*	Vs (S)	1 823 BRT
1889	*Nereus*	Vs (S)	1 834 BRT
1890	*Nereide*	Vs (E)	1 823 BRT

[1] Die Abkürzungen bedeuten a) für die Typen: Bk = Bark, 4mbk = Viermastbark, 5mbk = Fünfmastbark, Vs = Vollschiff, 5mvs = Fünfmastvollschiff, Bg = Brig, Schbk = Schonerbark, 3m-Rsch = Dreimastrahschoner, 5m-Tssch = Fünfmasttopsegelschoner; b) für die Werkstoffe: (E) = Eisen, (S) = Stahl; Größe: BRT = Brutto-Register-Tonnen, t = Tonne ohne nähere Angabe, ts = Typverdrängung (standarddisplacement) nach engl. tons = 1 016 kg und CL = Commerz-Last.

Baujahr	Name	Typ und Werkstoff	Größe
Fortsetzung 1.1.1			
1890	*J. C. Glade*	Bk (S)	1 488 BRT
1891	*Nesaia*	Vs (S)	1 790 BRT
1891	*Lina*	Bk (S)	496 BRT
1891	*Alice*	Vs (S)	2 167 BRT
1892	*Nymphe*	Vs (S)	2 190 BRT
1892	*D. H. Wätjen*	Vs (S)	2 196 BRT
1893	*Chile*	Vs (S)	2 198 BRT
1894	*Peru*	Vs (S)	2 198 BRT
1.1.2 *Joh. Lange, Bremen-Vegesack*			
1884	*Solide*	Bk (E)	900 BRT
1885	*Birma*	Bk (E)	1 550 BRT
1889	*Siam*	Vs (E)	1 755 BRT
1890	*I. W. Wendt*	Vs (S)	1 813 BRT
1890	*Charlotte*	Bk (E)	1 308 BRT
1890	*Concordia*	Bk (E)	1 315 BRT
1891	*Sirius*	Vs (S)	1 834 BRT
1891	*Hamburg*	Schbk (S)	340 t
1891	*Bremen*	Schbk (S)	340 t
1892/93	*Schliemann*	Vs (E)	1 726 BRT
1.1.3 *Rickmers, Bremerhaven*			
1894	*Albert Rickmers*	4mbk (S)	2 581 BRT
1896	*Rickmer Rickmers*	Vs (S)	1 980 BRT
1897	*Erik Rickmers*	Vs (S)	2 050 BRT
1898	*Mabel Rickmers*	Vs (S)	2 065 BRT

Baujahr	Name	Typ und Werkstoff	Größe
Fortsetzung 1.1.3			
1902	*Herzogin Cecilie*	4mbk (S)	3 242 BRT
1905	*Albert Rickmers*	Bk (S)	2 039 BRT
1906	*R. C. Rickmers*	5mbk (S)	5 528 BRT
1908	*L'Avenir*	4mbk (S)	2 738 BRT
1.1.4 *Johann C. Tecklenborg AG, Geestemünde*			
1886	*Richard Wagner*	4mbk (E)	2 084 BRT
1888	*Najade*	Vs (S)	1 752 BRT
1889	*Parchim*	Vs (S)	1 808 BRT
1890	*Pera*	Vs (S)	1 758 BRT
1891	*Christine*	4mbk (S)	1 987 BRT
1891	*Rigel*	Vs (S)	1 983 BRT
1892	*Placilla*	4mbk (S)	2 845 BRT
1892	*Philadelphia*	Vs (S)	1 805 BRT
1892	*Pisagua*	4mbk (S)	2 852 BRT
1893	*Maipo*	Vs (S)	1 770 BRT
1894	*Beethoven*	Vs (S)	1 789 BRT
1895	*Potosi*	5mbk (S)	4 026 BRT
1901	*Großherzogin Elisabeth*	Vs (S)	1 260 BRT
1902	*Preußen*	5mvs (S)	5 081 BRT
1903	*Pangani*	4mbk (S)	3 054 BRT
1914	*Großherzog Friedrich August*	4mbk (S)	1 701 BRT
1926	*Padua*	4mbk (S)	3 064 BRT
1927	*Deutschland*	Vs (S)	1 257 BRT
1.1.5 *A.-G. „Weser", Bremen*			
1875	*Wilhelmine*	Vs (E)	877 BRT
1875	*Hermann*	Vs (E)	877 BRT
1877	*Kaiser Wilhelm*	Vs (E)	992 BRT
1877	*Fürst Bismarck*	Bk (E)	992 BRT
1.1.6 *F. W. Wencke, Bremerhaven*			
1896	*Carl*	Bk (E)	445 t

Baujahr	Name	Typ und Werkstoff	Größe
1.2 Elbe			
1.2.1 *Blohm & Voß, Hamburg*			
1880	*Flora*	Bk (E)	996 BRT
1881	*Lisette*	Schbk (E)	386 t
1882	*Aurora*	Bk (E)	1 079 BRT
1882	*Parsifal*	Bk (E)	1 075 BRT
1882	*Banco Mobiliaro*	Bk (E)	1 086 BRT
1883	*Pirat*	Bk (E)	1 053 BRT
1884	*Pestalozzi*	Bk (E)	1 062 BRT
1884	*Senta*	Bk (E)	1 061 BRT
1884	*Europa*	Bk (E)	1 256 BRT
1885	*Polymnia*	4mbk (E)	2 129 BRT
1885	*Paposo*	Bk (E)	1 062 BRT
1885	*Plus*	Bk (E)	1 259 BRT
1887	*Potrimpos*	Bk (S)	1 273 BRT
1887	*Prompt*	Bk (S)	1 445 BRT
1888	*Pamelia*	Bk (S)	1 442 BRT
1888	*Pergamon*	Bk (S)	1 447 BRT
1889	*Potsdam*	Bk (S)	1 463 BRT
1889	*Palmyra*	Vs (S)	1 796 BRT
1891	*Posen*	Vs (S)	1 773 BRT
1891	*Hebe*	4mbk (S)	2 722 BRT
1892	*Susanna*	Vs (S)	1 989 BRT
1892	*Thekla*	Vs (S)	1 945 BRT
1892	*Antuco*	Bk (S)	1 532 BRT
1892	*Seestern*	Bk (S)	1 517 BRT
1903	*Petschili*	4mbk (S)	3 087 BRT
1905	*Pamir*	4mbk (S)	3 020,4 BRT
1909	*Prinzess Eitel Friedrich*	Vs (S)	1 566 BRT
1911	*Peking*	4mbk (S)	3 100 BRT
1911	*Passat*	4mbk (S)	3 091 BRT
1916	*Pola*	4mbk (S)	3 104 BRT
1920	*Priwall*	4mbk (S)	3 185 BRT
1933	*Gorch Fock (1)*	Bk (S)	1 354 t

Baujahr	Name	Typ und Werkstoff	Größe
Fortsetzung 1.2.1			
1936	*Horst Wessel*	Bk (S)	1 634 t
1937	*Albert Leo Schlageter*	Bk (S)	1 634 t
1938	*Mircea*	Bk (S)	1 604 t
1941	— ? —	Bk (S)	
1958	*Gorch Fock* (2)	Bk (S)	1 870 t

Baujahr	Name	Typ und Werkstoff	Größe
1.2.2 *C. H. Kraus, Harburg*			
1873	*Hercules*	Bk (E)	561 t
1873	*Adolph*	Bk (E)	581 t
1878	*Leruka*	Bk (E)	448 t

Baujahr	Name	Typ und Werkstoff	Größe
1.2.3 *Reiherstieg, Hamburg*			
1858	*Deutschland*	Vs (E)	867 BRT
1861	*Prinz Albert*	Vs (E)	591 NRT ca. 620 BRT
1865	*Eugénie*	Vs (E)	697 NRT 712 BRT
1866	*Helios (2)*	Vs (E)	735 BRT
1865	*Flottbek (J. Hünicken)*	Bk (E)	512 NRT 536 BRT
1867	*Alfred*	Bg (E)	506 NRT
1867	*Undine*	Vs (E)	760 NRT 786 BRT
1867	*Helena Donner*	Vs (E)	732 BRT
1868	*Augusta*	Bk (E)	ca. 410 BRT
1868	*Dorette*	Vs (E)	ca. 950 BRT
1868	*Carl Graf Attems*	Schbk (E)	340 NRT
1868	*Johann Cesar*	Bk (E)	408 BRT
1868	*Peter Godeffroy*	Bk (E)	462 NRT ca. 470 BRT
1869	*Selene (2)*	Vs (E)	ca. 950 BRT
1869	*Fortuna*	Bk (E)	978 BRT
1869	*Mozambique*	Schbk (E)	ca. 300 BRT
1870	*Johannes und Emilie*	Bk (E)	318 BRT
1870	*Dorothea*	Bk (E)	1 033 BRT oder 1016 BRT
1870	*Moltke*	Bk (E)	ca. 880 BRT oder 828 BRT
1870	*Europa*	Bk (E)	1 001 NRT 1 033 BRT

Baujahr	Name	Typ und Werkstoff	Größe
Fortsetzung 1.2.3			
1870	*Upulu*	Sch (E)	56 Cl 110 t
1870	*Gustav Adolph*	Schbk (E)	310 NRT 427 BRT
1874	*Polynesia*	Vs (E)	985 NRT 1 070 BRT
1875	*Argo*	Vs (E)	464 BRT
1875	*Ella*	Bk (E)	647 NRT 668 BRT
1875	*Thalassa*	Bk (E)	1 030 NRT 1 061 BRT
1876	*Melpomene*	Vs (E)	642 oder
1877	*Excelsior*	Bk (E)	649 NRT
1877	*Sophie*	Bk (E)	482 NRT 499 BRT
1877	*Dione*	Bk (E)	695 NRT 717 BRT
1877	*Indra*	Bk (E)	642 NRT 664 BRT
1878	*Urania*	Vs (E)	1 092 NRT 1 121 BRT
1878	*Copernicus*	Vs (E)	1 212 NRT 1 235 BRT
1878	*Niagara*	Bk (E)	692 NRT 712 BRT
1878	*Kepler*	Vs (E)	1 193 NRT 1 215 BRT
1878	*Nautilus*	Bk (E)	745 BRT

*

1.3 Sonstige

Baujahr	Name	Typ und Werkstoff	Größe
1.3.1 *Schömer & Jensen, Tönning*			
1891	*Hinrich*	Bk (S)	407 t
1891	*Agnes*	Schbk	316 t
1892	*Marie*	Bk (S)	410 t

Baujahr	Name	Typ und Werkstoff	Größe
1.3.2 *H. Peters & Co., Wewelsfleth*			
	Hannchen	Schbk	289 t

*

2. Ostsee

2.1 Westliche Ostsee

Baujahr	Name	Typ und Werkstoff	Größe
2.1.1 *Flensburger Schiffsbaugesellschaft, Flensburg*			
1875	*Doris Brodersen*	Vs (E)	679 BRT

Baujahr	Name	Typ und Werkstoff	Größe
Fortsetzung 2.1.1			
1876	*Anna Cecilia*	Bk (E)	355 BRT
1877	*Schiffswerft*	Vs (E)	905 BRT
1877	*Margarethe Gaiser*	Schbk (E)	387 t
1877	*Constanze*	Vs (E)	1 004 BRT
1878	*Phönix*	Bk (E)	714 BRT
1878	*Thalia*	Vs (E)	1 092 BRT
1879	*Okeia*	Bk (E)	721 BRT
1884	*Libussa*	Vs (E)	1 783 BRT
1886	*Ferdinand Fischer*	Vs (E)	1 782 BRT
1886	*Dorade*	Bk (E)	1 251 BRT
1887	*Guldregen*	Bk (E)	1 270 BRT
1891	*Helios II*	Bk (S)	1 295 BRT

2.1.2 *Howaldts Werke, Kiel*

1885	*Hedwig*	Schbk (S)	333 t
1892	*Mercur*	Schbk (S)	349 t
1908	*Vila Velebita*	Schbg (S)	257 t

2.1.3 *Schiffs- und Maschinenbau-AG Germania, Kiel*

1884	*Kriembild*	Bk (E)	831 BRT
1884	*Mercator*	Bk (E)	833 BRT
1884	*Julius Palm*	Bk (E)	860 BRT
1885	*Luna*	Bk (E)	846 BRT
1885	*Anna*	Bk (E)	1 138 BRT
1885	*Moewe*	Bk (E)	ca. 1 130 BRT
1886	*Atalanta*	Bk (E)	1 093 BRT
1889	*Antigone*	Bk (E)	1 477 BRT
1889	*Meridian*	Bk (E)	1 476 BRT
1889	*Anaconda*	Bk (E)	1 483 BRT
1921	*Magdalene Vinnen*	4mbk (S)	3 476 BRT
1920	*Antiope*	3m-Rsch	280 BRT

Baujahr	Name	Typ und Werkstoff	Größe
Fortsetzung 2.1.3			
1922/23	*Adolf Vinnen*	5m-Tssch (S)	1 860 BRT
1922/23	*Carl Vinnen*	5m-Tssch (S)	1 827 BRT
1922/23	*Christel Vinnen*	5m-Tssch (S)	1 860 BRT
1922/23	*Susanne Vinnen*	5m-Tssch (S)	1 860 BRT
1922/23	*Werner Vinnen*	5m-Tssch (S)	1 860 BRT
1921 (ab)	*Annen*	3m-Tsch (S)	400 BRT
1921 (ab)	*Buckan*[1])	3m-Tsch (S)	456 BRT
1925	*Datteln*	3m-Tsch (S)	456 BRT
1921	*Hamm*	3m-Tsch (S)	192 BRT
1921	*Gaarden*	3m-Tsch (S)[2]	125 BRT
1931	*Hussar*	4mbk (S)	2 323 BRT[388]

Ferner wurden an Motorseglern gebaut
5 3 m-Tsch von etwa 300 t Tragfähigkeit
4 2 m-Gaffelschoner von etwa 175 t Tragfähgikeit
8 flachgehende Galioten von etwa 190 t Tragfähigkeit für die Binnengewässerfahrt
12 Galeassen von etwa 175 t Tragfähigkeit
1 3 m-Schoneryacht, die auch der Frachtbeförderung dienen konnte

2.1.4 *G. Evers, Lübeck*

1892	*Amazone*	Bk (S)	1 404 t

2.1.5 *Henry Koch, Lübeck*

1889	*Marga*	Bk (S)	1 074 BRT
1890	*Anna Ramien*	Bk (S)	1 320 BRT
1890	*Sterna*	Bk (S)	1 432 BRT
1891	*Franz*	Bk (S)	1 096 BRT
1891	*Irene*	Bk (S)	1 123 BRT
1891	*Elise*	Bk (S)	923 BRT
1892	*Senator Petersen*	Vs (S)	1 736 BRT
1892	*Olga*	Bk (S)	1 173 BRT

1 Die B. wurde später zum Rotorschiff (Flettner-Rotor) umgebaut

Baujahr	Name	Typ und Werkstoff	Größe
Fortsetzung 2.1.5			
1892	*Anna*	Bk (S)	1 467 BRT
1898	*Eduard*	Schbk (S)	
2.1.6 *A.-G. „Neptun", Rostock*			
1885	*J. C. Julius*	Bk (E)	1 118 BRT
1886	*Lilla*	Bk (E)	1 125 BRT
1886	*Gudrun*	Bk (E)	1 476 BRT
1887	*Thalia*	Bk (E)	1 464 BRT
1889	*Selene*	Bk (S)	1 319 BRT
1889	*Senator Versmann*	Vs (S)	1 343 BRT
1890	*Artemis*	Bk (S)	1 463 BRT
1891	*Pampa*	Vs (S)	1 777 BRT
1891	*Ariadne*	Vs (S)	1 785 BRT
1891	*Frieda Mahn*	Bk (S)	1 369 BRT
2.1.7 *Georg Schuldt, Stralsund*			
1923	*Gustav Stein*	Schbk	548 t
1924	*Elbnymphe*	Schbk	540 t
2.1.8 *A. Tischbein, Rostock*			
1854	*Der Orientale*	Bk (E)	170 CL
1857	*Herzogin Marie*	Bk (E)	180 CL
2.2 Östliche Ostsee			
2.2.1 *Möller & Holberg, Stettin*			
1893	*Anna Schwalbe*	Bk (S)	797 t
2.2.2 *Stettiner AG, Stettin*			
1893	*Phos*	Vs (S)	1 652 t
2.2.3 *J. Klawitter, Danzig*			
1892	*Atlantic*	Bk (S)	1 087 t
3. Sonstige			
3.1 *Jacobi, Haniel & Huyssen, Duisburg-Ruhrort/Rhein*			
1844	*Hoffnung*	Bg (E)	226 t
1845	*Fortschritt*	Bk (E)	235 t
3.2 *Matzen, Sonderburg, jetzt dänisch*			
1868	*Baltic*	Bk (E)	328 CL

Anhang 2

Kap Horn-Umsegelungen in Diagrammen

Kap Horn-Umsegelungen auf der 50-zu-50-Strecke in ost-westlicher Richtung in Diagrammen technisch-wissenschaftlicher Abstraktion. Zwei behandeln solche der berühmten Potosi. *Beide machen die rasche Folge der Minima deutlich und auch die rasch wechselnden Spitzenwerte. Das dritte Diagramm belegt eine etwas „bravere Umsegelung“, wie sie die deutsche Bark* Anna *anno 1900 erlebte. Auch hier folgte einem Minima mit Böen um 11 und 12 eine fast plötzliche Stille mit all ihren für ein Segelschiff tödlichen Gefahren. Für diese Diagramme standen auch die an Bord geschätzten Stärken für den gewaltigen Seegang zur Verfügung, der hier als Seegang innerhalb der permanent hohen Dünung des Reviers bezeichnet werden muß.*

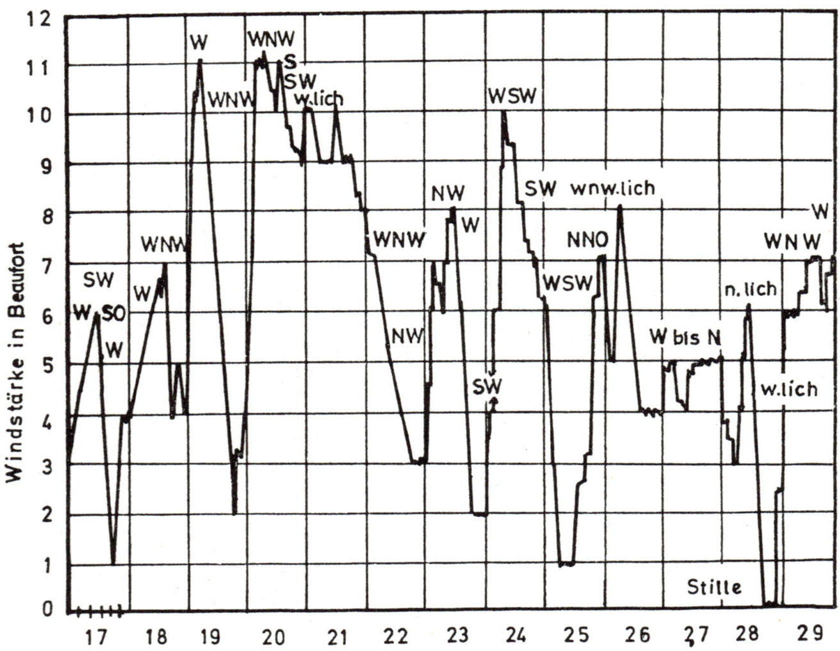

Die 50-zu-50-Ost-West-Umsegelung der Fünfmastbark *Potosi* vom 17. bis 29. November 1905 (Südsommer) unter Kapitän H. Nissen.

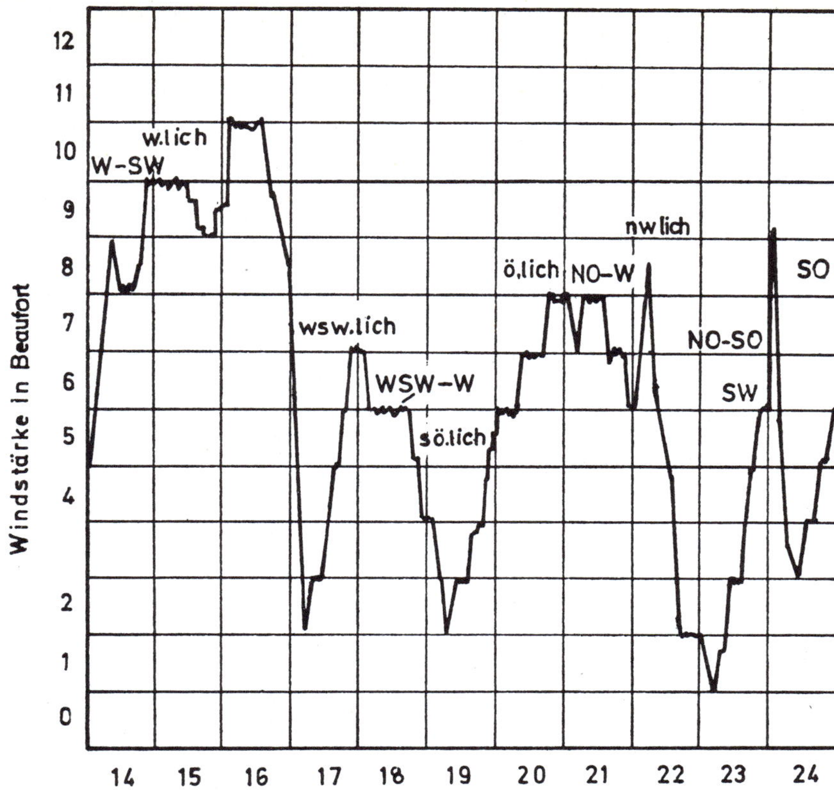

Oben: 5mbk *Potosi* vom 14. bis 24. September 1895 (R. Hilgendorf). Unten: Hamburger Bark *Anna* vom 11. bis 29. Oktober 1900. 2. Reihe unten: Breite/Länge der Position. 3. Reihe: Seegangstärken.

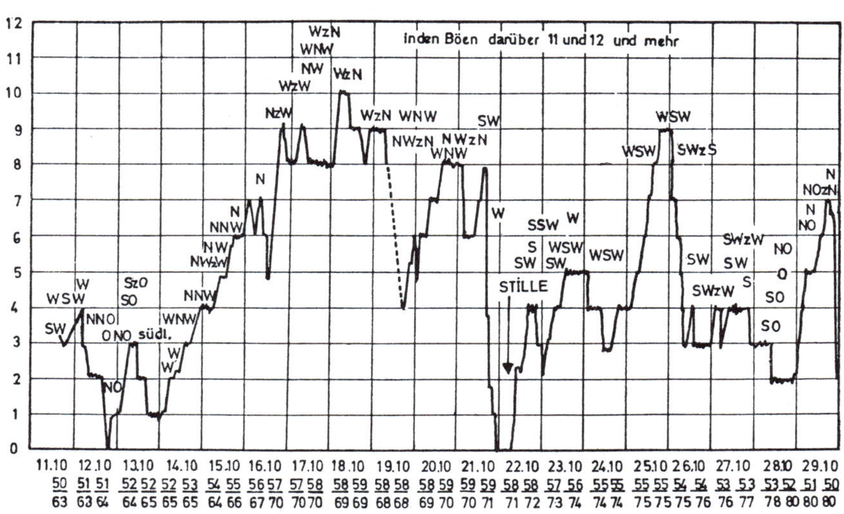

Anhang 3

Diagramme

Segel, Schiffsalter, Schiffsbestand, Tonnage, Zahl der Besatzungen in Deutschland, Frankreich, England und den USA

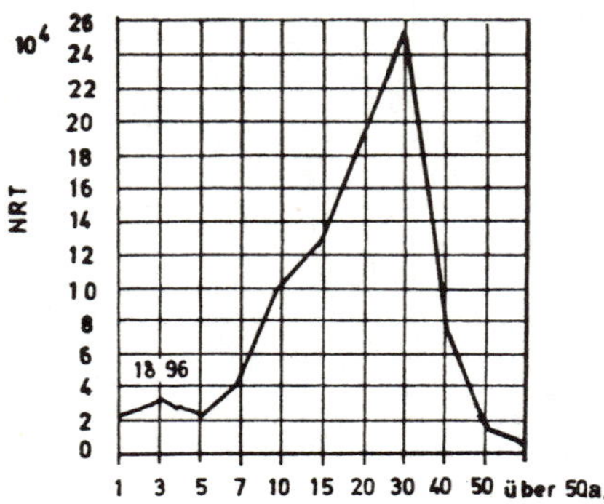

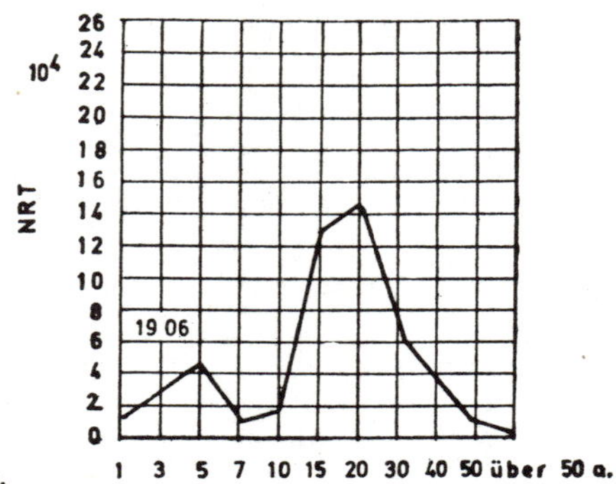

Alter der deutschen Segelschiffbestände: links 1896; rechts 1906.

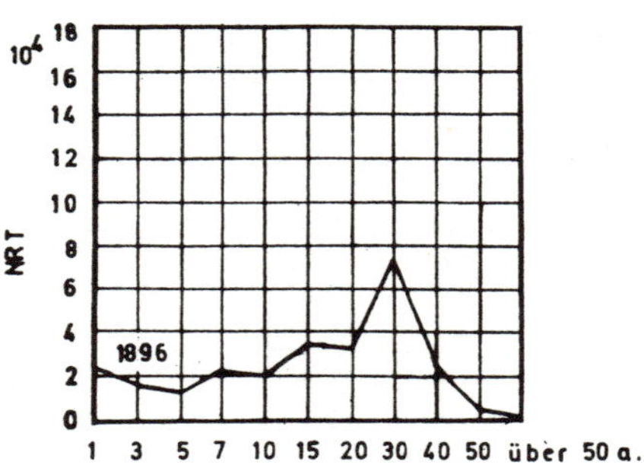

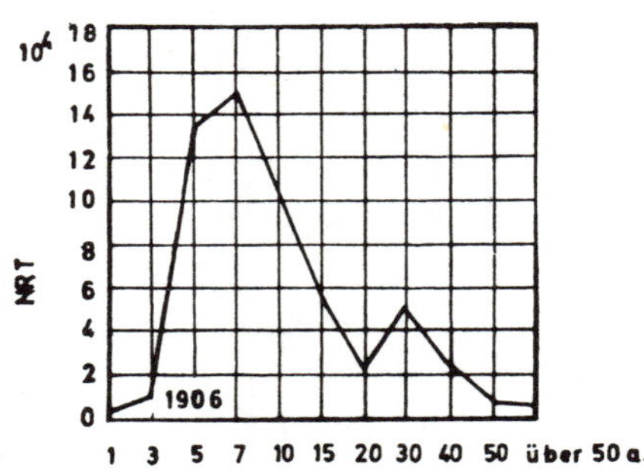

Alter der französischen Segelschiffbestände: links 1896; rechts 1906.

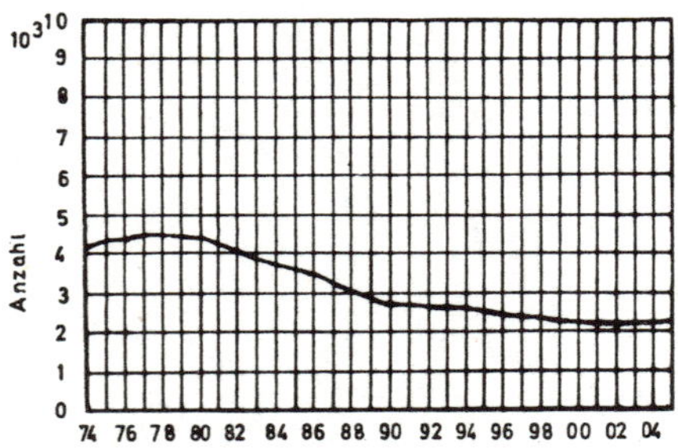

Anzahl der deutschen Segelschiffe im Nord- und Ostseegebiet in den Jahren 1874—1905.

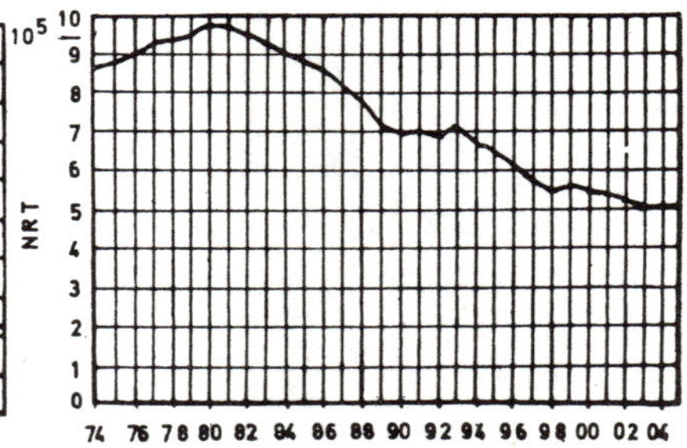

Raumgehalt der deutschen Segelschiffe im Nord- und Ostseegebiet in den Jahren 1874—1905.

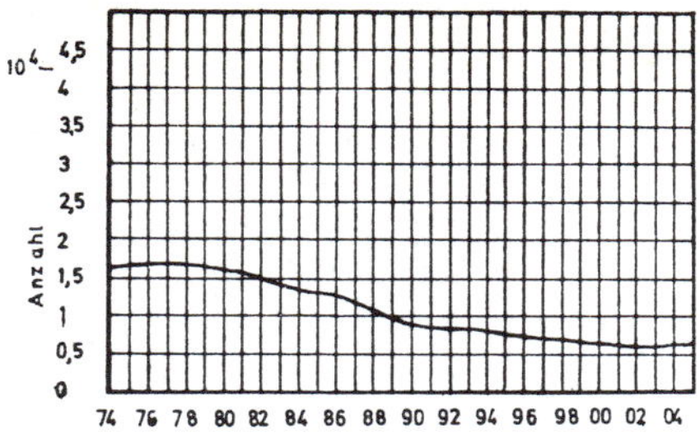

Die Zahl der Besatzungen der deutschen Segelschiffe im Nord- und Ostseegebiet für die Zeit von 1874—1905.

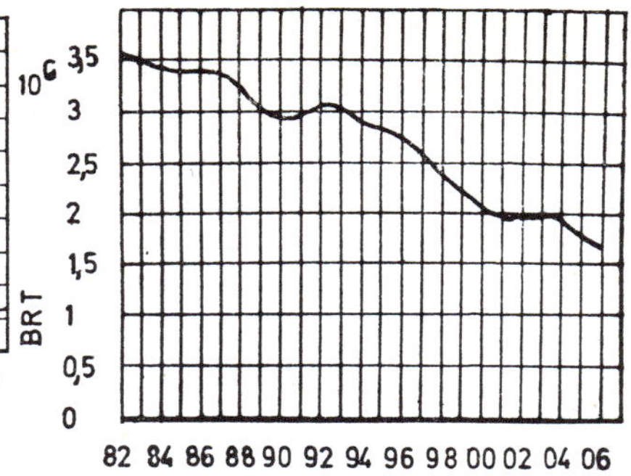

Raumgehalt der britischen Segler in der Zeit von 1882—1906.

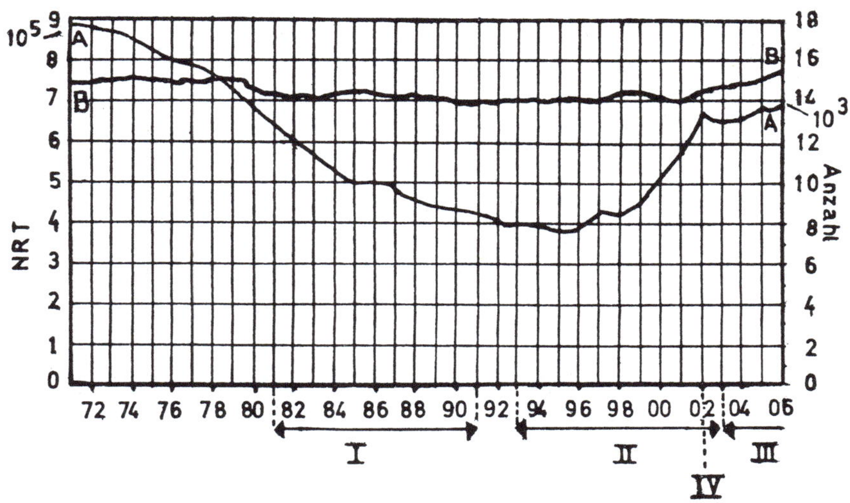

Bestand der Segelschiffe in Frankreich für die Zeit von 1871—1906. Es bedeuten: A Raumgehalt in 100 000 BRT; B Anzahl der Segler in 1 000; I. Subventionsgesetz 1881—1891; II. Subventionsgesetz 1893—1903; III. Subventionsgesetz von 1903; IV. Beschluß für das III. Subventionsgesetz 1902.

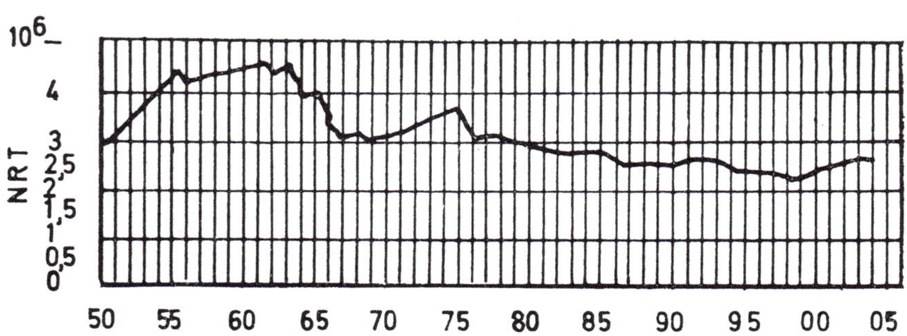

Segelschifftonnage der USA für die Zeit von 1850—1904.

Takelage und Besegelun

1. Besan-Stenge.
2. Besan-Mast.
3. Besan-Gaffel, obere.
4. Besan-Gaffel, untere.
5. Besan-Baum.
6. Besan-Baum u. Gaffel-Hanger.
7. Besan-Bram-Stag.
8. Besan-Stenge-Stag.
9. Besan-Stag.
10. Achter-Royal-Stag.
11. Achter-Bram-Stag.
12. Achter-Stenge-Stag.
13. Achter-Stag.
14. Achter-Bram-Stenge.
15. Achter-Mars-Stenge.
16. Achter-Mast.
17. Achter-Royal-Rah.
18. Achter-Ober-Bram-Rah.
19. Achter-Unter-Bram-Rah.
20. Achter-Ober-Mars-Rah.
21. Achter-Unter-Mars-Rah.
22. Achter-Rah.
23. Achter-Royal-Brassen.
24. Achter-Ober-Bram-Brassen.
25. Achter-Unter-Bram-Brassen.
26. Achter-Ober-Mars-Brasse
27. Achter-Unter-Mars-Brass
28. Achter-Brassen.
29. Mittel-Bram-Stenge.
30. Mittel-Mars-Stenge.
31. Mittel-Mast.

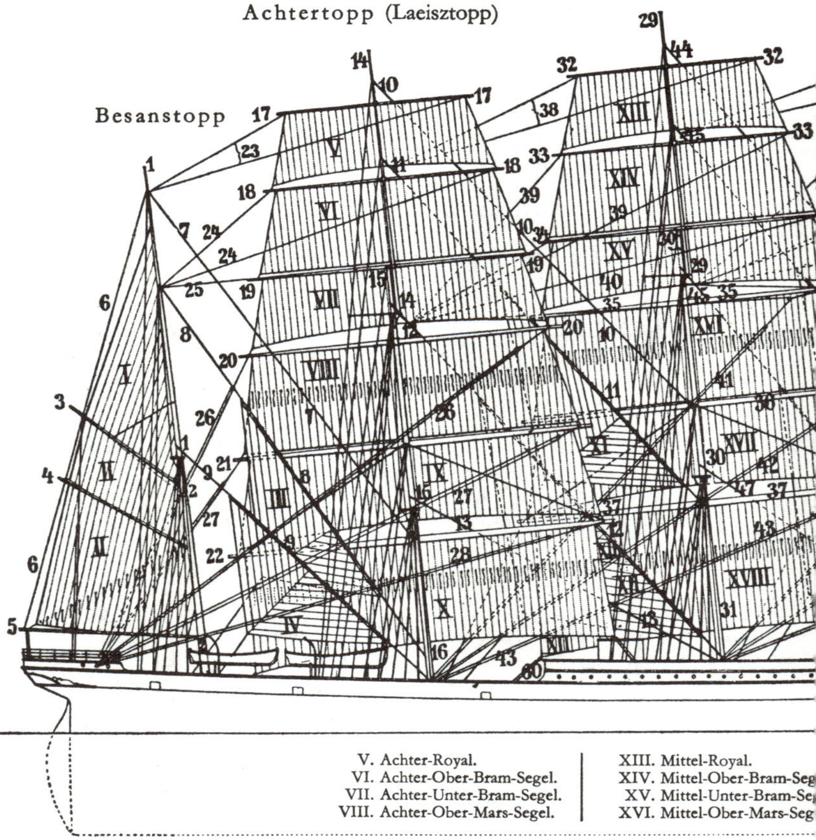

V. Achter-Royal.
VI. Achter-Ober-Bram-Segel.
VII. Achter-Unter-Bram-Segel.
VIII. Achter-Ober-Mars-Segel.
XIII. Mittel-Royal.
XIV. Mittel-Ober-Bram-Seg
XV. Mittel-Unter-Bram-Se
XVI. Mittel-Ober-Mars-Seg

I. Gaffel-Topp-Segel.
II. Besan.
III. Besan-Stenge-Stag-Segel.
IV. Besan-Stag-Segel.
IX. Achter-Unter-Mars-Segel.
X. Achter-Segel.
XI. Achter-Bram-Stag-Segel.
XII. Achter-Stenge-Stag-Segel.
XVII. Mittel-Unter-Mars-Sege
XVIII. Mittel-Segel.
XIX. Mittel-Bram-Stag-Segel.
XX. Mittel-Stenge-Stag-S

Anhang 4

ler Fünfmast-Bark *Potosi*

. Mittel-Royal-Rah.
. Mittel-Ober-Bram-Rah.
. Mittel-Unter-Bram-Rah.
. Mittel-Ober-Mars-Rah.
. Mittel-Unter-Mars-Rah.
. Mittel-Rah.

38. Mittel-Royal-Brassen.
39. Mittel-Ober-Bram-Brassen.
40. Mittel-Unter-Bram-Brassen.
41. Mittel-Ober-Mars-Brassen.
42. Mittel-Unter-Mars-Brassen.
43. Mittel-Brassen.

44. Mittel-Royal-Stag.
45. Mittel-Bram-Stag.
46. Mittel-Stenge-Stag.
47. Mittel-Stag.
48. Groß-Royal-Rah.
49. Groß-Ober-Bram-Rah.

50. Groß-Unter-Bram-Rah.
51. Groß-Royal-Brassen.
52. Groß-Ober-Bram-Brassen.
53. Groß-Unter-Bram-Brassen.
54. Vor-Royal-Rah.
55. Vor-Ober-Bram-Rah.
56. Vor-Unter-Bram-Rah.
57. Vor-Royal-Brassen.
58. Vor-Ober-Bram-Brassen.
59. Vor-Unter-Bram-Brassen.
60. Mittel-Schot.
61. Mittel-Hals.
62. Bugspriet und Klüverbaum.
63. Wasser-Stag.

oßtopp

Vortopp

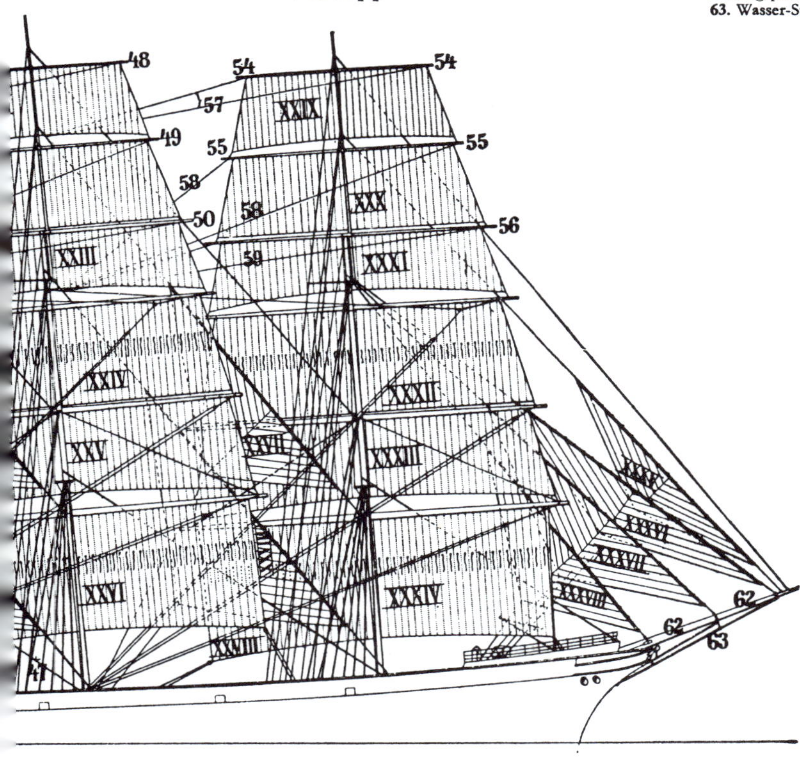

XI. Groß-Royal.
XII. Groß-Ober-Bram-Segel.
III. Groß-Unter-Bram-Segel.
IV. Groß-Ober-Mars-Segel.

XXIX. Vor-Royal.
XXX. Vor-Ober-Bram-Segel.
XXXI. Vor-Unter-Bram-Segel.
XXXII. Vor-Ober-Mars-Segel.

XXV. Groß-Unter-Mars-Segel.
XVI. Groß-Segel.
XVII. Groß-Bram-Stag-Segel.
VIII. Groß-Stenge-Stag-Seg.

XXXIII. Vor-Unter-Mars-Segel.
XXXIV. Fock.
XXXV. Vor-Bram-Stag-Segel.
XXXVI. Außen-Klüver.

XXXVII. Innen-Klüver.
XXXVIII. Vor-Stenge-Stag-Segel.

Anhang 5

Extrem schnelle und extrem lange Segelschiffreisen[1]

(s) schnelle Reise; (g) gute Reise; (l) lange Reise;

br britische Schiffe; dt deutsche Schiffe; fr französische Schiffe; ital italienische Schiffe; norw norwegische Schiffe; us USA-Schiffe;

Bg Brigg; Bk Bark; Cl Clipper; CCl compositerbauter Clipper; Vs Vollschiff; 4mvs Viermastvollschiff; 4mbk Viermastbark; 5mvs Fünfmastvollschiff; 5mbk Fünfmastbark;

(H) aus Werkstoff Holz; (E) aus Werkstoff Eisen; (H/E) Holz und Eisen, so bei den Compositbauten; (S) vom Typ und vom Baujahr her aus Werkstoff Stahl[2];

d Tage; h Stunden: $\frac{140}{150}$ (Beispiel) 140 bis 150;

S) Sommer; (W) Winter (in Verbindung mit Reisezeitangabe).

1 Europa

1.1 Europa—Amerika

1.1.1 Europa—Nordamerika (Ostküste)

					d.h	Mittel in d.h
(s)	1892	br	4mbk (S)	*Howard D. Troop:* Greenock—New York	13.2	I.[1]
(s)	1860	us	Cl (H)	*Andrew Jackson:* Liverp.—New York	15	33.1 (S)
(s)	1855	us	Cl (H)	*Mary Whitridge:* Liverp.—Baltimore	14.9	43.8 (W)
(s)	1902	dt	Vs (S)	*C. H. Wätjen:* Dover—New York	21	II.
(l)		br	Bk (E)	*Broomhall:* Hamburg—New York	113[4]	56.6[3] (S)
(l)		dt	Bk (H)	*Düppel:* Hamburg—New York	111[5]	42.8 (W)

[1] Bei einem Großteil der Aus- und Heimreisen steht hinter einem senkrechten Strich (Bruchstrich bei zwei Angaben heißt von — bis) neben den Tageszahlen der Reisen für den betreffenden Track das Reisemittel von / bis Lizard. Es handelt sich um ein Mittel, das für die „klassische Wertungsstrecke" von deutschen Stellen (Dienststellen und Instituten) errechnet wurde. Bei einem Vergleich mit den über Lizard hinausgehenden Reisen muß selbstverständlich ein entsprechendes Mehr an Zeit in Rechnung gestellt werden (wobei auch die jeweiligen reviergebundenen Schwierigkeiten berücksichtigt werden müssen, um für das Mehr an Strecke zu einem gerechten Mittelwert zu kommen).

[2] Nicht bei allen Seglern konnte der Werkstoff aus den erreichbaren Unterlagen belegt werden, das trifft vor allem auf einen Teil der älteren deutschen Segelschiffe zu (manche Reedereien und Werften existieren nicht mehr, in anderen Fällen sind die Archive Opfer des Bombenkrieges im 2. Weltkrieg geworden). Auch bei den Jahresangaben waren Lücken nicht zu schließen. Hier konnte auch die Deutsche Seewarte nicht helfen, wo zwar viele Journale und meteorologische Tagebücher vorhanden sind, wegen der Auslagerung und Personalmangels aber nicht ausgewertet werden können.

[3] Außenroute

[4] Passatweg

[5] beide Reisen lange Reisen nach Fred Schmidt: Schiffe und Schicksale. Keine Jahresangaben

1.1.2 Nordamerika (Ostküste)—Europa

					d.h	Mittel in d
(s)		us	Cl (H)	*Dreadnought:* Sandy Rock—Queenstown	9.12	26
(s)	1857	us	Cl (H)	*Red Jacket:* Sandy Rock—Liverp.	12	
(s)	1855	us	Cl (H)	*Donald Mc Kay:* Sandy R.—Queenstown	12	
(s)	1855	us	4mbk (H/E)	*Great Republic:* New York—Scilly Isl.	13	

1.1.3 Europa—Südamerika (Ostküste)

					d.h	Mittel in d
(s)	1891	br	4mbk (E)	*Dundee:* Cardiff—Rio de Janeiro	31	40
(s)	1891	dt	Bk (H)	*Pacific:* Kanal—Rio de Janeiro	31	
(s)	1890	fr	5mbk (S)	*France (I):* Kanal—Rio de Janeiro	32	
(s)		br	Vs (E)	*Glenalvon:* Liverpool—Rio de Janeiro	34	
(s)	1900	br	4mbk (E)	*Principality:* Barry Docks—Rio de Janeiro	38	
(l)	1859	dt	Vs	*Mobile:* Newport—Rio de Janeiro	64	55
(g)	1956	dt	4mbk (S)	*Passat:* Lizard—Buenos Aires	48	
(g)		br	4mbk (S)	*Archibald Russell:* Barry—Buenos Aires	60	

1.1.4 Südamerika (Ostküste)—Europa

					d.h	Mittel in d
(s)	1908	br	Vs (S)	*Pass of Balmaha:* Montevideo—Boston	34	65
(l)		ital	Bg (H)	*Anita S.:* Buenos Aires—Plymouth	166	65
(l)		ital	Bg (H)	*Anita S.:* Paysandu—Southampton	236	

1.1.5 Europa—Nordamerika (Westküste)

					d.h	Mittel in d
(s)	1893/94	br	Vs (E)	*Benmore:* Lizard—Vancouver	107	155
(l)	1909	br	CCl (H/E)	*Haddon Hall:* Liverpool—Victoria (BC)	243	
(s)	1909	dt	4mbk (S)	*Herzogin Cecilie:* Kanal—Columbia River	103	148
(s)	1895	dt	Bk (E)	*Maria Mercedes:* Kanal—Portland	111	
(s)	1891	br	Vs (E)	*Machrihanish:* London—Columbia River	130	
(s)	1889	br	Vs (E)	*Senator*[1]*:* Cardiff—San Francisco (Calif.)	90	140
(s)		dt	Vs (H)	*R. C. Rickmers:* Antwerpen—San Francisco	92	
(s)	1894	br	4mbk (S)	*Eudora:* Cardiff—San Francisco	99	
(l)	1899/00	br	Vs	*Blackbraes:* Tyne—San Francisco	356	
(l)	1904	br	4mbk (E)	*Falls of Halladale:* Liverpool—San Francisco	239	
(l)	1896	br	Bk	*Natuna:* London—San Francisco	224	
(s)	1904	dt	4mbk (S)	*Pindos:* Lizard—Los Angeles (Calif.)	106	130
(l)	1890	br	Vs (E)	*Cromartyshire:* Antwerpen—Los Angeles	138	
(s)	1892	dt	Vs (E)	*Katharine:* Kanal—Santa Rosalia (mex. Calif.)	108	128
(g)	1901	dt	Vs (S)	*Schwarzenbek:* Cardiff—Santa Rosalia (mex. Calif.)	117	
(l)	1904	dt	4mbk (S)	*Alsterdamm:* Hamburg—Santa Rosalia (mex. Calif.)	137	121 / 135
(l)	1903	dt	4mbk (S)	*Lisbeth:* Hamburg—Santa Rosalia (mex. Calif.)	138	

1.1.6 Nordamerika (Westküste)—Europa

					d.h	Mittel in d
(s)	1903	dt	Vs (E)	*Gertrud:* Tacoma (Wash.)—London	104	135
(s)	1906	br	4mbk (S)	*Eudora:* Tacoma (Wash.)—Queenstown	104	
(l)	1899	dt	4mbk (S)	*Schiffbek:* Seattle (Wash.)—Falmouth	149	
(l)	1890/1	br	Vs (E)	*Old Kensington:* Puget Sd—Kanal	149	

[1] strittig sind in anderen Publikationen erwähnte 89 d

					d.h	Mittel in d
(s)	1892	br	Cl (E)	*Machrihanish*[1]*:* Portland (Oreg.)—Queenstown	91	
(s)	1892	br	4mbk (E)	*Metropolis:* Portland (Oreg.)—Falmouth	99	129
(s)	1912	dt	5mbk (S)	*R. C. Rickmers:* Portland (Oreg.)—Kanal	101	
(s)		dt	4mbk (E)	*Renée Rickmers:* Portland (Oreg.)—Antwerpen	103	
(s)	1895	br	4mbk (E)	*Principality:* Astoria (Oreg.)—Queenstown	95	
(s)	1901	br	4mbk (S)	*Muskoka:* Astoria (Oreg.)—Queenstown	101	129
(s)	1901	dt	Vs (S)	*Schwarzenbek:* Astoria (Oreg.)—Lizard	114	
(s)	1891	br	4mbk (E)	*Falls of Garry:* San Francisco (Calif.)—Queenstown	90	
(s)	1891/2	br	Vs (E)	*Alcinous:* San Francisco—Queenstown	93	
(s)	1877	dt	Vs (S)	*Schwarzenbek:* San Francisco—Kanal	97	130 (W)
(l)	1898	br	4mbk (E)	*Falls of Halladale:* Frisco—Queenstown	172	142 (S)
(l)	1897	br	Bk (S)	*Cambusdoon:* San Francisco—Queenstown	169	
(l)	1900	br	Vs (S)	*Blackbraes:* San Francisco—Mersey (Liv.)	166	
(g)	1903	dt	4mbk (S)	*Schürbek:* Los Angeles—Liverpool	129	130
(s)	1886	dt	Bk (E)	*Patagonia:* Mazatlan—Lizard	100	
(s)	1869	dt	Bg (H)	*Seenymphe:* Altata—Lizard	100	167
(s)	1880	dt	Bk (S)	*Jupiter:* Mazatlan—Lizard	103	

1.1.7 Europa—Mittelamerika und Südamerika (Westküste[2]*)*

(g)	1877	dt	Bk (H)	*Civiale:* Lizard—Champerice (Guatemala)	109	118/129
(s)	1872	dt	Bk (H)	*Ubbina:* Lizard—Corinto (Nicaragua)	108	119/124
(g)	1879	dt	Bk (H)	*Bernhard Carl:* Lizard—Puntas Arenas (Costarica)	109	114/124
(s)	1886	dt	Bk (E)	*Deutschland:* Gibraltar—Guayaquil (Ecuad.)	86	
(s)	1889	dt	Bk (H)	*Äolus:* Gibraltar—Guayaquil (Ecuador)	90	
(s)	1881	dt	Bk (H)	*Panama:* Bordeaux—Guayaquil (Ecuador)	93	105/111
(s)	1889	dt	Bk (E)	*Montana:* Kanal—Guayaquil (Ecuador)	96	
(s)	1890	dt	Bk (E)	*Theodore:* Kanal—Guayaquil (Ecuador)	96	
(s)[3]		dt	4mbk (S)	*Urania:* Bristolkanal—Callao	73	95
(s)		dt	Vs (E)	*Siam:* Bristolkanal—Callao	81	110
(s)		dt	Bk (H)	*Parnass:* Lizard—Callao	78	

1.1.8 Mittel- und Südamerika (Westküste)—Europa

(s)	1879	dt	Bk (H)	*Äolus:* Corinto (Nicaragua)—Lizard	104	128/137
(l)		dt	Bk (H)	*Olga:* San Juan del Sur—Falmouth	180	
(g)	1895	dt	Vs (H)	*Ida:* Punta Arenas (Costarica)—Lizard	114	134/151
(g)	1891	dt	Bk (H)	*Parnass:* Punta Arenas (Costarica)—Lizard	113	
(s)	1886	dt	Vs	*Emanuel:* Guayaquil (Ecuador)—Lizard	96	
(s)		dt	Vs	*Franziska:* Guayaquil (Ecuador)—Lizard	96	105/111
(l)		dt		lt. Segelhandbuch ein dt. Segler	148	

[1] Genau genommen schaffte es das eiserne Schiff in 90 Tagen, es kam am 5. April 1892 (ab 6. Januar 1892) vor Fastnet an, wurde aber durch umlaufende Winde am Einlaufen nach Queenstown bis zum 9. April behindert. (In diesem Jahr hatte der Februar 29 Tage.)

[2] Schnelle und extrem lange Reisen nach Chile siehe Textteil

[3] Jahresangabe fehlt, dasselbe gilt auch für einige andere Schiffe, die ohne Jahresangabe vornehmlich in den Segelhandbüchern Erwähnung fanden.

					d.h	Mittel in d
(s)	1868	dt	Vs	*Albertine:* Callao (Peru)—Lizard	90	
(s)	1874	dt	Bk (S)	*Marco Polo:* Malabrigo (Peru)—Lizard	93	100/110
(s)	1892	dt	Bk (H)	*Parnass:* Independencia-Bai (Peru)—Lizard	95	

1.2.1 Europa—Asien

(s)	1854	br	Cl (H)	*Cairnsmore:* Land's End—Bombay	70	
(s)	1863	br	Cl (H)	*The Tweed:* London—Bombay	77	115
(s)	1880	br	4mvs (E)	*County of Selkirk:* Cardiff—Bombay	78	
(s)		br	4mvs (E)	*Romsdal:* Liverpool—Calcutta	69[1]	
(s)	1877	br	Vs (E)	*Coriolanus:* Scilly Islands—	69	120
(s)	1876	br	Vs (E)	*Baron Aberdare:* Liverpool—Calcutta	72	
(s)	1894	br	4mvs (E)	*County of Caithness:* Dundee—Chittagong	88	
(s)	1893	br	4mvs (E)	*Romsdal:* Liverpool—Chittagong	88	120
(l)						
(s)	1878	dt	Bk (H)	*Fürst Bismarck:* Kanal—Bassein (Burma)	86	
(s)		br	Vs (E)	*Glenalvon:* Hamburg—Rangoon (Burma)	92	130
(s)	1885	br	4mvs (E)	*Romsdal:* Liverpool—Rangoon (Burma)	93	
(s)	1888	br	Vs (E)	*Orpheus:* Cardiff—Batavia (Java)	77	100
(s)	1889	br	Vs (E)	*Orpheus:* Cardiff—Batavia (Java)	79	bis
(s)	1891	br	Bk (E)	*County of Selkirk:* Barry—Batavia (Java)	86	120
(s)	1853	us	Cl (H)	*Nightingale:* Portsmouth—Anjer	72	
(s)	1885	br	Vs (E)	*Orpheus:* Cardiff—Anjer	77	96
(s)	1884	br	Vs (E)	*Euridice:* Kanal—Anjer	78	
(s)	1896	dt	4mvs (S)	*Peter Rickmers:* Cardiff—Singapore	87	
(s)	1899	dt	4mvs (S)	*Peter Rickmers:* Cardiff—Singapore	84	115
(s)	1885	br	Vs (E)	*Orpheus:* Cardiff—Singapore	83	
(s)	1893	dt	Bk (H)	*Andrée Rickmers:* Cardiff—Penang	93	
(s)	1866/7	br	Cl (H)	*Ariel:* London—Hongkong	80	
(s)	1855	us	Cl (H)	*Eagle Wing:* Cardiff—Hongkong	83.12	135/140
(s)	1898	br	4mbk (E)	*Metropolis:* Cardiff—Hongkong	90	
(g)	1880	br	CCl (H/E)	*The Caliph:* London—Shanghai/Woosung	111	135
(s)		br	Bk	*Serica:* Lizard—Foochow	90	135
(l)		dt	Vs (S)	*Landkirchen:* Europa—China	202	140
(l)	1892	dt	4mbk (S)	*Harald:* Kanal—Wei-Hai-Wei (Shantung)	235	
(s)	1897	br	Vs (E)	*Cromartyshire:* Barry Docks—Nagasaki	108	
(s)	1896/7	br	4mbk (S)	*Carradale:* Kanal—Nagasaki	114	140/150
(s)	1898/9	dt	4mbk (S)	*Nomia:* Lizard—Yokohama	125	

1.2.2 Asien—Europa

(s)		br	CCl (H/E)	*City of Hankow:* Calcutta—Europa	71	
(s)	1858	us	CCl (H/E)	*James Baines:* Calcutta—Liverpool	77	
(s)	1870	br	Vs (E)	*Tantallon Castle:* Calcutta—London	78	
(l)		br	4mbk (S)	*Eusemere:* Calcutta—Isle of Wight	160[2]	140
(l)		br	4mbk (S)	*Lord Roseberry:* Calcutta—Isle of Wight	159	
(l)	1892	br	4mbk (E)	*Balmoral:* Calcutta—Dundee	156	
(l)	1889	br	4mvs (E)	*County of Peebles:* Calcutta—Hull	154	

[1] Angaben von einem Korrespondenten des Nautical Magazines, von Lubbock angezweifelt

[2] Beim Kap der Guten Hoffnung wurde der Kapitän über Bord gewaschen

					d.h	Mittel in d
(s)	1895	br	4mvs (E)	*County of Dumfries:* Chittagong—Falmouth	97	
(s)	1891	br	4mvs (E)	*County of Selkirk:* Chittagong—Dundee	100	
(l)	1899	br	4mbk (S)	*Juteopolis:* Chittagong—Falmouth	165	140
(l)	1899	br	4mbk (S)	*Lawhill:* Chittagong—Isle of Wight	156	
(l)	1894	br	4mbk (S)	*Eusemere:* Chittagong—Europa	160	
(s)	1909	dt	5mbk (S)	*R. C. Rickmers:* Bassein—Bremen	87	130
(s)	1893	br	Vs (E)	*Sierra Cordova:* Rangoon—Queenstown	93	
(s)	1891	dt	4mvs (S)	*Peter Rickmers:* Rangoon—Bremen	93	130
(s)	1910	dt	5mbk (S)	*R. C. Rickmers:* Rangoon—Bremen	97	
(s)	1859	us	Cl (H)	*David Brown:* Anjer—Queenstown	69	
(s)	1859	us	Cl (H)	*Challenge:* Anjer—Queenstown	65	110
(s)	1882	norw	Vs	*Surmalide:* Anjer—Kanal	72	
(s)	1900	dt	5mbk (S)	*R. C. Rickmers:* Bangkok—Kanal	85	
				R. C. Rickmers: Bangkok—Bremen	91	
(g)	1906	dt	4mbk (S)	*Bertha:* Bangkok—Start Point	125	143
(l)	1905	dt	4mbk (E)	*Renée Rickmers:* Bangkok—Geestemünde	153	
(s)	1869	br	Cl	*Sir Lancelot:* Foochow—Kanal	89	140
(s)	1869	br	CCl (H/E)	*Thermopylae:* Foochow—London	91	150
(s)	1855	br	Cl (E)	*Golden Gate:* Shanghai/Woosung—Kanal	86[1]	
(s)	1873	br	Cl	*Hallowe'en:* Shanghai/Woosung—London	89	140/150
(s)	185?	us	Cl (H)	*Nightingale:* Shanghai/Woosung—London	91	
(s)	1914	dt	5mbk (S)	*R. C. Rickmers:* Wladiwostok (Sibirien)—Hull	98	

1.3.1 Europa—Südsee

(s)	1909	br	Vs (E)	*Kirkcudbrightshire:* Hamburg—Honolulu	102[2]	
(s)	1870	dt	Bk	*Ka-Moi:* Kanal—Honolulu	105	
(s)	1905	dt	Vs (S)	*Marie Hackfeld:* Kanal—Honolulu (Hawaii)	106	124/137
(l)	1910	dt	Vs	*Alexander Isenberg:* Leith—Honolulu	156	
(l)	1871	dt	Bk (H)	*Adonis:* Kanal—Honolulu	170	
(l)	1881/2	dt	Bk	*Stella*[3]: Kanal—Honolulu	171	115/119
(s)	1875	dt	Vs	*Susanne Godeffroy:* Kanal—Salomonen (Apia)	86	
(s)			Vs (H)	*La Rochelle:* Kanal—Salomonen	90	

1.3.2 Südsee—Europa

(s)	1871	dt	Vs (H)	*La Rochelle:* Honolulu—Queenstown	82	
(s)	1869	dt	Vs (H)	*La Rochelle:* Honolulu—Lizard	85	
(s)	1879	dt	Vs (H)	*La Rochelle:* Honolulu—Queenstown	88	120
(l)	1871	dt	Bk (H)	*Count Bismarck:* Honolulu—Le Havre	143	
(s)	1881	dt	Bk	*Richard:* Bismarck Archipel—Lizard	127	145
(l)	1878	dt	Bk (E)	*Peter Godeffroy:* Bismarck Archipel—Kanal	177	
(l)	1887	dt	Bk	*Confluentia:* Carolinen—Lizard	182	150
(s)	1880	br	Bk (E)	*Plejaden:* Fidii Inseln—Lissabon	98	124 (S) 117 (W)
(g)		dt	Bk (E)	*Sophie:* Gesellschaftsinseln (Tahiti)—Kanal	98	105

[1] Von den 100 Teereisen Woosung—London in den Jahren 1870 bis 1879 lagen 10 unter 100, die anderen bei 110 bis 120 d, 14 davon über 135 d

[2] Lubbock in Windjammer, Volume 1, S. 375, zweifelt diese schnelle Zeit an. Er meint, sie (die K.) sei mindestens 140 Tage unterwegs gewesen

[3] Es gab mehrere *Stella* (Hamburg 1881—1884, Bremen 1877—1881, Brake 1890—1891).

					d.h	Mittel in d
(l)		dt	Bk (H)	*Victoria*[1a]: Gilbert-Inseln—Hamburg	173	120
(g)		dt	Bk (H)	*Amaranth*[1b]: Malden-Inseln—Lizard	99	113
(s)	1870	dt	Vs (H)	*Susanne Godeffroy:* Tonga-Inseln—Europa	86	110
(s)	1885	dt	Bk (H)	*Carl Both:* Tonga-Inseln—Europa	95	

2. *Amerika*

2.1 Nordamerika (Ostküste)—Nordamerika (Westküste)

(s)	1854	us	Cl (H)	*Flying Cloud:* New York—San Francisco	89[1]	
(s)	1851	us	Cl (H)	*Flying Cloud:* New York—San Francisco	89.21	
(s)	1860	us	Cl (H)	*Andrew Jackson:* New York—San Francisco	89	
(s)	1857	us	4mbk (H/E)	*Great Republic:* New York—San Francisco	92	
(l)	1859	us	Cl (H)	*Sparkling Wave:* New York—San Francisco	324[2]	138
(l)	1849	us	Bg (H)	*Pauline:* Boston—San Francisco	240	
(l)	1849	us	Bg (H)	*Georgiana:* New York—San Francisco	233	
(l)	1849	us	Bk (H)	*Hebe:* Baltimore—San Francisco	218	
(l)	1859	us	Cl (H)	*Golden Eagle:* New York—San Francisco	217[3]	
(l)	1849	us	Bk (H)	*Clarissa Perkins:* New York—San Francisco	216	

2.2 Nordamerika (Westküste)—Nordamerika (Ostküste)

(s)	1853	us	Cl (H)	*Northern Light:* San Francisco—Boston	76.6	
(s)	1859	us	Cl (H)	*Messenger:* San Francisco—Philadelphia	82	105
(s)	1851	us	Cl (H)	*Comet:* San Francisco—New York	76	

2.3 Nordamerika (Ostküste)—Asien

(s)	1900	br	4mvs (E)	*County of Edinburgh:* New York—Shanghai	97	130
(l)	1902	br	4mvs (E)	*County of Edinburgh:* New York—Shanghai	139	(Sunda-
(l)	1901	br	4mbk (S)	*Kinross-shire:* New York—Shanghai	160	Straße)
(s)	1850	us	Cl (H)	*Oriental:* New York—Hongkong	81	
(s)	1900	dt	4mvs (S)	*Peter Rickmers:* New York—Hongkong	106	125
(g)	1899	br	4mbk	*Westgate:* New York—Hongkong	121	
(s)	1857	us	Cl (H)	*Sweepstakes:* New York—Bombay	74	
(s)	1856	us	Cl (H)	*Jacob Bell:* .....—Bombay	77	124
(s)	1856	us	Cl (H)	*Flying Scud:* .....—Bombay	81	
(s)	1873	br	Vs (E)	*British Ambassador:* New York—Calcutta	84	
(s)	1857	us	Cl (H)	*Beverly:* Boston—Calcutta	85.16	130
(s)	1855	us	Vs (S)	*Nor'wester:* Boston—Calcutta	85.21	
(s)	1890	br	Vs (E)	*Evesham Abbey:* New York—Yokohama	107	
(s)	1905	dt	4mbk (E)	*Renée Rickmers:* New York—Yokohama	108	
(s)	1908	dt	5mvs (S)	*Preußen:* New York—Yokohama	112	137
(l)	1898	dt	4mbk (S)	*Bertha:* New York—Yokohama	176	
(s)	1912	dt	5mbk (S)	*R. C. Rickmers:* Philadelphia—Kobe	100	137
	1854	us	Cl (H)	*Wizzard:* New York—Singapore	78	131
		dt	4mvs (S)	*Peter Rickmers:* New York—Singapore	104	
(s)	1907/8	dt	5mbk (S)	*R. C. Rickmers:* New York—Saigon	83	115

[1a] Es gab viele Barken dieses Namens (u. a. in Hamburg, Bremen, Brake)

[1b] *Amaranth* (1), Geestemünde 1861; *Amaranth* (2), Bremen 1874—1888; *Amaranth* (3), Brake 1883—1891

[1] Insgesamt machten zwischen 1850 und 1874 23 Clipper schnelle Reisen unter 100 Tagen

[2] via Rio

[3] davon 90 d im Kap Horn-Revier

2.4 Asien—Nordamerika (Ostküste)

					d.h	Mittel in d
(s)	1859	us	Cl (H)	*Sword Fish:* Shanghai—New York	81	
(s)	1857	us	Cl (H)	*Surprise:* Shanghai—New York	82	185
(s)	1858	us	Cl (H)	*N. B. Palmer:* Shanghai—New York	82	
(s)	1849	us	Cl (H)	*Sea Witch:* Hongkong—New York	74.14	
(s)	1856	us	Cl (H)	*Sea Serpent:* Hongkong—New York	79	178
(s)	1859	us	Cl (H)	*Eagle Wing:* Hongkong—New York	82	
(s)	1853	us	Cl (H)	*Witch of the Wave:* Calcutta—Boston	81	
(s)	1853	us	Vs (H)	*Staffordshire:* Calcutta—Boston	82	111
(g)	1878	br	Vs (E)	*Star of Italy:* Calcutta—New York	93	

2.5 Nordamerika (Westküste)—Asien

(s)	1896	br	4mvs (S)	*Andelana:* San Francisco—Yokohama	23	46
(g)	1898	dt	4mbk (S)	*Christine:* Portland (Oreg.)—Hiogo (Japan)	32	49

2.6 Asien—Nordamerika (Westküste)

(g)	1892	br	Vs (E)	*Peterborough:* Yokohama—Portland (Oreg.)	24	30.6
(s)	1900	br	4mbk (S)	*Galgate:* Shanghai—Columbia River (Oreg.)	27	48
(s)	1896	br	4mvs (S)	*Andelana:* Yokohama—San Francisco	13.13	28
(g)		br	4mbk (S)	*Damsonhill:* Yokohama—San Francisco	29	
(s)	1891	br	4mvs (S)	*Andelana:* Hongkong—San Francisco	31	53
(s)	1879	dt	Bk (H)	*F. H. Drews:* Hongkong—San Francisco	38	58

2.7 Nordamerika (Westküste)—Australien

(s)	1895	br	Vs (E)	*Anaurus:* San Francisco (Calif.)—Sydney	43	
(s)	1907	br	Vs (E)	*Leyland Brothers:* San Francisco (Calif.)—Sydney	46	50.5
(s)	1910	br	4mbk (E)	*Colony:* San Francisco (Calif.)—Sydney	49	
(g)	1882	dt	Bk (E)	*Fulda:* San Francisco (Calif.)—Sydney	53	50.5
(g)	1892	dt	Bk (E)	*Atalanta*[1]*:* San Francisco (Calif.)—Sydney	61	

2.8 Australien—Nordamerika (Westküste)

(l)	1887	dt	Bk (H)	*L. Hagen:* Melbourne—Puget Sd. (Wash.)	90	61
(l)	1887	dt	Bk (H)	*Carl Both:* Melbourne—Port Townsend (Wash.)	79	
(g)	1903	br	Vs (E)	*Cromartyshire:* Newcastle—Portland (Oreg.)	64	63
(l)	1891	br	Bg (H)	*Carl:* Newcastle—Portland (Oreg.)	89	
(s)	1879	br	Vs (E)	*Borrowdale:* Newcaste—San Francisco	46	63.1
(g)	1886	dt	Vs (E)	*Libussa:* Newcastle—San Francisco	78	
(s)	1896	fr	Bk (S)	*Pierre Corneille:* Sydney—San Francisco	50	64
(l)	1874	dt	Bk (H)	*Carl Both:* Sydney—San Francisco	84	

3.1 Australien—Asien

		br	Cl (H)	*Siren:* Melbourne—Madras (Indien)	50	
	1885	br	Vs (E)	*Star of Greece:* Newcastle—Calcutta (Indien)	45	
(g)	1890	dt	Bk (S)	*Selene:* Melbourne—Rangoon (L)[2]	49	
(g)	1887	dt	Vs (E)	*Amphitrite:* Melbourne—Rangoon (L)	51	57
(l)	1885	dt	Vs (H)	*Wilhelm:* aus Newcastle—Rangoon (L)	80	

1 Die *Atalanta* aus Brake war aus (H), obige war in Hamburg beheimatet: 1886—1904

2 (L) = Rund Kap Leeuwin; durch die Torres-Straße 10 d länger

					d.h	Mittel in d
(g)	1892	dt	4mbk (E)	*Renée Rickmers:* Australien (Ost)—Singapore (A)[1]	50	57
(g)	1885	dt	Vs (H)	*I. W. Gildemeister:* Newcastle—Singapore (B)[2]	51	54
(l)	1885	dt		*Christine:* Australien (Ost)—Singapore (B)	64	
(s)	1890	dt	Bk (H)	*Paul Rickmers:* Newcastle—Singapore (T)	34	45
(s)	1888	dt	Vs (H)	*I. W. Gildemeister:* Australien (Ost)—Singapore (T)	38	
(l)	1859	dt	Bk (H)	*Werner:* Australien (Ost)—Singapore (T)	56	
(g)	1881	dt	Bk (H)	*Auguste:* Newcastle—Singapore (L)[1]	66	60.7
(l)	1891	dt	Bk (E)	*Capella:* Sydney—Singapore (L)[1]	87	
(s)	1883	dt	Vs (H)	*I. W. Gildemeister:* Newcastle—Manila (A)	44	50
(g)	1873	dt	Bk (H)	*Carl Both:* New Castle—Manila (Philipp.) (A)	56	
(l)	1885	dt	Vs (E)	*Rajah:* Newcastle—Manila (L)	75	
(l)	1878	dt	Vs (H)	*Salisbury:* Melbourne—Manila[3]		
	1889	dt		*Augustina:* (T) Melbourne—Manila (T)[4]	76	
(g)	1887	dt		*Mimi*[5]: Newcastle—Batavia (Java) (T)	45	32
(s)	1883	dt		*Pacific*[6]: Adelaide—Batavia (Java) (L)	29	
(s)	1871	dt		*Adelheid*[7]: Adelaide—Batavia (Java) (L)	30	
(s)	1882	dt	Vs (E)	*Ceres*[8]: Newcastle—Surabaja (Java) (L)	34	
(s)	1870	dt		*Anna:*[9] Sydney—Sundastraße	22	37
(l)	1874	dt	Bg (H)	*Peri:* Australien (O)—Shanghai	60	ca. 40
(s)	1889	dt	Bk (H)	*Hugo:* Australien (O)—Hongkong (A)	39	47
(g)	1881	dt		*Humboldt*[10]: Newcastle—Hongkong (A)	48	
(l)	1882	dt	Bg (H)	*B. H. Steenken:* Newcastle—Hongkong (A)	79	
(l)	1886	dt	Bk (H)	*Frieda Grampp:* Newcastle—Amoy	55	35/40

3.2 Australien—Südsee

(g)	1886	dt	Bk (H)	*Van den Bergh:* Sydney—Bismarck-Archipel	32	35
(g)	1855	dt	Bk (H)	*Peter Godeffroy:* Sydney—Bismarck-Archipel	42	
(g)	18	br	Vs (S)	*Marion Chilcott:* New Castle—Hawaii-Ins. (Honolulu)	34	40
(l)	1889	dt	Bk (H)	*Mazatlan:* New Castle—Hawaii-Ins. (Honolulu)	66	
(l)	1874	dt	Bk (H)	*Unkel Bräsig:* New Castle—Hawaii-Ins. (Honolulu)	78	
(s)	1878	dt	Bk (H)	*Papa:* Sydney—Samoa Ins. (Apia)	15	27.9
(s)	1874	dt	Bk (H)	*Saturnus:* Sydney—Samoa Ins. (Apia)	17	
(s)	1875	dt	Vs	*Susanne Godeffroy:* Sydney—Samoa Ins.	17	
(g)	1880	dt	Bk (H)	*César Godeffroy:* Australien (West)—Samoa Ins.	40	40

[1] (A) = Auf der Außenroute
[2] (B) = Durch die San-Bernhardino-Straße
[3] Von Signey und Newcastle im Mittel 6.6 d mehr
[4] Durch die Torres-Straße
[5] Es gab 2 deutsche Segler *Mimi*, welcher gemeint ist, ist nicht festzustellen
[6] Es gab 6 Segler mit dem Namen *Pacific*, welcher hier gemeint ist, ist nicht festzustellen
[7] Es gab 7 deutsche *Adelheid*
[8] In Neuauflage gestrichen
[9] 1868 gab es, wie beliebt doch der Name war, 149 Schiffe dieses Namens, eines davon war obiges
[10] Es gab 4 Segler *Humboldt*, 2 davon waren deutsche

Anhang 6

Liste der sieben größten Fünfmastrahschiffe der Welt, nach Baujahren geordnet *

	Typ/Werkstoff	NRT/BRT	Stapellauf, Monat	Länge über alles, Breite, Raumtiefe in Fuß	Werft und Eigner
France I	5 mbk / St.**	3624 / 3784	1890, X	361.0 / 48.8 / 25.9	Henderson, Partick-Glasgow A.D. Bordes, Dunkerque
Maria Rickmers	5 mbk, aux / St	3344 / 3822	1892, II	375.7 / 48.0 / 25.4	Russel & Co, Port Glasgow Rickmers, Bremerhaven / D
Potosi	5 mbk / St	3854 / 4027	1895, III	366.3 / 49.7 / 28.5	Tecklenborg, Geestemünde F. Laeisz, Hamburg / D
Preußen	5 mvs / St	4765 / 5081	1902, VII	407.8 / 53.6 / 27.1	Tecklenborg, Geestemünde F. Laeisz, Hamburg / D
R.C. Rickmers	5 mbk, aux / St	4696 / 5548	1906, VIII	410.5 / 53.6 / 30.4	Rickmers, Bremerhaven / D Rickmers, Bremerhaven / D
France II	5 mbk, 2x aux / St	4544 / 5633	1911, XI	418.8 / 49.3 / 24.9	Ateliers de la Gironde, Bordeaux / F Prentout-Leblond, Rouen / F
København	5 mbk, aux / St	3329 / 3901	1921, XIX	368.9 / 49.3 / 26.9	Ramage + Ferguson, Leith / GB Ostasiat. Komp., København / DK

* nach Dipl.-Ing. H.J. Furrer, Bern.

** Abkürzungen: 5 mbk = Fünfmastbark, 5 mvs = Fünfmastvollschiff (beim Lloyd im Lloydsregister lediglich 5 ms, da ship ohnehin „vollgetakelt" bedeutet), aux = Hilfsmotor an Bord (meist recht starke, fest eingebaute Maschinen mit 700 / 1200 PSe), gilt auch für ausgesprochenen Manövriermotor, St = aus Stahl erbaut.

Anhang 7

Die Erikson Segelschiffsflotte als letzte frachtfahrende Windjammerflotte in chronologischer Reihenfolge

Name	BRT	Baujahr	angekauft
Tjerimai, Bk	1,011	1883	1913
Åland, 4bk (ex. *Renee Rickmers*)	2,135	1887	1913
Fredenborg, Bk	453	1881	1914
Borrowdale, Bk	1,277	1868	1916
Grace Harwar, S	1,871	1889	1916
Professor Koch, Bk	453	1891	1916
Ingrid, 3S	650dw.	1906	1917
Southern Belle, Bk	483	1871	1917
Margareta (ex. *Craigerne*) 4-bk	1,873	1889	1917
Lawhill, 4-bk	2,733	1892	1917
Woodburn, Bk	1,552	1896	1919
Herzogin Cecilie 4-bk	3,242	1902	1921
Loch Linnhe, Bk	1,329	1876	1922
Pommern, 4-bk (ex *Mneme*)	2,376	1903	1923
Carradale, 4-bk	2,046	1889	1923
Penang, Bk (ex *Albert Rickmers*)	2,039	1905	1923
Archibald Russell, 4-bk	2,385	1905	1924
Killoran, Bk	1,757	1900	1942
Olivebank, 4-bk	2,818	1892	1924
Carmen, Bk	558	1921	1924
Polstjernan, 4S	1,028	1920	1924
Baltic, 4-bkt	440	1919	1924
Hougomont, 4-bk	2,428	1897	1925
Lingard (ex. *Wathara*), Bk	1,039	1893	1925
Ostrobotnia, 3S	500	1919	1925
Winterhude, Bk (ex. *Mabel Rickmers*)	1,972	1898	1925
Lalla Rookh, Bk (ex. *Karhu*, ex. *Effendi*)	825	1876	1926
Estonia, 3-bkt	481	1921	1927
Melbourne, 4-bk (ex. *Gustav*, ex. *Austrasia*)	2,691	1892	1929
Madare (ex. *Fox III*) aux. 4S	545	1919	1929
Viking, 4-bk	2,670	1907	1929
Ponape, 4-bk (ex *Bellhouse*, ex *Regina Elena*)	2,342	1903	1929
Pamir, 4-bk	2,799	1905	1929
L'Avenir, 4-bk	2,776	1908	1932
Passat, 4-bk	3,137	1911	1932
Varma, Bk	718	1922	1933
Eläköön, Bk	827	1920	1922
Vellamo, aux. 3S	337	1919	1933
Valborg, aux. 4S	965	1919	1933
Odine, aux 4S (ex *Astrella*, ex *Odine*, ex *Pauline*	1,798	1917	1933
Kylemore, Bk (ex. *Suzanne*)	1,229	1880	1934
Pestalozzi, Bk (ex. *Claudia*)	1,047	1884	1934
Regina, 4S	681	1919	1934
Dione, 4-Bkt	502	1923	1934
Moshulu, 4-bk (ex. *Kurt*)	3,117	1904	1935
Sirius, aux 3S (ex *Bjerkvik*, ex *Marten*)	116	1901	1942

Erläuterungen

Bk = Bark
4-bk = Viermastbark
4-bkt = Viermastbarkantine (oder 3-bkt = Dreimastbarkantine)
S = Schoner, mit Zahl wie 3S = Dreimastschoner usw.

Anhang 8

Literatur

1. Bücher

Ahrens, H., u. Rittmeister, W.: Neptuns hölzerne Engel. Schöne alte Gallionsfiguren. 1958

Anderson, R. C.: The Rigging of Ships, 1600 bis 1720. Salem 1927

Anderson, R.: The Sailing Ship, Sixthousand Years of History. 1947

Anderson, R. u. R. C. Anderson: The Sailing-Ship. London 1926

Annual Report of the Commission of Navigation, Washington 1904

Anson, W. V.: The Life of Admiral Lord Anson. London 1912

Atwood, E. L. u. Pengelly, H. S.: Theoretical Naval Architecture. 3. Aufl. hrsg. von A. J. Sims Longmans, Green and Co. London, New York, Toronto 1953

Arenhold, L.: Die allmähliche Entwicklung des Segelschiffes von der Römerzeit bis zur Zeit der Dampfer. Jahrbuch der STG 7 (1906), Berlin 1906

Aubin: Nous, Les Cap Horniers. Verlag Flammarion, Paris

Autorenkollektiv: Schiffbautechnisches Handbuch. Bd. I., Herausgb. Werner Henschke in Gemeinschaft mit dem Fachausschuß Schiffstechnik der Kammer Technik und der Schiffbautechnischen Fakultät der Universität Rostock, VEB Verlag Technik, Berlin 1957

Baasch, E: Beiträge zur Geschichte des deutschen Seeschiffbaus und der Schiffbaupolitik. Hamburg 1894

Baines, F.: Der Letzte, Die Geschichte einer Langreise. 1960

Barnaby, K. C.: Basic Naval Architecture, Hutchinson's Scientific and Technical Publication. London, New York, Toronto, Melbourne, Sydney, Cape Town 1954

Battine, E.: Method of Building and Rigging Ships of War. 1684

Blake, G.: Lloyd's Register of Shipping 1760—1960. Lloyd's Register of Shipping. Crawley/Sussex

Blohm & Voss: Werftgeschichte. Hamburg 1877 bis 1927

Blöss, H.: Glanz und Schicksal der „Potosi" und „Preußen", Hamburgs und der Welt größte Segler. Schmidt und Klaunig, Kiel 1960

Bock, B. und H. Paschburg: Sea Cloud. Die Story eines eleganten Luxusseglers. Koehler, Herford 1979

Boer, F.: Alles über ein Schiff. Herder Vlg.

Bowen, F. C.: The Golden Age of Sail. 1925

Idem: A Century of Atlantic Travel 1830 bis 1930. London 1930

Borrow: Life of Lord Anson. London 1839

Bouguer: Traité du Navire. 1746

Brarens, H.: System der praktischen Schifferkunde, gedruckt bei Bade und Fischer, Königl. privil. Privatdruckerei. Erster Abschnitt: Die Obliegenheiten des Schiffsführers, insoweit diese sein Schiff und die Fortsetzung der Reise betreffen, Friedrichsstadt 1807

Bremer Vulcan: 150 Jahre Schiffbau in Vegesack, Geschichte der Werften Johann Lange, H. F. Ulrichs, Bremer Vulcan. Eine Festschrift der Bremer Vulkan Schiffbau und Maschinenfabrik Bremen-Vegesack unter Mitarbeit von Besell, G., u. Westermann, A., Bremen 1955

Bremische Statistik, Jahrbuch für, hrsg. vom Bremischen Statistischen Amte 1907

Busley, C.: siehe Haack (NDL-Entwicklung)

Chapelle, H. I.: The Search for Speed under Sail. New York 1967

Chapelle, H. I.: History of American Sailing Ships. London 1935

Chapman, F. H.: Architectura navalis mercatoria. Stockholm 1768

Idem: Tractat om Skepps-Byggeriet tillaka med Förklaring och Bewis öfver Architectura Navalis Mercatoria. Stockholm 1775

Charnock, J.: History of Marine Architecture. 1800 bis 1802

Chatterton, E. K.: Sailing Ships. 1909

Clarke, A. H.: The Clipper Ship Era. 1911

Clowes, G. S. L.: Sailing Ships, Their History and Development. 1951 bis 52 (repr.)

Colin, A.: La Navigation Commerciale au XIXe Siècle, Paris 1901

Colton, J. F.: Windjammers Significant. J. F. Colton P.O.B. 112, Flaggstaff, Ariz. 1955

Conford: A Century of Sea Trading. 1824 bis 1924

Craemer, H. A.: 5000 Jahre Segelschiffe. Eine Entwicklungsgeschichte des Segelschiffes. J. F. Lehmanns Vlg., München — Berlin 1938

Croseck, H.: Beiträge zur Theorie des Segelns. Springer, Berlin 1925
Cutler, Carl, C.: Queens of the Western Ocean. Annapolis, Maryland 1961
Idem: Greyhounds of the Sea. Annapolis, Maryland 1930
Davis, C. G. Ships of the Past. 1929
Derby, W. L. A.: The Tall Ships Pass.
Deutsche Seewarte: Deutsches Meteorologisches Jahrbuch. Beobachtungssystem der Deutschen Seewarte, verschiedene Jahrgänge
Deutsche Seewarte: Segelhandbuch für den Stillen Ozean. Hamburg 1897
Idem: Segelhandbuch für den Atlantischen Ozean. Hamburg 1910
Domizlaff, H.: Die Viermastbark „Passat". Der Lebensroman eines Tiefwasserseglers. Bielefeld und Berlin 1960
Dressel, Carl: Die Entwicklung des deutschen Schiffbaues unter besonderer Berücksichtigung des Frachtdampferbaues. Weida/Thüringen 1919
Duro, C. F.: Armada Espanola IV. Madrid 1900
Erbach, R.: Deutsche Segelschiffahrt und deutscher Segelschiffbau zur Zeit der Reichsgründung. Jahrbuch der STG, Band 41 (1940). Berlin 1940
Erbach, R.: Die großen Motorsegler der Germania Werft.
Sonderdruck aus Kruppsche Monatshefte, Dezember 1922
Erbach, R.: Die Motorsegler und ihr Bau auf der Germaniawerft. In Kruppsche Monatshefte.
Fincham, J.: History of Naval Architecture 1851
Idem: Treatise on Masting Ships. 1829
Idem: Treatise on Mastings Ships and Mast Making. 1854
Flamm, O.: Schiffbau. Seine Geschichte und seine Entwicklung, Berlin 1907
Idem: Deutscher Schiffbau. Berlin 1913
Deutscher Schiffbau. Berlin 1908
Flensburger Schiffbau-Gesellschaft: Neunzig Jahre im Dienste des Schiffbaues. Eine Festschrift. Flensburg 1962
Freeden: Handbuch der Nautik. Oldenburg 1864
Gehrke, Franz: Bremens Warenhandel und seine Stellung in der Weltwirtschaft. Jena 1910
Haack, R. u. Busley, C.: Die technische Entwicklung des Norddeutschen Lloyds und der Hamburg-Amerikanischen Packetfahrt-Aktiengesellschaft, Berlin 1893
Du Hamel du Monceau, Henri Louis: Eléments de l'Architecture Navale ou Traité practique de la Construction des Vaisseaux. Paris 1752
Hamburgischer Handel, Tabellarische Übersichten des, Hrsg.: Handelsstatistisches Bureau, Hamburg 1908
Handbuch für die deutsche Handelsschiffahrt 1959. Hrsg. vom Bundesminister für Verkehr, Bonn 1959
Hauser, H.: Die letzten Segelschiffe. Einhundertfünfzehn Tage auf der „Pamir". 1958
Hävernick, W.: Hamburgs Schiffahrt in ihrer Entwicklung. Hamburg 1936
Hedderwick, P.: Treatise on Marine Architecture. 1830
Heidel, W. u. Janssen, Jens (Pseudonym von Brennecke, J.): Fünfmastvollschiff „Preußen", Ruhm und Ende des größten Rahschiffes (Deutschlands, d. Autor). SOS-Heft-Reihe Nr. 194. München 1960
Hennig, Richard: Abhandlungen zur Geschichte der Seefahrt. Jena 1928
Idem: Die Hauptwege des Weltverkehrs. Jena 1913
Hertz, B.: Das Hamburger Seehandelshaus J. C. Godeffroy & Sohn, 1766 bis 1879. Hamburg 1922
Hieke, E.: Rob. M. Sloman jr. Hamburg 1968
Hildebrandt, O.: Praktisches Handbuch für junge Seeleute. Mit Genehmigung der Königl. Hoheit des Prinzen Adalbert von Preußen, Oberbefehlshaber der Marine etc. Selbstverlag Danzig 1860
Hoefer, A.: Im Pamperosturm. Eine Strandung vor der La Plata-Mündung. Berlin 1925
Hoever, O.: Von der Galiot zum Fünfmaster. Bremen 1934
Holmes, G. C. V.: Ancient and Modern Ships. Part I., London 1910
Horn, F.: Theorie des Schiffes. Aus: Handb. physik. u. techn. Mech., Bd. V., Leipzig 1928
James, W.: Naval History of Great Britain. 1847
Johow-Foerster: Hilfsbuch für den Schiffbau. Springer, Berlin 1928
Johow, H.: Hilfsbuch für den Schiffbau. Vierte Auflage. Neu bearbeitet von Ernst Foerster, Berlin 1920
Jebens, H.: „Passat" im Novembersturm. 1960
Jones, W. H. S.: Sturmverweht, 1959
Juan, J.: Examen maritime, théoretique et pratique. 1771
Kaegbein, A.: Schiffahrt und Schiffbau Deutschlands und des Auslandes. Hamburg 1912 bis 1914
Keiler, Hans: American Shipping. Hrsgb. Harms, B., Jena 1913
Kloess, H. K.: Schiffsform und Fahrtverlust von Seeschiffen. 1949
Köster, A.: Modelle alter Segelschiffe, Berlin 1926

Konijnenburg, E. van: Der Schiffbau seit seiner Entstehung. Brüssel 1913
Kresse, W.: Materialien zur Entwicklungsgeschichte der Hamburger Handelsflotte 1765—1823. Mitteilungen aus dem Museum für Hamburgische Geschichte. Neue Folge Band III, Hamburg 1966
Kresse, W.: Aus der Vergangenheit der Reiherstiegwerft in Hamburg. Zusammendruck einer Aufsatzreihe für die Werkzeitung Deutsche Werft. Hamburg 1961
Kresse, W.: Seeschiffsverzeichnis der Hamburger Reedereien 1824—1888. Hamburg 1969
Krümmel, O.: Handbuch der Ozeanographie
Laas, W.: Entwicklung und Zukunft der großen Segelschiffe. Jahrbuch der STG, Bd. 8 (1907), Berlin 1907
Idem: Die großen Segelschiffe. Berlin 1908
Idem: Der deutsche Schiffbau um das Jahr 1800. Jahrbuch der Schiffbautechnischen Gesellschaft, Bd. 40 (1939), Berlin 1939
Lacroix, L.: Les Derniers Cap Horniers Français
Idem: Les Derniers Grands Voiliers
Lacroix, L.: Les Tragédies de la Mer aux derniers jours de la Voile. 1959
Larisch-Moennich, Franz, Graf von: Sturmsee und Brandung. Bielefeld u. Leipzig 1926
Laughton, L. G. Carr.: Old Ship Figureheads and Sterns. London 1925
Lauritzer, G. u. Goller, G.: Die Cap Horniers, Hamburg 1959
Lehmann-Felskowski: Deutschlands Schiffbauindustrie. Berlin 1903
Lindsay, W. S.: History of Merchant Shipping. 4 Bd., London 1874 bis 1876
Lloyd's Register of Shipping: Rules and Regulations, London 1874—1906
Longridge, C., Nepean: The „Cutty Sark". 1933
Lubbock, B.: The Blackwall Frigates. London 1924
Idem: The China Clippers. London 1913
Idem: The Colonial Clippers. London 1924
Idem: The Last of the Windjammers. Vol. I u. II.., London 1927
Idem: The Opium Clippers. London
Idem: The Western Ocean Packets. London 1957
Idem: The Down Easters. London 1953
Idem: The Nitrate Clippers. London 1955
Idem: Coolie Ships and Oil sailers
Idem: The Romance of the Clipper Ships. London 1958
Idem: The Log of the „Cutty Sark"
Idem: The Arctic Whalers. London 1957
Luckner, F. Graf v.: Seeteufel. Herford 1958
Lübke, F. W.: Sidney Head oder Hölle in 60 Tagen. Rendsburg 1952
Idem: Männer auf Tiefwasserfahrt
Idem: Hoch am Wind im Pazifik
Idem: Matrosen segeln um die Welt
Marby, A.: Oscillating Steam Engines. Specification No. 4558, Great Seal Patent Office, London 9th July 1821
Marchtaler v., H. u. Stache, F.: Hundert Jahre Stülcken Werft 1840—1940. Hamburg 1940
Mathies, O.: Hamburgs Reederei ,1814—1914. Hamburg 1924
Maury, M. F.: Physical Geography of the Sea. New York 1856, dt. von Böttger, Leipzig 1859
Idem: Wind and Current Charts. New York 1845
Idem: Sailing Directions. New York 1856
Idem: Nautical Monographs. Washington 1859
Merchant Service, The. London 1899
Meyer, J.: Hamburgs Segelschiffe 1795—1945. Chronik der Seefahrt. Verlag Egon Heinemann, Norderstedt 1971
Middendorf, F. L.: Bemastung und Takelung der Schiffe. Berlin 1903
Mielke, Otto: Segelschulschiff „Admiral Karpfanger". Reise ohne Wiederkehr. SOS-Heft-Reihe Nr. 3. München 1953
Idem: Bark „Schulschiff Pommern". Hochseeschlepper „Heros". Eine heldenmütige Rettung. SOS-Heft-Reihe Nr. 29. München 1954
Idem: Viermastbark „Kommodore Johnsen". Der größte Motorsegler der Welt. SOS-Heft-Reihe Nr. 105. München 1956
Moore, Sir, A. H.: Last Days of Mast and Sail. Oxford 1925
Idem: Sailing Ships of War, 1800—1860. 1926
Idem: Development of Sail-Plan, Pangbourne 1923
Mühleisen, Albrecht: Handbuch der Seemannschaft. (Nach Practical Seamanship for use in the merchant service by J. Todd.) Heinsius, Bremen 1893

Müller, Chr., Gottlob, D.: Anfangsgründe der Schiffbaukunst oder praktische Abhandlung über den Schiffbau. Aus dem Französischen des Autors Du Hamel du Monceau übersetzt. Stade 1791
Napier, E. H. D. E.: The Life and Correspondence of Admiral Sir Charles Napier. London 1862
Nauticus, Jahrbuch für Deutschlands Seeinteressen, verschiedene Jahrgänge
Neffens, F.: Handbuch der Seemannschaft, Mittler, Berlin 1872
Neumann: Die deutsche Schiffbauindustrie: Eine Darstellung der volkswirtschaftlichen und sozialen Bedeutung ihrer technischen Entwicklung. Leipzig 1910
Oppenheim, M.: Administration of the Royal Navy, 1509 bis 1660. 1896.
Oesau, W.: Hamburgs Grönlandfahrt.
Pâris, E.: Souvenirs de Marines. 1882 bis 1908 Paris
Penn, C. D.: The Navy under the Early Stuarts. 1920
Phillips-Birt, D.: Fore & Aft Sailing craft. London 1962
Pollard et Dudebout: Théorie du Navire, Bd. I bis IV. Gauthier-Villars et Fils. Paris 1890 bis 1894
Prien, R.: Der Zusammenstoß von Schiffen aus den Gesichtspunkten der Schiffsbewegung, des Straßenrechts, nach den Gesetzgebungen des Erdballes. Eine nautisch-juristische Studie. Haeving Berlin/O 1899
Randier, J.: Hommes et Navires au Cap Horn. 1967
Prömmel, J.: Anleitung zum Schiffbau. Aus dem Schwedischen des königl. Construkteur G. L. Uggla übersetzt. Hamburg 1850
Reiherstieg, Schiffswerft und Maschinenfabrik. Ein Werbeheft. Hamburg 1905
Report of Masting, London 1886
Rickmers, 125 Jahre. Ein Buch von Schiffbau und Schiffahrt. Bremerhaven 1959
Robb, A. McCane: Theory of Naval Architecture. Charles Griffin & Comp., London 1952
Robins: Voyage round the World, London 1748; dt. von Totze, Göttingen 1763
Rohrbach, P., Piening, H. und Schmidt, F.: FL, Die Geschichte einer Reederei. Hamburg 1955
Roosen, B. C.: Geschichte unseres Hauses. 1905
Rüdiger, O.: Die ältesten hamburgischen Zunftrollen und Brüderschaftsstatuten. Hamburg 1874
Rossel, H. E., u. Chapman, L. B.: Principles of Naval Architecture, 2 Bd., veröffentlicht von The Society of Naval Architects and Marine Engineers. New York 1949
Russell, Scott: The Modern Systems of Naval Architecture. London 1865
Russell, Scott: The Fleet of the Future. London 1861
Schäuffelen, O.: Die letzten großen Segelschiffe, Bielefeld und Berlin 1969
Schichau: 100 Jahre Schichau. 1837—1937. Bearbeiter Abteilung Technikgeschichte beim VDI (Leiter Prof. Dr. phil. h. c. Dr. Ing. E. h. C. Matschoß), Dr. A. Bihl, Hrsg. Schichau G.m.b.H., Elbing 1937
Schiffbautechnisches Handbuch, s. Autorenkollektiv
Schiffbautechnische Gesellschaft, Jahrbuch der, verschiedene Jahrgänge
Schlick, Otto: Handbuch für den Eisenschiffbau, Darstellung der beim Bau eiserner und stählerner Handelsschiffe üblichen Konstruktionen. Zum Gebrauch für Schiffbautechniker, Kapitäne, Schiffsinspektoren, Baubeaufsichtigende, Reeder und Assecurateure. Arthur Felix Vlg., Leipzig 1889
Schmack, K.: J. C. Godeffroy & Sohn
Schmidt, F.: Schiffe und Schicksale. Berlin 1934
Schrödter, E.: Eisenindustrie und Schiffbau in Deutschland. Jahrbuch der Schiffbautechn. Ges., Bd. 4. Berlin 1903
Schulz, G. T.: Unter Segeln rund Kap Horn. Hamburg 1956
Schwarz, Tj.: Der amerikanische Schiffbau im letzten Jahrzehnt. Jahrbuch der STG 3 (1902), Berlin 1902
Schwarz, T. und Halle, F. v.: Die Schiffbauindustrie in Deutschland und im Auslande, Teil I u. II. Berlin 1902
Sloman, Rob. M.: Die Entwicklung der Hamburger Reederei, Hamburg 1899
Society for Nautical Research.: The Mariner's Mirror. 1911—1914, 1919 onwards. Treatise on Rigging. 1625
Spengemann, Fr.: Südseefahrer, Bremen—St. Magnus
Idem: Auf weiter Fahrt
Idem: Petroleumclipper
Idem: Sonderbare Seefahrt
Idem: Bremen, Segelschiffe, die einst nach ihrem Heimathafen Bremen genannt wurden
Spratt, H. Ph.: The Birth of the Steam Boat, Charles Griff & Comp. Limited, London 1958
Spratt, H. Ph.: Marine Engineering. Science Museum, London 1953
Spratt, H. Ph., Bigot, Germaine L.: Le premier bateau á vapeur en fer. Revue Maritime. Service Historique de la Marine, Paris, Noél 1953
Stalkartt, M.: Naval Architekture. 1781
Statistisches Jahrbuch für das Deutsche Reich, Hrsgb:. Statistisches Reichsamt Berlin, verschiedene.

Steel, D.: Elements and Practice of Rigging and Seemanship. 1794
Idem: Naval Architecture. 1804
Steinhaus, C. F.: Die Schiffbaukunst in ihrem ganzen Umfange. 1. Theorie, 2. Praxis. Hamburg 1850
Stülcken Werft, 100 Jahre; 1840 bis 1940. Eine Festschrift, bearbeitet von Marchtaler v., H. u. Stache, F. Hamburg 1940
Stettin (Magistrat) als Hrgb.: Stettin als Handels- und Industrieplatz. Stettin 1906
Svennson, S.: Segel durch die Jahrhunderte. 2. Auflage, Bielefeld
Szymanski, Hans: Deutsche Segelschiffe. Institut für Meereskunde a. d. Universität Berlin, Reihe B, H. 10, Berlin 1934
Idem: Die Segelschiffe der Kleinschiffahrt, Lübeck 1929
Szymanski, H.: Die alte Dampfschiffahrt in Niedersachsen.
Technikgeschichte, Beiträge zur Geschichte der Technik und Industrie. VDI-Verlag Berlin, jetzt Düsseldorf; verschiedene Bände
Thieme, H.: Mechanik des Segelantriebs. Jahrbuch der STG, Hamburg 1955
Thoulet, J.: L'Océan, ses lois et ses problèmes. Paris 1904
Torr, C.: Ancient Ships. 1894
Underhill: Sailing Ships & Rigging. 2. Auflage, Glasgow 1963
Idem: Deepwater Sail. 2. Aufl., Glasgow 1936
Villiers, A.: Auf blauen Tiefen (The way of a Ship). Hamburg 1955 (New York)
Vogel, W.: Geschichte der deutschen Seeschiffahrt. Berlin 1915
Vrijlandt, W., u. Molenaar, J.: Theoretische Scheepsbouwkunde. 2. Aufl. De Technische Uitgeverij H. Stam Antwerpen, Batavia, Haarlem 1948
Walden, H.: Die Windgeschwindigkeitsäquivalente der Beaufort-Grade nach Beobachtungen deutscher Bordwetterwarten. Deutscher Wetterdienst. Seewetteramt
Werften, Handbuch der, verschiedene Jahrgänge, Hamburg
Werner u. Vierow: Handbuch der nautischen Instrumente. Berlin 1882
Werner: Die Schule des Seewesens. Leipzig 1866
Yonge, C. D.: History of the British Navy. 1863

2. Lexikale Handbücher, Kataloge und Atlanten

Admiralty Catalogue of Charts, Plans and Sailing Directions, London 1883
Arndt, A.: Kleines Formellexikon. Basel 1964
Catalogue des carts, plans, vues de côtes etc., qui composent l'hydrographie française. Paris 1883
Eichler, C. W.: Vom Bug zum Heck. Bielefeld u. Berlin 1964
Friedrichsen, J.: Schiffahrts-Lexikon, nebst Abriß der Geschichte und ihre Entwicklung. Nachschlagebuch für Behörden, Juristen, Reeder, Schiffer und Leser nautischer Schriften. Verlagsbüro (Aug. Prinz), Hamburg und Altona 1879
Gröner, E.: Taschenbuch der Handelsflotten 1940. München/Berlin 1940
Hardy, A. C.: Merchant Ships Types. London 1924
Kerchove, René de: International Maritime Dictionary. An Encyclopedic Dictionary of Useful Maritime Terms and Phrases. Together with Equivalents in French and German. New York, Toronto, London 1948, 1961
Lloyd's Maritime Atlas. 1958
Ratinck, H.: Illustrated Marine-Encyclopedia Paasch. Antwerpen 1890
Reinhold, W.: Atlas des Seewesens, F. A. Brockhaus, Leipzig 1871
Philip's Mercantile Marine Atlas of the World. 16. Auflage 1959
Weltmeere, Die (ein Seeatlas). 15. Auflage, Gotha 1957

3. Zeitschriften, Zeitungen und gedruckte Vorträge

Albatros, Der. Mitteilungsblatt der deutschen Sektion der Amicale Internationale des Capitaines au Long Cours Cap Horniers, St. Malo. Alle Jahrgänge
Annalen der Hydrographie und maritimen Meteorologie. Hamburg, die Jahrgänge 1899, S. 161, 551 u. 552; 1907, S. 537; 1908, S. 525; 1909, S. 124; 1914, S. 426
Becke, L. v. d.: Rund Kap Horn im September 1905. Annalen der Hydrographie. Dezemberheft 1907
Busley, C.: Die jüngsten Bestrebungen und Erfolge des deutschen Schiffbaues. Z. VDI Bd. 39 (1895), S. 1—5, 521—26, 552—57, 580—86, 605—11, 650—54, 674—79, 699—705
Hamburger Abendblatt, Hamburg, verschiedene Ausgaben
Hansa, Die. Deutsche Schiffahrtzeitschrift für Schiffahrt, Schiffbau, Häfen, verschiedene
Hinke, C.: Die 150jährige Reiherstiegwerft. Wilhelmsburger Anzeiger vom 4. u. 7. 1950, Wilhelmsburg 1950

Kieler Nachrichten, Kiel, verschiedene Ausgaben
Maak, H.: Deutsche Seeschiffahrt zwischen gestern und morgen. Jubiläumszeitschrift der „Hansa". 150 Jahre Schiffahrt, Schiffbau, Häfen, Hamburg 1962
MacNamara: Famous Naval Surgeons. Brit. Med. J. (1908) H. 2
Nordsee Zeitung, Bremerhaven, verschiedene Ausgaben
Prölss, W.: Zur Frage der Wirtschaftlichkeit von windangetriebenen Handelsschiffen. Hansa 104 (1967) H. 9, S. 818 bis 21
Idem: Wirtschaftliche Segelschiffe. Vortrag vor dem Forschungsrat der Hansestadt Hamburg, Hamburg 1960
Schadewaldt, H.: Die Bedeutung der Schiffsmedizin für die gesamte Heilkunde. Sonderdruck aus Die Medizinische Welt (1961) Nr. 8/9
Idem: Der Schiffsarzt. Ciba-Zeitschrift 7 (1955) 76
Schiffahrt, Schiffbau, Häfen, 100 Jahre. Eine Jubiläumsschrift 100 Jahre „Hansa", Hamburg 1964
Schumacher, A.: Ein Vierteljahr Kampf um Kap Horn im südlichen Frühling 1905 (Vollschiff „Susanna" von Hamburg, Kpt. Chr. Jürgens). Der Seewart 24 (1963) H. 5, S. 194—202
Seekiste, Die, Kiel, jetzt Herford, verschiedene, z. T. auch unter den Anmerkungen erwähnt
Stelter, F.: Die Entwicklung der dt. Schiffbauindustrie. Schiffbau 7 (1906/07), S. 11—18; 62—65
Theel, E. A.: Die deutsche Handelsschiffahrt 1914 bis 1938 bis 1955. Vorträge in Münster am Institut für Verkehrswissenschaften 1955
Timmermann, G.: Entwicklung des Segelschiffbaues im 19. Jahrhundert in Hamburg und Altona und der amerikanische Einfluß. Schiff und Hafen. 19 (1967) H. 9, S. 46 bis 65
Idem: Die schiffskundlichen Sammlungen des Altonaer Museums und ihre Bedeutung für die Geschichte des Schiffsbaus. 1. In: Schiff und Hafen 1954, S. 41. 3. In: Jahrbuch der Schiffbautechnischen Gesellschaft 1953, S. 408
Idem: Die Entwicklung der amerikanischen Segelschiffe zum Klipper im 18. und 19. Jahrhundert. Schiff und Hafen, 1964, S. 616
Idem: Das Eindringen der Naturwissenschaft in das Schiffbauhandwerk. Deutsches Museum, Abhandlungen und Berichte, H. 3, München 1962
Treue, Wilhelm: Gesellschaftliche Voraussetzungen der Industrialisierung. VDI—Z, 110 (1968) H. 1
Wagner, B.: Windkanalversuche mit dem Takelagemodell einer Viermastbark. IfS-Bericht Nr. 172, Oktober 1966 u. Schiff u. Hafen 19 (1967) H. 1, S. 13 bis 20
Idem: Praktische Durchführung der Berechnung der Fahrtgeschwindigkeit von Segelschiffen. IfS-Bericht Nr. 112, Juni 1962
Idem: Vorversuche mit betakelten Masten im Windkanal. IfS-Bericht Nr. 107, April 1962
Idem: Windkanalversuche für einen sechsmastigen Segler nach Prölss. IfS-Bericht Nr. 173, Schiff u. Hafen 19 (1967) H. 3, S. 165—172
Idem: Windkanalversuche mit Schiffssilhouetten und Rechteckplatten zur Prüfung des Versperrungseinflusses in einem Rechteckstrahl. IfS-Bericht Nr. 160
Idem: Fahrtgeschwindigkeitsberechnung für Segelschiffe. Hansa 104 (1967) H. 9, S. 817 bis 818
VDI-Zeitschrift, Berlin, jetzt Düsseldorf, verschiedene

4. Informationen, Unterlagen und Berichte von Dienststellen und Verbänden

Altonaer Museum, Hbg.-Altona
AMICALE INTERNATIONALE des Capitaines au Long Cours Cap Horniers, St. Malo
Cap Horniers, Deutsche Sektion, Bezirk Elbe und Bezirk Weser
City Council of Kingston upon Hull, Development Committee
Deutscher Wetterdienst, Seewetteramt, Hamburg. Meteorologische Tagebücher von Segelschiffen, verschiedene
Deutsches Museum, München
Falmouth Borough Council, Falmouth, Cornwall
Deutsches Hydrographisches Institut, Hamburg
Ingenieurschule Hamburg, Bibliothek
Institut für Geschichte der Medizin an der Universität Düsseldorf, Düsseldorf
Institut für Seeverkehrswirtschaft, Bremen
Liverpool City Libraries, Liverpool
Ministry of Defence, London
Morgenstern Museum, Bremerhaven
Museum für Hamburgische Geschichte, Hamburg
National Library of Australia, Camberra
National Maritime Museum, Greenwich, London
Port of London Authority, Central Services Department, London E. C. 3

Schiffsingenieurschule Bremerhaven
Seattle Chamber of Commerce, Seattle, Washington, USA
Stadt Kiel, Der Magistrat, Kulturamt, Stadtarchiv und -museum (Dr. Jensen)
Technische Universität Hannover, Hannover
The Melbourne Harbour Trust Commissioners, Melbourne, Vic., Australia
The State Library of South Australia, Adelaide, South Australia
United States Naval Institute, Annapolis, Maryland, USA
VDI (Verein Deutscher Ingenieure), Düsseldorf
Verband Deutscher Reeder e. V., Hamburg
Zentralbibliothek der Bundeswehr, Düsseldorf

Nachtrag zu Literatur 3

Erbach, R.: Die großen Motorsegler der Germaniawerft. Sonderdruck aus „Kruppsche Monatshefte", Dezember 1922

Erbach, R., und K. J. v. Kajdacsy: Motorsegler, erbaut von der Friedrich Krupp AG, Germaniawerft, Kiel-Gaaden. „Werft und Reederei", Zeitschrift für Schiffbau und Schiffahrt, Werftindustrie, Strom- und Hafenbau. Verlag Springer, Berlin 14 (1921)

Weiterer Nachtrag (3. Auflage) zu Literatur 1

Kåhre, Georg: The Last Tall Ships. Gustav Erikson and the Åland Sailing Fleets 1872 bis 1947. Herausgeber: Basil Greenhill, Direktor „The National Maritim Museum"; Vorworte von HRH. The Duke of Edinburgh und Edgar Erikson, Chairman vom Ålander Seefahrtmuseum. Conway Maritime Press, Greenwich 1978

Villier, Alan: By way of Cape Horn. Hodder a Stoughton, London

Idem: Falmouth for orders. The story of the last clipper race around Cape Horn. Patrick Stephens, London 1972[3]

Idem: The voyage of the „Parma": the great grain race of 1932. Bless, London 1933

Idem: The war with Cape Horn. Hodder a Stoughton, London 1971

Hurst, A.A.: Square-riggers: the final epoch, 1921-1958. Toredo Books, Brighton 1972

Weiterer Nachtrag zu Literatur 3

Kåhre, K.: The Gustav Erikson Fleet. In: Ålands Sjöfert. Tidskrift för Ålands Sjöfartsnäring (Åland's Shipping Gazette) 2(1976), Sonderdruck anläßlich des XXXII Kongresses der A.I.C.H., St. Malo vom 1. bis 4. Juni in Mariehamn

Anhang 9

Index: Namen aller im Text und Anhang behandelten bzw. erwähnten Schiffe

Die Hauptverkehrsv

Heimreisen: Linien gleicher mi

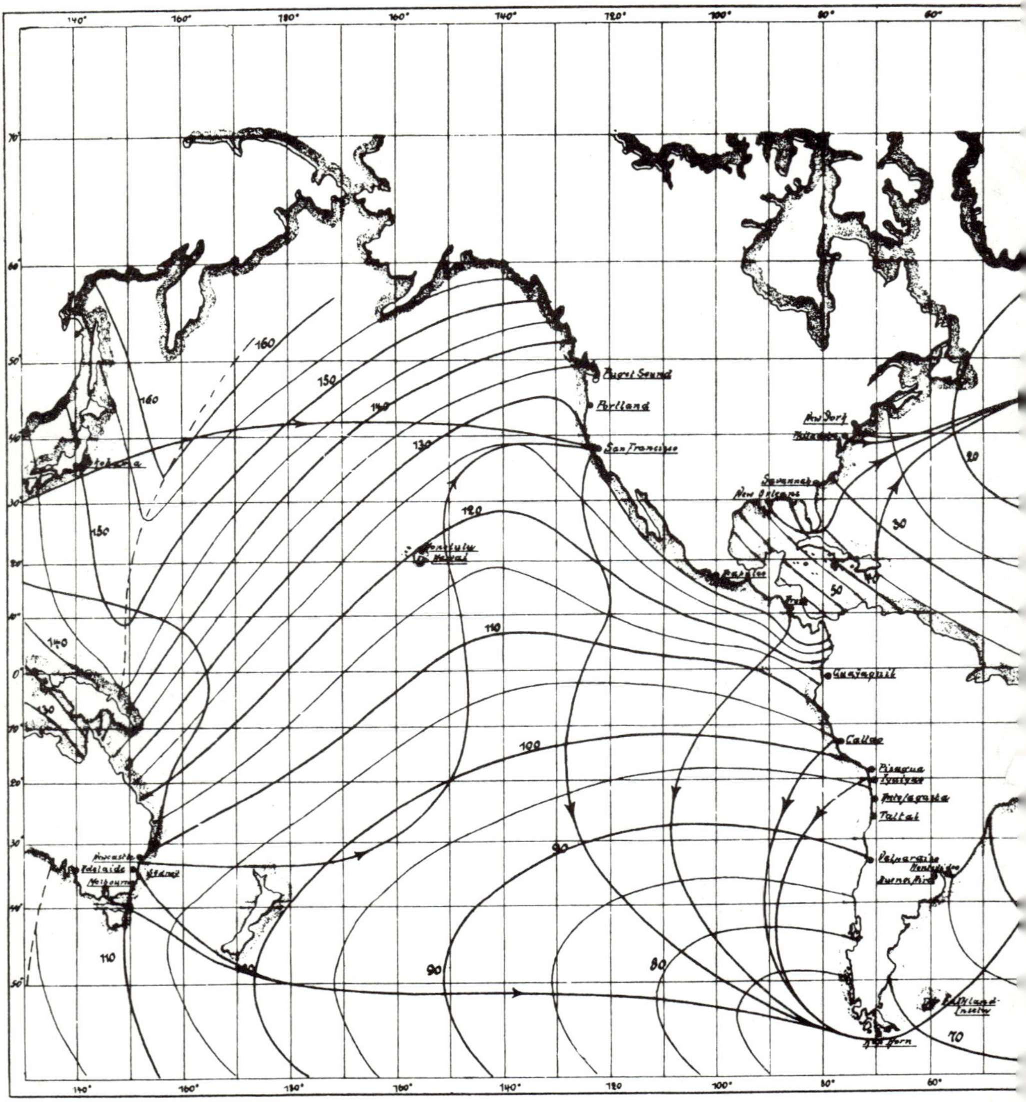